Matthias Ennenbach

Der leichte Weg

Matthias Ennenbach

Der leichte Weg

Buddhistische Strategien, die in unserem Alltag funktionieren

WINDPFERD

1. Auflage 2014

Buddhistische Psychotherapie BPT® ist eine eingetragene Marke
Umschlaggestaltung: KplusH, Agentur für Kommunikation und Design, CH-Amden
Abbildungen: Matthias Ennenbach,
illustriert von Jennifer Jünemann – *bitdifferent*
Satz & Layout: Marx Grafik & ArtWork
Lektorat: Sylvia Luetjohann
Gesetzt aus der Calibri
Druck: Himmer AG, Augsburg
FSC www.fsc.org
MIX
Papier aus verantwortungsvollen Quellen
FSC® C095359
Printed in Germany
ISBN 978-3-86410-066-6
www.windpferd.de

Inhalt

Einleitung und Einstimmung

Das wäre eine echte spirituelle Revolution,
die auf den positiven Eigenschaften des Menschen beruht:
Mitgefühl, Liebe, Toleranz, Achtung und Verantwortungsgefühl.

– XIV. Dalai Lama –

Welchem Weg können wir für unser Wohlergehen folgen? Einerseits gibt es so viele unterschiedliche Wege und Möglichkeiten, so unübersehbar viele Angebote und Optionen der Wahl. Andererseits fühlen wir uns womöglich oft eingeengt in unseren Chancen, fast schon gefangen in unseren festen Gewohnheiten und äußeren Belastungen. Es gibt wohl ebenso viele Optionen, wie es auch innere und äußere Hindernisse gibt. Den eigenen heilsamen Weg zwischen diesen Realitäten zu finden, könnte ein sehr lohnenswertes Projekt für uns darstellen – und zwar insbesondere deshalb, weil es für diesen Weg sehr spannende Quellen der Inspiration gibt.

Ein ziemlich attraktives Ziel liegt wahrscheinlich in der Linderung und Auflösung von unheilsamen Empfindungen: Wir möchten nicht leiden, wir würden gerne glücklich sein. Zahlreiche Menschen sind diesen Weg vor uns gegangen und haben ihr Ziel erreicht. Darüber gibt es vielfältige Berichte, von denen die Geschichte Buddhas eine, aber nicht die einzige ist.

Fast immer können mehrere Wege zum Ziel führen. Generell lassen sich diese Wege in zwei grobe Kategorien einteilen: die schwereren und die leichteren Wege.

Der leichte Weg wird uns ebenso ans Ziel führen wie ein beschwerlicherer Weg. Der Fokus auf dem leichten Weg bedeutet allerdings nicht, dass wir nun alles leichtnehmen sollten. Ein schwerer Weg führt uns durch unser Leiden; ein leichter Weg leitet uns dagegen an, wie wir unsere vorhandenen oder zumindest die in uns schlummernden Fähigkeiten kultivieren und dann nutzen können. Diesen Weg zu wählen bedeutet also durchaus auch ein achtsames, geduldiges und diszipliniertes Üben; damit machen wir es uns zwar nicht allzu leicht, aber auch nicht unnötig schwer.

Dieser leichte Weg hat auch nichts mit „Positivem Denken“ zu tun. Wenn es uns schlecht geht, können wir uns nicht selbst suggerieren, alles sei gut. Wenn es regnet, dann regnet es nun mal. Daran wird auch keine Doktrin etwas ändern. Der leichte Weg darf keineswegs zu einem Zwang für uns werden, dass nun alles leicht sein *muss;* er könnte uns aber davor bewahren, die Dinge noch schlimmer zu machen, als sie schon sind.

Der leichte Weg lädt dazu ein, unsere tatsächlich vorhandenen Ressourcen zu aktivieren und unsere heilsamen inneren Anteile wieder spürbar und erfahrbar zu machen. So wird unser Fokus auf heilsame Qualitäten der Prüfung durch die Realität standhalten können.

Der leichte Weg ist eine symbolhafte Bezeichnung mit einer Doppelfunktion: Er verweist tatsächlich auf konkrete Handlungswege, auf Aktivitäten in Raum und Zeit, und ist durchaus damit vergleichbar, als würden wir auf dem leichten Weg wandern. Die andere Funktion meint eine Leichtigkeit, die kein äußeres, sondern ein inneres Merkmal des Weges ist, also eine in uns selbst zu kultivierende Eigenschaft. Diese Qualitäten erfahren wir am eigenen Leibe. Leichtigkeit ist keine Theorie! Sie ist auf der Handlungsebene ebenso spürbar wie auf der gedanklichen, emotionalen und körperlichen Ebene. Wir benötigen dafür sowohl ein gutes Wissen über die notwendigen Maßnahmen als auch Anregungen und praktische Anleitungen für den weiteren konkreten Ablauf.

Ein Anhaltspunkt, der sich für den Anfang als recht hilfreich herausgestellt hat, ist ein Wechsel unseres Fokus: weg von Überlegungen, was gut oder schlecht wäre, und hin zur Differenzierung zwischen dem, was heilsam und was unheilsam für uns ist. Vieles, was sich für uns anfangs noch gut anfühlte, hat sich nicht selten zu etwas Schmerzhaftem entwickelt. Umgekehrt haben aber vielleicht einige von uns auch schon die Erfahrung machen können, dass Dinge, die uns zuerst negativ oder schlecht erschienen, sich mit der Zeit als ganz wichtige Erfahrungen herausgestellt haben. So lernen wir hier nach und nach die Hinweisschilder am Wegesrand kennen.

Für die eine oder andere Weggabelung täte uns eine Art psychologisches oder spirituelles Navigationsgerät gut: „Achtung, Sie verlassen gerade den leichten Weg. Bitte bei nächster Gelegenheit wenden!“ Denn unsere eigene Intuition ist vor allem in Leidenssituationen häufig etwas eingetrübt und leitet uns nur allzu oft noch mehr in die Misere hinein.

Wenn wir uns an die Fachleute wenden, dann finden wir immer noch viele Angebote, die uns erst einmal mit unseren Defiziten konfrontieren möchten. Viele Therapeuten fragen natürlich zuerst nach unseren Problemen. Das ist auch naheliegend, da natürlich die meisten Menschen nur dann einen Therapeuten aufsuchen, wenn das Leiden schon lange besteht und alle Selbstversuche sich bislang als erfolglos erwiesen haben. Folglich haben sich die Leidenden und die Fachleute gewissermaßen darauf geeinigt, dass die Probleme das entscheidende Thema sind und unbedingt im Mittelpunkt einer Therapie stehen sollten. Die Ressourcen scheinen dagegen fast irrelevant, da die Betroffenen ja anscheinend versagt haben. So sind wir als Hilfesuchende auf die Leidensrolle festgelegt.

Hinzu kommt, dass die Möglichkeit einer Inanspruchnahme professioneller Hilfe Leiden voraussetzt. Kaum jemand geht zum Therapeuten und vermittelt dort: „Mir geht es eigentlich ganz gut, aber ich möchte, dass es mir noch besser geht. Ich möchte mich grundsätzlicher von unheilsamen Neigungen befreien." Stattdessen wird von Problemen berichtet: aktuelle Probleme, die natürlich auch mit länger zurückliegenden Problemen im Zusammenhang stehen. Auf diese Weise finden wir schnell die Logik des Leidens, und mit jeder weiteren Bearbeitung und damit Wiederholung unserer „Krankengeschichte" wird aus einer Geschichte dann ein Tatsachenbericht.

Wir sollten realisieren, dass sich mittlerweile deutliche Änderungen in der therapeutischen Herangehensweise beobachten lassen. Da die reine Fokussierung auf unsere Defizite meist nicht zu einer nachhaltigen Stabilisierung unserer psychischen Situation und schon gar nicht zu einer Befreiung von unseren „Problemen" führt, beschreiten viele Hilfesuchende und Behandler inzwischen einen anderen Weg. Dieser Weg soll uns durch dieses Buch begleiten und durch dieses Buch transparent werden. Es ist der leichte Weg.

Der „leichte" Buddhismus

Für unseren leichten Weg können uns die buddhistischen Lehren eine wunderbare und bewährte Hilfe sein. Gleichzeitig sollten wir aber realisieren, dass der Buddhismus kein „Stein der Weisen" ist, also ein stets unwandelbar gültiges und unverrückbares Patentrezept darstellt.

Bleiben wir innerhalb dieser Sichtweisen, dann sind natürlich alle Bemühungen um die Reinheit der Lehre durchaus logisch nachvollziehbar und legitim. Wer den Buddhismus als feste geschlossene Einheit sieht, entwickelt ganz natürlich den Wunsch, diese Einheit möge doch möglichst rein und ursprünglich erhalten bleiben.

Dies könnte sich als ein schwieriges Unterfangen herausstellen, doch vielleicht ist ja ein Ansatz möglich, mit dem es gelingt, sowohl die Kontinuität der Lehre als auch die Wandelbarkeit der Ausdrucksformen einzubeziehen. Eine reine Fokussierung auf diese feststehenden Aspekte könnte uns immer mehr den einschränkenden Charakter dieser Sicht erkennen lassen, den Buddhismus als eine unverrückbare und stabile Größe zu sehen.

Alternativ dazu könnten wir den Buddhismus vielmehr mit einem alten, kräftigen, weitverzweigten und immer noch sehr wachstumsfreudigen Baum vergleichen. Er wurzelt im Norden Indiens und im heutigen Nepal und hat sich im Laufe der Jahrhunderte über viele Regionen der Erde verzweigt und auch neu eingewurzelt. Es gibt viele unterschiedliche Äste: japanische und chinesische, ebenso wie deutsche, amerikanische und australische Äste.

Viele von uns suchen sich nun einen Ast aus, der ihnen attraktiv erscheint, oder nehmen einfach den, der vor ihrer Haustür wächst, und machen es sich dann darauf gemütlich. Wir fangen vielleicht damit an, den Ast zu pflegen und darauf zu achten, was darauf so alles sprießt und gedeiht. So beginnen wir uns immer mehr mit dem Ast zu identifizieren.

Nicht wenige von uns erleben dann schon bald regelrecht Ängste vor Wildwuchs. Da sprießen neue Triebe und wir fragen uns, ob sie denn auch überhaupt zu dem Ast passen (den Baum als Ganzes haben wir wohl schon längst aus den Augen verloren). Wir sollten nicht dem Impuls nachgeben, wie ein wütender Gärtner jeden neuen Keimling oder Trieb gleich kappen zu wollen. Versuchen wir doch stattdessen, den buddhistischen Baum wie ein lebendiges Wesen zu sehen, das sich entsprechend der buddhistischen Lehre der Diskontinuität und Vergänglichkeit stetig wandelt und verändert, eben weiterwächst. Das kann zum Beispiel auch bedeuten, dass der europäische und, daraus abzweigend, der deutsche Ast des Buddhismus wächst und sich wandelt.

Für diese gelassenere und vertrauensvollere Sichtweise scheint es hilfreich zu sein, dass wir versuchen, immer wieder den ganzen Baum zu sehen, insbesondere aber den Stamm und die Wurzeln. Wenn auch die Krone des Baumes und mit ihr viele Äste das Aussehen einer Religion angenommen haben, so finden wir bei den Wurzeln auch ganz andere Wertvorstellungen und Leitlinien. Diese sind weniger religiös als vielmehr humanistisch und therapeutisch. Ursprünglich sollte die buddhistische Lehre nämlich dabei helfen, das menschliche Leiden zu lindern und möglichst ganz aufzulösen. Treten wir also innerlich öfter mal einen Schritt zurück und betrachten staunend den alten, schönen und vitalen Baum. Wir würdigen die alten Traditionsäste und heißen die neuen Triebe willkommen.

Ein derart verzweigtes Gewächs könnte natürlich auch unüberschaubar und verwirrend für uns sein. Wie finden wir den für uns passenden Ast? Müssen wir erst jede Verzweigung kennenlernen? Das scheint schwierig, wenn nicht gar unmöglich zu sein. Wenn wir uns genauer umschauen im buddhistischen Geäst, dann erkennen wir überall vielfältiges Blattwerk. Ganze Bibliotheken sind damit gefüllt. Jedes Blatt könnte uns eine hilfreiche Botschaft liefern.

Da wir uns hier dem leichten Weg zuwenden wollen, erscheint die Frage sehr naheliegend, ob es besonders wichtige Blätter gibt oder ob wir alle kennenlernen müssen.

Der Mönch Buddhadāsa schildert in seinem Buch *Das Kernholz des Bodhibaums* dazu eine schöne Begebenheit: Buddha soll mit seinen Schülern durch einen Wald gegangen sein und dabei eine Handvoll Blätter aufgehoben haben. Er fragte, ob es wohl mehr Blätter im Wald oder in seiner Hand gebe. Seine Begleiter antworteten einmütig, dass natürlich im Wald viel mehr Blätter existierten. Das bestätigte auch Buddha und führte aus, dass er so viele Dinge verstanden habe, wie es Blätter im Wald gebe, aber dass die Dinge, die wir wirklich wissen und üben müssen, so überschaubar seien wie die Blätter in seiner Hand.

Buddha wollte damit vielleicht seine Begleiter etwas beruhigen und sie ermuntern: Macht es euch nicht zu schwer!

Andererseits verweist die Geschichte auch auf die Notwendigkeit einer ratsamen Fokussierung: Verblättert euch nicht! Verzettelt euch nicht! Konzentriert euch auf die grundlegenden Lehren und besonders auf euer eigenes Erleben und Erfahren. Immer wieder finden wir solche Hinweise, die uns vermitteln möchten: Mach es dir nicht zu schwer! Es gibt leichte Wege, sie werden dir weiterhelfen.

Ein weiterer Appell, der in dem Beispiel vom Waldspaziergang stecken könnte, bezieht sich auf unsere Herangehensweise. Wir müssen uns selbst immer wieder einbremsen, damit wir die buddhistischen Lehren nicht sinnlos konsumieren, uns vollstopfen mit immer noch mehr Einzelwissen. Es ist so verführerisch: Die Lehren zeigen uns immer wieder verschiedene Aspekte von uns, sie spiegeln uns. Wenn wir buddhistische Texte lesen, dann werden wir auf eine sanfte Weise immer wieder zu uns selbst zurückgeführt. Das ist heilsam, aber es kann auch dazu führen, dass wir bei dieser rezeptiven, also aufnehmenden Herangehensweise stehen bleiben. Dieser Weg mag wirklich schön sein, doch er führt uns nirgendwohin. Wir dürfen unsere Befreiung nicht aus den Augen verlieren.

Eines der hauptsächlichen Hindernisse auf dem Weg könnte in der Vielfältigkeit des Buddhismus liegen. Wir benötigen also nicht den ganzen Blätterwald. Eine Handvoll heilsamer Grundlagen scheint nicht nur auszureichen, sondern sogar die weisere Wahl zu sein. Diese Handvoll Blätter sind ein wunderbares Symbol. Es ist ein leichtes Bild. Es wird ins nicht schwerfallen, eine Handvoll Blätter in unserem Gepäck unterzubringen. Die paar Blätter können uns auf eine leichte Weise eine Weile begleiten. Und irgendwann können wir auch sie dann wegpusten ...

Machen wir es uns doch etwas leichter!

Die BPT verspricht viel Vergnügen!

Ein schöner Effekt soll nicht unerwähnt bleiben: Die Bearbeitung unser heilsamen Ressourcen ist ein Vergnügen! Daher wenden wir uns hier nicht nur einem leichten, sondern sogar einem durchaus vergnüglichen Behandlungsmodell zu.

Zur Verdeutlichung können wir das Waagschalen-Prinzip als Symbol für unsere heilsamen und unheilsamen Aspekte nutzen. Der Blick in unsere innere Plus-Waagschale ist sicherlich angenehmer als der Blick in unsere Minus-Waagschale. Zwar merken wir womöglich, dass die Minus-Waagschale manchmal schwerer und voller geworden ist als unsere Plus-Waagschale, aber dennoch ist dieser auf unsere Ressourcen gerichtete Blickwinkel für viele von uns leichter und schöner.

Diese Art der Zuwendung hat, wenn wir etwa beim Beispiel der Waagschalen bleiben, nichts mit Ablenkung zu tun. Wenn wir es tatsächlich schaffen, nach und nach unsere Plus-Waagschale zu füllen, dann werden wir zwangsläufig heilsame Bewegungen bei unserer Minus-Waagschale vermerken.

Zum Geleit für dieses Buch soll nicht unerwähnt bleiben, dass hier Kategorisierungen und Begriffe genutzt werden, die einer Heranführung dienen sollen. Dies geschieht natürlich immer mit dem zugrunde liegenden Verständnis, dass alle Kategorien nur Hilfskonstruktionen sind, die auf einer anderen Ebene keinen Bestand haben. Eine komplexe Philosophie beinhaltet immer auch scheinbare Widersprüche oder paradoxe Aussagen. So dient zum Beispiel die Differenzierung zwischen Behandlern und Hilfesuchenden nur als ein Orientierungshinweis. Die Unterscheidung ist also lediglich oberflächlich. Wir alle sind immer wieder Hilfesuchende und zudem sollten wir auch alle unsere eigenen Behandler sein.

Sei dein eigener Meister

– Buddha –

Als Hilfesuchende nutzen wir jede Hilfe. Wir nehmen die Kraft, Zuwendung und Anregungen von Behandlern an, ohne unsere eigene Selbstverantwortlichkeit zu ignorieren. Als Behandler helfen wir uns ebenso selbst, wie wir alle versuchen sollten, einander zu unterstützen.

Diese Möglichkeiten sind unter anderem deshalb realistisch, weil wir ausnahmslos alle über die notwendigen Veranlagungen dazu verfügen. Diese sind sicherlich bei jedem von uns sehr unterschiedlich gefördert worden, doch das Potential ist immer vorhanden, und die reale Chance, alle notwendigen Ressourcen jederzeit kultivieren zu können, ist uns allen ebenso gegeben. Dieses Buch möchte dazu anregen, den Blick wieder auf die vielen verschiedenen Aspekte der bereits in uns angelegten und vorhandenen Fähigkeiten zu lenken und zwar sehr deutlich auf unsere Ressourcen.

Natürlich bietet uns die buddhistische Lehre weit mehr als „nur" Glück und Zufriedenheit, sondern sie eröffnet uns ein Ziel, dass deutlich darüber hinausgeht. Generell treffen wir immer auf die essentielle Fragestellung: Wie frei sind wir wirklich? Können wir uns grundsätzlich ändern? Können wir uns befreien? Denn das ist schließlich die Essenz des gesamten Buddhismus und auch der BPT: unsere Befreiung.

Der leichte Weg als integrativer Teil der BPT wird zu verdeutlichen suchen, dass wir alle die Keime und Veranlagungen, also die Voraussetzungen dafür bereits in uns tragen. Das ist auch der Grund dafür, dass wir beim Lesen buddhistischer Texte oft den Eindruck bekommen, etwas uns schon Vertrautes zu erfahren. Ja, es ist bereits alles schon da. Wir müssen uns davon jedoch einiges wieder bewusster machen und dann konsequent einüben.

Alles, was wir wiederholen, wird sich in uns festigen. So bauen wir in uns Heilsames auf. Das ist der leichte Weg in die Befreiung.

Matthias Ennenbach
Bielefeld 2013

KAPITEL 1

Der leichte Weg

Wir müssen uns erst etwas vertraut machen,
erst dann wird der Weg ein leichter Weg.

– BPT –

Sobald uns etwas zu schwer wird, erhalten wir von unserem Körper sofort Warnsignale. Unsere Atmung verändert sich und die unterschiedlichsten Symptome „blinken" auf: So können Schmerzsignale gedeutet und verstanden werden, aber auch Unruhe, Grübelzwänge, Schlafprobleme, Herzrasen, Kreislaufprobleme, Schweißausbrüche, Magen- und Verdauungsprobleme, immer wieder auftretende Entzündungen oder andere Immunschwächen oder vegetative Störungen, um nur einige zu nennen.

Viele von uns haben sich angewöhnt, diese wichtigen Botschaften, die unser Körper an uns richtet, zu ignorieren oder sie mit den verschiedensten Tricks zu betäuben. Unsere häufigsten Strategien dafür sind, sich abzulenken oder, noch schlimmer, es gar nicht mehr zu fühlen. Dafür gibt es wichtige Gründe. Wenn wir hier jedoch etwas genauer hinschauen, dann erkennen wir, dass wir manchmal zu schnell sind mit unseren Reaktionen und Meinungen. Zudem bedarf es auch nicht immer einer zeitaufwendigen und rigorosen Maßnahme, die uns Erleichterung bringen könnte.

Tatsächlich müssen wir nicht erst alle unsere Probleme lösen, damit es uns besser geht. Genau das ist für viele der Punkt, warum sie sich erst gar nicht auf den Weg machen: Die Probleme bestehen schon so lange und fühlen sich so verwachsen an, dass es wohl keine Chance gibt, sie zu beseitigen. Es ist eben so, wir müssen uns damit abfinden. Dabei helfen dann die vielen Möglichkeiten der Betäubung und Zerstreuung.

Nur gibt es in uns scheinbar aber unabhängigere Instanzen, die sich nicht so leicht zufriedengeben mit den Missständen. Sie erzeugen weiterhin Symptome. Und früher oder später entstehen Selbstreinigungsprozesse, die, wenn sie ungelenkt ablaufen, für unnötig viele schmerzhafte Turbulenzen sorgen. Wenn wir uns hier dem leichten Weg zuwenden, erhalten wir eine konstruktive Vision, anhand derer wir uns schneller und vor allem leichter in eine heilsame Richtung entwickeln können.

Buddhas Weg

Schon die überlieferte Geschichte des Prinzen Siddhartha, der zum Buddha wurde, verweist eigentlich bereits auf den leichten Weg. Bezeichnenderweise begann auch Siddhartha, wie wohl die meisten von uns, mit dem schweren Weg. Er verließ sein gewohntes Umfeld, seine Familie und seine materiellen und sozialen Privilegien, er kasteite seinen Körper bis zur völligen Erschöpfung. Damit lotete er gewissermaßen seine Grenzen aus. Diese Zeit der Entbehrungen war vielleicht nötig, doch es war eine schwere Zeit, ein schwerer Weg. Siddhartha benötigte viele Jahre, um zu erkennen, dass dieser schwere Weg eigentlich nirgendwo hinführt. Dieses Erkennen war Teil seines spirituellen Erwachens. Deshalb beendete Siddhartha schließlich diesen schweren Weg und fand den leichten Weg in die Befreiung.

Viele von uns meinen gerade in Problemphasen, dass sie am besten drastische Änderungen vornehmen und gewissermaßen ihr ganzes Leben auf den Kopf stellen sollten. „Ab jetzt muss sich alles ändern, nie wieder ...“ Damit möchten wir das Pendel von einem Extrem in das andere schwingen lassen. Doch Pendel haben nun einmal die Eigenschaft, dass sie zurückschwingen. Eine ausgewogene Balance auf einem goldenen Mittelweg zu finden, könnte da wesentlich effektiver sein, aber die Umsetzung erscheint uns oft schwierig.

Wir werden hier in diesem Buch über den leichten Weg noch Genaueres dazu erfahren, insbesondere auch darüber, wie sehr sich der leichte und der Mittlere Weg entsprechen. Die Einteilung in den schweren, den Mittleren und den leichten Weg entspricht natürlich hauptsächlich unseren Neigungen, alle Erfahrungen sofort zu kategorisieren und damit zu bewerten. Der leichte Weg führt uns immer durch die Mitte; manchmal kann er sogar schwer wirken, obwohl es immer unser leichter Weg bleiben wird.

Wir werden in diesem Buch über den leichten Weg auch danach forschen, wie wir Trauer, Angst, Schmerz und Wut in uns lindern und überwinden können; zu diesem Zweck werden wir aber einmal von einer anderen als der üblichen Perspektive aus beginnen. Der buddhistische Übungsweg ist zwar nach wie vor ein analytischer, der uns auch unsere Probleme aufzuzeigen vermag, doch er betont ebenso, dass ohne ein gezieltes Training der in uns angelegten heilsamen Qualitäten kein Fortschritt zu erzielen ist.

Darüber hinaus erweitern wir die von uns angestrebten Ziele: Wir wollen nicht nur nicht mehr leiden, sondern auch glücklich sein und den Zustand der Befreiung erkennen und möglichst erfahren. Dafür reicht es nicht aus, unser Leiden zu bekämpfen.

Wenn wir Trauer, Angst, Wut und Schmerz in uns bewältigen, wenn wir etwas auflösen, entsteht eine Lücke. Womit wollen wir diese füllen, wenn nicht mit Heilsamem, also mit heilen Samen, die in uns sprießen und so ein stabiles Fundament schaffen, auf das wir uns verlassen können?

Unser inneres Haus

Der Vergleich mit dem Bau eines Hauses bietet uns hier eine sehr passende Analogie: Wenn wir ein Haus bauen wollen, dann reicht es auch nicht, nur den Unrat von unserem Baugrundstück zu entfernen. Danach müssen wir auch beim Hausbau mit dem Errichten eines soliden Fundaments beginnen und darauf positive Ressourcen, also Stein für Stein, aufschichten. Dieses Bild lässt sich sehr gut übertragen, wie wir vorgehen sollten, wenn wir unser inneres Haus bauen möchten.

Außerdem brauchen wir einen Plan, denn schließlich müssen wir viele Bemühungen koordinieren. Dazu benötigen wir ebenfalls etwas Geduld, Ausdauer und eine gewisse Beharrlichkeit. Wenn wir dann aber nur über Probleme nachdenken und grübeln, warum unser Grundstück so karg aussieht, kommen wir allerdings nicht weiter.

Ein sehr wesentlicher Schritt besteht dann in der Beschaffung von Baumaterial, also positiven Ressourcen. Wir müssen uns auf unsere Fähigkeiten besinnen und Zuversicht entstehen lassen. Natürlich wären auch ein paar hilfreiche Freundeshände als Helfer durchaus willkommen, wenn auch die Verantwortung bei uns bleibt.

Bei solchen Vorhaben ist ein Abwägen unserer Möglichkeiten immer von großem Nutzen. Dafür benötigen wir eine achtsame Übungspraxis, um mit Ruhe und Gelassenheit unseren Fokus zu öffnen.

Unsere beiden inneren Waagschalen

Unsere Befindlichkeit ist in der Regel auch ein Ausdruck des Verhältnisses unserer beiden inneren Waagschalen zueinander. Wie wir schon erwähnt haben: Es gibt in uns eine Minus-Waagschale, in der sich all unsere unheilsamen Eigenschaften und Erfahrungen befinden, und dann gibt es ebenfalls eine Plus-Waagschale, in der sich all unsere heilsamen Eigenschaften und Erfahrungen befinden.

Wir alle leben mit einer solchen inneren Waage. Dieses Symbol zeigt uns auch, dass wir stets mit diesen unterschiedlichen Kräften umgehen müssen. Wir können die Minus-Waagschale nicht vollständig eliminieren. Einerseits stellen sich einfach immer wieder neue Herausforderungen, Probleme und leidhafte Erfahrungen in unserem Leben ein; andererseits sollten wir bedenken, was aus unserer Plus-Waagschale wird, wenn es kein Gegengewicht mehr gibt. Ist die Minus-Waagschale zu voll und schwer, dann leiden wir. Erhält die Plus-Waagschale ein stärkeres Gewicht, dann spüren wir heilsame Veränderungen.

Anmerkung: Viele Vergleiche und auch etliche Ansätze beruhen auf der relativen Sichtweise und nutzen auf dieser Ebene noch das dualistische unterscheidende Denken. Darauf wird später noch näher eingegangen.

Für diesen Prozess des Abwägens benötigen wir ebenfalls eine gewisse Achtsamkeit. Es gilt hier verschiedene Aspekte zu berücksichtigen. Nicht alles, was wir zum Beispiel als vermeintlich positive Hilfe in die Plus-Waagschale legen, wirkt sich dort auch immer heilsam aus. Viele Versuche scheitern, und selbst wenn es anfangs noch hilfreich schien, entwickeln sich manche Hilfsstrategien im Verlauf dann zu negativen Erfahrungen; womöglich kann es manchmal hilfreich sein, für Abstand zu sorgen, doch wenn wir dann immer wieder nur auf Abstand gehen, entstehen sicherlich bald zusätzliche Probleme.

Dieses Bild der inneren Waage zeigt uns aber auch, dass wir uns für eine heilsame Veränderung nicht immer nur auf die Negativ-Waagschale konzentrieren dürfen. Zu oft liegt hier der Fokus in der Therapie, zu lange und zu tief wird hier häufig gegraben. Sicherlich ist die achtsame Ergründung der Negativ-Waagschale sehr wichtig, doch sie darf nie ohne die Berücksichtigung der Positiv-Waagschale vollzogen werden. Darüber hinaus sollten wir auch immer mit der Positiv-Waagschale beginnen. Nur wenn wir hier ausreichend gestärkt sind und den Zugang zu unseren eigenen Ressourcen kennen und verfügbar haben, können wir einen Blick in unsere Negativ-Waagschale riskieren.

Wenn ihr den Weg nicht verstehen könnt,
werdet ihr ihn nicht erlangen können,
selbst wenn ihr auf ihm geht.

– Sekito Kisen –

Kleine strategische Überlegungen

Während in früheren Zeiten viele Therapeuten dazu rieten, mitten in die Probleme einzusteigen und „alles rauszulassen", wissen wir heute, dass alles, was wir wiederholen, sich auch festigen kann. Beschäftigen wir uns zu oft mit unseren Problemen und wiederholen sie damit, festigen sie sich. Natürlich können auch hilfreiche Erfahrungen beim Berichten über Probleme entstehen, wir können uns verstanden fühlen oder in der Gruppe erfahren, dass wir nicht allein sind mit unserem Problem. Diese Abläufe erfordern jedoch viel Fingerspitzengefühl und sollten insbesondere im Hinblick auf die vielen unheilsamen Identifikationsgefahren und sogar Re-Traumatisierungen sehr dosiert und vorsichtig gehandhabt werden.

Eine gute Therapie oder auch eine gute Selbstbehandlung sollte deshalb immer zweigleisig angelegt sein: In einem ersten Schritt kultivieren und sichern wir unseren Zugang zu unseren Ressourcen und Fähigkeiten, und erst wenn dieser Vorgang sich für uns wirklich sicher anfühlt, gehen wir einen Schritt weiter. Erst wenn wir in der Lage sind, uns selbst sicher zu steuern, uns eigenständig zu beruhigen und auch zu aktivieren, erst wenn das geschehen ist, können wir uns unseren Problemen stellen. Ein wichtiger Teil der dann folgenden Problembearbeitung besteht zum Beispiel darin, unsere Ressourcen mit unseren Problemen in Verbindung zu bringen.

Das vorliegende Buch über den leichten Weg widmet sich vorrangig der Plus-Waagschale. Der Fokus liegt hier also darauf, die in uns bereits angelegten *heilsamen* Veranlagungen zu entdecken, zu kultivieren, zu fördern und dann zu stabilisieren und zu sichern.

Die buddhistische Psychologie spricht hier von in uns angelegten Keimen. Diese Vorstellung entspricht den westlichen Vorstellungen von unseren Veranlagungen. Keime oder Veranlagungen sind unser Potential, mit dem wir als Neugeborene in diese Welt treten und mit dem wir in der ersten Lebensphase offen und erwartungsvoll die Welt auf uns einwirken lassen. Das bietet ein Maximum an Anpassungspotential für das junge Erdenkind. Dieser Anpassungsprozess ist sehr fundamental. Wir entwickeln uns so in den ersten Monaten und Jahren sehr intensiv zu einem Menschen, der perfekt in seine anfangs noch sehr kleine Welt hineinpasst – im Guten wie allerdings auch im Schlechten: Erfahren wir viel Güte, dann werden diese Potentiale in uns gefördert und wir können mit Güte reagieren. Erfahren wir aber Hass und Ablehnung, dann passen wir uns auch daran perfekt an und werden zu einem Menschen mit großen Potentialen für Hass und Ablehnung.

Unsere potentiellen Chancen

Es ist ein ganz spannendes Projekt, sich einmal sehr genau darüber klar zu werden, welche Keime oder Veranlagungen in uns kultiviert wurden und welche noch nicht. Natürlich ist es auch interessant, welche Anteile wir selbst bislang, wohl mehr oder weniger bewusst, in uns gestärkt haben.

Ebenso wie wir die Veranlagung zum Sprechen oder zum aufrechten Gang mitbekommen haben, so sind in uns auch fast unendlich viele andere Veranlagungen enthalten: So tragen wir in uns die Keime zu Hass, Trauer und Angst, genauso wie beispielsweise zu Liebe, Güte, Mitgefühl, Freude, Gleichmut, Gelassenheit, zu Glücksempfindungen, innerem Frieden, Weisheit, Verständnis, Toleranz, Humor und emotionaler Schwingungsfähigkeit. Auch das Verständnis für den Mittleren Weg, im Hier und Jetzt zu bleiben, den Augenblick genießen zu können und die vielen anderen Anlagen, zu denen wir Menschen fähig sind, gehören hierzu. Tatsächlich tragen wir alle in uns die Keime, die Veranlagungen und damit das Potential zur Befreiung.

In jüngeren Jahren waren wir sicherlich stärker abhängig von unseren Bezugspersonen, als wir es heute sind. Das bedeutet, dass unsere inneren Veranlagungen früher stärker von *außen* beeinflusst oder auch manipuliert wurden. Heute müssen wir selbst die Verantwortung dafür übernehmen!

Vor diesem Hintergrund muss die Aussage: „So bin ich eben" als das erkannt werden, was sie ist: eine bequeme Ausrede.

Wir sind heute das, was in uns gefördert wurde. Dafür müssen wir selbst vollständig die Verantwortung übernehmen. Wir haben die Verpflichtung, eine klare Bilanz zu ziehen und dann die unheilsamen Anteile in uns zu schwächen und die heilsamen zu kultivieren. Wir tragen alle ein grandioses, unerschöpfliches Potential in uns. Es erscheint geradezu unverzeihlich, diese wunderbaren Möglichkeiten zu ignorieren.

Bislang sind wir alle eher die kümmerliche Variante des Menschen, der wir sein könnten. Dieser Sachverhalt ist sehr bedeutungsvoll und sollte unbedingt verinnerlicht werden: Das aber soll uns nicht degradieren, sondern vielmehr stärker motivieren! Denn wir können uns tatsächlich verändern, sogar grundlegend. Dafür müssen wir die heilsamen Veranlagungen in uns durch geduldige und stetige Wiederholungen fördern.

Das Labyrinth in uns

Die übliche Weise, wie unsere Veranlagungen gefördert werden, lässt in unserem Denken und Handeln eine Art Labyrinth entstehen. Wir entwickeln für unser Denken und Handeln gewissermaßen routinierte Trampelpfade, die wir ständig benutzen. Diese gewohnheitsmäßigen Wege sind uns so vertraut, dass wir das Labyrinth, in dem wir leben, gar nicht mehr wahrnehmen. Wenn uns nun in diesem Labyrinth etwas Bestimmtes im Wege liegt, dann empfinden wir nur dieses spezielle Problem als Hindernis.

Um hier einen Ausweg zu finden, ist es hilfreich, dass wir uns im wahrsten Sinne des Wortes einen Überblick verschaffen. Sich aus diesem Labyrinth zumindest schon einmal gedanklich zu lösen, verändert unsere Perspektive. So erkennen wir, das wir nicht nur ein, sondern mindestens zwei Probleme haben: das jeweils spezielle Hindernis, das uns im Wege liegt, und das Labyrinth selbst als das zweite, wahrscheinlich größere, Hindernis.

Darüber hinaus erkennen wir sofort, dass uns die reine oder ausschließliche Bearbeitung unseres ersten Problems nicht weiterhilft. Um aus einem Labyrinth wieder herauszufinden, benötigen wir Fähigkeiten, Kompetenzen, Ressourcen und alles Sonstige, was nur eben hilfreich und heilsam erscheint. Wir dürfen uns nicht weiter im Kreise bewegen, wir benötigen einen Überblick und insbesondere ein konkretes Ziel. In unserem Labyrinth sollten wir uns nicht zu lange mit dem Problem beschäftigen, das gerade vor uns liegt, sondern mit einer ganz konkreten Frage: Wo ist der Ausgang?

Wie geschieht Veränderung?

Es ist sehr faszinierend, wenn wir feststellen können, dass die Neurowissenschaften heute viele grundlegende buddhistische Lehren bestätigen, so zum Beispiel die Aussage, dass wir uns tatsächlich fundamental verändern können. Die Nervenzellen in unserem Gehirn sind nicht, wie lange vermutet, irgendwann stabil und fest; im Gegenteil – sie bleiben ein Leben lang dynamisch und flexibel.

Neuroplastizität bedeutet, dass sich unsere Nervenzellen, die unsere Empfindungen, Gedanken und Verhaltensweisen vermitteln, in einem stetigen Veränderungsprozess befinden. Sie sind in der Lage, sich innerhalb weniger Tage auf neue Erfahrungen einzustellen und diesen auch strukturell anzupassen. Leider geschehen diese Vorgänge meist ungelenkt. Neuroplastizität bedeutet aber demzufolge auch, dass wir uns durch geduldiges und regelmäßiges Training fundamental und auf strukturell-physiologischer Ebene verändern können. Unser Gehirn verändert sich und wir mit ihm.

Das, was wir ständig wiederholen, bildet sich als Muster in unserem Gehirn aus und erleichtert uns die nächsten Wiederholungen. Es liegt also sehr stark an uns selbst, was wir wiederholen und dadurch in uns stärken. Dieses Prinzip eröffnet uns außerordentliche Wandlungschancen.

Auf genau diese Prozesse der positiven Einflussnahme werden wir in diesem Buch eingehen. Deshalb wird sein Tenor ein durchgängig konstruktiv-positiver sein. Um unseren leichten Weg erfolgreich verfolgen zu können, benötigen wir aber natürlich auch einen klaren Blick auf die vorhandenen Gefahren. Auch sie werden hier an verschiedenen Stellen verdeutlicht. Von zentraler Bedeutung sind sicherlich die Gefahren, die bereits seit vielen Generationen als solche im Buddhismus definiert werden und dementsprechend auch über die großen Zeiträume der Jahrhunderte hinweg unzählige Male geprüft und ergründet wurden. Diese Gefahren sind natürlich so vielfältig wie die Menschen, die sich in den Strom des Lebens werfen. Dennoch lassen sich alle potentiellen Schwierigkeiten oder Herausforderungen in nur drei Kategorien einteilen. Diese werden als die drei Ursachen oder auch die drei Gifte bezeichnet. Diese Faktoren tauchen in fast jedem buddhistischen Buch auf, werden erklärt oder zumindest erwähnt. Aufgrund dieser Präsenz und der zugrunde liegenden hohen Bedeutung soll dieses Thema an dieser Stelle eine Würdigung finden. Diese wird aber nur knapp sein und auf unseren leichten Weg fokussiert bleiben.

Die drei Gifte des leichten Weges

Die drei Gifte sind nach buddhistischer Auffassung allumfassend, also für alle unsere Leiden mitverantwortlich. Deshalb sind sie natürlich auch für unseren leichten Weg relevant. Zur Erinnerung: Es handelt sich um Unbewusstheit, Anhaftung und Widerstand. Diese drei Begriffe beinhalten wiederum, je nach Kontext anders gewichtet, folgende weitere Aspekte:

Unbewusstheit: Unwissenheit, Verblendung, Ignoranz, Irritation, Verwirrung usw., aber auch Flexibilität, Unvoreingenommenheit u. a.

Anhaftung: Identifikation, Begierde, Sucht, Festhalten, Abhängigkeit, Sehnen, Wunsch nach Dauerhaftigkeit usw., aber auch Zuneigung, Liebe, Treue u. a.

Widerstand: Ablehnung, Abscheu, Empfindungen von Isolation und Getrenntsein, Wut, Hass, Verärgerung usw., aber auch Resistenz, Selbstbehauptung, Geradlinigkeit u. a.

Dieses „aber auch", das bei allen drei Geistesfaktoren auftaucht, verweist auf die überall vorhandene Ambivalenz oder Wandelbarkeit selbst tiefer Wahrheiten. Jede unserer Neigungen kann sich als Ursache für Leiden, aber ebenso als Ursache für heilsame Aktivität oder Veränderung manifestieren, wenn wir sie mit Achtsamkeit zu durchdringen vermögen.

Schauen wir jetzt, welche Auswirkungen Unbewusstheit, Anhaftung und Widerstand auf dem leichten Weg für uns haben können.

Unbewusstheit auf dem leichten Weg

Bereits 2500 Jahre vor Sigmund Freud identifizierte Buddha unser Unbewusstes als eine große Ursache für Leiden.

Wir möchten wohl alle einen guten Lebensweg finden. Dieser sollte leicht sein, mit möglichst wenig Schmerzen, oder wenn diese auftreten, dann sollten sie zumindest nur von kurzer Dauer sein. Diese Wünsche und die vielen anderen, die wir mit uns herumtragen, bilden einen schweren Rucksack des Begehrens, einen Rucksack der Hoffnungen und des Strebens. Auf diesen Rucksack stützt sich sogar unsere ganze westliche Kultur: Unser Neid auf den Besitz anderer soll uns dazu veranlassen, selbst strebsam zu werden; das ist der kapitalistische Grundgedanke. In der Regel funktionieren unsere Impulse jedoch unterhalb unserer Aufmerksamkeitsschwelle. Wir selbst schalten schon morgens im Aufwachmodus auf den Morgen-Automatismus, dann auf den Frühstücks-Automatismus, den Autofahr-Automatismus, den Arbeits-Automatismus, den Einkaufs-Automatismus, den Kommunikations-Automatismus, den Abend-Automatismus, den Feier-Automatismus, den Nacht-Automatismus, den Urlaubs-Automatismus, um hier nur eine Auswahl zu nennen. Wir spulen ein Programm ab. Aber welches ist das? Ist es wirklich unser eigenes?

Ja, welches den sonst?, werden Sie nun vielleicht fragen. Was macht Sie da so sicher, dass es wirklich Ihr eigenes ist. Sind Ihre Aktivitäten, Wünsche und Ziele wirklich so individuell? Oder macht Ihr Nachbar nicht eigentlich genau das Gleiche? Die gleichen Spielregeln, die gleichen Automatismen, nur vielleicht mit etwas anderen Ergebnissen.

Wir schreiten also nicht bewusst durch unser Leben, sondern stolpern auf unserem Lebensweg eher in einem Dämmerzustand daher. Oft werden wir von etwas geleitet, aber wer oder was leitet uns da? Wer hat uns auf diesen Weg gebracht? Wer hat uns programmiert und wodurch bleiben diese Programmierungen immer weiter aktiv? Das sind elementare Fragen, die darüber entscheiden, ob aus unserem Leidensweg irgendwann einmal ein leichter Weg werden kann.

Die Thematik der unbewussten Automatismen, die uns immer wieder in die Misere führen, und die Bewusstwerdung dieser inneren Strukturen sind sehr zentrale Aspekte dieses Buches.

Anhaftung auf dem leichten Weg

Der buddhistische Mönch Buddhadāsa reduziert die gesamte buddhistische Lehre auf einen Kernsatz: „Kein *Ich* und kein *Mein*."

Welche Assoziationen entstehen zuerst, wenn wir den Appell „kein Ich, kein Mein" lesen? Wir sollten unser Empfinden von „Ich möchte, ich meine, ich fühle, usw." ebenso zügeln oder gar eliminieren wie den selbstverständlichen Gedanken von „Mein Haus, meine Familie, mein Job usw.". Denn es wäre hilfreich, nicht an der materiellen Ebene zu haften. Es geht nicht so sehr darum kein Eigentum zu besitzen, sondern keine Identifikationen damit einzugehen. Wir können uns damit umgeben, aber wenn wir meinen, dass diese Dinge uns ausmachen und wir uns darin finden können, dann entstehen Probleme.

Doch auch auf der immateriellen Ebene besteht diese Problematik: Unser Anhaften an die eben erwähnten Automatismen stellt eines der tödlichsten Phänomene dar. Klingt das zu dick aufgetragen? Schauen wir einmal etwas genauer hin: Die vielen Automatismen führen dazu, dass wir uns nicht mehr hinterfragen. Wir spulen unser Schema ab und fliegen im Autopiloten durch unser Leben. Einerseits führt das dazu, dass Dinge oder Menschen, die nicht in unser Raster passen, zu scheinbaren Feinden werden. Alles, was unseren Automatismus stört, löst in uns unheilsame Emotionen aus. Darüber hinaus fressen uns die Automatismen die Lebenszeit weg. Wenn wir nur auf Autopilot leben, und dazu führt das Abspulen der Automatismen, dann wundern wir uns, dass das ersehnte Wochenende so schnell vorüberging, dass der Urlaub so schnell vergeht oder das letzte Jahr nur so an uns vorbeiflog. Sie meinen, die Zeit vergehe so schnell? Das ist ein sicheres Zeichen dafür, dass wir nur noch von einem Automatismus zum nächsten wechseln und vollkommen daran anhaften.

Automatismen, und das muss auch noch gesagt sein, können hilfreich sein, weil sie uns Aufmerksamkeit sparen helfen: Wir müssen nicht immer wieder bei Punkt Null anfangen. Das Plus bleibt aber nur so lange bestehen, wie der Ablauf in unserem Fokus bleibt. Und das tut er für gewöhnlich aufgrund einer starken Eigendynamik nicht.

Wenn wir unseren leichten Weg finden möchten, dann wird er uns von den Automatismen wegbringen. An dieser Stelle entstehen dann zwangsläufig Widerstände. Etwas in uns möchte es wirklich, aber etwas anderes mag es nicht, wenn innere und dann auch äußere Strukturen verändert werden.

Widerstand auf dem leichten Weg

Die spannende Thematik unserer inneren Widerstände verdeutlicht uns, wie multipel wir alle als Menschen funktionieren. Es beweist also das Vorhandensein der vielen inneren Stimmen, vergleichbar mit einem Chor, dem in der Regel der Dirigent fehlt. Jeder aus dem Chor drängelt sich mal auf das Podest und bemüht sich, die anderen Stimmen zu übertönen und zu dominieren.

Womöglich kommen zurzeit einige Stimmen hinzu, die dem Rest des Chores anraten, es doch einmal mit einem leichten Stück zu probieren: sozusagen der leichte Weg des Chores. Aber schon melden sich wieder die alten Stimmen, die schon immer da waren. Nein, warum denn etwas Neues? Schön und gut, aber das Neue, das können doch lieber die anderen Chöre singen. Wir wollen unsere alten Lieder. Das war schon immer so. Tradition und Gewohnheitsrechte sind wichtig, das gibt Sicherheit.

Wir verbringen einen großen Teil unseres Lebens damit, diese inneren Stimmen zu lenken, doch meist sind wir nur in der Position einer kleinen leisen Stimme, die sich – betäubt vor den mächtigen alten Stimmen – am liebsten die Ohren zuhalten möchte. Das aber geht bei unseren inneren Stimmen nicht.

Widerstände werden in der Psychologie oft als Selbstschutz interpretiert. Je größer der Andrang gegen den inneren Chor ist, desto größer ist auch der Widerstand. Also sorgen die cleveren neuen Stimmen erst einmal für mehr Sicherheit. Sie kämpfen nicht. Vielleicht lehnen sie sich etwas zurück, betrachten die aufgeregten und sich immer mehr anstrengenden Stimmen und lächeln mitfühlend. Sie atmen bewusst und lockern ihren Geist. Nun werden vielleicht die Nachbarstimmen neugierig. Wie funktioniert das denn, diese Gelassenheit?

Einen inneren Chor können wir nicht niederzwingen. Wir müssen unsere Widerstände vielmehr respektvoll ergründen.

So beginnen wir mit heilsam wirkenden Übungen, die in uns eine gute Empfindung zu erzeugen vermögen. Es fühlt sich gut an. Es entsteht Freude. Es entsteht vor allem aber auch Leichtigkeit. Die ersten Schritte auf unserem leichten Weg sind getan.

Die größeren Herausforderungen kommen später.

Sobald du fällst,
musst du springen.

– Buddhadāsa –

Vieles, was sich einfach anhört und gut lesen lässt, ist in der Umsetzung der blanke Horror. So löst Kontrollverlust in uns immer spontane Widerstände aus. Wir möchten nicht die Selbstkontrolle oder die Kontrolle über wichtige Abläufe in unserem Leben verlieren. Damit wird das Festhalten zur Beruhigungspille. Die Nebenwirkungen nehmen wir billigend oder auch unbewusst in Kauf.

Wenn wir diese Thematik vertiefend ergründen, dann können wir erkennen, wie untrennbar Unbewusstheit, Anhaftung und Widerstände miteinander verknüpft sind und eine fest miteinander verwachsene Einheit bilden.

Der leichte Weg wird uns bei der Entwirrung leiten können. Es ist ein Schritt-für-Schritt-Weg.

Der leichte Weg als neuer Weg

Unser Umgang mit Neuem ist oftmals von starker Ambivalenz geprägt. Es scheint ein eigenartiges Phänomen zu sein, dass uns Neues gleichermaßen anzieht, wie es uns skeptisch oder sogar abwehrend macht.

Ebenso wie alles andere benötigt auch diese Dynamik bestimmte Vorbedingungen. Wenn wir uns sehr oft nur unter Gleichgesinnten bewegen, wenn die Menschen in unserer Umgebung sehr ähnliche Ansichten wie wir selbst vertreten, wenn sie ähnlich wohnen, ähnlich leben, sich ähnlich ernähren, an die gleichen Dinge glauben, ähnlichen Gewohnheiten nachgehen, dann werden sich diese Ähnlichkeiten sehr schnell als Routinen fest in uns abspeichern. Es gibt dann keine Herausforderungen mehr, keine interessanten Stimuli. Wir lernen nichts Neues mehr. Vorhandene Nervenbahnen stärken sich in uns und die vielen anderen Verbindungen in unserem Kopf, die auf neue Stimuli warten, verkümmern und bilden sich zurück. Wir werden dann „eindimensionaler", was sich zum Beispiel so ausdrückt, dass uns Neues immer suspekter erscheint. Diese Dynamik lässt sich fast mit Inzucht vergleichen und führt immer in die Misere.

Der Neurowissenschaftler Gerald Hüther drückt sich sehr provokativ aus, wenn er zu Recht sagt, dass die Ablehnung von Andersartigkeit eine Form der Selbstverstümmelung ist. Wir müssen in diesem Zusammenhang verstehen, dass die Beziehungsformen, die wir in unserer Umwelt pflegen, sich in einer Eins-zu-eins-Umsetzung als Beziehungsformen in unserem Nervensystem abbilden. Die Nervenzellen gehen mit ihren Vernetzungen ähnliche Beziehungen ein, wie wir mit unseren Mitmenschen in Beziehung treten. Eine drastische Reduzierung oder Uniformierung unseres äußeren Kontextes hat immer auch zur Folge, dass sich unser innerer Kontext, also unser Gehirn, entsprechend zurückbildet.

Unsere Bemühungen für einen leichten Weg erfordern in mancher Hinsicht ein Umdenken. Einerseits benötigen wir die Stärke, uns selbstkritisch zu hinterfragen, und zudem die Bereitschaft, alte Gewohnheitsmuster zu verändern und Neues auszuprobieren. Das Neue kommt aber oft im Gewand des Fremden daher. Unsere Fähigkeiten, mit Andersartigkeit umzugehen – Fachleute sprechen von „Diversity-Management“ –, gehört zu den Veranlagungen, mit denen wir ausnahmslos alle auf die Welt kommen. Kleine Kinder verfügen über diese Kompetenzen, sie gehen ganz natürlich auf alles Neue zu, denn für sie ist noch alles vollkommen neu.

Dass das nicht so bleibt, ist ein bedenkenswertes Geschehen. Natürlich müssen wir unsere kindliche Unwissenheit aufgeben und aus Erfahrungen lernen, aber wenn der weitere Lernvorgang immer mehr in die Eingleisigkeit führt, dann entstehen rigide Charaktere, die nicht mehr rechts und links schauen können.

Wir versuchen nun im Geistestraining neue Impulse zu verinnerlichen. Wir sind davon vielleicht sogar anfangs inspiriert, aber dann werden wir früher oder später auch skeptisch. Sofort denken wir an den damit verbundenen Aufwand und unseren Nutzen daraus. Das ökonomische Denken unserer Kultur hat sich natürlich bereits in jeden von uns eingegraben.

Gerald Hüther vermittelt in seinen Vorträgen oft, dass es nicht ausreicht, Menschen einzuladen. Wir benötigen neben einer ernst gemeinten *Einladung* noch *Ermutigung* und auch *Inspiration.* Der leichte Weg, so wie er hier dargestellt wird, soll Sie *einladen;* er ist für uns alle offen, er liegt direkt vor Ihnen, Sie stehen sozusagen schon darauf. Gehen Sie ein paar Schritte und prüfen Sie das selbst. Der leichte Weg möchte Sie *ermutigen,* weiterzugehen. Jeder weitere Schritt wird Sie darin bestärken. Die Vielfalt der Aspekte und Zugangsmöglichkeiten, denen wir uns hier zuwenden werden, möchte Sie zudem auch *inspirieren,* dem Weg nicht nur zu folgen, sondern schon bald auch zu merken, dass es Ihr eigener Weg ist, den Sie selbst gehend gestalten.

Wir haben eine Wahl

Wenn wir die Befreiung anstreben, dann kann das doch nur bedeuten, dass wir jetzt noch nicht frei sind, oder um es noch etwas stärker auf den Punkt zu bringen: dass wir noch Gefangene sind. Natürlich tragen wir bereits alle notwendigen Anlagen für die Befreiung in uns, doch unsere Verblendung hindert uns daran, diesen Weg zu gehen.

Mit diesem Verständnis sind wir alle gleichermaßen frei und unfrei. Das Bewusstsein unserer Freiheit oder Unfreiheit wird wahrscheinlich variieren. Oftmals erleben wir unsere Wahlmöglichkeiten in einem

Übermaß. Beispielsweise sind unsere Auswahlmöglichkeiten im Supermarkt ganz offensichtlich; ob es sich dabei aber um eine wirkliche Wahlfreiheit handelt, sei dahingestellt.

Nur zu oft folgen wir fast blind unseren Gewohnheiten. Die Zusammenhänge zwischen unseren Gewohnheiten und unserer Unfreiheit sind vielfältig. Wir spüren sie zum Beispiel in Form von Unwohlsein, Ärger oder Angst in neuen Kontexten oder wenn wir in der Ausübung unserer Gewohnheiten gestört oder gar daran gehindert werden.

Wenn wir wirklich eine Wahl hätten, wieso wählen wir dann nicht den leichten Weg, sondern den schweren und nur zu oft auch den destruktiven und selbstverletzenden Weg? Ein wesentlicher Aspekt, der hier zur Erklärung herangezogen werden kann, ist wohl die Vermutung, dass wir eben keine wirklich eigene Wahl treffen, sondern nur unserem inneren Schema, unserem Muster folgen. Das liegt nicht so sehr an unserer persönlichen Schwäche als vielmehr an der Eigenart des menschlichen Verstandes. Dieser versucht nämlich so schnell wie möglich, zu seiner Entlastung aus einzelnen unserer Reaktionen und Verhaltensweisen einen Automatismus zu bilden. Schon ein paar Wiederholungen genügen, damit unser Verstand bei der nächsten ähnlichen Situation gar nicht mehr so genau arbeitet, sondern nur noch den Automatismus abspult.

Wenn dieser Prozess erst einmal angelaufen ist, erfolgen dann in den weiteren Schritten nachfolgende Verhärtungen und Stabilisierungsvorgänge dieser Automatismen. Anfangs bemühen wir uns vielleicht um eine schnelle und gute Erledigung unserer Aufgaben. Bei nächster Gelegenheit spult unser Verstand einen Automatismus ab, der uns antreibt, wieder schnell und gut zu arbeiten. Jede nun folgende Aufgabe wird von nun an wie angetrieben erledigt. Es läuft irgendwie automatisch. Dieser Verhärtungsprozess sieht oft so aus, dass wir die anfänglichen Erfolge positiv zur Kenntnis nehmen, das stärkt den Prozess. Zudem werden vielleicht andere darauf aufmerksam und loben uns dafür. Aufgrund dieser Dynamik erzeugt unser Verstand Identifikationen mit diesen Mustern, an denen wir dann anhaften und festhalten, wie etwa: *Ich bin* ein fleißiger Mensch, also muss ich immer zu Diensten sein. Auch wenn es mir einmal nicht so gut geht, muss ich weiterarbeiten und immer fleißig sein.

Das aber ist dann keine Wahl mehr, sondern unser innerer Automatismus „entscheidet" für uns und über uns. Genauso funktioniert es bei allen anderen unserer Verhaltens- und Empfindungsweisen:

Ich bin ein Kämpfer, also muss ich kämpfen.

Ich bin ein friedlicher Mensch, also muss ich friedlich sein.

Ich bin eine Frau, also muss ich immer ... sein.

Ich bin ein Mann, also muss ich immer ... sein.

Auf diese Weise schaffen wir uns selbst unsere Käfige, in denen wir es uns dann irgendwie bequem zu machen versuchen. Einige Zeit geht das, aber irgendwann melden sich dann zwangsläufig die ersten Probleme.

Wir können das Ausmaß unserer Automatismen selbst prüfen

Obwohl diese Automatismen so tief in uns eingelagert sind, können wir sie analysieren und auch einen Eindruck von ihrer Anzahl bekommen. Diese ist nämlich daran abzulesen, wie schnell die Zeit für uns vergeht. Wenn Sie meinen, dass das letzte Jahr sehr schnell verflogen ist, die Wochenenden schnell wieder vorbeigehen oder dass Sie schnell alt geworden sind, dann ist das ein sicheres Indiz dafür, dass Sie kaum bewusst leben, sondern in Ihrem Leben nur von einem Automatismus zum anderen wechseln. Je erheblicher Ihr Empfinden von einem Zeitraffer-Effekt ist, desto ausgeprägter und umfangreicher sind Ihre Automatismen.

Wenn wir uns diese Problematik verdeutlichen, dann entstehen oft Sorgen und Ängste. Wir realisieren, dass unser Leben verrinnt. Also wäre es doch eine gute Idee, ab jetzt alles anders zu machen.

Ab jetzt das Gegenteil?

Vielleicht sind wir an einem Punkt angekommen, an dem wir erkennen können, dass wir etwas verändern sollten. Sicherlich liefert unser Verstand uns dafür prompt einige gute Vorsätze.

Diesen Vorgang müssen wir achtsam ergründen. Zur Veranschaulichung stehe ich bei Vorträgen manchmal auf und drehe mich nach rechts. Mein Publikum frage ich dann, was das Gegenteil dieser Handlung wäre. Natürlich erhalte ich die Rückmeldung, mich in die andere Richtung zu drehen, nach links. Wenn ich das getan habe, frage ich wieder nach dem Gegenteil. Jetzt erhalte ich die Rückmeldung, mich nach rechts zu drehen.

Was wird ein Außenstehender dabei wohl beobachten können?

Ich stehe da und drehe mich. Obwohl ich das Gegenteil erreichen wollte, bleiben meine Reaktionen vollkommen gleich. Ebenso wie in diesem Beispiel bleiben wir alle immer wieder auf einer bestimmten

Ebene stecken, obwohl wir meinen, das vollkommen Entgegengesetzte zu tun.

Auch der leichte Weg besteht nicht nur aus positiven Bereichen. Wir dürfen auch hier nicht bedenkenlos und fast blind voranschreiten. Wie schon erwähnt, lauern auch auf diesem Weg einige recht bedeutsame Gefahren, auf welche in diesem Buch hingewiesen wird.

Wir wollen uns befreien, wir wollen nicht mehr so abhängig von äußeren Bedingungen sein. Doch nur das Gegenteil zu tun, wird nicht ausreichen.

Die vielen positiven Seiten in uns sind bereits angelegt, wir müssen sie gar nicht neu erfinden. Wahrscheinlich aber haben einige davon etwas gelitten und benötigen Nachhilfe oder Entwicklungshilfe. Einige gute Qualitäten in uns zeigen sich vielleicht schon etwas häufiger, sind aber leider noch abhängig von entsprechend guten äußeren Bedingungen. Womöglich haben wir aber zu vielen wichtigen Qualitäten den Kontakt oder den Zugang verloren, oder es fällt uns zumindest schwer, diesen herzustellen.

Der Umgang mit Problemen fällt uns leicht

In einem Experiment wurden Versuchspersonen gebeten, sich über etwas zu ärgern. Sie sollten sich zum Beispiel an die letzte Situation erinnern, in der sie sich sehr ärgern mussten. Tatsächlich konnten alle Versuchspersonen derartige Erinnerungen sofort abrufen und sich entsprechend intensiv ärgern. Nach zehn Minuten haben die Forscher dann das Experiment unterbrochen, weil die Versuchspersonen sehr heftige Reaktionen zeigten.

In einem zweiten Durchgang des Experimentes wurden die Versuchspersonen gebeten, sich über etwas zu freuen. Sie sollten sich jetzt an eine Situation erinnern, in der sie große Freude empfunden haben. Tatsächlich konnten sich auch viele Versuchspersonen an eine derartige Situation erinnern. Sie freuten sich, doch nach etwa 30 Sekunden war es mit der Freude schon wieder vorbei.

Das ist eigentlich ein trauriges Ergebnis. Es zeigt uns, dass wir womöglich alle auf dem falschen Weg sind: Was uns leichtfällt, ist nicht unbedingt immer auch das, was heilsam für uns und andere ist. Wir stärken in uns zu sehr die negativen Anteile und lassen die positiven

Anteile nicht ausreichend wachsen. Wenn wir zurückblicken, dann verschleiert sich unser Blick sicherlich für vieles. Negative Erfahrungen werden oft erfolgreich verdrängt oder eingetrübt, aber positive Erfahrungen werden leider auch recht oft nicht genügend gewürdigt. Wenn wir abends auf unseren Tag zurückblicken, an welchen Erinnerungen bleibt unser Fokus dann haften? Doch wohl oft an den Problemen des Tages.

Sicherlich versuchen wir immer wieder, in eine positive Stimmungslage zu kommen. Auch erkennen wohl die meisten von uns, dass es nicht nur einen Weg dorthin gibt. Es könnte sehr spannend sein, wenn wir einmal kritisch betrachten, welche Wege wirklich nachhaltig hilfreich sind und welche vielleicht nur scheinbar zum Ziel führen.

Ein sehr häufiges Phänomen besteht darin, dass viele von uns nach einer positiven Stimmungslage in den äußeren Umständen suchen. Wenn wir uns freuen wollen, dann kaufen wir etwas, suchen uns vielleicht einen lustigen Film aus oder treffen uns mit Freunden. All diese Möglichkeiten haben sicherlich ihre Berechtigung, doch wenn wir ausschließlich im Außen danach suchen müssen, haben wir ein Problem: Wir bleiben dann davon abhängig. Eine Lösung von äußeren Abhängigkeiten könnte also ein sehr wichtiger Schritt in unserer spirituellen Entwicklung sein. Dieser hat oft eine Menge mit unseren *inneren* Abhängigkeiten zu tun.

Das angestrebte Ziel der Befreiung meint zwar auch zum rechten Zeitpunkt die Loslösung von äußeren Bedingungen, die bislang unser Empfinden und Reagieren bestimmten. Es geht dabei insbesondere aber um eine *innere* Befreiung, die uns dann im Hinblick auf unsere inneren gedanklichen und emotionalen Verknüpfungen Freiheit gewährt.

Prinzipiell werden wir erleben, dass die Befreiung nicht verwandelt, was ist:

Wut bleibt Wut.
Angst bleibt Angst.
Trauer bleibt Trauer.
Schmerz bleibt Schmerz.

Ebenso erleben wir aber auch:
Schönes bleibt schön.
Die Befreiung verwandelt nicht, was ist.
Befreiung verwandelt dich selbst.

So werden wir weiterhin dieselben Dinge wahrnehmen, sie aber anders erleben.

Wenn wir hungrig durch die Stadt gehen, werden wir Essensdüfte anders erleben, als wenn wir völlig satt dieselben Düfte wahrnehmen.

Mit einem friedlichen und befreiten Herzen werden wir ebenfalls dieselben von uns registrierten Wahrnehmungen anders erleben.

Diese Beschreibungen möchten auch andeuten, dass es nicht in erster Linie darum geht, seine Umwelt zu ändern, sondern erst einmal sich selbst.

Immer wieder zur Erinnerung:

Wir befreien uns nicht *von,*
sondern *inmitten* all unserer Belange.

Das vorliegende Buch über den leichten Weg der Buddhistischen Psychotherapie BPT widmet sich also der Entwicklung, Förderung und Stabilisierung unserer *heilsamen* Veranlagungen, Empfindungen und Verhaltensweisen.

In dem *Praxisbuch Buddhistische Psychotherapie* haben wir uns sehr stark mit der Minus-Waagschale auseinandergesetzt. Dieses Buch konzentriert sich auf unsere verschiedensten Probleme, wie beispielsweise Ängste, Trauer, Wut, Grübelzwänge, Süchte, Schmerzen, Beziehungsprobleme, Mobbing, Burnout, Isolation, Arbeitslosigkeit, Schlafstörungen, psychosomatische Beschwerden, Essstörungen, spirituelle Krisen, Persönlichkeitsstörungen, Co-Abhängigkeiten, Traumatisierungen, Verlust und Tod. Die psychotherapeutischen Hilfen dafür umfassen Behandlungsmethoden und Selbsthilfemaßnahmen, die unser *Leiden* lindern und unser Leben erleichtern sollen. Erstaunlicherweise konzentriert sich die gesamte Heilkunst immer noch fast ausschließlich auf unsere Probleme, was natürlich auch sehr naheliegend ist.

In der Regel sind viele Behandlungsmodelle, wie bereits angedeutet, „nur" auf die Symptombeseitigung konzentriert. Darin liegt natürlich ein verführerischer Ansatz. Wenn wir Schmerzen lindern oder gar auflösen können, dann haben wir doch wohl schon enorm viel erreicht. Mit diesem Erfolgsrezept wurde eine sehr einseitige Strategie weitergeführt. Mittlerweile spüren viele Menschen, dass hier etwas Wichtiges verloren zu gehen droht. Denn reine Symptomfreiheit ist leider doch kein Rezept oder Garant für Glück und Zufriedenheit, zumindest nicht längerfristig.

Wir wollen nicht nur nicht leiden, sondern auch glücklich sein. Wir brauchen daher dringend Leitgedanken, Modelle und Methoden, deren Zielsetzung die aktive und konkrete Förderung von *heilsamen* Geisteszuständen ist.

Sind wir eigentlich gesund oder krank?

Wenn wir mit großen Schmerzen zum Zahnarzt gehen, dann werden wir wohl sehr erstaunt sein, wenn uns dieser Arzt vermittelt: „Nun gut, der eine Zahn ist kaputt, aber dafür sind die 30 anderen noch gut intakt." Aus diesem vereinfachten Beispiel wird deutlich, dass nicht nur das Augenmerk der Behandler auf die Probleme gerichtet ist; natürlich sind wir auch selbst darauf fixiert. Schließlich nervt uns der eine kranke Zahn mehr, als uns die restlichen gesunden Zähne Freude bereiten.

Die Reaktion dieses Zahnarztes ist sicherlich nicht beliebig darauf übertragbar, um den Umgang mit Problemen verdeutlichen zu können, doch für einen weiteren Gedankengang ist dieses Beispiel dennoch gut: Wir können nicht jeden Zahn herausrupfen. Viele Probleme gehören zu uns und wir sollten vielleicht lernen, eine gute Form des Umgangs damit zu finden. Eine Zahnhygiene sollte daher auch den Problemzähnen zugutekommen.

Es könnte also durchaus lohnenswert sein, einmal genau zu prüfen, über welchen Weg das Ziel am besten zu erreichen ist. Die westliche Psychotherapie stellt eine Disziplin dar, die ihre gesamte Existenzberechtigung aus unserem Leiden zu beziehen scheint. Psychotherapiebücher beinhalten in der Regel ausschließlich Beschreibungen von psychischen Störungen und Behandlungsformen, die diese Störungen lindern oder auflösen sollen.

Andererseits wird natürlich auch im Buddhismus sehr viel über Leiden gesprochen, so dass man vielleicht irrtümlicherweise meinen könnte, dass auch hier die Befreiung lediglich durch die Linderung und Auflösung von Leiden erreichbar sei. Schließlich konzentrieren sich die Vier Edlen Wahrheiten, welche die zentralen buddhistischen Lehren ausmachen, auf unser Leiden. Wenn wir aber die darin beschriebenen Maßnahmen zur Befreiung kennenlernen, dann können wir verstehen, dass dieser Weg nicht nur die Bearbeitung von Leiden beinhaltet, sondern auch den Weg zur Befreiung beschreibt.

Geht es in der westlichen Medizin und Psychotherapie ausschließlich um die Wiederherstellung einer irgendwie gearteten Gesundheit, die nur durch die Beseitigung von Störungen erreicht werden kann? Sind wir wirklich gesund, wenn wir nicht krank sind?

Der Begriff *Gesundheit* wurde bereits 1948 in der Konstitution der Weltgesundheitsorganisation (WHO) beschrieben als „ein Zustand vollständigen physischen, geistigen und sozialen Wohlbefindens, der sich nicht nur durch die Abwesenheit von Krankheit oder Behinderung auszeichnet". Eine Vielzahl von Therapiemethoden können auch heute, mehr als 60 Jahre nach dieser Forderung der WHO, immer noch keine Behandlungskonzepte vorlegen, die über bloße Symptombeseitigungen hinausgehen. Eine psychotherapeutische Behandlung bedeutet auch heute immer noch die Konzentration auf unsere Störungen, auf die Ursache dieser Störungen, ihre Geschichte und die Suche nach ihrer Linderung durch das Bearbeiten dieser Störungen. Wenn sich dieser Prozess weiter festigt und Störungen sich chronifizieren, entstehen nicht selten viele Sekundärprobleme. Das Selbstwertgefühl der Hilfesuchenden mindert sich weiter und auch die Behandler fühlen sich in ihrem Arbeitsethos angegriffen; sie zweifeln an sich oder ärgern sich früher oder später sogar.

Für diese Dynamik sind natürlich nicht nur die Behandler verantwortlich. Ein jeder muss wieder selbst die Verantwortung für sein Befinden und Empfinden übernehmen.

Die Buddhistische Psychotherapie BPT erfüllt die von der WHO geforderte Ausdehnung der Definition dessen, was Gesundheit und Wohlbefinden bedeutet: Natürlich werden auch hier die leidvollen Empfindungen behandelt, doch eben nicht nur durch eine vorrangige Fokussierung auf die Probleme, sondern insbesondere durch die Förderung unserer *heilsamen* Potentiale, die in allen Menschen schlummern.

Das ist damit gemeint, dem leichten Weg zu folgen. Tatsächlich liegt darauf im Behandlungsalltag der BPT wahrscheinlich sogar der größte Schwerpunkt. Das Training und die Förderung von Ressourcen, zum Beispiel zur Selbststeuerung, stehen deutlich im Mittelpunkt. Das Training der Haltung und Atmung, die Meditation, die Mikropausen, das Heilige Innehalten, die Übungen des Loslassens, das Rumpfdrehen, die Achtsamkeitspraxis, die Übungen des Mitgefühls, auch die Motivation zur Lektüre und zum Studium von heilsamen Lehren, um nur einige Übungen zu nennen, entsprechen dieser stärkenden Strategie.

In dem Buch *Einführung in die Buddhistische Psychotherapie* werden einige dieser Übungen vorgestellt und auf einer CD angeleitet.

Erst wenn ausreichend Sicherheiten und Vertrauen in sich selbst, die Therapie und den Therapeuten bestehen, werden die problematischen Strukturen kritisch gewürdigt und im Einzelkontakt bearbeitet.

Wie bereits beschrieben, konzentrieren sich die zahlreichen Übungen und Trainingsmethoden fast ausnahmslos auf die Förderung und Stabilisierung von Selbststeuerungstechniken und anderen heilsamen Ressourcen.

Was fehlt Ihnen denn?

Den meisten westlichen Behandlungsmethoden fehlt bis heute ein sehr wesentlicher Aspekt: Gemeint ist eine tiefere spirituelle Qualität. Hier ist anzumerken, dass wahrscheinlich viele von uns weniger an einer bestimmten Religion interessiert sind. Da jedoch leider kaum zwischen religiösen und spirituellen menschlichen Belangen differenziert wird, ist es durch die Vermeidung von religiösen Inhalten im wissenschaftlichen Behandlungssetting ebenfalls zu einer Missachtung unserer spirituellen Bedürfnisse gekommen.

Neben der Buddhistischen Psychotherapie BPT gibt es kaum andere Behandlungsformen, die diesen Mangel auszugleichen versuchen. Im *Psychotherapeutenjournal* (No.3/2012) wurde dieser Tatbestand von den Autoren Matthias Richard und Henning Freund deutlich zum Ausdruck gebracht. Sie stellen fest, dass in Deutschland spirituell orientierte Psychotherapieformen noch immer ein „Schattendasein" führen. Das alte mechanistische Denken ist im Behandlungskontext immer noch nicht überwunden: Eine therapeutische Maßnahme soll technologisch wie ein Medikament verabreicht werden und in einer fast monokausalen Wirkungsweise den einen kranken Baustein im Patienten reparieren. Zwar werden mittlerweile bei vielen Behandlungen auch systemische Aspekte berücksichtigt, doch unsere spirituellen Kraftquellen finden kaum Beachtung. Hier werden Chancen übersehen, die in ihrer Heilwirkung gar nicht hoch genug eingeschätzt werden können.

Die spirituellen Ressourcen gehören zu unseren wichtigsten Halt gebenden Qualitäten. Die Würdigung dieser Aspekte erscheint zwar oft schnell konsensfähig, eine konkrete Umsetzung und Kultivierung dieser Inhalte ist jedoch immer noch eine Seltenheit. Dabei wirkt sich wohl auch unsere westliche Sozialisation auf eine kritische Grundhaltung aus. Wir möchten nicht nur vorgegebene Dogmen übernehmen und glauben, sondern wünschen uns eigene Erfahrungen. Wir möchten alles selbst prüfen können, so dass nicht nur unser Herz spricht, sondern gewissermaßen Kopf, Herz und Bauch übereinstimmen. Viele hochkompetente Geistesmenschen, wie Einstein, C.G. Jung oder Erich Fromm, verweisen hier auf die buddhistische Lehre, die uns sowohl konkrete Hilfsangebote als auch spirituelle Erfahrungsmöglichkeiten anbietet, ohne damit jedoch gleich auch religiöse Anliegen zu transportieren. Für diese spirituelle Dimension ist die jeweilige Religionszugehörigkeit vollkommen irrelevant. Die BPT ist keine religiöse, sondern eine spirituelle, integrative Behandlungsform.

Welche Auffassung wir selbst annehmen, hat in der Regel meist etwas mit unserem Standpunkt zu tun. Zu der eben angesprochenen Thematik schreibt Anagarika Govinda: „Als Erlebnis und Weg der praktischen Verwirklichung ist der Buddhismus eine Religion; als gedankliche Formulierung dieses Erlebens ist er Philosophie; als Resultat systematischer Selbstbeobachtung ist er Psychologie; und aus diesem allem ergibt sich eine Norm des Verhaltens, die wir innerlich als Ethik, von außen gesehen als Moral bezeichnen."

Da unser Menschsein natürlich alle Bereiche umfasst, sollte eine solide Behandlungsform auch alle diese Aspekte würdigen und umzusetzen versuchen. Natürlich zeigt uns die Weisheit des Mittleren Weges, dass wir stets beide Bereiche im Blick behalten sollten: unsere Schwächen und unsere Stärken. Die Umsetzung eines sich auch an positiven Ressourcen orientierenden spirituellen Konzeptes ist möglich, da die BPT aus den buddhistischen Quellen schöpft. Es geht hier um die Vermittlung des notwendigen *Wissens* über unseren Weg zur Befreiung. Hier finden wir eine sehr gut erprobte und daher gesicherte Übungstradition vor, die uns die notwendigen Zusammenhänge zu erklären vermag und darüber hinaus auch die entsprechenden Übungspraktiken an die Hand gibt.

Im Buddhismus werden mehrere Strategien parallel verfolgt:

Welche Faktoren hemmen uns, welche unheilsamen Aspekte müssen wir aufgeben?

Welche Faktoren helfen uns, welche heilsamen Aspekte müssen wir kultivieren?

Welche Übungen lindern unsere unheilsamen Probleme?

Welche Übungen fördern unsere heilsamen Ressourcen?

Die Bearbeitung unserer Probleme ist meist schmerzlich. Die Ergebnisse bleiben oft hinter unseren Erwartungen zurück, vor allem dann, wenn wir die Bearbeitung unserer Ressourcen übersehen. Nur durch eine achtsame Integration beider Bereiche können wir nachhaltige Veränderungen für uns sichern.

Die Spur wechseln und abbiegen

Womöglich ist der leichte Weg ein wenig anders als der aktuelle Weg, auf dem Sie Sich befinden. Dieses Buch möchte den leichten Weg ein wenig transparenter machen, damit sich das Ziel etwas klarer zeigen kann. Wir werden auch sehen, welche konkreten Veränderungen hierfür notwendig werden können.

Vermutlich werden grundsätzlich Fragen aufkommen, wie zum Beispiel: Ist denn ein fundamentaler Kurswechsel überhaupt möglich? Instinktiv antworten Menschen aufgrund von Erfahrungen, die ohne Lenkung entstanden sind, auf solche Fragen eher ablehnend. Wenn wir das buddhistische Geistestraining beginnen, dann erfahren wir jedoch sowohl aus den alten buddhistischen Lehren als auch aus den Neurowissenschaften, dass sich durch geduldiges Üben auch feste Strukturen in uns verändern können.

Ebenso werden wir hier verschiedene buddhistische Erfahrungen, wie die vom Inneren Edlen Kern, vertiefend beschreiben, die uns verdeutlichen, dass alle Befleckungen nicht fundamental sein können. Das bedeutet, dass unsere grundlegende geistige Qualität von Natur aus rein ist. Befleckungen resultieren aus allen möglichen negativen Erfahrungen und ebensolchen Empfindungen.

Die Inhalte aus diesen Lehren basieren auf unendlich oft wiederholten Erfahrungswerten, die sich über sehr lange Zeiträume, aber ebenso Tag für Tag immer wieder aufs Neue nachvollziehen lassen. Aufgrund dieser Erfahrungsbasis können wir sicher sein, dass wir Unheilsames aufgeben und dass wir Heilsames in uns kultivieren und festigen können. Das Heilsame ist nichts Exotisches, Fremdes oder Unrealistisches. Es ist auch nichts, was nur Mönche und Nonnen erreichen könnten. Es ist in uns allen als Veranlagung vorhanden, und deshalb ist auch das Vorhandensein von heilsamen Empfindungen kein Zufall!

Es gibt erfolgreiche und inzwischen auch wissenschaftlich überprüfte Strategien, wie wir uns auf unseren Gewohnheitsautobahnen etwas einbremsen, ein neues Ziel anvisieren und dann die Spur wechseln können. Viele von uns entdecken dann auch Ausfahrten zu neuen Zielen, die vorher bei unseren Hochgeschwindigkeitsfahrten gar nicht erkennbar waren.

Diese topografischen Visionen müssen unbedingt als Symbol für die *innere* Reise verstanden werden. Wir sind so oft auf einer äußeren Suche nach inspirierenden Büchern, nach hilfreichen Seminaren, Workshops und Lehrern, nach guten Bedingungen in unserem Umfeld, dass wir unsere Schwerpunkte immer wieder bedenken müssen. Natürlich steht die äußere Reise auch in einem engen Verhältnis zur inneren, doch die spirituelle Reise findet nicht auf der Yogamatte oder dem Meditationskissen statt, sondern in unserem Herzen.

Auf dieser Reise auf dem leichten Weg profitieren wir, wie schon erwähnt, auch von Vorerfahrungen anderer Reisender, doch können wir diese nicht als einfache Rezeptur und Allheilmittel eins zu eins übernehmen.

Es gibt keine einfachen Rezepte

Vielleicht sind wir von den vielen Kochshows im Fernsehen schon so beeinflusst, dass wir nur auf eine clevere Rezeptur warten: ein bisschen hiervon und ein bisschen davon und schon gelingt uns alles gut. Erwarten Sie bitte keine Wunder. Wenn Sie diesen leichten buddhistischen Weg gewählt haben, weil Sie alle Probleme endgültig abschütteln oder in der Meditation so richtig abheben möchten, wenn Sie die ewige Gelassenheit suchen und zukünftig immer cool bleiben möchten, dann wäre eine kritische Reflexion der Gründe für Ihre Motivation wichtig.

Bei genauerer Betrachtung finden wir überall, so auch im Buddhismus, paradoxe Sachverhalte: Es gibt viele Lehren mit Anweisungen für konkrete Übungen, und es gibt viele Anregungen und Appelle, bestimmte Verhaltensweisen zu lockern und dann auch ganz zu unterlassen. All das klingt wie eine klare Rezeptur – und es funktioniert tatsächlich auch. Wenn wir diesen Weg aber nur beginnen, damit wir das Ziel schnell erreichen, dann entstehen oft Probleme. Wir sollten also mit Engagement und Geduld üben, dabei jedoch absichtslos bleiben. Müssen wir uns dabei wohl irgendwie selbst überlisten?

Dieses Paradox ist wichtig und wir sollten nicht zu schnell darüber hinweg gehen. Denn wenn wir beim Gehen nur an unser Ziel denken, verlieren wir den Kontakt zur Gegenwart, zu uns selbst und auch zu den anderen. Also gehen wir achtsam und bewusst. Es kann ein Genuss sein, dem leichten Weg zu folgen. Es braucht ein wenig Vertrauen in den Weg. Wenn wir so „gehen", dann sind wir gleichzeitig mit dem ersten Schritt auch bereits am Ziel. Denn schließlich liegt das Ziel in uns und nicht am Ende irgendeines Weges. Es ist der weglose Weg, den wir beschreiten.

Unsere ursprüngliche Motivation sollte ebenso transparent für uns sein wie die Strategie zu ihrer Umsetzung. Nur zu oft bemühen wir uns, möglichst rasch ans Ziel zu kommen. In vielen Bereichen unseres Lebens hat uns dieses Bemühen ja auch zum Erfolg gebracht. Wenn wir dieses Erfolgsmuster nun jedoch auf unserem spirituellen Weg ebenfalls einfach abspulen möchten, dann werden wir nach ersten Anfangserfolgen eine deutliche Stagnation und Blockaden erfahren.

Wir können den leichten Weg wählen

Wenn wir erkennen können, dass es immer mehrere Wege gibt, dann haben wir bereits schon den ersten Schritt in eine gute Richtung getan, denn es bedeutet, dass wir alte Gewohnheitsmuster hinterfragen können. Logischerweise führen uns verschiedene Wege auch zu verschiedenen Zielen.

Probleme	→ Der schwere Weg	→ Blinder Aktionismus	→ Probleme
	→ Der schwere Weg	→ Anklagen und Selbstanklagen	→ Probleme
	→ **Der leichte Weg**	→ **Geistestraining**	→ **Befreiung**

Viele Erfahrungen deuten immer wieder darauf hin, dass es zwar viele Aspekte des Weges geben wird, viele Varianten mit sehr individuellen Zugängen, grundsätzlich aber kann es nur einen heilsamen Weg geben: Es ist der leichte Weg.

Dieser Weg wirkt auf uns wie eine mächtige Medizin. Das ist daher auch nicht immer auf den ersten Blick schmackhaft, aber unsere Übungen lassen uns bald klarer sehen und so erkennen und erfahren wir die heilsamen Wirkungen dieser Medizin des leichten Weges. So kann uns schon bald einiges, das uns vorher bitter erschien, nun besser nachvollziehbar werden und wir merken, dass wir es nur deshalb als bitter angesehen haben, weil es ungewohnt zu schmecken schien.

Der leichte Weg wird uns hier als Vision durch das Buch begleiten. Wir werden ihn so transparent machen, dass für alle Leser ein eigener leichter Weg deutlich werden kann. Dafür werden wir uns ganz unterschiedliche Zugänge anschauen. Es gibt jedoch einen sehr grundlegenden Zugang, der bereits vor sehr langer Zeit beschrieben wurde.

Im *Dhammapada*, einer zentralen buddhistischen Textsammlung, finden wir einen Hinweis, der uns die richtige Richtung zu zeigen vermag. Lange haben wir versucht, in unseren Abgründen nach Antworten zu suchen, doch mittlerweile erkennen viele Behandler, was Buddha bereits vor 2500 Jahren vermittelt hat:

Dein schlimmster Feind und jene, die dich hassen,
vermögen dir niemals so sehr zu schaden
wie dein eigener Geist,
wenn du ihn auf das Unheilsame richtest.

Dein Vater und deine Mutter und jene, die dich lieben,
vermögen dir niemals so sehr zu helfen,
wie dein eigener Geist,
wenn du ihn auf das Heilsame richtest.

Unsere geistigen Qualitäten sind für die meisten von uns kaum noch in ihrer reinen Natur spürbar. In der Regel haben sich alle möglichen Probleme, Störungen und negativen Erfahrungen darauf angesammelt. Diese Befleckungen können sich außerordentlich aufsummieren und unseren Zugang zu unseren geistigen Ressourcen fast zum Erliegen bringen. Dennoch ist es den Befleckungen nicht möglich, die Natur der geistigen Qualitäten zu beeinträchtigen. Die dunklen Wolken können unseren Blick auf die Sonne zwar vollkommen behindern, doch sie können die Sonne nicht beeinflussen.

Wir verwirklichen den leichten Weg in die Befreiung hauptsächlich dadurch, dass wir zwischen den Befleckungen des Geistes und der reinen Natur des Geistes unterscheiden lernen.

Wenn wir die reine Natur unseres Geistes durch unser Geistestraining selbst wahrnehmen lernen, verschwinden die Befleckungen dadurch zwar noch nicht, sie transformieren sich durch unser Erkennen jedoch. Der leichte Weg in die Befreiung ist also deshalb zu realisieren, weil unsere wahre Natur leicht und rein ist.

KAPITEL 2

Das Ziel über allen Zielen

Wo man steht, ist weniger wichtig,
als dass man weiß, wo man steht.

– SANGHARAKSHITA –

Wie bereits beschrieben, beschreiten wir hier den leichten und konstruktiven Weg, der uns über die bereits in uns vorhandenen heilsamen Veranlagungen in die Befreiung zu führen vermag.

Wir alle möchten wahrscheinlich frei sein. Allerdings wird der Wunsch nach Befreiung von Mensch zu Mensch ganz unterschiedlich ausfallen. Das liegt meist an der jeweiligen Vorstellung von Befreiung und was wir damit assoziieren. Ein Missverständnis besteht oftmals darin, dass viele meinen, sie müssten sich, wenn sie sich befreien, *von* allen ihren wichtigen Lebensbereichen befreien.

Wenn wir jedoch verstehen lernen, dass es sich in erster Linie um eine *innere* Befreiung handelt, bei der wir uns nicht *von,* sondern *inmitten* aller unserer alltäglichen Belange befreien, also inmitten unserer Emotionen, Bindungen, Verantwortlichkeiten und gedanklichen Abläufe, können wir unseren Zugang zur Befreiung grundlegend ändern.

Befreiung ist ein absolut magischer Begriff

Die Vorstellung der Befreiung lässt uns erschauern, weil sie plötzlich einen Raum eröffnet, den wir vorher vielleicht nicht sehen konnten oder dessen Zugang wir als versperrt erlebten. Wenn solche Blockaden sich lösen, dann erfahren wir Freiheit.

Für viele von uns kann diese Freiheit wie eine Befreiung sein.

Für andere kann diese Freiheit durchaus auch mit ängstlichen Emotionen verknüpft sein, die uns glauben machen, wir seien ganz allein und ohne Rückhalt und Unterstützung. Wieder andere von uns assoziieren womöglich mit Freiheit eine unangenehme Zunahme von Verantwortlichkeit, denn wenn äußere Unfreiheiten wegfallen, dann sind wir ja wohl auf uns zurückgeworfen und müssen für uns selbst die Verantwortung übernehmen.

Der Weg in die Freiheit war noch nie ein leichter. In unserer eigenen wie auch in der Kulturgeschichte anderer Völker wurde er immer wieder blutig erkämpft. Nicht wenige von uns kennen diesen Weg in eine Freiheit auch auf der ganz persönlichen Ebene, der über viele schmerzliche Empfindungen geführt hat. Wir mussten uns von anderen trennen oder werden von ihnen verlassen und sind dann plötzlich allein und frei.

Nicht alle von uns kennen den Unterschied zwischen Alleinsein und Einsamkeit. Für viele Menschen bedeutet allein sein gleichzeitig auch, sich einsam zu fühlen.

Nun besitzt die Idee der Gemeinschaft zwar einen sehr hohen Wert, doch genauso wertvoll ist unsere Fähigkeit, auch allein ein Stück des Weges gehen zu können. Buddha soll gesagt haben, dass wir unseren Weg lieber allein gegen sollten als in unheilsamer Begleitung. Wir finden hier ein Indiz dafür, dass wir uns oftmals erst in unserer Persönlichkeit stärken müssen, um zum Beispiel auch das Alleinsein genießen zu können, bevor wir dann mit dem buddhistischen Training fortfahren, wobei wir unser Ego mildern und uns davon lösen.

Ein spiritueller Weg verfügt meist über verschiedene und sich scheinbar widersprechende Eigenschaften. Einerseits ist es ein zutiefst persönlicher Pfad, auf dem wir uns befinden, und dabei sind wir wahrscheinlich meistens sogar allein. Nicht wenige von uns beschreiten diesen Weg aufgrund von persönlichen Krisen, in denen wir uns einsam fühlen. Gleichzeitig sind da jedoch die Begleiter, die vor uns diesen Weg gegangen sind. Zudem spüren wir, wenn wir uns darauf wirklich einlassen mögen, dass wir nie wirklich allein sind. Eine tiefe Verbundenheit zwischen uns und allen anderen Wesen, sogar allen anderen Dingen in der Natur, begleitet uns. Wenn wir leiden, dann erfahren wir eine eingeengte Wahrnehmung, so dass wir diese fundamentalen Realitäten nicht mehr wahrnehmen können.

Dann folgen wir einem Weg, der wohl oft mehr einem Labyrinth oder einem Irrweg gleicht.

Dieses Buch möchte auf einen wunderbaren Parallelweg hinweisen, der uns über unsere heilsamen Eigenschaften in die Befreiung zu führen vermag.

Nichts und niemand kann einen Menschen unglücklich machen,
dessen Geist klar und frei von störenden Gefühlen ist.

– XIV. Dalai Lama –

Können wir jemals das erreichen, was der Dalai Lama in diesem Zitat beschreibt? Es wirkt wohl auf viele von uns wie ein sehr hochgestecktes Ziel. Womöglich können wir uns aber über einen kleinen Umweg dem Verständnis etwas besser annähern, indem wir das Zitat gewissermaßen umdrehen.

Wie sieht es also mit dem Gegenteil aus?

Nichts und niemand kann einen Menschen glücklich machen,
dessen Geist getrübt und gefangen von störenden Gefühlen ist.

Das lässt sich doch eher nachvollziehen: Nur wenn wir unsere Geistesverfassung klären, können wir unser Glück finden. Die geistige Trübung und die Unfreiheit müssen sich erst auflösen, nur dann lassen sich heilsame Geisteszustände realisieren.

Die Logik zeigt uns, dass sich in der Richtigkeit des gegenteiligen Zitates die Richtigkeit des ursprünglichen Zitates spiegelt: Können wir den Zugang zum klaren und ungestörten Geist in uns kultivieren, dann besitzen wir in uns ein festes Fundament, das sich so schnell nicht erschüttern lässt.

Es ist nicht möglich, dass zur gleichen Zeit unheilsame und heilsame Zustände in uns aktiv sind. Sie können vielleicht schnell wechseln, doch nicht gleichzeitig existieren.

Diese Tatsache müssen wir tief verinnerlichen. Sie zeigt uns eine sehr wirkungsvolle Einflussmöglichkeit auf. Wenn wir *eigenständig und situationsunabhängig* heilsame Geisteszustände in uns entstehen lassen können, dann besitzen wir ein wirkungsvolles Instrumentarium zur effektiven Milderung und Auflösung unheilsamer Geisteszustände.

Es gibt keine buddhistischen Wunder

Die buddhistischen Lehren und Übungen sind gut erprobt und sie wirken nachhaltig. Aber ... ja, es gibt tatsächlich Einschränkungen auf diesem Weg. Auch wenn es sich um den leichte Weg handelt, gilt es einige wichtige Dinge zu beachten, und zudem wird es auch keine Abkürzungen dabei geben.

Buddhismus zu praktizieren bedeutet,
dass wir unausgesetzt daran arbeiten,
uns selbst zu verbessern,
indem wir unsere Zeit sinnvoll nutzen.

– XIV. Dalai Lama –

Der leichte Weg ist also nicht gleichbedeutend damit, von außen getragen zu werden. Nur weil wir einige Zeit auf einem Meditationskissen sitzen und Bauchatmung praktizieren, wird sich noch kein buddhistisches Wunder ereignen. Auch müssen die heilsamen Bausteine, aus denen das Geistestraining besteht, durch geduldige Wiederholung von uns immer wieder aufgegriffen und damit gewissermaßen aufeinandergeschichtet werden.

Diese heilsamen Bausteine sind jedoch keineswegs ein Mysterium, sondern verblüffen uns meist durch ihre Einfachheit und Alltagsnähe, denn gerade dort entdecken wir ja unendlich viele Übungsmöglichkeiten.

Wenn man es wirklich will, ist es durchaus möglich,
seinen Geist umzuwandeln,
selbst wenn man weiterhin seinen alltäglichen Pflichten und Aktivitäten nachgeht
und sich um Arbeit und Familie kümmert.

– XIV. Dalai Lama –

Die Kultivierung unserer heilsamen Ressourcen darf nicht in einer Art Hybris zur ausschließlichen Fixierung auf Positives werden. Auf dem spirituellen Weg spiegeln wir uns nicht in Selbstbezogenheit. Wir stehlen uns nicht aus Verantwortlichkeiten und benutzen die Lehren auch nicht als Argumentationshilfe für Desinteresse, fehlende Anteilnahme, Trägheit oder andere unheilsame menschliche Neigungen. Als Schutz dienen uns vertraute Menschen, Lehrer, eine gleichgesinnte Gruppe, ebenso wie die Weisheit des Mittleren Weges und die Ergründung der Problematik des dualistischen Denkens, das uns zu ständigen, meist wenig hilfreichen Bewertungszwängen führt.

Zudem kann die Orientierung auf unser Ziel sehr hilfreich sein, um nicht allzu unausgewogene Entwicklungsschritte zuzulassen. Immer wenn wir verunsichert sind, ob der Weg noch der richtige ist oder ob wir etwas Bestimmtes beachten oder wissen sollten, benötigen wir nur den schnellen einfachen Blick auf unseren inneren Kompass, der immer auf dieses Ziel, auf unsere Ziele zeigen sollte. Aber wie sieht dieses Ziel eigentlich aus?

Unsere Wünsche und unsere Ziele

Wenn wir über Ziele sprechen, die wir erreichen wollen, dann entstehen bei vielen von uns spontan und assoziativ Bilder von Problemen, die wir lösen wollen, oder Empfindungen, die wir gern nicht mehr hätten oder auch solchen, die wir erreichen möchten.

Welche Wunschziele entstehen spontan? Materielle Unabhängigkeit, beruflicher Erfolg, eine gute Beziehung, eine stabile Gesundheit, innere Ruhe und Gelassenheit? Oder reicht es vielleicht schon, wenn die schmerzlichen Empfindungen sich abschwächen und nachlassen?

Zwar sind die jeweiligen Themen individuell unterschiedlich, doch selbst wenn wir uns eher äußerliche Ziele setzen, wie zum Beispiel materielle Unabhängigkeit oder eine gute Partnerschaft, so können wir doch feststellen, dass es noch dahinterliegende Ziele gibt. Es ist oft eine interessante Frage, wenn wir uns überlegen, welche weiteren Wünsche und Bedürfnisse eigentlich noch hinter unseren vordergründigen Wünschen verborgen liegen. So könnte zum Beispiel hinter dem Wunsch nach materieller Unabhängigkeit oder einer guten Beziehung unsere Sehnsucht nach Sicherheit, Geborgenheit, Ausgeglichenheit oder Freiheit liegen. Wir möchten nicht leiden. Es lässt sich also konstatieren, dass hinter vielen unserer Wünsche generell das Bedürfnis nach Befreiung von unheilsamen Geisteszuständen stehen könnte.

Zuerst einmal können wir uns also darüber verständigen, dass hier Ziele gemeint sind, die nicht außerhalb von uns zu finden sind; die tiefer liegenden Ziele sind nicht nur in uns zu finden, sondern sogar bereits schon in uns vorhanden. Auf diesen letzten, sehr spannenden Aspekt werden wir auf dem leichten Weg noch oft zurückkommen.

Wir haben also das allgemeine Ziel, dass wir glücklich sein und nicht leiden möchten. Das haben wir bislang – womöglich mehr oder weniger zufällig – schon mehr oder weniger häufig erreicht, wohl kaum aber dauerhaft oder selbstgesteuert. In der Regel sind dafür günstige äußere Bedingungen notwendig gewesen. Jene heilsame Geistesverfassung, die von uns selbst jederzeit erzeugt werden kann, und sich nachhaltig und dauerhaft in uns festigt, ist uns oft noch nicht zugänglich. Wahrscheinlich sind die meisten von uns heute noch ein ganzes Stück von diesem Ziel entfernt.

Vielleicht haben wir nun so etwas wie die Vorstellung von einem aktuellem Stand- oder Startpunkt und einer zukünftigen Ziellinie. Wir sind hier und das Ziel ist dort. Oder wir stehen noch im Tal der immer wiederkehrenden Probleme und möchten den Berg der Zufriedenheit, Gelassenheit und Befreiung erklimmen. Mit dieser Vision stehen wir knietief in unseren Problemen und wünschen uns ein Ziel, das uns weit davon wegführt. Erst müssen wir noch mehr hiervon oder davon ansammeln: mehr Wissen, mehr Absicherung, mehr Erfahrung, mehr Geld, mehr Tugend, mehr Schönheit oder ein Mehr von anderen Dingen, wie noch mehr Bücher, Seminare oder viele Stunden Meditation. Irgendetwas Neues, das uns bisher noch nicht zur Verfügung steht, wartet auf seine Entdeckung.

Diese Ideen sind genauso richtig, wie sie falsch sind. Unsere Visionen, das heißt, unsere Ideen darüber, was wir ändern und was wir erreichen möchten, verdienen eine nähere Betrachtung: Ohne eine adäquate Ergründung dieser Perspektiven werden wir alle anderen Aspekte nicht einordnen können. Wir müssen also wirklich verstehen, wie unser Weg und auch unser Ziel aussehen können.

Der Begier Ende,
des Hasses Ende,
der Verblendung Ende,
das, mein Freund,
nennt man Nirvana.

– Buddha –

Unser Grundverständnis von Befreiung

Sicherlich können wir die Befreiung als ein sehr wesentliches Ziel definieren, doch es handelt sich dabei nicht um ein Ziel, das am Ende unserer Bemühungen steht. Wir leben nämlich bereits in der Befreiung – und zwar so, wie ein Fisch im Wasser lebt. Nur unsere Verblendungen, Anhaftungen und Widerstände hindern uns an der Gewahrwerdung unseres stetigen Daseins in der Befreiung. Wir schwimmen hierhin und dorthin, verstecken uns vor den Gefahren, die im Ozean lauern, und suchen dabei verzweifelt das Wasser.

Doch selbst wenn wir die reine Qualität des Wassers einmal erfahren haben, so bleiben doch die Mechanismen unserer Verblendungen noch lange aktiv. Vielleicht erfahren wir Momente des Getragenwerdens „im Wasser" der Befreiung und fühlen uns schwerelos, glücklich und frei. Dann aber kommt die Dämmerung und das Wasser wird dunkler. Womöglich spüren wir auch, wie uns das Wasser in eine Richtung drängt, die wir nicht einschätzen können. Es wird langsam bedrohlich. Und sind da im dunklen tiefen Wasser nicht auch Haie oder sogar Seeungeheuer, die nur auf uns warten? So klammern wir uns lieber wieder an Dinge an, die uns Halt versprechen. Solange unser Ego uns im Wasser begleitet, wird es uns früher oder später auf die gefährlichen, die scheinbar langweiligen und die vielen anderen unklaren oder beschwerlichen Aspekte aufmerksam machen.

Eine Befreiung kann also nicht wirklich gleichbedeutend mit einer Befreiung von unseren Lasten sein. Sicherlich stellen wir uns manchmal vor, dass, wenn wir befreit wären, eine Erkenntnis entsteht wie zum Beispiel: Ich bin jetzt frei! Doch wir müssen verstehen, dass eine Befreiung nie eine Befreiung von unseren Problemen sein wird, sondern immer eine Befreiung von uns selbst.

Die Befreiung von uns selbst im befreiten Zustand ist allerdings irreführend. Wenn wir den befreiten Zustand erfahren, dann ist da kein festes Selbst mehr, das befreit werden könnte. Aus diesem Verständnis heraus erklärt sich die Formulierung, dass wir uns nicht *von* unseren Problemen befreien, sondern *inmitten* all unserer Belange.

Wir treten von uns selbst ein Stück zurück, befreien uns aus dem Klammergriff unserer vielen Bilder, unserer Vorstellungen von und unserer Erwartungen an uns selbst. Wir lockern unser Ego – und spüren dann die Freiheit in uns und um uns. Der Ozean ist da. All unsere Belange sind auch noch da, doch mit diesem Blick verändern sich alle Bezüge.

Kann es eine abhängige Befreiung geben?

Wir verwenden oft Begriffe wie „die Befreiung“ oder „das Erlöschen“ und suggerieren damit womöglich einen ganz bestimmten, *den* ganz speziellen einen Zustand und keinen anderen. Bekanntlich unterscheiden wir uns als menschliche Individuen jedoch voneinander, wieso sollte da nicht auch unsere Befreiung individuell aussehen? Wahrscheinlich empfindet ein befreiter Tibeter seinen Zustand ganz anders als ein befreiter Thailänder oder gar ein befreiter Deutscher. So könnte eine „westliche Befreiung“ ganz anders funktionieren als eine „asiatische Befreiung“. Und natürlich müssen wir auch zwischen einer „klösterlichen Befreiung“ und einer „weltlichen Befreiung“ unterscheiden.

Wir alle befreien uns inmitten unserer Ressourcen und Probleme, inmitten unseres Seins. Sicherlich ist das Dasein aller Menschen eng miteinander verbunden und bietet große Schnittmengen, doch neben dieser Verbundenheit existiert auch unsere individuelle Einzigartigkeit. Diese Basis werden wir in der Befreiung zwar transformieren, aber nicht eliminieren. Deshalb ist die Erfahrung einer Befreiung immer auch etwas sehr Persönlich-Intimes, und ebenso bleiben der Befreiungsprozess und die daraus folgenden Erfahrungen, die transformierte eigene Haltung und alle anderen persönlichen Aspekte, ganz individuell. Das heißt auch: Wir müssen uns für die Befreiung zwar vollkommen aufgeben, finden uns danach aber mit uns selbst auch genauso wieder.

Dabei können sich sehr umwälzende Erfahrungen einstellen, die wir anfangs noch stärker zu kontrollieren versuchen werden. Der Prozess ist eben nicht immer nur rosig und auf Wolken gebettet, sondern kann mitunter auch turbulent und beängstigend sein. Deshalb ist es ein sehr wesentlicher Aspekt, wenn wir uns vor der Reise ausreichend stärken und Unterstützung dafür holen. Nur als stabile Wesen können wir es verkraften, den Ozean zu erkennen.

Die Erfahrungen, die uns eine stabilere Transformation ermöglichen, werden einen spirituellen und transzendenten Charakter aufweisen müssen; sie werden es uns ermöglichen, über unsere aktuelle Position hinauszugehen. Das fühlt sich nicht selten wie ein innerer Auflösungsprozess an.

Ein integrativer Ansatz der Psychotherapie, wie er bei der BPT vorliegt, die auch spirituelle und transzendente Aspekte berücksichtigt, liefert uns nicht nur die Techniken, sondern eröffnet uns gleichzeitig einen großen Bezugsrahmen mit recht weitreichenden Zielen, in die wir auch universelle und umfassendere Aspekte des Menschseins integrieren können. Davon wird im ganzen Buch immer wieder die Rede sein, doch insbesondere handelt das vorliegende Kapitel davon. Das Grundverständnis, dem wir uns hier zuwenden wollen, lässt sich sehr schön durch eine bekannte spirituelle Geschichte verdeutlichen.

Die weise Frau und der Bettler

Ein armer Mann hockte seit sehr vielen Jahren vor den Toren der Stadt und bat die Ein- und Ausreisenden um ein Almosen. Das Leben war für diesen Menschen beschwerlich und leidvoll. Er erhielt zwar gerade genug, um nicht zu sterben, doch nicht genug, um davon gut leben zu können. Der Hunger war sein ständiger Begleiter, seine armseligen Kleider waren zerrissen und löchrig.

Eines Tages betrat eine schon ziemlich alte Frau die Stadt und wurde sofort von diesem armen Menschen angesprochen und um etwas Brot oder Geld gebeten.

„Ich kann dir leider nichts geben", sagte die alte Frau, worauf der Mann auf seiner Kiste, auf der er schon seit langer Zeit gehockt hatte, noch etwas mehr in sich zusammensackte.

Die alte Frau schaute voller Mitgefühl auf das bedauerliche Geschöpf. Sie fragte nun: „Was ist eigentlich in der Kiste, auf der du da hockst?"

Der arme Mann schaute die alte Frau verständnislos an und entgegnete: „Es ist eine alte Kiste, was soll da schon drin sein?"

„Vielleicht solltest du mal hineinschauen", riet die Alte.

Da es zurzeit sowieso nichts anderes für ihn zu tun gab, befolgte der arme Mann ihren Rat. Er öffnete die alte Kiste, auf der er schon seit Jahren gehockt hatte, und fand darin einen Goldschatz.

Manchmal sind unsere Defizite sehr offensichtlich. Unser Leiden und unsere Probleme haften an uns wie die zerrissenen Lumpen an dem Bettler. Bei manchen von uns sind die Probleme schneller zu erkennen; andere haben gelernt, sich über ihre Lumpen teure Markenartikel zu hängen – in der Hoffnung, sich damit eine Art Tarnanzug angelegt zu haben. Aber jeder, der es sehen mag, muss nur genau hinschauen.

Im Gegensatz zu unseren Problemen sind unsere Ressourcen oftmals, vor allem aber in schwierigen Phasen, verborgener und gelegentlich sogar etwas verschüttet. Sicher ist es unbestreitbar, wie lohnenswert es sein kann, den Kontakt zu unserem inneren Gold wiederherzustellen.

Der Lotos wächst aus dem Schlamm
und erhebt seine Blüte etwa 20 bis 30 cm
über dem Wasserspiegel.
Aus diesem Grund gilt er als Symbol für die
unzerstörbare Reinheit des Geistes

– XIV. Dalai Lama –

Unser Gutsein und unser Heilsein

Der Schlamm, der in dem eben angeführten Zitat erwähnt wird, kann symbolisch für unsere animalische Seite stehen, aus der wir hervorgegangen sind. Es kann unsere Evolution andeuten, aus der wir uns als geistige Wesen entwickelt haben. Schlamm ist natürlich auch ein Symbol für die vielfältigen Probleme, in denen wir stecken, und unser Leiden daran. Es zeigt auch, dass wir alle, ohne Ausnahme, unsere Wurzeln im Schlamm haben.

Der Schlamm in uns ist nicht zu übersehen. Jeder von uns hat wohl etwas mehr oder weniger „Dreck am Stecken". Doch wir *sind* nicht der Schlamm, er entspricht nicht unserer wahren Qualität. Das, was uns ausmacht, geht darüber hinaus. Wieweit es darüber hinausgeht, das hängt insbesondere auch von uns selbst ab. Wälzen und rekeln wir uns zu ausgiebig im Schlamm, dann bleibt der Schlamm sehr hartnäckig an uns haften. Zudem besteht die Gefahr, dass wir schnell dahin zurückfallen können.

Dieser Argumentationsstrang ist bestens vertraut und findet sich als Moral in allen Kulturen wieder. Der Buddhismus vermeidet es jedoch, diese „schlammige" Seite von uns primär als negativ zu verstehen. Wir sollten auch nicht vergessen, dass in dem Schlamm viele Nährstoffe enthalten sind, die unser Wachstum fördern. Der Schlamm ist also weder ausschließlich gut noch schlecht, er ist einfach nur Schlamm.

Ausgehend von dieser Basis können wir viel von der Lotosblüte lernen. Wir benötigen schon eine gewisse Energie, um uns aus dem Schlamm zu lösen. Dafür braucht es gar nicht so viel. Schließlich haben wir alle, ebenso wie der Lotos, die Veranlagung zum Wachsen in uns. Der Keim ist da. Es fehlen jetzt nur noch gute Wachstumsbedingungen. Ebenso wie der Lotos aus sich selbst heraus zu wachsen beginnt, so tragen auch wir alle die Veranlagung zur Befreiung in uns. Nur deshalb können wir uns befreien.

Das Ziel der Befreiung liegt also in uns. Wir sind damit auf die Welt gekommen, haben den Kontakt dazu im Laufe unseres Erwachsenwerdens gründlich verloren und suchen nun danach – fatalerweise allerdings meist nicht *in* uns.

Das erinnert ein wenig an den betrunkenen Narren, der nachts unter der hellen Laterne nach seinem verlorenen Hausschlüssel sucht. Ein Passant fragt ihn, was er denn suche, worauf der Betrunkene erklärt, dass er seinen Schlüssel verloren habe. Auf die Frage, ob er ihn denn auch tatsächlich direkt unter der Laterne verloren habe, antwortet er: „Nein, ich habe ihn dort hinten im Dunkeln verloren, aber da sehe ich ja nichts."

Ähnlich diesem verwirrten Geist suchen wir selbst ebenfalls oftmals dort draußen und nicht zu selten in den hell erleuchteten Konsumpalästen nach unserem „Schlüssel". Dort begegnen sich so viele Suchende, aber entweder wissen sie gar nicht, was sie wirklich suchen, oder sie leiden regelrecht an ihrer vergeblichen Suche, an ihrer unerfüllten Sehnsucht.

Viele spirituelle Geschichten erzählen von einer Suche, und viele von ihnen enden bezeichnenderweise damit, dass der Suchende, der eine lange und beschwerliche Reise und viele Abenteuer zu bestehen hat, zum Schluss bei sich selbst fündig wird.

Das Ziel ist der Ort, woher wir kommen

Hoffentlich werden möglichst viele von uns bald erkennen und vor allem auch erfahren, dass das, wonach wir suchen, bereits da, in uns ist.

Die Befreiung von unheilsamen Zuständen und die Fähigkeit, jederzeit eigenständig heilsame Geisteszustände in uns zu schaffen, bedeutet Befreiung. Dafür müssen wir den heiligen Bereich der Unversehrtheit in uns betreten können. Dabei handelt es sich um eine Qualität, mit der wir alle in diese Welt kommen und die uns begleitet. Das heißt, wir brauchen uns die Befreiung nicht zu erarbeiten, sondern wir benötigen einen Zugang zu dieser inneren Qualität.

Dieses Ziel ist der Ort, woher wir kommen und wohin wir zurückgehen. Das wird in vielen Kulturen als solches erkannt und unterschiedlich symbolisiert. Im Buddhismus finden wir für dieses innere Heilsein verschiedene Symbole. Eines von ihnen ist die reine Lotosblüte, sie steht für die Befreiung, das Nirvana; der Schlamm wäre dann das Samsara, das ewige Rad des Lebens und des Leidens. Samsara und Nirvana sind also nur zwei Seiten derselben Angelegenheit.

Ein anderes Symbol ist das vom Inneren Edlen Kern oder unserer Buddhanatur. Auch diese Symbolik ist sehr schön und hilfreich. Der Edle Kern zeigt unsere Mitte als heil und ganz, egal welche zerstörerischen Erfahrungen wir auch machen mussten. Diese Symbolik basiert auf einem realen Hintergrund, dem wir uns hier in diesem Buch konkret zuwenden werden.

Das geschieht insbesondere deshalb, weil die Erfahrbarkeit dieser in uns allen schlummernden Kraft das Fundament für unseren leichten Weg darstellt. Ohne sie gäbe es keine Möglichkeit für uns, heilsame Qualitäten in uns zu sammeln. Nur weil wir dafür ein inneres Schema besitzen, können wir entsprechende Angebote überhaupt erst wahrnehmen. Hätten wir in uns keine Veranlagung zum Sprechen, wie beispielsweise eine Schildkröte, dann könnten wir ewig üben, würden jedoch nie sprechen lernen. Nur weil wir diese heilsamen Keime in uns tragen, die zum Beispiel durch den Inneren Edlen Kern symbolisiert werden, können wir den leichten Weg beschreiten und in uns heilsame Qualitäten kultivieren.

Abb. 1

Da Begriffe immer Assoziationen in uns auslösen, müssen wir achtsam bleiben und zum Beispiel den Begriff „Kern" nicht zu wörtlich nehmen. Es ist eine Qualität, die wir alle in uns tragen, doch es handelt sich dabei um keine feste, stabile Substanz. Das verdient eine genauere Betrachtung.

Wir nähern uns dazu diesem zentralen Thema in zwei Schritten: An dieser Stelle setzen wir uns mit ein paar Grundsatzüberlegungen zum Inneren Edlen Kern auseinander. In Kapitel 4 über die Grundlagen für heilsame Veränderungen werden wir Übungen zum Edlen Kern vertiefen.

Der Innere Edle Kern

Das Symbol vom Inneren Edlen Kern verweist einerseits auf die Wertschätzung und das positiv-konstruktive Menschenbild und andererseits auf konkrete heilsame Erfahrungsmöglichkeiten, die in uns angelegt sind. Dies ist ein schönes Verständnis vom Menschen, das uns zu zeigen vermag, dass wir etwas Heiles und Gutes in uns tragen. Vielleicht ist der Zugang manchmal ein wenig versperrt, doch mit etwas Anleitung und Übung können wir hier tatsächlich eigene heilsame Erfahrungen machen. Hier können die buddhistischen Lehren einen praktisch erfahrbaren Zugang vermitteln, der uns diese Bereiche wieder eröffnet. Es handelt sich hier also nicht um ein rein theoretisches Wissen vom Inneren Edlen Kern, sondern wie jeder Aspekt der Lehre beruht auch dieser auf nachprüfbaren und seit langem gesicherten Erfahrungen. In Kapitel 4 erfahren wir dazu mehr.

Abbildung 1 zeigt uns allerdings einen Inneren Edlen Kern, der völlig frei von Schutzschichten ist. Das ist wohl bei den wenigsten von uns der Fall. Wie wir wissen, führt jede Verletzung und Enttäuschung, jede Gewalterfahrung und jede unheilsame Reaktion zu einer Art von Ummantelung unseres Kerns. Etwas in uns scheint hier schützend tätig zu sein. Aufgrund dieser Schutzmechanismen, verlieren wir selbst allerdings nach und nach den Kontakt und den Zugang zu unserem Inneren Edlen Kern. Das zeigt uns die nachfolgende Abbildung 2:

Abb. 2

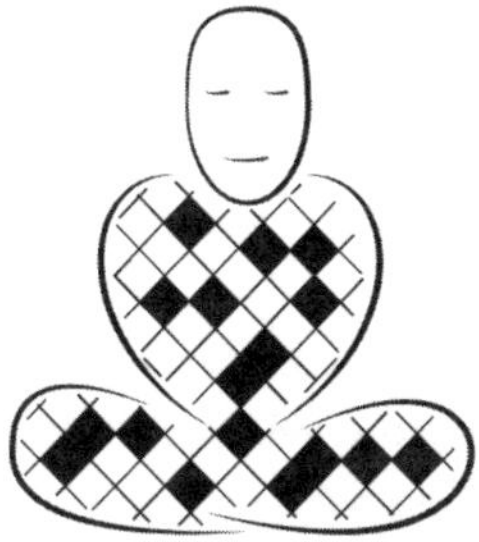
Abb.3

Alle Probleme, Nöte und Schwierigkeiten, die wir empfinden, sind um unseren Edlen Kern herum abgelagert; sie erschweren uns zwar oft den Zugang, doch können sie unseren Edlen Kern in keiner Weise beschädigen. Ähnlich wie eine Lehm- oder Tonschicht, die um eine Goldstatue gelegt wurde, um das Gold zu verbergen, legen sich unsere Problemschichten um unseren Kern. Manchmal sind diese Schichten sehr dick und hart geworden, doch selbst noch nach Jahrtausenden kann eine solche Schicht abgetragen werden und das unbeschädigte Gold kommt zum Vorschein.

Im Unterschied zum buddhistischen Verständnis des Edlen Kerns und des damit korrespondierenden Menschenbildes sehen westliche Behandler in uns keine diesbezüglichen grundlegenden Qualitäten. Die Abbildung 3 auf Seite 55 stellt diese westliche Sicht auf uns dar: Wir eignen uns im Laufe unserer persönlichen Entwicklung eine innere Struktur an. Wenn uns nichts Problematisches widerfährt, bleibt diese Struktur heil. Wenn allerdings Schwierigkeiten auftreten und wir im Laufe unserer Entwicklung schmerzlichen Erfahrungen ausgesetzt sind, dann kann diese innere Struktur geschädigt werden. In der Regel wird auch klar zwischen psychischen und physischen Aspekten unterschieden, obwohl der Zusammenhang heute als gesichert angesehen wird: Psychische Konflikte können zu physischen Erkrankungen führen und umgekehrt.

Viele westliche Behandler separieren immer noch sehr dichotom zwischen kranken und gesunden Menschen. Einige von uns verfügen eben über eine weitgehend heile und andere über eine weitgehend gestörte innere Struktur. In der Regel werden dabei die stark leidenden Menschen in einer Weise betrachtet, welche die Existenz eines guten und heilen inneren Bereichs, wie zum Beispiel den Inneren Edlen Kern, auszuschließen scheint. Wir benötigen hier ein Modell des Menschen, insbesondere in der Behandlung, das den Fokus weg vom Defizit und hin zur heilsamen Perspektive lenkt.

Die Positive Psychologie und die buddhistische Lehre können uns hierfür viele hilfreiche Anregungen geben. Sich immer noch zwanghaft auf unsere Defizite und Probleme einzugrenzen führt nur zu oft in die bekannten Kreiselbewegungen und hält uns im Rad des Leidens eingesperrt.

Dieses spannende und sehr bedeutsame Thema unseres Inneren Edlen Kerns werden wir in Kapitel 4 im Rahmen der Grundlagen für heilsame Veränderungen noch vertiefen.

Unsere inneren Ressourcen

Wichtige Ansätze in Richtung innerer Ressourcen stammen auch von westlichen Autoren, zum Beispiel zum Thema der Resilienz.

Resilienz heißt wörtlich „zurückspringen" oder „abprallen" und bedeutet im Zusammenhang mit Gesundheit unsere Widerstandsfähigkeit: also die Fähigkeit, in schwierigen Situationen auf vorhandene Ressourcen zurückgreifen zu können. Wir brauchen für eine möglichst erfolgreiche Problembewältigung also die Problematik nicht automatisch weiter zu vertiefen, sondern versuchen vielmehr, einen Weg zu unseren Fähigkeiten zu finden.

Eine mittlerweile sehr wesentliche Übereinstimmung zwischen westlichen Forschern und Behandlern mit buddhistischen Gelehrten besteht darin, dass wir unsere inneren Ressourcen grundlegend fördern und kultivieren können. Das bedeutet, dass es tatsächlich möglich ist, vorhandene Defizite aufzulösen und Ressourcen entsprechend zu trainieren. Wir sind also tatsächlich in der Lage, uns auch fundamental zu wandeln.

Das Prinzip *Diagnose als Schicksal* kann demnach als überholt angesehen werden. Wir können zu schwach ausgeprägte Anteile und Ressourcen in uns gezielt trainieren und dadurch dauerhaft und nachhaltig festigen. Selbst dann, wenn unsere Resilienz zum Beispiel entweder nicht stark ausgebildet wurde oder sie in der letzten Zeit sehr gelitten hat, können wir sie trainieren und dadurch stärken und stabilisieren.

Der Aspekt der Förderung unserer inneren Ressourcen zur Problembewältigung dürfte mittlerweile in vielen Behandlungsformen angekommen sein. Das zeigt sich daran, dass nicht mehr nur Probleme bearbeitet werden, sondern unsere Ressourcen mit unseren Problemen eine heilsame Integration erfahren. Das bedeutet, dass wir uns nur im gestärkten Zustand, im Wissen um unsere Fähigkeiten, unseren Problemen nähern. Niemals werden wir uns im geschwächten Zustand mit unseren inneren Abgründen konfrontieren.

Jeder Schritt auf unserem Weg sollte sich sicher anfühlen. Mit unserer eigenen Geschwindigkeit werden wir uns zunächst absichern und erst dann weiter vorwagen.

Selbst wenn wir schnelle Fortschritte erzielen, indem wir unsere Probleme meistern, sind wir noch nicht am Ziel. Bestätigt wird das durch die klare Erkenntnis, dass wir durch reine Problembeseitigung nicht glücklich werden. Hinzu kommt, dass sich viele Probleme gar nicht beseitigen lassen und wir ohnehin lernen müssen, wie wir damit leben können. Probleme meistern zu lernen besagt also nicht, dass wir sie auslöschen, sondern eben *meistern.* Als Meister unser Probleme lernen wir einen guten Umgang mit ihnen.

Um diesen Weg gehen zu können, benötigen wir Kraft und innere Stärke.

Unsere spirituellen Ressourcen

Die buddhistischen Heilungsmaßnahmen gehen noch darüber hinaus, weil sie neben der realitätsbezogenen Problemanalyse den Fokus vor allem auf unsere eigenen heilsamen Ressourcen legen und zusätzlich noch die tiefgehenden überlebensnotwendigen spirituellen Lebensbereiche integrieren. Das betrifft universelle Aspekte unseres Menschseins und eröffnet einen deutlich weiteren Bezugsrahmen.

Materielle Probleme können wir wohl alle bei unseren Mitmenschen erkennen. Körperliche Gebrechen sind manchmal sichtbar, manchmal aber nicht. Das Gleiche gilt auch für psychische Störungen, doch hier dürfte es für die meisten oft schwieriger sein, sie sofort zu erkennen.

Ein eigentümliches Phänomen besteht darin, dass manch eine psychische Störung in unserer Gesellschaft scheinbar sogar noch belohnt und gefördert wird. Hier wäre etwa krankhafter Ehrgeiz oder Machtstreben zu nennen. Darunter leidet dann weniger der Betroffene als vielmehr sein Umfeld.

Spirituelle Defizite können dagegen nicht immer so schnell identifiziert werden. Wir sollten erkennen lernen, dass sehr viele Probleme eben aufgrund eines tiefgehenden spirituellen Mangels entstehen. Leider sind spirituell unempfänglichere Menschen nicht in der Lage, entsprechende Probleme auch nur wahrzunehmen. Hinzu kommt, dass wir in unseren westlichen Kulturen (wenn auch vielleicht aus guten Gründen) die Religion separiert haben. Bedauerlicherweise sind bei diesem Prozess auch unsere spirituellen Bedürfnisse auf der Strecke geblieben.

Für ein glückliches befreites Leben benötigen wir eine Integration der materiellen, sozialen, physischen, psychischen und spirituellen menschlichen Belange. Um dieser bestehenden Komplexität gerecht zu werden, ist natürlich eine Zuwendung notwendig, die sich nicht nur auf Teilbereiche fokussiert. Diese Zuwendung müssen wir für uns selbst liefern; dazu können wir aber auch Hilfe benötigen, die jedoch diesem erweiterten Bezugsrahmen gerecht werden muss.

Es fällt uns schon in Phasen mit ungetrübter Aufmerksamkeit sicher nicht gerade leicht, diese wichtigen Hintergründe zu berücksichtigen, doch in Krisenzeiten lassen sie sich noch schwerer überblicken. Wir sind dann sehr verletzbar und abhängig von der Art der Zuwendung. Deshalb müssen wir während einer Krise doppelt achtsam und vorsichtig vorgehen. Wenn wir uns Hilfe holen, dann liegt, wie bereits erwähnt, der Fokus nur allzu oft bei den Problemen. Wir hadern mit uns selbst und grübeln über uns nach. Im Kontakt mit Helfern oder Freunden erzählen wir dann ständig von unseren Problemen.

Wenn wir uns der buddhistischen Lehre zuwenden, erfahren wir dort, dass ein großer Teil unserer Probleme von uns selbst erzeugt wird: Unser Ego produziert viele Bedürftigkeiten und Verletzbarkeiten. Es ist eine Quelle von stetiger Frustration und Enttäuschung. Unser Ego flüstert uns ein, was wir wollen sollten und was nicht, was wir mögen sollten und was nicht. Wie würden wir uns wohl fühlen, wenn unser Ego mal Urlaub machen würde?

Mit dieser Fragestellung betreten wir einen sehr spannenden Bereich. Unser Ego erzeugt so viele Probleme – doch gleichzeitig benötigen wir oft ein stabiles Ego. Wie können wir diesen scheinbaren Widerspruch lösen?

Bevor wir dieses Thema weiter vertiefen, sollen einige zentrale Begriffe in einem kleinen Glossar noch einmal verdeutlicht werden.

Ein kleines Glossar

Geist und geistige Qualitäten

Beides sind buddhistische Begriffe, die wir mit individuellem und je nach Bezug auch universellem Bewusstsein übersetzen können. Geist ist keine Sache, kein Subjekt, sondern nach buddhistischem Verständnis reine Aktivität.

Ego und Ego-Anteile

Beide Aspekte drücken sich durch unseren Verstand und unsere Verstandesstimmen aus. Ego-Anteile lassen sich auch als Verstandesanteile definieren.

Persönlichkeitsanteile

Ego-Anteile und Persönlichkeitsanteile sind identisch und daher gleichzusetzen.

Das Ich

Es entspricht unserem Ego.

Das Selbst

Dieser Begriff meint das Konzept von uns selbst. So ist zum Beispiel unser Selbstbild ein Konzept, das sich aus mehreren Anteilen von uns selbst zusammensetzt.

Verstand

Der Verstand ist ein individuell antrainiertes und kulturell konditioniertes Reaktionsmuster, das sich in unseren Ego-Anteilen manifestiert. Der Verstand kann unseren Zugang zum Bewusstsein ebenso eintrüben wie unsere, durch den verwirrten Verstand erzeugten, fehlgeleiteten Verhaltensweisen und die darin enthaltenen unheilsamen Konsummuster. Lernen wir den Verstand zu zügeln und zu lenken, dann erhalten wir wieder einen ungetrübten Zugang zum Bewusstsein oder unserer geistigen Qualität.

Die Kontroverse um die Ich-Stärkung

Viele buddhistische Texte zeigen uns sehr deutlich, wie viele unserer Probleme durch unser Ego entstehen, oder genauer gesagt: durch unser Anhaften an den hartnäckigen Illusionen eines festen Ego. Da stellt sich die Frage, ob wir wohl weiter so leiden würden, wenn wir erkennen könnten, dass unser Ego eine Illusion ist. Aber könnten wir ohne Ego auch weiter funktionieren?

Die grundlegende Quelle für unser Leiden ist unsere Illusion von unserem Ego: Wenn wir das dynamische Gefüge aus ganz unterschiedlichen Einzelfragmenten in uns betrachten, das wir unreflektiert einfach „Ich" nennen, dann erkennen wir, wieso es sich nicht um eine feste Institution handeln kann. Was wir vorfinden, sind starke wie schwache Ich- oder Ego-Anteile, die entweder eher Leistungsimpulse senden oder andere, die eher passive oder defizitäre Aspekte von uns vertreten. Die diesbezügliche innere Vielfalt ist außerordentlich groß, trotzdem reduzieren wir sie auf ein einfaches „Ich".

Wir bauen uns unser Leben gewissermaßen um dieses Ego herum auf, das bei analytischer Betrachtung keine feste Substanz, keinen festen Kern und keine Kontinuität aufweist. Von heute bis morgen wird es wahrscheinlich sogar reichen, doch Sie sind nicht mehr die Person, die Sie früher einmal waren, und sicherlich lässt sich auch nicht absehen, welche Vorlieben, Neigungen, Verhaltensweisen, Ideen oder Gedanken Sie zukünftig noch haben werden.

Unser Ego zeigt daher eigentlich eine Art von „Schwarmintelligenz". Viele unterschiedliche Teilchen bilden auf einer höheren Ebene plötzlich Strukturen und ermöglichen eine Identifikation, die wir „Ich" nennen. Genau das verstehen Buddhisten unter Egolosigkeit. Es meint nicht, dass es kein Ego gibt, sondern dass es keinen festen Ego-Kern in uns gibt. Das Ego ist ein dynamischer innerpsychischer Prozess, den wir lediglich mit etwas Festem verwechseln. Diesen Sachverhalt ganz fundamental zu erkennen stellt in der buddhistischen Übungspraxis eine wesentliche Ebene der Verwirklichung dar. Diese tiefe Einsicht ermöglicht mehr Gelassenheit und erzeugt die Motivation, sich gezielt für heilsame Bausteine einzusetzen. Es zeigt uns, dass wir zukünftig nicht mehr so sein müssen, wie wir zu sein scheinen, sondern dass wir selbst Einfluss nehmen können.

In dieser Hinsicht machen es uns die vielen verschiedenen Lehren zu diesem Thema aber nicht gerade einfach. Die ursprüngliche buddhistische Idee, die von der Leerheit aller Dinge spricht, kennt überhaupt nichts, das fest wäre und überdauern könnte. Alles ist „leer“ von diesen Eigenschaften. Diese Weisheit trifft natürlich auch auf unser Ego zu. Es ist, wie alles andere auch, zusammengesetzt aus vielen kleineren Bausteinen: Persönlichkeitsanteilen mit entsprechenden Erfahrungen, Erinnerungen, Gedanken, Wünschen, Ideen, Begierden.

Wie jede andere spirituelle Tradition nahm auch der Buddhismus die vorhandenen und vorherrschenden Vorstellungen in sich auf, die in der jeweiligen Kultur bestanden, in die er sich zu integrieren versuchte. So waren und sind beispielsweise viele Kulturen von der Idee einer Seelenwanderung und einem Weiterleben nach dem Tode überzeugt. Daraus entstanden – je nach der Kultur, in der sich der Buddhismus einwurzelte – auch Ideen von einem festen individuellen Wesenskern, einer inneren Qualität, die überdauert, selbst über den Tod hinaus. Auf diese Weise nahm auch der Buddhismus Ideen von Wiedergeburt und Reinkarnation in sich auf. Folglich erhoffen sich viele Buddhisten eine Minderung oder womöglich eine Auflösung ihres Ego. Sie bemühen sich um ihre Übungspraxis, damit sie dadurch momentane Erleichterung erfahren und ein gutes Karma schaffen für ihr nächstes Leben, in das sich ihr gemindertes Ego reinkarnieren sollte. Die damit verbundenen Ideen und Vorstellungen sind meist recht spannend.

Wenn wir in der buddhistischen Geistesschulung dem Wesen unseres Ego allmählich auf die Spur kommen, dann werden wir eigene Erfahrungen machen können, die den flatterhaften und instabilen Charakter unseres Ego spürbar werden lassen. Die Ego-Schwächung ist ein sehr wesentlicher Schritt, der unbedingt achtsam und kompetent begleitet werden sollte. Entscheidend dabei ist natürlich auch eine gute Analyse des aktuellen Status. Ist das Ego erfolgreich etwas gemindert worden, oder ist es schon lange schmerzlich geschwächt?

In der Psychotherapie geht es oft darum, ein schwaches Ego zu stärken. Hier kommen kaum Ideen auf, dass unser Ego auch Probleme erzeugen könnte, wenn es nur ausreichend stark wäre. Psychologen beschäftigen sich viel mit dysfunktionalen Gedanken und unproduktiven oder den Selbstwert mindernden eigenen Gedanken des Ego, doch dabei sind sie zumeist der Meinung, dass eine solide Ego-Stärkung immer hilfreich sei.

Aus buddhistischer Sicht kann dem nicht uneingeschränkt zugestimmt werden. Unser Ego kann im geschwächten, aber eben auch im gestärkten Zustand für sehr viel Verwirrung, für Anhaftungen und Widerstände sorgen, die uns im Leiden gefangen halten.

Hier stellt sich die Frage, ob wir nun unser Ego eher mindern oder doch eher stärken sollten. Diesen scheinbaren Widerspruch können wir vielleicht auflösen, wenn wir uns wieder die gemeinsamen Ziele vor Augen halten. Buddhisten und Psychotherapeuten möchten Leiden lindern und auflösen. Das Konzept sieht sicherlich bei beiden Herangehensweisen anders aus, verweist aber auf sehr ähnliche Wurzeln. In der Buddhistischen Psychotherapie BPT wird dieser scheinbare Widerspruch weniger als Gegensatz, sondern eher als Kontinuum verstanden: Wir kommen schwach auf die Welt, müssen uns erst stärken, um dann wieder alles loszulassen.

Dieser universelle Verlauf könnte auch unseren eigenen, sehr persönlichen spirituellen Wachstumsprozess versinnbildlichen.

Von einem schwachen und von einem aufgeblähten Ego, hinter dem sich nur allzu oft doch ein schwaches Ego zu verstecken versucht, können wir uns sehr viel schwerer lösen als von einen soliden Ego. Ein „gesundes" Ego erträgt die selbstkritische Reflexion wesentlich besser als die beiden anderen genannten Ego-Strukturen.

Aus diesem Verständnis heraus benötigen wir erst einen klaren analytischen Blick auf den Status unseres Ego, um erkennen zu können, welcher Weg der richtige sein könnte. Wenn wir beispielsweise an einem zu schwachen oder zu aufgeblähten Ego leiden, dann müssen wir hier zuerst für eine ausgewogene Grundsituation sorgen.

Plädoyer für einen achtsamen Umgang mit unseren Ego-Problemen

Wir werden einem armen Obdachlosen sicherlich nicht vermitteln können oder wollen, dass Geld sowieso nur eine Illusion sei, nichts als bedrucktes Papier. Aus einem Defizit heraus können wir kaum etwas loslassen. Wir alle benötigen erst eine gewisse Sicherheit, um aus dieser sicheren Position heraus eher loslassen zu können.

Da wir mittlerweile eine Gesellschaft formiert haben, die spirituell gesehen nur noch Obdachlose hervorbringt, benötigen wir auch für unsere spirituelle Sicherung dringend eine Entwicklungshilfe.

Wenn wir uns diese Dynamik verständlich machen, dann lernen wir verstehen, dass selbstunsichere Menschen mit einem schwachen Ego und schwache Menschen mit einem aufgeblähten Ego nicht einfach davon loslassen können. Die Generalstrategie der Bergsteiger, die auch für unseren leichten Weg zutrifft, lautet nämlich: Erst sichern, dann gehen. Erst sichern, dann abseilen. Erst sichern, dann in Abgründe schauen.

Wenn wir also von unserem Ego loslassen möchten, dann müssen wir es erst ausreichend gesichert haben.

Schauen wir uns ein paar Beispiele und Hinweise dafür an, wenn ein Mensch mit verschiedenen Ausdrucksformen eines geringen Selbstwertgefühls oder Ego in die buddhistische Schulung kommt.

- Wenn du Selbstwertprobleme empfindest und von buddhistischen Lehren hörst, die dir empfehlen, alle eigenen Bedürfnisse loszulassen, dann prüfe diesen Weg sehr kritisch und finde heraus, wie du dem angebotenen Ziel langsam, in deiner eigenen Geschwindigkeit, näher kommst. Wenn du deine Bedürfnisse mindern möchtest, dann prüfe vorher genau, welche eigenen Bedürfnisse du hast.

- Wenn du dich kaum oder gar nicht abgrenzen kannst und von buddhistischen Lehren hörst, die dir vermitteln, dass alles mit allem verbunden sei und es keine Grenzen gebe, dann prüfe diesen Weg sehr kritisch und finde heraus, wie du dem angebotenen Ziel langsam, in deiner eigenen Geschwindigkeit, näher kommst. Prüfe deine Grenzen, spüre sie erst, bevor du sie abzubauen versuchst.

- Wenn du mit Schuldgefühlen kämpfst und von buddhistischen Lehren hörst, die dir vermitteln, dass wir unser Karma selbst schaffen und wir für alle unsere Empfindungen selbst verantwortlich sind, dann prüfe diesen Weg sehr kritisch und finde heraus, wie du dem angebotenen Ziel langsam, in deiner eigenen Geschwindigkeit, näher kommst.

- Wenn du nur schwer Zugang zu dir selbst bekommst und von buddhistischen Lehren hörst, die dir empfehlen, alle eigenen Empfindungen und Emotionen loszulassen und dich auf die Leere zu fokussieren, dann prüfe diesen Weg sehr kritisch und finde heraus, wie du dem angebotenen Ziel langsam, in deiner eigenen Geschwindigkeit, näher kommst. Versuche zuerst, dich selbst besser zu spüren.

- Wenn du mit deinem Körper Probleme hast und von buddhistischen Lehren hörst, die dir vermitteln, dass hinter allem unser Geist wirkt, dann prüfe diesen Weg sehr kritisch und finde heraus, wie du dem angebotenen Ziel langsam, in deiner eigenen Geschwindigkeit, näher kommst. Nur wenn du deinen Körper annehmen kannst, wird es möglich sein, sich von körperlichen Anhaftungen zu lösen.

• Wenn du Probleme damit hast, dich regelmäßig gut zu ernähren, und von buddhistischen Lehren hörst, die dir weltliche Entsagung und die Reduzierung der eigenen Bedürfnisse empfehlen, dann prüfe diesen Weg sehr kritisch und finde heraus, wie du dem angebotenen Ziel langsam, in deiner eigenen Geschwindigkeit, näher kommst.

• Wenn du Probleme damit hast, deinen Alltagsverpflichtungen nachzukommen, und von buddhistischen Lehren hörst, die dir empfehlen, loszulassen, um frei zu sein, denn die Befreiung sei das höchste Ziel, dann prüfe diesen Weg sehr kritisch und finde heraus, wie du dem angebotenen Ziel langsam, in deiner eigenen Geschwindigkeit, näher kommst. Befreie dich nicht *von* deinen, sondern *inmitten* deiner Verpflichtungen.

• Wenn du Drogen oder andere Substanzen oder Angebote konsumierst, wenn du dir Verhaltensweisen angewöhnt hast, die deinen Geist eintrüben, und du von buddhistischen Lehren hörst, die dir vermitteln, dass Meditationen herrliche Visionen eröffnen und wir durch Meditation umfassende Lösungen finden, dann prüfe diesen Weg sehr kritisch und finde heraus, wie du dem angebotenen Ziel langsam, in deiner eigenen Geschwindigkeit, näher kommst. Achte nicht nur auf deine Flügel, sondern auch auf deine Wurzeln.

• Wenn du Empfindungen von Isolation und Entfremdung spürst und von buddhistischen Lehren hörst, die dir empfehlen, in die Stille zu gehen, um dort zum Beispiel zu realisieren, dass sich alles immerfort wandelt, dass alles vergehen wird, dass nichts Bestand hat, dann prüfe diesen Weg sehr kritisch und finde heraus, wie du dem angebotenen Ziel langsam, in deiner eigenen Geschwindigkeit, näher kommst. Verbinde dich erst, bevor du dich zu lösen versuchst.

• Wenn du mit deinen Emotionen oft Probleme hast, oft traurig, ängstlich oder wütend wirst und von buddhistischen Lehren hörst, die dir vermitteln, dass Emotionen nur stören und sich nur halten, weil unser Geist daran festhält, was zu vermeiden wäre, dann prüfe diesen Weg sehr kritisch und finde heraus, wie du dem angebotenen Ziel langsam, in deiner eigenen Geschwindigkeit, näher kommst.

- Wenn du kein rechtes Selbstvertrauen hast und von buddhistischen Lehren hörst, die dir vermitteln, dass unser Ego zu viele Bedürfnisse produziere und dass wir es mindern können, indem wir anderen dienen, dann prüfe diesen Weg sehr kritisch und finde heraus, wie du dem angebotenen Ziel langsam, in deiner eigenen Geschwindigkeit, näher kommst. Nur mit gutem Selbstvertrauen ist eine Minderung des Ego möglich.

- Wenn du Gewalt erfahren hast und von buddhistischen Lehren hörst, die dir empfehlen, loszulassen und zu verzeihen, dann prüfe diesen Weg sehr kritisch und finde heraus, wie du dem angebotenen Ziel langsam, in deiner eigenen Geschwindigkeit, näher kommst.

- Wenn du nicht Nein sagen kannst und von buddhistischen Lehren hörst, die dir empfehlen, alles anzunehmen, keine Widerstände zu erzeugen, dann prüfe diesen Weg sehr kritisch und finde heraus, wie du dem angebotenen Ziel langsam, in deiner eigenen Geschwindigkeit, näher kommst. Wir können nur gut Ja sagen, wenn wir auch gut Nein sagen können.

- Wenn du ein Problem mit der Übernahme von Verantwortung hast und von buddhistischen Lehren hörst, die dir empfehlen, nicht anzuhaften, nicht festzuhalten, alles loszulassen, dann prüfe diesen Weg sehr kritisch und finde heraus, wie du dem angebotenen Ziel langsam, in deiner eigenen Geschwindigkeit, näher kommst. Suche nicht immer nur den bequemen Weg.

- Wenn du mit Objektrepräsentanz ein Problem hast, also deine Mitmenschen ständig als Objekte umbewertest, sie manchmal idealisierst, sie manchmal vollkommen abwertest und von buddhistischen Lehren hörst, die dir vermitteln, dass nichts existiert, woran wir uns halten können, dass es keinen festen Persönlichkeitskern gebe, dass wir in uns alles Gute und alles Böse gleichermaßen besitzen, dass alles im Fluss sei, dann prüfe diesen Weg sehr kritisch und finde heraus, wie du dem angebotenen Ziel langsam, in deiner eigenen Geschwindigkeit, näher kommst. Lerne erkennen, dass wir in jedem Menschen alles vorfinden können. Kein Mensch ist nur gut oder nur schlecht.

- Wenn du leidest und schon vieles dagegen ausprobiert hast und von buddhistischen Lehren hörst, die dir vermitteln, dass alles leicht sei, dass du alles, was du benötigst, schon in dir trägst, dass du nur zu verblendet bist, um es zu erkennen, dann prüfe diesen Weg sehr kritisch und finde heraus, wie du dem angebotenen Ziel langsam, in deiner eigenen Geschwindigkeit, näher kommst. Das Leben ist alles andere als leicht, es ist sogar sehr oft schmerzlich und schwer, doch wir können lernen, zumindest auf eine leichtere Art damit umzugehen.

- Wenn du schlimme Dinge erleiden musstest und von buddhistischen Lehren hörst, die dir vermitteln, dass wir unser Leiden selbst erzeugen, dann prüfe diesen Weg sehr kritisch und finde heraus, wie du dem angebotenen Ziel langsam, in deiner eigenen Geschwindigkeit, näher kommst. Erkenne das Leiden, das von außen kommt, und das, was von dir selbst erzeugt wird.

Zur Bearbeitung und Bewältigung solcher Problemstellungen ist eine buddhistische Gemeinschaft nicht immer der geeignete Ort. Das liegt nicht unbedingt an einer zu unkritischen Herangehensweise der buddhistischen Lehrer. Für viele dieser Abläufe müssen wir auch selbst die Verantwortung übernehmen. Hier kann es helfen, wie auch in allen anderen Lebensbereichen, unsere Absichten und Motive sehr klar zu analysieren. Was erwarten wir wirklich, was suchen wir?

Es gibt viele Beispiele, die uns verdeutlichen, dass wir immer nur das verstehen und lernen, was wir eben verstehen und lernen „wollen", dass wir immer nur das hören und sehen, was wir eben hören und sehen „wollen". Damit neigen wir alle zu einem unguten Konservatismus, der uns in unseren alten Strukturen und Mustern gefangen hält, etwa nach dem Motto: „Wasch mich, aber mach mir den Pelz nicht nass." Wir möchten eine Veränderung, doch eine Veränderung stellt immer auch viel infrage, stellt uns selbst infrage.

Es ist eben unsere menschliche Neigung, uns immer zu schützen. Und je geschwächter wir sind, desto unbewusster sind unsere Selbstschutzstrategien. Dazu gehört, dass wir recht gern angelernte Muster immer wieder abspulen. Dieses Prinzip ist seit Jahrhunderten bekannt und findet Ausdruck in vielen Weisheitssprüchen.

Für einen Hammer wird schnell alles zum Nagel

So finden wir immer „gute Gründe", warum wir uns genauso verhalten „müssen", wie wir es gerade tun. Meist machen wir für unser Verhalten und unsere Reaktionen unser Umfeld verantwortlich. Wir „müssen" eben hin und wieder draufhauen, weil es dafür den einen oder anderen logischen Grund gibt. Die Frage, dass es daran liegen könnte, weil wir zum Hammer geworden sind, stellen wir uns meistens nicht. Der Fisch stellt ja auch nicht das Wasser infrage, in dem er schwimmt. Dass wir, wie der Fisch, selbst ein untrennbarer Teil unserer Umwelt sind, ist für uns oft gar nicht mehr spürbar.

Im Erleben unserer Abtrennung spalten und kategorisieren wir unsere Umwelt. *Wir* leben gewissermaßen *in* unserem Körper und alles andere existiert *dort draußen.* Dieses dualistische Denken lässt uns zu unseren Schlussfolgerungen kommen. Wir würden ja gerne, aber die Umwelt und die anderen, die darin leben, lassen uns einfach nicht.

Nomaden reisen niemals ohne Grund

Egal, was auch immer wir suchen, wir werden es finden. Das liest sich womöglich merkwürdig, weil wir doch so oft vergeblich auf der Suche sind, doch unsere unbewussten Muster, von denen hier die Rede ist, führen uns unweigerlich immer wieder, wie in einem Karussell, zu den alten Mustern. Unser unbewusstes Sein bestimmt dann also die „Reise" im Karussell.

Unweigerlich finden ärgerliche Menschen immer wieder ärgerliche Situationen, ebenso wie ängstliche Menschen immer wieder Beängstigendes und traurige Menschen immer wieder traurige Anlässe „finden". Deshalb finden auch Nomaden immer wieder einen guten Grund zum Weiterziehen.

Wie verrückt auch immer unsere unterschwelligen Muster sein mögen, wir finden garantiert eine „logische" Begründung für die Fortsetzung unseres Verhaltensmusters. Sogar wenn es manchmal wehtut, ist das alte Muster doch immerhin gut bekannt – und das scheint für viele Menschen wichtiger zu sein als das große Wagnis einer Neuerung.

Wenn wir also Neuland betreten, auch wenn es beispielsweise buddhistisches Neuland ist, müssen wir achtsam und selbstkritisch bleiben. Wenn uns der leichte Weg so attraktiv erscheint, sei einmal die kritische Nachfrage erlaubt, warum das eigentlich so ist.

Scheuen wir uns vor den beschwerlichen Aspekten?

Nehmen wir vieles (zu) leicht?
Vermeiden wir gern Konflikte?
Lieben wir die Harmonie über alle Maßen?
Möchten wir, dass möglichst alles im Leben leicht und unbeschwert sein soll?
Sollte alles easy und locker von der Hand gehen?
Sind die Light-Produkte für uns besonders attraktiv?

Also könnte auch dieser so wunderbar klingende Name des leichten Weges uns erheblich auf Abwege führen oder sogar noch stärker in unseren alten Mustern festigen. Selbst wenn uns das Training als heilsame Förderung angeboten wird, bleibt immer die Gefahr von Irrläufen. Es gibt auch im Buddhismus nichts grundsätzlich Positives. Alles, selbst das scheinbar Positive, kann sich in Unheilsames verwandeln.

Diese Thematik ist deshalb so wichtig, wenn wir tatsächlich Strukturen in uns verändern wollen, auch wenn es sich um das Training heilsamer Anteile handelt.

Die Perspektive der buddhistischen Lehren und der BPT geht aber noch deutlich über den eben genannten Aspekt hinaus. Die Förderung und Stärkung unserer heilsamen inneren Ressourcen dient nicht nur der Verminderung und Auflösung unserer Probleme, sondern wird als eine Etappe verstanden, die uns unserem Ziel der Befreiung näher bringt.

Befreiung ist realisierbar

In vielen Texten wird von *absoluter* Befreiung gesprochen; diesen Zustand sollen einige wenige auserwählte Meister erreicht und verwirklicht haben. Es wird nicht selten so formuliert, dass die Leser den Eindruck bekommen, als würde es sich dabei um eine Art von exklusivem Erwachen handeln: ein befreiter Zustand, der sich dann einerseits konservieren lasse und andererseits nur ganz besonderen Meistern zugänglich sei.

Diese Thematik erscheint uns hier doch recht interessant. Was haben wir zu erwarten? Wie kann das angestrebte Ziel realistischerweise aussehen, sich anfühlen, sich bemerkbar machen?

Wenn wir in einem uns wirr anmutenden Bild plötzlich vertraute Strukturen entdecken und dann die in diesem Wirrwarr verborgene Gestalt sehen, können wir sie zukünftig gar nicht mehr übersehen.

Auch wundern wir uns dann über Menschen, die diese Gestalt in dem Bild nicht erkennen können. Für dieses Bild ist unsere Fähigkeit des Erkennens nun geschärft. Tatsächlich kann sich unser Empfinden fundamental verändern. Für ein neues Bild kennen wir jetzt zwar das Prinzip, was schon einen wesentlichen Fortschritt darstellt, aber es ist immer noch Konzentration und Achtsamkeit notwendig.

Durch unzählige unheilsame neue Entscheidungen können wir unseren Blick allerdings wieder eintrüben. Bleiben wir bei unseren täglichen geduldigen Übungen und bleiben wir wachsam und achtsam, dann können wir tatsächlich diesen besonderen Bewusstseinszustand kultivieren und stärken. Lassen wir jedoch in satter Zufriedenheit und Nachlässigkeit die „Zügel" los, dann kommen sofort wieder unsere unheilsamen Kräfte zum Zug.

Jack Kornfield schildert uns, wie auch hochrangige Meister der verschiedenen Schulen unheilsame Entscheidungen treffen und wie sie unter schweren Erkrankungen sehr menschlich leiden und auch vorzeitig sterben. Auch hier scheint also wieder einmal die Weisheit des Mittleren Weges zuzutreffen: Der befreite Zustand ist jederzeit erreichbar, dann kultivierbar und danach zukünftig immer schneller wieder herstellbar, doch wir dürfen ihn nicht idealisieren.

Ein unumgänglicher Schritt auf diesem Weg ist natürlich die eigene Erfahrung. Und hier bietet sich vor allem die Meditation als Selbsterfahrungshilfe an. Dabei können uns besonders in der Anfangsphase Meditationslehrer sehr helfen. Der Alleingang, nur mit literarischer Unterstützung, ist meist ein beschwerlicherer Weg. Wenn wir dann aber durch die Meditation einen Eindruck davon erhalten haben, wie es sich anfühlen könnte, wenn wir in den Zustand der Befreiung eintreten, dann werden auch die Texte darüber noch verständlicher.

Für diesen Zugang benötigen wir besonders in der Anfangszeit auch günstige Rahmenbedingungen. Viele profitieren davon, wenn sie für ihre Übungen einen guten Platz finden, eine passende Zeit und es sich mit Kissen und womöglich anderem Equipment gemütlich machen. Der Markt dafür ist mittlerweile groß. Wir können uns alles Nötige besorgen: Meditationssocken, Meditationshosen, Meditationshemden, Meditationspullover, Meditationsschals, Meditationstücher, Meditationskissen, Meditationsbänke, Meditationsmusik, Meditationsräucherwerk, Meditationsbücher, Meditationsuhren und vieles mehr.

Zum Teil handelt es sich dabei tatsächlich um recht nützliche Hilfsmittel, solange wir ihren Hilfscharakter erkennen können. Eine der

Gefahren besteht nämlich darin, dass wir die Meditation damit als etwas Besonderes gestalten und sie womöglich von unserem sonstigen Leben separieren wollen. Die vielen schönen Gegenstände, die uns die Esoterik-Industrie liefern möchte, verführt zudem gern zur Anhaftung und Identifikation.

Viele von uns werden sich wohl oft durch das Zurückziehen in die Meditation wohlfühlen. Wenn vielleicht auch nicht immer, so doch besonders in der Anfangszeit hat die Sache mit dem Meditieren schon ihren Reiz. Dann kann es vielleicht Situationen geben, in denen wir unsere anderen Alltäglichkeiten nerviger als sonst erleben. Wir möchten uns dann öfter zurückziehen, wir vergleichen die aktuelle Alltagssituation mit den schönen und schwerelosen Meditationsmomenten.

Damit bleiben wir an unserem dualistischen Denken und dem üblichen Bewertungsschema haften. Der Alltag wird profan und die spirituelle Praxis wird ideal. Dadurch entstehen natürlich oftmals Spannungszustände. Womöglich reagieren wir gereizt und sind weniger gewillt, uns auf profane Alltagsprobleme einzulassen. Dann kann es heißen: „Das ist mir zu nervig. Du störst mich auf meinem spirituellen Weg. Lass mich in Ruhe, ich gehe jetzt lieber meditieren.“ Mehr oder weniger ausgeprägt kennen das wohl viele von uns. Eben in der Meditation haben wir uns noch frei gefühlt und dem Ziel so nahe geglaubt, um uns nur kurze Zeit später wieder knietief in unseren Alltagsärgernissen wiederzufinden. Können wir uns damit trösten, dass auch bestätigte Meister gelegentlich einmal wütend werden?

Nähern wir uns einmal einer gewagten Hypothese an: Auch unheilsame Geisteszustände sind in gewisser Weise mit dem Ziel der Befreiung vereinbar. Das heißt, mit dem Bewusstsein unserer befreiten Grundnatur erleben wir immer wieder das Vorüberziehen einiger dunkler Wolken. Manchmal lassen wir es vielleicht donnern und blitzen, doch auch in solchen Situationen erkennen wir, dass es nur Wolken sind, dass wir nicht diese Wolken sind und dass hinter und zwischen den Wolken immer ein Stück offener blauer Himmel hindurchblitzt.

Mit derartigen Erfahrungen können wir dann Schritt für Schritt heilsame Zustände auch nach der Meditation aufrechterhalten und sie in unseren Alltag tragen.

Befreiung in den Alltag tragen

Unser Alltag stellt besondere Anforderungen an unsere Fähigkeiten zur Verwirklichung, also auch zur praktischen Umsetzung. Natürlich sind diesem Vorgang noch zwei Stufen vorgeschaltet.

Der buddhistische Praxisweg verläuft über die folgenden drei Stationen: Erkennen, Verinnerlichen und Verwirklichen. Jede dieser Stationen zeigt uns verschiedene Inhalte und Schwerpunkte. Es ist nicht sinnvoll, diese Stufen zu schnell zu durchlaufen. Das Erkennen als Grundvoraussetzung ist von ganz entscheidender Bedeutung. Wenn wir hier schon in die Irre gehen, dann werden uns alle nachfolgenden Bemühungen nur noch weiter von einem heilsamen Weg wegbringen. Es ist also wirklich sehr wichtig, die Qualität des Zieles, also der Befreiung, zu erfahren und dadurch richtig zu erkennen.

Durch eine gut angeleitete Selbsterfahrung können wir selbst spüren, dass die Qualität der Befreiung in uns und um uns existiert. Daher ist die Befreiung nicht auf gewöhnliche Weise zu erlernen oder gar zu verbessern. Es geht vielmehr um unseren Zugang.

Befreiung ist eine symbolische Formulierung für unseren Zugang zu der besonderen Qualität unseres Geistes. Diese ist immer vorhanden, doch wir haben in der Regel den Kontakt dazu verloren. Das ist ungefähr vergleichbar mit einer leisen Melodie, oder besser noch einem Sound, der immer da ist, in uns und um uns. Wir brauchen ihn nicht zu erlernen und wir können ihn auch nicht verbessern oder verschlechtern.

Der Ewigkeit Tor,
es sei jedem aufgetan,
der Ohren hat.

– Buddha –

Entweder machen wir zu viel Lärm, lenken uns zu sehr ab, oder wir betäuben uns. Dadurch kann dieser Sound jedoch nicht zerstört werden und er endet auch nicht. Wir können ihn unser ganzes Leben lang ignorieren, das macht dem Sound nichts aus. Aber wir könnten ebenso gut beginnen zu lauschen, so simpel ist das im Grunde.

Wenn wir nach einem lautstarken Konzert nach draußen treten, dann pfeifen und dröhnen uns die Ohren und wir sind noch für einige

Zeit „zugedröhnt“. Ein Zustand, den nicht nur Jugendliche kennen, sondern unter dem wir alle mehr oder weniger bewusst leiden. Wenn wir den Sound hören wollen, benötigen wir eine Zeit der Gewöhnung und auch der Stille, damit sich unser Sensorium darauf einstellt.

Wenn wir dann den Sound einmal oder öfter erfahren haben, können wir immer schneller wieder zu ihm zurückfinden. Allerdings ist dieser Zustand noch relativ lange sehr störungsanfällig. Der Geräuschpegel unseres Lebens übertönt meistens die Melodie. Auch entstehen in uns noch oft und schnell unheilsame Geisteszustände, die unseren Zugang zum Sound verstopfen. Es benötigt tatsächlich die erwähnten geduldigen Übungen und auch einen achtsamen Umgang mit unseren Konsumgewohnheiten, damit die geistige Verstopfung sich zukünftig weniger hartnäckig zeigt.

Nur lauschen.

Allerdings bezieht sich dieses Lauschen nicht nur auf unsere Ohren.

Oftmals geht es wohl eher um ein Spüren als um ein Hören. Ein Sound ist auch mehr als eine Melodie. Hier finden wir in leichter Abwandlung die alte Wahrheit wieder, dass wir nicht mit den Augen, sondern nur mit dem Herzen gut sehen können.

Wir nehmen die Wirklichkeit unserer Befreiung also über unser gesamtes Sensorium wahr.

Diese kleine Anregung möchte den Aspekt der Selbsterfahrung hervorheben. Sie verdeutlicht uns die Tatsache, dass Bücher, (auch dieses!) dafür nur teilweise geeignet sind.

Ist der Sound durch diese Zeilen hindurch zu hören?

Die Formulierung „heilsame Geisteszustände“ wird recht oft im Zusammenhang mit der Befreiung genutzt. Da mit dem Geist vielfältige Bedeutungen verbunden sind, schauen wir uns nun einmal die Bedeutung an, die gemeint ist.

Nach buddhistischer Auffassung
ist der Geist weder Subjekt noch Objekt,
sondern stets Aktivität.

Was ist eigentlich ein heilsamer Geisteszustand?

Wir Westler verstehen unter dem Begriff „Geist" hauptsächlich Verstandestätigkeiten. Diese grenzen wir recht deutlich von den emotionalen und den körperlichen Empfindungen ab.

Im Unterschied dazu beinhaltet das buddhistische Verständnis von Geist auch Gedanken, Empfindungen und Emotionen. Ein Geisteszustand ist dementsprechend ein ganzheitliches Geschehen auf allen Ebenen. Ein unheilsamer Geisteszustand durchdringt also unseren ganzen Organismus, unseren Körper, unsere Emotionen und unseren Verstand: Alles ist davon betroffen. Naturgemäß ist dann ein heilsamer Geisteszustand eine heilsame Durchdringung aller unserer körperlichen, emotionalen und gedanklichen Strukturen. Es betrifft also auch alles, nicht nur unseren Kopf oder unser Herz.

Darüber hinaus findet auch keine Abgrenzung zwischen inneren und äußeren Vorgängen statt. Die geistigen Qualitäten, von denen unser individueller Geist ein Aspekt ist, sind nach buddhistischem Verständnis nicht auf unseren Organismus begrenzt. Vielleicht können wir es auch mit unserem individuellen Bewusstsein und einem kollektiven und universellen Bewusstsein vergleichen.

Natürlich betreten wir hier Bereiche, die für uns nur schwer zugänglich sind. Viele renommierte Wissenschaftler schließen nicht aus, dass wir überall Bewusstsein in verschiedenen Formen vorfinden.

Die geistigen Tätigkeiten werden oft mit den Verstandestätigkeiten verwechselt. Die Verstandestätigkeit wird nach buddhistischer Lehre als ein weiterer Sinn verstanden: Genauso wie wir Objekte sehen, riechen, fühlen oder schmecken oder ihre Geräusche hören können, genauso können wir auch unsere Gedanken betrachten. Es gibt also keinen Grund, dass wir uns mit unseren Gedanken identifizieren. Ebenso wenig, wie wir der Hund sind, den wir beobachten, genauso wenig sind wir das, was wir denken.

Das klingt wahrscheinlich einleuchtend und schnell nachvollziehbar; dennoch müssen wir realisieren, dass wir uns in der Regel mit unseren Gedanken und Meinungen vollkommen identifizieren. Im Allgemeinen erkennen wir den Unterschied zwischen uns selbst und unseren Gedanken nicht. Wir sind das, was wir denken: Ich bin ein Mensch, der ... Ich bin der Meinung, dass ... Ich möchte ... Ich denke ... Ich will ... Ich will nicht ...

In diesem Punkt unterscheiden sich die buddhistischen Lehren recht deutlich von der westlichen Sichtweise. Auch die westlichen Forscher können zum Ursprung des Bewusstseins nichts wirklich Beweiskräftiges anführen. Ob also unsere Neurone im Gehirn Bewusstsein produzieren oder wie die Nieren Urin abgeben, bleibt fraglich. Die Bewusstseinsforschung nähert sich jedoch immer mehr den buddhistischen Wissenschaften an, indem sie Bewusstseinsphänomene untersucht, die nicht mehr nur individueller Natur sind.

Wenn wir mithilfe des buddhistischen Achtsamkeitstrainings unsere Einsichten verbessern, unsere Verstandestätigkeiten und Emotionen mindern sowie unsere körperliche Verfassung mit Achtsamkeit durchdringen, erhalten wir nach und nach Zugang zum Bereich unserer geistigen Qualitäten. Nach buddhistischem Verständnis müssen wir dafür unseren gesamten Organismus gewissermaßen wie ein feines Instrument prüfen und eichen, damit wir die geistigen Qualitäten empfangen und in uns spüren können. Diese werden in uns nicht erzeugt, sondern sie umgeben und durchdringen alles. In der Regel sind wir allerdings zu laut, um es wahrnehmen zu können.

Natürlich lassen sich diese Inhalte nur in sehr begrenzter Form mit Worten vermitteln. Die angeleiteten Selbsterfahrungen sind hierfür unumgänglich. Wir erlernen die eigenständige Kultivierung heilsamer Geisteszustände und festigen diese durch geduldige Wiederholung immer mehr, so dass wir aus heilsamen Handlungen nach und nach ein heilsames Verhalten und schließlich eine heilsame innere Grundhaltung entstehen lassen können. Die Fokussierung auf heilsame Geisteszustände und spirituelle Qualitäten kann sich auch für Behandler als sehr sinnvolle Arbeitsgrundlage erweisen.

Der heilsame spirituelle Rahmen als Konzept für Behandler

Dieser Ansatz möchte bereits bestehende Neigungen zu einer an unseren Ressourcen orientierten Herangehensweise unterstützen und Anregungen vermitteln, die darüber hinausgehen. Damit ist die Ausweitung auf den spirituellen Aspekt gemeint.

Es sollte mittlerweile deutlich geworden sein, wie wenig diese positive Orientierung mit Konfliktvermeidung oder fehlender Tiefe zu tun hat und auch, wie heikel der ständige Fokus auf unsere Defizite ist, wie sehr er Unheilsames sogar noch festigen könnte.

Die Nutzbarmachung der Vier Edlen Wahrheiten als heilerische Strategie in Verbindung mit der Übung der gut erprobten alten Methoden des Geistestrainings bietet kaum zu übersehende heilsame Möglichkeiten. So können Erfahrungsbereiche eröffnet und erschlossen werden, von denen wir alle – unabhängig von der Religionszugehörigkeit oder anderer soziodemografischer Faktoren – wunderbar profitieren können.

Auf diese Weise erfahren wir eine Form der Behandlung und Selbsthilfe, die uns einerseits unseren eigenen Wert wieder spürbar macht, andererseits aber auch Möglichkeiten der Selbsterfahrung erschließt, die weit über unser eingrenzendes Ego hinauszugehen weiß. Es besteht die dringende Notwendigkeit, dass wir uns spirituelle Ressourcen wieder zugänglich machen, die eine schmerzliche Enge in uns wieder auflockern, den Fokus wieder öffnen und uns etwas zugänglich machen können, das uns teilhaben lässt an einer universellen Kraft. Wir können dabei sowohl unsere eigene Existenz spüren als auch verschiedene Formen der Verbundenheit, mit anderen und letztendlich mit allem.

Der heilsame spirituelle Rahmen als Erleichterung für Behandler

Jeder von uns, ob wir nun in den sozialen Berufen tätig sind oder nicht, wird immer wieder in Situationen geraten, in denen wir uns selbst und auch anderen Menschen in unserem Umfeld Unterstützung und Hilfe zukommen lassen möchten oder müssen.

Mit dem hier angebotenen Konzept müssen wir uns dann nicht mehr fragen: Was wäre nun in diesem *speziellen* Fall am besten zu tun? Dieser einzigartige Mensch mit dieser einzigartigen Problemkonstellation benötigt doch eine einzigartige Hilfe. Wie soll ich das nur schaffen? Die buddhistische Lehre und hier vor allem die Vier Edlen Wahrheiten können uns dabei helfen, die vorhandenen Probleme einzuordnen. Eine sehr wirksame Hilfe dabei ist das Erkennen des *universellen* Charakters in einer *jeden* Leidensgeschichte.

Dieses Erkennen bedeutet eine große Erleichterung für uns alle. So vermeiden wir im Leiden zuerst einmal die weitere Ergründung und Vertiefung des Leidens. Der Sache auf den Grund gehen heißt nur allzu oft: weiter und tiefer zu graben in dem Loch, in dem wir gerade stecken. Dieses Thema können wir immer noch kritisch reflektieren, wenn wir uns dafür ausreichend gestärkt haben, aber nicht ausgerechnet in einer geschwächten Situation.

Der erste Fokus liegt also immer auf dem leichten Weg: Stärke anfangs deine Ressourcen. Trainiere den Ruhepol im vegetativen

Nervensystem (Parasympathikus), zum Beispiel durch Bauchatmung, oder stimuliere das Aktivierungszentrum im vegetativen Nervensystem (Sympathikus), zum Beispiel durch Brustatmung.

Erlerne und stabilisiere dadurch deine Fähigkeiten zur Selbststeuerung. Dieser fundamentale Mechanismus sollte unbedingt erkannt, verinnerlicht und umgesetzt werden. Unabhängig von der einzelnen Person ist dies immer der erste einfache Schritt. Ein leichter Weg. Und erst danach folgen differenziertere Methoden der Einflussnahme.

Ohne diese Kenntnis unserer tief in uns angelegten Steuerungseinheiten werden wir nie in der Lage sein, uns wirklich nachhaltig selbst lenken zu können. Nur wenn wir uns gut kennenlernen und sehr gut Einfluss auf uns auszuüben in der Lage sind, werden wir uns dem in uns bereits vorhandenen Areal der Befreiung annähern können.

Viele von uns werden den Zustand der Befreiung wohl immer noch idealisieren und auf diese Weise zu einem ewigen Fernziel abstempeln. Diese Empfindung verstärkt sich oft, wenn wir leiden. Dann fühlen wir uns Lichtjahre entfernt von der Befreiung, obwohl sie immer in uns und um uns existiert. Das Argument, die Befreiung sei nur ein Zustand für ältere Mönche und Nonnen, die ihr ganzes Leben ausschließlich diesem Ziel gewidmet hätten, ist sehr fragwürdig.

Wir können uns der Befreiung nicht von der Position des Defizits aus nähern. Auch wenn wir noch so lange in unseren Problemen wühlen, werden wir daraus keine leuchtende Kugel machen. Eine alte Weisheit besagt, dass man einen Backstein endlos polieren kann, ohne dass daraus jemals ein Spiegel wird. Das ewige Jammern und Beklagen unserer altbekannten Defizite bringt uns nur selten wirklich weiter.

Sicherlich ist so etwas wie eine Trauerarbeit manchmal unumgänglich, doch ohne das Hinzufügen von heilsamen Ingredienzien bleibt die Sache bitter und bringt uns nach der Stabilisierung nur wieder in den Zustand zurück, in dem wir auch vorher bereits waren. Eine Weiterentwicklung ist nicht möglich, wir geraten nur allzu bald wieder ins alte Fahrwasser und beginnen so zu funktionieren wie immer.

Was bedeutet also Befreiung?

Die übergeordneten Ziele oder das „Ziel über allen Zielen", wie dieses Kapitel überschrieben ist, lässt sich tatsächlich sowohl als Endziel, aber auch als Etappenziele oder schlicht als Weg darstellen: Wie weiter oben schon dargestellt, üben wir uns in heilsame Geisteszustände ein, beschreiten damit unseren Weg und festigen sie dabei immer mehr, so dass sich aus heilsamen Handlungen sukzessive ein heilsames Verhalten und schließlich eine heilsame Grundhaltung entwickeln kann.

Wenn die Möglichkeit der Befreiung allerdings nicht bereits in uns angelegt wäre, könnten wir uns endlos bemühen und würden dennoch nie in die Befreiung eintreten. Nur weil wir die „Spiegelnatur" bereits in uns tragen, kann ein geduldiges „Polieren" auch zur Befreiung führen. Wir müssen uns jedoch stets daran erinnern, dass der Spiegel niemals dadurch sauber wird, dass wir ihn mit Dreck bewerfen oder die unsauberen Stellen immer wieder genauestens beleuchten. Die Auswahl sauberer Tücher, also *heilsamer* Methoden, führt uns hier viel eher zum Ziel.

Wenn Menschen die Erleuchtung erlangen, ist das,
wie wenn der Mond sich im Wasser spiegelt.
Der Mond wird nicht nass, das Wasser wird nicht durchstoßen.
Obwohl es ein gewaltiges, ungeheures Licht ist,
hat es Platz in einem kleinen bisschen Wasser –
selbst der ganze Mond, der ganze Himmel
haben Platz in einem Tautropfen im Gras,
ja selbst im winzigsten Tröpfchen Wasser.
Die Erleuchtung zerschmettert den Menschen nicht,
wie der Mond das Wasser nicht zerteilt.
Der Mensch schränkt die Erleuchtung nicht ein,
wie der Tautropfen den Mond am Himmel nicht einschränkt.

– Zen-Meister Dogen –

Hier lesen wir eine wunderbare Synthese aus Poesie und Weisheit. Dem ist nichts mehr hinzuzufügen. Vielleicht können Sie dieses Zitat mehrfach wiederholen, so dass sich die Bilder ein wenig einprägen und innerlich in Ihnen weiterwirken können.

Unser Wasser

In dem Zitat von Zen-Meister Dogen wird – wie in vielen anderen buddhistischen Texten auch – vom Wasser gesprochen, das mit unserem Sein in einer engen Verbindung steht. Tatsächlich sind wir ja auch wissenschaftlich gesehen Wasserwesen. Daraus sind wir hervorgekommen. Unser Körper besteht zu etwa 70 Prozent aus Salzwasser.

Auch wenn wir unsere geistigen Qualitäten ergründen, kann uns die Wassersymbolik hilfreich sein. Jede Wellenformation kann einen Geisteszustand symbolisieren. Ist unser innerer geistiger See zu aufgewühlt, dann sind wir blind für die Welt. Natürlich können wir viele Jahre, ja sogar unser ganzes Leben damit verbringen, uns in die Wellen zu stürzen, zu paddeln und immer auf der Suche nach den schönen angenehmen Wellen zu bleiben.

Dogen spricht nun davon, dass wir unser Geistes-Wasser nutzen können, damit sich darin gewissermaßen etwas spiegeln kann. Dafür müssen wir aber unseren inneren geistigen See beruhigen. Nur auf einer klaren glatten Oberfläche erkennen wir die wunderbaren Spiegelungen der uns umgebenden Kräfte.

Ist dieser Zustand erst einmal erreicht, dann spüren wir die davon ausgehende Qualität am eigenen Leibe. Diese Erfahrung kann uns dann niemand mehr nehmen. Wir können sie wie einen Schlüssel nutzen, damit wir diese Tür zukünftig immer schneller wiederfinden und öffnen können.

Das Bild vom sich spiegelnden Mond zeigt natürlich auch die Störanfälligkeit. Ein Steinwurf in den inneren See, auch wenn es nur ein ganz kleiner Kiesel wäre, führt dazu, dass wir wieder nur verschwommene Bilder sehen.

Allerdings verfügen wir mit zunehmender Übungspraxis über einen immer schnelleren Zugang zu den heilsamen Zuständen. Wir können, mit anderen Worten, unseren inneren See immer schneller beruhigen und so die heilsamen Spiegelungen wiederherstellen. Einerseits lernen wir also zu verstehen, dass unser Leiden nicht nur von außen kommt, sondern auch mit unserem inneren Zustand in Verbindung steht, und zusätzlich finden wir leichte Wege, wie wir heilsamen Einfluss darauf nehmen können.

Diese stetige aktive Nachregulation ist unumgänglich. Die Erste Edle Wahrheit des Buddhismus verrät uns schließlich, dass Leiden immer wieder entsteht und wir dem nicht ausweichen können. Manchmal bringen wir selbst unseren inneren See in Aufruhr, indem wir Erinnerungen nachhängen oder uns in Gedanken verlieren. Manchmal treffen uns wahre Kometeneinschläge und sorgen für den einen oder anderen Tsunami in unserem „Lebens-Wasser“. Dann kocht und schwappt das innere Wasser, bis es aus unseren Augen heraufließen möchte.

Wenn wir dann tatsächlich relevante Zusammenhänge zu verstehen beginnen und funktionierende Techniken zur Hand haben, die effektiv für die innere Beruhigung und Klärung sorgen, werden wir durch diese harmonische Selbstwirksamkeit viele heilsame Kräfte mobilisieren.

Zusätzlich zu dieser Fähigkeit können wir selbst aber noch etwas sehr Besonderes erfahren: Unser inneres Gewässer scheint sich mit den Jahren unserer geduldigen Übungspraxis auch selbst zu verändern. Es wird sukzessive „dickflüssiger“.

Wir selbst merken das daran, dass weitere Einschläge und Bewegungen unseren inneren See nicht mehr in dem Maße aufwühlen können, wie es früher der Fall war.

Klingt das verlockend für Sie?

Natürlich entstehen dann schnell Fragen, wie zum Beispiel: Wie erreiche ich das?

Und wie kommen wir zu diesem Ziel?

Wie haben wir denn bislang unsere Ziele erreicht? Doch wohl sehr häufig durch Anstrengung, Fleiß, Ehrgeiz und Bemühen.

Natürlich gehören diese Eigenschaften zu einem Erfolgsrezept.

Die für uns alle übergeordnete Strategie dabei lautet: Alles, was funktioniert, wird wiederholt. Aufgrund dieses Meta-Planes spulen wir dann zukünftig immer wieder das gleiche Schema ab.

Das aktuelle Ziel lautet nun also „Befreiung“. Also greifen wir auf alte mit Erfolgen verbundene Erfahrungen zurück und nutzen unsere Fähigkeiten zu Anstrengung, Fleiß, Ehrgeiz und Bemühen. Wir machen Pläne, besuchen Seminare und bemühen uns um eine Umsetzung in unserem Alltag. Tatsächlich stellen sich schon bald die ersten Erfolge ein. Mit der Meditation klappt es von Mal zu Mal leichter, wir lernen uns mehr zu zügeln, lesen und lernen viel aus den Lehrtexten und finden darin gute Identifikationsflächen.

Doch ebenso zwangsläufig endet diese Strategie oftmals in einer Sackgasse. Das Konzept „*Ich* strenge mich an“ kann nicht funktionieren, wenn wir uns befreien möchten. Wenn *ich* mich anstrenge, damit *ich* nicht mehr leide, werde *ich* mich im Kreise drehen.

Ein Mann kam zu Buddha und sagte:
„Ich möchte glücklich sein."
Buddha sagte:
„Streiche das ‚Ich', es steht für unser Ego
und hindert uns am Glück.
Dann streiche das ‚möchte', es steht für unser Begehren,
auch hindert es uns am Glück.
Übrig bleibt ‚glücklich sein'."

Wir können uns noch so sehr bemühen, um das Ziel der Befreiung zu erreichen, doch schon bald stehen wir vollkommen fassungslos in einem Labyrinth aus Mauern. Eigentlich sollte es mit Anstrengung und Leistung doch immer weitergehen, denn schließlich basieren darauf unsere früheren Erfahrungen, die zum Erfolg führten.

Da dieses Schema in uns allen steckt, werden wir wohl auch alle nicht um diese ernüchternde Erfahrung herumkommen.

Allerdings werden wir auch spüren, dass wir mit dem Gegenteil genauso wenig „vorankommen". Das Gegenteil von etwas Problematischen könnte uns in ein anderes Extrem führen. Erinnern wir uns an die Links- und Rechtsdrehung. Sicherlich benötigen einige von uns etwas mehr Tatkraft, während andere dringend etwas weniger Aktivität kultivieren sollten.

Das Achtsamkeitstraining hat sich als eine sehr hilfreiche Methode herausgestellt, um den eigenen Weg zu spüren.

Der Traum von der Befreiung

Wenn wir im Traum erkennen, dass wir nur träumen, oder wenn wir fast schon erwacht sind und spüren, dass wir nur geträumt haben, dann erleben wir in uns den Wunsch, entweder weiter zu träumen oder aber aufzuwachen.

Wenn wir uns nun für das Erwachen entscheiden, wie stellen wir das denn an? Versuchen wir etwa, uns im Traum noch mehr anzustrengen, versuchen wir, endlich den richtigen Traum zu finden und zu erwachen? Oder lassen wir das natürliche Erwachen einfach geschehen?

KAPITEL 3

Unabhängigkeit von äußeren Reizen

Jage nicht den äußeren Bedingungen nach,
ebenso wenig verweile in der inneren Leere.

– SENGCAN –

Die spirituelle Reise führt uns in die unterschiedlichsten Situationen und Empfindungen hinein. Sie lässt uns oft neue Wege gehen und neue Erfahrungen machen. Solche spirituellen Momente bieten sicherlich Erfahrungen der inneren Weite und lassen sich vielleicht mit einem Urlaub von unserem begrenzten und begrenzenden Ego vergleichen. Dennoch handelt es sich natürlich immer um eine Reise zu uns selbst, also um eine innere Reise.

Sehr viele von uns neigen dazu, schnell von einem Extrem in das andere zu verfallen: „Das Streben im außen ist nicht gut? Also dann lasse ich ab jetzt alles laufen, wie es eben kommt."

Mit diesem unguten Muster hocken wir dann stoisch da und halten uns an einer vermeintlich buddhistischen Strategie fest. Wenn wir uns auf eine solche Weise drastisch und unbedacht einbremsen, werden wir vor allem mit vielen weiteren Problemen konfrontiert.

Nicht wenige von uns werden auf diesem Weg hin- und hergeworfen zwischen Zuständen inneren Aufruhrs und innerer Leere. Fatalerweise werden die eher unheilvollen Empfindungen innerer Leere dann auch noch mit dem im Buddhismus angestrebten Zustand der heilsamen inneren Leere verwechselt. So wird der eigentlich leichte für viele Menschen zu einem ausgesprochen schweren Weg.

Unsere inneren Abläufe empfinden wir als etwas zutiefst Persönliches und Intimes. Das mag wohl einer der vielen Gründe dafür sein, warum wir für alle möglichen, auch unwichtigen Dinge heute zu den Fachleuten laufen, für uns selbst und unser Leben diese wertvolle Hilfe jedoch ignorieren. Für den Zugang zu unserer Innenwelt sollten wir allerdings unbedingt auf kundige Unterstützung zurückgreifen.

Die innere und die äußere Welt

Wir alle wissen natürlich, wie mächtig und auch wichtig die beiden Welten sind: die innere und die äußere. Die Verknüpfung zwischen beiden ist eigentlich zwar untrennbar, dennoch kann uns hier die grobe Differenzierung als kleine Verständigungshilfe dienen.

Unsere nicht ganz leichte Aufgabe besteht also darin, gewissermaßen beide Welten, unsere innere und unsere äußere, in Einklang miteinander zu bringen. Wenn dieser Einklang gefunden wurde, erkennen wir die vorhandene Einheit, die immer da war. Bis es so weit ist, würdigen wir jedoch erst einmal diese zwei Welten.

Ein sehr wesentlicher moderner Aspekt der äußeren Welt besteht darin, dass wir diese oft gar nicht mehr selbst sinnlich erfahren. Ein Durchschnittsamerikaner soll täglich etwa 200 Meter zu Fuß gehen, bei uns Deutschen soll der Mittelwert bei etwa 600 Metern liegen. Viele von uns bewegen sich vom Bett zum Stuhl, von dort zum Auto, zum nächsten Stuhl und wieder zurück. Selbst das Joggen oder Walken praktizieren viele heute in einem Fitnesscenter mit hermetisch verschlossenen Fenstern, den Blick fest auf einen Monitor gerichtet, der uns währenddessen entweder eine Strecke vorgaukelt, die wir „erledigen", oder der uns unausgesetzt mit Informationsgaben füttert. Nicht wenige verbringen täglich mehr Zeit vor einem Monitor, als im Kontakt mit der Natur zu sein oder mit anderen Menschen. Die omnipräsenten Medien haben uns also recht gut im Griff. Auch unsere Umwelt wird uns schon lange von Medien vermittelt, bewertet und uns so dargeboten, wie wir sie erleben sollen.

Hollywood und die Angst

Viele von uns denken bei bestimmten harmonischen Musikstücken schon nicht mehr an Mozart, sondern an die Kaffeewerbung, die den Song als Werbe-Jingle nutzt. Unser Zeitgeist spiegelt sich nicht nur im Fernsehen wider, sondern von dort empfangen wir auch starke Impulse, so dass oft nur schwer zu sagen ist, wer jetzt wen spiegelt.

In vielen Filmen finden wir sehr oft das „moderne Denken" wieder, und Hollywood treibt es hier in schöner Regelmäßigkeit auf die Spitze. In einem Film bedroht ein Komet die Erde und die Lösungsstrategie besteht darin, eine Atombombe zu zünden. In einem anderen Film droht die Sonne zu erlöschen und die Lösungsstrategie besteht darin, eine Atombombe zu zünden. In einem weiteren Film droht die Erde stillzustehen und die Lösungsstrategie besteht darin, eine Atombombe zu zünden. In einem wieder anderen Film wird die Erde von Aliens bedroht und die Lösungsstrategie besteht darin, eine Atombombe zu zünden. – Interessanterweise besteht die größte Angst der Amerikaner darin, dass ein Terrorist bei ihnen, im eigenen Land, eine Atombombe zünden könnte.

Buddhistisches Hollywood?

Viele von uns kennen wohl den Film, in dem Bill Murray jeden Morgen nicht nur in derselben Pension, sondern auch immer wieder am selben Tag erwacht. Täglich grüßt das Murmeltier in diesem Film, der uns immer wieder ein und denselben Tag zeigt, aus dem der Hauptdarsteller nicht entfliehen kann. Egal was er auch immer anstellt, er kann nicht entkommen; irgendwann schläft er ein und wacht morgens wieder am selben Tag in derselben Pension auf.

Wir finden die Geschichte als Zuschauer skurril und gleichzeitig höchst interessant. Trotz ihrer Einfachheit fasziniert sie uns seit Jahrzehnten. Natürlich hält uns diese Geschichte den Spiegel vor.

Wie wird der Schauspieler aus diesem Karussell erlöst? Bill Murray kämpft lange gegen sein Schicksal an: Er versucht zu manipulieren und seinen Spaß zu haben, dann beginnt das Leiden, er suizidiert sich sogar mehrmals – allerdings ohne Ausweg, denn am nächsten Morgen erwacht er wieder am selben Ort, am selben Tag, im selben Bett.

Anscheinend findet jedoch irgendwann ein Wandel statt. Der Schauspieler lernt, das, was ist, zu akzeptieren. Diese Akzeptanz, das Annehmen seines Schicksals, führt diesen Wandel herbei. Erst als er nicht mehr zu flüchten versucht, sondern sich in seinem Leben einrichtet, insbesondere indem er auch für andere hilfreich wird, entsteht ein Ausweg. Erst beginnt er anderen mit seinem inzwischen profunden Wissen zu helfen; denn wenn jeder Tag gleich ist, dann können wir vieles voraussehen. Indem sich der Schauspieler für andere engagiert, erfährt er Liebe. Bezeichnenderweise ist das eine Liebe, die er zuvor mit Manipulationsversuchen nicht erlangen konnte. Erst später wird ihn diese Liebe aus dem Kreislauf seines Leidens befreien.

Jeder von uns benötigt wohl seine Zeit, bis es möglich wird, mit dem Tricksen und Manipulieren aufzuhören. Selbst wenn wir bereits erkannt haben, dass wir dringend etwas ändern sollten, werden wir wohl noch viel Zeit damit verbringen, im außen nach Lösungen zu suchen, und dabei oft das Gefühl von einem Kreislauf haben. Auch für uns grüßt täglich das Murmeltier. Es grüßt uns so lange, bis wir ein paar grundsätzliche Wahrheiten zu lernen bereit sind.

Wenn wir wollen, dass unser Glück beständig bleibt,
müssen wir die Art verändern,
wie unser Geist arbeitet.

– XIV. Dalai Lama –

Unsere Verantwortung für uns selbst

Oft existiert eine eigenartige Kluft zwischen den Empfindungen gegenüber unseren verschiedenen Verantwortlichkeiten: In einigen Lebensbereichen können wir nur schwer oder gar nicht loslassen und unsere Verantwortung nicht oder kaum abgeben; wir erledigen die Dinge lieber selbst und mögen andere nicht um Hilfe bitten. Vielleicht könnte sich hier auch schon der eine oder andere Kontrollzwang eingeschlichen haben. Unser Vertrauen in die Umwelt, das heißt, in unsere Mitmenschen ist womöglich auch nicht sonderlich groß.

Im Gegensatz dazu gibt es dann wieder Bereiche, in denen wir unsere eigene Verantwortung kaum noch sehen können. So ist es sehr menschlich, dass wir für unsere *eigenen* Empfindungen sowohl die Ursachen als auch die Entlastung in unserem äußeren Umfeld suchen und damit die Verantwortung abgeben.

Dieses Prinzip verfolgen wir bei den positiven und auch bei den negativen Empfindungen: Wenn wir uns amüsieren wollen, suchen wir uns dafür etwas Amüsantes in unserem Umfeld. Wir suchen nach Glück und gehen suchend in die (Außen-) Welt.

Wenn wir traurig, ängstlich oder wütend sind, dann suchen wir uns nur allzu gern dort draußen einen Schuldigen. Wenn sich kleine Kinder die Finger am Streichholzfeuer verbrennen, dann schimpfen sie: „Blödes Feuer!“ Nicht wir haben den Fehler begangen, es waren die anderen oder das andere, zum Beispiel in Form von Naturkräften (Feuer) oder eben das Schicksal oder die göttliche Fügung. Meist suchen wir aber etwas Konkretes und finden dafür jemanden, der anders ist – er darf uns selbst schließlich nicht allzu ähnlich sein. Nicht unsere selbst geschaffene Raubtierkultur ist also verantwortlich für unsere unübersehbaren Probleme, sondern doch lieber Menschen, die scheinbar ganz anders sind als wir.

Sogar wenn wir unter Selbstwertproblemen leiden, alles auf uns selbst beziehen und uns oft selbst als Versager erleben, werden wir auf der Suche nach den Ursachen dafür sicherlich wieder in unserem Umfeld fündig: „Alle anderen schaffen es, nur ich nicht. Alle sind besser als ich. Die Welt ist so kompliziert geworden. Ich selbst bin so klein und die Welt ist so übermächtig."

Natürlich sind wir als Kinder vollkommen abhängig von unserer Umwelt gewesen. Diese hat uns sehr geprägt und mit diesem Erbe müssen wir nun ebenfalls alle zurechtkommen. Dennoch liegt die Verantwortung für unser Empfinden und Handeln heute bei uns selbst. Äußere Umstände können zwar sehr verletzend sein, doch wie wir damit umgehen – die Möglichkeiten dafür sind tatsächlich äußerst vielfältig –, liegt bei uns selbst. Wären andere Menschen an unserer Stelle, würden sie ganz anders reagieren als wir.

Was benötigen wir also, um zu erkennen, dass unsere Empfindungen ganz allein uns gehören und wir dementsprechend auch selbst dafür verantwortlich sind?

Die Antwort lautet: Sicherheit.

Wir benötigen Sicherheit

In einer Krise oder zumindest in einer angespannten Situation verengt sich unser Blickwinkel zum Tunnelblick. Wir leiden. In einer solchen Situation hilft uns die Anregung, dass wir selbst verantwortlich sind, alle Empfindungen uns gehören und auf uns selbst schauen sollen, nicht viel weiter. Diese unbestreitbar elementar wichtige selbstkritische Haltung können wir nur einnehmen, wenn wir uns mit uns selbst sicher fühlen. Aus der Sicherheit heraus können wir uns öffnen. Gefahr führt auf allen Ebenen dazu, uns zu verschließen.

So müssen wir also erst einmal dafür Sorge tragen, dass wir uns stärken und sichern. Auch hier müssen wir wieder den leichten Weg gehen: nicht in das Problem, sondern in unsere Ressourcen hinein.

Dafür bietet sich das Achtsamkeitstraining an: Zuerst sorgen wir für unser körperliches Wohlergehen, als erste Stufe der Achtsamkeit. Danach achten wir auf unsere emotionalen Reaktionen (zweite Stufe) und wo und wie sie sich im Körper manifestieren (Kombination von erster und zweiter Stufe). Wenn wir durch unsere Achtsamkeit diese beiden grundlegenden Ebenen besänftigen und klären konnten, wenden wir uns unserem ruhelosen und stets in Bewertungen vernarrten Verstand zu (dritte Stufe). Hier ist bereits ein deutliches Maß an Fähigkeit zur Selbstkritik, also innere Stärke nötig, um zu realisieren, wie sehr unsere vielen festen Meinungen, unsere vielen Erwartungen und unser selbst erzeugter Druck als vermeidbares Leiden uns und andere quälen.

Um hier Linderung zu erreichen, benötigen wir einen guten Zugang zu unserem körperlichen Bewusstsein: Jede Emotion und jeder problematische Gedanke verändert unsere Atmung und auch zahlreiche andere Körperempfindungen. Auf einer ersten und dabei grundlegend wichtigen Stufe lernen wir die körperliche Achtsamkeit und die verbesserte Selbststeuerung auf der körperlichen Ebene kennen. Hier eigenständig eine Lockerung, Entkrampfung und Entspannung erzeugen zu können bewirkt eine spürbare Linderung und lässt uns unsere Selbstwirksamkeit spüren. Wir können etwas bewirken, wir sind nicht hilflos. Das stärkt die Wahrnehmung für unsere Souveränität und bedeutet einen wesentlichen Schritt auf unserem Weg zur Befreiung.

Wenn wir jetzt unter dem Aspekt der Achtsamkeit auf innen *oder* außen über Befreiung nachdenken, dann können wir lange spekulieren, inwieweit uns eher *innere* Blockaden, Konflikte, Körperprobleme, Gedanken oder Emotionen zu schaffen machen oder inwieweit uns eher äußere Hindernisse in Form des Jobs, der Familie oder anderer Probleme stören.

In der Meditation können wir die Spekulation darüber eindämmen. Wir kommen körperlich, emotional und gedanklich etwas mehr zur Ruhe und Klarheit. Oft sind körperliche und emotionale Abläufe leichter einzugrenzen als unsere gedanklichen Ambitionen. Wir sitzen dann und versuchen uns um Klarheit und Ruhe zu bemühen, erleben aber, dass vielschichtige Abläufe in uns stattfinden.

Zum Teil nehmen wir die vielen *inneren* Vorgänge wahr, doch meist ist es auch die *Außenwelt,* die sich intensiv bemerkbar macht. Hier stürzen dann Innen- und Außenwelt zu einer Erfahrungsebene zusammen. Alles geschieht dann *in* uns. Deshalb ist das Innen dann auch der Ort, an dem wir ansetzen.

Natürlich ist es auch unser Bestreben, uns von äußeren Bedingungen nicht mehr so abhängig zu machen. Die direkte Linie von einem Ereignis zu unserem Empfinden wird von uns immer mehr unterbrochen und mit verschiedenen Pufferzonen bestückt. Wenn wir uns jedoch auf die Fährte der inneren und äußeren Einflüsse begeben und ihnen nachspüren, so treffen sich die Spuren gewissermaßen in unserem Kopf.

Sei dein eigener Meister

Dieses Kapitel zum Thema „Unabhängigkeit von äußeren Reizen" zielt auf einen ganz speziellen Punkt: Eine Steigerung unserer Unabhängigkeit von äußeren Reizen erreichen wir nur durch die Steigerung unserer Fähigkeiten zur Selbststeuerung. Das ist ein logischer, doch auch ein heikler Aspekt. Viele von uns spüren zwar Lebensbereiche, die wir gut und relativ schnell verändern können. Dennoch gibt es da eine sehr mächtige innere Dynamik, die uns in sehr essentiellen Bereichen in einem Kreislauf gefangen hält. So sehr wir uns auch bemüht haben, da gibt es immer etwas, das wir einfach nicht in den Griff bekommen. Da hat sich offenbar etwas gefestigt, das zu überdauern scheint.

Wenn wir Menschen fragen, ob wir unseren Charakter ändern können, dann antworten viele intuitiv mit einem „Nein". Die moderne Hirnforschung konnte inzwischen jedoch die alten buddhistischen Lehren bestätigen, die uns seit Jahrhunderten vermitteln: Durch geduldiges und stetiges Wiederholen von heilsamen Übungen können wir uns fundamental transformieren. Wir alle tragen die Veranlagungen, die dazu nötig sind, bereits in uns.

Diese Botschaft kann gar nicht oft genug wiederholt und unterstrichen werden: Wir können uns tatsächlich fundamental verändern.

Wie stehen Sie dazu?

Würden Sie dem zustimmen?

Wenn nicht, dann werden Sie sehr große Schwierigkeiten bei dem Versuch erleben, irgendwo in Ihrem Leben eine Änderung herbeizuführen, denn es fehlt eine konstruktive Vision – und ohne die geht es nun einmal nicht! Vielleicht ist es eine Hilfe für Sie, wenn Sie erfahren, dass es sich hier um eine wissenschaftlich abgesicherte Vision handelt. So zeigen uns zum Beispiel die Neurowissenschaftler, dass die *Neuroplastizität* unserer Nervenzellen die Basis liefert, um tatsächlich nachhaltig einen fundamentalen Wandel in uns zu erzeugen.

Dessen ungeachtet flüstern uns unsere depressiven Gedanken und vielleicht auch unsere Trägheit nur allzu gern ein, dass wir bestimmte Dinge in uns nicht zu ändern vermögen.

Aber dem ist nicht so.

Der Aspekt der Aufklärung über unsere Möglichkeiten zur Veränderung nimmt in der BPT eine zentrale Rolle ein. Ohne dieses Erkennen und Erfahren können wir unseren Weg gar nicht beginnen und natürlich auch nicht vollenden. Wohin sollen wir denn die ganze Energie richten, wenn wir nicht an das Ziel glauben?

Da die buddhistischen Lehren weniger auf Glauben als auf Selbsterfahrung basieren, werden schon früh entsprechende Übungen angeboten. Dem Einstieg kommt also eine besondere Bedeutung zu.

Die ersten Schritte geschehen erfahrungsgemäß entweder aus Vertrauen in den Therapeuten oder eben auch aus der Not heraus. Doch bereits nach wenigen Wochen des eigenen regelmäßigen täglichen Übens können wir selbst am eigenen Leibe die ersten Veränderungen spüren. Das ist dann recht oft die Initialzündung. Auch wenn schon vorher die Überzeugung und die Motivation gut waren, so geht doch nichts über das eigene Empfinden und Erfahren.

Dieser Prozess führt dann automatisch weiter in das tiefe Erfahren der eigenen Selbstwirksamkeit. Kaum eine andere Erfahrung ist so heilsam wie das Erkennen, Erfahren, Verinnerlichen und dann im Verlauf auch das Verwirklichen unserer eigenen Selbstwirksamkeit. Nun sind wir nicht mehr abhängig und hilflos. Nun erahnen wir unser Potential und unsere eigenen, in uns schlummernden Fähigkeiten. Dieser bedeutungsvolle Aspekt ist einer der zentralen Schritte auf unserem Weg in die Befreiung.

Wir verfügen nun zwar über eigene Kompetenzen, nehmen aber weiterhin die Unterstützung von erfahrenen Behandlern an. Nicht selten sind wir anfangs noch unsicher und fühlen uns im Kontakt mit einem guten Lehrer oder Behandler sicherer. Auf uns gestellt, verfallen wir noch oft in die alten unheilsamen Strukturen.

Wenn wir einen Rahmen gefunden haben, in dem Lehrer oder Behandler sich selbst idealisieren oder von anderen zu sehr idealisiert werden, dann verzögern sich die dringend notwendigen Erfahrungen von Selbstwirksamkeit und eigenen Kompetenzen. Diese Gefahr ist in vielen spirituellen Schulen groß; sie beeinflusst das Lehrer-Schüler-Verhältnis, insbesondere aber unsere eigenen Entwicklungschancen.

Buddha forderte uns unmissverständlich dazu auf: *Sei dein eigener Meister!*

Niemand wird uns in die Befreiung tragen oder durch einen mächtigen Zauber dorthin versetzen. Es ist ein Weg, den jeder selbst zu gehen hat. Wir schaffen in uns selbst zwar schon bald Strukturen, die uns tragen können, doch dieses innere Getragenwerden ist unvergleichlich hilfreicher als die Notwendigkeit, von außen getragen werden zu müssen.

Solche Risiken und Gefahren werden in diesem Buch natürlich auch reflektiert. Schließlich ist der leichte Weg nicht immer nur einfach. Um diesen Weg jedoch überhaupt fortsetzen zu können, müssen wir den Zugang zu unseren eigenen Möglichkeiten kultivieren.

Unsere Selbstwirksamkeit stärken

Vielleicht meinen wir, dass der wohltuende Kontakt zum Lehrer oder Behandler eine große Hilfe für uns wäre. Dort können wir von uns in einer Weise erzählen und werden gehört, wie wir es noch nie zuvor erfahren haben. Es fühlt sich gleichzeitig schmerzlich und doch auch gut an. Viele von uns glauben an die heilende Kraft solcher Gespräche.

Tatsächlich ist die therapeutische Beziehung ein wesentlicher Faktor für einen heilenden Prozess. Wenn wir jedoch unsere fragileren und verletzten Anteile stabilisieren und heilen konnten, stellen wir fest, dass zwar schon viel erreicht wurde, wir aber dennoch weit hinter unseren Möglichkeiten zurückliegen. Um uns in einer Weise zu transformieren, dass wir jederzeit heilsame Geisteszustände in uns erzeugen können, benötigen wir mehr als eine Symptombeseitigung im Kontakt mit einem Behandler.

Für eine stabile Nachhaltigkeit, zum Beispiel im Hinblick auf die Kultivierung von heilsamen Empfindungen, ist *eine* Erfahrung, die bereits erwähnt wurde, von ganz besonderer Bedeutung: unsere Selbstwirksamkeit.

Solange wir meinen, dass wir bei einem Super-Therapeuten wirkungsvolle Hilfe bekommen oder eine perfekte Medikation erhalten, werden wir unsere Abhängigkeit nicht verringern. Wenn wir aber diese Hilfe annehmen und uns parallel dazu täglich geduldig in unseren Übungen zur Selbstregulation trainieren, dann wird nach wenigen Wochen eine Situation eintreten, die für uns neu sein wird. Dann merken wir zum Beispiel: „Komisch, früher hätte mich das jetzt aufgeregt, aber jetzt kann ich mit ein paar wenigen achtsamen Atemzügen eine spürbare Ruhe und Gelassenheit in mir erzeugen."

Diese durchaus typische Erfahrung ist von unschätzbarer Bedeutung. Wir wissen zwar, dass wir erst am Anfang stehen und gerade erst begonnen haben, den Weg zu beschreiten. Viele Probleme sind noch längst nicht gelöst. Dennoch merken wir, dass unser Bemühen die ersten Früchte trägt. Es bewegt sich etwas. Es hat also doch eine Wirkung. Das, was der Lehrer oder Behandler immer erzählt hat, scheint wirklich zu funktionieren.

Ab diesem Zeitpunkt benötigen wir dann keine nennenswerten Motivationshilfen mehr. Niemand muss uns bitten, doch etwas Vertrauen zu zeigen. Wir benötigen dann keinen Glauben mehr, weil wir selbst etwas am eigenen Leibe erfahren haben.

Der selbstwirksame Schweinehund

Selbstwirksamkeit ist das Gegenteil von Hilflosigkeit und sollte deshalb eigentlich motivierend wirken, doch auch hier können einige beachtenswerte Tücken verborgen liegen.

Welche Assoziationen entstehen in Ihnen als Leser, wenn Sie hier die folgenden Sätze lesen: „Wir sind für uns selbst verantwortlich. Wir dürfen uns nicht von anderen Menschen oder äußeren Umständen abhängig machen. Wir selbst müssen für uns tätig werden. Das kann niemand für uns übernehmen. Dafür müssen wir sehr geduldig, täglich unsere Übungen praktizieren."?

Achten Sie genau auf die verschiedenen inneren Stimmen. Vielleicht nehmen Sie die Stimme Ihres inneren Machers wahr, der Ihnen sagt: „Ja, genau! Ärmel hochkrempeln und los geht's. Das schaffen wir bestimmt." Es ist sehr gut möglich, dass sich aber zusätzlich noch andere Stimmen zu Wort melden, die sich womöglich so äußern: „Das soll ich auch noch machen? Mein Leben ist schon anstrengend genug. Eigentlich möchte ich nichts mehr zusätzlich tun müssen. Am liebsten möchte ich gar nichts tun. Könnte ich nicht auch mal ein bisschen Glück haben? Es wäre so schön, wenn mir mal jemand helfen würde."

Die konstruktive Seite der Selbstwirksamkeit beschreibt unsere Möglichkeiten in Richtung von Unabhängigkeit, doch die andere Seite der Selbstwirksamkeit verdeutlicht uns, dass wir nicht dorthin getragen werden. Womöglich ist hier gerade die Philosophie des leichten Weges sehr tröstlich. Sie zeigt uns ja, dass eine zu große Anstrengung wahrscheinlich ein Anzeichen dafür sein könnte, dass wir auf dem falschen Weg sind. Zusätzlich erfahren wir auf diesem leichten Weg eine spürbare Zunahme an Genuss und Leichtigkeit, Gelassenheit und Energie. Ohne solche Erfahrungen dürfte es für die meisten von uns nicht leicht sein, uns für uns selbst zu engagieren.

Deshalb benötigen wir die schon erwähnte heilsame Vision, die uns auf unserem leichten Weg zu leiten vermag. Wenn wir meinen, dass wir nur mit Anstrengung, Selbstüberwindung, Verzicht und viel Aufwand weiterkommen, dann wird uns diese Vision früher oder später ausbremsen und lähmen.

Die Vision des leichten Weges ist keine theoretische Konstruktion, die uns etwas vorgaukeln soll, sondern sie ist ein Konzentrat, das aus der Erfahrung heraus entstanden ist. Diese Vision zeigt uns ein Bild auf, das uns auf jedem folgenden Schritt Vergnügen bereiten kann. Natürlich kann das Vergnügen auch manchmal darin bestehen, dass wir in einer ärgerlichen Situation zwar Ärger empfinden, zusätzlich aber auch eine gewisse Distanz, die uns ein Stückchen Freiheit beschert. Es ist ein neuer Persönlichkeitsanteil, der den inneren Beobachter ergänzt und eine schwer voraussehbare heilsame Dynamik anzuregen vermag.

Getragen wird diese positive Entwicklung von einem sicheren Empfinden, dass wir es selbst sind, die das bewirken; dass wir es sind, die diese heilsamen Potentiale in uns tragen; dass wir bereits im Besitz aller nötigen Ressourcen sind.

Wir können uns dem sehr bedeutsamen Ziel der Lösung von äußeren Abhängigkeiten nur annähern, wenn wir parallel dazu unsere inneren Ressourcen realisieren.

Auch unser Ego liebt unsere Selbstwirksamkeit

Auf diesem Weg ist es recht wichtig, dass wir dabei nicht unser Ego als Hilfskonstruktion aufblähen. Die Wahrnehmung unserer Selbstwirksamkeit findet natürlich auch durch unser Ego statt. Das sitzt immer in den Startlöchern und freut sich, wenn es selbst wieder etwas zustande bringt: „Ich kann das. *Ich* habe eine Wirkung."

Es sei jedoch immer wieder betont, dass ein schwaches und verletztes Ego der Pflege und Stärkung bedarf, bevor wir den dynamischen und instabilen Charakter des Ego vertiefen können. Allerdings erfolgt diese Stärkung nach dem Muster der Fütterung eines wilden Tieres. Wir müssen es aufpäppeln und stärken, um es gleichzeitig zähmen und zügeln zu können. Nur so werden wir Freunde.

Unser leichter Weg wird uns aber früher oder später in die Position bringen, in der wir uns von diesem Ego-Tier lösen können. Es wird wahrscheinlich wie ein treuer Begleiter weiterhin zur Stelle sein, wenn wir es benötigen, doch es wird uns keine Kommandos mehr erteilen. Das ist insbesondere deshalb so, weil wir ihm eine eigene Existenz zubilligen und uns auf keinen Fall mit ihm identifizieren.

Das fortgesetzte Training unserer spirituellen Übungen wird zu heilsamen Erfahrungen führen, die unter anderem auch die Empfindungen von unserer Selbstwirksamkeit stärken. Wenn das geschieht, sollten wir einen freundlich-kritischen Blick auf unser „Ego-Begleittier" werfen. Es wird wohl etwas stolzer daherschreiten, doch ist es schon ausreichend, dies amüsiert zur Kenntnis zur nehmen. Es ist vielleicht schön zu sehen und fühlt sich sicherlich auch gut an. Das ist völlig in Ordnung, solange wir uns davon nicht blenden lassen.

Der eben dargestellte Prozess kann gut dafür genutzt werden, damit wir unseren „inneren Schweinehund" etwas besser lenken lernen. Die Freude am eigenen Erfolg führt zu Empfindungen von Energie, die wir uns zunutze machen können. So entsteht nach einer Weile die oft beschriebene und erfahrene positive Eigendynamik. Mit ihrer Hilfe werden uns sukzessive alle notwendigen Schritte noch leichter fallen.

Die Vergrößerung unserer Unabhängigkeit von äußeren Reizen bedarf einer klaren inneren Wandlung. Wir selbst müssen zutiefst davon überzeugt sein, dass unser subjektives Empfinden uns immer wieder in die Irre führen kann. So oft haben wir uns wahrscheinlich schon im Recht gefühlt und darauf mit Reaktionen geantwortet, von deren Berechtigung wir in der betreffenden Situation überzeugt waren, die uns und andere mittel- und langfristig jedoch meist negativ beeinflusst haben. Sich zu befreien bedeutet auch, dass wir uns von unseren festen Meinungen und Empfindungen befreien.

Wenn wir die Mängel der anderen bemerken,
sind unsere Tadel schon Ausdruck unserer Fehler.
Andere mögen Unrecht haben,
doch wir tadeln nicht.
Denn wenn wir tadeln,
sind wir schon im Unrecht.
Wir brauchen uns nur des urteilenden Geistes zu entledigen,
um unsere Unreinheit und Ängste abzutragen.

– Huineng –

Unabhängigkeit von unbewussten Ego-Impulsen

Versuchen wir also, unsere Widerstände gegen das, was gerade ist, zu mildern, unser Anklammern an unsere Meinungen zu lockern und auf diese Weise aus unbewussten Strukturen zu erwachen.

Zugegeben, das klingt einfacher, als es ist.

Eine sehr wichtige Strategie dafür ist das gekonnte Loslassen, damit wir diesen Weg auf keinen Fall durch ein ständiges Verdrängen unserer Emotionen und Reaktionen umzusetzen versuchen. Vielleicht kann uns ein kleines Beispiel hier weiterhelfen:

Der Chef poltert heran und kritisiert und beschimpft seinen Mitarbeiter: „Sind ein fauler Nichtsnutz!" Der Mitarbeiter schaut seinen Chef an und antworte ruhig, ehrlich und aufrichtig: „Ich sehe in Ihnen einen sehr weisen Menschen." Der Chef stutzt und sieht seinen Mitarbeiter fragend an. Sollte das sarkastisch gemeint sein? Aber nein, der Mitarbeiter blickt ihn ganz freundlich und aufrichtig an. Also fragt der Chef nun nach: „Ich gebe Ihnen diese böse Rückmeldung, und Sie sehen mich so überaus freundlich an und halten mich für weise. Was hat das zu bedeuten?" Der Mitarbeiter blickt seinen Chef an und sagt: „Ein weiser Mensch sieht um sich herum überall nur Weisheit walten … und ein fauler Nichtsnutz sieht um sich herum überall nur faule Nichtsnutze."

Keiner von uns möchte ein solcher Chef sein – und doch tragen wir alle einen solchen Chef in uns und mit uns herum. Wir blicken in die Welt und was erkennen wir darin? Auf der banalen Ebene erkennen wir, wenn wir hungrig durch die Stadt gehen, dass die Welt scheinbar nur noch aus Fast-Food-Läden zu bestehen scheint. Wenn wir misslaunig aufwachen, erkennen wir im Spiegel etwas anderes als an glücklichen Tagen. Erleben wir Eifersucht und Misstrauen, mag das bedeuten, dass wir selbst verführbar und unzuverlässig sein könnten.

Wenn wir uns von äußeren Umständen unabhängiger oder möglichst ganz unabhängig machen möchten, dann müssen wir in uns selbst hineinblicken und dort die aufsteigenden Impulse sehr kritisch ergründen. Es ist sicherlich eine eigenartige Situation, wenn wir unsere eigene Unzurechnungsfähigkeit wahrnehmen. Wir sind Menschen und als solche oft ziemlich ver-rückt. Nicht jede unserer Regungen muss automatisch auch adäquat und richtig sein. Eine Vielzahl der in uns entstehenden Impulse können wir nicht bereits vor dem Entstehen eliminieren, doch wir können das unbewusste Ausagieren drosseln und dann auflösen. Wenn wir diesen Weg als einen leichten Weg erleben, dann werden wir mit Freude die dafür nötigen Übungen praktizieren.

Zum Schluss dieses Kapitels über die „Unabhängigkeit von äußeren Reizen" soll noch eine kleine Anregung gegeben werden, die uns dabei behilflich sein kann, unterscheiden zu lernen, was für uns heilsam ist und was nicht. Auch wenn es noch so klar erscheint, oft erkennen wir nicht sofort das Wesen einer Sache und erfahren erst später die unheilsamen Auswirkungen.

Ist zum Beispiel Sport heilsam? Oder Meditation? Wie verhält es sich mit Alkohol oder nicht-vegetarischen Speisen? Ist mein Partner heilsam für mich? Ist der Job heilsam? Viele Fragen, für die es selten eine klare Antwort zu geben scheint. Hier kann uns nun die sogenannte „Mehr-und-Mehr-Prüfung" der BPT weiterhelfen.

Die Mehr-und-Mehr-Prüfung der BPT

Wenn etwas von seiner Natur oder seinem Wesen her heilsam ist, dann wird ein Mehr und Mehr davon uns zunehmend mehr guttun. Mit diesem Prüfstein können wir nun alles, was wir selbst als heilsam einschätzen oder wobei wir unsicher sind, nachprüfen.

Wenn Sie bestimmte Angewohnheiten nun mehr und mehr intensivieren, werden diese sich dann auch als mehr und mehr heilsam herausstellen? Was erleben Sie denn nach Ihrer spontanen Einschätzung als heilsam? Ist reichhaltiges Essen heilsam für Sie? Gelegentlich oder regelmäßig ein Gläschen Rotwein? Ist Sex für Sie heilsam? Oder doch eher stabilisierende Medikamente? Vielleicht Sport? Erleben Sie Ihren Partner als heilsam für Sie? Ist Geld für Sie heilsam?

Wenn Sie mehr und mehr essen, dann erfahren Sie die wahre Natur von Essen.

Wenn Sie mehr und mehr Rotwein trinken, dann erfahren Sie die wahre Natur von Rotwein.

Wenn Sie mehr und mehr Sex haben, dann erfahren Sie die wahre Natur von Sex.

Wenn Sie mehr und mehr Medikamente nehmen, dann erfahren Sie die wahre Natur von Medikamenten.

Wenn Sie mehr und mehr Sport treiben, dann erfahren Sie die wahre Natur von Sport.

Wenn Sie mehr und mehr mit Ihrem Partner zusammen sind, dann erfahren Sie die wahre Natur Ihres Partners und Ihrer Partnerschaft.

Wenn Sie mehr und mehr Geld anhäufen, dann erfahren Sie die wahre Natur von Geld.

Das Mehr und Mehr einer Sache offenbart uns deren wahre Natur und Wesensart.

Wohin könnte es Sie führen, wenn Sie mehr und mehr auf Selbstvergiftungen und blinden Konsum verzichten?

Wohin könnte es Sie führen, wenn Sie mehr und mehr Kontakt zu sich selbst kultivieren?

Wohin könnte es Sie führen, wenn Sie mehr und mehr Ihrer spirituellen Praxis folgen?

Was wir selbst in unserem spontanen Empfinden als gut einschätzen, kann sich mit dieser Mehr-und-Mehr-Prüfung durchaus als schlecht für uns herausstellen. Doch genauso ist auch das Umgekehrte möglich: Wir finden das eine oder andere womöglich etwas unbequem und daher „schlecht", doch wenn wir es mehr und mehr, also regelmäßig geduldig wiederholen, könnte es sich als gut erweisen.

Deshalb nutzen wir sinnvollerweise weniger die Begriffe gut und schlecht, sondern eher die Begriffe heilsam und unheilsam. Wenn etwas wirklich heilsam ist, dann wird es sich nicht in etwas Unheilsames wandeln, auch wenn wir es oft wiederholen.

Testen Sie selbst!

Das buddhistische Statement lautet, dass es kaum Dinge gibt, die der Mehr-und-Mehr-Prüfung standhalten.

Prüfen Sie das doch einmal bei sich selbst nach. Stimmt es? Was finden Sie gut? Und was wäre, wenn Sie das immer mehr und mehr und mehr und mehr machen würden?

Und wo finden Sie Ausnahmen? Was wäre auch nach vielen Wiederholungen immer noch heilsam? Suchen Sie danach! Dabei handelt es sich um die wahren Schätze in Ihrem Leben, die Kostbarkeiten, die auch bei höherer Intensität immer noch heilsam bleiben.

Womöglich machen Sie neben den schönen Entdeckungen aber auch ein paar ernüchternde Erfahrungen. Etwas, von dem Sie angenommen haben, dass es gut sei, könnte sich nach der Mehr-und-Mehr-Prüfung in einem anderen Licht zeigen. Manchmal ist die erste Erkenntnis bitter, doch dafür erhalten wir einen sehr wertvollen Einblick in die

Natur der Dinge, die uns umgeben. Und das führt eindeutig zu einem besseren Überblick.

Ein kleiner Hinweis: Wenn es Ihnen schwerfällt, etwas zu finden, das der Mehr-und-Mehr-Prüfung in Ihrem Leben standhält, dann testen Sie im Hinblick darauf doch einmal Ihre spirituellen Übungen.

Oftmals wird mit dem eigenen Voranschreiten auf dem spirituellen Weg auch die Partnerschaft auf den Prüfstein gestellt. Spüren wir unsere eigenen Veränderungen, dann spüren wir die vermeintlich fehlenden Veränderungen des Partners deutlich. Hier entstehen oft Fragen, ob eine Partnerschaft noch aufrechterhalten werden kann, wenn die Entwicklungswege beider Partner scheinbar so auseinandergehen.

Was, wenn der Partner nervig ist?

Unser eigenes Bestreben um Gelassenheit, Achtsamkeit und meditative Klarheit lässt uns natürlich auch Situationen und Menschen wahrnehmen, die zurzeit noch einen anderen Weg gehen. Gerade unser Partner kann uns hier wahrscheinlich eigene unliebsame Anteile spiegeln, die wir in uns selbst dringend transformieren möchten. Wenn wir bei anderen Menschen etwas wahrnehmen, das wir an uns selbst nicht oder nicht mehr mögen, werden wir darauf besonders allergisch reagieren.

Daher wäre es recht interessant, an erster Stelle einmal die *eigenen* inneren Anteile zu bearbeiten. Ein sehr wesentlicher Aspekt, den wir uns dabei unbedingt immer vor Augen halten sollten, ist: Der nervigste Partner steht nie vor Ihnen, sondern ist *in* Ihnen und begleitet Sie ständig. Es ist Ihr Ego. Kein Partner kann so nervig sein wie unsere eigene innere Stimme. Der nervigste Partner ist also in Ihrem Kopf.

Versuchen Sie sich doch bloß einmal vorzustellen, dass Ihre innere Stimme plötzlich als ein tatsächlicher Mensch an Ihrer Seite auftauchen würde. Dieser Mensch würde Ihnen mit Ihrer eigenen Stimme, in jeder Ihrer wachen Minuten, Bewertungen, Meinungen, Kommandos, Appelle, Ratschläge, Anregungen und immer wieder Kommentare geben, ohne Unterlass.

Wie lange würden Sie das wohl aushalten? Nur kurz? Aber genauso leben Sie doch bereits – nur dass Sie diesen inneren Partner eben nicht sehen können. Trotzdem ist er da.

Betrachten Sie nun Ihren tatsächlichen Partner. Er ist doch im Vergleich dazu oft still und lässt Sie in Ruhe. Die Kommunikation mit diesem echten Partner ist auch wesentlich besser und vor allem schneller veränderbar. Wenn Sie Trennungsideen hegen, dann vergegenwärtigen Sie sich, dass Sie den nervigsten Partner zwischen Ihren Ohren tragen!

Der buddhistische Weg ist immer ein analytischer und daher ein sehr selbstkritischer Weg. Es wird nie einfache Lösungen geben, doch inmitten des schwierigen Lebens suchen wir den leichten Weg.

Gertrude in anderen Umständen

Gertrude P. (53 Jahre) kommt zur Behandlung und zeigt sich sehr verunsichert. Sie ist eine ziemlich übergewichtige Frau, die aussieht, als hätte sie in ihrem Leben schon viel und körperlich hart gearbeitet. Dennoch hat sie etwas Schüchternes und Ängstliches an sich. Sie erklärt, sie sei von ihrem Hausarzt in die psychotherapeutische Behandlung geschickt worden.

Das Erste, das sie von sich gibt, ist: „Ich möchte mich aber auf keinen Fall von meiner Familie trennen." Anscheinend weiß Gertrude bereits, wo der Schuh drückt.

Sie berichtet dann von ihrem Job als Erzieherin. Die Kinder seien so schwierig und noch mehr die Eltern. Der Chef kritisiere sie und mache sogar immer öfter unpassende Bemerkungen über ihr zunehmendes Körpergewicht. In solchen Situationen würden die Kolleginnen nur eigenartig lächeln. Ihre beiden erwachsenen Söhne wohnten noch zu Hause und ließen sich im „Hotel Mama" verwöhnen. Der Ehemann sei arbeitslos geworden und lasse seinen Frust oft an ihr aus.

Gertrude weint. Seit einigen Monaten spüre sie Stiche in der Brust, sie bekomme kaum noch Luft und habe Angst, dass ihr Körper bald den Dienst verweigert. Der Job, die Kolleginnen, die Kinder und deren Eltern, die eigenen Kinder und der Ehemann, das alles sei so schwer. Es sind schwere äußere Umstände und Gertrude ist selbst schwer geworden.

Wie kann sie ihre Umstände ändern? Das möchte sie und davor hat sie auch Angst.

Als es Gertrude nach einigen Wochen der Behandlung und eigenem Training besser geht, sind der Job, die Kolleginnen, die Kinder und deren Eltern, die eigenen Kinder und der Ehemann immer noch gleich, aber es hat sich auch einiges geändert. Gertrude hat einen leichten Weg für sich gefunden.

Davon werden wir in diesem Buch noch mehr erfahren.

KAPITEL 4

Die Grundlagen für heilsame Veränderungen

Erst sichern, dann gehen

– Bergsteiger-Strategie –

Dieses Kapitel ist aus guten Gründen etwas umfangreicher geworden. Ähnlich wie beim Hausbau, so ist auch für unseren leichten Weg die Grundlage oder das Fundament von entscheidender Bedeutung.

Wir möchten den leichten Weg kennenlernen, für uns kultivieren und selbst beschreiten. Damit wir jedoch nicht zu sehr darauf abheben, benötigen wir einen sicheren Halt, der uns hilft, dabei das rechte Maß zu finden.

Erfreulicherweise existieren zahlreiche tiefgehende Erfahrungswerte über den Prozess der Transformationen hin zu heilsamen Veränderungen und dann zur Befreiung. Wir müssen also nicht nach dem anstrengenden Versuch-Irrtum-Schema vorgehen, sondern können die Wegmarkierungen zu Hilfe nehmen, die unsere Vorgänger uns hinterlassen haben.

Der leichte Weg dient uns als Wegmarkierung oder Navigationshilfe. Immer wieder justieren wir unseren inneren Kompass danach. Es gibt viele böse Wölfe, die uns vom rechten Weg abzubringen versuchen. Deshalb müssen wir immer wieder eine Mikropause einlegen, in uns hineinspüren und uns fragen: Bin ich noch auf dem leichten Weg? Fühlt es sich noch richtig an? Sind die Schritte leicht oder quäle ich mich voran?

Auf diesem Weg sollte uns nach und nach bewusst werden, dass wir dabei sind, etwas aufzubauen, das bereits an Anlage oder Keim in uns eingebettet und vorhanden ist. Buddhisten sprechen hier von

Keinem oder Samen, Neurowissenschaftler und Psychologen von Veranlagungen.

Wir werden diese wunderbare Qualität in uns nicht durch die ständige Wiederholung von Problemen erfahren, das haben wir inzwischen schon mehrmals gehört. Seit einiger Zeit betreten auch Behandler hier Neuland, indem der Fokus eben nicht mehr auf Störungen, Konflikte und Krankheiten gerichtet bleibt. Wir hören also nicht mehr auf die Lockrufe so vieler Behandler und folgen ihnen in die Abgründe unserer Erinnerungen; wir werden eben nicht wie früher „alles rauslassen", alles durchwühlen, alles immer wieder durchkauen und wiederholen. Stattdessen sichern wir erst einmal unser Fundament, indem wir uns innerlich stärken und auf den leichten Weg einlassen.

Einem fundamentalen Meilenstein für diesen Prozess und das Fundament für diesen Weg sind wir bereits in früheren Kapiteln begegnet: unserem Inneren Edlen Kern. Das Vorhandensein dieser inneren heilsamen Qualität und die Weisheit des Wissens darum schaffen erst die Möglichkeit zu einem leichten Weg. Ohne diese uns innewohnende Kraft würden unsere Heilungsversuche und unsere heilsamen Übungen auf keine innere Resonanz stoßen.

Der Innere Edle Kern: Unser Heilsein und Gutsein

Ein Mensch würde nie den aufrechten Gang erlernen, wenn er nicht die Veranlagung dazu hätte. Ein Dackel kann noch so lange trainiert werden, er wird sich wohl mit dem aufrechten Gang immer schwertun.

Auch aus dieser logischen Dynamik heraus können wir unser inneres Edelsein erkennen. Es hat viele Menschen gegeben, die es schon vor uns kultiviert haben. Es funktioniert, weil es bereits als Verhaltens- und Empfindungsgrundlage in Form von Veranlagungen oder Keimen und auf einer noch grundsätzlicheren Ebene unseres Seins als Innerer Edler Kern in uns allen vorhanden ist.

Wenn wir hier so oft von Keimen oder Kernen sprechen, dann könnte natürlich schnell der Eindruck entstehen, dass es sich dabei tatsächlich um etwas Substantielles und Festes handelt.

Welche assoziativen Bilder entstehen denn bei Ihnen als Erstes, wenn Sie vom Edlen Kern hören, der in uns allen, also auch in Ihnen, vorhanden ist? Können Sie in sich hineinspüren und dort einen Edlen

Kern wahrnehmen? Wenn ja, wie könnte er sich anfühlen und wie könnte er aussehen? Viele von uns denken wahrscheinlich an ein Bild, das ungefähr so aussieht wie die folgende Abbildung 4.

Das Rätsel um unseren Inneren Edlen Kern

Wenn wir von diesem buddhistischen Symbol lesen, dann assoziieren vermutlich viele von uns eine Art von rundem Kern oder eine Kugel. Vielleicht versuchen viele auch, diesen Edlen Kern irgendwo im Körper zu lokalisieren.

Abb. 4

Es kann durchaus hilfreich sein, sich den Edlen Kern in einem ersten Schritt als eine Art rundes Objekt vorzustellen. Wir werden die weiteren Schritte, die hier sehr wichtig sind, noch gemeinsam ergründen. Auf keinen Fall sollten wir jedoch an diesen Vorstellungen von etwas Substantiellem festhalten. Hierfür kann uns die Meditation gut weiterhelfen. Dabei können wir diese Edle Kraft in uns spüren, im Körper lokalisieren und vielleicht sogar auf verschiedenen Ebenen visualisieren.

Anmerkung: Wenn Ihnen die Visualisierung schwerfällt, dann konzentrieren Sie sich bitte auf Ihre anderen Empfindungen in Bezug auf Ihren Edlen Kern. Sie spüren ihn vielleicht eher als eine bestimmte Qualität in sich.

Übung: Unseren Inneren Edlen Kern erfahren

Nehmen Sie die Meditationshaltung ein. Sitzen Sie aufrecht, lockern Sie Ihre Schultern und achten Sie auf eine gute Kopfposition.

Konzentrieren Sie sich auf Ihre Bauchatmung. Atmen Sie entspannt.
Lächeln Sie vielleicht ein wenig.
Nehmen Sie sich dafür etwas Zeit.

Dann gehen Sie in eine Beobachterposition und lassen in sich die Vision Ihres Inneren Edlen Kerns entstehen. Erzwingen Sie nichts. Vertrauen Sie darauf, dass sich zeigen wird, was da ist.

Visualisieren Sie Ihren Edlen Kern in sich.

Wo gibt er sich zu erkennen?

Wie sieht dieser Kern aus?

Wie groß ist er?

Welche Farbe hat er?

Welche Konsistenz hat er?

Wie fühlt es sich an?

Verweilen Sie noch ein wenig in dieser Qualität.

Zukünftig können Sie immer wieder Kontakt dazu aufnehmen.

Es handelt sich dabei um unsere persönliche, jederzeit verfügbare Kraft- und Energiequelle. Nichts und niemand kann sie uns nehmen oder zerstören, sie kann nicht einmal verunreinigt werden. Sie ist immer da, sie ist immer rein und heil, kraftvoll und leuchtend.

Wenn wir diese Qualität nicht mehr spüren können, dann haben wir lediglich den Zugang dazu verloren. Schwierige Lebenserfahrungen können sich als dunklere Schutzschichten um unseren Edlen Kern gelegt haben. Dieser ummantelt sich damit und wir erkennen ihn immer schwerer. Auf diese Weise könnten wir irgendwann den Eindruck gewinnen, dass in uns nur dunkle Probleme lauern und nichts Heiles mehr ist.

Aus den alten und gut gesicherten Erfahrungswerten über unseren Inneren Edlen Kern ergibt sich jedoch eine einfache Logik für die nächsten Schritte, die wir dann unternehmen können: Wir sehen nur schwarz? Also müssen wir uns auf die Suche machen. Der Zugang zu unserem Edlen Kern ist wohl oft etwas holprig, weil wir vielleicht den Weg dorthin verloren haben oder ihn nur wenig nutzen. Oft mögen wir so verwirrt sein, dass wir den „Zubringer" dorthin übersehen. Doch ähnlich wie ein Trampelpfad im Gras wird sich auch dieser Pfad immer deutlicher zeigen, je öfter wir ihn gehen werden.

Es gibt allerdings auch Verwechslungsmöglichkeiten. Durch die Tatsache, das wir diese Qualität in uns spüren können, sollten wir uns nicht zu der Vorstellung hinreißen lassen, dass es sich dabei um etwas handeln könnte, das wie ein Kern im Bauch auf uns und unseren Körper begrenzt sei. Einerseits erahnen wir wohl, dass auch alle anderen fühlenden Wesen über eine solche Qualität verfügen, andererseits wirken die Bilder von einem Kern jedoch deutlich separierend: Ich habe *meinen* und du hast *deinen* Edlen Kern.

Die Beschäftigung mit unserem Inneren Edlen Kern hat außerordentlich heilsame therapeutische Wirkungen. Es ist jedoch wichtig, dass wir uns hier keine problematischen Begrenzungen zu eigen machen. Wenn wir an dieser Vision anhaften, dann können sehr viele Missverständnisse entstehen.

Übung: Unseren Inneren Edlen Kern ausdehnen

Nehmen Sie die Meditationshaltung ein. Sitzen Sie aufrecht, lockern Sie Ihre Schultern, achten Sie auf eine gute Kopfposition. Konzentrieren Sie sich auf Ihre Bauchatmung. Atmen Sie entspannt. Lächeln Sie vielleicht ein wenig.

Nehmen Sie sich dafür etwas Zeit.

Dann gehen Sie in eine Beobachterposition und lassen in sich wieder die Vision Ihres Inneren Edlen Kerns entstehen. Erzwingen Sie nichts. Vertrauen Sie darauf, dass sich zeigen wird, was da ist. Visualisieren Sie Ihren Edlen Kern in sich.

Wenn Sie es spüren, dann intensivieren Sie das Gefühl etwas. Auf diese Weise lassen Sie Ihren Edlen Kern sich allmählich ausdehnen.

Visualisieren Sie einen langsam anwachsenden Kern in sich.

Schon bald füllt er Sie vollkommen aus.

Sie können dies als eine Wohltat genießen. Vielleicht fühlen Sie sich etwas davon beängstigt, wenn Sie diese Kraft in sich wachsen und sich ausdehnen spüren, doch vertrauen Sie bitte auf die heilsamen Qualitäten.

Lassen Sie etwas mehr los, atmen Sie sich frei.

Lassen Sie es weiter wachsen.

Nun wird der Edle Kern größer als Sie.

Sie können nun in Ihrem Edlen Kern sitzen und er umgibt Sie wie eine schützende Hülle.

Verweilen Sie noch ein wenig in dieser Qualität.

Immer wenn Sie sich schützen müssen oder möchten, dann können Sie wieder dieses Bild hervorrufen, wie der Kern eine äußere Schutzschicht um Sie herum bildet.

In einem weiteren Schritt können Sie, wenn Sie mögen, diese Ausdehnung des Kerns nun beliebig fortsetzen. Ihr Edler Kern kann den ganzen Raum, in dem Sie sich befinden, ausfüllen; er kann das ganze Gebäude ausfüllen; er kann weite Regionen ausfüllen; er kann schließlich den ganzen Planeten umschließen und noch weit darüber hinausgehen. Der Ausdehnung sind keine Grenzen gesetzt.

Verweilen Sie noch ein wenig in dieser Qualität.

Zukünftig können Sie immer wieder dazu Kontakt aufnehmen.

Auf dieser Stufe erahnen wir bereits, dass unser Edler Kern keine feste Kugel in uns sein kann. In einem weiteren Schritt werden wir nach und nach immer weitere Tiefen dieser Thematik gemeinsam ergründen.

Übung: Unseren Inneren Edlen Kern analysieren

Nehmen Sie die Meditationshaltung ein. Sitzen Sie aufrecht, lockern Sie Ihre Schultern, achten Sie auf eine gute Kopfposition. Konzentrieren Sie sich auf Ihre Bauchatmung. Atmen Sie entspannt. Lächeln Sie vielleicht ein wenig.

Nehmen Sie sich dafür etwas Zeit.

Dann gehen Sie in eine Beobachterposition und lassen in sich wieder die Vision Ihres Inneren Edlen Kerns entstehen. Erzwingen Sie nichts. Visualisieren Sie Ihren Edlen Kern in sich und vertrauen Sie darauf, dass sich zeigen wird, was da ist.

Konzentrieren Sie sich vollkommen auf das entstehende Bild.

Bleiben Sie dieses Mal mehr bei den visuellen Empfindungen. Sie sind wie ein Beobachter, der ein wunderbares Bild bestaunt.

Konzentrieren Sie sich immer mehr auf die Form Ihres Edlen Kerns, seine Farbe und Beschaffenheit. Lassen Sie sich dafür Zeit. Bleiben Sie beim reinen Betrachten.

Die aufsteigenden Bilder können sich verändern. Gehen Sie einfach mit, aber bleiben Sie beim Edlen Kern. Sollten andere Bilder entstehen, sagen Sie sich mit Ihrer inneren Stimme öfter einmal „Mein Edler Kern“. So halten Sie den Kontakt aufrecht.

Mit zunehmender Meditationstiefe werden die Körperempfindungen nachlassen. Das Körperschema wird durch eine tranceartige Versenkung nach und nach gelockert und kann sich auflösen. Zuerst wird es unklar, wo genau sich Ihre Hände befinden; dann können sich sukzessive auch die anderen Körperwahrnehmungen verabschieden.

Was übrig bleibt, ist unsere Konzentration auf unseren Edlen Kern. Wir sehen ihn klar und deutlich vor unserem inneren Auge. Nichts anderes bleibt, nur der Edle Kern.

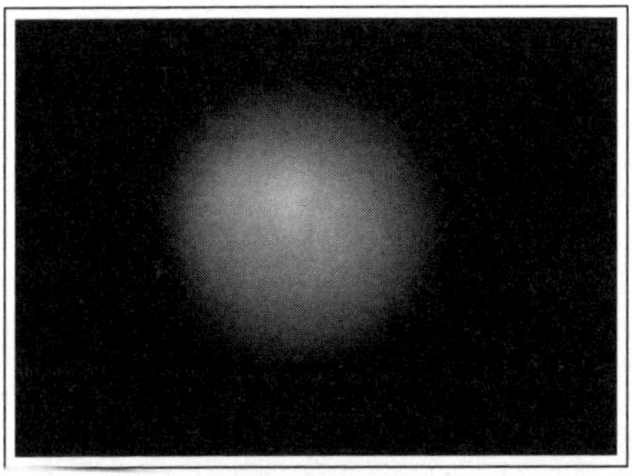

Abb. 5

Wenn wir uns immer weiter auf unseren Edlen Kern einlassen können, dann entstehen natürlich neben den visuellen auch andere Empfindungen, die wir als sehr heilsam erfahren dürfen.

Bleiben wir jedoch noch eine Weile bei unserer Konzentration auf die visuelle Vorstellung. Es ist ein sehr anspruchsvolles und ungemein wertvolles Üben, wenn wir unseren Geist nur auf sich selbst lenken, denn genau das tun wir, indem wir ihn mit einem kraftvollen geistigen Symbol wie dem Edlen Kern konfrontieren. Sie erreichen eine kraftvolle geistige Tiefe, wenn es Ihnen gelingt, sich vollkommen und ausschließlich auf Ihren Edlen Kern zu konzentrieren.

Durch die ansteigende Konzentrationskraft verändern sich auch die Formen, in denen diese inneren Kräfte sich uns zu erkennen geben. Eine sehr bedeutsame Veränderung tritt dann ein, wenn wir das Umfeld unseres Edlen Kerns visualisieren oder erspüren. Betrachten Sie es einfach neugierig.

Übung: Unsere Verbundenheit spüren und selbst erfahren

Nehmen Sie die Meditationshaltung ein. Sitzen Sie aufrecht, lockern Sie Ihre Schultern, achten Sie auf eine gute Kopfposition. Konzentrieren Sie sich auf Ihre Bauchatmung. Atmen Sie entspannt. Lächeln Sie vielleicht ein wenig. Nehmen Sie sich dafür etwas Zeit.

Dann gehen Sie wieder in eine Beobachterposition und lassen in sich die Vision Ihres Inneren Edlen Kerns entstehen. Erzwingen Sie nichts. Vertrauen Sie darauf, dass sich zeigen wird, was da ist. Visualisieren Sie Ihren Edlen Kern in sich.

Wenn Sie ein kraftvolles Bild empfangen, dann achten Sie jetzt bitte einmal nicht nur auf Ihren Edlen Kern, sondern auf dessen Umfeld. Zuerst ist dieses womöglich noch dunkel oder schwer zu erkennen, doch nehmen Sie sich etwas Zeit dafür.

Nach und nach werden Sie eine fantastische Entdeckung machen können: Dort, wo sich unser Edler Kern befindet, befinden sich auch alle anderen Edlen Kerne. Die nachfolgende Abbildung möchte uns einen Eindruck davon vermitteln. Unser Edler Kern ist in einem Netz mit unendlich vielen anderen Edlen Kernen aller anderen fühlenden Wesen verbunden.

Konzentrieren Sie sich vollkommen auf das entstehende Bild.

Abb. 6

Wir können nun unseren Edlen Kern erfahren, wie er in untrennbarer Verbundenheit mit anderen existiert. Jeder Kern hat seinen Platz und seinen Raum. Wie die Sterne am Nachthimmel, so zeigen sich immer mehr Edle Kerne, je länger wir schauen. Je feiner unser Sensorium ist, desto mehr davon werden wir erkennen können.

Unsere in uns lebende Edle Qualität ist Teil von uns, gleichzeitig aber immer auch Teil von allen anderen. Das Universelle und das Individuelle sind nur verschiedene Ausdrucksformen und Erscheinungsweisen von dieser Qualität.

Unsere tiefe Quelle der heilsamen Kraft ist verbunden mit den Quellen aller anderen fühlenden Wesen.

Auf dieser Ebene beginnt das scheinbare Paradox zu erlöschen, dass wir nichts festhalten können, alles zusammengesetzt, also leer ist, alles im Fluss ist und wir dennoch einen Edlen Kern in uns tragen. Dieser ist also keineswegs nur die feste Kugel, die wir in uns tragen und die unser Ego untermauert, indem sie uns von anderen trennt. Diese Qualität in uns verfügt über viele Eigenschaften, zum Beispiel die Fähigkeit, sich auszudehnen oder zu schrumpfen, sich auf anderen Ebenen zu transformieren und eben auch, Verbindungen zu anderen zu ermöglichen: Verbindungen, die immer da waren und immer da sein werden, die wir jedoch leider oft nicht mehr spüren.

Damit ist das Wesen unseres Edlen Kerns natürlich noch lange nicht erschöpfend dargestellt. Die folgende Übung führt uns zu weiteren Erfahrungsebenen.

Übung: Die Leerheit und die Leere erfahren

Nehmen Sie die Meditationshaltung ein. Sitzen Sie aufrecht, lockern Sie Ihre Schultern, achten Sie auf eine gute Kopfposition. Konzentrieren Sie sich auf Ihre Bauchatmung. Atmen Sie entspannt. Lächeln Sie vielleicht ein wenig. Nehmen Sie sich dafür etwas Zeit.

Dann gehen Sie wieder in eine Beobachterposition und lassen in sich die Vision Ihres Inneren Edlen Kerns, entweder allein für sich oder auch inmitten der anderen Edlen Kerne, entstehen. Erzwingen Sie nichts. Vertrauen Sie darauf, dass sich zeigen wird, was da ist.

Konzentrieren Sie sich vollkommen auf das entstehende Bild. Lassen Sie sich Zeit dafür.

Wenn Ihr Bild sich geformt hat, dann zoomen Sie es in einem nächsten Schritt immer weiter heran. Schon bald ist Ihr gesamtes Sichtfeld von Ihrem Edlen Kern ausgefüllt und Sie sehen nichts anderes mehr.

Stellen Sie sich nun vor, dass Sie immer weiter zoomen, und bleiben Sie einfach in einer neugierigen Grundhaltung, so nach dem Motto: Mal sehen, was sich wohl als Nächstes zeigen wird.

Wir betreten also durch das Zoomen gewissermaßen die Mikroebene oder auch die molekulare Ebene unseres Edlen Kerns. Dort sehen wir, was wir immer sehen, wenn wir größere Strukturen zerkleinern: Im Kleinen finden wir das Große wieder.

Abb. 7

Unser Edler Kern scheint also wieder aus vielen unzähligen weiteren Edlen Kernen zu bestehen. Jeden einzelnen Bestandteil könnten wir nun wieder herausgreifen, könnten ihn weiter zerlegen und damit erneut auf die gleichen Strukturen treffen.

Alles ist miteinander verbunden und voneinander abhängig

Die hier dargestellten Beschreibungen wirken vielleicht auf den ersten Blick ungewöhnlich, doch sie stellen kein esoterisches Mysterium dar: Wir finden hier, wie auch sonst überall in uns und um uns herum, die buddhistische Weisheit von der Leerheit und der wechselseitigen Abhängigkeit oder Interdependenz: Alles besteht aus vielen kleineren Bausteinen und ist leer in Bezug auf Unabhängigkeit; alles ist miteinander vernetzt und steht in multiplen und meist unübersehbaren Wechselwirkungen.

Alles, was wir erfahren und auch empfinden, ist gewissermaßen zusammengesetzt. Es besteht aus Einzelteilen, die sich wiederum in kleinere Einheiten zerlegen lassen. Einen letzten Grundbaustein scheint es nicht zu geben. Vielmehr ist da die Leere.

Dieses Prinzip ist so umfassend, dass es auch auf unseren Inneren Edlen Kern zutrifft. Die Tatsache, dass wir es hier allem Anschein nach mit einem allumfassenden Prinzip zu tun haben, sollte uns nicht darüber hinwegtäuschen, dass sowohl dieses Prinzip selbst als auch in diesem Fall der faszinierende Inhalt (Innerer Edler Kern) für uns nicht leicht in ihrer Tiefe zu ergründen sind.

Wir selbst erfahren feste Formen und Strukturen. Unsere Hand ist zum Beispiel relativ fest. Doch wenn wir die Bestandteile betrachten, aus denen unsere Hand besteht, dann erkennen wir immer weitere kleine Strukturen, bis auf einer tiefen Ebene nur noch Elementarteilchen zu finden sind, die in weiten Abständen zueinander angeordnet sind. Wir finden nichts Festes. Leere scheint das Wesen aller Dinge zu sein, wenn wir uns nur die Mühe machen, etwas genauer hinzuschauen.

Kleiner Exkurs zu den inneren Zusammenhängen zwischen Essenz, Form und Befreiung

Wenn wir über Dinge wie den Inneren Edlen Kern nachdenken, dann sollten wir erkennen, dass wir einen der Essenz zugehörigen Aspekt mittels einer begrifflichen Form betrachten.

Wir alle leben in der Welt der Formen. Hier finden wir materielle und geistige Dinge, die eine Form gefunden haben. Alle Formen verändern sich stetig, sie sind ebenso unbeständig wie unsicher. Trotzdem sind uns die Formen sehr lieb und deshalb haften wir auch nur allzu gern an ihnen. Die ästhetischen Formen haben dabei eine besondere Anziehungskraft auf uns.

Die Essenz kann als eine Kraft angesehen werden, die jenseits der Formen wirkt. Auch Liebe kann als ein Aspekt der Essenz gesehen werden, die sich für uns in bestimmten Formen äußert. Diese Formen können wechseln, doch die Essenz bleibt erhalten. Die Essenz kann sich also in unzähligen bildlichen, gedanklichen und begrifflichen Formen äußern, zum Beispiel auch in Form des Inneren Edlen Kerns oder der Buddhanatur.

Wir leben mit unserem Körper immer in der Welt der Formen. Diese Welt bleibt immer relativ. Wir finden jede Form in einer vollkommenen Abhängigkeit zu anderen Formen. Alles ist hier relativ. Das macht es für uns oft so schwer überschaubar. Wir verlieren hier leicht den Überblick und geben dem starken Impuls nach, an den schönen Formen festzuhalten, von denen wir uns nur sehr schwer lösen können. Die Welt der Formen zu verlassen ist für uns ein großes Problem und unsere körperliche Form sorgt dann dafür, uns immer wieder zurückzuholen.

Wir haben jedoch von Natur aus ein Geschenk erhalten, gewissermaßen eine innere Ausrüstung, um die Welt der Formen hinter uns lassen zu können und die Welt der Essenz zu erfahren. Die Meditation ist eine Technik dafür, um diesen Weg gehen zu können. Sie lässt uns an der Essenz schnuppern und vermittelt uns einen Eindruck von ihrer Existenz. Diesen Zugang können wir durch unsere Meditationspraxis weiter ausbauen. Durch das eigene Erfahren der Essenz können wir die Bedeutung der Formen besser einschätzen, relativieren und verstehen lernen. Wir lassen uns nicht mehr so leicht von den Formen täuschen, nehmen sie zwar wahr und können uns daran erfreuen, doch wir erkennen ihr wahres Wesen. Die Formen ermöglichen uns eine Annäherung an die Essenz, aber wir benötigen unseren eigenen Willen, um uns immer wieder von ihnen abwenden zu können.

Dieser Weg führt uns in die Befreiung innerhalb der Welt der Formen. Befreiung funktioniert also durch die Erfahrungen, die wir mit der Essenz machen, wobei auch die Beschreibungen darüber ebenfalls Ausdruck begrifflicher Formen sind. Natürlich begegnen wir auch in der Meditation zuerst wieder den unzähligen Formen, die wir als Gedanken und Körperempfindungen wahrnehmen. Daher benötigen wir ein wenig Geduld bei unserer Übungspraxis, um uns nach und nach aus der Anhaftung an die Formen lösen zu können.

Eine recht hilfreiche Strategie dafür besteht darin, die wahrgenommenen Formen nicht mehr als feste Formen anzusehen. Die Lehren, vor allem aber auch unsere eigenen Erfahrungen können uns zeigen, dass jede Form aus mehreren kleineren Formen zusammengesetzt ist, die wiederum zusammengesetzt sind, und dieses Akt des Zerbröselns lässt sich unendlich weiter fortsetzen. Mithilfe dieser Strategie können wir unsere Illusionen über die uns umgebenden Formen allmählich auflösen.

Erinnern wir uns auch hier wieder an die buddhistische Aufforderung, die uns einladen möchte, alle Lehren selbst nachzuprüfen. Es könnte ein spannendes Unterfangen sein, für einen kurzen Zeitraum alle Wahrnehmungen, Sinneseindrücke und Empfindungen in kleinere Bausteine zu zerlegen.

Aus welchen Bausteinen könnte dieses Buch bestehen? Und woraus bestehen wiederum diese Bausteine?

Diese Frage erzeugt bei Ihnen womöglich eine emotionale Reaktion. Und aus welchen kleineren Bausteinen – wie Gedanken, Erinnerungen, Körperempfindungen usw. – ist diese wiederum zusammengesetzt?

Jedes Objekt unserer Wahrnehmung, selbst die Voraussetzungen für unsere Wahrnehmungen (unsere Sinnesorgane) und die Reaktionen auf unsere Wahrnehmungen (unsere Emotionen und Gedanken) sind lediglich ein Haufen Bausteine, die für eine gewisse Zeit ein labiles Gleichgewicht und einen fragilen Zusammenhalt zeigen. Die Konsequenzen, die sich daraus für uns ergeben, können in ihrer Bedeutung gar nicht hoch genug eingeschätzt werden. Daraus leitet sich die buddhistische Grundaussage ab: Nichts hat Bestand. Du kannst an nichts festhalten.

Besonders faszinierend scheint hier die Tatsache zu sein, dass dieses Prinzip auf alle möglichen Bezugsebenen zutrifft: von der individuellen Ebene unserer schnellen, flüchtigen Gedanken bis zu den kosmischen Dimensionen ganzer Galaxien.

Vielleicht haben Sie schon Bilder von Sternenhaufen oder Galaxien gesehen. Aus der Ferne und ohne technische Hilfsmittel sehen die meisten Galaxien so aus wie kleine neblige Leuchtflecke im dunklen Rahmen. Wenn wir uns ihnen aber mit leistungsstarken Teleskopen nähern, dann erkennen wir plötzlich, dass es keine Leuchtflecke sind, sondern große Ansammlungen von kleineren Lichtpunkten, nämlich Sternen. Und jeder Stern ist wiederum eine gigantische Ansammlung weiterer Elemente, die wiederum aus kleineren Bausteinen bestehen. Solch ein kleines Sternen- oder Sonnensystem ist gleichzeitig untrennbarer Teil größerer Systeme und ebenso kleinerer Subsysteme, von denen wir selbst ein kleiner Teil sind.

Wie bereits erwähnt, existiert das gleiche Phänomen nicht nur in Bezug auf diese gigantischen, sondern auch in Bezug auf die ganz kleinen Relationen. Die Atomebene spiegelt also gewissermaßen als Mikroebene die kosmologischen Phänomene auf der Makroebene wider: Atome lassen sich – zumindest auf einer formalen Ebene – wie Sterne im Universum darstellen. Beide Strukturen, so gigantisch das Größenverhältnis auch auseinanderdriftet, lassen sich analysieren und damit in immer kleinere Einheiten zerlegen. Das, was sich dann zeigt, vermittelt uns Bilder sowohl von Schönheit und Ästhetik als auch von Leere und Weite, von Raum und Entfernungen, im Kleinen wie im Großen.

Auf der spirituellen Ebene könnten womöglich ganz ähnliche Zusammenhänge existieren. Mein Edler Kern befindet sich dort, wo auch dein Edler Kern und der von allen anderen fühlenden Wesen ist. Da, wo mein Edler Kern ist, befinden sich auch alle anderen Edlen Kerne. Dabei ist alles gekennzeichnet durch den buddhistischen Begriff der Leerheit, also durch das Fehlen einer festen Ursubstanz, eines festen Kerns. Alles besteht aus vielen Faktoren und Vorbedingungen.

Alles lässt sich in seine Bestandteile auflösen, und doch ist gleichzeitig alles miteinander verbunden und voneinander abhängig.

Mit dieser Weisheit müssen wir uns letztlich auch unseren heilsamen Ressourcen zuwenden. Ebenso wie wir erfreulicherweise unsere unheilsamen Empfindungen zerlegen und auflösen können, so bestehen auch unsere heilsamen Ressourcen nicht aus einer festen Substanz oder einem festen Kern. Das Heilsame verändert sich ebenso wie das Unheilsame. Es wäre ausgesprochen lohnenswert, darauf Einfluss ausüben zu können.

Der leichte Weg rät uns hier, bei unseren heilsamen Ressourcen zu beginnen. Zuerst erfolgt also die Stärkung, erst dann wenden wir uns den Blockaden zu. Diese strategische Aufteilung dient in erster Linie dazu, ein Verständnis und Gefühl für die Abläufe in uns zu bekommen. Zu exakte Trennungslinien führen uns nur wieder in neue Probleme hinein.

Der Warp-Antrieb in uns

Der Edle Kern in uns ist ein vielschichtiges Symbol: Es verweist auf unser grundsätzliches Gutsein, es lässt uns unsere heilsame geistige Qualität spüren, es offenbart uns tiefe spirituelle Ebenen und zusätzlich bietet es uns eine außerordentlich starke Energiequelle. Die Gewahrwerdung unseres Edlen Kerns und die Durchdringung von unheilsamen Schutzschichten führen dazu, dass wir wieder Kontakt bekommen zu unserer Energie.

Das gesamte Geistestraining führt nämlich *nicht* zu einer Dauerentspannung! Es lässt uns unsere wahre Natur erfahren, mindert und löst unsere Blockaden und befreit uns von der Schwere. Das ist so, als löse sich die angezogene Handbremse, mit der wir weiterfahren wollten. Nun wird vieles leichter. Wir erfahren unsere Selbstwirksamkeit und nehmen einen spürbaren Zuwachs an Konzentrationsfähigkeit und Wachheit, an Kreativität und Humor wahr.

Auf diese Weise können wir dann unseren „Warp-Antrieb" realisieren, eine Energiequelle, die uns nicht nur unseren inneren Kosmos zu erschließen ermöglicht.

Die Erfahrungen unseres Inneren Edlen Kerns verwirklichen

Es ist wichtig, dass wir unsere spirituellen Erfahrungen nicht von unserem Alltagsleben trennen. Immer wieder sollten wir uns daran erinnern, dass alles Üben den Zweck verfolgt, die heilsamen Erfahrungen in unseren Alltag hineinzutragen und mit anderen zu teilen, und dies auf dem Weg in die Befreiung.

Die Erfahrungen im Zusammenhang mit unserem Edlen Kern können sehr viele und sehr unterschiedliche Auswirkungen und Konsequenzen zeigen. Um möglichst oft unsere heilsamen Erfahrungen auch im Alltagsgeschehen abrufen zu können, haben sich Erinnerungshilfen und sogenannte Trigger als segensreich erwiesen. Auf einer einfachen pragmatischen Ebene können wir beispielsweise Handys, PCs oder andere Zeitmesser mit Erinnerungsfunktion nutzen, um Mikropausen einzulegen und uns an unsere Absicht zu erinnern, eine Integration in den Alltagsablauf zu erreichen.

Die nächsten Schritte, nachdem unsere Aufmerksamkeit geweckt ist, beziehen sich auf unsere körperliche Achtsamkeit. Wir versuchen unseren Körper zu erspüren und ihm entweder einen kurzen Energieschub oder eine kurze Ruhepause zu geben. Nachdem uns die richtige Atmung geholfen hat, den inneren mittleren Aktivitätsstatus zu stabilisieren, ist zum Beispiel, je nach Zeitfenster, ein kurzer oder längerer Zugang zu unserem Edlen Kern wichtig. Um diesen Schritt zu festigen und damit den Zugang zu erleichtern, wäre es hilfreich, in den intensiveren Meditationen über den Edlen Kern einen unserer Sinneskanäle als Trigger zu Hilfe zu nehmen.

Jeder von uns spricht auf unterschiedliche Sinne stärker oder schwächer an. Einige sind ziemlich visuell veranlagt, andere eher akustisch, olfaktorisch, geschmacklich oder taktil:

Ich kann das nicht sehen ...

Ich kann ihn gut riechen ...

Ich kann das nicht mehr hören ...

Ich spüre da nichts ...

Ich habe Geschmack daran gefunden ...

Viele von uns sind auf der visuellen Ebene sehr gut erreichbar. Die meisten können sich Bilder, zum Beispiel Gesichter, besser merken als Namen. Wir sehen einen Menschen und hören seinen Namen. Der visuelle Eindruck wird scheinbar intensiver wahrgenommen.

In der Meditation über unseren Edlen Kern können wir diese Fähigkeiten nutzen und uns zum Beispiel auf die von uns erfahrenen Formen und Farben einlassen. In der Abschlussphase der Meditation genießen wir einfach eine ganze Weile die Farbe unseres Edlen Kern. Diese kann tatsächlich in Abhängigkeit von persönlichen Ereignissen in unserem Leben variieren, und natürlich hat jeder von uns auch ganz eigene Farbwahrnehmungen von seinem Edlen Kern. Diese Farbe existiert in uns und wir können sie sehr intensiv in uns aufnehmen.

Durch die Verknüpfung unserer Erfahrungen des Edlen Kerns mit den Farbwahrnehmungen erhalten wir eine Art Schlüssel. Künftig können wir in jeder beliebigen Situation die Farbe vor unserem geistigen Auge entstehen lassen und erhalten so leichter Zugang zum Edlen Kern. Wir beamen uns in Sekundenschnelle in den heilsamen Geisteszustand, in dem wir mit unserem Edlen Kern in Verbindung stehen.

Vielleicht erfahren Sie selbst den Zugang jedoch eher, indem Sie einen Geruch oder Geschmack wahrnehmen, einen Sound oder eine Körperempfindung spüren.

Ein achtsamer Umgang mit uns selbst und anderen

Die Gedanken zu unserem Edelsein führen durch regelmäßige Wiederholungen zu einer veränderten Wahrnehmung von uns selbst wie auch von anderen Menschen. Natürlich können wir diese Abläufe etwas intensivieren, indem wir zum Beispiel regelmäßig Übungen wie die Königs- oder Königinnenhaltung ausführen. Sitzen oder stehen Sie bitte wie eine Königin oder ein König. Halten Sie Ihren Kopf wie die Herrscherin oder der Regent Ihres eigenen Reiches. Intensivieren Sie diese Empfindungen, ohne sie jedoch zu übertreiben.

Die Erfahrung der Präsenz des Edlen Kerns und unserer Verbundenheit macht es einfacher für uns, einen achtsamen und vor allem respektvollen Umgang miteinander zu kultivieren. Diese Zusammenhänge können wir besonders in der Kommunikation beobachten. Da die meisten von uns wohl kaum offen aggressiv sein wollen oder können, finden viele reizbare Impulse über unsere Worte ihren Weg nach außen. Die sich darin ausdrückende psychische Gewalt ist in vielen Kontexten zum Alltag geworden. Es scheinen sich hier regelrechte Gesellschaftskrankheiten herauszubilden, die uns bei Mobbing-Situationen und den oft damit verbundenen Burnout-Erkrankungen begegnen.

Vielen Problemen gegenüber fühlen wir uns hilflos, weil wir Entscheidungen nicht allein treffen können. Doch wie wir zu anderen Menschen in Kontakt treten, wie wir kommunizieren, das liegt doch wohl in einem sehr hohen Maße an uns selbst.

Der leichte Weg führt uns in die achtsame Kommunikation. Allerdings werden wir auch hier wieder entdecken, dass scheinbar leichte Wege auch ihre Tücken haben und uns Seiten von uns zeigen können, die wir eigentlich nicht so gern betrachten.

Wenn Sie einmal versuchen möchten, während der nächsten zwei Stunden achtsam und daher gewaltfrei zu kommunizieren, werden Sie möglicherweise auf einige aufschlussreiche Erfahrungen stoßen. Sie merken dabei vielleicht, dass Sie sich öfter einmal „auf die Zunge beißen" müssen. Vielleicht spüren Sie dann, wie überkritisch und reizbar Ihre Verstandesstimme geworden ist und wie schnell wohl die meisten von uns bereit sind, in unheilsamen Geisteszuständen zu weilen. Schließlich sind wir doch im Recht. Es gibt immer einen guten Grund, unseren Gedanken und den begleitenden Emotionen und Körperreaktionen zu folgen.

Glaube nicht alles,
was du denkst.

Die Übung der Mikropausen und des Heiligen Innehaltens mit den Erfahrungen des Edlen Kerns zu kombinieren kann uns hier gute Dienste leisten.

Wenn wir heilsame Veränderungen anstreben, müssen wir verstehen, wie unsere innere Struktur aufgebaut ist. Wenn unsere innere Stimme uns suggerieren will, jeder sei eben so, wie er ist, und den eigenen Charakter könne man nicht ändern, dient dies als bequeme Ausrede für unsere Trägheit und Faulheit, um uns davor zu drücken, uns selbst um Veränderungen bemühen zu müssen. Eine der Grundlagen, warum wir uns wandeln können, besteht darin, dass der stetige Wandel, die Diskontinuität, die grundlegende Natur von uns und allen anderen Dingen unserer Umwelt darstellt. Bei genauerer Betrachtung können wir nämlich feststellen, dass dieser Wandel auch deshalb so fließend geschehen kann, weil es in uns nicht den einen festen Persönlichkeitskern gibt, sondern eine Art Modulsystem unserer Persönlichkeit.

Wir sind multipel und damit „leer"

Eine tatsächliche Verständnishilfe für unser eigenes Wesen besteht darin, dass wir uns mit einem Menschen mit multipler Persönlichkeit vergleichen. Solche Menschen switchen zwischen verschiedenen Persönlichkeiten hin und her, ohne es zu merken. Manchmal erscheint ihre Persönlichkeit streng und diszipliniert, in einer anderen Situation dann lässig oder nachlässig. Manchmal wirken sie wie Kinder, manchmal wie Greise.

Wenn wir diese Beschreibungen verfolgen, dann müsste uns doch eigentlich die große Ähnlichkeit mit uns selbst auffallen.

Vielleicht wenden jetzt manche ein, dass Menschen mit multipler Persönlichkeit switchen, ohne es selbst zu merken. Der eine Persönlichkeitsanteil hat keinen Kontakt zum anderen, während wir unsere Konflikte meist schmerzlich erleben: So kann der Anteil des inneren Kindes in uns bedürftig sehnsüchtige Gedanken produzieren, während unser innerer Oberlehrer streng den Dienst nach Vorschrift anordnet.

Aber sind wir von einer multiplen Störung wirklich immer so weit entfernt? Wenn wir leiden, dann verlieren wir meist den Kontakt zu glücklicheren und zuversichtlicheren Anteilen. Wenn wir wütend sind, dann erinnern wir uns nur schwer an positive Aspekte. Wenn wir überglücklich sind, dann haben wir keinen wirklichen Zugang mehr zu den dunklen Seiten in uns.

Natürlich soll dieser Vergleich nicht zu weit führen, doch die spannende Grundthese, dass wir multiple Wesen sind, kann zu hilfreichen Ideen führen. Sie könnten sich sagen: Ich bin viele. Ich verfüge über sehr viele Persönlichkeitsanteile, Veranlagungen und Keime. Ich kann extrem viele Potentiale erschließen und nutzen und auf diese Weise Einengungen vermindern.

Das buddhistische Verständnis der Leerheit kann dieses Erkennen untermauern: Es gibt keinen festen Urkern unserer Persönlichkeit. Wir sind leer im Hinblick auf Eigenschaften von Unabhängigkeit und Beständigkeit. Alles ist zusammengesetzt und steter Veränderung unterworfen. Unsere multiplen Persönlichkeitsanteile sind ein Ausdruck unserer Leerheit.

Wenn wir uns festgelegt fühlen durch das Fazit „Ich bin eben so“, dann müssen wir darin unsere Unwissenheit erkennen. Wir sind so, weil bestimmte Anteile in uns verstärkt wurden oder wir sie selbst immer wieder gefüttert haben.

Wir sind das, was wir geworden sind. Und wir können zukünftig werden, wer wir sein wollen. Wahrscheinlich hat auch dieser Prozess seine Grenzen, doch in grundlegender Hinsicht müssen wir heute unsere Wandelbarkeit realisieren. Was die buddhistischen Lehren uns schon lange vermittelt haben, wird heute von westlichen Wissenschaften bestätigt.

Wir können uns fundamental verändern

Der folgende, uns schon bekannte schematische Ablauf zeigt uns nochmals plakativ auf, wo wir ansetzen können, um uns ein wenig zu ändern, also in unseren Absichten und Taten, oder uns sogar fundamental zu wandeln, nämlich durch eine Änderung unserer Gewohnheiten, was einen drastischen Wandel unserer Charakterzüge zur Folge haben wird.

Absichten → Taten → Gewohnheiten → Charakter → Schicksal

Die schlichte Tatsache, die sich daraus ergibt, kann in ihrer Aussagekraft gar nicht genug betont und wiederholt werden: *Wir können uns vollständig wandeln!*

Es gibt mächtige alte Muster in uns, die jedoch ständig wiederholt werden müssen, damit sie stabil bleiben können. Wenn wird damit aufhören, erzeugen wir bereits die ersten heilsamen Verunsicherungen. Wenn wir dann mit geklärten Absichten neue Ziele verfolgen, müssen wir auch dies „nur" noch regelmäßig wiederholen.

Das Prinzip des leichten Weges ist tatsächlich genauso leicht.

Das größte Problem besteht also lediglich in unserer Beharrlichkeit. Wir müssen eine Weile, genau genommen zwischen zwei und acht Wochen, „am Ball" bleiben. Danach ist erfahrungsgemäß aus einer regelmäßigen Handlung eine Gewohnheit geworden, und diese macht es uns dann wesentlich leichter.

Eine Grundlage für heilsame Veränderungen besteht also darin, zuerst einmal genau zu klären, was wir wirklich wünschen. Dafür brauchen wir klare Absichten. Ferner benötigen wir ebenso klare Übungstechniken. Dann müssen wir eigentlich nur noch geduldiges Wiederholen üben.

Die wesentlichen Grundlagen für heilsame Veränderungen lassen sich demnach als Stufenprozess beschreiben, der den buddhistischen Pfad schon immer gekennzeichnet hat: Zuerst *erkennen* wir die Notwendigkeiten. Dann *verinnerlichen* wir diese Notwendigkeiten, und schließlich *verwirklichen* wir diese. Erkennen, Verinnerlichen und Verwirklichen sind also die Grundlagen für heilsame Veränderungen.

Um es auf den Punkt zu bringen: Nur zu agieren ist unsinnig. Es wäre unproduktiv, einfach irgendwo zu beginnen. Zuerst müssen wir uns selbst und den leichten Weg erkennen. Alles Weitere ergibt sich dann aus unserer sich stetig und geduldig wiederholenden Übungspraxis.

Erkenne und übe.

Magische Abkürzungen durch irgendwelche geheimen mystischen Kräfte oder magischen buddhistischen Praktiken gibt es also nicht. Alles liegt an uns selbst und unserem Tun.

Fragen nach dem Richtigen und dem Falschen sind hier natürlich naheliegend. Einerseits gehen wir damit zwar wieder in die Falle des dualistischen Denkens, andererseits aber benötigen wir anfangs doch ein paar Orientierungshilfen. Von sehr zentraler Bedeutung ist dafür die Unterscheidung zwischen heilsamen und unheilsamen Geisteszuständen. Eine einfache, dabei aber umso bedeutungsvollere Tatsache besteht in dem Sachverhalt, dass diese beiden Varianten sich gegenseitig ausschließen.

Wir können unheilsame Empfindungen auflösen

Es ist unmöglich, zur selben Zeit zufrieden und unzufrieden oder glücklich und unglücklich zu sein. Wir können nicht gleichzeitig lieben und hassen. Vielleicht liegen einige Geisteszustände sehr dicht beieinander oder können sehr schnell wechseln, doch das gleichzeitige Vorhandensein zwischen Helligkeit und Dunkelheit ist ausgeschlossen. Daraus folgt, dass Heilsames und Unheilsames sich gegenseitig ausschließen.

Wäre es uns also möglich, eigenständig jederzeit heilsame Geisteszustände in uns zu erzeugen, dann würden wir über eine Art von effektivem Gegengift verfügen, wenn unheilsame Geisteszustände sich bemerkbar machen. Sobald uns die Schlange der Wut, der Trauer oder der Angst gebissen hat, holen wir aus unserem inneren Arzneischrank das Gegengift und erzeugen heilsame Geisteszustände in uns. Auf diese Weise wird dann die heilsame innere Sonnenkraft die dunklen Wolken der unheilsamen Gifte durchdringen und auflösen.

In diesem Zusammenhang wird manchmal von Emotionsumwandlung und manchmal von der Wandlung unserer Geistesverfassung gesprochen. Sicherlich drückt sich in der letzteren Bezeichnung das umfassendere Verständnis aus. Zur Erinnerung: Eine Geistesverfassung beschreibt die Gesamtempfindung aus körperlichen, emotionalen und gedanklichen Vorgängen. Allerdings können wir die Begriffe flexibel nutzen, da in jedem von ihnen natürlich auch alles andere enthalten ist. Unsere Emotionen sind beispielsweise nie nur reine Emotionen, das wäre kaum denkbar; Emotionen sind ohne körperliche und gedankliche Vorgänge nicht existent.

Eine recht bedeutsame Prämisse für die Umwandlung unserer Emotionen ist unser diesem Vorgang zugrunde liegendes Verständnis. Um den Wandlungsprozess jederzeit leicht zu initiieren, benötigen wir die Erfahrung der Präsenz unserer inneren Potentiale. Nur wenn wir wirklich am eigenen Leibe gespürt haben, über wie viele Ressourcen wir verfügen, wie außerordentlich vielfältige Veranlagungen wir in uns tragen, werden wir auch die Möglichkeiten zum schnellen Wechsel unserer Geisteszustände als real einschätzen.

An dieser Stelle, wo es um die Auflösung von Konflikten geht, erahnen wir schon einen deutlichen Unterschied zu anderen therapeutischen Schulen. Wenn zum Beispiel ein Konflikt aufgetreten ist und wir dadurch verletzt worden sind, dann raten viele Therapeuten dazu, diesen Konflikt zu thematisieren, ihn auszutragen und zu versuchen, ihn damit zu lösen.

Kinder werden zwar ausgetragen, doch Konflikte sollten nicht in jedem Falle ausgetragen werden. Hinter dieser Dynamik steht letztendlich immer unser Ego: „*Ich* bin verletzt. *Ich* bin verärgert. *Ich* möchte eine Klärung. *Ich* will, dass der andere ... *Ich* verstehe nicht ... *Ich* hätte gern ... *Ich, ich, ich*. Die BPT schreibt uns hier natürlich keinen eindeutig festgelegten Lösungsweg vor, gibt aber eine deutliche Anregung für solche Situationen: Diese sieht so aus, dass wir uns klarmachen, welcher eigene Anteil von uns hier nach Klärung verlangt. Ist es das verletzte innere Kind oder der verärgerte innere Oberlehrer? Oder welcher andere Anteil von uns produziert gerade diese vielen Ich-Zustände mit den begleitenden Ich-Wünschen?

Das Ego einschätzen lernen

Die Einschätzung des Zustandes von unserem Ego ist von ganz besonderer Bedeutung. Dies betrifft uns selbst ebenso wie die in die Behandlung zu uns kommenden Hilfesuchenden. Alle weiteren Schritte sind davon abhängig. Wir müssen uns also die folgenden Fragen stellen und zu beantworten versuchen:

Ist mein Ego geschwächt und schutzbedürftig?
Ist es zu aufgebläht und schutzbedürftig?
Ist es zu stark und minderungsbedürftig?
Ist es ausgewogen und abbaufähig?

Die möglichst klare Einschätzung davon und das Wissen darüber bilden die Grundlage für den etwas anderen Umgang mit Konflikten, Bedürfnissen, Wünschen, Meinungen, Bewertungen, usw. Jeder ist hier dazu eingeladen, einmal die Konflikte *nicht* lösen zu wollen. Wir versuchen also Konflikte nicht auszutragen in der Hoffnung auf eine möglichst gute Lösung. Wir versuchen vielmehr, sie innerlich aufzulösen. Dafür benötigen wir kein Gegenüber und machen uns damit unabhängiger.

Der dabei aktive Ego-Anteil wird wahrgenommen, gewürdigt und dann von einem anderen Ego-Anteil abgelöst. Dieser neu aktivierte Anteil kann nun mehr Gelassenheit zeigen und besser loslassen. Er kann vielleicht verstehen, dass wir niemals alle Probleme lösen werden. Im Gegenteil, sie werden immer unsere Begleiter bleiben. Auch wenn wir noch so viele Probleme lösen können, es kommen immer wieder neue hinzu.

Anstatt also jeden Stein umzudrehen, der auf unserem Weg liegt, und damit ein extrem mühevolles und zeitaufwendiges Unterfangen fortzusetzen, können wir uns ebenso gut Schuhe besorgen. Nur sind jetzt die Steine auf unserem Weg nicht mehr wichtig: Der Lebensweg ist nun einmal steinig.

Bei der Umsetzung der Umwandlung von Emotionen sind natürlich ein paar Dinge zu beachten, denn schließlich möchten wir unsere Gelassenheit nicht unsinnig teuer durch ewiges Herunterschlucken bezahlen. Also benötigen wir ein gutes Verständnis. Meist ist der erste Zugang dazu ein rationaler. Vielleicht fällt uns ein bestimmtes Buch in die Hände. Wir erfahren von unseren vielen Veranlagungen und Potentialen; auf diese Weise erkennen wir die damit verknüpften weiteren Chancen und Freiheiten. Womöglich erhalten wir dann tiefere Einblicke durch entsprechende Seminare und angeleitete Selbsterfahrungen, die in der Regel auch über meditative Wege vermittelt werden.

Das Erkennen, Verstehen und Verinnerlichen dieser Potentiale ist eines der wichtigsten Etappenziele auf unserem Weg in die Befreiung. Hier öffnen sich neue Perspektiven, die uns erfahren lassen, dass unsere bisherigen Reaktionen oftmals nur Reaktionsmuster darstellten, selten aber das Ergebnis einer eigenen Wahl waren.

Das Erkennen bisheriger Einschränkungen, denen wir unterlagen, kann sich sowohl etwas ernüchternd als auch stimulierend auf uns auswirken. Vielleicht lässt es sich damit vergleichen, als hätten wir immer nur einen einzigen Wanderweg genutzt und andere gar nicht für möglich gehalten. Nun sehen wir plötzlich ein Hinweisschild: Dort finden Sie einen wunderbaren Aussichtspunkt und gleich danach geht ein schöner unbekannter Weg weiter. Staunend wandeln wir nun den neuen Weg entlang und fragen uns, wieso wir diesen so lange übersehen konnten.

Leider finden viele von uns nur durch extreme äußere Einwirkungen auf einen anderen Weg. Das heißt, oft werden wir nicht gefragt, sondern eine Sachlage zwingt uns zu einer Änderung. Aus eigenen freien Stücken einen neuen Weg zu beschreiten wäre eine fortgeschrittenere Art des Umgangs mit unserem Potential.

Nun werden wir vielleicht neugierig, denn wenn es diesen neuen Weg gibt, dann existieren womöglich auch noch viele andere, bisher von uns übersehene Pfade. Das kann zur Folge haben, dass wir sich nun einstellende Hindernisse mit mehr Gelassenheit, vielleicht sogar mit etwas Neugier betrachten. Okay, dieser Weg ist zwar versperrt, doch es gibt ja nicht nur den einen.

Die verschiedenen Wege entsprechen unseren vielfältigen inneren Veranlagungen und den Verdrahtungen dazwischen. Oft haben wir nur ein paar wenige von ihnen kultiviert und auf Varianten verzichtet. Nun bilanzieren wir unsere Potentiale und prüfen, welche bereits in uns angelegten heilsamen Keime wir selbst fördern sollten. Wenn sich die nächste unheilsame Geistesverfassung in uns regt, könnten wir realisieren, dass es sehr viele Wege gibt, darauf zu reagieren. Auf diese Weise werden wir sukzessive zu unserem eigenen Coach oder auch zum eigenen Arzt und Psychologen.

Die Erste Edle Wahrheit offenbart uns mit zwingender Logik, dass wir unvermeidlich immer wieder schmerzhaften Situationen ausgesetzt sein werden. Also wäre es eigentlich ziemlich naiv von uns, nicht entsprechend vorzusorgen. Ein kleiner Notfallkoffer, eine kleine Notfallapotheke, wäre beruhigend und entspräche einem guten Verantwortungsgefühl für uns selbst.

Wie bei jeder Arznei, so müssen wir uns auch hier vor Missbrauch schützen. Der Prozess der Auflösung von unheilsamen Geisteszuständen darf nicht zu einer Verdrängung und damit insgeheim zu einer inneren Einlagerung führen.

Wenn wir die Welt aufmerksam beobachten,
stellen wir fest,
dass mehr Menschen an falschen Gedanken sterben
als an Krankheiten des Körpers.

– Man-An (17. Jh.) –

Die Auswirkungen unserer Gedanken sind uns oftmals nicht vollkommen klar. Das liegt auch daran, dass die Wirkungen nicht immer gleich einsetzen und oftmals auch subtile Effekte nach sich ziehen können. Im Geistestraining wird zu zahlreichen Übungen angeleitet, die uns die Einheit aus geistigen und physischen Prozessen aufzudecken vermögen. So zeigen uns ganz einfache Übungen wie das *Rumpfdrehen,* wie schnell und wirkungsvoll unsere Gedanken auf unseren Körper wirken. Damit erkennen wir, dass wir selbst mit dem, was wir denken, sehr achtsam umgehen müssen.

Anmerkung: Beim Rumpfdrehen erfolgt in einer ersten Phase das tatsächliche Drehen des Oberkörpers, so weit es geht. Dann folgen mehrere Wiederholungen auf rein gedanklicher Ebene, also in unserer

Vorstellung. Zuletzt erfolgt wieder eine tatsächliche Drehung unseres Rumpfes. Die meisten Menschen *machen dabei die Erfahrung, dass sie sich deutlich weiter drehen können. Nach dem Erstaunen darüber können wir dann erkennen, wie sehr unser Körper auf unsere Gedanken „hört". Deshalb benötigen unsere selbstanklagenden Ego-Anteile dringend eine Abschwächung.*

Ein anderer Aspekt, der mit dem obigen Zitat von Man-An angesprochen werden sollte, betrifft unsere Neigung, eher tröstlichen Kognitionen zu folgen als der Realität. So glauben wir in der Jugend unbewusst an unsere Unsterblichkeit und verhalten uns so, als gebe es keine Zukunft, kein Alter und keinen Tod. Draufgängerisch agieren viele von uns diese Verblendungen aus. Zu anderen Lebenszeiten folgen wir weiterhin zumeist recht unreflektiert irgendwelchen Leitgedanken, ohne die wahren Konsequenzen daraus zu überblicken. Selbst im Alter fällt es uns schwer, die damit verbundenen Konsequenzen wirklich anzunehmen. Viele muten sich Dinge zu, die ihrem älter gewordenen Körper überhaupt nicht mehr entsprechen. Der größte Risikofaktor ist tatsächlich unsere Verblendung.

Gefahren auf dem Weg beachten und meiden

Die Art dieser Gefahren kann ebenso variieren wie die Ebenen unseres Weges. Auch der leichte Weg kann uns bei unachtsamem Handeln auf den direkten Weg in unser Leidenskarussell führen.

Meist handeln wir aus dem Wunsch heraus,
von unangenehmen Empfindungen frei zu sein
und angenehme Erfahrungen zu machen.

– XIV. Dalai Lama –

Diesen Gedanken formulieren Neurowissenschaftler wie David J. Linden so: „Aus neurologischer Sicht besteht eine Gemeinsamkeit zwischen Tugend und Laster: Der Lustgewinn ist unser Kompass, ganz gleich, welchen Pfad wir einschlagen."

Wir alle tragen tief in unserem zentralen Nervensystem einen Nervenknotenpunkt, den Wissenschaftler als unser „Belohnungssystem" bezeichnen. Am oberen Ende der Wirbelsäule befindet sich das sogenannte Stammhirn. Diese Region bildet gewissermaßen den Eintritt in unser Großhirn. Diese unteren Hirnbereiche gehören zum medialen Vorderhirn, auch das ventrale tegmentale Areal (VTA) befindet sich hier. Es handelt sich dabei um Nervenregionen, die in der Lage sind, Dopamin freizusetzen. Dopamin ist eine körpereigene Substanz, die viele Aktivitäten in uns steuert und initiiert. Dadurch fühlen wir uns wohl und gut.

Diese Region ist in unserem Gehirn in den tieferen Strukturen angelegt. Je tiefer im Gehirn etwas abläuft, desto weniger Einfluss haben wir darauf. So befinden sich die Nervenzellen, die unsere Koordination vermitteln, an höherer Position als zum Beispiel das vegetative Nervenareal, das unter anderem Verdauung, Herzschlag und Blutdruck steuert.

Das Belohnungssystem ist tief angelegt und unterliegt daher nicht unserer direkten Steuerung. Wenn wir uns direkt selbst damit belohnen könnten, dass wir Dopamin freisetzen, wann immer wir es wollten, hätte das wohl weitreichende Folgen.

Die Positionierung des Belohnungszentrums in tiefen Strukturen unseres Gehirns hat auch die Konsequenz, dass dieses System vollkommen wert- und moralfrei reagiert. So kann das Gehirn beispielsweise auch Verhaltens- und Denkmuster belohnen, die unseren Moralvorstellungen widersprechen.

Das Belohnungszentrum im Gehirn wird natürlich oft aktiviert, wenn wir etwas Gutes tun, beispielsweise für einen guten Zweck spenden oder einen lieben Menschen umarmen. Die Aktivierung des Belohnungssystems löst Begeisterung aus und ist entscheidend an unseren Lernvorgängen und unserer Bewegungsfreude beteiligt.

Zu bedenken ist allerdings, dass diese Region ebenfalls bei jeder Form der Sucht beteiligt ist, denn schließlich möchten wir die guten Erfahrungen ja unbedingt wiederholen. Berühmt-berüchtigt wurde dieses Belohnungszentrum dadurch, als Forscher diese Hirnregion bei Ratten so manipulierten, dass sich die Ratten per Knopfdruck dort selbst stimulieren konnten. Die Tiere stimulierten sich während 24 Stunden durchgehend mehr als 2000-mal. Dafür überquerten sie Elektrogitter, verließen ihre Jungen, aßen und tranken nicht mehr.

Immer wenn wir uns wohlfühlen, werden Prozesse in uns aktiv, die wir unbedingt achtsam im Blick behalten müssen. Die buddhistische Lehre verweist seit Jahrhunderten auf die große Nähe im Spektrum zwischen Wünschen, Bedürfnissen, Wohlergehen, Anhaften, Begehren,

Gier und Sucht. Der Zusammenhang zwischen Bedürfnissen und Leiden scheint daraus recht deutlich hervorzugehen.

Deshalb wird im Buddhismus zwischen guten und heilsamen Handlungen differenziert. Das Gute kann sich in etwas sehr Schwieriges, wie zum Beispiel eine Sucht, verwandeln. Das Heilsame wird dagegen immer heilsam bleiben. Wenn wir Gutes planen, sollten wir also ergründen, ob es vielleicht nur jetzt oder nur für uns gut ist und wie sich dieses Gute verändern könnte. Deshalb müssen wir immer selbstkritisch auf unsere Resultate schauen. Wenn unsere guten Absichten zu Leiden führen, haben wir etwas Wichtiges übersehen.

Es gilt auch noch eine weitere Gefahr auf dem Weg zu überwinden. Die BPT liefert – wie viele andere Behandlungsformen auch – recht wirkungsvolle Techniken zur Selbststeuerung und Selbstkontrolle. Doch im Gegensatz zu anderen Therapien werden Gelassenheit und Geistesruhe als Etappenziele auf dem Weg zur Befreiung angesehen.

Hier müssen wir, wie bereits erwähnt, sehr achtsam vorgehen, so dass wir dieses Ziel nicht zu erzwingen suchen, indem wir zum Beispiel entstehende Emotionen unterdrücken und auf diese Weise allzu introvertierte Verhaltensweisen kultivieren. Die oft sehr betont ruhige und abgeklärte Art, die in buddhistischen Zirkeln zu beobachten ist, darf nicht als eine Art Spielregel vorgegeben werden. Viele Menschen, die den spirituellen Weg beschreiten, leben mit der Vorstellung, dass jede Äußerung unheilsamer Geisteszustände einem Scheitern und Versagen gleichkomme. Also schlucken wir lieber den Ärger, die Trauer und die Angst, damit wir äußerlich möglichst „buddhistisch" bleiben können.

Der Erhalt unserer Spontaneität, Authentizität und Lebendigkeit hat jedoch einen ganz besonderen Wert. Dazu werden wir in Kapitel 7 zum Thema Authentizität noch mehr erfahren.

Mit Hindernissen und Krisen umgehen lernen

Zu den Grundlagen heilsamer Veränderung gehört natürlich insbesondere auch unsere innere Haltung. Wodurch erwarten wir eine Transformation? Welche Hilfen möchten wir in Anspruch nehmen?

Hier meldet sich in der Regel sehr gern unser Ego: *Ich* habe mich festgelegt auf Meditation, auf Yoga oder irgendetwas anderes und werde es auf meine Weise schaffen – egal, auch wenn es schwer werden sollte; auch wenn ich vielleicht dann wieder einen ganz anderen Weg einschlage. Damit will ich es schaffen. Ich werde lieber scheitern, als eine fachkundige Hilfe in Anspruch zu nehmen. Wenn ich mich einmal entschieden habe, dann ziehe ich es einfach durch.

Diese „Augen-zu-und-durch-Haltung" ist natürlich auch nur wieder ein Ausdruck unseres verblendeten Verstandes und muss überwunden werden.

Die Kräfte, von denen wir zu scheinbar guten Zielen motiviert werden, sind in ihrer Qualität oft nicht immer heilsam. In Phasen der inneren „Windstille", also in ruhig verlaufenden Lebensabschnitten, spulen wir unsere Muster meist sehr unbewusst ab. Nichts stört uns dabei wesentlich. Es gibt kaum etwas zu hinterfragen, alles geht seinen gewohnten Gang. Nur eigenartig, wie schnell die Zeit dabei vergeht, und schon wieder ist der Monat vorüber oder sogar das Jahr. Ja, die Zeit rast manchmal geradezu dahin. Dieses Zeitraffer-Empfinden ist stets ein sicheres Indiz dafür, dass wir nur noch in Automatismen funktionieren; wir haben gewissermaßen den Autopiloten eingeschaltet und so den Kontakt zum Hier und Jetzt verloren.

Dann geschieht plötzlich ein Desaster und wir stecken unvermittelt und fast immer auch unvorbereitet in einer Krise. Wieso eigentlich? Wir haben uns doch bemüht, haben versucht, unsere Pflichten zu erfüllen, und nun das! Es gibt eben keine Gerechtigkeit. Groll und Frust steigen in uns hoch und dominieren uns bald. Wir leiden. Als eine von vielen Folgen daraus verengt sich unser Blickwinkel drastisch, nach und nach stellt sich ein Tunnelblick ein, den wir selbst allerdings kaum wahrnehmen. Wir hocken in einem Loch, schauen uns um und sind fest davon überzeugt, dass die ganze Welt dunkel ist.

Viele von uns lassen sich dann erst einmal traurig oder ängstlich hängen, doch früher oder später entwickelt sich eine Art Überlebensinstinkt in uns. Eine Energie, die leider völlig ziellos ist, doch viel Schubkraft mitbringt. Nun entwickeln sich auch Ideen für eine Änderung. Ab heute soll, ab heute muss alles anders werden. Wir beginnen dann entweder in die falsche Richtung zu arbeiten, indem wir zum Beispiel immer noch im Loch hockend zu graben anfangen. Das drückt sich in Form von Selbstanklagen, Grübelzwängen und blockierten Emotionen aus. Doch auch unsere Impulse, aus dem Loch herauszukommen, gehen oft aufgrund von unheilsamen Aktionen in die Irre. Nicht selten versuchen wir uns durch Genussgifte zu beruhigen, suchen nach Lösungen im außen, die uns und andere verletzen, oder sind in einem Aktionismus gefangen, der uns kaum noch zur Besinnung kommen lässt.

Das sind alles sehr menschliche Züge, die in Leidenssituationen noch deutlicher als sonst hervortreten.

Leider verschwenden wir oft wichtige Lernmöglichkeiten in Zeiten der Ruhe und werden dann in Krisen vom Zwang nach irgendwelchen Änderungen angetrieben. Die heilsamen Impulse für Veränderung entstehen leider oft erst in Zeiten der Krisen und Katastrophen.

Selbstbewusst sein und auch Hilfe annehmen können

Eine andere Form des Umgangs mit derartigen Erfahrungen wäre eine regelmäßige eigene Zielbilanz etwa zu den folgenden Fragen: Was möchte ich in nächster Zeit für mich und meine Lieben erreichen? Wie möchte ich mich weiterentwickeln? Wie möchte ich mich in Zukunft selbst erleben? Bin ich dafür noch immer auf dem richtigen Weg? Was sollte ich dafür beherzigen? Kann ich diese Ziele allein bewältigen, oder wäre es vielleicht hilfreich, dafür Unterstützung anzunehmen? Es ist übrigens eine bedeutsame und auch traurige Tatsache, dass sowohl Angehörige von helfenden Berufen als auch sehr viele spirituelle Suchende oft viel länger als andere Menschen damit warten, bis sie sich therapeutische Hilfe holen.

Für diese Fragen benötigen wir eine gewisse Portion Selbstbewusstsein. Wir müssen uns also unseres Selbst bewusst sein. Viele vermeintlich selbstbewusste Menschen zeigen eine große Härte gegen sich und andere, vielleicht in der Hoffnung, dadurch selbstbewusst zu wirken. Die Art des Umgangs mit sich und anderen verrät dann aber doch wieder die mangelnde Bewusstheit für sich und andere. Daraus lässt sich folgern, dass der Schwerpunkt beim Selbstbewusstsein mehr auf dem Bewusstsein und nicht unbedingt so sehr auf dem Selbst liegt.

Diese Überlegungen können natürlich dazu führen, dass wir zu dem Schluss kommen, für die gegenwärtige Phase eine Unterstützung heranzuziehen. Moderne Unternehmen machen das heute ebenso wie mittlerweile viele andere clevere Menschen.

Sich nicht behandeln lassen, sondern „Fahrschüler" werden

Wenn wir uns an Fachleute wenden, dann neigen wir oft dazu, diesen auch die Verantwortung für uns zu überlassen. Schließlich kennen diese sich doch gut oder sogar besser aus als wir. Ähnlich wie beim Zahnarzt lehnen wir uns zurück, erwarten ängstlich die Instruktionen und folgen brav den Ideen der Behandler.

Natürlich ruft der Blick unter die Motorhaube unseres Autos wohl bei den meisten von uns Ratlosigkeit hervor. Gut, dass es da Fachleute gibt. Der Blick gewissermaßen unter unsere innere Motorhaube dürfte wohl viele von uns ähnlich ratlos machen. Und natürlich ist jede Gruppe von Fachleuten äußerst interessiert daran, für ihr Metier eigene, für andere jedoch vollkommen unverständliche Fachbegriffe zu schaffen. So meinen sie zwar, sich schneller und effektiver verständigen zu können, doch diese Art von Verständigung kann dann nur innerhalb der Expertengruppe funktionieren, nicht mehr mit den Hilfesuchenden. Es ist immer noch ein merkwürdiges Phänomen, dass sich anscheinend viele Behandler gar nicht verständlich machen möchten. Zudem erscheint es doch recht erschwerend in der Kommunikation, für die eigenen Gedanken eine andere Begrifflichkeit zu nutzen als im Kontakt mit den Hilfesuchenden.

Natürlich wird sich wohl jeder von uns um die rechten Worte bemühen, doch auf der großen Neigung zur Fachsprache sollte unbedingt unser kritisches Augenmerk liegen. Spätestens seit dem 16. Jahrhundert, also der Zeit der Reformation, zeigen die Menschen in Europa ziemlichen Verdruss über Personen, die andere mit ihrem „Fachchinesisch“ zu beeindrucken suchen. Offenbar lässt sich diese spezifische Neigung von Fachleuten nur ungeheuer schwer ausrotten, denn diese ungute Tradition hat sich bis in die heutige Zeit hartnäckig gehalten. Es ist auch ein Anliegen des leichten Weges, sich nicht mehr nur passiv behandeln zu lassen, sich keine unverständlichen Erklärungen mit vielen Fachbegriffen gefallen zu lassen, sondern für sich und den eigenen Weg die Verantwortung zu behalten.

Ein guter Behandler sollte sich ähnlich wie ein Fahrlehrer verhalten. Er übernimmt nicht direkt das Steuer, vermittelt seinem Fahrschüler jedoch die nachhaltigste Art des Lernens: nämlich die Selbsterfahrung. Die Fachleute, die heute in den sozialen Berufen tätig sind, dürfen nicht mehr zwischen den Hilfesuchenden und der Lösung vermitteln, sie dürfen also gewissermaßen nicht mehr zwischen dem Menschen und der Lösung stehen, sondern sie müssen ihre Qualitäten als Begleiter beweisen und erfüllen. Eine Psychotherapie, eine medizinische Behandlung, ein Coaching oder andere Formen der Beratung sollten heute in erster Linie Hilfe zur Selbsthilfe sein.

Wie erklärt sich die Wirksamkeit einer Psychotherapie?

Die Psychotherapie wird heute den Wissenschaften zugerechnet. Das bedeutet unter anderem, dass wir ihre Wirksamkeit nachweisen können. Dafür müssen sich die Ergebnisse reproduzieren und von objektiven Beobachtern messen lassen. Über dieses wissenschaftliche Vorgehen ist schon viel geschrieben und ebenso viel ist daran kritisiert worden.

Für unsere Fragestellung der „Grundlagen für heilsame Veränderungen“ soll aus den Forschungen ein spezieller Aspekt herausgestellt werden. Die Forscher sind immer wieder der Frage nachgegangen: Was hilft und wirkt eigentlich in der Psychotherapie? Können weibliche Therapeuten besser behandeln als männliche oder verhält es sich umgekehrt? Sind ältere Therapeuten besser geeignet als jüngere? Ist eine bestimmte Behandlungsform effektiver als andere?

Therapieforscher wie Klaus Grawe konnten immer wieder belegen, dass die größte Wirkungskraft von der therapeutischen Beziehung ausgeht. Das heißt also, nicht das spezialisierte, antrainierte Wissen oder die perfekte Pharmakotherapie sind von größter Wirkungskraft, sondern der möglichst heilsame Kontakt zwischen Behandlern und Hilfesuchenden. Wir werden uns in Kapitel 7 über „Authentizität“ noch etwas näher damit befassen.

Ein in diesen Zusammenhang passender Aspekt ist die buddhistische Weisheit von den beiden Erleuchtungsqualitäten. *Weisheit* und *Mitgefühl* können uns in die Befreiung führen. Für unser aktuelles Thema scheinen uns diese beiden herausragenden Qualitäten bestens geeignet zu sein, um eine möglichst heilbringende Wirkungskraft in die therapeutische Beziehung hineinzubringen. Diese beiden Erleuchtungsqualitäten werden in Kapitel 9 über „Heilsame Geisteszustände“ auf eine möglichst alltagstaugliche und gut nachvollziehbare Weise beschrieben, sie werden also nicht auf einen unerreichbar hohen Sockel gestellt. Alle buddhistischen Weisheiten und Begriffe sind selbst überprüfbar und vor allem auch selbst erreichbar.

Kommen wir jetzt aber noch einmal zu den Kriterien für eine effektive Behandlung und den Grundlagen für heilsame Veränderungen zurück. An zweiter Stelle nach der therapeutischen Beziehung kommt immer noch nicht das Fachwissen der Experten, ebenso wenig wie die möglichst intensive Aufarbeitung von Problemen, sondern die wesentlichen Aspekte unseres leichten Weges: nämlich die Aktivierung unserer Ressourcen. Nicht das möglichst erfolgreiche Graben und Wühlen in zurückliegenden Problemen hat sich also als besonders effektiv erwiesen, sondern vielmehr das Kultivieren einer tragfähigen Motivation, von wichtigen Fähigkeiten zur Selbstregulation und von ausgleichenden Interessen.

Daraus lässt sich die Schlussfolgerung ziehen, dass der leichte Weg wissenschaftlich belegt ist. Wir müssen uns um einen guten heilsamen Kontakt bemühen und dann die bereits in uns angelegten Ressourcen fördern. Das sind – auch wissenschaftlich gesehen – die wichtigsten Faktoren für eine erfolgreiche Heilung.

Vielleicht fragen Sie sich nun, welche weiteren Faktoren in der Behandlung wissenschaftlich gesehen noch besonders erfolgversprechend sind. Es ist immer noch nicht das Durcharbeiten von Problemen, wenn auch etwas Ähnliches, nur eben wieder konstruktiver angepackt: die Aktualisierung von Problemen. Dabei werden also nicht die Probleme der Vergangenheit gewälzt, sondern vielmehr wird unser heutiger Umgang mit unseren Problemen in den Fokus gerückt. Unseren Weg finden wir ja ebenfalls nicht durch die ständige Wiederholung unserer Defizite, sondern durch den Kontakt zu unseren Stärken.

Der Aspekt, der für einen Therapieerfolg an vierter Stelle kommt, besteht in der Aufklärung der Hilfesuchenden. Da besteht natürlich ein großes Spektrum an möglichen Vorgehensweisen. In einigen Behandlungskonzepten werden psychoedukative Maßnahmen erwähnt. Das bedeutet, dass die Hilfesuchenden zum Beispiel aufgeklärt werden über die Zusammenhänge und Abläufe bei einer Depression, Angststörung, Sucht, bei Schmerz oder anderen Erkrankungen. Allerdings geht die Informationsgabe selten so weit, dass die verschiedenen Behandlungen auf der Basis des zugrunde liegenden Konzeptes beschrieben werden. Die BPT funktioniert hier nach den buddhistischen Grundsätzen der Lehrvermittlung. Sowohl die zugrunde liegenden Lehren als auch die sich daraus ergebenden Maßnahmen werden transparent gemacht und verdeutlicht.

Das fünfte und natürlich unumgängliche Qualitätssiegel einer guten Behandlung ist die Problembewältigung, ohne sie bleibt selbstverständlich alles andere unbefriedigend.

Zusammenfassung: Wir bemühen uns um heilsame Beziehungen, dieser Ansatz heilt uns Menschen am wirkungsvollsten. Dafür benötigen wir allerdings konkrete Hilfe. Die buddhistischen Übungen und Lehren zu Weisheit und Mitgefühl können uns diesbezüglich direkt helfen. Auf dieser Basis folgen wir dem leichten Weg. Dieser führt uns zunächst nicht in die Probleme hinein, sondern versucht, vorhandene Stärken und Ressourcen zu sichern. Das ist wie beim Bergsteigen: erst sichern, dann gehen.

Einen Ausweg aus dem Rad des Lebens und Leidens finden

Wie bereits erwähnt, ist das gemeinsame Tun im Rahmen einer Therapie auf ein Ziel ausgerichtet. Sie möchten auf Ihrem Weg vorankommen? Wohin soll denn die Reise gehen?

Wenn wir solche Fragen gestellt bekommen wie gerade eben, dann sind wir womöglich etwas ratlos. Tja, wohin soll denn die Reise gehen?

Obwohl wir vielleicht schon eine ganze Weile auf unserem Weg sind, wird es uns bezeichnenderweise immer noch schwerfallen, eine klare Zielvorstellung zu formulieren. Daher beginnen wir zumeist mit Negativbeschreibungen von Zuständen, die wir *nicht* mehr mögen. Wir möchten nicht mehr leiden oder zumindest nicht mehr so stark, und wenn überhaupt, dann nur noch kurz.

Womöglich wünschen wir uns auch einen oder mehrere Auswege aus unseren automatisierten Kreisläufen. Diese Kreisläufe, in denen wir stecken, sind wohl für uns alle von großer Bedeutung. Hier finden wir das buddhistische Symbol für unseren Lebens- und Leidenskreislauf, das Rad von *Samsara.* Dieses Rad ist in sechs Segmente aufgeteilt, sechs Existenzbereiche, in denen wir uns bewegen können. Drei Bereiche finden wir in der oberen Hälfte und drei in der unteren Hälfte des Rades. Oben links ist der Bereich des Menschlichen, in der Mitte oben der Bereich der Götter, daneben der Bereich der Titanen oder Halbgötter. In der unteren Hälfte finden wir dann den Bereich der Hungergeister, in der Mitte ganz unten die Hölle und daneben links das Animalische.

Diese sechs Bereiche symbolisieren verschiedene Aspekte der Existenz und können auf unterschiedlichen Ebenen interpretiert werden. Nach Meinung gläubiger Buddhisten werden sie je nach ihren Taten im Leben in einem der sechs Bereiche wiedergeboren. Eine psychologische Sichtweise lässt uns in den sechs Bereichen die jeweiligen Stärken und Schwächen unserer Existenz erkennen: Im menschlichen Bereich müssen wir mit unserem Ego und seinen Bestrebungen kämpfen und das darin liegende Potential mit den Gefahren gut austarieren. Im göttlichen Bereich können wir uns öffnen und Weite erfahren, doch auch im Ozean diese Weite ertrinken. Im Bereich der Halbgötter können wir entweder aus unseren Ressourcen schöpfen oder in unserem Neid auf andere, die noch mehr besitzen, vergehen. Im Bereich der Hungergeister müssen wir unser Streben und Begehren heilsam lenken, so dass wir die Energie nutzen, aber nicht in die Sucht hineinschlittern. Im höllischen Bereich erfahren wir starkes Leiden und ebenso tiefe Chancen der Transformation. Im animalischen Bereich finden wir schließlich unsere Instinkte wie auch unsere Unbewusstheit.

In vielen Darstellungen des buddhistischen Lebensrades, das sich um unser Leiden dreht, ist in allen sechs Bereichen ein Buddha abgebildet. Das scheint zwar nur ein kleines symbolisches Detail zu sein, ist jedoch von elementarer Bedeutung für unseren leichten Weg. Selbst wenn wir im Höllenbereich tief im Leiden stecken, können wir dem Weg Buddhas folgen und auf diese Weise Linderung und Transformation erfahren. Das geschieht allerdings nicht dadurch, dass wir uns in den jeweiligen Bereichen noch tiefer eingraben, sondern indem wir den Prinzipien des leichten Weges folgen und heilsame Übungen geduldig wiederholen.

Die Grundlagen für heilsame Veränderungen lassen sich also bereits in diesen traditionellen alten Darstellungen wiederfinden: Geh nicht als Erstes noch tiefer in die Problematik hinein. Wende dich heilsamen Ressourcen zu. Aus allen Existenzbereichen, seien sie im göttlich-abgehobenen, im materiellen, im süchtigen und bedürftigen, im animalischen oder im zutiefst leidvollen Bereich, überall steht uns der leichte Weg zur Verfügung. In allen Bereichen finden wir Buddha als Symbol für unser eigenes Potential zur Transformation wieder.

Der universelle Zugang als Einstieg in die Therapie

Zu den Grundlagen für heilsames Handeln gehört natürlich ein möglichst hilfreicher Einstieg. Sicherlich fragen wir uns dann rasch, wo wir beim jeweiligen Problem am besten ansetzen sollen. Die Probleme sind ebenso vielfältig wie die buddhistischen und psychotherapeutischen Herangehensweisen und Maßnahmen.

Für diese Thematik hat sich eine einfache Strategie als besonders hilfreich erwiesen. In einem ersten Schritt versuchen wir die beiden immer vorhandenen Ebenen zu erkennen: die universelle und die individuelle Ebene. Natürlich haben wir selbst meistens den Eindruck, unsere individuelle Situation sei so speziell, dass sie sich kaum mit den Problemen anderer vergleichen lasse. Tatsächlich zeigen unsere Probleme bei genauerer Betrachtung eine ganz spezielle Kombination aus individuellen Einzelfacetten. Darin steckt unsere persönliche Geschichte, wozu viele spezifische Details gehören, die in der Kombination sicherlich den Eindruck von Einzigartigkeit rechtfertigen. Unzweifelhaft gibt es ebenso aber auch die universelle Ebene.

Als Erklärung für die Vereinbarkeit dieser beiden Ebenen kann zum Beispiel das Symbol der Welle im Ozean herangezogen werden. Die Wellenspitze stellt hierbei die tatsächlich vorhandene Einzigartigkeit dar; jeder Wasserspritzer in der Wellenspitze macht die einzelne Welle individuell. Wenn wir jedoch an der Welle herunterschauen und tiefer blicken, zur Wellenbasis und noch tiefer darunter in den Ozean, dann erkennen wir die Universalität der Welle, also die Gemeinsamkeit und Verbindung der Welle mit allen anderen Wellen.

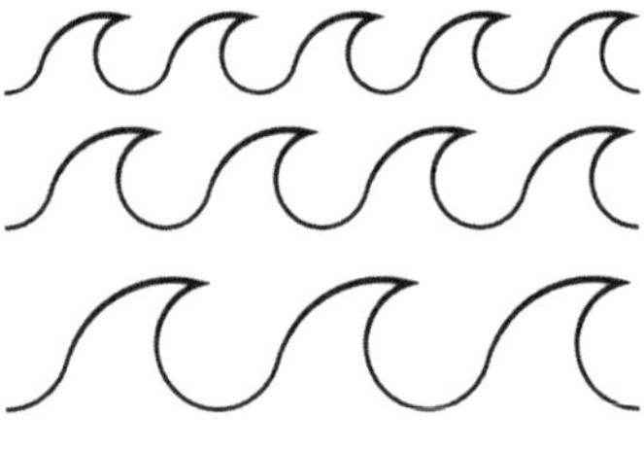

Abb. 8

Genauso können wir auch tiefer in uns hineinblicken und dort universelle Gemeinsamkeiten finden, die wir als Menschen und sogar als fühlende Wesen mit allen anderen fühlenden Wesen teilen: Wir alle möchten nicht leiden, wir möchten unseren Hunger und Durst stillen, wir suchen nach Schutz und Sicherheit. Doch wir alle erfahren immer wieder auch große und kleine Probleme und Katastrophen, das scheint unabänderlich. Kein Lebewesen wird davon verschont. Dieser Aspekt ist auch deshalb von besonderer Bedeutung, weil Leiden immer zu einer Art Tunnelblick führt. Dann erleben wir uns selbst als isoliert, einsam und fehlerhaft. Alle anderen schaffen ihr Leben, nur wir selbst erleiden immer wieder Rückschläge und Probleme.

Es ist sehr wichtig, diesen Irrtum zu erkennen, denn es ist unser universelles Erbe als fühlende Wesen, dass wir alle immer wieder vor

Problemen stehen. Diese Konzentration auf das Universelle kann eine spürbare Erleichterung erzeugen. Wenn wir leiden, sollten wir also auf die Differenzierung zwischen den darin enthaltenen individuellen und den universellen Aspekten achten.

Zur universellen Problematik, unter der wir alle leiden, gehört auch, dass wir alle die große Neigung haben, eine vorhandene Schwierigkeit zu dramatisieren. Anstatt zu versuchen, uns möglichst schnell zu beruhigen, suchen wir nach Schuldigen, grübeln und kämpfen mit uns selbst und mit anderen.

Das erste therapeutische Grundprinzip und der Leidensstein

An dieser Stelle müssen wir uns das erste therapeutische Grundprinzip vergegenwärtigen, das wir natürlich auch sehr gut für uns selbst anwenden können. Es lautet: *Mache es nicht noch schlimmer, als es bereits ist.* Oder immer wieder als prägnante Erinnerung: Wenn du im Loch sitzt, hör auf zu graben!

Wie graben Sie?

Sie können sich selbst fragen, wie Sie auf Probleme reagieren. Bleiben Sie sachlich und konstruktiv? Oder setzten Sie sich selbst und andere dann unter Druck? Beginnen Sie zu hadern und zu grübeln? Hinterfragen Sie sich selbst und zweifeln an sich? Tun sich dadurch womöglich noch tiefere Abgründe auf? Alle diese ganz menschlichen Reaktionen bedeuten, sich im Loch zu befinden und dort unten auch noch tiefer zu graben.

Das erste ärztlich-therapeutische Grundprinzip ist auch im Buddhismus eines der ersten Grundprinzipien: Übe Friedfertigkeit, schädige niemanden, dich selbst nicht und auch alle anderen nicht. Es handelt sich hierbei also eher um ein passives Unterlassungsprinzip, etwas *nicht* zu tun.

Abb. 9

Die Abbildung soll unseren „Stein des Anstoßes“ darstellen, die Last, die wir mit uns herumtragen, unsere Probleme, Sorgen und Nöte, unser

Leiden. Diese Last beinhaltet eine typisch menschliche Besonderheit. Unser Leiden ist ein Leidensstein, der immer aus mindestens zwei Anteilen besteht:

Da gibt es immer Fakten, also Dinge, die passiert sind und die sich nicht wegdiskutieren lassen. Und es gibt immer noch zusätzlich das, was wir selbst daraus machen, also zum Beispiel das bereits erwähnte Weitergraben im Loch.

Es gibt Situationen, in denen die Fakten den größten Anteil bilden, doch es gibt auch Situationen, in denen wir aus kleinen und eher unwichtigen Begebenheiten selbst großes Leiden erzeugen und sozusagen aus einer Mücke einen Elefanten machen. Das geschieht meist, wenn das innere Maß sowieso schon übervoll ist.

Die Tatsache, dass unser Ego immer noch zusätzlichen Ballast liefert, ist einerseits zwar problematisch, bietet andererseits jedoch einen wunderbaren Ansatzpunkt für uns, wo wir beginnen können. Durch die Minderung unserer unheilsamen Ego-Impulse können wir unseren Leidensstein drastisch verkleinern. Damit können wir unseren leichten Weg deutlich besser und eben leichter weitergehen. Wir werden uns diesen Prozess noch genauer anschauen, denn der leichte Weg wird uns noch oft dazu auffordern, Ballast abzuwerfen.

Vielleicht können Sie sich das Bild dieses Leidenssteins schon einmal einprägen. Machen Sie sich klar, dass jeder Mensch so etwas mit sich herumträgt und dass wir alle diese Neigung haben, unseren Stein selbst noch schwerer zu machen. Prägen Sie sich ein, dass Sie nach und nach damit aufhören werden, Ihren Stein schwerer zu machen, als er ohnehin ist, und sich damit selbst Ihre Lage zu erschweren. In diesem Bewusstsein können Sie auch erkennen, dass es nicht immer die anderen sind, die uns das Leben schwer machen.

Das Gleichnis von den zwei Pfeilen

Als Nächstes folgt das Aufbauprinzip, der zweite Schritt geht in die Aktivität: *Hilf dir selbst und hilf auch anderen.* Buddha hat recht deutlich unterstrichen, dass wir uns nicht aus selbstsüchtigen Gründen auf unser Geistestraining einlassen, sondern damit in der Verantwortung stehen, auch allen anderen zu helfen.

Kommen wir vorher aber noch einmal auf das erste Prinzip zurück. Es wurde als Unterlassungsprinzip skizziert und scheint damit in der Nähe von passiven Strategien angesiedelt zu sein. Etwas zu unterlassen mag dem Anschein nach simpel klingen, doch die Umsetzung hat es in sich. Sie bedeutet auch: Stoppe unheilsame Gedanken und Handlungen. Geh nicht sofort in die Gegenwehr, in den Angriff oder generell in einen Aktionismus. Sicher reißen viele von uns sich zusammen, um nicht etwas Unbedachtes zu tun oder zu sagen. Dabei werden gern aber die sich oft anschließenden gedanklichen Ausbrüche übersehen. Nur zu oft lassen wir uns dann auf der gedanklichen Ebene nachträglich in einen Nahkampf ein. Die inneren Szenarien erinnern nicht selten an wahre Kriegsschauplätze der Rache. Wir müssen uns dabei immer wieder der außerordentlich großen Wirkungskraft unserer Gedanken bewusst werden, zum Beispiel indem wir verstehen lernen, was Gedanken in unserem Körper anzurichten in der Lage sind.

Es ist also sehr wichtig, nicht nur äußerlich, sondern unbedingt auch innerlich in den Frieden zu kommen. Warten und betrachten Sie, wie sich Ihre Geisteszustände beruhigen, wenn Sie keinen neuen „Brennstoff" hinzufügen. So können wir spüren, wie sich viele Spannungen in uns zu lösen beginnen. Wir handeln oft viel zu schnell und unüberlegt. Wenn wir erst einmal durchatmen, uns lockern und die Abläufe betrachten, führt das meist zwangsläufig zu inneren Veränderungen, die wir sofort wahrnehmen können. Dadurch können wir viele schmerzliche Empfindungen halbieren. Diesen Aspekt sollten wir uns tief einprägen: Wir können in diesem ersten Schritt unsere Probleme halbieren.

Buddha selbst hat dafür ein sehr bekanntes Gleichnis gefunden: Er sagte, es sei unvermeidlich, dass wir immer wieder einmal von einem Pfeil getroffen werden. Doch wir sollten alles tun, um nicht auch noch einen zweiten zusätzlichen Pfeil auf uns selbst abzuschießen.

Das heißt, ohne tiefer in eine schmerzliche Erfahrung einsteigen zu müssen, können wir durch diese Vorgehensweise viele unheilsame Geisteszustände spürbar mildern. Wir finden hier eine völlig andere Herangehensweise und Philosophie des Handelns vor als gewöhnlich. Sie basiert eher darauf, sich zurückzunehmen, sich Zeit zu lassen.

Das heißt auch: Wir müssen nicht alles ausdiskutieren! Oft genug bietet sich hier nur ein Spielfeld für unser Ego. Wahrscheinlich könnten sich jetzt insbesondere diejenigen Leser angesprochen fühlen, die Konflikte lieber vermeiden. Es ist allerdings ratsam, sich selbst ehrlich zu hinterfragen, warum uns eine bestimmte Meinung oder Philosophie anspricht und wir sie besonders sympathisch finden. Immer wieder müssen wir uns auch daran erinnern, dass sich jede heilsame Lehre missbrauchen lässt.

Probleme sind natürliche Phänomene

Eine Generalstrategie kann es also nicht geben. Einige von uns sollten wohl etwas mehr auf ihren Selbstschutz achten, andere sollten etwas mehr loslassen lernen. Das aber, was wir tatsächlich generell gar nicht oft genug unterstreichen können, ist unsere Neigung, im Falle eines Problems in Denk- und Handlungsmuster zu verfallen, wodurch sich die Grundproblematik in der Regel verschlechtert.

Diese Tendenz zu stoppen ist ein relativ einfach zu erlernender Vorgang. Das Heilige Innehalten bereitet den Weg vor, die Atemübungen wirken unterstützend, und den Rest des Weges müssen wir dann mithilfe unserer Einsicht und unseres geduldigen Übens bewältigen. Das setzt natürlich die Bereitschaft voraus, nicht alles so persönlich zu nehmen.

Wir erreichen eine wunderbare Qualität in uns, wenn wir *Probleme als natürliche Phänomene* zu betrachten lernen. Keines Ihrer Probleme ist einzigartig. Alles ist schon Millionen Mal vorgekommen und wird sich wohl leider auch noch weitere zig Millionen Mal wiederholen. Wir müssen also unseren naiven Idealismus überwinden, die Dinge etwas klarer sehen und dann die Bereitschaft kultivieren, loszulassen und zu verzeihen – auch sich selbst.

Diese Herangehensweise hat sich als ein guter Einstieg zur Milderung von Problemen erwiesen. Sie vermag es, jeden Menschen anzusprechen und die Bewusstheit sowohl für sich selbst als auch für alle anderen zu schärfen. Wir können etwas über uns selbst erfahren und spüren zugleich, dass alle anderen ganz ähnlich reagieren.

Natürlich treten danach spontane und sehr naheliegende Fragen auf, was praktisch zu tun sei. Wir werden uns in diesem Buch natürlich auch mit den konkreten Maßnahmen befassen. An dieser Stelle kann aber schon verraten werden, dass es eine gewisse Hierarchie bei diesen Maßnahmen gibt.

Zu Beginn werden die *Basic-Übungen* vermittelt. Nur wenn diese wirklich sicher verinnerlicht werden konnten, folgen die nächsten Übungen. Jede weitere Übung führt uns weiter an uns selbst heran. Für diesen Prozess benötigen wir unbedingt eine gewisse Sicherheit. Dazu gehört zum Beispiel, dass wir uns jederzeit selbst aktivieren und auch selbst beruhigen können. Deshalb dienen die ersten Basic-Übungen genau diesem Zweck. Da in dem *Praxisbuch Buddhistische Psychotherapie* und in dem Buch *Einführung in die Buddhistische Psychotherapie* die Übungen umfassend beschrieben werden, wird an dieser Stelle nur ein kurzer Überblick gegeben.

Nicht immer führt Anstrengung zum Ziel

Wenn wir die Basic-Übungen kennenlernen, ruft dies nicht selten Verwunderung über die Leichtigkeit und Einfachheit dieser Übungen hervor. Anscheinend haben wir eher tiefe mystische und kompliziert-komplexe Übungen erwartet. Nach dem Motto „Viel hilft viel" sind wir auf einen Berg Arbeit gefasst. Wir möchten viel erreichen, also müssen wir uns wohl auch tüchtig anstrengen.

Viele von uns leben mit der Vorstellung, dass nur Anstrengung zum Ziel führt. Sicherlich können wir schnell realisieren, dass wir mit Anstrengung oftmals schon einiges erreicht haben. Diese Form der Anstrengung aber, die viele mit Strampeln und Kämpfen in Verbindung bringen, führt immer auch in die Erschöpfung. Es ist kein leichtes, freudiges Bemühen, sondern nur allzu oft ein sorgenvoller und Kräfte raubender Einsatz. Diese Variante führt uns auf einen schweren Weg, dessen Ziel unklar bleibt.

Schon diese kurze Analyse verdeutlicht, dass wir die Methoden, die uns in unheilsame Situationen gebracht haben, nicht dafür nutzen können, um aus diesen Situationen wieder herauszukommen. Wenn wir durch übermäßige Anstrengung in die Erschöpfung geraten sind, werden wir nicht mit Anstrengung eine Lösung finden und mit anstrengenden Methoden eine Milderung unseres Zustandes erreichen.

Garantiert haben wir schon oft die Erfahrung gemacht, dass wir mit Anstrengung etwas erreichen konnten. Dieses Erfolgsrezept haben wir dann auch brav weiterverfolgt, es gewissermaßen bis zur Neige ausgekostet. Unsere Fähigkeit, angestrengt arbeiten zu können, soll hier nicht geschmälert werden. Oftmals ist aus der Anstrengung jedoch ein unreflektierter Automatismus geworden, den wir in unserem Leben wahrscheinlich auch auf Situationen angewendet haben, die eigentlich eine ganz andere Herangehensweise erfordert hätten.

Die berufliche Anstrengung war doch eine Zeitlang erfolgreich? Und auch beim Sport oder Häuslebau war das Rezept gut? Also strengen wir uns auch in der Partnerschaft und mit der Familie an, wir möchten auch hier Leistung bringen. Vielleicht infiltriert dieser Impuls zu Leistung und Anstrengung nach und nach all unsere Lebensbereiche. So kann zum Beispiel Sexualität zum Leistungssport werden und viele unheilsame Blüten treiben.

Diese Dynamik muss zwangsläufig früher oder später zu einer inneren „Energiekrise" führen. Wenn wir es schlau anstellen, suchen wir dann professionelle Hilfe. In der Beratung sind wir dann aber automatisch wieder dazu bereit, uns auch für die Behandlung anzustrengen. Viele von uns sind einfach so programmiert. Deshalb sind die Basic-Übungen bewusst einfach und basal. Wir müssen lernen, uns auf die Grundlagen zu besinnen. Auch wenn Sie schon viele Erfahrungen sammeln konnten, ist die Aktivierung Ihres Anfänger-Geistes von großer Bedeutung. Beginnen Sie so oft es geht Ihre Übungen so achtsam, als würden Sie diese zum ersten Mal üben.

Die Basic-Übungen

Die grundlegenden Übungen lassen sich unter zwei Hauptkategorien zusammenfassen:

1. die Haltung
2. die Atmung

Haltung zeigen

Unsere geistige Verfassung spiegelt sich in unserer Körperhaltung wider. Eine „niedergeschlagene" oder „gebeugte" psychische Verfassung führt unweigerlich zu einer niedergedrückten oder gebückten Körperhaltung. Wir müssen jedoch zur Kenntnis nehmen, dass dieser Vorgang auch in der umgekehrten Richtung funktioniert: Eine niedergedrückte oder gebückte Körperhaltung führt unweigerlich zu einer „niedergeschlagenen" oder „gebeugten" psychischen Verfassung.

Unser Körper folgt also unserem Geist und unser Geist scheint auch unserem Körper zu folgen. Durch unheilsame Geisteszustände leidet auch unser Körper, und jede körperliche Veränderung wird im Geist sehr genau registriert.

Anmerkung: Die überdeutliche Trennung zwischen Körper und Geist ist nur eine begriffliche. Sie dient lediglich einer Vereinfachung bei der Darstellung der Informationen. Diese nur scheinbare Trennung kann jedoch überwunden werden, wenn wir die zugrunde liegende Verbundenheit realisieren.

Die wichtige Information besteht darin, dass wir durch geistige Klärung auch unserem Körper Gutes tun und durch heilsame Körperübungen unseren Geist schulen und besänftigen können.

Auf dieser Grundlage besteht die erste Basic-Übung darin, körperliche Achtsamkeit zu lernen. Das kann so aussehen, dass wir bewusst aufrecht gehen und bewusst aufrecht sitzen.

Versuchen Sie es selbst: Setzen oder stellen Sie sich aufrecht hin. Achten Sie dabei auf die Position Ihrer Arme und Beine ... Ihres Beckens ... Ihres Rückens und Bauchs ... Ihrer Schultern ... Ihres Kopfes. Übertreiben Sie nicht. Finden Sie für sich eine gute aufrechte Position. Am besten nehmen Sie dazu einen großen Spiegel zu Hilfe.

Wenn Sie sich so aufrecht ausgerichtet haben, kommt nun erst der entscheidende Aspekt der Übung: Überprüfen Sie jetzt, was diese körperlichen Veränderungen in Ihrem Geist bewirken. Wie würden Sie die Veränderungen beschreiben, die sich nun in Ihrem Kopf abspielen?

Falls Sie damit positive Erfahrungen machen können, dann wiederholen Sie das Aufrechtsein im Laufe des Tages so oft wie möglich. Außerdem können Sie noch einen körperlichen Aspekt hinzufügen, der sich sehr stark auf unsere mentale Verfassung auszuwirken vermag: Lächeln Sie!

Wie gesagt ist die bewusste aufrechte Körperhaltung bereits ein Aspekt des Geistestrainings. Zudem ist sie die Grundvoraussetzung für die nun folgenden Übungen.

Bewusst atmen

Der zweite Aspekt neben der Haltung ist unsere Atmung. Die Atmung dient uns gewissermaßen als Schlüssel oder als Steuerungshilfe für unseren inneren Motor. Dabei gibt es zwei recht simple Aspekte zu berücksichtigen:

Wenn Sie müde und schlapp sind, wäre kritisch zu überprüfen, ob Sie zu oft und zu schnell abspannen. Natürlich kann auch eine kurze Erholungspause zur Regenerierung sinnvoll sein, doch wenn Sie ganz schnell einen *psychischen Espresso* benötigen, dann aktivieren Sie die Stressatmung. Diese funktioniert so, als würden Sie sich erschrecken. Dann atmen Sie schnell in den oberen Brustbereich hinein, fast bis zur Kehle. Dieser Vorgang erzeugt Adrenalin in uns und aktiviert unser inneres Stresszentrum, den Sympathikus im vegetativen Nervensystem. Als Folge davon erhalten wir einen Energieschub.

Wenn wir auf diese Weise in Stressphasen atmen, was sehr viele von uns fälschlicherweise so gelernt haben, dann erzeugen wir eine destruktive und zum Teil sogar gefährliche Überfunktion. Wenn wir gestresst sind, also jede nur denkbare angespannte Empfindung in uns tragen, können wir durch eine vollkommen andere Atemmethode zur Ruhe kommen: durch die Bauchatmung. Diese stimuliert unseren inneren Ruhepol, den Parasympathikus im vegetativen Nervensystem, und mildert die Anspannungen in uns. Dabei atmen wir tiefer bis in die Bauchregion. Beim Einatmen wölbt sich der Bauch nach außen, beim Ausatmen fällt er etwas zurück.

Diese beiden Atemvarianten in Verbindung mit der Haltung geben uns sehr wirkungsvolle Möglichkeiten zur Selbststeuerung an die Hand. Oft mögen sie anfangs etwas simpel wirken, doch die Wirkung ist erstaunlich. Das, was erreicht werden soll, ist eine Minderung unserer Hilflosigkeit und eine Steigerung unserer Selbststeuerung. Dafür beginnen wir mit diesen Basics. Der leichte Weg mag an dieser Stelle tatsächlich sehr leicht erscheinen, ist aber dennoch außerordentlich wirkungsvoll.

Weitere Grundlagen für heilsames Handeln

Nachdem also diese ersten Schritte durch regelmäßige geduldige Wiederholungen gut verinnerlicht wurden, können wir uns weiteren Grundlagen für heilsames Handeln zuwenden.

Erinnern wir uns an die notwendigen drei Stationen auf dem buddhistischen Praxisweg, der zur Transformation führt: Es beginnt mit dem *Erkennen,* wird über die *Verinnerlichung* fortgesetzt und mündet in der *Verwirklichung.* Da das Erkennen eine so große Bedeutung für den Einstieg besitzt, ist es unumgänglich, dass wir uns mit einigen Grundlagen befassen, die es zu erkennen gilt.

Natürlich ist die buddhistische Lehre äußerst umfangreich, so dass es für jeden Leser bestimmte Facetten gibt, die besonders ansprechend auf ihn wirken. Tatsächlich ist es effektiver, einen Aspekt, den wir interessant finden, herauszugreifen und sich darin zu vertiefen, anstatt den Anspruch umsetzen zu wollen, möglichst alles kennenzulernen und umzusetzen. Deshalb sei nochmals an den holistischen Charakter der Lehre erinnert: *In jedem Teilstück ist das Ganze enthalten.*

In einer der tiefgründigsten Lehrveranstaltungen, die Buddha selbst durchführte, soll er lediglich schweigend eine Lotosblüte hochgehalten haben. Viele seiner Schüler wurden nach einiger Zeit unruhig, da sie eine seiner inspirierenden Lehrreden erwarteten. Buddha schwieg jedoch und blickte auf den Lotos. Nur einer der Anwesenden lächelte, er hatte die wortlose Belehrung verstanden.

In vielen spirituellen Kontexten werden Symbole benutzt, um komplexe Sachverhalte zu komprimieren und zu konzentrieren.

Erst viele Jahrhunderte nach Buddhas Tod sind zum Beispiel die ersten Buddha-Statuen entstanden. Einerseits sind sie vielen Menschen als heilsames Symbol vertraut und hilfreich, doch sie können auch leicht als Objekte der Anhaftung und Projektion missverstanden werden. Deshalb gibt es viele Schulen, die zum Beispiel nur eine Lotosblüte oder eine andere Blume oder auch einen Stein als Symbol nutzen. Da in diesem Buch jedoch keine Blumen eingepresst werden sollten, wenden wir uns anderen hilfreichen Aspekten der Lehre zu, die für unseren leichten Weg von großer Bedeutung sind.

Tatsächlich soll Buddha selbst gefragt worden sein, welche seiner Lehren ganz besonders wichtig seien. Darauf sollen die Zuhörer sinngemäß folgende Antwort erhalten haben: In die Spur des Elefanten passen alle andere Spuren hinein.

Die edle Spur des Elefanten

Ebenso wie jeder andere Fußabdruck in die Spur des Elefanten passt, so sollen alle buddhistischen Lehren in die Lehre von den Vier Edlen Wahrheiten hineinpassen. Die Vier Edlen Wahrheiten sind also gewissermaßen der Elefant der buddhistischen Lehre. Die Kernaussagen der Vier Edlen Wahrheiten verweisen in wunderbarer Weise auf unseren leichten Weg.

Die Erste Edle Wahrheit möchte uns vermitteln: Mache es nicht noch schwerer, als es bereits ist. Leidvolles existiert, doch mache daraus kein Leiden. Es ist normal, dass Probleme entstehen. Geburt, Krankheit, Alter und Tod sind unumgänglich. Dazu kommen die unzähligen weiteren alltäglichen leidvollen Schwierigkeiten, denen wir mehr oder weniger alle ausgesetzt sind.

Auf die gleiche Art und Weise,
wie wir es gelernt haben,
mit der Natur des Feuers umzugehen,
können wir lernen, mit dem Leiden
in unserem Leben umzugehen.

– XIV. Dalai Lama –

Finde deinen Frieden damit. Nimm es nicht so schwer und vor allem: Nimm es nicht so persönlich! Wir sind *alle* ohne Ausnahme davon betroffen.

Der leichte Weg mildert unser Hadern und unsere Selbstzweifel. Wir sind nicht schlechter oder dümmer als andere. Alle fühlenden Wesen sind vom Leiden betroffen. Man könnte also sagen, diese Erste Edle Wahrheit möchte uns gewissermaßen zurufen: Nimm es nicht so schwer, nein, nimm es leicht! Finde einen leichten Weg für dich.

Die Zweite Edle Wahrheit verweist darauf, dass wir die Ursachen für unser Leiden selbst erzeugen und aufrechterhalten.

Der Geist ist die Quelle aller Erfahrung.
Indem wir die Ausrichtung des Geistes ändern,
können wir die Qualität all dessen,
was wir erfahren und wahrnehmen, ändern.

– Yongey Mingyur Rinpoche –

Anstatt loszulassen und es uns leichter zu machen, leben und leiden wir mit unseren Verblendungen, halten an vielen unheilsamen Vorstellungen und Objekten fest und bauen Widerstände gegen Alternativen auf. Wir lassen es zu, dass Schwere in unserem Leben einen zentralen Platz erhält. Daran ist oft unser individuelles Rechtsempfinden beteiligt. Wenn wir uns im Recht fühlen, nehmen wir alles in Kauf, jede Schwere, jeden Verlust. Lieber untergehen als nachgeben. Es fehlt uns oft an der spielerischen Leichtigkeit, die es uns ermöglichen würde, den Standpunkt zu wechseln und so zum Beispiel die Dinge aus einer etwas distanzierteren, gelasseneren oder vielleicht sogar humorvolleren Perspektive zu betrachten. Lieber klammern wir uns an unsere Meinungen und unsere Bewertungszwänge und bemerken die darin enthaltene Schwere gar nicht.

Es gibt einen Science-Fiction-Film, in dem die Bürger der Zukunft nicht mit Geld, sondern mit ihrer Lebenszeit bezahlen. Die Lebenszeit eines jeden ist bei diesen Menschen auf ihrem Unterarm ablesbar. Sie bestellen einen Kaffee und sofort sehen sie auf ihrer Lebensuhr, dass ihnen dafür fünf Stunden Lebenszeit abgezogen wird.

So bedenklich diese Vorgänge auch erscheinen mögen, so faszinierend kann zumindest diese Vision als Gedankenexperiment für uns sein: Was passiert mit unserer Lebensuhr, wenn wir uns streiten, wenn wir das rechte Maß verlieren, wenn wir rauchen und zu viel Alkohol trinken? Schauen Sie auf Ihren Unterarm und visualisieren Sie doch einmal Ihre eigene Lebensuhr. Sie wird Ihnen zeigen, dass heilsame Handlungen unseren „Countdown" deutlich verlangsamen, während unheilsame Handlungen unsere Lebensuhr in beängstigender Weise zu beschleunigen vermögen.

Der leichte Weg, der durch die Zweite Edle Wahrheit hindurchschimmert, möchte uns raten, etwas weniger anzuhaften, unsere Widerstände und unsere Gegenwehr etwas zu lockern und unsere festen Ansichten ebenfalls in Richtung Leichtigkeit zu verschieben.

Natürlich können uns solche Appelle zuerst einmal etwas verunsichern: Was ist denn das rechte Maß? Woran merke ich denn, dass ich es mir zu schwer mache? Insbesondere in der letzten Frage liegt schon die Antwort enthalten: Das Gefühl von Schwere ist nämlich ein Indikator dafür.

Buddha soll zu einer ähnlichen Fragestellung sinngemäß geantwortet haben: „Der Praktizierende merkt, wenn sein Geist getrübt ist."

Wir benötigen eine regelmäßige Übungspraxis. In der Meditation können wir sehr gut selbst spüren, wie viel Schwere in uns ist. Wenn wir keine Leichtigkeit mehr empfinden, dann können wir relativ sicher sein, dass wir den leichten Weg irgendwann verlassen haben müssen und dringend eine neue Navigation benötigen.

Die Dritte Edle Wahrheit lässt sich als eine Art Hoffnungssegen zusammenfassen: Es gibt ein Ende des Leidens! Es gibt Grund zur Hoffnung. Egal, was wir erlitten haben, wir können uns tatsächlich davon befreien.

Insbesondere diese Dritte Edle Wahrheit ist eine Art Manifest der Leichtigkeit. Es zeigt uns auch die heilsamen Unterschiede zur westlichen Sicht, die solche Slogans wie „Diagnose als Schicksal" hervorgebracht hat. Erhalten wir eine schwerwiegende Diagnose, wie zum Beispiel „Persönlichkeitsstörung", „Suchtkranker", „Neurotiker", „Beziehungsstörung", um nur ein paar wenige zu nennen, dann ist nach der Auffassung vieler Behandler dadurch unser Schicksal geprägt. Entweder sind wir krank oder wir sind gesund. Einige „erwischt es", andere nicht. Die gesunden Behandler kümmern sich um die kranken Hilfesuchenden.

Die buddhistischen Lehren verhalten sich dagegen eher wie eine liebevolle und weise Mutter. Ja, es gibt Probleme. Bei einigen zeigen sie sich direkter, bei anderen versteckter, doch immer ist die ganze „Familie" betroffen. Wir können die Probleme gemeinsam bewältigen. Es ist wirklich möglich. Dafür müssen wir jedoch ein paar Dinge verstehen. Zum Beispiel dürfen wir es uns nicht noch schwerer machen. Es gibt diesen leichten Weg! Und genau das sagt uns auch die Dritte Edle Wahrheit.

Das heißt also: Verlasse die Schwere. Vermeide alles, was die Situation erschwert. Finde deinen leichten Weg. Es gibt ihn. Er ist bereits da. Er ist seit unserer Geburt in uns angelegt. Ohne diese Veranlagung könnten wir ihn niemals kultivieren. Da dies jedoch möglich ist, muss es schon in uns angelegt sein.

Anmerkung: Erfahrungsgemäß fühlen sich von dieser Weisheit insbesondere Menschen angesprochen, die gerne Verbindlichkeiten, Vereinbarungen und Verantwortung vermeiden. Wenn wir den leichten Weg beschreiten, benötigen wir unbedingt die liebevoll-kritische Reflexion darüber mit anderen, die uns vielleicht auf den einen oder anderen „blinden Fleck" aufmerksam machen möchten.

Die Vierte Edle Wahrheit nimmt unsere neugierige Frage vorweg: Wo ist er denn genau, dieser leichte Weg, von dem hier immer gesprochen wird? Nicht wenige von uns stellen sich nun vielleicht einen lieblichen, ewig friedvollen, bemoosten, sonnigen Wald-Disney-Spazierweg vor, auf dem wir dauerentspannt und dauerlächelnd leichtfüßig wie auf Wolken dahinwandeln. Und wieder einmal folgt darauf die buddhistische Ent-Täuschung: Der leichte Weg führt uns nicht weg und aus diesem Leben fort, sondern er führt natürlich mitten hindurch.

Der leichte Weg ist jetzt da, jetzt in diesem Moment. Entweder setzen wir den nächsten Schritt auf den schweren oder auf den leichten Weg. Mit etwas Achtsamkeit können wir mit der Zeit lernen, beide Wege voneinander zu unterscheiden. Nach und nach klärt sich unsere *Sicht.* Wenn wir diese ersten Effekte selbst spüren können, dann steigert sich unsere *Entschlossenheit.* Jetzt benötigen wir keine langen Erklärungen mehr, wir müssen nichts einfach nur glauben, wir spüren es selbst und beginnen zu wissen.

Das wird unumgänglich weitere Auswirkungen zur Folge haben. Der beginnende Reinigungsprozess erzeugt fast automatisch eine gesteigerte Sensibilität. Das kann sich darin ausdrücken, dass wir vorsichtiger kommunizieren. Wir *reden* respektvoller und *handeln* aus einem inneren Bedürfnis heraus *achtsamer.* Es geht tatsächlich mit einem nur noch leichten *Bemühen,* was wir aber als solches gar nicht mehr wahrnehmen. Eine heilsame Eigendynamik entwickelt sich, so dass wir uns in diesem Prozess wahrscheinlich oft staunend selbst betrachten: Komisch, das wäre mir noch vor ein paar Wochen schwerer gefallen. Es wird leichter. Wir können uns auf alle Notwendigkeiten in einer leichten Weise *konzentrieren,* was sämtliche Lebensbereiche zu durchdringen vermag und sich natürlich auch auf unseren *Beruf* auswirkt.

Die Vierte Edle Wahrheit zeigt uns genau diesen Prozess mit allen Aspekten, die im vorigen Absatz beschrieben wurden. Sie verweist auf unseren leichten Weg, der uns natürlich nicht wegführt in eine andere Welt, sondern uns *innerhalb* unseres Lebens offenbart wird.

Schwer oder leicht, das ist hier die Frage

Wenn wir diese Überschrift lesen, dann ahnen wir natürlich schon den Unsinn, der in dieser gewollt klaren Unterscheidung liegt. Diese harte Differenzierung soll uns als Wegweiser dienen, um einen groben, doch auch deutlichen Kurs bestimmen zu können. Das bedeutet aber nicht, dass es im alltäglichen Leben nicht tausend Unklarheiten über die jeweilige Einschätzung von Situationen geben kann. Ist es wirklich der heilsame leichte Weg, den ich jetzt wähle? Oder vermeide ich in diesem Moment einfach nur eine wichtige, wenn auch schwierige Erfahrung?

Das sind elementare Themen, die wir nur mit einem gut verinnerlichten Achtsamkeitstraining zu lösen vermögen. Wenn wir solche Fragen unbedacht klären möchten, dann werden wir wahrscheinlich auf viel Verwirrung und Unsicherheit in uns stoßen.

Gehen wir dabei jedoch achtsam vor, dann klären wir zunächst unsere *körperlichen* Spannungen und danach unsere *emotionale* Situation; erst wenn wir unsere körperlichen und emotionalen Empfindungen besänftigen und klären konnten, werden wir auch eine *gedankliche* Linderung erfahren und so von unserem Verstand etwas mehr profitieren können. Doch auch auf dieser geistigen Ebene, der dritten Stufe der Achtsamkeit, müssen wir uns mit unseren unbewussten Neigungen auseinandersetzen, die wir zum Beispiel als unhinterfragte Meinungen verinnerlicht haben. Dabei kann uns die vierte Stufe der Achtsamkeit helfen: Sie ist auf die *Geistesobjekte* gerichtet und kann sich in unserem Bemühen um Erkenntnisse und Einsichten auch um die Beschäftigung mit den Weisheitslehren drehen. Wie werden uns diesen Vorgang der Umsetzung von Achtsamkeit in Kapitel 8 noch genauer anschauen.

Ballast abwerfen

Unsere Bereitschaft für den leichten Weg können wir auf einer oberflächlichen Ebene relativ schnell signalisieren, denn eigentlich möchten wir es doch alle gern auch mal etwas leichter haben. Wenn wir den Weg dann aber beginnen, merken viele von uns, dass die Wege, die zur Leichtigkeit führen, doch nicht immer und unbedingt leicht sind.

Wie schwer tun wir uns beispielsweise oft damit, einfach einmal loszulassen. Lieber beharren wir auf unserer Meinung oder unserem Recht, als loszulassen und es damit allen – uns selbst und anderen – leichter zu machen. Können wir es uns tatsächlich erlauben, dass es auch einmal leichter gehen darf? Kennt nicht jeder den Impuls, sich immer anstrengen zu müssen? Schließlich haben wir doch alle gelernt, dass wir mit Anstrengung mehr erreichen als ohne. Anstrengung ist eine Erfolgsstrategie. Meinen Sie, dass sich erfolgreiche Menschen nie anstrengen müssen?

Die nähere Beschäftigung damit, wie wir selbst funktionieren, lässt uns schon erahnen, dass die Hindernisse nicht immer nur im außen liegen. Der so verlockend leichte Weg bedeutet also auch eine kritische Würdigung der eigenen Schwere und der inneren Suche danach, welchen Ballast wir mehr oder weniger bewusst durch unser Leben mitschleppen. Oft summieren sich die Dinge, die zu tragen und zu ertragen sind, ganz unbemerkt auf. Hier eine Kleinigkeit und dort noch etwas. Sicherlich gibt es auch den einen oder anderen echten Brocken, doch die Last besteht sehr oft eben aus vielen kleinen und mittelgroßen Dingen.

Es bedeutet schon einen entscheidenden Schritt, wenn wir dazu bereit sind, unsere schwierigen Erfahrungen und unsere unheilsamen Reaktionen als Ballast zu identifizieren. Dieser Wechsel der Perspektive ist von äußerst großer Bedeutung, wenn wir von unserem guten Recht auf negative Empfindungen hin zu der Erkenntnis kommen, dass es sich dabei auch um schwere Gewichte handelt, die niemand anders als wir selbst durchs Leben tragen müssen. Das Erspüren unseres inneren und manchmal auch äußeren Ballasts bedeutet bereits den ersten Schritt zum Loslassen.

Unser Weg wird nicht automatisch mit einem nächsten Schritt zum leichten Weg, denn auch dieser Weg ist nicht auf eine objektive Weise leicht. Nur wenn wir selbst etwas „leichter" werden, erfahren wir die Leichtigkeit des Weges.

Alle diese Themen können wir als bedeutsame Türen zum Verständnis darüber nutzen, auf welche Weise wir selbst funktionieren. Erfahrungsgemäß ist es recht lohnenswert, jedes dieser Themen etwas vertiefter zu ergründen, wobei eine fachkundige Unterstützung sich durchaus empfiehlt.

Allein die Tratsche, dass sich Türen öffnen, muss nicht schon zwangsläufig dazu führen, dass wir die sich uns bietenden Chancen auch nutzen können. Wenn ein Vogel lange in einem Käfig gesessen hat, dann kann sich irgendwann die Käfigtür öffnen, doch der Vogel kann nicht verstehen, was das für ihn bedeutet: Er bleibt einfach hocken. Wir als außenstehende Betrachter wundern uns dann: Der im Käfig hockende Vogel und die offene Käfigtür bieten ein ausgesprochen tragisches Bild.

Sicherlich hat es auch schon für uns offene oder sich öffnende Türen gegeben, ohne dass wir unsere Chance nutzen konnten, den Schritt in die Freiheit zu tun. Manchmal wirkt etwas Neues auf den ersten Blick befremdlich auf uns oder ist einfach nicht einladend genug. Da bleiben wir dann lieber beim Altbekannten, das ist zwar auch nicht immer gut, doch wenigstens vertraut. Diese Form der Gefangenschaft kann natürlich auch mit äußeren Bedingungen verbunden sein, aber eine der mächtigsten Verkettungen findet *in* uns statt. Die Gitterstäbe sind nur zu oft *in* unserem Kopf und nicht davor. Unsere inneren Muster bilden ein Gefängnis, das wir in uns tragen. Wahrscheinlich gibt es in den eigenen vier Wänden eine riesige Zahl von Gefangenen.

Womöglich könnten Sie jetzt den Begriff „Gefängnis" zu übertrieben finden. Vielleicht mag das daran liegen, dass sich viele von uns ihr persönliches Gefängnis hübsch eingerichtet haben. Wir können uns so viele Blumen vor das Fenster stellen und es mit so vielen bunten Vorhängen verzieren, dass wir die Gitterstäbe gar nicht mehr wahrnehmen. Es ist eben alles ganz normal und vor allem bequem geworden.

Vergeben lernen

Vergebung kann aus dem Gefängnis herausführen

Nach wie vielen Jahren der Gefangenschaft dürfen wir vergeben?

Auf diese Frage dürfte es vermutlich viele unterschiedliche Antworten geben. Der entscheidende Punkt ist aber erst einmal nicht die Antwort darauf, sondern unsere Überlegungen, nachdem die Frage gestellt wurde. Vorher sind wohl viele von uns unbewusst damit umgegangen, so dass diese Thematik keine Relevanz für uns hatte. Auf diese Weise würden wir lebenslang in Haft bleiben.

Die Frage, nach wie vielen Jahren eine Vergebung möglich ist, erzeugt eine innere Strategie der Suche nach etwas, das angemessen wäre. Das übergeht natürlich die Frage, ob Vergeben überhaupt einen Sinn macht, und diese Frage taucht in unseren Überlegungen vielleicht auch dann nicht auf, wenn wir über die erste Frage nachdenken.

Die eigene Schwere und unsere Schwierigkeiten, einen leichten Weg zu beschreiten, stehen sehr oft im Zusammenhang mit schlechten Erfahrungen. Diese beziehen sich in der Regel auf negative Erlebnisse in Beziehungen, die uns verletzt haben. Natürlich existiert hier ein immenses Spektrum an möglichen Erfahrungen: von leichten Enttäuschungen bis hin zu schweren und sehr schmerzhaften Erlebnissen. Deshalb kann es auch nicht nur den *einen* Weg geben, der uns zum Vergeben führen kann.

Macht Vergeben für Sie einen Sinn?

Wenn wir sehr stark verletzt worden sind, führen solche Fragen meistens zu psychischen Abwehrreaktionen, wie zum Beispiel zu Widerständen gegen das, was ist, oder das, was war. So menschlich diese Reaktionen auch sind, so sehr erschweren sie uns natürlich den leichten Weg.

Das Thema der Vergebung wird in vielen spirituellen Traditionen als ein wichtiger Schritt auf dem eigenen Weg angesehen. Vielleicht ist im Hinblick auf Vergebung die Differenzierung zwischen Weg und Ziel hilfreich. Manchmal können einige von uns schon auf den ersten Etappen des Weges ein paar tiefe Erfahrungen des Vergebenkönnens machen, während für andere die ersten Ansätze zur Vergebung eher als ein Ziel anzusehen sind, das es erst noch zu erreichen gilt. Dies kann nur Schritt für Schritt, langsam und in der eigenen Geschwindigkeit geschehen, denn jeder muss sich für den tiefgreifenden Vorgang des Vergebens seine eigene Zeit geben können. Keinesfalls darf dabei irgendein Erwartungsdruck sich selbst gegenüber entstehen: Ich *muss* jetzt aber vergeben, sonst komme ich selbst nicht weiter.

Womöglich könnten Sie nun einwenden, dass Sie einige Dinge gar nicht vergeben wollen. Das betrifft oft andere Menschen, denen wir eigentlich vergeben sollten oder denen wir (noch) nicht vergeben können. Zumeist steht das damit im Zusammenhang, welche Empfindungen für Sie heute noch damit verbunden sind. Wenn Sie diese

Empfindungen ergründen, werden Sie die unheilsamen Kräfte, die Sie deswegen in sich tragen, sehr deutlich spüren. Trotzdem treffen Sie vielleicht die Entscheidung, dass Sie sich davon eigentlich nicht befreien wollen.

Eine für diesen Prozess oft als hilfreich erlebte Anregung besteht darin, bei sich selbst anzufangen: Wen haben Sie verletzt? Von wem möchten Sie Vergebung erfahren? Wie könnte das geschehen?

Auch hier sind oft wieder andere Menschen im Spiel. Dabei übersehen wir womöglich, dass wir uns auch selbst oft verletzt haben. Wie oft haben wir uns selbst übergangen? Wie oft haben wir nicht auf unsere Grenzen geachtet? Wie oft haben wir uns selbst kritisiert oder sogar angeklagt? Wie oft haben wir uns bestraft oder sogar misshandelt? Wie oft haben wir uns und unseren Körper mit unheilsamen Gedanken und Konsumgiften überlastet? Wie oft haben wir uns betäubt und zugedröhnt?

Wie schon beschrieben, tragen wir alle unzählige Veranlagungen in uns. Dazu zählen zum Beispiel die vielen inneren Persönlichkeitsanteile. Wir alle verfügen über die Veranlagung zum inneren Weisen und auch über die zum inneren Richter oder inneren Oberlehrer: die strenge Stimme in uns.

Uns selbst zu vergeben ist ein äußerst bedeutsamer und auch großer Schritt. Das kann nicht erreicht werden, indem wir etwas einsehen und sagen: „Jaja, stimmt, das klingt logisch. Diese strenge Stimme in mir ist ungut. Das lasse ich zukünftig lieber. Und deshalb verzeihe ich mir jetzt."

Es ist immer ein längerer Weg, diese Stimme sukzessive einzugrenzen. Nicht selten denken wir: „So eine miese innere Instanz, die werde ich schön abwürgen." Damit erlauben wir der strengen Stimme nur, durch die Hintertür wieder hereinzuschleichen. Wir kommen nicht umhin, diese strenge innere Stimme zu würdigen. Sicherlich wird sie auch schon öfter hilfreich für uns gewesen sein. Wir müssen alle inneren Anteile wie unsere Kinder behandeln! Wir werden also mit liebender Güte Grenzen setzen und insbesondere aktiv andere heilsamere Anteile stärken.

Der eigene innere Vergebungsprozess ist gleichzusetzen mit einem Wachstumsprozess. Es benötigt eben Zeit, damit etwas wachsen und sich verändern kann. Ein wütender Gärtner ist nicht unbedingt ein guter Gärtner.

Vergeben heißt nicht Vergessen

Der Appell, gewaltfrei und friedlich zu sein, kann schnell dazu führen, dass wir uns nun um jeden Preis ruhig und gelassen verhalten möchten. Wenn wir uns spirituell weiterentwickeln möchten, dann dürfen wir doch eigentlich nicht mehr nachtragend reagieren, und viele unserer negativen Empfindungen sollten sich auflösen. Daraus kann eine regelrechte Angst vor unheilsamen Emotionen werden, was oft dazu führt, dass wir schon fast vorschnell vergeben und verzeihen. Eine intensive Identifikation mit dem friedlichen und gelassenen spirituellen Ego lässt den Vorgang des Verzeihens oft zu schnell und unreflektiert ablaufen. Allzu leicht dürfen wir es uns schließlich auch nicht machen.

Vergebung ist aktives Handeln,
welches auf Nachdenken gründet
und nicht auf Vergessen.

– XIV. Dalai Lama –

Für unser psychisches Gleichgewicht ist es unumgänglich, dass wir alle unheilsamen Empfindungen bewusst wahrnehmen und uns die Erlaubnis geben, einen leichteren Weg zu wählen. Für diesen Prozess müssen wir verstehen, dass wir auf unserem leichten Weg auch Schwierigkeiten vorfinden. Wir können, etwa in der Meditation auf der körperlichen Ebene, gleichzeitig angespannt und entspannt sein. Ebenso können wir gleichzeitig Leichtes und Schweres realisieren, also mit einer leichten Grundhaltung auch schwere Aspekte des Lebens bewältigen. Schließlich wird es immer wieder Leiden geben, doch dieses Leiden können wir auf dem leichten Weg mit einer anderen Grundhaltung bewältigen.

Zwischen unserem Verhalten und unserer Haltung unterscheiden lernen

Es hat sich als große Hilfe bewährt, wenn wir möglichst oft zwischen *Haltung* und *Verhalten* differenzieren. Unsere Haltung, sowohl körperlich als auch psychisch, sollte immer wieder möglichst schnell zur harmonischen Mitte zurückfinden. Auf diese Weise können wir sowohl in der Körper- als auch in der Geisteshaltung unsere Gelassenheit aufrechterhalten.

Unser Verhalten kann und darf dagegen deutlich größere Schwankungen aufweisen. Wir können zum Beispiel unsere Emotionen zeigen und uns entsprechend menschlich verhalten, *wenn* wir dabei immer auf unsere Grundhaltung achten. So können wir mit einer friedvollen Grundhaltung auch einmal etwas lauter werden und uns deutlich gegenüber unheilsamen Aspekten abgrenzen.

Unsere Herangehensweise sollte immer zwischen beiden Aspekten, Haltung und Verhalten, differenzieren können. Wenn Sie merken, wie angespannt Sie sich verhalten, oder wenn Sie den Eindruck haben, dass die Situation jetzt eine angespannte Verhaltensreaktion erfordert, dann können Sie auf Ihre Haltung achten und prüfen, ob diese in einer harmonischen Balance bleibt. Eine solche differenzierte Vorgehensweise stellt einen großen Schritt dar, dessen Beherrschung nicht selten eine gewisse Zeit in Anspruch nimmt. Sie können darauf vertrauen, dass diese Prozesse sich verändern werden. Auch unser Verhalten ist dynamischer Natur und wird sich irgendwann an unserer stabileren Haltung „anlehnen".

Auf unser Thema Vergebung bezogen, könnte das bedeuten: Nur der achtsame Prozess des Vergebens, der unsere Haltung und unser Verhalten einbezieht, besitzt Chancen auf eine Nachhaltigkeit.

Für diesen Entwicklungsprozess können uns konkrete Loslass-Übungen helfen, wie sie zum Beispiel im *Praxisbuch* der BPT oder in der *Einführung in die Buddhistische Psychotherapie* dargestellt werden.

Den Prozess des Vergebens in der Tiefe ergründen

Wenn wir trotz allem merken, dass wir nicht vergeben können oder wollen, dann kann das vielleicht sogar seine Berechtigung haben, doch müssen wir dabei unbedingt auf die begleitenden inneren Abläufe achtgeben. Eine mögliche Gefahr liegt hier recht oft darin, dass unser Nicht-Vergeben-Können Ausdruck einer bereits verfestigten Ego-Identifikation geworden ist. Wir identifizieren uns selbst als Opfer, womöglich auch als Rächer oder Richter und verharren damit in dieser Schleife, wodurch keinerlei Chance auf irgendeine Milderung besteht.

Jede besondere Lebenserfahrung verfügt über eine hohe psychische Anziehungskraft, die uns meist unbewusst dazu anregt, uns daraus eine Identitätsbildung zu schaffen. Wir haben einen schönen Erfolg in der Schule, also: *Ich bin* ein guter Schüler. Erfolg beim Sport: *Ich bin* ein guter Sportler. Eine Gewalterfahrung: *Ich bin* ein Opfer.

Sich von sehr unheilsamen Situationen oder Menschen zu distanzieren hat sehr oft seine Berechtigung, aber wie eben beschrieben, sind unsere Beweggründe dafür und die möglichen psychischen Konsequenzen daraus zu beachten. Umgekehrt verdient es ebenfalls unsere Aufmerksamkeit, wenn wir uns eben nicht von unheilsamen

Situationen und Menschen distanzieren mögen, sondern an ihnen haften bleiben. Verallgemeinernd lässt sich hierzu sagen, dass die Stärkung von immer weiteren Ego-Identifikationen vor allem unsere Ego-Last erhöhen und nicht dazu beitragen wird, auf einem leichten Weg in die Befreiung zu finden.

Eine zusätzliche große Verständnishilfe kann uns die Erste Edle Wahrheit vermitteln: Leidvolle Dinge passieren jedem Menschen immer wieder. Das ist Realität. Damit müssen wir umgehen lernen. Also sollten wir genau prüfen, ob unsere Probleme beim Vergeben mit unserem Idealismus verknüpft sein könnten; denn dieser will uns einflüstern, dass Probleme Fehler sind, die wir vermeiden müssen, und suggeriert uns auch noch, dass dies realistisch sei.

Die Dinge sind, wie sie sind,
und nicht, wie wir sie gerne hätten.
Dies zu begreifen und zu akzeptieren
ist der Schlüssel zum Glück.

– XIV. Dalai Lama –

Die Erste Edle Wahrheit sagt uns recht deutlich, dass wir unmöglich ein dauerhaft schmerzfreies Leben führen können. Auf diesem Planeten passieren nun einmal viele Dinge, die wir als Probleme empfinden. Zum Teil existieren dafür zugrunde liegende natürliche Abläufe und zum anderen Teil reagieren wir oft in einer Weise, die zu weiteren Verschlechterungen führt. Wenn wir uns mit den Themen der Vergebung und des Verzeihens beschäftigen, dann kann die vertiefte Ergründung der Ersten Edlen Wahrheit dafür sehr hilfreich sein. Womöglich verstehen wir den universellen Charakter mancher Abläufe dann besser und können unsere Erfahrungen mit ein wenig mehr Distanz betrachten.

Erkennen, Verinnerlichen, Verwirklichen

Die alten buddhistischen Weisheiten zu verstehen kann allein durch das Erkennen und einen damit einhergehenden Aha-Effekt schon zu spürbaren inneren Quantensprüngen führen. Erfahrungsgemäß haben diese eruptiven Veränderungen jedoch nur wenig Nachhaltigkeit; sie vergehen oft schnell wieder, weil wir schon bald erneut mit unseren alten Gewohnheiten fortfahren. Deshalb folgt bei der Geistesschulung in einem dreistufigen Prozess nach dem Erkennen als nächster Schritt immer wieder das Verinnerlichen durch ein regelmäßig durchgeführtes geduldiges Training. Es gibt hierbei auch keine nennenswerten Abkürzungen. Die dritte Stufe, das Ziel der Verwirklichung, bedeutet eine Verschmelzung zwischen Übungspraxis und Alltag.

Diese simple Abfolge begleitet uns permanent auf unserem leichten Weg. Sobald irritierte Fragen aufkommen, wie zum Beispiel: Was soll ich tun? oder: Wie funktioniert das denn?, können wir in unserem „Kursbuch" immer wieder zur Vertiefung diese simple, dabei jedoch äußerst wirkungsvolle Strategie nachlesen: Erkennen, Verinnerlichen, Verwirklichen.

Dazu können wir uns natürlich auch immer wieder selbst befragen:

- Kenne ich die für mich wichtigen Grundsätze? Habe ich Möglichkeiten, die alten Weisheiten selbst zu erkennen und zu erfahren?
- Praktiziere ich regelmäßig und genügend meine heilsamen Übungen, so dass sie wirklich eine reale Chance haben, sich bei mir zu verinnerlichen?
- Was von dem, was ich für mich praktiziere, verwirkliche ich eigentlich im Alltag? Wo verschmelzen bei mir Übungspraxis und Alltag?

Dieser Schritt der Verwirklichung ist unser eigenes Prüfsiegel. Alle unsere Fortschritte müssen sich daran messen lassen. Schließlich praktizieren wir nicht für unser Meditationskissen, sondern für die Verwirklichung und damit auch die Umsetzung im Leben. Dadurch erhalten wir und alle anderen segensreiche Resonanzen.

Verwirklichen ist aktives Handeln

Sicherlich zeichnen sich Buddhisten nicht unbedingt durch blinden Aktionismus aus. Das Bemühen um Erkenntnis und das Bestreben, durch regelmäßige Übungen heilsame Aspekte zu verinnerlichen, führen uns erst einmal zu uns selbst und verweisen auf uns selbst. Während viele Bestrebungen nach Veränderung soziale, also äußerliche Aktivitäten nach sich ziehen, führt uns die spirituelle Suche zu uns selbst. Dennoch liegt darin kein Selbstzweck und schon gar keine egoistische Motivation. Der buddhistische Appell, unsere Errungenschaften mit anderen zu teilen, bezieht sich gleichwohl auf die Wichtigkeit der Verwirklichung, also das Hineintragen von heilsamen Handlungen in unser Alltagsleben. Das bedeutet, dass wir aktiv werden müssen.

Der buddhistische Tugendbegriff

Welche Assoziationen entstehen, wenn wir erzählt bekommen, dass ein Freund oder eine Nachbarin nun ein tugendhaftes Leben führe? Viele von uns werden damit wohl assoziieren, dass der Freund oder die Nachbarin nun beispielsweise *nicht* mehr raucht, *nicht* mehr trinkt, uns *nichts* wegnimmt, *nicht* aggressiv ist, *nicht* egoistisch ist und auch sonst noch andere Aktivitäten eingestellt hat, die als untugendhaft gelten könnten. Ein tugendhafter Mensch sollte keinen Lastern mehr nachgehen.

Anscheinend meinen wir, dass ein tugendhafter Mensch auf vieles zu verzichten habe, und nicht wenige meinen wohl auch, dass ein tugendhafter Mensch auf alles zu verzichten habe, was eigentlich Spaß mache. Tugendhafte Menschen führen ein tugendhaftes und daher oft auch gesundes Leben; sie werden vielleicht älter, aber lohnt sich das und wozu?

Der buddhistische Tugendbegriff beinhaltet nicht nur die Vermeidung von untugendhaften Handlungen, sondern auch von unheilsamen Geisteszuständen, geht aber deutlich über eine bloße Vermeidung hinaus: Ein tugendhafter Mensch sollte nicht nur Unheilsames unterlassen, sondern er möchte auch Heilsames aktiv kultivieren. Daraus folgt, dass gewissermaßen nur eine Hälfte aus Vermeidung, die andere aber aus heilsamer Aktivität besteht. Nach buddhistischem Verständnis müssen wir uns also aktiv für die heilsamen Dinge in uns und um uns einsetzen.

Wir haben nun einiges zum Thema unserer Möglichkeiten der Veränderung und unserer Ziele erfahren. Wir können uns fundamental wandeln und die Befreiung ist realisierbar.

Vielleicht könnte durch solche Aussagen der Eindruck entstehen, dass wir uns durch eine solche fundamentale Möglichkeit zur Wandlung auch grundlegend in *allen* Lebensbereichen zu ändern hätten. Oft wird hier die Sorge geäußert, dadurch ein anderer Mensch zu werden: „Muss ich nicht jemand anders werden, um die Befreiung zu erreichen?“ Einerseits wirkt das vielleicht etwas zu überengagiert, andererseits möchten wir eventuell aber auch an einer ganzen Reihe lieb gewordener Eigenheiten festhalten.

Der folgende Ansatz könnte uns dazu einige Hilfestellungen geben.

Nur ein leichter Kurswechsel

Wenn wir in Hamburg eine Schiffsreise beginnen und der Kapitän den Kurs 275° West festlegt, dann werden wir nach einiger Zeit wahrscheinlich irgendwo in Nordamerika oder in Kanada landen. Falls der Kapitän aber nur um 1° vom Kurs abweicht und jetzt 274° West einstellt, dann landen wir womöglich nicht mehr in Nordamerika, sondern deutlich weiter südlich. Durch diese simple leichte Kurskorrektur von nur 1° erreichen wir südlichere Gefilde, und wenn wir geduldig den neuen Kurs beibehalten, dann landen wir womöglich irgendwann in der Karibik.

Ebenso wie sich negative Aspekte in unserem Leben mit der Zeit zu großen negativen Konsequenzen aufsummieren können, so werden auch die positiven kleinen Veränderungen im Laufe der Zeit sehr heilsame, spürbare und sichtbare Veränderungen bewirken.

Wir müssen also nicht alles fundamental auf den Kopf stellen, keine 180-Grad-Änderung vornehmen. Nur 1° Kursänderung, die wir geduldig fortsetzen, dann landen wir in der Karibik. Nur 1° Kursänderung, damit können wir in unserem Leben mit Sicherheit schon heilsame Qualitäten erreichen. Natürlich können wir nur erahnen, was aus diesem 1 Grad alles erwachsen kann.

Heilsames Handeln führt zu heilsamen Veränderungen

Wir haben in diesem Kapitel einige Grundlagen der BPT kennengelernt. Neben den Basic-Übungen und den grundlegenden Vorgehensweisen, die wir in diesem Buch noch genauer darstellen werden, sollte das vorliegende Kapitel über die „Grundlagen für heilsame Veränderungen" ein paar erste Orientierungshilfen anbieten.

Die möglichst tiefgründige Auseinandersetzung mit unserem Inneren Edlen Kern kann in ihrer Bedeutung gar nicht hoch genug angesetzt werden. Sie bildet die Basis für weitere Schritte, kann ebenso aber auch als Schlusspunkt angesehen werden. Das tiefe Verständnis unseres inneren Gutseins und damit auch das Gutseins eines jeden anderen fühlenden Wesens kann bereits zu essentiellen Erfahrungen einer Transformation führen. Zusätzlich verweist es auf die Hinwendung zu den konstruktiven, gesunden und heilen Aspekten in uns und führt uns weg von den Fixierungen auf unsere Schwere.

KAPITEL 5

Zum Übungsrahmen

Die äußere Struktur und die innere Struktur
stehen in intensiver Wechselwirkung
– BPT –

Erinnern wir uns an die schrittweise Entwicklung unserer Praxis in drei folgerichtigen Schritten: Erkennen, Verinnerlichen und Verwirklichen. Dieses Schema bietet uns in seiner hilfreichen Einfachheit immer wieder eine gute Orientierungshilfe.

Nachdem wir im vorigen Kapitel die Grundlagen für heilsame Veränderungen kennengelernt haben, könnten einige der darin enthaltenen Anregungen dazu einladen, das eine oder andere umzusetzen. Womöglich haben manche Aspekte auch neugierig gemacht, so dass es vielleicht interessant wäre, sich mit einzelnen Themen intensiver zu beschäftigen. Dafür könnte sich ein Blick in die Literaturliste am Ende dieses Buches empfehlen.

Das eben erwähnte Schema möchte uns jedoch darauf hinweisen, dass das Erkennen für unseren Weg zwar sehr entscheidend ist, aber uns weitere Schritte auf diesem Weg erwarten. Auf das Erkennen folgt als Nächstes das Verinnerlichen. Das bedeutet, dass wir die heilsamen Lehren, die wir erkennen konnten, nun gewissermaßen aus den Büchern herausholen und in unserer Praxis verankern, damit wir sie schließlich in unserem Leben, in unserem äußeren und inneren Handeln verwirklichen können.

Die Dinge, die wir umsetzen können, sind ebenso zahlreich wie die Lehren und Weisheiten, die wir erkennen können. Wie so oft stehen wir damit wieder vor der Frage: Was ist zu tun?

Heilsames wiederholen und damit festigen

Es ist im Grunde genommen ganz einfach: Alles, was wir wiederholen, festigt sich. Diese Tatsache basiert sowohl auf den buddhistischen Übungserfahrungen als auch auf den Ergebnissen der neurowissenschaftlichen und psychologischen Forschungen. Das mag sich vielleicht simpel und sogar logisch anhören, beinhaltet gleichzeitig aber auch einigen „Sprengstoff“: Dadurch werden nämlich alte Vorstellungen über den Menschen relativiert, die davon ausgehen, dass wir spätestens nach der Pubertät über eine voll entwickelte Persönlichkeit, einen feststehenden Charakter verfügen und wir uns kaum noch grundlegend ändern können. „Einem alten Hund bringt man keine neuen Kunststücke bei“, lautet die dazu passende Volksweisheit. Diese Auffassung gilt heute als unhaltbar. Tatsächlich können wir uns sowohl in kleinen und sogar in größeren Bereichen unserer Persönlichkeit verändern. Einer der Gründe dafür basiert auf der *Neuroplastizität,* der Veränderbarkeit unserer Nervenzellen im Gehirn. Ein weiterer Grund besteht in unseren bereits vorhandenen vielfältigen *Veranlagungen.* Diese liefern das Potential nicht nur für unheilsame, sondern eben auch für heilsame grundlegende Veränderungen.

Ohne zu *erkennen,* was wirklich heilsam für uns ist, sind alle nachfolgenden Bemühungen sinnlos. Dann stehen wir vor der Aufgabe, die gewünschten Neuerungen so tief zu *verinnerlichen,* dass wir dazu imstande sind, sie auch zu *verwirklichen,* also in unserem Alltag umzusetzen.

Betrachten wir nun einige der Übungen, die wir durch geduldiges Wiederholen verinnerlichen. Wie schon erwähnt, führt dieser Schritt oft zu Irritationen: Womit sollen wir am besten anfangen? Welche Auswahl erscheint gut? Was hat sich bewährt?

Natürlich kann jeder von den Erfahrungen profitieren, die andere Menschen vor uns gemacht haben. Es ist jedoch ebenso wichtig, immer wieder auch den eigenen Kurs festlegen zu können. Dafür können uns ein paar wenige einfache und leichte Hinweise dienlich sein. Wir müssen uns im Grunde nur des Öfteren fragen: Was will ich eigentlich erreichen? Worauf soll alles hinauslaufen? Die Antwort, die viele Menschen darauf finden, lautet: Ich möchte mich befreien. Ich möchte nicht mehr leiden, ich möchte davon endlich frei sein, mich frei fühlen.

Damit wir diesen bereits in uns angelegten Zustand auch selbst erfahren und kultivieren können, benötigen wir eine verbesserte Selbststeuerung. Darüber haben wir bereits in den vorigen Kapiteln einiges gehört. Für eine verbesserte Selbststeuerung sind eigentlich nur ein paar ganz einfache Dinge zu berücksichtigen, die wir auch im Rahmen der Achtsamkeitsübungen vertiefen werden: Ohne beruhigte und geklärte körperliche und emotionale Empfindungen werden wir nie ruhige und klare Gedankenabläufe erfahren.

Wir sollten daher an diesen zentralen Stellen ansetzen. Von großer Bedeutung ist die Einflussnahme auf unser vegetatives Nervensystem. Hier finden wir Bereiche wie den Sympathikus, der uns im guten Sinne aktivieren und im unguten Falle unter Stress setzen kann. Im vegetativen Nervensystem befindet sich auch ein Bereich, der als Parasympathikus bezeichnet wird. Wenn dieser Knotenpunkt aktiviert ist, dann erfahren wir Ruhe.

Beide Bereiche sollten sich natürlich in einem möglichst ausgewogenen Verhältnis zueinander befinden. Da wir bekanntlich alles stärken, was wir wiederholen, werden wir bei den meisten von uns einen deutlich stärker ausgeprägten Sympathikus als einen ebensolchen Parasympathikus vorfinden. Mit dieser Voraussetzung werden wir es wesentlich schwerer haben, zu innerer Ruhe zu kommen. Da dieser Bereich in uns derart überreagiert, erleben wir entsprechende körperliche, emotionale und gedankliche Auswirkungen: Körperlich fühlen wir uns zum Beispiel oft ruhelos und nervös. Das Immunsystem ist dadurch geschwächt und es zeigen sich diverse körperliche Probleme. Auf der emotionalen Ebene sind wir entsprechend „geladen“, und auch unsere Gedanken sind noch ruheloser als ohnehin schon.

Bei einer Unterfunktion dieser Strukturen erleben wir dann gegenteilige Abläufe, die ebenfalls nicht hilfreich für uns sind. Die Einflussnahme auf unser vegetatives Nervensystem ist also von zentraler Bedeutung. Das verweist uns wieder einmal auf den leichten Weg.

Ein einfaches „Allheilmittel“

Eine große Zahl unserer Probleme basiert auf den Funktionen beziehungsweise den Fehlfunktionen unseres vegetativen Nervensystems. Angst, Wut, Niedergeschlagenheit, Reizbarkeit, Grübelzwänge, Schlafprobleme, psychosomatische Erkrankungen, Depressionen, Stimmungsschwankungen, Burnout, viele Suchtphänomene, um nur einige zu nennen, stehen in direktem Zusammenhang mit unserem inneren Motor, unserer inneren Energiezentrale, dem vegetativen Nervensystem. Natürlich sind solche Veränderungen im vegetativen Nervensystem auch wieder Ausdruck einer weiteren Ursache und stellen damit ein Glied in einer langen Kausalkette dar. Exaktere Bilder vermitteln hier allerdings eher komplex- vernetzte als einfach-verkettete Zusammenhänge.

Besonders an dieser interessanten Schnittstelle des vegetativen Nervensystems lassen sich einige sehr zentrale Abläufe verdeutlichen. Hier finden sowohl physische als auch psychische Prozesse einen wirkungsvollen Ausdruck. Es sei hier auf das *Praxisbuch Buddhistische Psychotherapie* verwiesen, wo diese Prozesse detaillierter beschrieben werden.

Auf dieser Grundlage führt uns der leichte Weg mit seinen Übungen am Anfang zu den folgenden Fragen:

- Was stimuliert und was mildert meinen Sympathikus?
- Was stimuliert und was mildert meinen Parasympathikus?

Wenn wir uns niedergeschlagen und energielos fühlen, benötigen wir eine stärkere Stimulation unseres Sympathikus. Hier helfen die verschiedensten Arten der Aktivität, also Bewegung und Sport in jeder Form ebenso wie die bewusste Brustatmung.

Wenn wir uns dagegen ruhelos und nervös fühlen, benötigen wir eine stärkere Stimulation unseres Parasympathikus. Hier helfen die verschiedensten Arten der aktiven Selbstberuhigung: Entspannungsmethoden, Meditation, Selbsthypnose ebenso wie insbesondere die bewusste achtsame Bauchatmung.

Zuerst visualisieren wir uns einen Mittleren Weg: Rechts davon sind wir in der Überfunktion, links in der Unterfunktion. Dann stellen wir fest, wo wir uns jetzt in diesem Augenblick befinden.

Der nächste Schritt ist abhängig von unserem Ergebnis: Entweder müssen wir nun unseren Sympathikus oder unseren Parasympathikus stimulieren.

Je häufiger wir das praktizieren, desto schneller spüren wir die Effekte. Wenn wir diesen Vorgang durch geduldiges Wiederholen sicher verinnerlichen konnten, dann wird der Moment kommen, in dem die reine Vorstellung der Stimulation ausreicht, um den Effekt zu spüren. Dann können wir dort verweilen, wo wir uns gerade befinden, und „knipsen" mal eben unseren Sympathikus oder unseren Parasympathikus an.

Zuerst stärken wir unsere Stärken

Dieser Schritt gehört in die Anfangsphase unserer Übungen und ist für fast alle Hilfesuchenden gleichermaßen wichtig.

Nicht selten mag es ein wenig Verwirrung hervorrufen, wenn Menschen von diesem leichten Weg erfahren: Wie, das soll helfen? Das bisschen? Es scheint auch immer noch fast ein wenig ungläubige Verwunderung bei uns auszulösen, wenn wir erfahren, dass eben doch nicht alles in uns automatisch abläuft, sondern wir selbst tatsächlich Einfluss nehmen und Abläufe steuern können.

Bereits in dieser Anfangsphase wird aber ebenso auch unsere eigene Motivation und Bereitschaft deutlich. Schon jetzt erkennen wir, dass es kein schnelles buddhistisches Wunder geben wird, sondern dass unser Weg, auch wenn wir ihn bewusst leicht gestalten können, dennoch von geduldigem und regelmäßigem Üben geprägt sein wird.

Zudem verdeutlicht dieser Schritt, dass wir uns auf unsere Ressourcen konzentrieren. Wir erhalten die Möglichkeit, damit eigenständig Einfluss nehmen zu können. Auf diese Weise bauen wir nach und nach unsere Stärken und Ressourcen zum Selbstmanagement aus. Die Ergründung unserer Defizite und der vielen Ursachen, die uns immer wieder ins Leiden führen, wird offensichtlich erst einmal vertagt. Tatsächlich wenden wir uns unseren „Abgründen" erst dann zu, wenn wir über das nötige Rüstzeug verfügen. Konkret bedeutet dies, dass wir erst lernen müssen, uns effektiv selbst steuern zu können und uns je nach Bedarf zu aktivieren oder zu beruhigen.

Wie bereits ausgeführt, beginnt der Übungsrahmen also nicht – wie bei vielen anderen Behandlungsmethoden – mit der „Durchleuchtung" unserer Probleme. Wir erinnern uns vielleicht daran, dass schon Buddha davor warnte, wenn wir von einem Pfeil getroffen werden, uns zu sehr mit verschiedenen Hintergründen, der Art des Pfeils, des Schützen und anderer Begleitumstände zu beschäftigen.

Der hier angedeutete Weg weist natürlich eine recht pragmatische Seite auf. Er gibt uns Anregungen, um selbst in die Aktivität zu kommen. Die empfohlenen Schritte dürfen jedoch nicht mit einem Aktionismus verwechselt werden, indem wir ohne nachzudenken einfach unsere Impulse ausagieren.

Zum Übungsrahmen gehört auch die Meditation

Die Ergründung unserer aktuellen Verfassung, die den entsprechenden Maßnahmen immer vorausgeht, verlangt eine achtsame Vorgehensweise. Dabei ist natürlich, neben der Beschäftigung mit der buddhistischen Lehre, auch unsere meditative Praxis ein zentraler Baustein, wenn nicht sogar *der* zentralste Baustein unseres Übungsrahmens.

Die unterschiedlichen Aspekte rund um die Meditation sind bunt und vielfältig. An dieser Stelle soll insbesondere der leichte Charakter der Meditation unterstrichen werden, wobei die Leichtigkeit hier ein sich entwickelnder Prozess sein wird. Wahrscheinlich werden uns zu Beginn verschiedene Körperregionen Schmerzsignale oder andere Störhinweise senden; auch unser Verstand wird uns ziemlich zu schaffen machen, da er jetzt gewissermaßen im Leerlauf unermüdlich Ausschuss produziert. Anstelle einer sanften meditativen Ruhe und Gelassenheit erfahren wir zu Anfang häufig eine Vielzahl von Problemen. Das ist ausgesprochen frustrierend.

Also versuchen wir auch hier wieder, einen leichten Weg zu finden, und erzwingen nichts. Wenn der Rücken, die Beine oder andere Körperbereiche Probleme bereiten und schmerzen, dann wechseln wir achtsam und vorsichtig die Position und erleichtern uns damit die weitere Übung. Wir harren auch nicht zu lange in der Meditation aus, es geht nicht um Leistung oder einen Wettkampf. Eine einstündige Meditation muss nicht unbedingt „besser" sein als eine Meditation von nur 20 Minuten.

Eine sehr häufig gestellte Frage ist denn auch: „Wie lange und wie oft soll ich meditieren?", und die etwas provozierende Antwort darauf lautet: „Wenn du eine gute Phase hast, dann meditiere 20 Minuten, wenn du viel Stress hast, dann meditiere 45 Minuten."

Als Prüfsiegel kann uns auch hier wieder die Weisheit des leichten Weges dienen: Ab wann fühlt es sich nicht mehr leicht an? Das bedeutet allerdings nicht, dann mit der Praxis aufzuhören, sobald wir die Empfindung haben, dass es schwieriger wird. In dieser Phase wäre es gut, wenn wir uns auf die Leichtigkeit fokussieren und prüfen, wie wir jetzt mehr Leichtigkeit für uns umsetzen können. Es ist immer wieder eine fantastische Lektion, wenn wir uns auch in schwierigeren Situationen lockern, entspannt und gelassen auch in der Anspannung sein können.

Ein Weg größerer Leichtigkeit führt dann auch dazu, dass wir mit auftretenden Problemen, Konflikten und Spannungen anders umgehen lernen. Wir werden nämlich nicht mehr alle Themen in der Tiefe ausschöpfen, wir müssen nicht alles ausdiskutieren und alle unsere Empfindungen ausbreiten. Zur Erinnerung: Alles, was wir wiederholen, wird sich festigen – nicht nur das Heilsame! Achten wir also auf unsere Neigung, alles noch weiter zu verstärken. Anstatt also zum Beispiel auftretende Spannungen genau ergründen zu wollen, versuchen wir einen Moment innezuhalten, unsere Muskeln zu lockern, insbesondere die Muskeln in den Schultern, dann in den Armen und auch im Nacken und schließlich im Gesicht. Ein wenig lächeln als Übung hilft ungemein. Wir atmen bewusst in die Bauchregion und lassen etwas los. Auch hier differenzieren wir wieder zwischen der losgelösten Haltung und dem loslassenden Verhalten: Wir können zum Beispiel trotz loslassender Grundhaltung durchaus einmal die Zügel etwas straffer halten.

Bei dem Prozess, nicht alle Dinge unbedingt zum Ausdruck zu bringen, müssen natürlich einige Rahmenbedingungen beachtet werden: Wenn wir dazu neigen, alles zu schlucken und uns sowieso nicht adäquat auszudrücken, dann dient dieser Punkt als Ziel, aber nicht als nächster Schritt. Wenn wir generell etwas verschlossen sind, passiv, mundfaul oder ein Problem damit haben, wenn wir über uns sprechen oder ergründen sollen, wie unsere aktuelle Verfassung ist, dann müssen wir auch hier noch ein paar weitere Übungsschritte dazwischenschieben.

Beim Prozess des Loslassens können wir immer deutlicher die Erfahrung machen, dass es sich nicht lohnt, jede Befindlichkeit klären zu wollen. Wir nähren damit nur allzu oft unsere Diskussionslust. Am liebsten besprechen wir den Sachverhalt so lange, bis unser Ego irgendetwas Besänftigendes hören konnte. Wir finden hier viele Probleme wieder, die auf unser Ego zurückzuführen sind. Mit einen stabilen Ego sollte es aber möglich sein, davon immer mehr abzurücken und unser Ego nicht ständig zu füttern.

In diesem Zusammenhang ist der Vorgang der Umkehrung von Emotionen zu nennen. Das wirkt auf den ersten Blick womöglich etwas eigenartig, ist jedoch als Einladung zu sehen, damit einmal eigene Erfahrungen zu sammeln.

Es gibt nur ein Entweder-oder

Heilsame und unheilsame Motive und Handlungen schließen sich gegenseitig aus. Bekanntlich können wir nicht gleichzeitig lieben und hassen. Vielleicht wechseln manchmal die Empfindungen schnell hintereinander, doch sie treten nie gleichzeitig und parallel miteinander auf.

Unsere Emotionen sind wie Zugwaggons, auch hier gibt es nur einen nach dem anderen. Wenn es in dem einen Abteil zu unangenehm wird, wechseln wir zu einem anderen, so einfach und leicht ist das. Wir sind keine Gefangenen des Zuges, auch wenn wir uns manchmal so fühlen und verhalten mögen. Aufstehen und Abteil wechseln lautet die Devise.

Wenn wir heilsame Zustände in uns selbst steuern und selbstbestimmt aktivieren können, lösen sich unheilsame Zustände in uns zwangsläufig auf. Es ist ein herrliches Gefühl, wenn wir das zum ersten Mal erfahren. Wir wundern uns dann, und weil wir uns wundern, müssen wir davon ausgehen, dass wir anscheinend unreflektiert geglaubt haben, unsere inneren Abläufe seien unkontrollierbar. Das sind sie aber nicht.

Dieser Aspekt ist einer der zentralen Punkte unseres gesamten Übungsrahmens. Wir erfahren, dass wir Einfluss nehmen können. Wir erreichen Veränderungen, die wir uns zum Ziel gesetzt haben. Unsere Selbststeuerung nimmt deutlichere Konturen an. Wir gewinnen an Zuversicht und verstehen uns selbst besser. Zukünftige Situationen werden nun anders wahrgenommen und dann auch anders gestaltet. Die Fesseln beginnen sich zu lockern. Das Wahrnehmen der Fesseln mag zwar frustrieren, doch es motiviert auch, den leichten Weg weiterzugehen. Schritt für Schritt.

Dem Ziel näher kommen

Auf diesem leichten Übungsweg machen wir uns bewusst, dass alle unsere Übungen nur der Vorbereitung auf den Alltag dienen. Die Verwirklichung liegt darin, dass sich unsere Übungen mit unserem Alltag verbinden, mit ihm verschmelzen und zu einer untrennbaren Einheit werden. Dann werden wir unser tägliches Tun nicht mehr aufteilen und differenzieren in Übungen und Alltag. Alles ist dann durchdrungen von unserem bewussten Handeln. Allerdings bedeutet das nicht, dass wir in dieser Phase nur noch dauerhaft gelassen und abgeklärt sein werden. Vielmehr bleiben alle Empfindungen weitgehend erhalten. Wahrscheinlich spüren wir aber, dass wir uns nicht mehr so schnell aufregen und uns auch schneller wieder beruhigen.

Der grundlegende Unterschied besteht für uns darin, dass wir gewissermaßen einen neuen Begleiter in uns spüren. Es ist wie eine sanfte und wohlwollende Stimme, die mit uns geht, die uns begleitet und uns vorsichtig leitet:

„Schau, jetzt kommt deine dunkle Groll-Wolke wieder angeflogen, lass sie uns gemeinsam betrachten. Sie wird schon bald wieder vergehen."

„Schau, siehst du, wie die Regentropfen von der Dachrinne in das Wasserfass fallen? Sieht das nicht herrlich aus? Lass uns dabei einen Augenblick verweilen."

„Oh, jetzt werden wir hier einige Zeit verbringen müssen. Es gibt doch für uns kein Warten mehr. Alles ist unsere Lebenszeit. Lass uns ein wenig lächeln und dankbar dafür sein, dass wir hier eine Weile bewusster praktizieren können. Komm, atme bewusst durch. Alles ist okay."

Die Veranlagung für diese heilsame Stimme in uns besitzen wir ausnahmslos alle. Jeder von uns kann sie nach Belieben kultivieren und durch regelmäßige Aktivierung stärken und fördern. Dadurch schaffen wir in uns zwar eine weitere Ego-Instanz, aber diese ist unverzichtbar auf unserem Weg, da wir einerseits über viele negative oder zumindest problematische und kritische innere Stimmen verfügen und andererseits diese Stimmen meist nicht bewusst genug und mit dem nötigen Abstand betrachten. Daher benötigen wir heilsame innere Stimmen und eine achtsam selbstkritische Wahrnehmung all unserer inneren Stimmen. Diese Entwicklung gibt uns eine gute Energie auf unserem Weg hin zum Ziel der Befreiung.

Das regelmäßige Trainieren, also auch das Einhalten eines äußeren Übungsrahmens, liefert uns also ebenfalls eine Stärkung dieser heilsamen inneren Stimmen und damit einen inneren Übungsrahmen. Wenn der äußere Übungsrahmen den inneren Rahmen sichern konnte, können wir den Übungsrahmen öffnen, denn darauf laufen alle Übungen hinaus: Sie sollen transzendiert werden. Sie möchten sich mit unserem Leben und das der anderen fühlenden Wesen verbinden.

So gesehen ist der Übungsrahmen eine Art Übergangsprojekt. Er hilft uns für eine Weile, den inneren Rahmen zu sichern, nicht mehr, aber eben auch nicht weniger. Er ist das Floß, von dem Buddha sprach, als er darauf verwies, dass die Lehre keinen Selbstzweck erfülle, sondern dem Zweck diene, uns zu transportieren und eine Weile zu begleiten, damit wir sicher dahin kommen, wohin wir möchten: ans andere Ufer. Haben wir dieses Ziel erreicht, dann benötigen wir kein Floß, keinen Rahmen mehr. Mit fortschreitender Übung werden sich die Erfahrungen weiten, sie werden den Rahmen sprengen – und das ist gut so. Auf diese Weise erfolgt ein weiterer Schritt auf unserem leichten Weg.

Trotzdem sollten wir den Übungsrahmen nicht nur mit einem Auge verfolgen und mit dem anderen auf die Loslösung von einem solchen Rahmen schielen. Wir folgen hier Entwicklungslinien, entlang derer wir achtsam voranschreiten sollten. Wenn wir es richtig, also auf eine leichte Art anstellen, dann erzeugen wir keinerlei Hast auf diesem Weg und jeder Schritt wird mit Vergnügen erfüllt sein.

KAPITEL 6

Ganz gelassen im Hier und Jetzt

Wir nehmen Vergangenheit und Zukunft ungeheuer wichtig.
Wir leben, als wäre beides ständig da.
Daher vergessen wir, im Augenblick zu leben.

– XIV. Dalai Lama –

Der leichte Weg möchte uns durch eine immerwährende Gegenwart geleiten: von einem Moment zum nächsten. Wir gehen also nicht davon aus, dass wir unsere gesamte Vergangenheit erst vollständig „bewältigen" müssen oder unsere gesamte Zukunft strukturiert durchplanen sollten, um uns zu befreien.

Nach Auffassung der BPT ist selbst ein vollkommen durchtherapierter Mensch, falls es diesen überhaupt gibt, bestenfalls jemand, der seine Vergangenheit sehr gut kennt. Zudem vermag er aktuelle Impulse wahrscheinlich recht gut in Verbindung mit seiner Geschichte zu deuten. Es scheint jedoch eher unsicher zu sein, ob dieser Mensch auch ein sehr glücklicher oder gar ein befreiter Mensch sein kann.

Der starke Fokus auf die Vergangenheit erinnert an einen alten Menschen, der immer nach hinten schaut, also nach dem, woher er kommt und was früher war. Ebenso wird auch der Reiz, den die Zukunft in sich birgt, wohl noch lange ungebrochen weiter bestehen. Für viele liegt dort das Land der Hoffnung. Der leichte Weg zeigt und verweist uns dagegen auf *diesen besonderen Moment,* den wir abkürzend *Hier und Jetzt* oder noch kürzer einfach nur *Jetzt* nennen können.

Lange bevor es Uhren und eine exakte Zeitmessung gab, appellierte Buddha schon daran, das Wesen der Zeit zu ergründen. Gemeint war damit zu erkennen, dass wir den „Kostbaren Augenblick" nicht versäumen dürfen. Denn schon vor über 2500 Jahren neigten die Menschen offensichtlich dazu, sich viele Gedanken über die Vergangenheit zu machen und sich in zermürbenden Spekulationen über eine mögliche Zukunft zu ergehen.

Buddha gab zu diesem zentralen Aspekt sehr konkrete Anleitungen. So basiert das gesamte buddhistische Achtsamkeitstraining auf der Wahrnehmung dessen, was hier und jetzt gerade geschieht. Wir werden diese grundlegende Lehre in Kapitel 8 ergründen, das ganz dem Thema Achtsamkeit gewidmet ist. Hier soll aber schon einmal darauf hingewiesen werden, dass sowohl bei der Umsetzung der Achtsamkeitsübungen als auch für die Kultivierung des Hier-und-Jetzt-Bewusstseins unsere *körperliche* Selbstwahrnehmung eine zentrale Rolle spielt.

Während unser Geist sehr leicht durch die Zeit zu reisen vermag, ist unser Körper augenscheinlich dazu überhaupt nicht in der Lage. Diese „Trägheit der Masse" können wir wunderbar nutzen: Unser Körper, mit all seinen Schwächen und Problemen, ist doch auch unser Anker, der uns hält und trägt, der uns erdet und uns im Augenblick verweilen lässt. Das ist seit vielen Jahrhunderten immer wieder in ganz unterschiedlichen Kontexten unterstrichen worden. Überall treffen wir auf diese Erinnerungen an den Wert des Augenblicks, so auch in Form von vielen dekorativen Postkarten- und Kalendersprüchen.

Wenn wir diese Thematik anhand der alten buddhistischen Schriften verfolgen, dann entsteht bei vielen von uns wohl schnell der Eindruck, dass wir es hier mit einem hartnäckigen Problem zu tun haben könnten. Seit so vielen Jahrhunderten erhalten wir eindeutige Informationen und Appelle in dieser Richtung, doch von einem wirklichen Lerneffekt können wir ehrlicherweise nicht sprechen.

Heute, mehr als noch vor Jahrzehnten oder selbst vor einigen Jahren, scheint die kostbare Zeit zu rasen und zu zerrinnen. Viele von uns jagen ihr hinterher und möchten die Zeit manchmal am liebsten anhalten oder sie ein anderes Mal etwas schneller durchlaufen lassen. Wenn wir dann noch hören, dass Einstein einer der Wissenschaftler war, die uns zeigen konnten, wie relativ die Zeit eigentlich ist, bekommen wir vielleicht eine Ahnung davon, wie unsicher der Zeitfluss tatsächlich ist.

Hier eröffnen sich spannende Aspekte beim Thema Zeit, doch sie verführen auch zu Spekulationen. Zudem scheinen sie mit unserem Alltagsleben nicht in direkter Verbindung zu stehen. Der Schein trügt allerdings, denn einerseits verfügen wir selbst zwar nicht über ein ausreichendes Sensorium, um die Relativität von Zeit zu erfassen, doch andererseits basiert unser modernes Leben vollkommen auf diesen

Erkenntnissen. So funktioniert zum Beispiel die gesamte Telekommunikation auf unserem Planeten nur dadurch, dass Wissenschaftler den Relativitätscharakter der Zeit einrechnen, die in den schnell fliegenden Satelliten anders verläuft als hier unten auf der Erde. Wie so oft nutzen wir modernen Menschen auch hier eine Vielzahl von technischen Geräten, deren Funktion uns vollkommen unverständlich bleibt.

Wir leben in der Vergangenheit und in der Zukunft

Um dieses wichtige Thema aber nicht in den Weltraum zu verlegen und damit zu „abgehoben“ anzugehen, wenden wir uns nun unseren Alltagserfahrungen zu. Wir möchten den leichten Weg finden und dabei soll uns das Thema „Ganz gelassen im Hier und Jetzt“ weiterhelfen.

Sicherlich stehen wir alle immer wieder vor schwierigen Situationen im Leben, die uns häufig kaum oder nur schwer (er-)tragbar erscheinen. Die jeweiligen Hintergründe und Zusammenhänge können so vielfältig sein, wie es Menschen auf dem Planeten gibt. Wahrscheinlich gibt es auch fast so viele Lösungsversuche dafür.

Mit dem Appell „Hier und Jetzt!“ erhalten wir die denkbar einfachste Hilfe. Es handelt sich nur um eine kurze Formel, doch die dazugehörigen Erklärungen fallen oft ziemlich provokativ aus: Sicherlich können wir schnell einsehen, dass wir oft leiden, weil wir über Vergangenes nachdenken oder es nochmals nachempfinden. Eine andere Variante besteht in der Problematik, dass wir gewohnheitsmäßig dazu neigen, über zukünftige Möglichkeiten zu spekulieren; das geschieht entweder mit einer negativen Haltung oder mit vermeintlich positiven Empfindungen, wie Vorfreude, Erwartung oder Hoffnung, doch nicht selten auch mit Sehnsucht und sogar Gier. Einerseits entstehen also oft unheilsame Geisteszustände, die sich äußerst destruktiv auswirken können, und andererseits fördern wir mit jeder Wiederholung den schmerzlichen Spagat zwischen unserem Körper, der immer nur im Hier und Jetzt bleiben kann, und unseren Empfindungen und Gedanken, die ständig auf Zeitreise gehen. Unser Körper ist hier, unsere Gedanken sind dort. Und wo sind wir selbst eigentlich? Eine spannende Frage. Kennen Sie die Antwort darauf? ... Forschen Sie einmal danach.

Wenn wir uns das ganze Leidenspaket anschauen, das aus vergangenen, gegenwärtigen und möglichen zukünftigen Problemen besteht, dann können wir daraus eine logische Schlussfolgerung ziehen: Vieles davon ist vollkommen unsinnig und überflüssig. Daher scheint es tatsächlich eine sehr lohnenswerte Maßnahme zu sein, das Wesentliche (die Gegenwart) von den weniger wesentlichen Aspekten des Lebens (Vergangenheit und Zukunft) zu differenzieren. Wir lernen nach und nach, wie wir selbst viel von unserem Ballast loswerden, wenn wir zum Beispiel die ewigen Grübeleien über Vergangenes und die Spekulationen über Zukünftiges eindämmen und dann auch loslassen können.

Das mag bislang noch logisch klingen, aber sind die Vergangenheit und die Zukunft denn wirklich unwichtig? Schließlich sind wir doch das Produkt aus unseren vergangenen Erfahrungen. Und ist die Gegenwart immer so gut, dass wir darin verweilen wollen? Ist der Gedanke an die Zukunft dagegen nicht oft tröstlich?

Trost aus der Zukunft

Wenn wir heute frierend im deutschen Regenwetter stehen und bis auf die Knochen nass werden, dann kann die Perspektive einer Urlaubsreise in den sonnigen Süden, die in der kommenden Woche ansteht, doch ungemein tröstlich wirken. Ähnlich sind sicherlich viele Situationen denkbar, in denen wir uns mit einer besseren Zukunft trösten können. Manchmal scheinen sich die Dinge ja auch zu verbessern.

Der Trugschluss, dem wir dabei aufsitzen, besteht wohl darin, dass wir dieses Muster nicht mehr loswerden. Im Regen verlassen wir das Hier und Jetzt und spekulieren über den baldigen Urlaub. Damit verlieren wir ein Stück Lebenszeit und „beamen" uns weg und fast in eine Art Narkose hinein. Dieser Zustand wirkt für den Moment zwar besänftigend, doch wahrscheinlich folgen wir diesem Muster immer weiter. Jede Strategie, die auch nur halbwegs funktioniert und uns – wenn auch nur kurzfristig – erfreut, wird wiederholt. Das kann dann dazu führen, dass wir im Urlaub nur wenige unbeschwerte Momente erleben und auch dort wieder viel Zeit damit verbringen, uns bewusst zu machen, was alles *nach* dem Urlaub auf uns wartet. Fatalerweise können wir also auch die positiven Aspekte nicht festhalten, sondern spüren vielmehr den flüchtigen Charakter und hadern.

Es ist ein sehr bedeutsamer Schritt, wenn es uns möglich wird zu erkennen, dass wir grundlegende Änderungen benötigen. Lange Zeit über können wir immer auf den jeweils nächsten Urlaub hoffen und das Hier und Jetzt benebeln, ablehnen, ignorieren oder missachten, doch leider bleiben wir auf diese Weise auf dem schweren Weg.

Mit einem kontinuierlichen Erleben von Stress schädigen wir zudem auch neuronale Zentren in unserem Gehirn, die für die Selbstwahrnehmung und unsere inneren Verbindungen zu den Gefühlen mitverantwortlich sind, wie zum Beispiel Strukturen der Insula oder des ACC. Fatalerweise findet dadurch eine Art inneres Ausbrennen statt, ohne dass der davon Betroffene es merkt. Nur manchmal erhalten wir einen Eindruck davon, wenn wir gefragt werden: „Und, wie geht's denn so?", und wir verblüfft innehalten und denken: „Wie soll's denn schon gehen? Keine Ahnung, es muss halt ..."

Noch differenziertere Fragen offenbaren dann die Problematik entsprechend deutlicher: „Bei wie viel Prozent liegt jetzt gerade Ihr innerer Stresspegel?" Viele von uns können darauf nur unspezifisch antworten, wie zum Beispiel „ganz oben" oder „ganz unten". Aber spüren Sie, ob Ihr Pegel bei 43 % oder doch eher bei 52 % liegt? Ganz zu schweigen von der Differenzierung zwischen 27,4 % und 27,5 %.

Vielleicht fragen Sie sich jetzt ja, wofür das denn gut sein soll. Die Schulung unserer Selbstwahrnehmung ist eine unumgängliche Etappe, um uns selbst besser steuern zu können. Wie sollen Sie Ihr Fahrzeug lenken und beherrschen lernen, wenn Sie keine Ahnung haben, ob der Tank voll oder leer ist oder ob bereits der rote Drehzahlbereich erreicht ist, ob die Geräusche noch normal sind oder bereits extremen Verschleiß anzeigen. Wie wäre es, ein Fahrzeug steuern zu müssen, das über keinerlei Anzeigegeräte oder irgendwelche Displays verfügt? Zudem würde sich die Windschutzscheibe immer mehr verengen, Sie hätten nur noch einen Tunnelblick zur Verfügung. Und um das Bild zu vervollständigen, wären Sie nicht immer in der Lage dazu, das Fahrzeug zu stoppen. Fühlen Sie sich doch einmal in die Lage des Fahrers ein ... Sie möchten nicht in seiner Rolle sein? Aber genau dort sind wir doch alle!

Alles ist okay

Vielleicht können wir ja einen Konsens herstellen und dem Wert einer guten Introspektion zustimmen. Diese wiederum ist elementar wichtig dafür, um im Augenblick des Jetzt auch tatsächlich ein Sensorium zur Verfügung zu haben. Aber damit nicht genug, denn schließlich stehen wir bei der nächsten Etappe schon wieder vor einem neuen Problem, da nicht jeder Augenblick unbedingt zum Verweilen einlädt. Ist es möglich, im Regen zu stehen, zu frieren und dabei im Hier und Jetzt zu bleiben, den Augenblick einfach anzunehmen?

Es wäre vielleicht eine Möglichkeit, sich dem schrittweise anzunähern, indem wir erst einmal lernen, dass alles okay ist. Es muss ja nicht gleich gut sein. Wir werden nass, das ist sicher nicht schön, doch es könnte erst einmal okay sein. Die Ampel ist rot, das ist nicht gut, aber okay. Diese Grundidee können wir eine Zeitlang wie ein modernes Mantra verinnerlichen: *Es ist okay.*

Obwohl diese Haltung immer noch Ausdruck des dualistischen Denkens ist und zwischen „okay" und „nicht okay" unterscheidet, stellt sie einen heilsamen Schritt in die richtige Richtung dar. Aus der Sicht eines befreiten Menschen machen dualistische Denkweisen zwar keinen Sinn, doch aus der noch nicht befreiten Perspektive können sie für eine ganze Weile hilfreich sein, wenn wir sie uns bewusst machen.

Das Streben nach Glück hilft uns nicht weiter

Für eine stabilere Verinnerlichung des leichten Weges ist es meistens hilfreich, wenn wir unsere Zielwünsche möglichst klar differenzieren lernen. Wir suchen nicht *den* Glücksmoment, den wir dann auszudehnen versuchen. Das Glück hat gewöhnlich zu sehr mit der Suche im außen zu tun und verweist uns nur allzu oft auf einen sehr flüchtigen Augenblick. Sicherlich betrifft das die Natur aller Dinge: Nichts hat Bestand.

Trotzdem bemühen wir uns darum, die heilsamen Empfindungen in uns zu stabilisieren. Dafür wäre ein Streben nach Glück jedoch ungeeignet, es käme gewissermaßen einem vorprogrammierten Scheitern gleich. Anstatt also nach Glück zu streben, werden wir Freude und Gelassenheit in uns festigen. Beides sind Empfindungen, die wir eher mit *inneren* Vorgängen assoziieren können. Glück hat viel mit unseren äußeren Bedingungen zu tun, Freude ist dagegen mehr von inneren Bedingungen abhängig.

Unser Mantra *Alles ist okay* kann uns dabei helfen, die äußere Suche und das Bedürfnis nach guten äußeren Bedingungen zu reduzieren oder ganz aufzugeben, um dann innerlich etwas loslassen zu können. Es ist okay. So lernen wir nach und nach, in einer gelasseneren Haltung zu verweilen. Der Hintergedanke dabei und damit das wichtige Ziel ist unsere immer größer werdende Unabhängigkeit von äußeren Bedingungen.

Eine weitere Hilfe besteht darin, die Spielräume für Empfindungen in den jeweiligen Situationen zu entdecken. Dafür können wir uns die Rahmenbedingungen noch einmal genauer anschauen, wenn wir im

Regen stehen: Wie werden wir wohl den kalten Regen, der uns durchnässt, erleben, wenn wir vorher erfahren haben, dass

a. die Krebsdiagnose eine Fehldiagnose war
b. die Diagnose korrekt war?

Hier erkennen wir, dass eine Situation eigentlich nur selten einen bestimmten oder festgelegten Eigenwert besitzt. Die eingehenden Informationen aus der Situation heraus, wie zum Beispiel „Es regnet, ich werde nass", treffen auf einen in uns bestehenden Geisteszustand. Ist dieser gelöst und erfreut, weil wir zum Beispiel erleichtert sind, dann erfahren wir die gleiche Situation vollkommen anders, als wenn wir mit Sorgen und Anspannung in eine Situation hineingeraten. Alles das ist eigentlich ganz banal und daher schnell einsehbar. Wir wissen es doch.

Dennoch gehen unsere Empfindungen im kalten Regen immer wieder in eine unbewusste Richtung. Die Freude, am Leben zu sein, ist uns leider kaum bewusst. Es müssen erst Katastrophen passieren, damit wir uns über die wahren Prioritäten klar werden.

Probleme lassen sich immer noch steigern

Wir stehen also im Regen und hadern natürlich gewaltig mit unserer Situation. Es kommen dann sehr naheliegende Gedanken auf, wie zum Beispiel: „Was wird nur aus mir?" An diesem Punkt entstehen sorgenvolle Spekulationen über eine mögliche Zukunft. Parallel dazu tauchen womöglich verklärte Erinnerungen an unbeschwertere Tage auf: „Warum habe ich früher eigentlich nicht gemerkt, wie gut es mir ging? Ich habe mein Leben damals gar nicht genug wertgeschätzt!"

So blicken wir sehnsüchtig in die Vergangenheit. Das führt dann dazu, dass wir aktuelle Probleme und zusätzlich auch noch hausgemachte problematische Empfindungen haben. Unbewusst entstehen Impulse, sich aus einer schmerzlichen Gegenwart wegzubeamen, doch das Resultat ist meistens nur eine Verdoppelung unseres Leidens.

Sicherlich ist es viel leichter, in einer für uns angenehmen Situation im Hier und Jetzt zu bleiben als in einer schwierigen. Unser Verstand wird offenbar stets von etwas dem Anschein nach Positivem magisch angezogen. Wir sind dann wie der Esel, vor dessen Gesichtsfeld der listige Besitzer zwar nah, gleichzeitig aber unerreichbar eine Mohrrübe anbringt. Der Esel läuft darauf zu, doch der Abstand bleibt immer gleich.

Sobald unser Bewertungsapparat negative Eindrücke ausspuckt, scheint das der Startschuss für uns zu sein, um uns aus dem, was ist, wegzubeamen. Interessanterweise sind wir auch kaum noch in der Lage dazu, bei den scheinbar schönen Erfahrungen zu bleiben. Den ganzen Tag über haben wir uns vielleicht, vor allem wenn wir im Regen standen, auf eine warme Mahlzeit am Abend oder ein heißes Bad gefreut. Doch kaum haben wir uns dem ersten Genussschauer hingegeben, lauschen wir schon wieder unserem ungezügelten Affengeist, der den aktuellen Genuss gar nicht so spannend findet, sondern uns fragt: „Und was kommt danach? Du darfst nicht vergessen, dass ..." Und damit sind wir schon wieder auf Zeitreise.

Nicht wenige von uns erleben regelmäßig einen hohen psychischen Druck, der von außen auf uns einströmt, den wir aber natürlich auch selbst erzeugen. Dann wird uns alles zu viel und es entsteht die Sehnsucht danach, endlich einmal abschalten zu können. Da natürlich auch nicht immer eine Urlaubsreise bevorsteht, suchen wir uns andere Ablenkungen, um mal eben Urlaub von uns selbst machen zu können. Das dient alles gewissermaßen für den kleinen Hunger zwischendurch.

An dieser Stelle treten dann unsere Anhaftungen auf den Plan: Wir belohnen uns mit Essen, mit Shopping oder mit Fernsehen, wir trinken mehr Alkohol, als gut für uns wäre, benutzen Menschen, Beziehungen und Sex, um einmal abschalten zu können. Das fühlt sich sicherlich oft recht gut an. Und alles, was wir als angenehm erleben, möchten wir ja bekanntlich so oft wie möglich wiederholen. Doch alles, was wir wiederholen, wird sich auch festigen. Daran können wir die Stufen erkennen, die zur Gewohnheit und zur Sehnsucht, später sogar zu Sucht, Abhängigkeit und zusätzlichem Leiden führen. Eigentlich wollten wir doch etwas Gutes, einfach mal abschalten, Urlaub vom Alltag machen, doch was daraus entsteht, kompliziert die Dinge nur weiter.

Unser Verstand als Museumswächter

Zudem müssen wir uns mit einer weiteren menschlichen Eigenart befassen: Die meisten von uns erleben in sich eine große Ambivalenz zwischen dem Wunsch nach Neuem, nach Neuigkeiten auf der einen Seite und gewohnten Mustern und Routine auf der anderen Seite. Eine gut dosierte Portion Neues wirkt stimulierend und durchaus heilsam, doch wird unser Verstand schnell versuchen, das Neue wieder zu eliminieren. Alles muss möglichst sofort eingeordnet und zu etwas Bekanntem gemacht werden. Das könnte einer der Gründe sein, warum unser Verstand liebend gern in der altbekannten Vergangenheit wühlt und sich sehr sorgenvoll mit der neuen unbekannten Zukunft beschäftigt. Der Vergangenheit wird deshalb oft nachgetrauert und die Zukunft ist für viele von uns mit Angst besetzt. Zudem kann unser Verstand auch mit dem gegenwärtigen Moment nicht viel anfangen, denn jeder Moment ist schließlich ja neu.

Der Algorithmus, also das Betriebssystem unseres Verstandes scheint zu lauten: Mache aus Neuem Altbekanntes. Damit verfügen wir alle über einen Verstand, der uns kaum beim Wunder des Augenblicks verweilen lassen kann. Er erschafft sich sofort eine Struktur daraus, indem er das Neue dem Alten einverleibt.

Die meisten von uns erleben sehr viele Wiederholungen in ihrem Leben. Wir sprechen dann oft von unserer Wahl und unseren Entscheidungen. Tatsächlich gibt es jedoch keine echte Wahlfreiheit. Das, was wir stattdessen leben, ist das unbewusste Verfolgen eines Musters. Wir haben ein Muster, aber keine Wahl. Deshalb suchen viele von uns auch lieber das Altbekannte, anstatt etwas Neues auszuprobieren, und deshalb übt die Vergangenheit auch ihre außerordentlich große Anziehungskraft auf uns aus. Darin gibt es nichts Neues, alles ist alt.

Besuchen Sie manchmal ein Museum? Ist die Geduld des Museumspersonals nicht bewundernswert? Könnten Sie den ganzen Tag über in einem Raum stehen und alte Bilder schützen? Wie würde sich das wohl anfühlen? Tag für Tag, Woche für Woche, Monat für Monat, Jahr für Jahr und Jahrzehnt für Jahrzehnt. Würden Sie sich das auch dann nicht unbedingt wünschen, wenn es Ihre eigenen Bilder wären?

Tatsächlich funktioniert unser Verstand aber genauso wie ein Museumswächter. Nach Möglichkeit sollte niemand unsere Erinnerungsbilder anrühren, geschweige denn sie auseinandernehmen. Neue Bilder müssen sofort katalogisiert und archiviert werden. Veränderungen in dieser Routine werden eher als störend erfahren. Wenn zu viele Besucher-Gedanken einströmen, dann bekommt unser Museums-Verstand Angst um seine Bestände. Das Museum ist schließlich das Wichtigste, die einzelnen Erfahrungen sind es nicht.

Wenn neben der leicht etwas ausufernden Beschäftigung mit der Vergangenheit dann der Wechsel zu den Spekulationen über eine mögliche Zukunft stattfindet, kann das nur Angst auslösen. Unser Museums-Verstand erhält eine Überdosis an Neuem, das vielleicht auch nur scheinbar neu ist.

Wenn wir uns mit solchen Zeitphänomenen beschäftigen, dann müssen wir erkennen, dass unser Verstand, so hilfreich er in einigen Situationen für uns auch sein mag, doch in den grundlegenden Aufgaben unseres Lebens einer geduldig zugewandten Führung von uns bedarf. Wie ein scheues Kind, so benötigt auch unser Verstand eine sanfte Heranführung an essentiell wichtige Dinge, wie etwa die Notwendigkeit, im Augenblick zu verweilen.

Wir müssen hier erkennen, dass wir nicht an einem Zuviel an Hier und Jetzt leiden, sondern eher an einem Zuwenig davon. Nur wenn wir gedanklich immer zwei Schritte weiter sein wollen oder glauben, es sein zu müssen, dann erfahren wir den inneren Spagat, der uns sukzessive zerreißt. Die zunehmende Fähigkeit, im Hier und Jetzt bleiben zu können, macht aus dem Spagat wieder unsere Einheit, mit deren Hilfe wir deutlich geschützter, sicherer und damit auch belastbarer leben können.

Als gute Gewohnheit sollten wir unseren Museums-Verstand immer öfter mit dem leichten Weg vertraut machen. Die gewohnheitsmäßig ablaufenden Routinen verbrauchen tatsächlich viel Energie – und dies oftmals sogar, ohne dass wir es direkt merken.

Eine Veränderung sollte von uns achtsam und in kleinen Schritten angegangen werden. Neben den möglichen Anhaftungen, die aus einer übermäßigen Fokussierung auf das Hier und Jetzt entstehen könnten, sollten wir ebenso verstehen, dass die regelmäßige Bewusstwerdung von dem, was wir jetzt erleben, auch wieder dazu führen kann, dass wir uns genau damit identifizieren. Auf diese Weise können kleine, anfangs vielleicht sogar noch hilfreiche Aktionen nach und nach zu unguten Verfestigungen führen. Eigentlich wollten wir uns doch befreien, doch nun haben wir lediglich einen Ersatz für ältere Restriktionen gefunden.

Die Geschichte mit Henry & Julia

Stellen Sie sich vor, dass ein Vogelpärchen im Frühjahr vor Ihrem Fenster sein Nest baut. Aufmerksam verfolgen sie die Bemühungen der künftigen Vogeleltern. Schon geben Sie den beiden Namen: Henry & Julia. Wahrscheinlich bemerken Sie schon bald bei sich den Wunsch, herausfinden zu wollen, welcher der beiden Vögel das Männchen und welcher das Weibchen ist. Sie versuchen also, bei ihnen etwas Weibliches und etwas Männliches festmachen zu können. Wenn Sie das schaffen, werden Sie die beiden noch mehr mögen. Dann verfolgen Sie die Brutzeit und sehen schließlich vielleicht zwei kleine Küken. Jetzt wissen Sie, wann die beiden zur Welt kamen, und natürlich geben sie ihnen dann auch Namen. Nun sehen Sie täglich eine kleine Vogelfamilie vor Ihrem Fenster. Wenn es regnet, dann beginnen Sie sich womöglich zu sorgen, wie es den vier Piepmätzen wohl ergeht. Eventuell stellen Sie sich vor, wie es wohl wäre, jetzt selbst bei Wind und Wetter dort draußen in einem offenen Nest zu leben. Bei Freunden sprechen Sie öfter über Ihre kleine Vogelfamilie, von Henry, Julia und ihren beiden Kindern.

Dann beobachten Sie an einem Nachmittag, wie mehrere Elstern in das Nest eindringen, Henry & Julia verscheuchen und die beiden Kinder tothacken, zerreißen und dann mit den Einzelteilen wegfliegen. Was löst das in Ihnen aus?

Sie haben Henry & Julia eine Identität und den beiden Kindern eine Biografie gegeben. Die beiden hatten einen Geburtstag und eine Vergangenheit. Damit hat sich alles verändert. Die Welt und die Realität wurden in diese Richtung gekrümmt. Aus dieser Position heraus ist es für uns kaum möglich, das größere Bild zu sehen, etwa die vielen Käfer- und Wurmfamilien, die von Henry & Julia gefressen wurden, und auch die Elsterfamilien, die um ihr Überleben kämpfen.

Wenn Sie den Vögeln keine Namen gegeben hätten, wenn Sie die Brut nur kurz wahrgenommen hätten, wenn Sie nicht mitbekommen hätten, wie alt die Jungtiere waren, wie hätten Sie dann das finale Ereignis empfunden? Wie wäre es gewesen, wenn das Nest und die Vogelfamilie ihren Platz woanders gefunden und Sie die Tiere nur per Zufall alle zwei oder drei Wochen gesehen hätten?

Wir geben den Objekten unserer Wahrnehmung sehr gern eine Identität. Das tun wir mit lebenden Wesen unwillkürlich, doch sogar nicht-lebendigen Gegenständen unseres täglichen Alltags verschaffen wir eine Identität mit einer dazugehörigen Biografie: „Mein Auto heißt Herby und wir sind schon zehn Jahre zusammen. Nächsten Monat hat er Geburtstag, da bekommt er eine besondere Politur."

Das ist irgendwie eigenartig, aber auch eigenartig menschlich. Es scheint aus einer Zeit zu stammen, in der noch die ganze Welt für uns lebendig gewesen ist. Wenn diese Weltsicht dazu führt, respektvoll mit allen Dingen umzugehen, dann kann daraus sehr viel Heilsames erwachsen. Diese Vorgänge bleiben dafür jedoch meist zu intuitiv und unbewusst. Daher erschaffen wir nur Objekte, an denen wir festhalten möchten, auf die wir unsere eigenen Neigungen projizieren und deren Natur wir dann nicht mehr wahrnehmen können.

Mit unserer tief sitzenden Neigung, allen Dingen eine Biografie geben zu wollen, gehen wir natürlich auch auf unsere Probleme zu. Auf diese Weise entstehen mächtige Impulse zu Identifikationen. Der Appell, auf den mit diesen Zusammenhängen verwiesen werden möchte, lautet: Entziehe deinen Problemen ihre Biografie.

Gib ihnen keine Vergangenheit und auch keine Zukunft.

Lass sie nur im Hier und Jetzt existieren.

Das Hier und Jetzt über die Sinne spüren

Aus der Achtsamkeit, die weitgefächert wirkt, kann die Konzentration folgen, die schon deutlich enger angelegt ist. Der nächste Schritt wäre dann der Tunnelblick: Hier versuchen wir in falsch verstandener Konzentration relevante Informationen zu unterdrücken, um uns nur auf eine Sache zu fixieren, denn schließlich sollen wir unseren Fokus ja nur auf das Hier und Jetzt lenken. Wenn wir uns allerdings zu sehr mit unserem jeweiligen Tun identifizieren, dann tappen wir von einer Falle in die nächste. Aus gutem Grund verweisen uns die buddhistischen Lehren auch hier auf die Weisheit des Mittleren Weges als ständige Navigationshilfe.

Wir alle benötigen für unseren Weg etwas Anleitung und ein paar Hinweise. In den buddhistischen Lehren wird unser ungeschulter Verstand tatsächlich mit einem kleinen Äffchen verglichen, das ruhelos ständig hierhin und dorthin springt. Wie jedes fühlende Wesen, so lässt sich auch unser Verstand mit guter Pflege wirksam lenken. Hier beginnt das buddhistische Geistestraining. Der Bezug sollte damit deutlich geworden sein: Wir umsorgen unseren nervösen Verstand auf eine achtsame und fürsorgliche Weise, damit er es mit uns immer länger im Hier und Jetzt aushält. Dabei ist der Bezug zum Hier und Jetzt nicht willkürlich ausgewählt, sondern verweist uns auf den einzigen Ort, an dem wir leben können und an dem wir die Befreiung erfahren: im Hier und Jetzt.

Wenn wir beispielsweise zu lernen beginnen, ein Musikinstrument zu spielen, dann werden wir sicherlich nicht mit den komplexesten und schwierigsten Sonaten anfangen. Immer beginnt das Lernen mit dem leichten Weg, mit einfachen, spielerischen, vergnüglichen und vor allem leichten Übungen. Übertragen auf unser Projekt „Hier und Jetzt“, zeigen Erfahrungswerte, dass unsere Sinne uns dafür behilflich sein können. Ebenso wie sie uns immer wieder abzulenken vermögen, können sie ebenso gut auch unseren Anker für den Augenblick bilden:

- Was hören Sie jetzt?
- Was sehen Sie jetzt?
- Was riechen Sie jetzt?
- Was schmecken Sie jetzt?
- Was fühlen Sie jetzt?
- Was denken Sie jetzt?

Wir müssen nicht ständig alle sechs Fragen durchgehen. Jeder von uns verfügt in diesem Spektrum über eine Art Lieblingskanal, den wir nutzen können. Ebenso wie unser Mantra „Alles ist okay" kann uns einige Zeit lang auch eine der sechs Fragen als eine Art Tages-Mantra begleiten: Was höre ich jetzt?

Diese erste sinnliche Hilfe kann uns wieder in Kontakt bringen mit dem Hier und Jetzt. Unsere Sinne sind natürlich sehr auf den Körper bezogen. Dieser kann uns ebenfalls als Anker dienen für das Verweilen im Hier und Jetzt. Spüren Sie Ihren Körper jetzt? Was spüren Sie genau? Womöglich kann Ihnen die Atmung dabei helfen, um tiefer in Ihrem Körper zu bleiben.

Unsere Sinne verbinden uns zwar mit der Welt, mit der wir untrennbar verbunden sind, doch ohne achtsame Lenkung unsererseits werden unsere Sinne von irgendeinem Persönlichkeitsanteil gesteuert, der oftmals Ziele verfolgt, die nicht wirklich in unserem Interesse liegen. Nur allzu gern melden sich unsere süchtigen oder zumindest unsere sehnsüchtigen Anteile und möchten die angenehmen Sinneseindrücke wiederholen und womöglich ohne Unterlass ausschöpfen. Zu spüren, was ist, bedeutet deshalb insbesondere auch zu spüren, was *in* uns ist.

Hier erspüren wir natürlich zuerst einmal, was wir aktuell erfahren, doch eine vertiefte Wahrnehmung dessen, was in uns ist, bedeutet insbesondere auch den Kontakt zu unserer Essenz. Der Innere Edle Kern symbolisiert das ebenso wie die uns innewohnende geistige Qualität oder unsere Buddhanatur.

Auf der *absoluten* Ebene finden wir hier tiefe Verbundenheit, während wir auf der *relativen* Ebene natürlich zwischen inneren und äußeren Prozessen differenzieren können. Obwohl es also auf einer Ebene keinen Unterschied zwischen äußeren sinnlichen Eindrücken und inneren Abläufen gibt, so müssen wir diese, auf der absoluten Ebene nicht existierende Unterscheidung in vielen Phasen unserer Übungspraxis einbeziehen.

Gelassenheit im Hier und Jetzt üben

Vielleicht macht uns dieses Training ja neugierig. Schließlich könnte es ja möglich sein, unseren Wahnsinn zu erkennen, und daher sollte eigentlich schnell der Wunsch nach einer Änderung oder zumindest Abmilderung in uns entstehen. Wie könnte es sich wohl nach einigen Wochen anfühlen, wenn wir gelernt haben, immer mehr im Augenblick zu verweilen? Dann stehen wir wieder nass im Regen ...

In diesem Kapitel geht es um Gelassenheit im Hinblick auf das Hier und Jetzt. Niemand verlangt also von uns, dass wir Spaß daran haben sollen, durchnässt im Regen zu stehen. Was aber benötigen wir, was können wir selbst dafür tun, um in einer solchen Situation gelassen bleiben zu können?

Das HB-Männchen Frank

Frank G. kommt mit der Diagnose „Burnout" in die Psychosomatische Klinik. Zum Erstgespräch erscheint er humpelnd mit einer großen Gehschiene am rechten Fuß.

Auf Nachfrage schildert Frank, dass er vor einigen Tagen mit dem Fahrrad unterwegs gewesen sei. Der Tag habe bereits mit schwierigen Telefonaten begonnen und sei dann durch das Fahrradfahren, was er generell nicht möge, zudem habe es auch noch geregnet, besonders übel gewesen. Im Geschäft habe ihm die Verkäuferin nicht den gewünschten Umtausch erlaubt, und als er sich dann auf den Rückweg machen wollte, habe er festgestellt, dass der Hinterreifen seines Fahrrades nicht nur einfach platt gewesen sei, sondern scheinbar aufgestochen wurde. In dieser Situation habe ihn eine dunkle Welle der Wut übermannt und er habe völlig außer sich gegen den Fahrradständer getreten. Leider habe dieser aus schwerem Stahl bestanden, was über die Belastungsgrenzen seines Fußknochens hinausgegangen sei. Frank erzählt die Geschichte durchaus mit Humor und scheinbarem Abstand zum Geschehen.

Diese alltägliche Geschichte offenbart uns eine Verrücktheit, der wir wohl alle in unterschiedlicher Ausprägung unterliegen: Wenn etwas Leidvolles geschieht, dann entsteht hier eine Art psychische Gravitationskraft, die uns aus dem Gleichgewicht bringt. Wir verlieren völlig die Relationen und empfinden nur noch eine dunkle Wolke aus unheilsamen Empfindungen. Wenn wir dieses Bild einmal symbolisch auskosten, dann können wir uns gut vorstellen, dass diese dunkle

Wolke sich vor unsere Augen legt und wir vollkommen den Blick für das Hier und Jetzt verlieren. Frank konnte nicht mehr sehen, dass sich der Regen verzogen hatte, die Luft angenehm warm und frisch war. Er übersah, dass zu Hause ein lieber Mensch auf ihn wartete. Er übersah vollständig seinen ganzen Reichtum. Sein hadernder Verstand suchte nach ähnlich ärgerlichen Situationen in der Vergangenheit – und natürlich wurde er da vielfältig fündig. Der innere Gefängniswärter pfiff fröhlich zum Empfang: „Da bist du ja schon wieder, komm nur herein, du kennst dich ja hier mittlerweile bestens aus." Und damit saß Frank dann sowohl in seinem inneren Groll-Gefängnis als auch im Wartezimmer der Unfallchirurgie.

Frank verdeutlicht uns, dass die Weisheit über das Hier und Jetzt in einem direkten Zusammenhang steht mit der Ersten Edlen Wahrheit über das immer wiederkehrende Vorhandensein von leidhaften Situationen. Wir würden uns alle leichter mit solchen Alltagssituationen tun, die uns in die Luft gehen lassen, wenn wir uns nicht mehr unvorbereitet in unseren Alltag stürzen, sondern regelmäßig unsere Praxisübungen durchführen.

Passives Sichtreibenlassen ist nicht die Art von „Annehmen",
von der der Buddha-Weg spricht.

– Jisho Warner –

Annehmen statt anhaften

Wie bereits erwähnt, müssen wir einerseits differenzieren zwischen akzeptieren, annehmen, zulassen und andererseits einer positiven Bewertung. Mit einer annehmenden Grundhaltung ist es tatsächlich möglich, zum Beispiel im Sinne des *Scharfen Schwertes des Mitgefühls* einen Zustand oder eine Situation eindeutig zurückzuweisen und abzulehnen: „Nein, das kommt für mich nicht in Frage." Mit einer grundlegend annehmenden Verfassung können wir diese Position ohne Groll oder andere unheilsame Begleiterscheinungen entspannt umsetzen.

Erinnern wir uns an die Meditationshaltung, bei der wir gleichzeitig mit harmonisch *angespanntem* Rücken und harmonisch *entspanntem* Bauch praktizieren. Ebenso können wir in jeder anderen Situation bei entspannter Grundhaltung durchaus auch angespannte Verhaltensweisen einsetzen, um für uns und andere heilsam tätig zu sein.

Eine annehmende Grundhaltung können wir auch dadurch stabilisieren, dass wir uns immer häufiger die Übungsmöglichkeiten bewusst machen, die in ausnahmslos jeder Situation auf uns warten. So können mit der Zeit gedankliche Umprogrammierungen gefestigt werden, die unsere jeweiligen Bewertungen mittragen. Auf diese Weise lassen sich bestimmte Wörter aus unserem Wortschatz sukzessive streichen, wie zum Beispiel „warten". Wir warten nicht, wir leben, alles ist Lebenszeit und nutzbar für eine angenehme Praxisübung. Dieser Prozess kann sich in geradezu ansteckender Weise fortsetzen. Es gibt kein „schlechtes Wetter" mehr, keinen „Misserfolg", kein „Zeittotschlagen", keine „uninteressanten Momente", keine „Langeweile". Die Liste lässt sich beliebig verlängern, hier sind Momente gemeint, die wir früher in irgendeiner Form abgewertet haben.

In unserem Annehmen ist also auch Hingabe enthalten. Im westlichen Kulturkreis sprechen wir in Anspielung auf die Kreuzigung Christi oft vom „Weg des Kreuzes" als unserer Bereitschaft, unser Kreuz zu tragen und alles, was uns bedrückt, widerstandslos anzunehmen. Wir finden hier eine der mächtigsten spirituellen Übungen. Wenn wir unser Kreuz vollkommen annehmen, können wir uns selbst symbolisch sterben lassen und neu auferstehen.

Allerdings handelt es sich dabei um Übungen, die wir auf unserem leichten Weg nicht in der Anfangsphase angehen werden. Eine der vielen hilfreichen Anregungen, die wir jedoch daraus ziehen können, besteht in der selbstkritischen Prüfung unserer Bewertung von gut und schlecht. So vieles, was wir vorschnell als ungut abqualifizieren, könnte als eine wichtige Erfahrung genutzt werden, wenn wir es nur zuließen. Diese Bewertungsprozesse sollten wir auch in Bezug auf unsere biografische Zeitlinie kritisch betrachten:

Wenn wir unsere vergangenen Erfahrungen akzeptieren lernen, dann geschieht Vergebung.

Wenn wir die Gegenwart akzeptieren lernen, dann können wir sie immer mehr annehmen.

Die Zukunft zu akzeptieren könnte bedeuten, dass wir gelassen und zuversichtlich darauf vertrauen, dass unser leichter Weg uns auch zukünftig leiten wird.

Natürlich bestehen negative Lebensaspekte, die wir auch als solche identifizieren können und müssen, doch das geschieht mit einem entsprechenden Verhalten, wobei unsere Grundhaltung davon frei bleiben kann. Die Differenzierung zwischen Verhalten und Haltung kann uns immer wieder Klarheit über den Weg verschaffen. Das betrifft ebenso die Differenzierung zwischen unseren Möglichkeiten, eine Situation als kritisch zu identifizieren, und unserer Neigung, uns selbst mit den Abläufen im außen und insbesondere auch in unserem psychischen Innenraum zu identifizieren.

Solange unser inneres Gleichgewicht eher auf Sturm steht, können solche oder ähnliche Ausraster, wie Frank sie uns in Bezug auf seine Attacke gegen den Fahrradständer gestanden hat, eher passieren, als wenn wir unseren inneren Ruhepol stetig kultivieren. Neben dem Atem- und Meditationstraining ist natürlich die regelmäßige Hinwendung zum jetzigen Augenblick eine wichtige Vorsorgemaßnahme.

Als Grundsatz können wir uns folgende Tatsache immer wieder vor Augen halten: Alles, was wir wiederholen, wird sich unweigerlich festigen. Wenn wir regelmäßig das *Heilige Innehalten* praktizieren und uns im Hier und Jetzt ankern, dann wird sich dieser Vorgang festigen und uns sozusagen „in Fleisch und Blut übergehen“. Diese archaische Bezeichnung ist übrigens wortwörtlich zu nehmen, da sich unser Fleisch und Blut sofort auf jede Veränderung einstellt. Unser Körper bringt die Bereitschaft mit, uns stets zu folgen, sich auf alles einzustellen, was wir ihm zumuten. Wie wir ihm dafür danken, könnte eine spannende Fragestellung sein.

Unser regelmäßiges Training heilsamer Ressourcen kann schon bald sicher abgerufen werden, weil sich in unserem Nervensystem ein physischer Abdruck in Form von neu verästelten Nervenzellen gebildet hat.

Unser Lebensfilm

Unser Einbremsen auf das Hier und Jetzt erfolgt über weite Strecken hinweg in Episoden. Wir erfahren einen Augenblick, bis wir spüren, dass er vergeht. Dann stirbt gewissermaßen der Augenblick mit seinen äußeren Reizen und inneren Empfindungen, um einem neuen Eindruck Platz zu machen.

Diese Vorgänge geschehen ohne Geistesschulung vollkommen unbewusst. Somit erkennen wir den einzelnen Moment gar nicht. Wir meinen, einen Film zu erleben, der aus einem einzigen Strom besteht. Die buddhistische Weisheit der Leerheit vermittelt uns jedoch ebenso wie die westlichen Naturwissenschaften, dass wir alle Objekte unserer Wahrnehmung, seien sie feststofflicher oder nur gedanklicher Natur, stets in kleinere Einzelteile zerlegen können, ohne je auf einen festen Kern zu stoßen.

Ebenso können wir den Fluss unserer Wahrnehmungen sowohl als Lifestream wie auch episodisch erfahren. Auf diese Weise können wir das Werden und Vergehen ergründen und die zahllosen Eindrücke unseres Lebens immer wieder aufs Neue wertschätzen.

Der Gedanke der Reinkarnation meint auch diese Wiedergeburt unseres Bewusstseins in jeder neuen Situation.

Jeder einzelne Moment vergeht, er stirbt gewissermaßen. Genauso oder ähnlich „sterben" oder vergehen auch wir selbst – und zwar als Ganzes mit unserem physischen Tod, aber ebenso auch in den verschiedenen Lebensmomenten und Lebensphasen: Unser Kleinkind-Ego starb und unser Schulkind-Ego wurde geboren. Auch dieses verging und unser Erwachsenen-Ego wurde geboren. Parallel dazu starb auch unser Mädchen-/Jungen-Ego und unser Frauen-/Männer-Ego wurde geboren.

Natürlich treten bei Geburt und Tod oft Komplikationen auf. Damit haben wir dann lange zu kämpfen und versuchen mit den alten Ego-Resten zu leben. Diese Vorstellung kann auch zu der Konsequenz führen, dass wir zum Beispiel unser Trauer-Ego sterben lassen und für unser Freude-Ego oder zumindest für unser Gelassenheits-Ego Geburtshilfe leisten können. Die gezielte, achtsame Kultivierung von heilsamen Ego-Anteilen lässt unsere Selbstwirksamkeit spürbarer werden und kann sich damit für unser Selbstmanagement segensreich auswirken.

Diese Vorgänge stehen allerdings in Zusammenhang mit einem Aufbau- und Konsolidierungsprozess. Darin drückt sich eine sehr wesentliche Grundsatzstrategie aus: Zuerst müssen wir das Ego ausreichend sichern, bevor wir dann, aus einer sicheren Position heraus, unsere Ego-Tätigkeiten wieder abmildern können. Wie dieser Prozess aussehen kann, hängt von vielen Begleitfaktoren ab. Der buddhistische Weg lässt uns wissen, dass es zu einer völligen Auflösung von Ego-Anhaftungen kommen kann.

Bevor das geschieht, werden aber immer Ego-Anteile in uns um ihr Überleben kämpfen. Es bleibt bei einem ständigen Werden und Vergehen. Auf dieser Basis ist auch die folgende, oft als irgendwie dubios empfundene buddhistische Aussage zu verstehen: Stirbt das Ego, dann sterben auch Geburt und Tod.

Geistige Gewohnheiten und das Hier und Jetzt

Wenn wir diesen Fluss in uns wahrnehmen und zulassen können, erreichen wir, dass feste Eingrenzungen allmählich durchlässiger werden, und erfahren in der Folge eine Zunahme an innerer Freiheit. So lernen wir loszulassen, in einem Vertrauen, das uns in den nächsten Augenblick hineinträgt.

Diese womöglich ungewohnt klingenden Anregungen sollen und müssen nicht unbesehen geglaubt werden. Das Vertrauen muss nur bis zur nächsten Übungseinheit reichen, um es dann für sich selbst zu überprüfen. Dafür ist allerdings eine gewisse Bereitschaft notwendig, die eigenen alten Gewohnheitsmuster selbstkritisch zu hinterfragen.

Wenn Sie den Frieden des Geistes und des Herzens anstreben,
müssen Sie Ihre geistigen Gewohnheiten ändern.

– XIV. Dalai Lama –

Unsere Achtsamkeit auf das Hier und Jetzt könnte verstanden werden als ein Erkennen des episodischen Charakters unserer Wahrnehmung: Jetzt kommt ein neuer Eindruck, jetzt wieder ... und schon wieder. Oder: Ein unheilsamer Gedanke durchzieht meinen Geist ... nun kommt ein neuer Eindruck und löst den alten ab. Ich lasse los.

Automatismen helfen und hindern uns

Ein gegensätzlicher Vorgang könnte das unreflektierte Beibehalten unserer Angewohnheiten sein. Jede unserer Gewohnheiten stellt einen inneren Automatismus dar. Die Grundfunktion dient eigentlich der Erleichterung, wir müssen nicht immer alles wieder von vorn lernen.

Eine ehrliche innere Bilanz würde vermutlich zutage fördern, über wie viele Automatismen wir verfügen. Wahrscheinlich sind nur die wenigsten Aktivitäten eines Tages, vielleicht sogar eines Lebens, wirklich frei von unhinterfragten Automatismen.

Zusätzlich müssen wir einrechnen, dass jede Gewohnheit – und damit jeder Automatismus – einer relativ festen neuronalen Verbindung in unserem Gehirn entspricht. Wir finden hier Verbindungen, die wie festgetretene Trampelpfade wirken, während andere Verbindungen nur lose existieren.

Alte Gewohnheiten loszulassen bedeutet daher auch, neue Wege gehen zu müssen – und neue Wege sind für viele von uns beängstigend. Ein leichter Weg würde also auch auf neurologischer Ebene eine Flexibilität bedeuten. Die festen Nervenautobahnen unserer Gewohnheitsmuster lockern sich und wir erhalten wieder Wahlfreiheiten auf dem leichten Weg.

Diese Thematik kann uns in die unterschiedlichsten Richtungen führen. Was möchten Sie gern loslassen? Welche Gewohnheiten sind bei Ihnen zu fest geworden? Merken Sie, dass einige Ihrer Gewohnheiten dazu führen, den leichten Weg verlasen zu müssen?

Manche Angewohnheiten führen uns direkt auf den schweren Weg. Spüren Sie das?

Der Dalai Lama regt in seinem Ausspruch (Seite 187) dazu an, dass wir unsere Gewohnheiten prüfen und die unheilsamen von ihnen ändern sollten. Der nachfolgende zweite Teil dieses Zitats gibt uns einen Anhaltspunkt, auf welchen Lebensbereich wir zum Beispiel unser Augenmerk richten könnten:

Am besten lernen Sie,
Ihr Herz nicht an weltliche Güter zu hängen.

– XIV. Dalai Lama –

Wenn wir nicht mehr gewohnheitsmäßig, also unreflektiert, nach materiellem Konsum streben, scheint die Chance auf einen friedlichen Geist und ein ebenso friedliches Herz in greifbare Nähe zu rücken.

Das Herz nicht an weltliche Güter zu hängen bedeutet nicht, weltlichen Gütern ganz entsagen zu müssen, sondern der verführerischen Neigung zur Identifikation damit nicht nachzugeben. Auch ein Zitat von Seneca könnte diesen Sachverhalt verdeutlichen: „Lasse den Reichtum in dein Haus, aber nicht in dein Herz."

Sobald uns die materiell sinnliche Welt lockt, und das tut sie wohl ohne Unterlass, verweist uns der leichte Weg auf die Gewahrwerdung des Augenblicks im Hier und Jetzt. Viele Konsumgüter möchten uns doch mit einer schöneren Zukunft verführen und scheinen zu verheißen: Kaufe dieses und du wirst in Zukunft damit glücklich sein. Jetzt musst du zwar dein Konto plündern und schwer daran tragen, aber schon bald kannst du deinen Besitz genießen. In der Realität scheint allerdings nur die Shopping-Jagd das einzig Spannende daran zu sein. Das Jagen ist aufregend, der Besitz ist meist langweilig. Könnten wir uns das vorher nur mental bewusst machen, dann bliebe uns vieles erspart.

Die Anti-Shopping-Medizin

Das Objekt im Schaufenster sieht so verführerisch aus, etwas in uns springt sofort darauf an. Unser Verstand liefert sein Pro und Contra, hat aber keine Chance gegen die Aktivitäten unseres inneren Belohnungszentrums, das bereits Lusthormone produziert. Die sich anschließenden Abläufe sind bekannt.

Schauen wir uns lieber einmal Plan B an:

Wir spüren unsere Neigungen zum materiellen Konsum und verweilen einige Augenblicke lang dabei. Zuerst achten wir auf der körperlichen Ebene auf Empfindungen. Wir realisieren und beobachten sie, so wie ein Forscher eine Laborratte beobachten würde. Parallel dazu atmen wir tiefer in den Körper, also in die Bauchregion hinein. So erleben wir, wie sich vorhandene Anspannungen langsam lösen. Die rosarote Suchtwolke kann auf diese Weise langsam weiterziehen.

Wir kehren aus der vermeintlich glücklichen, der angepriesenen oder fantasierten Zukunft in diesen Augenblick zurück und realisieren, was das Hier und Jetzt wirklich ist. Meist erkennen wir dann, dass eine große Konzernkette uns mit einen Produkt fragwürdiger Qualität zu locken versuchte, das von Menschen unter leidvollen Bedingungen hergestellt wurde und uns selbst nicht wirklich glücklich machen kann.

Sicherlich ist gegen eine fröhliche Shopping-Tour nichts zu sagen, dennoch öffnen sich hier Türen für uns, wie wir Einfluss nehmen können. Es sind Momente, wo unsere eigene Entscheidung gefragt ist. Buddhisten fragen nicht zuerst danach, ob etwas gut oder nicht gut ist, sondern was es mit unserem Geist anstellt. Machen beispielsweise Ihre Gewohnheiten beim Shoppen Sie wirklich dauerhaft glücklich? Oder ist es nicht vielmehr wie eine Droge, die einen Moment lang ein Hochgefühl erzeugt, um schon im nächsten Moment eine Leere zu hinterlassen, die anscheinend nur mit erneutem Konsum gestillt werden kann?

Shopping als Lektion in Leerheit

Wenn Sie im Schaufenster etwas Nettes entdecken, dann achten Sie doch bitte einmal darauf, was passiert, wenn sich das Begehren in Ihnen regt. Das begehrte Objekt scheint sich ebenso zu verändern wie auch alle anderen nicht-begehrten Objekte in der Auslage, allerdings in unterschiedlicher Richtung.

Dann realisieren Sie, wie sich das Objekt Ihrer Begierde weiter zu verändern scheint, wenn Sie es zum ersten Mal in der Hand halten, und wie dieser Prozess weitergeht, wenn Sie es gekauft haben. Und wie wirkt das Objekt auf Sie, wenn Sie es schließlich zu Hause auspacken? Wirkt es dann nicht schon wieder ganz anders als in dem Geschäft, wo Sie es gekauft haben? Wieder anders hat es auf Sie im Schaufenster gewirkt – und das hat mit Beleuchtung oft kaum etwas zu tun.

Achten Sie dann bitte in der Folgezeit darauf, wie sich das Objekt nach und nach weiter zu verändern scheint, von Tag zu Tag, von Woche zu Woche, von Monat zu Monat.

Würde irgendetwas eine eigenständige Substanz besitzen, etwas, das es unabhängig von anderen Einflüssen machte, dann würde diese Eigenschaft umso deutlicher hervortreten, je mehr wir es untersuchen. Doch das Gegenteil ist der Fall: Je vertrauter wie mit einer Sache werden, desto mehr erkennen wir, dass es nichts Einzigartiges gibt. Alles gleicht sich an, weil alles miteinander in Verbindung steht.

Buddhisten sprechen hier davon, dass alle Objekte leer sind. Nichts besitzt feste, unabänderliche Eigenschaften, alles ist davon leer. Selbst unsere Wahrnehmung ist der Leerheit unterworfen. Es gibt da keinen festen Ansatzpunkt, alles ist das Produkt von Vergleichen und Empfindungen.

Das ist der Grund dafür, weshalb unsere Shopping-Trophäen sich immer wieder grundlegend „verändern" werden. Natürlich sind diese Objekte jedoch immer schon leer gewesen. Nur wir selbst haben diese Leerheit künstlich deformiert und etwas vollkommen Instabiles erschaffen, dessen Zerfall wir dann in der Zeit nach unserem Kauf beobachten können.

Der leichte Weg verweist uns hier auf die Wahrnehmung des Augenblicks. Das ermöglicht uns zum Beispiel einen tiefen Blick in uns selbst hinein. Wenn wir etwas unterlassen, indem wir zum Beispiel etwas nicht kaufen, dann entsteht erst einmal eine Lücke. Dies zu erkennen kann auch bedeuten, die damit einhergehende Spannung wahrzunehmen. Es ist fast ein kleines Entzugssyndrom, das wir spüren.

Jeder Augenblick vergeht jedoch und bringt neue Eindrücke hervor. Wir müssen also in einer derartigen Situation nur ähnlich neugierig bleiben wie eine Katze vor dem Mauseloch: Mal sehen, was für ein Mäuse-Gedanke als Nächstes kommt. Mäuse sehen sich meistens zwar ziemlich ähnlich, dennoch können wir sicher sein, dass jede Maus anders ist. Die neuen Mäuse-Empfindungen werden garantiert neue Mäuse-Gedanken oder Mäuse-Empfindungen erzeugen, und natürlich entstehen dann auch wieder neue Mäuse-Begehrlichkeiten. Es gibt ja auch so viel Käse in der Welt.

Wenn wir wissen,
dass die Vergangenheit auch in der Gegenwart liegt,
verstehen wir,
dass wir die Vergangenheit ändern können,
indem wir die Gegenwart verwandeln.

– Thich Nhat Hanh –

Strategien der Vergangenheitsbewältigung

Nicht wenige von uns reagieren bei dem Appell, sich auf den Augenblick zu besinnen, oft etwas ungehalten. Viele meinen: „Wir sind doch erst durch die Vergangenheit zu dem geworden, was wir heute sind. Das ist doch nicht alles nur schlecht." Oder: „Wir engagieren uns für eine bessere Zukunft. Wir kämpfen gegen Giftmüllverklappung im Meer und anderes, damit unsere Kinder keine vollkommen vergiftete Welt von uns erben. Wenn wir nie an die Zukunft, sondern nur an den Augenblick denken würden, dann könnten wir es uns, wie so viele es tun, einfach nur jetzt bequem machen und aufgeben." Noch eine weitere Variante soll nicht unerwähnt bleiben: „Ich habe Schlimmes erlebt. Das kann doch nicht ungeschehen gemacht werden, bloß weil ich mich damit nicht beschäftige."

Aus diesen drei beispielhaften Rückmeldungen können wir drei Einwände gegen unseren Fokus auf das Hier und Jetzt herauslesen:

1. Positiv Prägendes aus der Vergangenheit ist wichtig
2. Das Engagement für eine bessere Zukunft ist wichtig
3. Negativ Prägendes aus der Vergangenheit ist wichtig

Zu 1. Positiv Prägendes aus der Vergangenheit ist wichtig

Auf unserem leichten Weg könnten doch tatsächlich positiv prägende Erfahrungen von Nutzen sein. Diese Überlegung ist umso nachvollziehbarer, je deutlicher uns ein Fehlen von positiven Erfahrungen vor Augen geführt wird. So verfügen leidgeprüfte Menschen mit problematischer Biografie anscheinend über nur wenige solcher Erfahrungen. Wir haben diese Problematik und den Weg schon beschrieben, der dann erst einmal bei der Konsolidierung solcher Erfahrungsmöglichkeiten beginnt.

Wenn wir uns aber die grundlegenden Funktionsweisen anschauen, die hier am Werke sind, dann können wir erkennen, dass wir gern im Rahmen von Überlegungen über uns selbst in die Vergangenheit reisen. Wenn wir jemandem beschreiben möchten, wer wir sind, dann überlegen wir doch, wer wir gewesen sind. Das geschieht durch das Berichten über zurückliegende Erfahrungen.

So lassen wir es zu, dass alte Erfahrungen zu unseren aktuellen Selbstidentifikationen werden. Viele von uns haben immer noch die Idee, die eigene Persönlichkeit sei etwas Festes, das zudem auf der Rekonstruktion von Erinnerungen basiert. Wenn wir uns mit der Qualität und Sicherheit von Erinnerungen beschäftigen, kann es uns wegen der unsicheren Basis allerdings leicht etwas schwindelig werden.

Für viele von uns sind vergangene Erfahrungen wie ein Halt gebendes Gerüst. Das kann beruhigend wirken. Allerdings müssen wir auch erkennen, dass uns dieses Gerüst steif und unflexibel macht. Womöglich suchen wir dann mehr oder weniger bewusst nach dazu passenden neuen Erfahrungen, denn das, was wir tun, sollte schließlich doch zu uns passen. Die Problematik ist offensichtlich.

Zu 2. Das Engagement für eine bessere Zukunft ist wichtig

Wie viele Menschen sind schon für eine vermeintlich bessere Zukunft zugrunde gegangen? Wie oft wurde im Hier und Jetzt Gewalt in jeder Form ausgeübt mit der Rechtfertigung einer besseren Zukunft? Nicht ohne Grund lautet das dazu passende Sprichwort: Der Weg zur Hölle ist mit guten Vorsätzen gepflastert.

Wenn wir den Augenblick verpassen und aus dem Hier und Jetzt fallen, dann laufen wir bei allen noch so gut gemeinten Projekten in die Irre. Womöglich missachten wir eigene Belange oder die anderer Menschen.

Für eine bessere Welt zu kämpfen bedeutet natürlich auch, einen starken Fokus auf äußere Belange zu richten. Wir müssen planen, denken, kalkulieren, Strategien entwickeln, Schlachtpläne entwerfen, Widerstände mobilisieren und vieles mehr. Eine unserer größten Kulturleistungen im Westen ist die Freiheit seiner Bürger, für die eigenen Rechte eintreten zu dürfen, sich zu versammeln und die eigene Meinung zu äußern. Alles das hat sicher seine Berechtigung und kann gar nicht hoch genug eingeschätzt werden. Allerdings sollten wir auf diesem nicht ganz leichten Weg realisieren, wie stark wir uns damit in die Außenwelt begeben und wie sehr wir unseren Geist mit Kampf konfrontieren müssen. Dieser Weg ist gangbar, sollte aber nur mit einer sehr wachen inneren Begleitung beschritten werden. Das Spirituelle führt uns ja zuerst nach innen und erst dann darüber hinaus und nach außen.

Sich für heilsame Dinge zu engagieren gehört natürlich auch zu den wichtigen Bestandteilen unseres leichten Weges, doch unsere Neigung zum Aktionismus muss hier unbedingt kritisch im Auge behalten werden. Ebenso wichtig ist die Ergründung unserer tieferen Motive für dieses Engagement. Egal welchen Impuls wir in uns wahrnehmen, wir müssen stets prüfen, von welcher unserer inneren Stimmen dieser Impuls geleitet wird: Macht sich hier der innere „Mister Wichtig" bemerkbar, ist es das „Sorgen-Ich" oder vielleicht doch der „innere Weise"?

Diese Überlegungen scheinen auf den ersten Blick einfach und logisch zu sein, doch im Alltag sind wir uns nur zu oft ganz sicher, mit allem Recht der Welt zu agieren. Wir spüren den sicheren Impuls in uns, wir spüren die ebenso sichere Meinung dazu und glauben uns im guten Recht. Das sind dann vollkommen ausreichende Gründe für uns, um andere Menschen zu verletzten. Auch wenn wir das nicht unbedingt wollen.

Ein weiterer bedenkenswerter Aspekt liegt in der Leerheit aller Dinge, oder westlich ausgedrückt, der unübersehbaren systemischen und chaotischen Verknüpfung aller Dinge. Auf dieser Basis ist es für uns vollkommen unübersehbar, welche Folgen unser Handeln haben wird. Das soll jetzt aber nicht zur Passivität einladen, sondern vor allem zu einem achtsamen Einbremsen unserer scheinbar noch so sicheren Impulse, Meinungen und geplanten Aktivitäten. Für eine heilsame Nachhaltigkeit bremsen wir uns zuerst einmal in unseren schnellen Impulsen, um sie ausreichend in Ruhe ergründen und mit Bewusstheit durchdringen zu können. Nur auf dieser Basis hat unser Engagement einen Sinn.

Zu 3. Negativ Prägendes aus der Vergangenheit ist wichtig

Viele Generationen von Psychologen haben sich mit kaum etwas anderem als der Vergangenheit ihrer Klienten beschäftigt. Das Klischee lautet immer noch: Wenn du zu einem Psychologen gehst, dann musst du über deine Kindheit reden.

Da wir heute wissen, dass wir alles festigen, was wir wiederholen, müssen wir den Vorgang des Immer-wieder-Erzählens mit Vorsicht betrachten. Zu Recht richtet sich heute ein moderner Behandlungsfokus auf das, was wir erreichen möchten, und in diesem Zusammenhang wird der Schwerpunkt dann auf den Aufbau der entweder in uns angelegten oder bereits vorhandenen Fähigkeiten und Ressourcen gelegt. Das entspricht dem Konzept des leichten Weges.

An dieser Stelle soll diese spannende Thematik auf einen zentralen Punkt gelenkt werden: unsere tatsächlichen Chancen auf Veränderung. Wenn wir fragen: „Können wir uns wirklich ändern?“, oder sogar: „Können wir uns fundamental ändern?“, dann erhalten wir mittlerweile auf der Basis neurowissenschaftlicher Ergebnisse recht zuversichtliche Antworten. Aber wie sieht es aus, wenn wir die Vergangenheit verändern möchten?

Die Vergangenheit verändern

Es klingt vielleicht erst einmal unglaubwürdig, doch wir können die Vergangenheit tatsächlich verändern. Hierfür gibt es im Wesentlichen drei Anhaltspunkte:

1. Unsere Erinnerungen werden nicht wie fixe Bilder irgendwo in uns archiviert. Unser Hirnareal, das für bildhafte Erinnerungen zuständig ist, verfügt über eine Art Modulsystem: Es gibt Hirnmodule, die für Farben zuständig sind, andere für Konturen, Formen, Muster, Vorder- und Hintergründe, Strukturen und Fragmente. Ein Erinnerungsprozess ist also immer ein kreativer Rekonstruktionsvorgang. So zeigen zum Beispiel alle Studien zur Sicherheit von Zeugenaussagen die vollkommene Unsicherheit und mangelnde Zuverlässigkeit dieser Art von Beweisführung.

Unsere Erinnerungen sind also nicht einfach nur da oder nicht da. Wir müssen uns dieses System so vorstellen wie ein großes Warenlager mit verschiedenen Abteilungen. Wenn ein Auftrag an die Erinnerung ergeht, dann gibt es da einige Lagerangestellte, die nun die verschiedenen Zutaten wie bei einem Kochrezept zusammensuchen. Dieser Vorgang ist alles andere als exakt. In der Regel wird auch kein Menu genauso wie das vorausgegangene schmecken.

Falls ein Detail fehlt, dann nutzt der innere Lagerarbeiter einfach etwas anderes, wobei er davon ausgeht, dass es keinem auffallen wird. Hier müssen wir wirklich erkennen, dass unsere inneren Helfer eine ganz besondere Neigung und Eigenschaft besitzen: Sie lieben die Improvisation. Dabei liefern sie wirklich täuschend echte Ergebnisse ab. Wenn wir also vergangene Erfahrungen abrufen, dann sollten wir immer einrechnen, dass es keine exakte digitale Speichermethode im Lager unseres Kopfes gibt.

2. Wir können auf dieses innere Auswahlverfahren Einfluss nehmen. Vielleicht merken wir schon, dass unsere inneren Lagerangestellten, die unsere unbewussten und teilbewussten Vorgänge repräsentieren, je nach unserer psychischen Verfassung ganz unterschiedliche Aspekte an Erinnerungen zusammenstellen. Wenn wir uns über einen Freund ärgern, dann suchen unsere inneren Angestellten ganz andere Erinnerungsmuster zusammen, als wenn wir mit positiver Gestimmtheit an ihn denken möchten. Auch kennt wohl jeder von uns hohe innere Erregungszustände, in denen der Zugang zu unseren Erinnerungen völlig blockiert zu sein schien. Das wird dann Blackout genannt. Unsere aktuellen Geisteszustände haben also einen äußerst großen Einfluss darauf, wie unsere Vergangenheit unserer Erinnerung nach war!

3. Ein weiterer, sehr wesentlicher Aspekt soll nicht unerwähnt bleiben. Wenn wir durch viele wiederholte Erinnerungsvorgänge ein bestimmtes Erinnerungsmuster in uns gefestigt haben, dann werden daraus Erinnerungen, die wir für gesichert halten. Wenn wir immer wieder davon berichten, wie schlimm es uns an einem bestimmten Tag in unserer Kindheit erwischt hat, dann bilden wir daraus ein inneres Dogma. Unser Unbewusstes nimmt das bereitwillig auf und füllt es mit dazu passenden bildhaften Fragmenten, die wir als zu unseren Erinnerungen gehörig erleben.

Diese eher kritischen Beschreibungen möchten zu einer gewissen Vorsicht raten, die wir unseren unreflektierten Erinnerungen zukommen lassen sollten. Natürlich gibt es durchaus auch Erinnerungsfakten. Wenn wir uns als Kind das Bein gebrochen hatten und allein im Krankenhaus waren, sind das Tatschen, doch die verschiedenen Erinnerungsbilder, die wir damit verbinden, dürfen wir als nicht vollkommen gesichert einstufen.

Auf der Basis dieser Beschreibungen ergeben sich nun mindestens zwei Einflussmöglichkeiten, wie wir unsere Vergangenheit verändern können:

1. Wenn wir die Zeitreise antreten möchten und unsere Erinnerungen bemühen, dann sollten wir vorher eine Achtsamkeitsübung durchführen, in der wir unsere körperliche Verfassung und unsere emotionale Situation klären, unsere gedanklichen Tendenzen ergründen und dazu auch unsere Einsichten in die Zusammenhänge vertiefen. Achtsam, mit dem Wissen um die Unsicherheit von Erinnerungen und die Gefahren einer Festigung auch von unklaren Anteilen durch Wiederholung, besichtigen wir vorsichtig unser inneres Erinnerungs-Warenlager.

2. Wenn wir ein festes und dabei schmerzhaftes Erinnerungsmuster in uns erleben, können wir aufgrund der in uns angelegten Flexibilität, die von Neurowissenschaftlern *Neuroplastizität* genannt wird, Einfluss darauf ausüben.

Wenn wir zum Beispiel schmerzliche Erfahrungen mit unseren Eltern machen mussten, wenn wir zurückliegende Trennungen immer noch als leidvoll erleben, dann scheinen wir mit dem offenbar unlösbaren Problem konfrontiert zu sein, eine als bitter empfundene Vergangenheit nicht ändern zu können. Mit solchen oder ähnlichen Erfahrungen suchen wir auch heute noch immer wieder den Kontakt zu Menschen, die uns früher schlecht behandelt haben, vielleicht mit dem mehr oder weniger bewussten Wunsch, etwas wiedergutzumachen, das früher misslungen ist. Natürlich scheitern wir in der Regel dabei, weil wir meistens auch jetzt noch nur alte Muster wiederholen.

Der leichte Weg bei scheinbar unlösbaren Problemen

Wie können wir Probleme mit bereits verstorbenen oder unerreichbaren Eltern, mit von uns getrennten oder unerreichbaren Partnern, mit verstorbenen oder unerreichbaren Kindern, mit verstorbenen oder unerreichbaren anderen Personen lösen?

Eine Art und Weise, die Vergangenheit zu ändern, könnte so aussehen, dass wir damit aufhören, nach Lösungen im Kontakt zu Menschen, die unser Leiden bewirkt oder mitbewirkt haben, im außen zu suchen. Das wäre nur wieder der schwere Weg.

Wenn wir uns an schmerzhafte Erfahrungen erinnern, dann wird eine alte neuronale Erinnerungsspur in uns aktiviert, die in der Regel auch mit einem alten Persönlichkeitsanteil von uns im Zusammenhang steht. Wir spüren das daran, dass wir uns wieder so wie damals fühlten, als wir diese Erlebnisse hatten. Wir gehen also wieder auf Zeitreise, nun in die Vergangenheit. Diese kann ein paar Monate, ein paar Jahre, aber auch einige Jahrzehnte zurückliegen.

Wenn wir diese Erfahrung in der Kindheit gemacht haben, dann werden wir uns während einer solchen Erinnerung auch heute noch wie ein kleines Mädchen oder ein kleiner Junge fühlen, wenn wir daran denken. Dieser in uns existierende Anteil erzeugt die entsprechenden Gedanken und wird auch die Erinnerungen einfärben. Gleichzeitig sucht dieser infantile Anteil von uns nun nach dem Kontakt zum problematischen Gegenüber, das früher seinen Teil der Verantwortung an der negativen Erfahrung hatte. Unschwer zu erkennen, dass es so nicht funktionieren kann.

Der leichte Weg führt uns hier auf einen anderen Pfad: Eine wesentlich heilsamere Lösung und damit wirkliche Veränderung der Vergangenheit sieht so aus, dass wir uns etwas Zeit nehmen, um erst einmal zur Ruhe zu kommen. Körperlich versuchen wir uns etwas zu lockern, auch unsere Emotionen und Gedanken finden dadurch eine gewisse Entlastung. Erst dann gehen wir auf unserem leichten Weg einen Schritt weiter und initiieren eine *innere* Kontaktaufnahme zwischen dem verletzten eigenen Anteil in uns, den wir zum Beispiel unser „inneres Kind" oder auch unsere „verletzte Seite" nennen können, und einem *eigenen inneren heilsamen erwachsenen Anteil.*

Der Heilungsprozess findet also nicht mehr zwischen unserem verletzen Anteil und der tatsächlich existierenden Person *im außen* statt, sondern als *innerer* Dialog zwischen unserem verletzten Anteil und einer eigenen heilsamen Seite in uns. Zum Beispiel kann unser heilsamer innerer Erwachsener Kontakt zu unserem verletzten inneren Kind aufnehmen.

Wir können uns das auch so verstellten, dass zwei Hirnareale mit unterschiedlicher Informationsladung miteinander in Verbindung treten und der stärkere und gesunde Erwachsenenanteil in uns dem verletzten Anteil beziehungsweise dem ihm zugeordneten Hirnareal heilsame Energie zuführt. Diese energetische Brücke hat nichts mit Psycho-Gerede zu tun, sondern lässt sich neurowissenschaftlich dokumentieren und zum Beispiel mittels Computertomografie abbilden und auch messen.

Für diesen heilsamen Kontakt können wir die verschiedensten Anteile in uns zusammenführen. Es gibt da den inneren Heiler oder Helfer in uns, den inneren Weisen, den inneren Sanitäter, den verlässlichen Begleiter, den hilfreichen Erwachsenen oder den inneren Therapeuten, um nur einige zu nennen. Diese Strukturen sind ausnahmslos in uns allen angelegt, auch wenn wir sie bislang vielleicht nicht ausreichend genug kultivieren konnten. Wenn wir ihre Stimmen in uns hören können, dann werden wir in die Lage versetzt, uns selbst zu beraten, uns zu helfen oder zu heilen.

Andererseits existieren natürlich auch jene Anteile in uns, die verletzt worden sind. Diese sind je nach dem Zeitpunkt der Vorfälle, die uns verletzt haben, unterschiedlich alt. Viele dieser Anteile befinden sich in uns: das verletzte Kind, der oder die gekränkte Geliebte, der oder die Verlassene, das innere Opfer, und auch diese Stimmen hören wir immer wieder in uns, wenn es uns schlecht geht.

Wenn wir unsere Vergangenheit jedoch wirklich verändern möchten, suchen wir also nicht mehr den Kontakt zu unserem Ex-Partner, der uns Schaden zugefügt hat, um mit ihm oder ihr noch etwas zu klären. Wir suchen auch nicht den Kontakt zu den Eltern, um mit ihnen etwas zu klären. Wir suchen generell nicht mehr im außen nach Heilung, sondern in unserem Inneren, bei unseren hier und jetzt vorhandenen *eigenen inneren Anteilen.* Es kann zwar durchaus auch Sinn machen, nach ausreichender innerer Stabilisierung und Heilung nochmals mit dem betreffenden Menschen ein paar klärende Worte zu wechseln, doch das geschieht dann aus einer Position der Sicherheit und nicht mehr der eigenen Verletztheit heraus.

So kann jederzeit Heilung geschehen.

So können wir die Vergangenheit ändern!

Das entspricht dem leichten Weg, der uns von äußeren Bedingungen unabhängiger macht und uns vor allem aus einer unguten Vergangenheit herausführen kann. Auf diese Weise können wir die Vergangenheit immer mehr als das erkennen, was sie ist, nämlich vergangen. Wir lösen uns auf eine leichte Weise von alten Mustern, transformieren sie aktiv und eigenverantwortlich. Dieser Vorgang kann uns stärker im Hier und Jetzt verwurzeln.

Wenn die Kraft der Gegenwart zunimmt, wird die Gravitationskraft der Vergangenheit nach und nach schwächer. Eine zunehmende Kraft der Gegenwart kann uns auch davor schützen, zu oft in die Zukunft zu reisen. Eine schmerzliche Gegenwart und eine unaufgeräumte Vergangenheit sind ja oft der Treibstoff für unsere Zeitreisen, die uns entweder ständig in die Zukunft entführen oder an der Vergangenheit haften lassen.

Auch wenn schon viel gesagt und geschrieben wurde zur Magie des wahren Augenblicks: Das Verweilen darin ist so unendlich schwer.

Der leichte Weg aus der Vergangenheit und auch aus der Zukunft heraus und in das Hier und Jetzt hinein kann uns da wirklich gute Dienste leisten.

KAPITEL 7

Authentizität

It took me four years to paint like Raffael,
but a lifetime to paint like a child.

– Pablo Picasso –

Autenzität? Nein, falsch geschrieben! Das Wort ist schwer zu schreiben und schwer auszusprechen. Versuchen Sie doch mal, das Wort *Authentizität* mehrmals hintereinander schnell auszusprechen ...

Auch das Verständnis, was sich hinter diesem Begriff wohl verbergen mag, könnte ebenfalls nicht ganz leicht zu knacken sein. Wir wollen es hier aber einmal versuchen, denn der leichte Weg sollte natürlich und daher natürlich authentisch sein.

Wir werden dafür zwei Bereiche ergründen: Die authentische Lehre ist der eine Aspekt, und die authentischen Menschen, die wir sein möchten, stellen das andere Standbein dar.

Die authentischen Menschen, die wir sein können

Seien Sie bitte authentisch!

Diese Aufforderung könnten wir in dem Sinne verstehen, dass wir uns möglichst so zeigen sollten, wie wir sind. Das wirft natürlich viele Fragen auf – insbesondere auch die buddhistische Standardfrage: Wer bin ich eigentlich? Und bedeutet es dann im Hinblick auf eine beliebige Situation, dass ich, wenn ich wütend bin, diese Wut auch authentisch zeigen soll? Dass ich authentisch meine Süchte zeige, authentisch einfach alles offenbare, was da ist?

Das könnte doch letztlich bedeuten, dass wir alles so lassen, wie es bereits ist. Hier ahnen wir wohl schon, dass es etwas zu einfach wäre, nur jeder Regung nachzugeben und dann zu behaupten: Ich war eben authentisch. Offenbar soll mit dem Appell an eine authentische Haltung doch noch etwas anderes vermittelt werden.

In Picassos Ausspruch kommt ein Entwicklungsgedanke zum Ausdruck: Wir *sind* nicht einfach so, wir *werden* so. Picasso hat eine Weile danach gestrebt, als Maler den Eigenschaften von Raffael nachzueifern, und er dürfte hart daran gearbeitet haben. Doch die kindlichen Eigenschaften, die Picasso dabei offenbar als erstrebenswert ansah, scheinen schwieriger zu erreichen gewesen sein. Wir können nur Mutmaßungen darüber anstellen, ob er damit gemeint haben könnte, dass er seinen erwachsenen Verstand beim Malen nicht immer in den Vordergrund stellen wollte, oder ob er seiner verloren gegangenen Unschuld nachtrauerte.

Die kindlichen Qualitäten lassen sich sicherlich recht ambivalent darstellen, denn sie zeigen uns spontane, ehrliche, verspielte, unschuldige und kreative Seiten, weisen aber auch in unguter Weise naive, unbeherrschte, unverständige und unwissende Wesenszüge auf. Solche Gedanken über unsere kindliche Energie sind generell natürlich auch Ausdruck einer selbstkritischen Haltung unseres rigiden Erwachsenenseins. So scheint es zwar ratsam zu sein, unseren hochgezüchteten und ruhelosen Verstand lenken zu lernen, aber nicht auf eine Stufe unterhalb des Erwachsenenstatus zurückzufallen.

Einige Eigenschaften, die wir authentisch kultivieren können

Im Hinblick auf welche gewünschten Eigenschaften möchten Sie sich denn authentisch verhalten können?

Womöglich denken Sie nun, dass das doch sicherlich kein Wunschkonzert ist. Tatsächlich aber ist es ziemlich genau das. Es ist wirklich möglich, das eigene Musikstück auszuwählen. Es wird natürlich nicht auf Knopfdruck abgespult, sondern ähnlich wie ein Orchester die verschiedenen Instrumente synchronisieren muss, sich in Übung zusammenfindet und regelmäßig am gemeinsamen Ziel arbeitet, so können auch wir uns für die Kultivierung des Musikstücks unserer eigenen Eigenschaften engagieren.

Der Begriff „Eigenschaften" ist hier bewusst gewählt. Sicherlich können wir uns zum Beispiel durchaus auch friedlich *verhalten,* obwohl wir eher kämpferische *Eigenschaften* besitzen. Das Verhalten lässt sich immer schneller entwickeln als eine Eigenschaft, in der sich bereits eine Festigung anzeigt.

Diese Thematik setzt allerdings eine selbstkritische Bilanz voraus. Es lohnt sich, einmal eine Liste zu entwerfen, auf der wir links unsere kritischen und rechts unsere heilsamen Eigenschaften auflisten. Fällt die linke Spalte zu lang und die rechte zu kurz aus? Was könnte denn in der rechten Spalte fehlen? Welche heilsame Eigenschaft möchten Sie in sich festigen?

Zur Erinnerung: Wir alle besitzen Veranlagungen für jede nur denkbare Eigenschaft. Sonst könnten wir Menschen diese gar nicht entwickeln. Dementsprechend können wir auch jede nur denkbare Eigenschaft nachträglich noch korrigieren. Die unheilsamen Eigenschaften lassen sich entkräften und die heilsamen Veranlagungen lassen sich aufbauen.

Wäre es nicht schön, wirklich authentisch gelassen, freudig, liebevoll und gütig sein zu können? Welche Assoziationen stellen sich da als Erstes bei Ihnen ein? Nicht wenige von uns meinen zum Beispiel, dass sie mit einer solchen Haltung und einem solchen Verhalten zu wenig Schutz erfahren und sich angreifbar machen. Diese Assoziationen sind durchaus ernst zu nehmen und sollten im Kontakt mit erfahrenen Begleitern ergründet werden.

Vielleicht können Sie sich aber auch vorstellen, diese heilsamen Ressourcen in einem Schritt nur im Kontakt mit uns selbst zu kultivieren. Unser leichter Weg, authentisch gelassen, freudig, liebevoll und gütig zu sein, kann bedeuten, mit uns selbst authentisch gelassen, freudig, liebevoll und gütig zu werden. Jede Wiederholung wird unser anfänglich noch unsicheres Verhalten stärken und auf diese Weise sukzessive eine Eigenschaft daraus entwickeln.

Die Authentizität wird in diesem Zusammenhang deshalb so hervorgehoben, weil die Eigenschaften von Liebe, Güte, Mitgefühl, um nur einige zu nennen, sehr hohe Ideale darstellen, die im spirituellen Setting ganz zentral sind. Deshalb versuchen viele von uns, sich diesen Idealvorstellungen anzunähern. Doch wie soll das geschehen? Unweigerlich kommt es hier oft zu unklaren Aktionen. Nicht wenige von uns schlucken die eine oder andere Emotion oder Reaktion herunter, um dem eigenen oder dem Gruppenideal zu entsprechen: stetige buddhistische Gelassenheit, immer gewaltfrei-friedvoll und liebend-gütig bleiben.

Authentizität kann hier ein sehr wichtiger Prüfstein für uns alle sein, denn Authentizität heißt, *echt* zu *sein.* Das kann zum Beispiel bedeuten, sich nicht nur nach außen hin friedvoll zu *verhalten,* sondern sich auch in diese Richtung zu entwickeln, also nach und nach innerlich friedvoll zu werden und zu *sein.*

Liebe und Güte, Mitgefühl, Freude und Gleichmut werden wir in Kapitel 9 noch genauer betrachten. An dieser Stelle schauen wir uns einmal die folgenden Eigenschaften an, deren heilsame Qualität wir sehr gut für uns nutzbar machen können: Kreativität, Integrität und Spontaneität.

Kreativität

Die Kreativität, die hier gemeint ist, hat nichts mit Kunst im konkreten Sinne zu tun. Für die Schaffung von Kunst ist zwar Kreativität eine ausgesprochen hilfreiche Eigenschaft, doch sie ist auch eine universelle Energie, die sich auf keinen spezifischen Bereich fixieren lässt.

Das innere Navigationsgerät, das uns auf den leichten Weg führen soll, wird sicherlich auch unsere Kreativität bemessen. Der leichte Weg ist ohne Kreativität gar nicht denkbar. Kreativität ist ein Ausdruck von innerer Freiheit und unserer Fähigkeit, eine Situation transzendieren zu können. Damit könnte ein Zustand einhergehen, in dem wir nicht mehr nur die nächsten zwei Meter des Weges vor uns im Blick haben, sondern ein großes ganzes Bild. Kreativität wäre damit ein wesentliches Merkmal geistiger Gesundheit und als solches nicht nur ein Maßstab für uns selbst, sondern natürlich auch für Behandler.

Um es nochmals in Erinnerung zu rufen: Auch Kreativität ist als Veranlagung in uns allen angelegt. Als Kinder haben wir sie ausgelebt und beim Erwachsenwerden womöglich vernachlässigt. Kultivieren wir sie, dann spüren wir diese heilsame Kraft in uns wieder deutlicher. Dafür kann es hilfreich sein zu verstehen, dass alle unsere Handlungen, Gedanken und Empfindungen kreativ sind: Wir erschaffen sie. Wir treten in die Welt und erzeugen zahlreiche, meist unerkannte Wirkungen.

In einem Zustand der persönlichen Krise werden wir insbesondere unsere Selbstwirksamkeit nicht mehr spüren und fühlen uns dann oft hilflos. Der Zugang zu unserer Kreativität ist uns versperrt. Es handelt sich dabei um einen kontinuierlichen Vorgang, was bedeutet, dass es etwas nie ganz oder gar nicht gibt, sondern je nachdem mehr oder weniger. In welchen Situationen fühlen Sie sich kreativ und damit auch selbstwirksam? Wann und wo können Sie etwas bewirken? Denken Sie jetzt nicht nur an künstlerische Aktivitäten. Auch wenn wir kochen, putzen, kommunizieren oder im Kontakt mit anderen sind, entstehen viele Spielräume für unsere Kreativität.

Das eigene Tun wieder als kreativ zu erfahren kann uns zu tiefen Einblicken in das Wesen unserer Existenz verhelfen. Es besteht dann die Möglichkeit, in wirklich allen Alltagsmomenten unsere eigene Energie zu spüren. Dann gibt es auch keine guten und schlechten alltäglichen Notwendigkeiten mehr, alles kann zum Ausdruck der kreativen Energie werden. Wir erfahren dann möglicherweise auch, dass es sich hier um eine universelle Kraft handelt, die uns bewegt, die aber auch alle anderen fühlenden Wesen und die gesamte Natur durchdringt.

Kreativität kann Lähmungen aufheben

In leidvollen Situationen spüren wir wohl oft eine Last, die uns niederdrücken könnte. Das kann unser eigenes Leiden, aber natürlich auch die Last eines anderen Menschen betreffen. Wenn wir Mitleid mit Mitgefühl verwechseln, dann ist das eine Variante, wie uns auch andere Menschen zur Last werden können.

Für die gegenseitige wie auch für die professionelle Hilfe und ebenso für die Selbsthilfe ist Kreativität ein unverzichtbarer Baustein. Es kommt schon manchmal einer Kunst gleich, hier immer den Mittleren Weg zu finden. Es heißt ja auch zu Recht: Behandlungs*kunst.* Nur allzu oft können aber auch Entwicklungen entstehen, die so schwer anmuten, dass sie uns scheinbar zu lähmen versuchen. Das wäre dann die gegenläufige Dynamik zur Kreativität. Geistig-emotionale Lähmung und Kreativität schließen einander aus.

Es gibt keinen falschen Ton,
nur den falschen Ton danach.

– Miles Davis –

Die Sorge oder gar die Angst davor, etwas Falsches und Unpassendes zu sagen oder zu tun, kann uns lähmen, so dass wir gar keine „Musik“ mehr produzieren möchten. Auch wenn wir kein Miles Davis sind, so sind wir doch alle kreativ, weil wir täglich etwas schaffen, wenn wir zum Beispiel Beziehungen aufrechterhalten und auf diese Weise ein Leben schaffen und erhalten, in dem wir und andere einen Weg finden.

Die Erste Edle Wahrheit tief zu verinnerlichen könnte zur Folge haben, dass wir uns etwas mehr entspannen lernen und verstehen, dass Fehler vollkommen natürlich sind. Zudem wird unser Geistestraining den oft in uns vorhandenen Perfektionswunsch transformieren, so dass unser Grad an Freiheit von Schritt zu Schritt wachsen kann.

Auf diesem Weg begegnen uns jedoch immer wieder auch Hindernisse. Die hier angedeuteten unheilsamen Entwicklungen können sowohl innen als auch außen geschehen. Nur allzu gern machen wir dafür dann natürlich die äußeren Bedingungen verantwortlich und finden hier die Schuldigen für unsere unheilsamen Empfindungen. Machen wir uns aber immer wieder klar:

Die Umstände sind nicht das Problem.

Die Emotionen sind nicht das Problem.

Das Problem sind wir selbst.

Der leichte Weg kann uns zeigen, wo wir beginnen: nämlich nie bei den beschwerlichen Bemühungen, die Welt zu ändern, wir beginnen bei uns selbst. Und selbst dort beginnen wir nicht sofort mit Aktivitäten, die der Veränderung dienen, sondern damit, für alle Empfindungen einen guten Platz zu finden, wo sie noch eine Weile sein dürfen. Wir treten gewissermaßen einen Schritt zurück in das Auge des Sturms.

Die innere Unruhe kann in der Regel nicht durch eine gute neue Lösung wirklich nachhaltig getilgt werden. Wir benötigen erst eine Loslösung von der inneren Anspannung, bevor wir eine gute nachhaltige Lösung für unsere Probleme finden können. Nur allzu oft suchen wir bereits im aufgeregten Zustand nach möglichst kreativen guten Lösungen. Das Achtsamkeitstraining (siehe Kapitel 8) zeigt uns jedoch, dass wir zuerst Körper, Emotionen und Gedanken beruhigen lernen müssen.

Nur auf der Basis einer inneren schrittweisen Loslösung finden wir zu der uns allen innewohnenden Kreativität. Die Reihenfolge spielt hier eine große Rolle und verdeutlicht, dass sich grundlegende Verhaltensweisen und auch Haltungen wie Achtsamkeit, aber auch Kreativität lernen lassen. Genauer formuliert, bedeutet es, die dafür notwendigen Grundbedingungen zu schaffen, um den vorhandenen Ressourcen einen heilsamen und realistischen Rahmen zu eröffnen.

Kreativität als Hoffnungsträger

Von Zeit zu Zeit kann ein wenig heilsame Vorwegnahme des angestrebten Zustandes durchaus motivierend wirken. Kreativität kann uns hierfür gute Dienste leisten, da sie uns die elementar wichtige Vision entwickeln hilft, wie wir sein könnten. Es ist eine sehr hilfreiche kreative Übung, sich besonders in angespannten Situationen vorstellen zu können, wie wir uns jetzt fühlen könnten, wenn wir kein Ego hätten. Sofort enttarnt sich der Spuk und wir müssen vielleicht sogar etwas lächeln. Da hätte uns doch beinahe wieder ein unangenehmer Ego-Anteil die Stimmung vermiest.

Dieser kreative Prozess setzt voraus, dass wir uns vorstellen können, wie es sich anfühlen würde, wenn der Ego-Ballast sich vermindert hätte. Es zeigt uns einen größeren Raum, etwas öffnet sich in uns und wir erfahren eine heilsame Entgrenzung von den inneren Gewohnheitsmustern. Die daraus entstehende Leitemotion wird von vielen Menschen als Leichtigkeit beschrieben. Der Geist lockert sich und projiziert sich in einen befreiten Zustand, der eigentlich noch nicht erreicht, dennoch aber bereits da ist und für uns abrufbereit.

Authentizität und Kreativität

Der eben geschilderte Prozess kann durch regelmäßiges Üben in uns gefestigt werden. Auf diese Weise bleiben wir auf unserem leichten Weg in einer stabilen kreativen Grundhaltung, die uns sogar schon mit dem Ziel zu verbinden vermag. Auf dieser Basis sind unsere Lösungsansätze nicht hölzern, nur nachgemacht und kopiert, unbedacht und übereilt oder sogar nur angelesen, sondern ein Ausdruck unseres inneren Freiseins. Es bleibt eine authentische Kreativität.

Authentizität und Kreativität sind natürlich auch Indikatoren für die Kursbestimmung auf unserem leichten Weg. Nehmen wir einen spürbaren Rückgang dieser Parameter wahr, dann scheinen wir den leichten Weg verlassen zu haben.

Integrität

Neben der Kreativität finden wir eine weitere wichtige Eigenschaft, die wir in uns kultivieren können: die Integrität. Nicht gerade wenige von uns meinen wohl, dass ein moralischer Wert immer mit Anstrengung und Disziplin assoziiert sein muss, denn um integer zu sein, müssen wir viele Eigenschaften in uns lenken können. Das hört sich zwar gut an, könnte aber auch mit einigem Verzicht und einer ständig erforderlichen Aufmerksamkeit verbunden sein.

Sicherlich können wir für diese Vorstellung von Integrität die höchsten moralischen Werte bemühen. Allerdings meint dieser Begriff hier, dass wir das, was wir anderen zu vermitteln suchen, auch für uns selbst anwenden. Wir werden also nicht „öffentlich Wasser predigen und selbst heimlich Wein trinken", wie es heißt, sondern als integres Beispiel dienen. Sicherlich reicht es, ein Beispiel zu sein, es muss nicht gleich ein Vorbild sein.

Für diesen Weg fokussieren wir integre Eigenschaften, wie Liebe und Güte, Mitgefühl, Freude, Gleichmut und Gelassenheit. Mit diesen wichtigen Aspekten werden wir uns in Kapitel 9 noch näher beschäftigen. Das generelle Prinzip sollte aber bereits offensichtlich geworden sein. Es ist im Grunde ganz simpel: Ausnahmslos jeder von uns verfügt über die Veranlagung zu allen nur denkbaren Eigenschaften. Das reicht von liebender Güte über Gelassenheit, Nachlässigkeit, Disziplin, Kampfbereitschaft bis hin zu Mord und Totschlag. Wären diese Veranlagungen nicht bereits in uns vorhanden, dann würden wir nicht in der Lage dazu sein, sie praktisch umzusetzen. Wir können also jede nur denkbare Eigenschaft in uns aktivieren, trainieren und dadurch kultivieren und festigen. Demnach lässt sich also auch Integrität üben.

Wäre es nicht wunderbar, wenn wir tatsächlich in der Lage wären, solche Eigenschaften eigenständig in uns initiieren zu können? Wir sind dann nicht mehr auf günstige äußere Bedingungen angewiesen, sondern davon unabhängig. Wie uns die buddhistischen Philosophen und auch die modernen Neurowissenschaftler bestätigen, ist das zwar möglich, doch es gibt dafür einige Vorbedingungen.

Es wäre wohl kaum zu realisieren, sich isoliert nur einige attraktive Eigenschaften antrainieren zu wollen. Das würde doch sehr an ein Kunststück erinnern. Um tatsächlich und deshalb auch authentisch integre Eigenschaften sicher zu entwickeln, benötigen wir einen Lebensstil, in dem alles einen Platz finden wird, um gedeihen zu können. Dafür könnte es in der Anfangsphase schon ausreichen, nur ein paar Aspekte zu berücksichtigen.

Ein vierwöchiges Experiment in Integrität

In diesem Zeitraum werden Sie

- täglich zu jeder vollen Stunde einen kurzen „Mikro-Check" durchführen: bewusst 2 bis 3 Atemzüge machen, die Schultern lockern und den inneren Stresspegel bestimmen
- 1- bis 2-mal täglich eine Meditation durchführen, die 10 bis 20 Minuten dauern kann

- keine Substanzen konsumieren, die den Geist in irgendeiner Weise beeinträchtigen
- sich vegetarisch ernähren
- unheilsame Gedanken und Meinungen nicht kommunizieren, sondern nur innerlich wahrnehmen, um sie dann loszulassen
- nichts nehmen, was nicht gegeben wurde
- einen achtsamen Umgang mit Beziehung und Sexualität pflegen

Vielleicht ist es Ihnen möglich, in diesen Anregungen den Charakter eines Experimentes zu sehen. Natürlich haben schon viele Millionen Menschen vor Ihnen dieses Experiment erprobt, dennoch ist es unumgänglich, eigene Erfahrungen damit zu machen. Nur auf dieser persönlichen Basis werden wir spüren können, dass ein integrer und ein leichter Weg immer identisch sind. Das merken wir zum Beispiel daran, dass wir das Vergnügen bei der Umsetzung selbst zu spüren bekommen. Danach werden Begriffe wie „Verzicht" oder „strenge Disziplin" sinnentleert erscheinen. Schließlich laufen wir ja auch nicht ohne Schuhe über Scherben. Vielmehr lernen wir die Vorteile geeigneter Schuhe kennen und nutzen sie ohne weitere Zweifel. Dann müssen wir nicht mehr jeden Stein und jede Unebenheit unseres Weges peinlich genau kontrollieren. Steine gehören nun einmal zum Weg dazu, sind aber mit Schuhen kein Problem mehr.

Diese sich entwickelnde Art von Sicherheit kann unsere Integrität nochmals fördern. Schließlich können wir mit „Schuhen" etwas leichter zu uns selbst stehen, auch wenn der Untergrund vielleicht nicht ganz so ideal ist.

Authentizität und Integrität

Auch hier gilt wieder das Gleiche wie bei der Kreativität: Wenn wir integres Verhalten wiederholen, kann daraus eine integre Eigenschaft werden. Wieder finden wir hier auch Indikatoren oder eben Maßstäbe, die uns anzeigen, ob wir noch den leichten Weg beschreiten oder wieder einmal einen kleinen Abstecher machen.

Wenn Integrität uns leichtfällt, was gleichzeitig natürlich ein Zeichen für den leichten Weg ist, dann ist damit auch unsere Authentizität gesichert. Wenn unser integres Verhalten uns noch unsicher vorkommt, dürfte es auch mit der authentischen Weitergabe etwas holprig bestellt sein. Schauen wir aber lieber auf das Erreichte und nicht ständig auf das Noch-nicht-Erreichte, denn ein solcher Fokus entspräche eindeutig dem Wegbeamen vom leichten Weg.

Die hier immer wieder unterstrichene Leichtigkeit stellt eine wichtige Prüfmarke dar, die uns helfen kann, wenn wir in eine so umfassende Lehre, wie es die buddhistische ist, eintauchen. Der Buddhismus als eine der großen Weltreligionen, die bereits länger als Christentum und Islam existiert, flößt sicherlich vielen einigen Respekt ein. Er weist so zahlreiche ernsthafte Aspekte auf und befasst sich auch mit so schweren Themen wie unserem Leiden und unserer Erlösung, dass wir als kleines Individuum vor Ehrfurcht erstarrt nur noch staunen können und womöglich einige Unterstützung benötigen, um zu realisieren, dass es hier ausschließlich um uns selbst geht. Wir müssen niemanden anbeten und keine Dogmen befolgen.

Mahatma Glück, Mahatma Pech, Mahatma Gandhi

Vor Ehrfurcht zu erstarren und andere Menschen auf ein Podest zu stellen erzeugt nicht selten eine Dynamik, in der wir selbst keine Weiterentwicklung mehr erfahren können. Eine gute Portion Humor scheint ein geeigneter Treibstoff zu sein, um sich von einigen erstarrten Mustern lösen zu können. Denn wir möchten nicht nur Ehrfurcht lernen, was für viele von uns durchaus eine sehr heilsame Lektion wäre, sondern es geht schlicht und einfach um unsere Befreiung.

In den Wechselfällen des Lebens erfahren wir zwar alle viel Leid, doch Humor kann zweifellos dazu beitragen, dass wir aus dem Leid kein Leiden machen. In diesem Zusammenhang soll deshalb noch eine Eigenschaft aufgeführt werden, die entlastend und lockernd wirken kann: Spontaneität.

Spontaneität

Der extrem kurze und schon recht alte Witz „Sei spontan!“ hat noch immer nichts von seiner Aktualität verloren. Der Schüler, der in sein Heft notiert: „ich muss demnächst spontan sein“, benötigt sicherlich noch ein paar Anleitungen, denn er wird fragend schauen und vielleicht wissen wollen, welche Eigenschaften dafür denn noch vonnöten sind.

An dieser Stelle werden wir wieder mit einer anderen alten Frage konfrontiert: Was ist eigentlich buddhistisch? Wenn ich spontan bin und dann natürlich auch allen möglichen emotionalen Regungen und jeglichen gedanklichen Impulsen folge, verhalte ich mich dann noch buddhistisch? Bedeutet Buddhismus nicht auch Zügelung und Einbremsung unserer Impulse, von denen wir oft gar nicht wissen, ob sie wirklich heilsam oder doch eher unheilsam sind?

Vielleicht können wir uns langsam an ein gutes Verständnis herantasten. Es gibt bekannte buddhistische Meister, die in ihrer „Verhaltenheit" auffallend stark eingebremst wirken. Selbst wenn wir sie als sehr authentisch erleben, so könnten wir doch bei ihnen ein gutes Stück Spontaneität vermissen. Wenn wir uns lange einbremsen und betont langsam reagieren, damit wir als buddhistisch gelten, und meinen, in der Zukunft könne mit dem Eintreten der Befreiung etwas mehr Entspannung entstehen, dann merken wir wohl selbst, dass dieser Weg seine Tücken hat.

Auch dieses Thema lädt uns wieder einmal dazu ein, über die Befreiung nachzudenken. Wie stellen wir sie uns vor? Natürlich werden wir unser Ego nicht mit in die Befreiung schleppen können. Und werden wir ohne Ego noch wir selbst sein? Was soll denn spontan sein, wenn unser Ego fehlt?

Wenn unsere Ego-Anhaftungen, unsere Ego-Widerstände und unsere Ego-Verblendungen fehlen, dann sind natürlich immer noch Empfindungen vorhanden, und diese sollen auch fließen. Solange unser Ego die Zügel in der Hand hält, können wir von einigen Einbremsungen durchaus profitieren, aber das kontinuierliche Einbremsen kann zu einer angelernten und schließlich gefestigten emotionalen Blockade werden.

Wir haben es hier also mit einem recht spannenden Weg zu tun, der uns zwischen unseren Impulsen hindurchleiten sollte. Wir müssen unsere Empfindungen spontan wahrnehmen und ebenfalls einen spontanen Ausdruck dafür finden, der uns und andere nicht verletzt oder schädigt. Solange wir nicht sicher sein können, wie sehr unser Ego uns an der Leine führt, benötigen wir eine solche Wachsamkeit. Diese steht aber nicht im Widerspruch zur Spontaneität. In einem ersten Schritt sollten wir einen leichten Weg mit spontanen Ausdrucksformen finden.

Es gibt Studien, die belegen, dass viele Behandler eine noch eingeschränktere Mimik zeigen als psychisch schwer verletzte Menschen. Ebenso wie viele Behandler meinen auch viele Buddhisten, dass sie stets Gelassenheit und Gleichmut ausstrahlen sollten – was auch immer passiert. Das erweist sich schnell als Irrglaube und stellt ein Ideal dar, das uns wahrscheinlich mehr bindet als befreit.

Vielleicht können wir einen Bereich weitgehend gefahrlos kultivieren, indem wir bei den positiven Reaktionen beginnen: Der Dalai

Lama ist uns wohl allen ein Vorbild in Sachen Spontaneität, Humor und befreiendes Lachen.

Bewusst zu atmen und zu lächeln ist bekanntermaßen nicht nur ein emotionaler Ausdruck, sondern auch eine Übung. Wir müssen also nicht immer nur passiv abwarten, sondern können damit beginnen, diese Anlagen in uns direkt und eigenständig zu kultivieren. Wenn wir das Freudige stärker kultivieren, wird es uns zukünftig leichter fallen; so verhält es sich mit allen Dingen, die wir üben. Es wird leichter und daher auch spontaner. Auf diese Weise können wir zukünftig spontan unserer Freude Ausdruck geben und lächeln oder lachen. Wenn das nicht so leicht ist, dann können wir spontan kräftig und bewusst atmen. Wir benötigen also bei unserer Spontaneität immer auch ein Stück Bewusstheit.

Wenn das immer öfter geschehen kann, dann wird es auch besser möglich sein, unseren Ärger spontan auszudrücken. Die Bewusstheit wird uns helfen, unsere Motive und Absichten zu klären und uns zudem davor schützen können, jemanden durch unsere Spontaneität bewusst zu verletzen. Sie wird uns jedoch nicht davor schützen, dass jemand sich verletzt fühlt, denn schließlich könnte alles, was wir tun, jemand anderen verletzen – sogar unser Schweigen. Wenn jemand etwas tollpatschig ist und sich bekleckert, dann könnte das zwar lustig aussehen, doch selbst ein dezentes Lächeln von uns könnte schon einen Eklat auslösen. Dieses simple Beispiel möchte verdeutlichen, wie wichtig es ist, spontan zu bleiben und aufsteigende Empfindungen nicht abzuspalten. Es gibt keine emotionslosen und gleichzeitig befreiten Menschen.

Bemühen wir uns also um eine ebenso spontane Klärung unserer Impulse und Motive wie um unsere spontane Ausdrucksfähigkeit. Wenn wir parallel dazu unsere Gewaltfreiheit und innere Gelassenheit kultivieren, werden unsere aufsteigenden Neigungen immer freier von unheilsamen Begleitern sein. Dann können wir auch unsere inneren Ventile immer mehr lockern. Wenn wir dagegen versuchen, alles Spontane zu beherrschen, dann schließen sich die Ventile und ein innerer See aus Verdrängtem gewinnt an Masse, was eine immer festere Staumauer erfordert. Eine solche Dynamik kann niemand sich wünschen.

Der Ärger von Sogyal Rinpoche

Während eines Meditationsretreats in Süddeutschland fand Sogyal Rinpoche gleich zu Beginn der Veranstaltung einige Details nicht so vor, wie er es wünschte. Das erzeugte sichtbaren Ärger in ihm. Seine

Stimme klang angespannt, als er mit einem anwesenden Assistenten sprach. Und zur Verwunderung der vielen Anwesenden, es waren ein paar Hundert, zückte er sein Handy und rief den Assistenten an, der für die fehlerhaften Details verantwortlich war. Es kam zu keinem Dialog, denn Sogyal Rinpoche machte lediglich seinem Ärger Luft und beendete dann sofort das Gespräch. Der Assistent, den er angerufen hatte, dürfte den Tag nicht so glücklich begonnen haben, doch Sogyal Rinpoche selbst begann gleich anschließend mit seinen Unterweisungen.

Nicht wenige der Anwesenden könnten sich wohl noch eine Weile gefragt haben, was diese „Einlage" zu bedeuten hatte. Vielleicht kann dieses kleine Beispiel verdeutlichen helfen, dass wir stets aufs Neue zwischen Spontaneität und dem für uns richtigen Weg zu entscheiden haben. Tag für Tag und immer wieder. Es scheint keinen gleichbleibenden Zustand zu geben, aus dem heraus wir dann zukünftig immer alles richtig machen.

Unser treuer Begleiter

Die bislang angeregten Überlegungen zu unseren gewünschten und unerwünschten Eigenschaften konfrontieren uns immer wieder mit der Frage, wer wir heute sind und wer wir morgen sein werden, sein könnten oder sein möchten. Immer wieder drängt sich bei diesen Überlegungen unser Ego in unser Bewusstsein. Wir ahnen, dass wir mit unserem „alten Ego" – oder überhaupt mit einem Ego – keinen nachhaltigen Frieden finden werden. Und schon meldet sich unsere Ego-Stimme: „Okay, also wie soll *ich* denn nun in den Frieden eintreten? Was soll *ich* tun?"

Wer war Kyrill?

Wir wollen nun eine Rateaufgabe anbieten. Dazu können Sie gern wieder Ihren Verstand von der Leine lassen, denn schließlich liebt dieser Ratespiele.

Hier ein paar Hinweise als Lösungshilfe: Der Name hört sich männlich-russisch an. Tatsächlich war Kyrill eine stattliche Erscheinung, er besaß eine gewisse Ästhetik und wurde deshalb sogar oft fotografiert. Seine Lebensuhr war allerdings schnell abgelaufen, doch die kurze Zeit, die ihm blieb, nutzte er gut. Sehr schnell wuchs er heran und erreichte eine beachtliche Größe. Einige bezeichneten ihn als eher helle Erscheinung, während andere, die ihn sahen, eher seine dunkle Seite erkannten. Er liebte das Reisen, es war ihm unerträglich, an einem Ort zu verweilen. In seiner relativ kurzen Lebenszeit hinterließ er überall dort, wo er auftrat, deutliche Spuren. Wenn er gesehen wurde, riefen alle erstaunt und fast ein wenig ehrfürchtig: Da kommt Kyrill! Doch er bleib nie lange, sein Wesen war die Geschwindigkeit. Er war immer recht schnell unterwegs, sogar bis zu 225 Stundenkilometern schnell. Mit dieser Raserei tobte er durch das Land und hinterließ überall Verwüstung und Chaos. Er war stark, er konnte selbst tonnenschwere Gegenstände bewegen.

Wir geben allem gern einen Namen, heften ein Etikett daran und finden eine Kategorie und Schublade dafür. So entsteht das Bild einer festen „Persönlichkeit". Sogar einem Sturm, einer windigen Erscheinung, wie sie vergänglicher nicht sein kann, bestehend aus sich bewegender Luft, geben wir eine „Persönlichkeit".

Das betrifft umso mehr die Dinge, mit denen wir uns täglich umgeben, ob sie nun wie ein Hund auf den Namen hören oder wie ein Meerschweinchen vollkommen unbeeindruckt von dieser Namensgebung bleiben werden. So anrührend unsere Neigung auch sein mag, den Dingen einen Namen zu geben, so interessant könnte die Ergründung der ihr zugrunde liegenden Prozesse sein. Wir sind alle Beziehungswesen, die besonders durch die Namensgebung eine Beziehung eingehen. Ein Tier ohne Namen wird in der Regel weniger betrauert als ein Tier mit einem Namen. Ein Eisbär, den wir Bruno nennen, wird vollkommen anders wahrgenommen als die vielen anderen gefangenen und freien Geschöpfe, die nicht in den Genuss unseres Wunsches kommen, eine Beziehung zu ihnen herzustellen. Es geht hier nicht darum, unsere Eignung zu Beziehungen aufzugeben, sondern in alles, was wir tun, Bewusstheit hineinzubringen. Sie ist schließlich einer unserer wichtigsten Regulatoren, wenn wir authentische Wege ergründen möchten.

Worauf bezieht sich Authentizität?

Nun nähern wir uns dem Thema Authentizität einmal von einer anderen Seite, indem wir uns das direkt anschauen, was wir unreflektiert als „Charakter" bezeichnen. Mit „unreflektiert" ist an dieser Stelle gemeint, dass wir mit dem Begriff Charakter oft etwas Stabiles assoziieren, obwohl das Stabilste daran eigentlich nur der Begriff selbst ist. Er verleiht einem dynamischen und stetig wandelbaren Gefüge ein Etikett.

In der folgenden Abbildung sehen wir einige ausgebildete Persönlichkeitsanteile im vorderen Teil des Großhirns.

Einige Persönlichkeitsanteile sind etwas stärker ausgebildet und sogar miteinander verbunden, andere sind kleiner und unverbunden. Zudem sind wieder andere Anteile kaum sichtbar, obwohl sie dennoch als Veranlagung vorhanden sind.

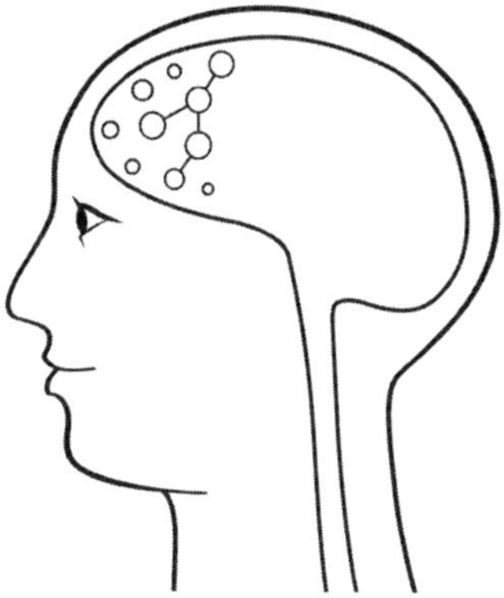

Abb. 10

Dieses System aus miteinander verbundenen Persönlichkeitsanteilen können wir als Charakter bezeichnen. So könnten die in der Abbildung miteinander verbundenen fünf Persönlichkeitsanteile sich zusammensetzen aus:

1. einem ängstlichen Persönlichkeitsanteil
2. einem zweiflerischen Persönlichkeitsanteil
3. einem strengen Persönlichkeitsanteil
4. einem unsicheren Persönlichkeitsanteil
5. einem defensiven Persönlichkeitsanteil

Im Zusammenwirken dieser Anteile könnte sich daraus ein ängstlich-vermeidender Charakter ergeben. Die betreffende Person erfährt dann ständig aus diesen Anteilen entsprechend ängstliche, zweiflerische, strenge, unsichere und defensive Gedanken und Impulse.

Aufgrund dieser Struktur sind die Verbindungen zu nicht-ängstlichen Gedanken schwach bis gar nicht mehr vorhanden.

So bleibt zum Beispiel ein kleinerer Persönlichkeitsanteil der Selbstbehauptung damit unverbunden. Der Träger dieser inneren Struktur wird dementsprechend weniger Zugang zu diesem Persönlichkeitsanteil haben.

Unser Charakter besteht also aus einer Zusammenstellung von Eigenschaften, einer Auswahl und damit einer Ausgrenzung anderer, nur in uns schlummernder Eigenschaften. Diese Auswahl kommt durch eine entsprechend häufige Stimulierung der jeweiligen Anteile zustande. Die verschiedenen Charakterzüge ergeben sich aus unterschiedlichen Konstellationen bei den Verbindungen von Persönlichkeitsanteilen. Die Persönlichkeitsanteile sind ebenso unterschiedlich stark ausgeprägt wie die Verbindungen untereinander. Bei einigen von uns sind vielleicht Angst und Zweifel, bei anderen eher Angst und Strenge miteinander verknüpft. Eine regelmäßige Stimulierung kann sowohl die Persönlichkeitsanteile als auch deren Verbindungen stärken; eine regelmäßige Überforderung kann allerdings die verschiedenen Verbindungen auch deutlich schwächen.

Wenn wir von einer Persönlichkeitsstörung sprechen (ein älterer Begriff dafür lautet bezeichnenderweise Charakterstörung), dann kommt es zu einer Schwächung dieser Verbindungen. Daraus resultieren oft sehr sprunghafte Verhaltens- und Empfindungsweisen mit wenig Kontakt zu komplementären Persönlichkeitsanteilen.

Wie wir unseren Charakter verändern können

Für eine nachhaltige Veränderung müssen wir unbedingt zur Kenntnis nehmen, dass unsere Potentiale, also die Summe unserer veranlagten Persönlichkeitsanteile und unser Charakter als eine Auswahl aus diesem Pool, niemals deckungsgleich sein können. Charakter bedeutet immer Auswahl und Ausgrenzung.

Das zu erkennen kann eine erste gedanklich Öffnung ermöglichen. Es zeigt uns einen viel größeren Spielraum, den wir bislang nicht nutzen konnten, weil wir uns mit unseren Charakterzügen identifiziert haben.

Nun können wir aber verstehen, dass sich lediglich verschiedene Bahnen durch Wiederholungen entwickelt haben. So entsteht vielleicht eine Neugier nach anderen in uns veranlagten Anteilen, die wir stimulieren und durch regelmäßige Kultivierung fördern.

Wir sollten uns den folgenden, uns schon bekannten schematischen Ablauf noch einmal genauer anschauen, der belegt, wie wir Einfluss nehmen auf unseren Charakter:

Motivation → Handeln → Wiederholen →
Gewohnheit → Charakter → Schicksal

Wir prüfen unsere Absichten und Motive, damit unser Handeln eine gute Richtung nehmen kann. Durch geduldige Wiederholungen bilden sich Gewohnheiten, also gewohnheitsmäßige Eigenschaften, die sich dann in Kombination miteinander zu Charakterstrukturen zusammenfügen. Diese Dynamik sollte unbedingt tief ergründet werden, so dass wir darauf aufbauend ein gezieltes Geistestraining absolvieren können. Nur auf dieser Basis ist dann eine Authentizität sinnvoll, da wir damit Einfluss nehmen auf unser Verhalten, auf unser Empfinden und dann auch auf unsere Grundhaltung. So wird unsere Authentizität nicht nur echt, sondern auch echt gut!

Die Authentizität von Kindern

Dieses Thema kann uns recht gut verdeutlichen, dass Authentizität auf verschiedenen Stufen und verschiedenen geistigen Strukturebenen ihren Ausdruck finden kann.

Das Kindlich-Naive verbinden viele Menschen mit dem Natürlichen, Ungekünstelten und Echten. Zwar zeigt uns die Psychopathologie, wie früh Störungen und Deformationen bereits einsetzen können, doch wir möchten uns gern das Bild der unschuldigen Kinder erhalten. So lässt sich zwar vermuten, dass das kindliche Niveau sicherlich einige Aspekte aufweist, aus deren reiner Energie wir auch als Erwachsene schöpfen könnten, doch kann dies für uns kein Ideal sein. Wir möchten uns nicht unterhalb unser Möglichkeiten ansiedeln, sondern unsere Potentiale auch ausschöpfen.

Von Kindern lernen?

Der Kontakt zu Kindern mag uns wieder an eigene Eigenschaften erinnern, die wir womöglich schon seit längerer Zeit vernachlässigt haben: die Leichtigkeit, mit der Kinder Kontakte knüpfen; die Spontaneität, mit der sie reagieren und ihren Emotionen freien Lauf lassen; die Fähigkeit, schnell wieder vergeben zu können und ungute Emotionen loszulassen; die Neugier und die Bereitschaft, alles auszuprobieren. Jeder Augenblick kann Neues bieten, es gibt so wenige Automatismen, über die Kinder verfügen und die sie daher auch nicht abspulen können oder müssen.

Insbesondere der letzte Punkt ist besonders interessant. Weil Kinder kaum Automatismen zur Verfügung haben, also viele Dinge noch lernen müssen, bleibt die Welt für sie noch lange abenteuerlich. Das hat zur Folge, dass Kinder wesentlich besser im Augenblick verweilen und ganz in einem Moment, in einem Spiel versunken sein können. Es bedeutet jedoch auch, dass Bedürfnisaufschub noch schwer ist. Nicht heute, sondern in einer Woche, das ist für Kinder unvorstellbar.

Für uns dagegen ist eine Woche fast schon ein flüchtiger Moment geworden. So schnell verfliegt die Zeit. Wir verfügen über so viele Automatismen, dass wir uns kaum noch bewusst verhalten müssen. Alles ist schon gelernt, alles muss nur noch abgespult werden. Und plötzlich ist es schon wieder Abend oder schon ist die Woche oder sogar das Jahr vorüber.

Auch wenn wir bei vielen Aspekten nicht mehr in den kindlichen Zustand zurückfinden werden, so können wir mit geduldigem Training doch einmal unsere vielen Automatismen reflektieren und sie achtsam im Hinblick darauf transformieren, dass wir immer bewusster wieder in den Augenblick zurückfinden. Wenn die Tage wieder länger werden, dann auch deshalb, weil das Licht unseres Bewusstseins wieder für längere Zeit oberhalb des Horizontes bleiben kann.

Die Abbildung 10, die uns eine Charakterstruktur im Gehirn plastisch verdeutlicht hat, könnte auch eine Verständnishilfe dafür sein, wie wir kindliche Aspekte einordnen können: nämlich als Zusatz, als weiteren Persönlichkeitsanteil, der unser Sein bereichern, aber nicht dominieren wird.

Natürlich kann unser Charaktergefüge immer auch eine Festlegung meinen, an der wir anhaften, doch alles, was wir bewusst durchdringen, verändert unseren Grad an innerer Freiheit.

Von Tieren lernen?

Wir könnten nun einmal eine weitere Etage heruntersteigen und nach unseren infantilen auch noch unsere animalischen Seiten betrachten.

Es heißt, die Tiere säen nicht und ernten nicht und werden doch erhalten. Sie kämpfen um ihr Leben, sie erfahren Leid, aber sie leiden nicht (nur im Kontakt mit dem Menschen beginnt das tierische Leiden). Wenn sie leben, dann wirken sie gelöst, und wenn sie sterben, dann scheinen sie ebenfalls loslassen zu können. Sie scheinen sich schnell in ihr jeweiliges Schicksal fügen zu können. Es gibt nämlich kein Ego, das sie leiden lässt. Selbst im Kampf wirken sie nur kurz angespannt, danach schütteln sie scheinbar alles Negative wieder ab und wirken so, als wäre nie etwas geschehen.

Bereits Diogenes, der nach der Legende in einem Fass gelebt haben soll, vertrat eine Lebensphilosophie, die den Menschen nahelegte, wie die Hunde zu leben. Er und seine Anhänger schienen jede Kulturerrungenschaft abzulehnen und pure Anarchie zu leben. Sie lebten wie Hunde und versuchten sich zu befreien, indem sie alle Hemmungen aufgaben, öffentlich kopulierten, frei nach Nahrung suchten und sich überall entleerten. Der Hund galt ihnen hierfür als Vorbild. „Hund" heißt in griechischer Übersetzung *kynos;* Diogenes galt also als „kynisch", woraus sich der heutige Begriff „zynisch" ableitet. Ein Zyniker wäre demnach eigentlich ein Hund, der seiner Natur entsprechend keine kulturelle Errungenschaft würdigt und nur seiner animalischen Natur zu folgen bemüht ist.

Die menschliche Suche nach Befreiung hat im Laufe unserer Geschichte sehr viele Wege und Experimente hervorgebracht. Viele dieser Wege sind äußerst spannend, doch nicht jeder Weg führt uns tatsächlich in eine menschenwürdige Befreiung hinein.

Wie so viele weise Lehrer sagen: Nicht unterhalb, sondern jenseits unseres Verstandes liegt die Transformation.

Wir Menschen sollten es uns also nicht unterhalb unserer Potentiale gemütlich machen. Unsere Natur fordert uns heraus, das hat sie immer schon getan. Nur leider haben wir das in der Regel immer falsch verstanden und versucht, gegen äußere Herausforderungen anzukämpfen. Wahrscheinlich waren wir wohl zu verblendet, um die wahre Herausforderung zu erkennen, nämlich uns selbst.

Der Buddhismus als authentische Lehre

Unsere Gedanken kreisen in diesem Kapitel um das Thema Authentizität. Die Anregungen, mit denen wir uns bislang diesem Thema angenähert haben, bezogen sich auf unser authentisches Menschsein: auf das, was es bedeuten könnte, was eine Basis dafür sein könnte, und welche Möglichkeiten wir haben, uns dieser Qualität anzunähern.

Ein ganz anderer, wenn auch ebenso wichtiger Aspekt der Authentizität ist natürlich unser Leitfaden, mit dessen Hilfe wir auf unserem leichten Weg authentisch bleiben können. Sicherlich gibt es für ein solches Projekt viele geeignete Hilfen, doch gerade der Buddhismus hat sich unter anderem aufgrund seiner Wissenschaftsnähe, seiner Alltagstauglichkeit und seiner freundlichen Spiritualität als besonders geeignet dafür erwiesen. Er vermag uns konkrete, gut erprobte Übungen zu geben sowie einen spirituellen Rahmen, der uns nicht einengen, sondern vielmehr zum Wachsen animieren möchte.

Der leichte Weg basiert auf den Grundlagen der buddhistischen Lehre. Damit ist keine spezielle buddhistische Schule gemeint, sondern ein übergreifendes und integratives buddhistisches Verständnis, das über einzelne Schulen hinausgeht.

Viele von uns mögen eine ganz eigene Vorstellung davon haben, was denn nun „typisch buddhistisch" sei. Das kann nicht selten zu gegenseitiger Kritik führen, wenn sich Buddhisten untereinander darauf aufmerksam machen möchten, dass das, was der andere da tue, nicht buddhistisch sei. Dieser Vorgang ist sehr mit unserem – oft naiven – Idealismus und unseren zahllosen Erwartungen, Meinungen und Bewertungen behaftet, so dass wir hier äußerste Vorsicht walten lassen sollten. Viele daraus entstehende leidvolle Auswirkungen deuten darauf hin, dass wir hier weniger einem klaren buddhistischen Verständnis als vielmehr unseren Verblendungen, Anhaftungen und Widerständen gefolgt sind.

Von einer wertschätzenden, respektvollen und dabei gleichzeitig kritischen Rückmeldung können wohl die meisten von uns gut profitieren, doch wie bereits erwähnt, benötigt dieser Prozess unsere volle Achtsamkeit. Auch in Bezug auf unseren leichten Weg sind natürlich kritische Nachfragen legitim. Ist der leichte Weg wirklich mit der buddhistischen Lehre vereinbar?

Die drei Gütesiegel der buddhistischen Lehre

Buddha hat uns drei Gütesiegel hinterlassen, mit deren Hilfe wir erkennen können, ob wir einem authentisch buddhistischen Weg folgen.

1. **Befreiung**

Die Essenz der gesamten buddhistischen Lehre kann in diesem einen Punkt zusammengefasst werden. Befreiung oder auch Erleuchtung, Nirvana, um nur einige weitere Synonyme zu nennen, ist natürlich auch auf unserem leichten Weg das Ziel und das zentrale Thema: ein Ziel, das bereits da ist und auf das wir uns dennoch zubewegen.

Alle Themen, die nicht direkt oder zumindest indirekt etwas mit Befreiung zu tun haben, sind als weniger oder gar nicht buddhistisch einzuschätzen. Es ist immer wieder eine spannende Herangehensweise, einmal selbst zu prüfen:

- Was hat Mitgefühl mit Befreiung zu tun?
- Was hat Meditation mit Befreiung zu tun?
- Was hat buddhistische Literatur mit Befreiung zu tun?

- Was hat Leerheit mit Befreiung zu tun?

Viele weitere Fragen sind nicht nur nötig, sondern auch sehr erwünscht. Wir sollten uns daher auch fragen:

- Was haben Räucherstäbchen mit Befreiung zu tun?
- Was hat eine vegetarische Ernährung mit Befreiung zu tun?
- Was hat der Glaube an Reinkarnation mit Befreiung zu tun?

Vielleicht finden wir in Verbindung mit einer Frage einen Zusammenhang, mit einer anderen Frage jedoch nicht.

2. **Unbeständigkeit**
Bei der Unbeständigkeit oder Vergänglichkeit handelt es sich um ein Wesensmerkmal der gesamten uns umgebenden Natur, von der wir ein untrennbarer Teil sind. Deshalb betrifft dieses Merkmal auch alle Bereiche unserer Existenz. Unser Leben ist unbeständig, doch das Gleiche gilt auch für unsere Probleme, für unsere Empfindungen, Gedanken, Emotionen, Körperwahrnehmungen, denn alles ist davon durchdrungen. Wenn wir etwas festhalten wollen, das seiner Natur nach unbeständig ist, entsteht Leiden. Die einzige „Konstante" ist der Wandel, die Diskontinuität. Nichts bleibt, wie es ist.

Damit zeichnet sich natürlich auch unser leichter Weg als Wandel-Weg aus. Er bleibt unbeständig und wechselhaft, denn es wird keinen Zustand oder Stillstand oder irgendetwas anderes geben, das wir tatsächlich konservieren können. Wenn es nichts Festes gibt, kann es auch nichts wirklich ewig Schweres geben, denn irgendwann wird auch das leicht werden. Wenn wir etwas als fest ansehen, auch wenn wir die buddhistische Lehre als fest ansehen, dann sind wir diesem Kriterium der Unbeständigkeit entsprechend auf einem nicht-buddhistischen Weg. Entsprechend kann auch der leichte Weg als ein Weg des Wandels verstanden werden.

3. **Nicht-Selbst**
Wir selbst sind, wie alles um uns herum auch, leer in Bezug auf einen festen und unwandelbaren Kern. Die Leerheit ist ein weiteres Wesensmerkmal aller Dinge. Es existiert kein fester Kern, auf den wir stoßen, wenn wir danach forschen und graben und an dem wir uns festhalten können. Wenn wir uns selbst ergründen, meinen wir anfangs, einen festen Charakter oder ein festes Selbst zu besitzen, finden dann aber nur einzelne zusammenwirkende Bausteine, die sich immer wieder

neu zusammenfügen. Nichts besitzt Eigenschaften, die aus sich selbst heraus entstanden sind. Alles ist zusammengesetzt aus einer großen Vielzahl an Vorbedingungen. Eine konstante und unveränderliche Instanz existiert weder in uns als fester Ego-Kern noch in anderen Dingen. Alles ist leer im Hinblick auf ein unabhängiges getrenntes Selbst.

Das tiefe Verinnerlichen dieses Wesensmerkmals kann unseren Weg als leichten Weg spürbar machen. Es gibt keine festen Brocken, die wir mitschleppen müssen. Es gibt kein festes Leidens-Ego, kein festes Selbst, mit dem wir den Weg gehen müssen. Diese Einsicht in die Wandelbarkeit lässt einen berechtigten Optimismus in uns entstehen und macht uns frei für einen leichten Weg.

Die analytische Selbstkritik, die uns hinterfragen lässt, was wir tun, ist eine typisch buddhistische Angelegenheit. Der Buddhismus kann als die erste Psychoanalyse der Geschichte bezeichnet werden, denn die buddhistische Strategie will das analysieren, was ist – insbesondere das, was mit uns selbst ist. Deshalb fragen sich Buddhisten auch oft, ob ihr Handeln noch authentisch ist.

Buddhistische Authentizität

Was bedeutet es eigentlich, buddhistisch zu sein, sich buddhistisch zu verhalten und dann eine dementsprechende buddhistische Authentizität zu kultivieren? Die Frage wurde eben zwar schon einmal kurz angesprochen, verdient aber wohl noch etwas mehr Beachtung.

Wie bereits erwähnt, fragen Buddhisten nicht so sehr danach, ob etwas gut oder schlecht ist, denn das lässt sich oftmals gar nicht so leicht und eindeutig bestimmen, sondern sie fragen danach: „Was macht es mit meinem Geist?“

Ist Alkohol gut oder schlecht? Das lässt sich nicht generalisierend klären, doch wir können für uns selbst bestimmen, was Alkohol mit unserem eigenen Geist anstellt. Auf dieser persönlich gesicherten Basis lassen sich dann notwendige Entscheidungen treffen. Manche Fragestellungen sind sicherlich eindeutiger und leichter zu beurteilen als andere. So können wir die Frage, was Drogen mit unserem Geist anrichten, wohl recht schnell beantworten. Wie sich aber beispielsweise eine anstehende Diskussion auf unseren Geist auswirken wird, lässt sich schon etwas weniger leicht beantworten.

Auf diese Weise können wir unsere täglichen Gewohnheitsmuster „abklopfen“ und prüfen, was sie mit unserem Geist anstellen. Dazu rechnen wir natürlich auch lieb gewordene Aktivitäten. Wenn wir Shopping auch noch so sehr lieben, dann sollten wir dennoch prüfen, was es mit unserem Geist anstellt, wenn wir shoppen. Dabei soll deutlich werden, dass wir nicht sofort lieb gewordene Angewohnheiten zu eliminieren haben, sondern dass wir sie mit Bewusstheit durchdringen und sie damit kritisch beleuchten.

Diese selbstkritische Haltung bezieht sich auf alle Lebensbereiche, so auch auf unsere emotionalen Reaktionen. Wenn wir dem Appell vieler Therapeuten: „Hör auf deinen Bauch, vertraue deinen Gefühlen" nachspüren, erscheinen uns unsere Emotionen oft als ganz echt und wahr. Wir erleben zum Beispiel einen „gerechten Zorn" und glauben uns damit völlig im Recht. Denn schließlich spüren wir es doch ganz intensiv und das kann doch nicht falsch sein!

Auch wenn solche Reaktionen nicht immer ganz falsch sind, so sind sie in der Regel doch Ausdruck von angelernten Gewohnheitsmustern, die durch den Filter unserer Vorerfahrungen und unserer aktuellen Verfassung nochmals gefärbt werden. Wenn wir uns nun die Prüfungsfrage stellen: „Was macht mein gerechter Zorn mit meinem Geist?", dann können wir möglicherweise schnell die Destruktivität der eigenen inneren Vorgänge erkennen. Zudem wissen wir auch, dass alles, was wir wiederholen, sich festigen wird. Wenn wir also regelmäßig unseren gerechten Zorn erleben, dann entwickeln wir uns immer mehr zu einem zornigen Menschen. Diese Entwicklung führt dazu, dass unser zukünftiges Reaktionsrepertoire sich deutlich einengen wird. Auf diese Weise glauben wir dann schon bald, in jeder beliebigen Situation unseren gerechten Zorn zu spüren.

Natürlich möchte die Hervorhebung dieses heiklen Punktes nicht nahelegen, alles zu vermeiden, was unseren Geist beunruhigen könnte. Sicherlich sollten wir jedoch, wenn wir die Wahl haben, das vermeiden, was unseren Geist zu vergiften droht. Manchmal haben wir jedoch keine Wahl und müssen uns auf etwas einlassen, das unseren Geist stark beunruhigt.

Für diese alltäglichen Herausforderungen ist wieder die bekannte Strategie des Selbstmanagements zu empfehlen mit den folgenden Schritten: Vorsorge, Bewältigung der aktuellen Situation, Nachsorge. Durch ein vorsorgliches regelmäßiges Üben können wir uns gut auf zukünftige Herausforderungen vorbereiten. Von zentraler Bedeutung sind hier die verschiedenen Atem- und Meditationstechniken, die unsere Selbststeuerung spürbar erhöhen und auch auf neurologischer Basis hilfreiche und Halt gebende Strukturen stärken. Damit sichern und erleichtern wir unseren Umgang mit der aktuellen Situation. Wenn wir Schwieriges bewältigen mussten, benötigen wir immer eine achtsame Selbstfürsorge, die uns dann auch an eine Nachsorge denken lässt. Damit sind Übungen gemeint, die uns das Loslassen von Erfahrungen erleichtern können.

Mit diesem Handwerkszeug lässt sich auf der Verhaltensebene viel erreichen, diese Vorgehensweise könnte als buddhistisch bezeichnet werden. Neben solchen Verhaltensweisen können wir durch Übungen zur Vorsorge natürlich auch unsere Grundhaltung stabilisieren. Eine buddhistische Grundhaltung können wir als gewaltfrei-friedvoll, als harmonisch und adäquat gelassen beschreiben, als ein kunstvolles Verweilen auf dem Mittleren Weg und auch als ein Voranschreiten auf dem leichten Weg, der uns in die Befreiung führen möchte.

Neben konkreten Verhaltensmaßnahmen, Strategien und Übungen zur Problembewältigung können wir auch die zentralen buddhistischen Lehren als Hilfe heranziehen. Jeder Aspekt der buddhistischen Lehre dient demselben Ziel: der Befreiung vom Leiden.

Leerheit als Mittel zur Selbsthilfe

Das Prinzip der Leerheit kann als Herzstück der buddhistischen Lehren bezeichnet werden. Diese Lehren dienen nie einem schöngeistigen Philosophieren, sondern immer als konkrete Hilfe zur Selbsthilfe auf dem Weg zur Befreiung.

Das Verständnis der Leerheit kann uns sehr dabei weiterhelfen, um unsere unheilsamen Muster zu lockern und dann zu transformieren. Das können wir uns am Beispiel unseres „gerechten Zorns" noch einmal vergegenwärtigen: Selbst wenn eine derart intensive Emotion wie unser gerechter Zorn uns einhüllt, werden wir uns meist fragen: Wohin mit dem Ärger?

Leider suchen wir uns ohne Geistesschulung in der Regel dann mehr oder weniger bewusst ein Opfer in der Außenwelt, das wir dafür verantwortlich machen und das wir mit unseren Emotionen bedrängen. Das finden wir okay, denn unser Zorn ist ja schließlich gerecht und von daher gerechtfertigt.

Wenn wir es uns aber zur Angewohnheit machen, bei auftretenden Emotionen zuerst einmal bewusst zu atmen, um damit sowohl den Körper als auch unsere Emotionen und Gedanken zu beruhigen, dann erfahren wir bereits die erste heilsame Stufe. Auf dieser Basis können wir dann die Frage: Wohin mit dem Ärger? anders beantworten. Als eine Art Denksportaufgabe haben wir vorher eine Zeitlang alle unsere Wahrnehmungen und auch alle inneren Abläufe durch die „Augen der Leerheit“ betrachtet. Deshalb wird es uns dann auch bei einem aufkeimenden gerechten Zorn nicht mehr schwerfallen, hier das Prinzip der Leerheit zu erkennen: Was an meinem Zorn ist leer und unterliegt der Leerheit? Alles an meinem Zorn ist leer.

Das, was ich als „meinen“ Zorn erlebe, besteht aus vielen verschiedenen Ebenen und Facetten, gewissermaßen also aus Einzelteilen. Zorn ist wie alles nur ein Bausatz. Nur der Einfachheit halber nenne ich es als Kurzform „Zorn“. Bei einer genaueren analytischen Betrachtung, die uns das Prinzip der Leerheit nahelegt, können wir bezüglich dieses Zorns jedoch Folgendes erkennen:

Mein Zorn besteht aus einer körperlichen, einer emotionalen, einer gedanklichen, einer biografischen, einer medizinischen, einer kontextuellen, einer gesellschaftlichen, einer spirituellen und einer physikalischen Ebene, um nur die wesentlichsten Ausdrucksformen zu nennen.

Unseren Zorn als leer erkennen

- *Auf der körperlichen Ebene* bedeutet Zorn körperliche Verspannungen, Schweregefühle, Atembeklemmungen, Unruhe und einen Zustand des Angetriebenseins.

- *Auf der emotionalen Ebene* bedeutet Zorn, dass wir zornige oder wütende Emotionen erleben. Diese können sich weiterentwickeln, indem sie sich zu Hass steigern oder zu Verärgerung abmildern. Es ist interessant, sich dann zu fragen, ob es jetzt eher Wut oder Zorn, eher Frust oder Ärger oder doch eher Hass oder etwas ganz anderes ist. Manchmal schleichen sich noch „fremde“ Emotionen in unseren Zorn ein, wie zum Beispiel Enttäuschung, Trauer oder sogar Angst.

- *Auf der gedanklichen Ebene* bedeutet Zorn, dass wir viele zornige Gedanken erleben. Wir hadern und schimpfen laut oder oft auch in einer Art von innerem Dialog. Die zornigen Grübelzwänge sind mittlerweile ein Massenphänomen geworden. Sie verdeutlichen, dass wir nicht mehr Herr oder Herrin im eigenen Haus sind: Unser Verstand hat schon lange das Kommando übernommen. Bei innerer Aufregung können wir diesen Kontrollverlust besonders deutlich spüren.

- *Auf der biografischen Ebene* bedeutet Zorn die mentale Verbindung mit unseren zornigen Vorerfahrungen. Wir haben schon so viele zornige Erfahrungen gemacht, dass die Aktivierung dieser Erinnerung sicherlich noch weitere ähnliche Erfahrungen aktivieren kann, was wiederum unseren inneren Motor noch mehr anzuheizen vermag.

- *Auf der medizinischen Ebene* bedeutet Zorn Muskelanspannungen, Bluthochdruck, Ausschüttung von Stresshormonen, reduzierte Verdauung, reduzierte Immuntätigkeiten, erhöhte Cholesterin- und Zuckerwerte und viele andere vegetative Veränderungen, die wir entweder als physischen Stress erleben oder die unbemerkt, doch ebenso gefährlich für unsere Gesundheit in uns ablaufen.

- *Auf der kontextuellen Ebene* bedeutet Zorn, einen bestimmten Kontext oder sozialen Rahmen zu manipulieren, den wir mit dieser Verfassung deformieren und zumeist negativ prägen. Andere Menschen reagieren darauf und es entstehen Wechselwirkungen.

- *Auf der gesellschaftlichen Ebene* bedeutet Zorn ein Beharren auf unheilsamen alten Gewaltstrukturen. Die Bereitschaft zum Kampf und zum Krieg bleibt bestehen. Im Zorn distanzieren wir uns, erkennen unsere Verbundenheit nicht mehr und können damit leichter Gewalt ausüben.

- *Auf der spirituellen Ebene* bedeutet Zorn eine Stagnation oder einen Abstieg in animalische Ebenen oder sogar noch darunter. Das blockiert eine spirituelle Transformation und lässt uns dort anhaften, wo wir im Zorn stecken bleiben.

- *Auf der physikalischen Ebene* bedeutet Zorn, dass sich die elektrischen Ladungen in unseren Körperzellen erhöhen. Sowohl die Körperenergie als auch die Körperzellen bestehen aus Atomen, die wiederum aus Elementarteilchen, diese aus Quarks und diese wiederum aus Superstrings bestehen, die wahrscheinlich auch noch nicht die Basis bilden. Auf den tiefsten Ebenen ist das am meisten hervorstechende Merkmal jedoch nicht mehr Substanz, sondern Leere. Leerer Raum.

Alle diese Ebenen stehen miteinander in Wechselwirkung und können sich gegenseitig stimulieren oder, wenn wir bewusster damit umgehen, auch beruhigen. Wir selbst werden allerdings im Zorn normalerweise keinen Zugang mehr haben zu einer solch differenzierten Sichtweise. Wir kürzen das Ganze einfach ab und meinen, wir seien einfach nur zornig.

Das Prinzip der Leerheit zeigt uns aber, dass Zorn keinen festen Zornes-Kern besitzt. Zorn ist genauso leer wie alles andere auch, wenn wir uns nur die Mühe machen und es einmal etwas genauer betrachten. Wir können feste Objekte ebenso wie Emotionen und selbst Gedanken und Ideen in kleine Bausteine zerlegen. Dann sitzen wir schon bald inmitten eines Trümmerfeldes, um uns herum die Einzelteile, die sich immer weiter zerkleinern lassen. Auf diese Weise erkennen wir die Leerheit und mit diesem Erkennen erfahren wir auch die Qualität der Leerheit, nämlich Freiheit. Der Zorn ist zerlegt und kann sich nun auflösen, wir sind frei.

Es ist sehr wichtig zu erkennen, dass ein zentrales buddhistisches Prinzip wie die Leerheit keine rein schöngeistige Philosophie ist, sondern gebündelte Lebensweisheit, die wir zudem noch sehr konkret umsetzen können. Wir können direkt von unserem Erkennen und Verstehen der Leerheit profitieren. Um aber vom Erkennen zum Verwirklichen zu kommen, müssen wir den Zwischenschritt realisieren: die Verinnerlichung, und das geht nur über unser regelmäßiges Üben.

Und was ist denn nun eigentlich buddhistisch?

Wir können (fast) alles tun, aber es wäre ratsam, dabei zu prüfen, wie wir es auf eine buddhistische Art tun könnten. Eine Zeitlang könnten wir zu diesem Zweck als Kompass, als Gradmesser einen bestimmten Satz einsetzen und uns die folgende Frage stellen: Ist es noch buddhistisch?

Dabei sollten wir jedoch realisieren, was schon angesprochen wurde, nämlich nicht zu sehr bei den äußeren Abläufen zu verweilen. Ob zum Beispiel eine Diskussion, der Besuch eines Kinofilms oder einer Disco, ob Sport oder andere Wettbewerbe „buddhistisch“ sind, bleibt eine müßige Frage.

Unsere Frage: Ist es noch buddhistisch? zielt vielmehr darauf, ob wir selbst noch auf dem „leichten buddhistischen Weg“ sind. Oder genauer: Ist unsere geistige Verfassung dabei klar? Denn das, was den Buddhismus auszeichnet, ist sehr einfach und lässt sich auf den Nenner „Befreiung“ bringen. Die Frage bedeutet also: Führt uns die jeweilige Situation, Handlung oder Verfassung in die richtige Richtung? Wenn das der Fall sein sollte, dann können wir sicher sein, buddhistische Authentizität zu verwirklichen.

Eine buddhistische Kernaussage lautet: „Du kannst dich entscheiden. Es gibt eine Wahl.“ Das beinhaltet eine konstruktive, erfreulich offene Position. Es bedeutet aber auch einen Appell an unsere Eigenverantwortlichkeit. Der Buddhismus liefert uns nämlich keine Dogmen, die wir als Glaubenssätze einfach auswendig zu lernen haben. Es ist eine ständige Einladung an uns selbst, den Dingen auf den Grund zu gehen und damit unseren eigenen Weg zu finden.

Sicherlich werden wir dabei immer wieder auf Fragen stoßen, wie zum Beispiel: Ist das wahr? Kann das wirklich stimmen und funktionieren? Der sich daraus oft ergebende Prozess der Ergründung führt uns auf die verschlungensten Pfade, die uns immer wieder auch scheinbar paradoxe Seiten aufzeigen werden. Ebenso wie die materielle Ergründung durch die Physik uns in paradoxe Wahrheiten hineinführt, so erfahren wir diese verwirrenden Qualitäten auch auf allen anderen Ebenen. Wir können uns eine beliebige Wahrheit vornehmen und sie immer weiter in ihre Bestandteile zerlegen. Was am Ende bleiben wird, ist die Leerheit.

Schauen wir uns folgendes Zitat an:

Im Anfänger-Geist gibt es viele Möglichkeiten,
im Geist des Experten nur wenige.

– Shunryu Suzuki –

Dieses Zitat klingt doch sehr logisch, oder? Wir verstehen es wahrscheinlich intuitiv recht gut. Es könnte zum Beispiel ein Appell sein, der sich gegen die Übermacht unserer unzähligen Automatismen richtet. Um einen leichten Weg in die Befreiung zu finden, müssen wir uns immer wieder auf unsere Anfänge besinnen. Es ist wohl eine hohe und sehr genussvolle Kunst, wenn wir wie ein Kind jeden Augenblick neu entdecken könnten. Unser Anfänger-Geist könnte uns dabei helfen, jeden neuen Moment neu zu entdecken und unsere Offenheit zu stabilisieren.

Das lässt sich vermutlich bis jetzt alles noch recht gut nachvollziehen und liefert viele Argumente für die hohe Qualität unseres Anfänger-Geistes.

Was aber erkennt ein Musik-Anfänger, wenn er auf eine Mozart-Partitur blickt?

Was erkennt ein Schul-Anfänger, wenn er in den Text eines Shakespeare-Dramas blickt?

Was erkennt ein Kräuter-Anfänger, wenn er eine blühende Wiese betritt?

Was erkennt ein Meditations-Anfänger, wenn er mit der Meditation beginnt?

Unsere anfängliche Klarheit im Hinblick auf den Wert des Anfänger-Geistes muss also noch etwas mehr verdeutlicht werden, ansonsten stecken wir in einem Paradox fest. Shunryu Suzuki betont hier eine Geisteshaltung, die in Japan *shoshin* genannt wird, der Anfänger-Geist. Damit ist nicht gemeint, dass wir uns faul in dem Bewusstsein zurücklehnen können, dass alles Üben uns nur wegbringt vom wertvollen Anfänger-Geist. Natürlich ist unser geduldiges Üben heilsamer Praktiken unumgänglich.

Wir müssen bei diesem Prozess jedoch sehr vorsichtig bleiben, dass wir damit nicht nur lediglich unseren hungrigen Verstand überfüttern und dass wir damit nicht einfach nur weitere Automatismen schaffen, die wir dann unbewusst abspulen können. Auch als sehr erfahrene Praktizierende der Meditation beginnen wir unsere Übungen mit der gleichen Achtsamkeit, als würden wir uns zum ersten Mal hinsetzen.

Versuchen Sie doch einmal, den nächsten Apfel so zu essen, als hätten Sie noch nie zuvor einen Apfel gegessen. Schauen Sie ihn sich genau an. Fragen Sie sich auch ruhig einmal, wo dieser Apfel wohl gewachsen ist. Riechen Sie an ihm. Wie riechen Äpfel eigentlich genau? Und dann kommt der prüfende vorsichtige Biss?

KAPITEL 8

In vier Schritten zur Achtsamkeit

Achtsamkeit ist die Königin
aller heilsamen Geisteszustände.

– Jack Kornfield –

Wir werden uns in diesem Kapitel dem spannenden Konzept der Achtsamkeit aus mehreren Perspektiven annähern. Ein Zugang zur Achtsamkeit erkennt diese als einen besonders heilsamen Geisteszustand an, also einen Bewusstseinszustand, der sowohl unsere gedanklichen als auch unsere emotionalen und körperlichen Instanzen durchdringt. Außerdem können wir natürlich auch von achtsamen Verhaltensweisen und einer generellen achtsamen Grundhaltung sprechen.

Der englische Begriff für Achtsamkeit lautet *Mindfulness* und verweist auf die volle Bewusstheit unserer geistigen Qualitäten. Damit ist eindeutig nicht nur unser Verstand gemeint, sondern eine geistige Qualität, die weit darüber hinausgeht und die als Bewusstsein nicht nur auf unser Gehirn, ja nicht einmal auf den menschlichen Körper beschränkt ist. Es ist ein Bewusstsein, das uns selbst und alles um uns herum, die gesamte Natur und den Kosmos zu durchdringen scheint. Wirklich achtsam zu sein bedeutet, in diesen Strom einzutreten.

Dieser Ansatz wirkt wahrscheinlich alles andere als leicht. Wie können wir bei einem derart immensen Anspruch überhaupt einen leichten Weg finden?

Immer, wirklich immer achtsam sein

Sei achtsam! Das wird uns immer wieder angeraten und wir stellen auch bald schon diesen Anspruch an uns selbst. Es wäre doch so schön, achtsam leben zu können und auch von anderen so wahrgenommen zu werden.

Wenn aber beim Ausräumen der Spülmaschine das Geschirr zu laut klappert, waren wir wohl wieder nicht achtsam genug. Wenn wir hungrig sind und unser Essen ohne Bedacht hastig herunterschlingen, wenn wir schneller und dynamischer Auto fahren und gedanklich schon am Ziel sind, wenn wir es eilig haben und glauben, auf das Hier und Jetzt gar nicht mehr achten zu können, wenn unsere Emotionen wieder einmal mit uns „durchgehen" und wir uns dabei auch noch mit ihnen identifizieren, dann scheinen wir die Achtsamkeit wieder verloren zu haben.

Hat denn Achtsamkeit immer etwas mit Einbremsung zu tun? Und lässt sich Achtsamkeit überhaupt mit unserem hektischen Leben vereinbaren, in dem Zeitdruck und eine stets lange To-do-Liste unseren Alltag bestimmen? Wäre Achtsamkeit demnach eher eine Aktivität für den Feierabend? Oder können wir uns vielleicht auch ein Leben in achtsamer Hochgeschwindigkeit vorstellen? Können und wollen wir überhaupt alles wie Thich Nhat Hanh langsam und bedächtig tun? Müssen wir immer erst achtsam atmen und lächeln, bevor wir an das läutende Telefon gehen?

Wir haben es hier mit *Satipatthana,* also der Achtsamkeit zu tun, die Buddha vor 2500 Jahren in Indien als eine der grundlegenden Eigenschaften herausstellte, um in die Befreiung einzutreten. Deshalb sind sicher auch einmal kritische Nachfragen angebracht, die dabei helfen möchten, das Verständnis und vor allem auch die Umsetzbarkeit dieses Bewusstseins in unsere heutige moderne Zeit und Kultur zu prüfen.

Achtsame Geisteszustände bringen achtsame Verhaltensweisen hervor. Wenn wir diesen Vorgang oft genug geduldig und bewusst einüben, kann sich sukzessive eine entsprechende Grundhaltung, also eine Eigenschaft und ein Charakterzug festigen.

Schritt für Schritt zur Achtsamkeit

Wie die Kapitelüberschrift bereits verrät, können wir uns der Achtsamkeit über verschiedene Stufen annähern. Wir werden dabei feststellen, dass wir es auf den ersten Stufen mit etwas scheinbar vollkommen Banalem, aber dennoch in seiner Einfachheit außerordentlich Wirkungsvollem zu tun haben.

Achtsamkeit wird uns schon bald wie ein Schlüssel vorkommen, der ziemlich leicht von uns zu benutzen ist. Die ersten Türen, bei denen wir ihn einsetzen, werden uns noch sehr vertraut vorkommen. Wir wundern uns zwar, wieso wir diese leichten und doch wirkungsvollen Zugänge bislang übersehen konnten, und vielleicht auch, warum wir nichts darüber in der Schule gelernt haben, doch die Neugier auf die weiteren noch verschlossenen Türen wird uns dann Schritt für Schritt weiterleiten.

Bevor wir das scheinbare Rätsel hier schon auflösen, schauen wir uns die Inhalte und die Struktur des ursprünglichen buddhistischen Textes über die Achtsamkeit einmal etwas genauer an. Er ist in der Mittleren Sammlung der buddhistischen Lehrreden oder *Sutras* enthalten. Dieses Werk wurde von Karl Eugen Neumann vor vielen Jahrzehnten in die deutsche Sprache übersetzt und ist heute ein Klassiker. Es enthält 152 Lehrreden von Buddha. Die Übersetzung ist alt und schön. Um sich auf die Sprache und Wortwahl einlassen zu können, sollten wir uns ein wenig in das Buch „warmlesen". Auch wenn einige von Neumann gewählte Übersetzungen heute vielleicht als nicht mehr ganz zeitgemäß gelten, findet er immer wieder ganz hervorragende Begriffe, die in den neueren Übersetzungen fehlen.

Kai Zumwinkel hat eine weitere sehr empfehlenswerte und neue Übersetzung der Mittleren Sammlung der Lehrreden Buddhas geliefert. Auf der Grundlage seiner Übersetzung beruhen die Erklärungen im nachfolgenden Abschnitt.

Da das Prinzip der Achtsamkeit für unseren leichten Weg von besonderer Bedeutung ist, werden wir uns die Lehrrede nun etwas genauer und im Detail anschauen. Was hat Buddha denn selbst zur Achtsamkeit gesagt? Wie beschreibt er sie?

Das *Satipatthana-Sutra* – Die Lehrrede über die Achtsamkeit

Es ist auffällig, wie gut gegliedert und strukturiert sämtliche Lehrreden sind. Sie erinnern oft an den Aufbau eines Liedes. Es gibt eine klare Struktur mit „Strophen", die immer wieder von Zusammenfassungen in Form eines „Refrains" unterbrochen werden. Dabei sollten wir uns in Erinnerung rufen, dass etwa in den ersten fünf Jahrhunderten nach Buddha alle Sutras mündlich wiedergegeben und weitergegeben werden mussten und die Texte daher eine Struktur benötigten, die gut auswendig zu lernen war. Dafür eignen sich strukturierte Liedtexte wesentlich besser als freie, unstrukturierte Texte.

Wir werden in den folgenden Ausführungen eine Feinstruktur kennenlernen, die sich durch die gesamte Lehrrede zieht. Zudem lässt sich die Einteilung in lediglich vier Bereiche, die für die Achtsamkeit von Bedeutung sind, leicht merken und entspricht wiederum recht gut unserer Philosophie von einem leichten Weg. Wirkung benötigt nicht immer Kompliziertheit. Einfache klare Strukturen, bei denen wir gut den Überblick behalten können, sind dagegen ausgesprochen wirkungsvoll.

Die vier zentralen Aspekte der Achtsamkeit

Die Lehrrede über die Achtsamkeit konzentriert sich auf die folgenden vier Bereiche:

1. Körper
2. Emotionen
3. Gedanken
4. Geistesobjekte (Erkenntnisse)

Um Achtsamkeit realisieren zu können, wäre es also ratsam, sie in diesen vier Bereichen zu kultivieren.

Die erste Stufe der Achtsamkeit: der Körper

Die buddhistische Lehre und Praxis ist als *Geistes*training zu verstehen. Interessanterweise beginnt unsere Reise in die Achtsamkeit jedoch auf der *körperlichen* Ebene. Dieser Aspekt wird nicht gerade selten übersehen. Unser Körper ist doch so bedürftig und schwer zu kontrollieren. Zudem scheint er meistens ein Eigenleben zu führen, so dass er auf dem spirituellen Weg oft als etwas Störendes angesehen wird.

Dass Buddha die körperliche Achtsamkeit als erste Stufe an den Anfang setzt, könnte daher bedeuten, dass wir in den unterschiedlichsten Situationen, auch in unseren Krisen, bei der körperlichen Ebene beginnen, wenn wir achtsam sein möchten. Wir werden im ersten Schritt also nicht unseren grüblerischen Gedanken folgen und auch nicht unseren Emotionen nachhängen, sondern den Fokus auf unseren Körper lenken.

In dieser Lehrrede empfiehlt Buddha uns, zu diesem Zweck auf die Atmung zu achten. Heute können wir auch wissenschaftlich belegen, dass eine bewusste Bauchatmung die Ruhezentren in unserem vegetativen Nervensystem stimuliert und auf diese effektive Weise unser Organismus zur Ruhe gebracht werden kann.

Als nächsten Schritt auf der körperlichen Ebene empfiehlt Buddha, dass wir uns unseren Körper etwas genauer anschauen. Wir lenken unser Bewusstsein also weiter entlang der körperlichen Ebene. Die Überschrift zu dieser Anweisung lautet „Einsicht".

Einsicht

Zuerst empfiehlt uns Buddha nun, dass wir unseren Körper mit klarem Blick äußerlich und dann auch innerlich betrachten. Dann realisieren wir die Ursprungs- und Auflösungsfaktoren des Körpers. Damit öffnen wir den Rahmen unserer noch eingeengten Sichtweise und nehmen bewusst zur Kenntnis, wie viele Faktoren einerseits nötig waren, um unseren Körper zu bilden, und welche Faktoren andererseits am Werke sein werden, um unseren Körper wieder vergehen zu lassen.

Ohne es direkt auszusprechen, wird hier wieder das fundamentale Prinzip der Leerheit angewendet. Auf dieser Basis lenken wir dann wieder unser Bewusstsein mit Achtsamkeit auf den Körper. Dieser Abschnitt endet mit der Erinnerung, nicht an den körperlichen Aspekten anzuhaften.

Vier Körperpositionen

Nach unseren Bemühungen um Einsicht leitet Buddha nun gewissermaßen eine Wahrnehmungsübung auf der Körperebene an. Wir richten unsere Achtsamkeit auf die Wahrnehmung von vier verschiedenen Körperpositionen.

- Gehen: Wenn wir gehen, dann realisieren wir, dass wir gehen.
- Stehen: Wenn wir stehen, dann realisieren wir, dass wir stehen.
- Sitzen: Wenn wir sitzen, dann realisieren wir, dass wir sitzen.
- Liegen: Wenn wir liegen, dann realisieren wir, dass wir liegen.

Diese Aussagen muten womöglich etwas banal an, doch am besten sollten wir uns erst dann ein Urteil darüber bilden, wenn wir das eine Zeitlang ausprobiert haben. Zum Beispiel gehen wir meistens und sind gedanklich bereits ganz woanders. Wir nehmen kaum wahr, wie wir gehen, stehen, sitzen oder liegen.

Unser Körper sendet uns zwar diese Botschaften, doch wir haben in der Regel etwas Wichtigeres zu bedenken. Das geht so lange, bis unser Körper uns dann Schmerzsignale sendet, weil wir die Körperhaltungen nicht achtsam steuern und uns beispielsweise überfordern.

Diesen Aspekt der Bewusstwerdung dessen, was ist, unterstreicht Buddha nochmals im folgenden Abschnitt.

Wissensklarheit

Auf dieser Ebene ist Achtsamkeit kein mystisches Geschehen, sondern ein stärkeres, weil bewusstes Einwurzeln im Hier und Jetzt, also in dem, was ist.

Buddha verdeutlicht diesen scheinbar ganz selbstverständlichen und leichten Weg:

- Wenn wir gehen, dann realisieren wir, dass wir gehen.
- Wenn wir schauen, dann realisieren wir, dass wir schauen.
- Wenn wir uns bewegen, dann realisieren wir, dass wir uns bewegen.
- Wenn wir Kleider tragen, dann realisieren wir, dass wir Kleider tragen.
- Wenn wir essen, dann realisieren wir, dass wir essen.
- Wenn wir trinken, dann realisieren wir, dass wir trinken.
- Wenn wir kauen, dann realisieren wir, dass wir kauen.
- Wenn wir schmecken, dann realisieren wir, dass wir schmecken.
- Wenn wir uns entleeren, dann realisieren wir, dass wir uns entleeren.
- Wenn wir einschlafen, dann realisieren wir, dass wir einschlafen.
- Wenn wir aufwachen, dann realisieren wir, dass wir aufwachen.
- Wenn wir reden, dann realisieren wir, dass wir reden.
- Wenn wir schweigen, dann realisieren wir, dass wir schweigen.

Die all diesen Tätigkeiten übergeordnete Instruktion könnte also lauten: Realisiere voll und ganz im Hier und Jetzt, was du gerade tust. Das klingt nach einer scheinbar ganz simplen Instruktion, die es aber in sich hat. Wir ahnen schon, dass die Theorie dazu zwar relativ einfach wirkt, die Praxis jedoch ein geduldiges und wiederholtes Üben erfordern wird.

Wir finden hier also bereits eine erste konkrete Achtsamkeitsübung. Ab sofort könnten wir eine Zeitlang einen inneren Kommentator aktivieren: Jetzt lese ich diese Zeilen … Jetzt stehe/sitze ich hier … Jetzt schweige ich …

Diese Gewahrwerdung kann bereits zu den ersten achtsamen Erfahrungen führen. Mit einem derartigen Vorgehen wird es kaum möglich sein, mit einer bestimmten Situation voll und ganz identifiziert zu sein. Der innere Kommentator zieht aus dem identifizierten inneren Objekt etwas Energie ab und sorgt damit für einen ersten kleinen hilfreichen Abstand. Auf dieser Basis können wir bereits erste Korrekturen vornehmen. Wenn wir realisieren, dass wir jetzt hier sitzen/stehen, dann spüren wir natürlich diese Qualität und erfahren, ob es so, wie es ist, auch gut für uns ist.

Achten Sie dabei anfangs nicht so sehr auf Ihre Gedanken und Emotionen, sondern auf Ihren Körper.

Für diese erste Stufe sollten wir uns ausreichend Zeit nehmen. Es ist völlig sinnlos, schnell die ganze Lehrrede als Bauanleitung durchzuarbeiten. Jeder einzelne Aspekt kann für uns, wie ein Einzelteil aus einem Hologramm, das ganze Bild beinhalten. Allein dieser Abschnitt über Wissensklarheit kann unsere Achtsamkeit kultivieren. Vielleicht benötigen wir gar nicht mehr. Um den leichten Weg aber noch mehr abzusichern, vertiefen wir den Prozess durch die weiteren Schilderungen Buddhas und wenden uns im nächsten Abschnitt dem Aspekt der Achtsamkeit auf die Nicht-Schönheit unseres Körpers zu.

Nicht-Schönheit

Aus einer mittleren Entfernung sieht ein Mensch am besten aus. Wenn wir aber mit einer Lupe an ihn herantreten, dann tauchen Details auf, die bestenfalls interessant sein dürften, doch wohl nicht unbedingt mehr als schön zu bezeichnen sind. Dieser kritische Aspekt wird von Buddha schonungslos ausgearbeitet. Er vergleicht uns Menschen mit Hautsäcken, die angefüllt sind mit allen möglichen Innereien, Knochen und Flüssigkeiten. So entsteht ein ziemlich unappetitlicher Eindruck von unserer Körperlichkeit.

Es scheint ein buddhistisches Bestreben zu sein, unseren Körper nicht zu verherrlichen und ihn lediglich als Tempel unseres Bewusstseins zu idealisieren. Zudem reduziert diese sehr analytische, klare und wohl auch etwas überzogene Sichtweise unsere Neigung zur Identifikation mit unserem Körper.

Wir selbst sind kein Hautsack mit Füllung; das, was wir sind, geht wohl weit darüber hinaus.

Die Körperelemente

Aus der Tradition alter Kulturen heraus benennt Buddha dann die Elemente, aus denen unser Körper besteht.

- Erde: feste Gewebe, Mineralien
- Luft: Atem, Gase
- Feuer: Wärme
- Wasser: Körperflüssigkeiten

Neun Leichenfeld-Betrachtungen

Als eine Art Höhepunkt der Ent-Idealisierung des menschlichen Körpers beschreibt Buddha ziemlich genau den körperlichen Zerfallsprozess nach unserem Tod. Er nennt diesen Abschnitt die Leichenfeld-Betrachtungen:

- Eine Leiche zerfällt.
- Raben fressen das Fleisch.
- Das Skelett mit Fleisch und Sehnen wird sichtbar.
- Das Skelett mit Sehnen und Blut wird sichtbar.
- Das Skelett mit Sehnen wird sichtbar.
- Nur noch Knochen bleiben übrig.
- Verbleichte Knochen bleiben übrig.
- Aufgehäufte Knochen bleiben übrig.
- Zerbröselte Knochen werden zu Staub, nichts bleibt.

Buddhas Beschreibungen zur körperlichen Achtsamkeit verlaufen wie eine auf- und dann absteigende Kurve: Zuerst sollen wir alle körperlichen Aspekte realisieren, erkennen, wie wir gehen, stehen und sitzen. Auch alles andere, was wir mit unserem Körper tun, sollen wir achtsam wahrnehmen. Damit wir diesen wichtigen Vorgang jedoch mit dem nötigen Abstand sehen und uns zum Beispiel mit unserer äußeren Erscheinung nicht zu sehr identifizieren, rät uns Buddha, unseren Körper schonungslos direkt anzuschauen: jedes mehr oder weniger hässliche Detail. Letztendlich müssen wir den unausweichlichen Weg erkennen, den unser Körper nehmen wird.

Es kann gar nicht oft genug hervorgehoben werden, dass diese erste Stufe der Achtsamkeit mit dem Körper beginnt. Immer wenn wir uns um Achtsamkeit bemühen, weil wir möglicherweise verwirrt oder leidgeprüft sind, können wir diese recht einfache Information von Buddha abrufen:

Beginne mit deinem Körper.

Achte auf deinen Körper.
Aber hafte nicht an deinem Körper.
So beginnt Achtsamkeit.

Die zweite Stufe der Achtsamkeit: die Gefühle

Die zweite Stufe der Achtsamkeit basiert auf unseren Gefühlen.

Natürlich müssen wir uns nicht von unseren Gefühlen trennen, um Achtsamkeit zu erfahren. Buddha rät uns, alle Gefühle, die im Moment da sind, ebenso wie auch die Abwesenheit von Gefühlen einfach betrachtend wahrzunehmen.

Wieder können wir unseren inneren Beobachter bemühen, der uns zwar nur das kommentieren kann, was wir sowieso bereits wissen, der aber allein durch seine Aktivierung unserer Neigung, uns mit etwas zu identifizieren, die Energie abzapft. Wenn drei Abteilungen elektrisch miteinander verbunden sind, dann haben sie für diese Verbindung eine gewisse Energiemenge zur Verfügung. Schaltet sich nun eine vierte Instanz hinzu, die zu kommentieren beginnt, was die drei anderen miteinander tun, dann reduziert sich automatisch die Energiemenge, die den dreien noch zur Verfügung steht. Zudem fühlen sich die drei Abteilungen nun etwas beobachtet und bemühen sich ein wenig mehr darum, einen guten Job zu machen.

Buddha benutzt für seine Erklärung zwar etwas andere Begriffe, doch gemeint ist damit, dass wir unsere Gefühle nicht abspalten, sondern achtsam beobachten.

Einsicht

Im Anschluss daran folgt in der Lehrrede nun eine Art Refrain, in dem wieder ein Absatz zur Einsicht enthalten ist, wie er auch schon zum Thema der körperlichen Achtsamkeit eingefügt wurde:

- Betrachte, wie deine Gefühle innerlich in dir wirken.
- Betrachte, wie deine Gefühle sich äußerlich auswirken.
- Betrachte ebenfalls die Ursprungs- und Auflösungsfaktoren der Gefühle.
- Lege Achtsamkeit auf deine Gefühle, nimm sie betrachtend wahr.
- Aber versuche unbedingt, nicht an ihnen anzuhaften.

Wir können uns in der folgenden Weise selbst zu Einsichten leiten:

- Ich *bin* nicht ängstlich, ich *habe/fühle* jetzt Angst.

- Ich *bin* nicht wütend, ich *habe/fühle* jetzt Wut.
- Ich *bin* nicht traurig, ich *habe/fühle* jetzt Trauer.
- Ich *bin* nicht unsicher, ich *habe/fühle* jetzt Unsicherheit.
- Ich *bin* nicht lustig, ich *habe/fühle* jetzt Spaß.
- Ich *bin* nicht gelassen, ich *habe/fühle* jetzt Gelassenheit.
- Ich *bin* nicht gütig, ich *habe/fühle* jetzt Güte.

Das kann natürlich auch auf viele andere Aspekte unseres Empfindens und unseres Seins bezogen werden, wie zum Beispiel:

- Ich *bin* nicht fleißig, ich *arbeite* jetzt mit Fleiß.
- Ich *bin* nicht pünktlich, ich *verhalte* mich jetzt pünktlich.

Vielleicht regt sich bei der einen oder anderen Beschreibung jetzt ein wenig Widerstand: „Ich möchte aber gern gelassen *sein."* Natürlich ist es auch ein wichtiges Etappenziel, heilsame Eigenschaften in uns zu festigen. Doch wenn wir gelassen *sind,* dann *müssen* wir auch stets gelassen sein. Wenn wir wirklich meinen, gelassen zu sein, dann festigt sich daraus wieder ein Persönlichkeitsanteil, mit dem wir uns natürlich nur allzu gern identifizieren. Wir sind gelassen, und das merken dann auch andere: „Oh ja, wie schön, du bist ein gelassener Mensch."

Damit wechseln wir jedoch lediglich unsere Identifikationsmuster, bleiben aber immer noch an einem Muster haften. Wir sollten uns immer wieder aufs Neue fragen, was unser Ziel ist. Möchten wir unbedingt gelassen werden, oder möchten wir die Befreiung erreichen? Es geht hier nicht in erster Linie darum, irgendwelche Festlegungen zu vermeiden, sondern darum, sich von Identifikationen und festen unbewussten Verhaltensmustern zu befreien.

Die dritte Stufe der Achtsamkeit: der Geist

Nach der ersten körperlichen und der zweiten emotionalen Stufe folgt nun als dritte Stufe der Achtsamkeit die geistige Ebene. Wer hier allerdings nach westlicher Tradition eine trennscharfe Differenzierung zwischen der emotionalen und der geistigen Stufe erwartet, wird feststellen, dass es im buddhistischen System keine solche rigide Unterscheidung zwischen emotionalen und geistigen Prozessen gibt. Beide werden in der buddhistischen Literatur meist als „Geisteszustände" beschrieben. Ein Geisteszustand wird ganzheitlich verstanden und beinhaltet demnach auch Emotionen und nicht nur Gedanken.

Buddha rät uns in Bezug auf die geistige Achtsamkeit, die betrachtende Wahrnehmung auf folgende Geisteszustände zu richten:

- die Begierde im Geist
- den Hass im Geist
- die Verblendung im Geist
- einen zusammengezogenen Geist
- einen abgelenkten Geist
- einen erhabenen und nicht-erhabenen Geist
- einen übertrefflichen und unübertrefflichen Geist
- einen konzentrierten und unkonzentrierten Geist
- einen befreiten und unbefreiten Geist

Demnach besteht auch auf der Ebene unserer Geisteszustände anfangs kein Anlass, hier willentlich andere Zustände erzeugen zu wollen. Achtsam nehmen wir wahr, was da ist – nicht mehr und nicht weniger.

Einsicht

Wie zuvor folgt nun wieder als Refrain der Absatz über die Einsicht, der den Fokus unseres Bewusstseins auf unsere Geisteszustände lenken möchte.

Buddha rät uns hier:

- Praktiziere eine innere und äußere Betrachtung deiner Geisteszustände.
- Betrachte die Ursprungs- und Auflösungsfaktoren deiner Geisteszustände.
- Durchdringe deine Geisteszustände mit Achtsamkeit.
- Diese Vorgänge werden dir helfen, nicht an deinen Geisteszuständen anzuhaften.

Das Betrachten von Abläufen in uns, die sonst unbewusst geschehen, entzieht den Gewohnheitsmustern ihre Energie. Auf diese Weise vermindern wir nur durch das Betrachten die Energie unserer starken Neigung zur Identifikation.

Wenn wir zum Beispiel unsere traurigen Reaktionen nicht nur spüren, sondern auch noch beobachten und registrieren, also beobachtend kommentieren, gewinnen wir bereits etwas Distanz dazu. Natürlich achten wir darauf, dass wir keine wertenden Kommentare produzieren, sondern nur betrachtende. Wenn wir es dann noch schaffen, die Ursprungs- und Auflösungsfaktoren klar zu vergegenwärtigen, dann kann sich die innere Distanz noch mehr vergrößern. In diese Lücke hinein können wir dann unsere Einflussmöglichkeiten wirken lassen und den Identifikationsprozess abmildern. Dann *bin* ich nicht mehr einfach nur traurig, dann erkenne ich in mir traurige gedankliche Abläufe, die ich beobachte und dadurch dann sanft zu beeinflussen lerne.

Auf diese Weise kann eine diffuse dunkle Leidenswolke, die uns völlig einnebelt, eine klare Struktur aus körperlichen, emotionalen und geistigen Aspekten annehmen. Diese Ordnung macht aus der dunklen Wolke ein recht überschaubares Objekt, von dem wir uns dann nicht mehr vereinnahmen lassen müssen. Dann gibt es gelegentlich zwar dunkle Wolken, denn das ist auch in der Natur völlig normal, doch wir selbst werden nicht mehr zur dunklen Wolke, sondern vielleicht zum Berg, der eben mal von Wolken verhangen ist, dann aber auch wieder frei davon wird. Wobei es einen Berg nie wirklich beeindruckt, wenn da Wolken sind.

Die vierte Stufe der Achtsamkeit: die Geistesobjekte

Um diesen Weg als einen leichten Weg verstehen zu lernen, sind noch ein paar weitere Aspekte wissenswert. Dafür hat Buddha die vierte Stufe der Achtsamkeit als eine Stufe der Geistesobjekte beschrieben, eine Stufe also, auf der wir uns mit ein paar wissenswerten Objekten aus dem Bereich des Geistigen befassen sollten. Der Bereich der Geistesobjekte könnte uns auch ein paar hilfreiche Anhaltspunkte dafür liefern, um unseren leichten Weg in die Befreiung sicher gehen zu können.

Buddha spricht in diesem Abschnitt über mögliche Hindernisse, über Daseinsgruppen unseres Lebens, über innere und äußere Grundlagen unserer Wahrnehmung, über Erleuchtungsglieder, also heilsame Eigenschaften, und natürlich als eine der wesentlichen buddhistischen Grundlagen über die Vier Edlen Wahrheiten.

Alle diese Aspekte fördern unsere Achtsamkeit. Die Ergründung dieser Bereiche stellt seit vielen Generationen einen Leitfaden dar, an dem wir uns orientieren können.

Die fünf Hindernisse

Der buddhistische Weg ist ein Weg der Praxis. Auch Buddha selbst beschritt zuvor einen schweren Weg der Selbsterfahrung. Wenn ein Lehrer selbst solche Erfahrungen durchmacht, kann er natürlich auch seinen Schülern wichtige Anregungen weitergeben. Aus einer sicherlich recht großen Anzahl von möglichen Hindernissen wählt Buddha fünf besonders relevante aus:

- die Sinnesbegierden
- das Übelwollen
- die Trägheit
- die Rastlosigkeit
- der Zweifel

Um uns nicht mit unnötigen Erwägungen abzulenken, können wir immer die Weisheit des Mittleren Weges zu Hilfe nehmen. Wir können unsere Sinne dafür nutzen, um mit der Welt in Verbindung zu treten und auch das zu genießen, was sie uns bietet, doch dabei bleiben wir achtsam, da sich mit unseren Sinnen sehr schnell auch *Sinnesbegierden* einstellen werden.

In manchen Fällen kann eine klare Abgrenzung wichtig sein, doch ein Übelwollen bedeutet stets eine verblendete Absicht als Ausgangslage. Unsere Motive entgleiten uns dabei ins Unheilsame.

- Ein wenig *Trägheit* kann Geist und Körper erfrischen, doch wenn wir es damit übertreiben, verschlafen wir unser kostbares Leben.
- Aktivität ist gut, doch *Rastlosigkeit* wird uns vollkommen erschöpfen.
- Etwas *Zweifel* kann unsere Neigung zur Identifikation mildern, doch wenn wir zu viel zweifeln, werden wir uns niemals wirklich auf etwas einlassen können.

Jeder dieser Aspekte lohnt die tiefere persönliche Ergründung. Welchen Stellenwert haben Sinnesbegierden, Übelwollen, Trägheit, Rastlosigkeit und Zweifel in meinem Leben?

Einsicht

Mit diesem Absatz folgt wieder der Refrain, der den Fokus unserer Achtsamkeit auf die Erkenntnis der Geistesobjekte lenkt:

- Praktiziere eine innere und äußere Betrachtung der Hindernisse.
- Betrachte die Ursprungs- und Auflösungsfaktoren der Hindernisse.
- Durchdringe die Hindernisse mit Achtsamkeit.
- Hafte nicht an den Hindernissen.

Wir treffen also wieder auf die gleiche Strategie, diese Objekte zu betrachten und zu analysieren. Es bedarf hier keiner schnellen Lösung, wie sie uns beim Gewahrwerden von Hindernissen oft naheliegt, denn schließlich laden Hindernisse doch dazu ein, sie aus dem Weg zu räumen. Im buddhistischen Geistestraining können wir es leicht nehmen: Nur betrachten!

Es ist ein wenig so wie im Museum: Nur anschauen, nicht anfassen! Sicherlich könnten wir ein Museum auch wie eine Gruft betrachten, in der tote Gegenstände ausgestellt werden, doch wenn wir uns darauf einlassen, uns einmal in Ruhe vor ein Bild setzen, uns ganz dem Betrachten hingeben, dann kann das Bild mit uns kommunizieren. Wir spüren vielleicht eine Regung, so als könne uns das Bild etwas vermitteln.

So ähnlich können wir auch den achtsamen Vorgang verstehen, den wir in uns kultivieren möchten. Wie vor einem Kunstwerk, so stehen wir manchmal vor unseren eigenen inneren Prozessen. Einige Bilder gefallen uns, andere finden wir scheußlich. Es handelt sich aber immer um Kunstwerke, die ihre Berechtigung haben, ob wir es nun wollen oder nicht. Wir fassen sie nicht an, wir reißen sie nicht von der Wand, wir werten sie weder ab noch auf. Sie sind eben da und hängen in unserem inneren Museum. Also verweilen wir einen Moment lang und betrachten das Werk. Wenn wir diesen Vorgang wirklich zulassen können, dann wird sich unser inneres Bild garantiert transformieren. Durch das Erkennen wird es frei werden und wir mit ihm.

Die fünf Daseinsgruppen

Als Nächstes erwähnt Buddha fünf Daseinsgruppen, denen wir unsere Aufmerksamkeit schenken sollten. Zur Stabilisierung von Achtsamkeit benötigen wir Informationen über die uns umgebende Welt.

• Die erste Daseinsgruppe ist die *Form.* Dabei handelt es sich um einen Begriff, der ein Produkt meint, das sich aus verschiedenen Einzelteilen zusammensetzt. Unser Körper ist zum Beispiel eine solche Form, ebenso wie auch Staaten, Wolken oder Gedanken. Alles ist zusammengesetzt und daher nicht fest.

Der Zusammenhang zwischen Form und dem buddhistischen Prinzip der Leerheit wurde schon beschrieben. Das *Herz-Sutra,* das Kernstück der buddhistischen Lehre, widmet sich diesem Thema besonders.

Auch Angst, Wut und Trauer oder alle anderen Empfindungen sind Formen. Viele Faktoren kommen zusammen und bilden für eine Weile eine Form. Wir selbst können uns bemühen und diese Form immer wieder festigen, oder wir überlassen sie dem natürlichen Verfall. Generell sollten wir alle Formen im Hinblick auf ihren Ursprung und ihr Vergehen wahrnehmen.

• Eine weitere Daseinsgruppe betrifft unsere *Gefühle.* Diesen Aspekt können wir sowohl aus buddhistischer als auch aus westlich-wissenschaftlicher Sicht in seiner Dynamik betrachten. Es ist lohnenswert, sich mit der Entstehung unserer Gefühle auseinanderzusetzen. Auf diese Weise können wir erkennen, dass der Prozess dieser Genese ein kreativer Vorgang ist. Hier fließen aktuelle, aber auch längst vergangene Erfahrungen ein. Dazu sind unsere Gefühle sehr von unserem Geisteszustand abhängig; auch unsere Erwartungen, Ideale und Gedanken spielen hierfür eine Rolle. Buddha rät uns, unbedingt den Ursprung und das Vergehen unser Gefühle zu durchdringen. Dafür sind unsere Meditationspraktiken ebenso geeignet wie Unterweisungen zur Entstehung von Emotionen.

• Zwei weitere Daseinsgruppen betreffen unsere *Wahrnehmung* und *Gestaltungen.* Auch diese müssen wieder im Hinblick auf ihren Ursprung und ihr Vergehen beleuchtet werden.

• Eine letzte Daseinsgruppe betrifft unser *Bewusstsein.* Das ist ein großes, ein spannendes und immer noch mysteriöses Thema. Wie Bewusstsein entsteht, ob es überhaupt entsteht und vergeht, das wird von unterschiedlichen Menschen auch unterschiedlich empfunden.

Eine wichtige Erkenntnis, die wir hier nutzen können, besteht darin, dass wir Bewusstsein als etwas Flexibles auf einem Kontinuum erkennen. Denn sicherlich gibt es nicht nur bewusst und unbewusst beziehungsweise bewusstlos.

Unser individuelles Bewusstsein kann auch als Leiter symbolisiert werden. Auf dieser klettern wir im Laufe eines Tages viele Male herauf und herunter. Für uns ist es wichtig, des Öfteren zu prüfen, auf welcher Sprosse wir uns befinden. Damit erhalten wir eine Grundlage für weitere Überlegungen, ob wir zum Beispiel noch eine höhere Sprosse erklimmen oder doch besser etwas nachlassen sollten.

Über Phänomene eines kollektiven Bewusstseins ist zwar auch schon viel geschrieben worden, doch bisher sind die Ergebnisse immer etwas spekulativ geblieben. Wenn wir meinen, dass ein Thema zu dubios für uns wird, dann sollten wir uns stets fragen, wie relevant es für unsere Befreiung ist. Unser Bewusstsein hat allerdings eine recht hohe Relevanz dafür.

Einsicht

Hier ist wieder der uns schon bekannte Refrain über die Einsicht eingefügt:

- Die innere und äußere Betrachtung der Daseinsgruppen führt zur Achtsamkeit.
- Die Betrachtung der Ursprungs- und Auflösungsfaktoren der Daseinsgruppen führt zur Achtsamkeit.
- Durchdringen wir die Daseinsgruppen mit unserer Achtsamkeit.
- Achten wir aber darauf, nicht an diesen jeweiligen Daseinsgruppen anzuhaften.

Insbesondere der letzte Punkt ist ein Appell, den wir durch sehr geduldiges Einüben umsetzen lernen. Er beinhaltet zum Beispiel, dass wir nicht an unseren Gefühlen anhaften. Das sollte mittlerweile als wichtiges Etappenziel klar geworden sein, doch in der Regel ist die praktische Umsetzung für uns das Problem. Zu schnell verlassen wir oft unseren leichten Weg und machen uns selbst und anderen mit unseren intensiven Gefühlen das Leben schwer.

Beim nächsten Schritt erfahren wir von der Einheit aus Himmel und Hölle, der Nähe zwischen heilsamen und unheilsamen Dingen. Sicherlich wünschen wir uns oft klare transparente Positionen, an denen wir uns orientieren können, erfahren jedoch, dass wir selbst Entscheidungen treffen müssen. Das ist eine der Grundlagen des buddhistischen Denkens.

Die sechs inneren und äußeren Grundlagen

Nun fährt Buddha damit fort, von unseren Sinnen als Grundlagen zu sprechen.

- Augen: Formen sind Fessel und Lösung
- Ohren: Klänge sind Fessel und Lösung
- Nase: Gerüche sind Fessel und Lösung
- Zunge: Geschmäcke sind Fessel und Lösung
- Körper: Berührungsobjekte sind Fessel und Lösung
- Geist: Geistesobjekte sind Fessel und Lösung

Alles, was wir wahrnehmen, kann uns fesseln und zugleich auch für unsere Befreiung genutzt werden. Beispielsweise können wir mit den Augen eine schöne Buddha-Statue wahrnehmen. Sie kann uns fesseln, es entstehen womöglich Wünsche und Begehrlichkeiten auf verschiedenen Ebenen: Ich möchte diese Statue kaufen oder ich möchte werden wie ein Buddha. Die Fesseln oder Fesselungsmöglichkeiten sind ohne Zahl. Dieselbe Statue kann uns aber auch an unsere bereits vorhandene innere Buddhanatur erinnern und alle Fesseln lösen.

Einsicht

Nun schließt sich wieder der Refrain über die Einsicht an:

- Betrachte deine sinnlichen Grundlagen von innen und außen.
- Betrachte die Ursprungs- und Auflösungsfaktoren deiner sinnlichen Grundlagen.
- Durchdringe deine sinnlichen Grundlagen mit Achtsamkeit.
- Wieder folgt die sehr eindrückliche Mahnung: Hafte nicht an deinen Sinnen an.

Die sieben Erleuchtungsglieder

Bevor Buddha zu den Grundlagen seiner Lehre kommt, den Vier Edlen Wahrheiten, benennt er sieben Erleuchtungsglieder. Hiermit sind besonders heilsame Faktoren gemeint, die unsere Achtsamkeit untermauern und auf diese Weise nachhaltig sichern können.

- *Achtsamkeit:* Achtsames Handeln kann durch Wiederholung zu einer achtsamen inneren Haltung werden.

- *Wirklichkeitsergründung:* Hiermit ist das Bestreben gemeint, nicht zu schnelle Lösungen finden zu wollen. Es umfasst unseren Wissensdurst ebenso wie eine spielerische Neugier, hinter den Vorhang blicken zu wollen. Dafür müssen wir so stabil sein, dass wir uns selbst und viele unserer Meinungen immer wieder hinterfragen.

- *Energie:* Wir können uns der universellen Energie öffnen oder auch unsere eigene Energiequelle kultivieren. Selbst Frustration kann als Antriebsenergie nutzbar gemacht werden und dadurch hilfreich für uns sein. Auch Leiden kann Energie liefern.

- *Verzückung:* Das ist eine Art von Versprechen. Menschen, die den leichten Weg bereits weitergegangen sind als wir selbst, berichten uns von Zuständen, die wir als Verzückung erleben können.

• *Stille:* Suchen wir die Stille in uns selbst. Sie ist zwar da, doch meist sehr verdeckt von dem Ballast scheinbar unendlich vieler Gedanken und Empfindungen. Wenn wir in die Stille gehen, dann erleben wir zuerst inneren Lärm. Für etwas Geduld benötigen wir ein wenig Vertrauen.

• *Konzentration:* Das ist die Fähigkeit, die eigenen Energien bündeln zu können. Während Achtsamkeit eher weitgefächert ist, zeigt Konzentration einen stärkeren Bündelungscharakter. Allerdings ist es bestimmt beruhigend zu erfahren, dass wir auch Konzentration lernen können. Schritt für Schritt.

• *Gleichmut:* Hier finden wir eine weitere Qualität, die wir uns erst noch backen müssen. Ein paar Zutaten Wissen, ein paar Zutaten Üben und dann die Wärme unserer Übungstradition – so ausgestattet können wir am inneren Ofen vertrauensvoll beobachten, wie unser Gleichmut Gestalt annimmt.

Ganz konkret bedeutet es, zuerst die innere Bereitschaft zu klären, ob wir auch tatsächlich innerlich loslassen möchten, zum Beispiel vom Drama, vom Rechthaben-Wollen, von der Identifikation als Opfer oder vom Kämpfen. Wenn wir dafür innerlich wirklich grünes Licht sehen, dann können wir durch die regelmäßige Energetisierung unseres Ruhepols im vegetativen Nervensystem Gelassenheit einüben.

Einsicht

Der sich regelmäßig wiederholende Refrain über die Einsicht lautet hier:

- Praktiziere die innere und äußere Betrachtung der Erleuchtungsglieder.
- Betrachte die Ursprungs- und Auflösungsfaktoren der Erleuchtungsglieder.
- Durchdringe die Erleuchtungsglieder mit Achtsamkeit.
- Hafte an keinem der Erleuchtungsglieder an.

Was könnte zum Beispiel die letzte Anregung bedeuten? Wir sollen nicht an der Achtsamkeit als einem Erleuchtungsglied anhaften. Wäre denn ein dauerhaftes Aufrechterhalten von Achtsamkeit nicht sinnvoll?

Tatsächlich benötigen wir die innere Bereitschaft, alles auch wieder loslassen zu können. Sobald in uns das Bewusstsein von einem Besitz entsteht, den wir festhalten möchten, kommt es zur Verhärtung von

Fließendem. Wenn wir spüren, dass wir Achtsamkeit praktizieren können, dann darf das nicht in unseren Besitz übergehen. Es ist jetzt so, wie es ist. Morgen kann es sich wieder wandeln.

Solange wir das Unheilsame abstoßen und das Heilsame ansammeln möchten, bleiben wir an einer dualistischen Bewertung haften. Die Bereitschaft, auch Heilsames wieder loszulassen, mutet viele von uns erst einmal merkwürdig an, doch ein Teil des Rätsels löst sich vielleicht dadurch auf, dass wir unsere Verblendung erkennen, wenn wir Loslassen fälschlicherweise mit Verlust gleichsetzen. Wir können getrost unser Achtsamkeits-Kätzchen loslassen, ihm eine Schale Milch hinstellen und darauf vertrauen, dass wir auf Gegebenes immer eine Antwort bekommen.

Die Vier Edlen Wahrheiten

Fast zum Ende seiner Lehrrede bringt Buddha dann noch eine mächtige Grundlage für Achtsamkeit zur Sprache: die Vier Edlen Wahrheiten als Basis der buddhistischen Lehre.

- *Die Erste Edle Wahrheit: Leid ist unvermeidbar*
  Leid ist unausweichlich und entsteht immer wieder. Kein Mensch ist vor Geburt, Alter, Krankheit und Tod gefeit. Dazu kommen noch die vielen anderen Unvermeidbarkeiten. Es gibt also überall Leid, aber machen wir daraus kein Leiden.
- *Die Zweite Edle Wahrheit über die Ursachen des Leidens*
  Leiden hat drei Ursachen: Verblendungen, Anhaftungen, Widerstände.
- *Die Dritte Edle Wahrheit über das Ende des Leidens*
  Leiden kann aufgelöst werden, dafür besitzen wir alle die Veranlagung.
- *Die Vierte Edle Wahrheit über den Weg zum Beenden des Leidens*
  Es gibt einen Weg zur Auflösung von Leiden: der Edle Achtfache Pfad.

Einsicht

Hier folgt nun ebenfalls der Refrain über die Einsicht:

- Praktiziere die innere und äußere Betrachtung der Vier Edlen Wahrheiten.
- Betrachte die Ursprungs- und Auflösungsfaktoren der Vier Edle Wahrheiten.

- Durchdringe die Vier Edle Wahrheiten mit Achtsamkeit.
- Hafte nicht an den Vier Edlen Wahrheiten an.

Da diese zentrale Lehre von den Vier Edlen Wahrheiten in fast jedem buddhistischen Buch beschrieben wird, verzichten wir an dieser Stelle auf eine ausführliche Beschreibung.

Schlussbetrachtungen zur Lehrrede über die Achtsamkeit

Mit den Vier Edlen Wahrheiten sind wir fast am Ende des Sutra über die Achtsamkeit angelangt. Sicherlich waren die Zuhörer damals wie heute vom gut strukturierten Aufbau dieser Lehrrede fasziniert. Damals wie heute entsteht natürlich auch ein tiefer Respekt vor ihrem Inhalt. Sie hat nur ein einziges Thema, die Achtsamkeit, und es wird darin ein kleiner Kosmos aufgeblättert.

Vermutlich könnten wir viele Monate oder länger nur mit einem einzigen Aspekt dieser Lehrrede arbeiten und uns ganz in diesen hineinbegeben. Genau dazu lädt uns die buddhistische Lehre auch insgesamt ein. Die Vollständigkeit der Lehre ist zweitrangig. Absolute Priorität haben nur wir selbst, unsere Erfahrungsmöglichkeiten und unser Zielfokus: die Befreiung.

Für den leichten Weg in die Befreiung sollten wir nur das nötigste Gepäck mitnehmen. Auch zu viel Theorie- und Lehrgepäck kann sich als Ballast herausstellen. Es ist wesentlich effektiver, wenn wir einen bestimmten Bereich wirklich vertiefen, als zu versuchen, uns möglichst alles einzuverleiben und mitzuschleppen. Allerdings wird es auch nicht ganz ohne Gepäck gehen, denn schließlich benötigen wir schon etwas Wissensgepäck und natürlich auch etwas Praxisgepäck.

Sicherlich hat Buddha damals in einige ehrfürchtige oder auch verwirrte Gesichter geblickt. Wahrscheinlich hat es nach seiner Rede nicht wenige Fragen gegeben und die Zuhörer haben damals vor 2500 Jahren die gleichen Fragen gestellt wie auch heute. Immer wieder lautet die Frage nämlich: Wie lange muss ich das denn üben?

Das Sutra endet geradezu witzig. Anscheinend will Buddha seine Zuhörer zum Schluss noch etwas auflockern. Damit beginnt er rhetorisch-strategisch sehr clever, denn erst einmal schickt er seine Zuhörer, indem er ihnen Folgendes vermittelt: Wer diese vier Grundlagen der Achtsamkeit auf diese Weise *sieben Jahre* entfalten kann, erreicht entweder letztendliche Erkenntnis hier und jetzt, oder wenn noch eine Spur von Anhaften übrig ist, die Nicht-Wiederkehr.

Die Perspektive von sieben Jahren, in denen die Entfaltung von Achtsamkeit kontinuierlich geübt werden soll, dürfte vermutlich viele geschockt haben. Das ist ein langer Zeitraum. Wer soll das denn über sieben Jahre durchhalten?

Wahrscheinlich wird Buddha über die ersten spontanen Reaktionen geschmunzelt haben. Er wird vielleicht signalisiert haben, dass es noch etwas darüber zu sagen gibt, und als er mit seinen Ausführungen fortfährt, nennt er dann einen immer etwas kürzeren Zeitraum. Bald werden wohl alle an seinen Lippen gehangen haben, in der Hoffnung, dass der Countdown noch weitergehen möge.

Tatsächlich beendet Buddha seine Lehrrede dann mit der folgenden Aussage: Wer diese vier Grundlagen der Achtsamkeit auf diese Weise *sieben Tage* entfalten kann, erreicht entweder letztendliche Erkenntnis hier und jetzt, oder wenn noch eine Spur von Anhaften übrig ist, die Nicht-Wiederkehr.

Diese Perspektive wird wohl alle damals Anwesenden und auch alle heutigen Leser und Hörer erleichtern. Nur sieben Tage. Bei genauerer Betrachtung aber werden wir Buddha wohl auch jetzt wieder schmunzeln sehen, denn die Zeit zwischen sieben Tagen und sieben Jahren macht überhaupt keinen Unterschied. Wenn wir es über den Tag schaffen und auch in der Nacht und dann am nächsten Tag, unsere Achtsamkeit aufrechtzuerhalten, dann spielen Tage, Wochen, Monate oder Jahre keine Rolle mehr. Schon eine Stunde Achtsamkeit ist ein großes Projekt. Wer Achtsamkeit wirklich praktiziert – und sei es auch nur für einige Stunden –, der befindet sich mitten auf dem leichten Weg. Man könnte auch sagen, er ist bereits auf diesem Weg angekommen.

Wahrscheinlich ist auch bei den Anwesenden damals schon bald der Groschen gefallen. Buddha möchte aber, dass wir ihm in die Befreiung folgen. Darin unterstützt er uns, so wie gute Eltern es mit ihren Kindern tun: „Komm, mach noch ein wenig weiter, es lohnt sich wirklich!“

Buddha fasst den Nutzen daraus wie folgt zusammen:

Der Weg der Achtsamkeit führt

- zur Läuterung der Wesen
- zur Überwindung von Kummer und Klagen
- zum Verschwinden von Schmerz und Trauer
- zum Erlangen des wahren Weges.
- zur Verwirklichung von Nirvana

Diese Auflistung macht deutlich, welcher Stellenwert der Achtsamkeit beigemessen wird. Sie ermöglicht uns eine vollständige Transformation, so dass wir unser Leiden überwinden und auf dem leichten Weg in die Befreiung eintreten.

Man könnte etwas salopp sagen, diese Lehrrede hat es in sich. Wir können noch lange Zeit damit arbeiten. Es in sich haben und lange damit arbeiten? Klingt das denn noch nach einem leichten Weg?

Erinnern wir uns an die Stufen. Wir können auf jeder für uns passenden Stufe damit beginnen. Was aber bedeutet das für unseren Alltag? Es kann jederzeit eine Problemsituation entstehen oder wir fühlen uns gut, möchten aber unsere Achtsamkeit verstärken. Wo können wir damit beginnen?

Wenn unser Geist nach langer Reflexion
die Bedeutung des Körpers verstanden hat,
erfahren wir Glückseligkeit.

– Sri Dharma Mittra –

Achtsamkeit beginnt im Körper

Wenn wir uns der Achtsamkeit annähern, dann können wir alles auf einen ganz einfachen Punkt reduzieren: Wenn wir uns entscheiden müssen, doch das nicht können, wenn wir schwierige Aufgaben vor uns haben und verwirrt sind, wenn wir sicher auf unserem leichten Weg bleiben möchten, dann beginnen wir immer an der gleichen Stelle – im Körper.

Das ist wirklich die allereinfachste und leichteste Instruktion: Achte, so oft es dir möglich ist im Laufe des Tages, auf deinen Körper. Das könnte bedeuten, dass wir unsere regelmäßigen Mikropausen für eine kurze Introspektion nutzen, also eine innere Inspektion von uns selbst. Vielleicht spüren wir dabei Anspannungen im Nacken und können durch diese simple körperliche Achtsamkeit einem Spannungskopfschmerz vorbeugen, den wir sonst bei Missachtung der kleineren Signale am Abend erleiden würden. Auch wenn wir dem womöglich nicht immer nachgehen möchten oder können, so scheint es doch ratsam, solche Signale des Körpers ernst zu nehmen und darauf zumindest mit einer entsprechenden Lockerungsatmung zu reagieren.

Der leichte Weg hat immer auch mit körperlicher Leichtigkeit zu tun. Das kann unter anderem bedeuten, dass wir mehr auf unsere Körpersignale achtgeben. Während unser Geist uns oft eher anzutreiben versucht, meldet sich unser Körper auf eine freundlichere Weise und bittet zur rechten Zeit um eine Pause. Achten Sie also immer zuerst auf Ihren Körper.

Die tiefere Ergründung von Achtsamkeit zeigt uns, dass wir es hier keinesfalls mit Entspannung zu tun haben. Der Appell „Sei achtsam" meint also nicht: „Sei leise, sei langsam, sei still, gib nach, entspann dich."

Die täglichen regelmäßigen Momente der Bewusstheit, denn darum geht es im Grunde, werden sich auf diese Weise zu einem heilsamen Muster einprägen. Mit einem derartigen Muster können wir dann auch kritischere Momente wesentlich gelassener bestehen.

Die heilsamen Wirkungen von Achtsamkeit

Die heilsamen Effekte von Achtsamkeit sind vielfältig und mittlerweile auch wissenschaftlich gut belegt.

Achtsamkeit

1. erhöht unsere Fähigkeiten zur Aufmerksamkeit
2. erhöht unsere Konzentrations- und Gedächtnisleistungen
3. stabilisiert unsere Gelassenheit
4. verhilft zu wirklicher Präsenz
5. macht alles um uns herum präsent
6. schenkt dem Objekt der Achtsamkeit Lebenskraft
7. hilft dabei, zur Ruhe zu kommen
8. hilft dabei, tief schauen zu können
9. hilft zu verstehen
10. unterstützt die Transformation

Vernachlässigen Sie Ihren Körper nicht,
verschwenden Sie aber auch nicht zu viel Sorge auf ihn.
Achten und pflegen Sie ihn wie ein kostbares Werkzeug,
das Ihr Geist braucht,
um die Erleuchtung zu erlangen.

– XIV. Dalai Lama –

Sich (nicht) mit dem Körper identifizieren

Entweder identifizieren wir uns vollkommen mit unserem Körper, etwa nach dem Motto: Ich bin groß, ich bin klein, ich bin schön usw. und natürlich auch: Ich bin krank, ich bin dick, ich bin hässlich. Auf dieser Ebene sind wir eins mit unserer äußeren Form. Bei dieser Art von Selbstbezug würde der Wunsch nach Veränderung dann vielleicht eher beim Friseur oder – noch schlimmer – beim Schönheitschirurgen enden.

Die andere, ebenfalls unheilsame Variante sieht so aus, dass wir uns gewissermaßen von unserem Körper trennen. Das geht oft einher mit dem Empfinden eines unabhängigen Ego. Wir betrachten unseren Körper dann wie ein Objekt, zum Beispiel wie eine Maschine, die zu funktionieren hat. Viele Notwendigkeiten im Leben können das sicherlich erklären, wie etwa ein körperlich sehr anstrengender und monotoner Beruf. Irgendwann merken wir dann vielleicht: „Mein Körper gehorcht mir nicht mehr, er macht, was er will."

Vielleicht erkennen wir hier sehr schnell, dass sowohl die Identifikation mit dem Körper als auch seine Abtrennung zu vielen Problemen führen wird. Oft raten Buddhisten dazu, sich nicht zu identifizieren, auch nicht mit dem eigenen Körper. Da kann es zum Beispiel heißen: „Ich bin nicht mein Körper. Mein Körper kann krank werden und verfallen, aber das, was meine geistige Qualität betrifft, bleibt davon unberührt." Das lässt doch stark an eine Abtrennung denken.

Wie können wir dieses Rätsel lösen?

Möglicherweise könnte ein Lösungsansatz darin bestehen, sich noch einmal zu vergegenwärtigen, was es mit dem Ich auf sich hat. Es heißt ja: „Das *Ego* soll sich nicht identifizieren." Das wird allerdings nie funktionieren, weil das *Ego* bereits eine Identifikation ist. Jenseits unseres Ego beziehungsweise unserer verschiedenen Ego-Anteile können wir jedoch den Kontakt zur geistigen Qualität aufnehmen, die nicht identifiziert ist.

Solange wir also unreflektiert mit unserem Ego identifiziert sind, solange werden wir auch mit unserem Körper identifiziert sein. So können wir mit einem Körperbewusstsein identifiziert sein, dass einer Maschine gleicht, oder wir identifizieren uns mit anderen körperlichen Formen und Zuständen.

Der leichte Weg erweist sich auch hier wieder als über- lebensnotwendig. Unser Körper wird altern und uns viele Probleme bereiten. Wenn wir ihn zusätzlich noch schlecht behandeln, beschleunigt sich dieser Prozess lediglich. Also müssen wir es uns ein wenig leichter machen und zum Beispiel das Problem mit unserem Ego ergründen.

Körper, Emotionen und Gedanken als Arbeitsgrundlagen für unsere Achtsamkeit

Allen drei Bereichen können wir unsere Achtsamkeit zuwenden und dadurch wichtige Hinweise auf unseren Gesamtzustand erhalten. Vorab sei noch angemerkt, dass wir natürlich auch bei der Achtsamkeit eine Einheit aus Körper, Emotionen und Verstand analysieren und realisieren. Lediglich im Geistestraining separieren wir die Teilaspekte gedanklich.

Unsere *körperliche* Ebene erkennen, würdigen, respektieren, schützen und kultivieren

Die Körpersignale werden bei Dauerstress immer schwächer beziehungsweise können wir sie immer schlechter wahrnehmen. Einige Nervenbereiche, die für die Introspektion und den Zugang zu unseren Emotionen zuständig zu sein scheinen (Insula und ACC), bauen bei Dauerstress ihre Strukturen zurück. Auf diese Weise spüren wir dann die Botschaften unseres eigenen Körpers nicht mehr. Wir übergehen unsere Leistungsgrenzen und auch andere Körpersignale. Körperliche Achtsamkeit bedeutet also, auf die verschiedenen Dimensionen des Körpers zu achten.

Beginne zum Beispiel auch mit deinen spirituellen Übungen immer auf der Körperebene. Wenn du meditieren möchtest, geh nicht zu schnell in einen meditativen Zustand, sondern nimm dir Zeit, um deinen Körper gut zu spüren, ihn gut auszurichten. Wenn du Yoga praktizierst, dann beginne mit den Asanas langsam und bedächtig.

Wenn du dich angespannt fühlst und eine dunkle Wolke dich umkreist oder womöglich sogar in dir steckt, dann sorge zuerst für deinen Körper. Atme bewusst!

Unsere *emotionale* Ebene erkennen, würdigen, respektieren, schützen und kultivieren

Auf der Basis unserer beruhigteren körperlichen Verfassung können wir uns nun wesentlich besser unseren Emotionen zuwenden. Wahrscheinlich spüren wir mithilfe unserer körperlichen Achtsamkeit bereits eine Abmilderung unseres emotionalen Zustandes.

Den noch vorhandenen Emotionen wenden wir uns dann rein beobachtend zu. Wo spüren wir die Emotionen im Körper? Wenn wir auf der körperlichen Ebene achtsam bleiben können, indem wir vielleicht weiterhin eine tiefe Bauchatmung praktizieren, dann können wir beobachten, wie sich unsere Emotionen verändern.

Emotionen sind Energien, denen wir eine Form gegeben haben. Formen haben keinen festen Kern, sie verändern sich.

Emotionen lassen sich auch als neuronale Muster beschreiben, die wir durch entsprechende elektrische Ladungen im Gefühlszentrum wahrnehmen. Wenn wir dieser Ladung keine weitere Energie zuführen, zum Beispiel durch angespannte Gedanken, können wir beobachten, wie unsere Emotionen kommen und gehen.

Unsere *gedankliche* Ebene erkennen, würdigen, respektieren, schützen und kultivieren

Für unsere Gedanken gilt eigentlich dasselbe wie für unsere Emotionen. Auch sie sind nur eine flüchtige Form, auch sie entsprechen nur einem elektrochemischen Ladungsmuster.

Alle drei Instanzen, also Körper, Emotionen und Gedanken, haben die Macht, sich gegenseitig intensiv zu beeinflussen, und zwar aus dem einfachen Grund, weil sie eine *Einheit* bilden.

So führen körperliche Spannungen zu emotionalen und gedanklichen Erregungen, emotionale Spannungen zu körperlichen und gedanklichen Erregungen und gedankliche Spannungen zu körperlichen und emotionalen Erregungen.

Für uns sind diese drei Instanzen nicht immer so klar zu differenzieren. Wie bereits erwähnt wurde, wird diese Trennung hier auch nur für ein leichteres Verständnis unserer inneren Abläufe in dieser Form beschrieben. Wenn wir diese Einheit von Körper, Gefühl und Denken nach dem Motto „Nichts ist zu groß, als dass wir es nicht in kleinere Teile zerlegen könnten" etwas zergliedern, müssen wir nicht den ganzen verwirrten inneren Elefanten beruhigen, sondern wir beginnen mit einem Teilaspekt: der körperlichen Ebene. Auf diese Weise finden wir einfach besser wieder auf unseren leichten Weg zurück.

In Kapitel 10 zum Thema „Die heilsamen Qualitäten der Behandler" werden wir uns das Thema Achtsamkeit noch aus weiteren Perspektiven betrachten. Mit Behandler sind sowohl die Angehörigen aus den helfenden Berufsgruppen als auch der „innere Behandler", also eigene Qualitäten für die Selbstbehandlung gemeint.

Über den Wert von Lehrreden

In diesem Kapitel haben wir uns ausführlich mit der buddhistischen Lehrrede beschäftigt, deren Thema die Achtsamkeit ist.

Dazu noch eine kurze, aber wichtige Anmerkung: Halte dich nicht zu lange mit den Lehrreden auf! Natürlich sind sie wichtig, und für viele ist es auch spannend und ein Vergnügen, jahrhundertealte Weisheitstexte zu lesen und darüber zu diskutieren. Sie stammen aus den Anfängen der menschlichen Geistesgeschichte und beinhalten tiefe Erkenntnisse, die tatsächlich heute noch genauso relevant sind wie vor 2500 Jahren. Das ist bemerkenswert. Es gibt solche Texte extrem selten. Sie sind uns leider kaum zugänglich oder werden uns nicht zugänglich gemacht. Deshalb gehören die alten buddhistischen Lehrreden zu den Schätzen der Menschheitsgeschichte.

Wer die Texte lesen mag, der wird schnell erkennen, dass es sich dabei nicht um alte asiatische Gerichte handelt, sondern um Rezepte, die vermitteln, wie der Mensch funktioniert. Diese Rezepte können von jedem sofort ausprobiert werden. Für die Vorgehensweise dabei soll aber noch die folgende Anregung gegeben werden: Die buddhistischen Rezepte sind sehr umfangreich, viele Bibliotheken sind damit vollgestopft. Erfreulicherweise gibt es heute aber auch Texte mit Rezepten, welche die buddhistischen Lehren auf den Punkt bringen. Deshalb brauchen wir unser Leben nicht mehr unbedingt in Bibliotheken zu verbringen.

Kein noch so langes Literaturstudium, zum Beispiel über Äpfel, könnte so tiefgehend und nachhaltig sein wie der Biss in einen Apfel. Also, wo kannst du nun in die Achtsamkeit hineinbeißen?

KAPITEL 9

Heilsame Geisteszustände

Wir sind fähig, anderen Wesen gegenüber
Zuneigung, Liebe und Mitgefühl zu entwickeln,
wenn wir uns bewusst machen,
dass wir die unbegrenzte Fähigkeit zur menschlichen Zuwendung besitzen.

– XIV. Dalai Lama –

Trauer ist ein Geisteszustand, der sehr viel mit unseren Emotionen zu tun hat, aber auch mit unserer körperlichen Seite, die in der Trauer immer präsent ist und im Erleben von Trauer eine große Rolle spielt.

Zweifel ist ein Geisteszustand, der sehr viel mit unseren geistigen Gewohnheiten zu tun hat, aber auch mit unserer emotionalen Seite verbunden ist. Auch unser Körper ist wieder daran beteiligt, wenn wir zweifeln.

Freude ist ebenfalls ein Geisteszustand, in dem wir unsere Emotionen erleben, der aber auch intensiv mit unserer körperlichen und unserer gedanklichen Seite in Verbindung steht.

Das sind nur drei kleine Beispiele, die andeuten möchten, was mit „Geisteszuständen" gemeint ist.

Was ist ein Geisteszustand?

Nach buddhistischer Auffassung – und anders als nach westlicher Definition – ist ein Geisteszustand ein ganzheitliches Geschehen, bei dem emotionale, gedankliche und körperliche Empfindungen eine Form annehmen. Diese Formen sind stets im Wandel und substantiell leer, dennoch erleben wir sie oftmals als sehr mächtig und intensiv. Wir selbst glauben dann zum Beispiel, unter einer traurigen Emotion zu leiden.

Depressionen zählen im Westen zu den affektiven Störungen. Wir trennen zwischen Emotion und Kognition, also Gefühl und Verstand. Bei genauerer Betrachtung existiert da jedoch gar keine Trennung. Es gibt keine traurige Emotion ohne traurige Gedanken und auch nicht ohne entsprechende Körpersymptome.

Von solchen Zuständen, wie auch immer wir sie nennen mögen, fühlen sich viele von uns abhängig. Vor allem aber erleben viele Menschen hier schwere Einbrüche ihrer Selbstkontrolle und erfahren als Folge davon Hilflosigkeit, Resignation und Frust. Aus einem Geisteszustand entwickelt sich somit der nächste. Wir möchten gern darauf Einfluss nehmen, haben jedoch nie gelernt, wie das wirklich auf eine funktionierende und vor allem heilsame Weise geschehen kann. Wenn es uns gut geht, dann erleben wir eher die positiven und in Krisen eher die negativen Geisteszustände. Bei Dauerstress verlieren wir dann aber den Zugang zu unseren heilsamen Ressourcen.

Das Vorhandensein *unheilsamer* Geisteszustände ist wohl jedem fühlenden Wesen bestens vertraut. Nun sprechen Buddhisten davon, dass wir auch über *unzählige heilsame* Geisteszustände verfügen. Natürlich können wir auch mit vielen Erfahrungen bestätigen, dass wir Heilsames in uns tragen, doch sind diese Optionen wirklich unzählig?

Erinnern wir uns nochmals daran, was Buddhisten zu unseren Keimen im Speicherbewusstsein sagen und was Neurowissenschaftler deckungsgleich zu unseren geerbten Veranlagungen feststellen: Wir alle verfügen ausnahmslos über jede nur denkbare Veranlagung oder eben jeden nur denkbaren Keim. Jedes neugeborene Kind bringt diese Veranlagungen mit. Die vorhandenen Optionen für die unterschiedlichsten Geisteszustände sind demnach ohne Zahl.

Die Tatsache, dass wir so unterschiedlich denken, empfinden und uns ebenfalls so verschieden verhalten, liegt nur daran, welche Keime oder Veranlagungen in uns gefördert wurden. Das wiederum ist natürlich abhängig von den Erfahrungen, die uns von anderen Menschen und äußeren Einflüssen vermittelt wurden. Wir alle verfügen zum Beispiel über die Veranlagungen zu Güte, Liebe, Freude und Mitgefühl. Wenn diese Keime in uns in den ersten Lebensjahren gefördert wurden, dann konnten sie sprießen. Wenn nicht, dann sollten wir sie jetzt fördern.

Wenn wir unserem leichten Weg folgen möchten, dann werden wir das mit heilsamen Eigenschaften deutlich einfacher umsetzen können, als wenn uns unsere unheilsamen Impulse ständig selbst im Wege stehen.

Buddhisten betonen, dass wir nicht mehr nur re-agieren dürfen. Wir müssen uns von der Außenwelt unabhängiger machen, wie in Kapitel 3 beschrieben. Außerdem benötigen wir Fähigkeiten, die es uns ermöglichen, jederzeit und in jeder Situation heilsame Geisteszustände aus uns selbst heraus entstehen zu lassen.

Wie Geisteszustände sich entwickeln

Einige Geisteszustände sind möglicherweise etwas verkümmert in uns, während andere eventuell etwas zu stark ausgeprägt sein könnten.

Diese speziellen, in uns bestehenden Konstellationen wollen wir uns nun etwas genauer anschauen. Dabei sollten wir verstehen, dass unsere Geisteszustände eben nicht einfach nur reaktiv ablaufen. Es handelt sich dabei immer um Areale in unserem Gehirn, die sich bei einer Aktivierung verstärken. Dadurch können sich einige von ihnen stark vergrößern, während andere nur noch ein Schattendasein fristen. Auf diese Weise entstehen auch Eigendynamiken, da sich die besonders großen und dominanten Anteile immer mehr aus eigenem Antrieb zu Wort melden, uns intensiv manipulieren und unsere Freiheiten reduzieren, wodurch wahre Teufelskreisläufe entstehen.

Wir müssen hier den Zusammenhang zwischen Reaktionen, Verhalten und Eigenschaften verstehen. Es handelt sich dabei um miteinander relativ fest verdrahtete Bündel. Wenn wir bestimmte Verhaltensweisen wiederholen, sei es als Reaktion auf Ereignisse oder weil es von uns so gewollt oder geplant ist, dann können dadurch auch Eigenschaften daraus werden, denn wie wir ja wissen: Alles, was wir wiederholen, wird sich festigen. Wenn Eigenschaften sich gefestigt haben, dann verändern sich damit natürlich auch unsere Reaktionen und unser Verhalten. Während die Veranlagungen bei uns allen recht ähnlich sind, bilden wir ganz unterschiedliche Eigenschaften aus.

Es könnte eine spannende Aufgabe sein, einen Stift und Zettel zur Hand zu nehmen und dann in zwei Spalten links Ihre unheilsamen und rechts Ihre heilsamen Eigenschaften aufzulisten. Dabei müssen wir einbeziehen, dass sich diese Liste in Entsprechung zu unserem aktuellen Geisteszustand verändern wird. Je nach Verfassung können mal links und mal rechts mehr Eigenschaften auftauchen. Deshalb sollten wir diese Liste eine Weile fortführen.

Natürlich können wir uns auch Gedanken darüber machen, wie es zu der einen oder anderen Eigenschaft bei uns kommen konnte. Auf jeden Fall hat sie sich nicht automatisch, aus einem inneren Vererbungsprogramm heraus gebildet. Wie hat sie sich also kultivieren können?

Wenn wir einen Samen in die Erde legen, dann benötigt selbst dieser Samen günstige Bedingungen, wie Erde, Wasser, Wärme und Sonne. Fehlt etwas davon, so geht er nicht auf. Wenn wir auf unserer Liste die linke Spalte mit unseren unheilsamen Eigenschaften als zu lang empfinden oder selbst dann, wenn es nur einige wenige unheilsame Eigenschaften gibt, diese sich aber nachhaltig auswirken, dann müssen diese Samen oder Keime in der Vergangenheit günstige Bedingungen erfahren haben. Logischerweise können wir ihnen in Zukunft etwas mehr von diesen günstigen Wachstumsbedingungen entziehen und dafür sorgen, dass heilsamere Eigenschaften in der rechten Spalte unserer Liste etwas kräftiger bewässert werden.

Im Grunde genommen ist es tatsächlich genau so einfach!

Dass wir es nicht als einfach erleben, liegt zumeist daran, dass wir für gewünschte Veränderungen gezielte Informationen, etwas Geduld und regelmäßiges Üben benötigen.

Mit den heilsamen Qualitäten beginnen

Da wir auf dem leichten Weg unterwegs sind, wenden wir uns immer zuerst den heilsamen Qualitäten zu. Wenn wir also die rechte Waagschale mit heilsamen Dingen beschweren, werden wir sofort auch Auswirkungen in der linken Waagschale wahrnehmen, denn das entspricht einem Naturgesetz. Zudem ist es wichtig, den Zusammenhang zwischen Eigenschaften und Geisteszuständen zu verstehen. Unsere Eigenschaften bilden sozusagen unser Fundament. Wenn dieses mit unheilsamen Eigenschaften beschwert wird, dann kommt es bei der Entwicklung heilsamer Geisteszustände zu größeren Problemen.

Welche heilsamen Eigenschaften sind bei Ihnen denn etwas pflegebedürftig? Wo möchten Sie etwas zum Wachsen anregen und zum Blühen bringen? Schreiben Sie es sich auf und positionieren Sie diesen Zettel gut sichtbar. Unerledigte Aufgaben werden von uns wesentlich besser im Bewusstsein gehalten als bereits abgehakte. Zudem arbeitet es dann unbewusst weiter in uns. Natürlich erfordert der nächste Schritt dann die geduldige, regelmäßig wiederholte Aktivierung dieser Anteile. Sie müssen sie füttern oder wässern.

An dieser Stelle werden nun vier menschliche Eigenschaften beleuchtet, die wohl bei uns allen eine besonders heilsame Wirkung haben und über die wir alle, wenn auch in unterschiedlicher Ausprägung, bereits verfügen. Diese heilsamen Eigenschaften werden im Buddhismus die *Vier Grenzenlosen Geisteszustände* oder auch die *Vier Unermesslichen Qualitäten* genannt. Es handelt sich dabei um: Liebe, Mitgefühl, Freude und Gleichmut.

Denn die lebenden Wesen
können nur durch eine Kraft vereint werden:
durch die Liebe.

– XIV. Dalai Lama –

Ein heilsamer Geisteszustand: Liebe und Güte oder liebende Güte

Love & Peace, der Hippie-Slogan der Flower-Power-Generation, sollte eine ganze Generation verändern. Die ehrlichen Bemühungen, um diese Qualitäten zu entwickeln, führten im ahnungslosen Westen unter anderem zu exzessivem Drogenkonsum, antiautoritärer Erziehung, enthemmter Sexualität und politischen Gegenbewegungen zum Establishment.

Das Geburtsland von *Love & Peace* ist Amerika, das heute zu den größten Drogenumschlagplätzen weltweit zählt. Es verfügt auch über die weltweit größte Pornoindustrie. Ebenso gehört Amerika zu den am stärksten Krieg führenden und Waffen exportierenden Ländern. So können sich manchmal die Dinge entwickeln, in diesem Fall eben *Love & Peace* ...

Sicherlich können wir unschwer feststellen, dass wir Westler recht lange nach heilsamen Qualitäten im außen gesucht haben. Das hat dann zu solchen Parolen wie „Krieg dem Krieg" führen können. Natürlich steht einem achtsamen Handeln in der äußeren Welt überhaupt nichts im Wege, doch unser leichter Weg führt uns erst einmal zu uns selbst. Da die Parole *Love & Peace* mittlerweile etwas abgegriffen ist und wir damit auch immer etwas Äußeres verbinden, müssen wir uns noch einmal über die Bedeutung der Begriffe verständigen.

Über die Liebe ist schon so viel gesagt und geschrieben worden, dass sich wohl kaum noch etwas Entscheidendes hinzufügen lässt.

Betrachten wir diese wichtige menschliche Qualität aber einmal mit buddhistischen Augen. Liebe ist ein hohes Gut, kann sich aber ebenso heilsam wie unheilsam auswirken. Wer von uns hat das wohl noch nicht selbst gespürt? Dennoch weisen uns Buddhisten hier auf einen kleinen, aber feinen Unterschied hin: Wir meinen mit Liebe in der Regel immer eine Objektliebe, also unsere Liebe in Bezug auf ein begehrtes Objekt. Das kann ein Partner sein, aber auch ein Tier, ein Gegenstand oder sogar eine Idee.

Diese Form der Liebe mit einem klaren Bezug ist natürlich wichtig, denn ohne sie gäbe es auch keine Kinder mehr. Für unseren leichten Weg möchten wir jedoch eine Form der Liebe finden, die sich leicht und gut anfühlt. Buddhisten fügen der Liebe hier, wie gute Köche, ein hilfreiches Ingrediens hinzu: nämlich Güte. Aus buddhistischer Sicht benötigt jede Form der Liebe auch Güte. Damit wird aus Liebe dann liebende Güte.

Liebende Güte bewusst kultivieren

Prüfen Sie doch bitte einmal bei sich selbst und Ihrer Liebe, was sich verändern würde, wenn aus Ihrer Liebe nach und nach liebende Güte würde. Natürlich besitzen wir alle auch die Veranlagung zu liebender Güte. Wie wäre es, diesen inneren Keim etwas mehr zu kultivieren? Wie würde sich das wohl anfühlen?

Vielleicht wünschten Sie sich dafür ja günstige oder günstigere Bedingungen. Vielleicht einen sensibleren Partner oder, wenn Sie Single oder verwitwet sind, einen Partner, mit dem Sie liebende Güte gemeinsam praktizieren können?

In einem ersten Schritt kultivieren wir alle heilsamen Zustände jedoch in uns selbst und für uns selbst, hier also liebende Güte für uns selbst. An welchen Verhaltensweisen und Empfindungen würden Sie merken, dass Sie liebende Güte für sich selbst kultivieren?

Der leichte Weg ist immer auch ein gütiger Weg, denn ohne Güte werden wir uns und anderen das Leben schwer machen. Richtig schwer.

Für die Entwicklung unserer Güte benötigen wir eine losgelöstere Grundhaltung, denn alle der Güte konträren Haltungen sind mit schweren körperlichen und psychischen Anspannungen verbunden. Durch einen Umkehrkurs hin zur Lockerung und Entspannung beginnen wir unseren leichten Weg hin zur liebenden Güte. Auch hier können wir also wieder mit der körperlichen Ebene beginnen und in einer guten Meditationshaltung unser körperliches Bewusstsein stärken. Wir ruhen dann in unserem Körper und entspannen uns mit jedem Atemzug.

Mit der körperlichen Ruhe und Klarheit können wir das Gefühl von liebender Güte aktivieren.

Dabei kann uns das innere Bild eines lieben Menschen oder eines lieben Tieres helfen. Das sollte aber nur eine Starhilfe für uns sein. Wenn wir die Empfindung spüren, müssen wir das Bild wieder loslassen und uns ganz auf die Empfindung konzentrieren.

Wenn wir diesen Prozess in uns angeregt haben, führt das automatisch auch zur Aktivierung unseres gütigen Persönlichkeitsanteils. Dieser ist in einem Hirnareal angesiedelt, das etwas hinter unserer linken Augenbraue liegt. Das sollten wir uns zur Unterstützung bildhaft vorstellen. Zusätzlich können wir mit dem Gefühl von Güte und der Vorstellung eines aktiven leuchtenden Nervenareals hinter unserer linken Augenbraue diese auch noch leicht mit dem Finger berühren. Auf diese Weise triggern wir diesen Vorgang mehrfach. Eine regelmäßige Wiederholung festigt den Zugang dazu, ebenso wie es unseren gütigen Anteil zum Wachsen bringt.

In Zukunft aktivieren wir den liebend-gütigen Geisteszustand in uns entweder durch entsprechende Gedanken oder auch durch eine leichte Berührung unserer linken Augenbraue. So können wir auf eine gütige Art lieben und werden, dem Gesetz von Ursache und Wirkung entsprechend, auch gütig geliebt.

Liebe und Mitgefühl vertreiben jede Lebensangst,
denn sobald wir diese beiden Qualitäten des Geistes entwickeln,
wächst unser Selbstvertrauen und Angst schwindet.

– XIV. Dalai Lama –

Ein heilsamer Geisteszustand: Mitgefühl

Der zweite sehr heilsame Geisteszustand, den wir uns hier anschauen werden, ist in der buddhistischen Tradition von sehr zentraler Bedeutung: das Mitgefühl.

In englischen Texten finden wir in diesem Kontext den Begriff *compassion,* was im Deutschen auch als „Mitleid“ übersetzt werden könnte. Beide Termini, Mitgefühl wie Mitleid, repräsentieren hohe menschliche Qualitäten.

Unsere Fähigkeiten zum Mitleid stehen in engem Zusammenhang mit unseren Fähigkeiten zur Empathie. Etwa nach dem 3. bis 4. Lebensjahr wird es uns möglich sein, uns in die Lage eines anderen Menschen oder sogar in jede andere Lage hineinzuversetzen. Um das zu bewerkstelligen, muss sich zuerst aber ein Ego in uns gebildet haben. Dieses können wir dann gewissermaßen auf andere Objekte projizieren. Daher empfinden Kinder beispielsweise Mitleid mit einem Stein, der ganz allein draußen liegen muss.

Mit einem zunehmend ausdifferenzierten Ego verändern sich auch unsere Empfindungen von Mitleid. Im Mitleid erleben wir tiefe Emotionen, was dann zwischen uns und dem bemitleideten Objekt zu einer intensiven Verbindung führen kann.

Wie das Mit*leid,* so entspringt unser Mit*gefühl* zwar auch unseren Fähigkeiten zur Empathie, doch es beschreibt einen diskreteren Modus. Beim Mitgefühl müssen wir uns nicht so tief in die Situation des Objektes unseres Mitgefühls hineinbegeben. Auf diese Weise bleiben uns mit einer höheren Wahrscheinlichkeit einige Gefahren der Identifikation und Anhaftung erspart.

Auch die Eigenschaft des Mitgefühls ist wiederum eine allen Menschen angeborene Veranlagung. Einige von uns haben ihr Mitgefühl stärker, andere weniger stark ausgebildet.

Die Übung des Mitgefühls ist das Herzstück des buddhistischen Weges

– XIV. Dalai Lama –

Wir begegnen immer wieder dem Übungsthema. Das ist eine der Hauptbotschaften dieses Buches, der Buddhistischen Psychotherapie BPT und allgemein wohl der buddhistischen Lehren: Es gibt keine aus sich selbst heraus entstehenden und sich selbst erhaltenden Dinge. Auch unser Charakter, von dem viele annehmen, er sei stabil, büßt diese nur scheinbaren Qualitäten bei genauerer Analyse ein. Wir verfügen über Konstellationen von Eigenschaften, die wir der Einfachheit halber „Charakter" nennen. Durch unser gezieltes eigenes Üben lernen wir, Einfluss zu nehmen und Veränderungen umzusetzen.

Mitgefühl als inneres Gerüst

Mitgefühl und Empathie zählen zu den sogenannten Ich-Funktionen, also den höher entwickelten menschlichen Fähigkeiten, die sich im Laufe unseres Erwachsenwerdens bei uns entwickeln. Dazu zählen zum Beispiel unsere Fähigkeiten zur Frustrationstoleranz, zum Bedürfnisaufschub, zur Empathie oder die Sicherheit, andere Menschen gut einschätzen zu können.

Wenn wir eine Kindheit und Jugend genießen, in der wir weitgehend ungestört aufwachsen dürfen, besteht eine größere Chance auf eine sichere innere Struktur unserer Ich-Funktionen. Im Falle von Dauerstress, in welcher Form auch immer, erfolgt sehr oft eine Schwächung dieser wichtigen Strukturen und Fähigkeiten.

Die sich entwickelnden Ich-Funktionen bilden eine innere Struktur, eine Art Gerüst und damit ein Halt gebendes inneres System. Dieser Aspekt der vergangenen Entwicklung ist aber lediglich für unsere innere Bilanz und deren Interpretation relevant. Sollten wir zu dem Schluss kommen, dass wir leider über eine geschwächte innere Struktur verfügen, dann müssen wir uns eben ein wenig mehr bemühen und uns selbst Entwicklungshilfe leisten. Das dem zugrunde liegende Prinzip ist recht einfach. Unsere inneren Keime sind unterschiedlich aufgeblüht. Diejenigen, die uns noch fehlen, müssen wir umsorgen und kultivieren, doch die damit verbundene Arbeit kann in Hinblick auf die dafür notwendige Zeit und Geduld natürlich auch relativ anspruchsvoll sein.

Mitgefühl ist eine Frage der Motivation und der Übung

Wir können uns natürlich viel Energie sparen, wenn wir uns erst gar nicht klarmachen, welche Relevanz Mitgefühl für unser Leben haben könnte. Nicht gerade wenige Menschen sind derart in ihrem eigenen Leiden gefangen und davon vereinnahmt, dass keine oder kaum Möglichkeiten übrig bleiben für einen kleinen Schritt aus sich selbst heraus. Mitgefühl bedeutet ja schließlich auch, sich ein wenig zu öffnen und sich auf etwas einzulassen, das nicht identisch mit uns selbst ist.

Für dieses Wagnis benötigen wir ein gewisses Maß an Stärke und Sicherheit. Wenn die Ausgangslage aber noch etwas unsicher ist, und das ist sie zum Beispiel in Krisen bei uns allen, dann benötigen wir eine vorsichtige Heranführung an die heilsamen Qualitäten des Mitgefühls.

Hier besteht wieder einmal eine gute Strategie darin, bei uns selbst zu beginnen und für uns selbst Mitgefühl zu zeigen. Das sollte nicht dazu führen, dass wir in Selbstmitleid versinken, denn hier ist Mitgefühl und nicht Mitleid gefragt.

Mitgefühl für sich selbst kann verschiedene Ausdrucksformen finden. Ein wichtiger Aspekt des Mitgefühls für uns selbst verweist zum Beispiel auf eine gesunde respektvolle Nachsicht. Nicht wenige von uns sind anderen gegenüber nachsichtiger als sich selbst gegenüber. Hier lassen wir wieder einmal unseren inneren Richter, Antreiber und Oberlehrer Regie führen. Wenn es uns gelingt, diese unheilsamen Blüten einzukürzen, dann können wir uns im Mitgefühl auch selbstanalytisch öffnen und mitfühlend ein wenig in die eigenen Abgründe hineinblicken.

Mitgefühl ist der beste Arzt für den Geist.

– XIV. Dalai Lama –

Wenn es uns möglich ist, auf den Flügeln des Mitgefühls die eigenen Schwächen zu ergründen, können wir hier einen heilsamen inneren Dialog führen. Dann benötigen wir auch nicht mehr so dringend die Zuwendung von anderen Menschen. Wir können mit Mitgefühl auf eigene Anteile blicken und hier entsprechend heilsame Energien einfließen lassen.

Wir können uns das so vorstellen, dass ein heilsames Hirnareal, das mitfühlende Gedanken entstehen lassen kann, eine Verbindung zu meist älteren Hirnarealen sucht, in denen unheilsamere Gedanken produziert werden. Der mitfühlende Anteil von uns kann zum Beispiel Kontakt herstellen zu unserem verletzten inneren Kind, zum inneren Trauerkloß, zum inneren Angsthasen oder jedem anderen Anteil, der unseres Mitgefühls bedarf. Möglicherweise braucht gerade unser innerer Kampfhund besonders viel Mitgefühl.

Natürlich wird hier deutlich, dass wir für diesen heilsamen Prozess eine relativ starke und sichere Medizin benötigen. Das bedeutet, dass unser heilsamer innerer Anteil (die Medizin) vor der Kontaktaufnahme mit dem unheilsamen Anteil unbedingt eine ausreichende Stärkung erfahren sollte. Dafür müssen wir ihn regelmäßig aktivieren und ihm Energie zuführen.

Dieser heilsame Dialog kann auf eine sehr konkrete und effektive Weise auch durch andere buddhistische Übungen verstärkt werden. Hier ist zum Beispiel die sogenannte Dämonenfütterung zu erwähnen, die in dem Buch *Den Dämonen Nahrung geben* von Tsültrim Allione vorgestellt wurde und in dem *Praxisbuch Buddhistische Psychotherapie* anwendungsbezogen mit vielen Beispielen beschrieben wird.

Erst auf der Basis unserer Fähigkeit, für uns selbst Mitgefühl zu empfinden und zu realisieren, können wir unser Mitgefühl auf andere fühlende Wesen ausdehnen. Dieser Vorgang kann natürlich zuerst einmal im stillen Kämmerlein begonnen werden. Auf diese Weise können wir in der meditativen Haltung unser Mitgefühl für uns selbst verstärken, bis wir diese Qualität sehr deutlich in uns spüren.

Dafür gibt es zahlreiche Übungsvarianten. Eine von diesen sieht so aus, dass wir uns selbst vor unserem inneren Auge visualisieren. Dann lassen wir Mitgefühl in uns entstehen, indem wir zum Beispiel daran denken, wie sehr das Wesen vor uns (wir selbst) schon gelitten hat. Das aufkeimende Mitgefühl übertragen wir dann auf unser vorgestelltes Gegenüber. Diese Art von Übung sollte oft wiederholt werden, bevor wir zum nächsten Schritt übergehen.

Nun denken wir an einen lieben Menschen, der unser Mitgefühl zurzeit gut gebrauchen könnte, und lassen diese heilsame Kraft gedanklich in Richtung dieses Menschen strömen. Dabei können wir uns auch vorstellen, dass mitfühlende Energie immer in uns nachströmen kann, so dass wir stets über eine ausreichende Reserve verfügen.

Wenn diese Übung sicher umsetzbar ist, können wir diese heilsame Energie in zunehmend größerem Umfang strömen lassen und dann auch auf Menschen leiten, die wir weniger gut kennen, bis hin zu einem Zustand, in dem wir unser Mitgefühl an alle fühlenden Wesen und in die gesamte Natur verströmen lassen können.

Diese Übungen stimulieren einen sehr heilsamen Persönlichkeitsanteil in unserer linken vorderen Hirnhälfte. Durch die Wiederholungen kann dieser sich kräftigen und so zu einer heilsamen inneren Instanz werden. Auf diese Weise wird es für uns immer leichter sein, heilsame Geisteszustände in uns anzuregen und auch in schwierigeren Zeiten beizubehalten.

Mitgefühl ist viel mehr als ein Gefühl

In einer weiteren Variante setzen wir unser Mitgefühl konkret in Handlung um. Erfahrungsgemäß sollte dieser Aspekt nicht vor dem Geistestraining stattfinden, da wir ansonsten schnell mit unklaren Voraussetzungen starten und gut gemeinte Handlungen ausprobieren, die aber keine sichere mitfühlende Qualität besitzen.

Eine Besonderheit ist hier vor allem zu beachten: Wenn wir uns selbst als mitfühlend erleben und darauf zum Beispiel mit Stolz oder anderen wohligen Emotionen reagieren, dann ist das in der Regel immer ein Zeichen dafür, dass unser Ego mitspielt.

Ego und Mitgefühl sind jedoch gegensätzliche Kräfte. Mitgefühl ist nach buddhistischer Auffassung nicht nur eine emotionale Qualität, sondern ein Geisteszustand, also eine wesentlich umfassendere, eine ganzheitliche Struktur. Neben den emotionalen sind also auch geistige Qualitäten am Werk.

Die Basis von Mitgefühl ist sehr grundlegend, denn es beruht auf zentralen buddhistischen Lehren und Vorstellungen unseres Menschseins: Die Lehren von der wechselseitigen Abhängigkeit (Interdependenz) und auch der Leerheit geben der buddhistischen Form des Mitgefühls ihre Kraft. Beide Aspekte, Interdependenz und Leerheit, verweisen auf unsere untrennbare Verbundenheit. Das Prinzip der Leerheit zeigt uns beispielsweise, dass wir aus Elementen bestehen, die auch überall um uns herum existieren. Der Gedanke der Interdependenz benennt eine der daraus folgenden Konsequenzen, nämlich unsere untrennbare Verbundenheit mit allem. Aus dieser Verbundenheit speist sich wiederum unser Mitgefühl.

Damit besitzt Mitgefühl nach buddhistischem Verständnis verschiedene Dimensionen. Es beinhaltet sowohl emotionale als auch geistige Aspekte. Es verweist auf tiefe Einsichten in die Natur. Es ist ein Training. Es meint konkrete Handlungen und möchte auf das soziale Miteinander heilsam einwirken.

Das kleine simple Thema Mitgefühl dokumentiert wieder einmal den holistischen Charakter der buddhistischen Lehre: Greif einen kleinen Aspekt heraus, und du findest darin die ganze Lehre. Bei einer sehr beachtenswerten Unterweisung hielt Buddha lediglich eine Lotosblüte in der Hand, mehr gab es nicht zu sagen: In der Blüte war alles enthalten. Solche Blüten gibt es in der buddhistischen Lehre reichlich. Sich einer Blüte zu widmen kann tiefere Einblicke gewähren, als rasch über eine blühende Wiese zu laufen.

Dieses Symbol der Blüte möchte noch auf einen anderen Aspekt verweisen: Unser leichter Weg kann duften! Er kann blühen, er kann farbenfroh und lebendig sein, ja, er muss es sogar. Die Blüte steht unter anderem für Leben, für die Entfaltung von Leben und Lebensfreude. Da es für unseren leichten Weg so wesentlich ist, eigenständig heilsame Emotionen aktivieren zu können, schauen wir uns nun exemplarisch einen Weg an, der uns mit der in uns allen veranlagten Freude zu verbinden vermag.

Freude lässt sich erlernen.
Üben wir uns darin.
– XIV. Dalai Lama –

Ein heilsamer Geisteszustand: Freude

Der leichte Weg bedeutet insbesondere auch die Kultivierung unserer Freude am Leben. Die große Würdigung alles Lebendigen drückt sich im Buddhismus vielfältig aus. Neben der Gewaltlosigkeit und dem Wert des Mitgefühls geht es auch darum, dass wir uns an unserer Existenz freuen können.

In guten Zeiten nehmen wir unsere Existenz meistens einfach als gegeben hin und in Krisen zweifeln wir manchmal vielleicht sogar am Sinn unseres Seins. Mit dem leichten Weg ist immer ein Bemühen um Wachheit und Bewusstheit verbunden. Damit verstehen wir vielleicht eher, wie unendlich kostbar unser Leben und auch das aller anderen fühlenden Wesen ist. Ein Ausdruck dieses Erkennens ist Freude.

Angesichts von Freude gibt es jedoch noch weitreichendere Überlegungen. Schon seit langer Zeit existiert in der buddhistischen Übungs- und Lehrtradition eine bewusste Wahl für ein Bemühen um Freude, was nicht gleichbedeutend mit Glück oder Spaß ist. Mit Spaß verbinden viele von uns schnelle oberflächliche Momente und mit Glück positive äußere Bedingungen, die uns glücklich machen. Um Spaß zu haben, um Glück zu haben und glücklich sein zu können, dafür benötigen wir etwas, das von außen an uns herangetragen wird. Auch in buddhistischen Texten ist häufig von „Glück" die Rede. Hier sollte deutlich werden, dass wir auf dem leichten Weg unser inneres Glück oder eben unsere Freude kultivieren möchten.

Wie es heißt, lässt Glück sich nicht erzwingen, was bedeutet, dass wir das Glück bestenfalls zulassen können. Glückssucher erleiden meistens ein trauriges Schicksal. Zudem merken wir oft selbst, dass uns kaum noch äußere Dinge *dauerhaft* glücklich machen können. Materiell gesehen leben die Menschen in den überentwickelten westlichen Industrienationen komfortabler als mittelalterliche Fürsten. Nach Ansicht von jenen, die keinen Zugang zu diesem Überfluss an Ressourcen haben, scheinen hier nur glückliche Menschen zu leben. Viele Menschen im Westen leben zwar ohne lebensbedrohliche Nöte, dennoch sind sie nicht glücklich.

Nicht die Befriedigung vom Begehren
bringt uns Freude,
sondern
die Befreiung innerhalb unseres Begehrens.

– Buddhistische Weisheit –

Entsprechende Studien, wie zum Beispiel der „Happy Planet Index", die untersuchen, wo auf diesem Planeten die glücklichsten Menschen leben, dokumentieren, dass es zwischen materiellem Überfluss und Glückserleben keinen Zusammenhang gibt. Viele Industriestaaten befinden sich im Ranking weit unten, während materiell arme Südseestaaten die vorderen Plätze belegen. Der Begriff „Glück" als Ziel unseres leichten Weges scheint also nicht wirklich zu passen.

Alles ist relativ

Um wichtige Begriffe und Themen etwas zu relativieren und besser einschätzen zu können, ist es manchmal hilfreich, sich beide Seiten der Medaille anzusuchen: Worin liegt denn die Kehrseite von Glück? Vermutlich im Pech, das wäre naheliegend. Wenn ich jetzt aber Glück habe, dann habe ich jetzt gerade kein Pech. Gehen wir einen Schritt zurück, das ermöglicht oft einen besseren Überblick. So können wir beispielsweise leichter das Unglück oder Leiden des Perfektionisten entdecken oder auch das Unglück oder Leiden der Glücklichen.

Sie möchten gut sein oder werden? Natürlich gibt es auch das Unglück oder Leiden der Guten. Alles, was wir sein oder werden möchten, beinhaltet den Keim des Leidens, weil es meistens ebenso mit Identifikation, Wünschen, Hoffen und Begehren in Zusammenhang steht wie auch mit Ablehnung, Zweifel und Widerstand gegen das Hier und Jetzt.

Wir können oft einzelne Sachverhalte schwer einordnen. Vieles erscheint uns meistens zwar klar, doch diese Klarheit können wir nur so lange aufrechterhalten, wie es uns zu vermeiden gelingt, genauer hinzuschauen.

Der Herbst
ist der Frühling
des Winters

Der Herbst kann nicht der Frühling sein. Ärger, Angst oder Trauer können keinen Sinn haben. Für den Winter jedoch hat der Herbst durchaus einen Sinn, den wir aber aus der Perspektive des Sommers nicht verstehen können und meist auch nicht verstehen wollen.

Freude anstelle von Glück

Glücklich sein und Glück haben sind zweierlei Dinge. Wir suchen also nicht nach Glück, und da wir vom Begriff „Glück" etwas abrücken, bezeichnen wir Glücklichsein hier eher als Freude. Da wir Freude nun als etwas erfahren können, das sich in uns entwickelt, stellt sich natürlich gleich die Frage, wie wir sie verstärken und uns auch möglichst sicher erhalten können.

Das diesem Abschnitt vorausgehende Zitat des Dalai Lama betont explizit die Tatsache, dass wir nicht auf bessere Zeiten oder günstige äußere Umstände warten müssen, um Freude erfahren zu können. Freude können wir *in uns* wachrufen. Dass wir das lernen können, zeigt eindeutig, dass es sich dabei um eine Fähigkeit handelt und nicht lediglich um eine emotionale Reaktion auf äußere Umstände. Diesen Sachverhalt müssen wir wirklich verstehen und verinnerlichen: Emotionen sind nicht nur reine Reaktionen.

Natürlich beziehen sich viele unserer Erfahrungen jedoch auf den reaktiven Bereich. Wenn wir uns zurückerinnern, dann treten Emotionen – gute wie schlechte – immer nur in Zusammenhang mit einem bestimmten Ereignis auf, vom dem wir meinen, dass es die jeweiligen Emotionen hervorgebracht hätte. Abgesehen davon, dass wir für eine bestimmte Situation auch eine bestimmte Verfassung benötigen, denn sonst würden wir uns davon entfernen, funktionieren viele Emotionen im ungeschulten Geist tatsächlich abhängig-reaktiv.

Das hat unter anderem zur Folge, dass wir uns mit dem Wunsch nach einer Stimmungsaufhellung immer auf die Suche im außen machen. Wir halten es selbst schon nicht mehr für möglich, dass wir still werden können, uns auf uns selbst besinnen und dann einen gewünschten Geisteszustand wachrufen. Kleine Kinder zeigen diese Fähigkeit übrigens noch lange: Sie liegen einfach da und freuen sich ihres Lebens. Wir alle verfügen demnach über diese Fähigkeit oder haben zumindest früher einmal darüber verfügt.

Wenn Sie sich jetzt fragen, wie Sie Freude erlernen können, dann denken Sie an eine einfache Grundsatzstrategie: Alles, was wir wiederholen, wird sich in uns festigen. Freudvolle Geisteszustände sind nämlich kein Zufall, sondern ein Ergebnis. Wenn wir zum Beispiel im Rahmen unseres Geistestrainings immer wieder in diesen Geisteszustand hineingehen, ihn so oft wie möglich kultivieren, ihn uns ständig bewusst machen und ihn vor allem auch in möglichst jedem Moment unseres Lebens erkennen, dann wird sich in uns auch Freude einnisten.

Diesen Aspekt betont auch Thich Nhat Than, wenn er zum Beispiel vom „Mund Yoga" spricht. Damit meint er Lächeln als Übung, als Lächel-Asana. Lächeln ist nicht nur ein emotionaler Ausdruck, sondern auch eine Übung. Wenn wir es wiederholen, wird sich auch das in uns festigen.

In diesem Zusammenhang können wir uns einmal den systemischen Charakter unseres Organismus vor Augen führen. Auch wenn wir anfangs einfach nur lächeln, selbst wenn uns manchmal gar nicht so sehr danach ist, wird unser Geist sich darauf einstellen. Ebenso wie er unsere schlaffe Körperhaltung als Ausdruck unserer Depression interpretiert und dazu passende Gedanken produziert, wird er sich auch auf unser Lächeln einstellen und dazu passende Gedanken senden.

Zu Beginn unseres leichten Weges sollten wir vielleicht aber die guten Momente nutzen, um möglichst bewusst in eine „Lächel-Haltung" gehen zu können. Dadurch kann Lächeln zu einem Trigger oder Schlüssel werden, den wir dann immer leichter auch in schwierigen Momenten einsetzen können. Die Kombination aus Lächeln und heilsamen inneren Empfindungen wird von Psychologen als „Konditionierung" bezeichnet. Lächeln und sich wohler fühlen gehen eine Verbindung ein. Auf diese Weise entsteht ein für uns guter Automatismus: Das eine kann nun das andere auslösen.

Freude ist eine Begleitmusik auf unserem leichten Weg

Die Freude kann zu einer guten Freundin werden, wenn wir uns ein wenig um sie bemühen. Wie gute Freunde, so mag auch sie uns ein gutes Stück auf unseren Lebensweg begleiten.

Freunde sind jedoch kein Ziel im Leben, sondern Begleiter. Wir genießen ihre Gegenwart und engagieren uns auch immer wieder einmal ein wenig für sie. Wir achten jedoch auch auf einen adäquaten Abstand. Das ist nicht immer leicht. Manchmal kommt man sich näher und manchmal entfernt man sich weiter voneinander, als es für die Freundschaft gut wäre. Bisweilen scheint sich die Freude auch völlig aus unserem Leben zurückzuziehen und wir fühlen uns alleingelassen. Das Leiden daran spüren wir sehr deutlich. Da die Freude aber eine so gute Freundin ist, können wir mit ihr immer wieder in Kontakt treten und für das rechte Maß sorgen.

Es gibt jedoch auch durchaus problematische Phasen, in denen in unserem Leben nichts anderes mehr Platz zu haben scheint als unsere Vernarrtheit in die Freude. Wir beginnen anzuhaften, und das ist eine weitere, für uns oft nicht ganz leicht einsehbare Version des Leidens.

Die Freude gehört zu den menschlichen Veranlagungen. Damit kommen wir auf die Welt. Wir alle tragen also einen Schatz vieler guter Freunde in uns. Alles, was wir tun müssen, ist, die richtigen auszuwählen und ihnen etwas Nahrung zukommen zu lassen.

Laute Freude und leises Lächeln

Die Frage, wie laut Freude sich äußern darf, ist notwendig. Wenn wir etwas darüber hören, wie wichtig unsere Fähigkeit ist, eigenständig und unabhängig von äußeren Umständen Freude in uns erzeugen zu können, können wir das rasch akzeptieren. Diese Grundhaltung lässt uns dann manchmal nicht mehr so genau nachfragen, wie wir das bei Themen tun, die mehr Widerstände in uns erzeugen.

Wie können wir also Freude in uns erzeugen? Und wie intensiv lassen wir Freude entstehen? Natürlich gibt es dafür viele Wege, zu denen hier auch bereits Anregungen gegeben wurden. Wir greifen nun einen weiteren leichten, wenngleich effektiven Weg heraus.

Suchen Sie sich einen geeigneten Platz in einer einigermaßen ruhigen Situation. Setzen Sie sich bequem hin, wenn möglich in einer Meditationshaltung, und vergegenwärtigen Sie sich Ihren Körper. Damit bringen Sie Achtsamkeit in den Körper. Atmen Sie bewusst und entspannt, lockern Sie Ihre Schultern und, was ganz wichtig ist: Lockern Sie Ihre Gesichtsmuskeln.

Nehmen Sie bewusst wahr, wie sich Ihr inneres Empfinden dabei verändern kann. Beobachten Sie das einfach so, wie ein Museumsbesucher ein Bild betrachtet. Sie selbst müssen dabei nichts erreichen.

Geben Sie Ihrem Körper einfach die Chance, sich zu lockern, und atmen Sie bewusst. Wenn Sie spüren, dass Sie diesen sozusagen psychosomatischen Klärungsprozess gut durchlaufen, dann realisieren Sie, wie Ihr Geist ruhiger werden kann.

Das ist die Basis des nun folgenden Experimentes:

Bitte ziehen Sie sanft den linken Mundwinkel in Richtung der linken Augenbraue hoch und dann den rechten Mundwinkel in Richtung der rechten Augenbraue. Seien Sie nun achtsam dafür, was jetzt in Ihrem Geist passiert.

Ihr Geisteszustand wird sich merklich wandeln, merken Sie es? Lassen Sie bitte Ihre beiden Mundwinkel noch eine Weile angenehm und locker gespannt sein.

Sie können diesen Prozess dadurch noch etwas unterstützen, indem Sie sich bewusst machen, wie angenehm sich dieser freudige Geisteszustand anfühlt. Seien Sie sich der intensiven Verknüpfung zwischen Ihrem Körper, der nun lächelt, und Ihrem Geist, der ebenfalls freudig lächelt, bewusst. Jetzt ist alles okay. Nichts ist perfekt, aber alles ist okay.

Was meinen Sie, wie oft Sie diese fortgeschrittene Übung wiederholen können? Wird es möglich sein, vor der roten Ampel ein solches Lächeln zu üben? Oder in der Schlange vor der Supermarktkasse? Vielleicht sogar am Esstisch? Wenn Sie auf diese Weise jemanden begrüßen, könnte sich diese Übung gleich auf mehreren Ebenen heilsam auswirken.

Erinnern Sie sich nochmals daran, dass Lächeln nicht nur ein emotionaler Ausdruck ist, sondern auch eine Übung darstellt, die unseren Geist beeinflussen kann. Bekanntlich können wir mit herunterhängendem Unterkiefer deutlich langsamer im Kopf rechnen. Das geschieht, weil unser Verstand auf alles reagiert, was im Körper vor sich geht. Wenn er den hängenden Unterkiefer bemerkt, dann schwingt er sofort auf dieser Ebene mit und signalisiert uns umgehend, dass irgendetwas nicht stimmt oder nicht richtig funktioniert. Auch wenn wir mit hängenden Schultern durch den Tag laufen, registriert unser Verstand das, nimmt diese Schwingung in sich auf und liefert uns die dazu passenden Gedanken.

Staunen und Freude über unseren Körper

In der Regel lebt unser Körper irgendwie ein Eigenleben. Ohne unser bewusstes Zutun erfüllt er seine Funktionen und erledigt er alle wichtigen Dinge wie Herz-Kreislauf-Tätigkeit, Verdauung, Temperatur, Hormon- und Immunsteuerung, um nur einige zu nennen.

Darüber hinaus spult er gern Programme ab, die wir ihm zuvor selbst beigebracht haben: Gehen, Laufen, Greifen, selbst Autofahren funktioniert automatisch. Während wir mit unseren Gedanken beschäftigt sind, ist unser Körper womöglich gerade dabei, zu duschen, zu essen oder zu gehen. Während wir versuchen, in einer bestimmten Situation souverän zu wirken, merken wir nicht, wie unser Körper vielleicht schwitzt oder sich ängstlich verspannt.

Unser Körper möchte zwar gern mit uns kommunizieren, wir aber möchten, dass er gut funktioniert und vor allem auch sein Gewebe schön sauber und straff zusammenhält. Wenn unser Körper dann gar nicht mehr kann und unübersehbare Symptome produziert, sind wir nicht selten ungehalten darüber und reagieren vielleicht genervt, weil wir das gerade gar nicht gebrauchen können. Das klingt irgendwie irre, leider aber auch schrecklich vertraut. Es zeigt einen Spaltungszustand an, wie er unheilsamer kaum sein kann.

Durch solche einfachen, aber wirkungsvollen Übungen wie das Lächeln gehen wir wieder einen Kontakt zu unserem Körper ein. Wir lassen Freude entstehen und horchen in uns hinein. Das wird unser Körper uns danken. Beim Lächeln entwickelt sich oft schon der Impuls, nun auch noch entspannt durchzuatmen. So entstehen schnell heilsame Dynamiken.

Wenn wir in dieser Weise vorgehen, bildet unser Körper sofort, gewissermaßen als Willkommensgeschenk, Hirnstrukturen aus, wie die Insula und den ACC, mit denen wir dann noch besser miteinander kommunizieren können. Wir lächeln unserem zuvor weit entfernten Nachbarn zu und der schenkt uns ein Funkgerät, so dass wir nun nicht mehr angestrengt lauschen müssen, um miteinander kommunizieren zu können.

Wir benötigen immer irgendeine Art von Beziehung, damit wir uns engagieren. Es fällt uns leichter, für unseren Not leidenden Nachbarn etwas zu spenden als für einen Not leidenden Menschen auf der anderen Seite des Planeten. Erst wenn wir das Elend der Tiere im Zoo sehen, merken wir vielleicht, wie sich deren Bedrohung in freier Wildbahn, zum Beispiel durch den Klimawandel, anfühlen könnte.

Genauso benötigen wir eine Kontaktaufnahme mit uns selbst, damit wir auch für uns selbst eintreten und die oft vorhandene Distanz, die wir zu unserem Empfinden oder unserem körperlichen Sein aufgebaut haben, überwinden können.

Dafür stehen uns sehr viele Wege offen. An dieser Stelle soll eine Anregung für die Kontaktaufnahme zu einem der größten Wunder im

Universum gegeben werden: zu unserem Gehirn. Dieses ist für uns eine selbstverständliche Gegebenheit und deshalb umsorgen wir es nicht. Sogar das Gegenteil ist der Fall, denn eher vergiften wir unseren Körper und damit unser Gehirn, als beides zu schützen und gut zu versorgen. Unser Auto hegen und pflegen wir oft besser als uns selbst, oder würden Sie etwa zu einer Fast-Food-Tankstelle fahren?

Im Buchhandel wie auch im Internet finden Sie Aufnahmen aus der Computertomografie, Bilder vom menschlichen Gehirn, von unserem Nervensystem und von miteinander kommunizierenden Nervenzellen. Alle diese Bilder zeigen uns ein Wunder, das in unserem Kopf existiert. Es ist wunderbar, diese Perfektion zu studieren oder auch nur zu betrachten. Diese Abermillionen von Zellen, wie sie bei Erregung leuchten, wie sie sich verbinden, wie sie sich sofort auf das einstellen, was wir tun. Sie lassen uns das Wunder der Bewusstheit erahnen. Darüber können wir nur staunen und uns freuen.

Sich dessen intensiv bewusst zu sein und in Beziehung zu treten zu diesem Wunder der Natur, das in uns existiert, könnte auch dazu führen, sich nicht nur darüber zu freuen, sondern auch in dankbarer Demut die gewohnheitsmäßigen Selbstvergiftungen aufzugeben.

Über unser Nervensystem Freude aktivieren

Wenn wir lesen, dass unsere Nervenzellen Partyzellen sind, so soll damit nicht suggeriert werden, dass sie auf laute Musik, Sex, Drogen, Nikotin und Alkohol stehen, sondern sehr begierig nach Kontakt sind. Sobald eine Zelle angeregt elektrochemische Impulse verarbeitet, möchte die Nachbarzelle unbedingt mitmachen. Da sie sich aber nicht bewegen kann, weil sie in einem dichten Verbund Halt gebender Gliazellen steckt, beginnt sie, ihre „Arme“ nach anderen Zellen auszustrecken. Tatsächlich können Nervenzellen binnen weniger Tage neue Arme bilden. So funktioniert Lernen.

Wenn sich die Arme finden, dann kommt eine Art „Handschlag“ zustande. Das Händchenhalten unter Nervenzellen ist extrem beliebt. Sie berühren sich sehr vorsichtig, nicht direkt, denn es bleibt ein kleiner Spalt zwischen den Synapsen, doch der Kontakt steht. Bei weiterer Stimulierung nutzen die Zellen diese Energie, bilden weitere Verbindungsarme und festigen damit den Kontakt.

Auf diese Weise haben wir uns viele Dummheiten und lästige Angewohnheiten angewöhnt. Möchten wir uns irgendwann einmal von diesen befreien, begehren die händchenhaltenden Zellen dagegen auf, da sie die Verbindung zueinander nicht verlieren wollen. Unser Verstand hat dafür volles Verständnis und aktiviert zum Beispiel unseren inneren Schweinehund, einen Persönlichkeitsanteil, der uns Gedanken hören lässt, die uns nahelegen, mit den Veränderungen doch besser erst morgen oder übermorgen zu beginnen.

Diesen Vorgang, den Neurowissenschaftler als *Neuroplastizität* bezeichnen, können wir entweder passiv und auch unbewusst erdulden oder auch für uns nutzbar machen. So können wir beispielsweise Freude in uns aktivieren, indem wir Körper und Geist in eine freudige Verfassung versetzen. Das geschieht allerdings nicht durch irgendwelche Sinnesreizungen, sondern durch die eigenständige und unabhängige Aktivierung von freudigen Geisteszuständen.

Die Auswirkungen von sterbenslangweiliger Routine

Ebenso wie ein freudiges Aktivsein über den Prozess der Neuroplastizität zu Wachstumsprozessen in unserem Nervensystem führen kann, so kann unsere Passivität mit gleicher Intensität zu gegenläufigen Prozessen führen. Wenn wir aufhören, uns mit neuen Dingen zu beschäftigen, dann passieren auf neurologischer Ebene die gleichen Prozesse wie in unserem Muskelgewebe, wenn wir aufhören, uns zu bewegen. Die geistige Bewegungslosigkeit führt zu einem messbaren inneren Sterbeprozess, den wir *Pseudodemenz* nennen können.

Natürlich ist eine Überfütterung mit Reizen ebenso unsinnig wie die vollkommene Abkehr davon.

Die Rückzugsmomente als Teil des Geistestrainings dürfen mit den eben genannten Vorgängen nicht verwechselt werden. Auch Neurowissenschaftler konnten belegen, dann zum Beispiel Meditation ein Vorgang ist, der insbesondere mit einem Zuwachs an Aufmerksamkeit, Wachheit und Konzentration einhergeht. Trotzdem kann jede unnötige Einengung unseres geistigen Fokus zu einer derartigen Pseudodemenz führen.

Wir sollten also bei allen unseren Aktivitäten den inneren Horizont offen halten. Zu viel Routine wird langweilig und Langeweile kann schnell sterbenslangweilig werden. Mit diesem Vergleich treffen wir leider den Nagel auf den Kopf: Wenn die Langeweile dominant wird, sterben Nervenverbindungen in uns. Das merken wir oft gar nicht mehr, weil dieser Abbauprozess zu einem geistigen Erlahmen führt.

Wenn wir aber anstelle von Langeweile lange in geistiger Ruhe verweilen können, dabei wach und achtsam bleiben und aus dem üblichen Aktionismus herausfinden, erleben wir eine vollkommen andere Entwicklung.

Natürlich könnte man auch im außen nach Freude suchen oder es ebenso zulassen, wenn Freude von außen an uns herangetragen wird und in unser Leben tritt. Für uns liegt die Priorität hier aber bei der eigenständigen Aktivierung von Freude, und darüber hinaus versuchen wir, immer eine kleine Distanz zwischen uns, unserem Tun und unserem Empfinden zu bewahren. Das erreichen wir durch *Mikropausen,* regelmäßig über den Tag verteilte klein Achtsamkeitsübungen, und behalten auf diese Weise immer ein Stück Aufmerksamkeit bei uns selbst.

Es darf ruhig gelacht werden

Natürlich können im Umgang mit Freude auch Fragen darüber entstehen, wie weit diese Freude gehen kann. Die Erinnerung daran, dass wir, solange wir uns selbst und andere nicht verletzen, fast alles tun können, wirkt motivierend. Die meisten Irritationen entstehen jedoch, weil wir Freude mit der Zuordnung zu Spaß, Vergnügen und ausgelassener Lustigkeit vermischen. Die Form von Freude, die wir kultivieren möchten und die uns unabhängiger machen kann, ist damit jedoch nicht unbedingt deckungsgleich. Wir können durchaus Spaß haben und Glücksmomente genießen, sie richtig auskosten. Wir leben in der Welt, nicht jenseits davon. Der flüchtige Charakter solcher Erfahrungen bleibt uns jedoch bewusst. Diese Bewusstheit der Vergänglichkeit könnte den Genuss sogar nochmals steigern.

Einige buddhistische Anregungen mögen in uns öfter einmal Irritation auslösen, da sie irgendwie fremd und vielleicht sogar unsinnig auf uns wirken. Wieso sollen wir Spaß so kritisch sehen und wieso kann Freude uns unabhängiger machen?

Ja, es ist oft eine schwere Geburt, wenn wir alte Gewohnheiten zu lockern versuchen und dann auch noch neue Wege vorgeschlagen bekommen. Der Weg mag zwar leicht sein, gleichzeitig sind neue Wege aber immer auch schwer und erscheinen uns irgendwie dubios. So reagiert der innere Konservative in uns. Er trägt seine Krawatte sehr eng und mag keinerlei Veränderungen. Wie sein Name schon verrät, möchte er am liebsten alles konservieren, womöglich eingegossen in sauberes Kunstharz. Dann sind die Dinge zwar tot, doch für immer überschaubar in unserem inneren Archiv.

Der Mittlere Weg der Freude

Es mag sich zwar etwas kurios anhören, doch viele Buddhisten gehen davon aus, dass Lachen und auch Weinen sichere Anzeichen für eine Entfernung vom buddhistischen Weg sind.

Das überrascht uns vielleicht, auch wenn nicht dogmatisch behauptet wird, dass Lachen schlecht sei, und erzeugt zumindest einen leichten inneren Widerstand. Ist ein herzliches Lachen denn nicht ein heilsamer Ausdruck unseres Wohlbefindens? Schließlich ist der Dalai Lama bekannt für sein Lachen und seinen Humor. Und zeigen nicht auch Tränen an, dass wir fühlende Wesen sind?

Wie immer, wenn es um eine Einschätzung geht, fragen Buddhisten nach dem stets gleichen Sachverhalt: Was macht es mit meinem Geist? Was ist mit meinem Geist, wenn ich lache oder weine? Welcher Geisteszustand kommt in der jeweiligen Reaktion zum Ausdruck?

Für die meisten von uns gelten Lachen und Weinen als Ausdrucksformen von tiefer Unbewusstheit. Oft ist unser Lachen eine automatische Reaktion, die auf konditionierte Weise funktioniert. Manchmal sind die Hintergründe dafür noch dunkler, beispielsweise im Falle von Schadenfreude. Mit Sicherheit gibt es aber auch Ausnahmen. Ein Witz kann uns mit einer tiefen Wahrheit verbinden, wir sind davon überrascht, ja überwältigt, und unser Lachen ist dann befreiend und zeugt von einem klaren Geist. Doch wie oft kommt das vor?

Auch wenn wir weinen, sind ähnliche Aspekte zu berücksichtigen: Sind es Freudentränen der Klarheit oder ist es ein Ausdruck von Leiden? Letzteres ist die Regel. Wenn wir aber leiden, dann erleben wir immer einen „Tunnelblick", die Welt wird kleiner, enger und dunkler.

Wie viel Lachen und Weinen gibt es denn in Ihrem Leben? Vielleicht bemerken Sie ja eher Stimmungsschwankungen, die Sie himmelhoch jauchzend und dann wieder zu Tode betrübt sein lassen. Werden Sie bei den ersten Schritten des Geistestrainings achtsamer für alle empfindsamen Regungen – für das Weinen ohnehin, aber eben auch für eine sich scheinbar so positiv ausdrückende Stimmung wie das Lachen. Solange wir noch passiver Befehlsempfänger unseres Verstandes und unserer Emotionen sind, müssen wir zuerst lernen, wie wir Bewusstheit in diese emotionalen Momente hineinbringen.

An dieser Stelle wird wieder einmal der Unterschied zu herkömmlichen Therapiemethoden deutlich: Nach Auffassung des Buddhismus und der Buddhistische Psychotherapie BPT ist es weder sinnvoll, sich einfach nur angenehmen Empfindungen hinzugeben, noch ratsam, den eigenen Bauchgefühlen zu trauen. Dieses eher abdominelle Verstehen der Welt und unseres Platzes darin führt uns über kurz oder lang nur in den alten Kreislauf unserer Muster und Gewohnheiten hinein.

Visualisieren wir in einem Klärungsprozess den Mittleren Weg und prüfen, wo wir stehen. Oftmals ist unser häufiges Lachen als ein Anzeichen für die Entfernung von der Mitte in eine bestimmte Richtung zu sehen, während häufiges Weinen die Entfernung von der Mitte in die andere Richtung anzeigen könnte.

Eine buddhistische Lebensführung, die uns frei machen möchte, uns gleichzeitig aber auch erlaubt, alle unsere Emotionen beizubehalten, benötigt eine schrittweise Annäherung, denn wir können kein einziges unserer alten Gewohnheitsmuster einfach beibehalten. Auch die vermeintlich guten Gewohnheiten müssen wir kritisch beleuchten und mit Bewusstheit durchdringen. Wenn wir uns damit sicher fühlen, dann können wir die Kontrolle wieder etwas zurücknehmen.

Im Buddhismus wird, wie schon erwähnt, unser unerzogener Geist oft mit einem kleinen wilden Affen verglichen. Einige seiner Aktionen sind witzig, sie bringen uns und andere zum Lachen, andere sind es eher nicht. Es gilt nun, dieses Geistes-Äffchen kennen und lenken zu lernen. Ist das geschehen und besteht gegenseitiges Vertrauen, können wir dem Tierchen auch wieder etwas mehr Freiraum gestatten. Allerdings dürfen wir es nie ganz aus den Augen verlieren.

Wer nun immer noch unreflektiert an seiner Frohnatur festhalten möchte, sollte sich Folgendes vergegenwärtigen: Wer am Lachen festhalten möchte, der wird auch die Tränen nicht los. Wer an den Tränen festhält, der wird sein Lachen nicht wiederfinden.

Friede und Freude

Der *innere* Friede ist nicht nur eine gute Voraussetzung für äußeren Frieden, sondern stellt auch die Prämisse dar, um innere Klarheit zu erfahren.

Durch die vorausgegangenen Beschreibungen sollte bereits verständlich geworden sein, warum auch Freude ein gutes und klares Fundament in uns benötigt. Solange wir aufgeregt und verwirrt sind, was ohne Geistestraining der Normalfall ist, können wir keine wirklich heilsame echte Freude erfahren. Zu unklar ist die Ausgangslage und zu diffus können die damit einhergehenden und dem zugrunde liegenden Impulse sein.

Die Kultivierung unseres inneren Friedens, das achtsame Training von Gelassenheit ist also eine wichtige Vorbedingung für die Festigung unserer Freude. Nur im inneren Frieden empfinden wir auch tiefe Freude. Friede und Freude sind demnach heilsame Geisteszustände, die sehr eng miteinander verbunden sind.

Übungen, um Freude zu wecken

In der Regel messen wir unseren Schwierigkeiten oft mehr Bedeutung zu als unseren Ressourcen. Daher könnten einfache Übungen mit dem Ziel, Freude über unsere positiven Eigenschaften zu empfinden, die verschiedensten störenden Gefühle in Ihnen wachrufen. Es benötigt in der Anfangszeit immer etwas Überwindung, uns selbst einen Gefallen zu tun. Hilfreiche Übungen müssen jedoch nicht immer nur schwer und hart sein, damit sie wirkungsvoll sein können.

Versuchen Sie solche Übungen nicht einzuschätzen oder zu bewerten, bevor Sie es damit nicht selbst ein paar Tage probiert haben.

Freudige Zettelwirtschaft

Holen Sie sich Papier und Stift, suchen Sie sich einen ruhigen Platz und nehmen Sie eine meditative Haltung ein. Sitzen Sie bitte gerade, ohne dabei zu viel Spannung aufzubauen. Gleichzeitig lassen Sie die Schultern angenehm fallen und atmen bewusst.

Nehmen Sie sich die Zeit, die Sie dafür benötigen. Wenn Sie einen für Sie ausreichend guten und klaren inneren Zustand herstellen konnten, rufen Sie für sich Ihre eigenen positiven Eigenschaften auf. Bemühen Sie sich nicht. Bleiben Sie einfach nur Beobachter.

Abb. 11

Sobald eine Ihrer positiven Eigenschaften vor Ihrem geistigen Auge auftaucht, schreiben Sie diese bitte auf, knüllen den Zettel zu einer Papierkugel zusammen und legen diese vor sich auf den Boden. Der

Abstand oder die Nähe des Zettels zu Ihnen symbolisiert, wie eng Sie mit dieser Eigenschaft vertraut sind und wie gut Sie diese abrufen können. Verzichten Sie aber unbedingt darauf, schwierige Eigenschaften aufzuschreiben. Die gibt es sicherlich auch, aber das ist eine andere Übung.

Geben Sie sich genügend Zeit, um Ihre positiven Eigenschaften zu notieren. Falls Sie den Eindruck haben, dass es zu wenige sind, oder falls Ihnen bestimmte Eigenschaften fehlen oder diese zu schwach ausgeprägt sind, dann schreiben Sie auch diese Wunschqualitäten auf einen Zettel und finden Sie dafür die richtige Entfernung zu sich.

Sobald Sie meinen, dass die Anzahl der Zettel und deren Entfernung zu Ihnen passen, bleiben Sie weiter in der Beobachterposition; das bedeutet, dass Sie alle auftauchenden Bewertungen ebenfalls nur beobachten. Atmen Sie weiter ruhig und bewusst, was Ihnen dabei hilft, in der Beobachterrolle zu bleiben. Achten Sie besonders auf die Zettel, die in Ihrer Nähe liegen. Darüber können Sie sich freuen. Nehmen Sie diese bewusst wahr. Vielleicht fällt Ihnen mit der Zeit noch eine weitere Eigenschaft ein, die Sie hinzufügen können. Zusätzlich können Sie dann auch noch darauf achten, wie weit eine gewünschte Eigenschaft von Ihnen entfernt ist. Hieraus ergeben sich konkrete Projekte für die nächste Zeit.

Erfahrungsgemäß empfiehlt sich für solche Projekte die Inanspruchnahme von erfahrener Hilfe, doch vielleicht haben Sie ja auch selbst einige hilfreiche Ideen, wie Sie sich den Etappenzielen schrittweise annähern können.

Das Freude-Tagebuch

Das Prinzip der eigenen Erfahrung gilt auch für die fortlaufende Übung, ein „Freude-Tagebuch" zu führen. Dafür benötigen Sie am Abend als letzte Tageshandlung nur fünf Minuten Zeit und machen einen stichwortartigen Vermerk zum abgelaufenen Tag: Was war gut? Was hat mir gefallen? Woran habe ich Freude gehabt?

Vermeiden Sie auch hier die Bilanzierung von Problemen. Wenn es für eine Klärung dienlich ist, können Sie das schon am Nachmittag erledigen.

Freude und Sex

Wir haben uns hier mit Freude und nicht mit Spaß, Lust oder Glück beschäftigt. Der Schwerpunkt liegt bei der inneren Qualität der Freude.

Sex ist zwar keine rein äußerliche, doch auch keine rein innerliche Aktivität. Allerdings tauchen oft Fragen zum Sex auf, wenn über Freude gesprochen wird, vor allem: Ist Sex nun mit unserem leichten Weg, mit einem buddhistischen Weg vereinbar?

Erinnern Sie sich noch an die entscheidende Frage? Es ist immer die gleiche und in diesem Zusammenhang lautet sie: Was macht Sex mit meinem Geist?

Das legt nahe, dass Sex prinzipiell vollkommen okay sein könnte. Denn schließlich sollen wir uns nicht *von* unserer Sexualität befreien, sondern *in* und *mit* unserer Sexualität.

Es bedeutet aber auch, dass wir erkennen sollten, welche Formen der Sexualität uns, unserem Geist und auch den anderen fühlenden Wesen nicht guttun. Wenn wir diese Aspekte aufgeben können, indem wir zum Beispiel die Varianten, die übrig bleiben, intensivieren, dann wandeln wir damit einige sehr bedeutsame Gewohnheitsmuster um.

Natürlich finden wir zu diesem Thema recht unterschiedliche und sich zum Teil auch widersprechende Aussagen: Viele buddhistische Texte raten uns, allen Sinnesreizen völlig zu entsagen, während bei anderen Autoren das Prinzip der Achtsamkeit angeboten wird, um damit alle relevanten Lebensbereiche auch weiterhin aufrechterhalten zu können.

Zudem nutzen einige spirituelle Traditionen die sexuelle Energie auch bewusst mittels der Atmung, Konzentration und Achtsamkeit.

Da das Thema Sex sehr eng verbunden ist mit unseren Neigungen zur Anhaftung, zum Begehren, zur Sehnsucht und zur Gier, könnte es ratsam sein, zu Beginn unseres Geistestrainings für die Dauer eines vorher festgelegten Zeitrahmens ganz auf Sex zu verzichten.

Regt sich da Widerstand? Das könnte ein Hinweis auf das Vorhandensein von festen Gewohnheitsmustern sein, die uns gefangen halten.

Gönnen Sie sich doch einmal dieses Experiment und prüfen Sie, welche Energien sich dabei auf welche Weise bemerkbar machen. Beobachten Sie alle aufsteigenden Impulse und prüfen Sie diese. Sie werden sich wahrscheinlich über sich selbst wundern. Sobald wir nämlich die Unbewusstheit aus einem derart alten Gewohnheitsmuster herausgezogen haben, lassen sich die übrig gebliebenen Energien relativ leicht transformieren.

Manchmal kann es eine zusätzliche Hilfe sein, wenn wir uns immer mal wieder auf unser Ziel fokussieren. Was möchten wir eigentlich erreichen? Größtmöglichen Spaß, Action und Stressfähigkeit, friedvolle Befreiung – oder was möchten Sie wirklich für sich selbst?

Nachdem wir uns mit liebender Güte, Mitgefühl und Freude beschäftigt haben, betrachten wir nun noch einen vierten heilsamen Geisteszustand.

Gleichmut bedeutet nicht, dass man anderen gegenüber gleichgültig bleibt oder sich vom Leiden der Wesen nicht berühren lässt.

– XIV. Dalai Lama –

Ein heilsamer Geisteszustand: Gleichmut, Gelassenheit und innerer Friede

Der Dalai Lama geht in seinem Zitat auf ein oft geäußertes Missverständnis ein. Viele von uns meinen nämlich, dass Gleichmut oder Gelassenheit ein Ausdruck von moderner „Coolness" sein könnte. Damit wird dieser heilsame Geisteszustand als ein emotionales Abspalten von authentischen und spontanen Reaktionen missverstanden.

Die oft zu beobachtende verhaltene Reaktionsweise vieler Menschen darf nicht fälschlich mit Gleichmut und Gelassenheit verwechselt werden. Nur allzu oft existieren ganz andere Hintergründe dafür, wie zum Beispiel Apathie, Desinteresse, Selbstentfremdung, Empfindungen von Isolation, mangelnde Anteilnahme, Reserviertheit, Ängste, Widerstände und viele weitere Formen der Verblendung.

Das buddhistische Ideal einer ewig gleichbleibenden psychischen Verfassung, die nichts mehr aus der Ruhe zu bringen vermag, kann einerseits zu problematischen Verhaltensweisen der Vermeidung führen; andererseits wird dieser buddhistische Appell auch nicht gerade selten dafür benutzt, um die eigene Unfähigkeit zu Konflikten – oder zumindest die fehlende Bereitschaft, Konflikte auszutragen – zu rationalisieren.

Im ersten Fall vermeiden wir jede spontane Regung. Wenn wir häufig zu überschießenden Reaktionen neigen, könnte das tatsächlich eine gute Lernmöglichkeit sein. Doch diese eigentlich hilfreiche Methode zur Beibehaltung des Mittleren Weges wird in vielen Bereichen überbewertet, so dass ungeschriebene Gesetze entstehen: „Sei immer leise. Widersprich nicht. Füge dich. Beschwer dich nicht. Nimm alles an. Schweig. Bleib ruhig. Bleib gelassen. Bleib friedvoll."

Diese Liste ließe sich noch endlos fortsetzen und verdeutlicht einen Trend, den wir unbedingt offen, transparent und selbstkritisch diskutieren müssen. Hier werden Bilder transportiert, die Normwerte enthalten: Normen, an denen sich viele Suchende orientieren möchten. Dieser Orientierungsprozess sollte jedoch in heilsame Bahnen gelenkt werden.

Natürlich möchten wir uns befreien, was aber noch lange nicht heißt, dass wir zum Beispiel keinerlei Ärger oder Freude mehr ausleben dürfen. Das buddhistische Prinzip des Gleichmuts und der Gelassenheit wird auf einen Sockel gestellt und zu einem falschen Leitbild erhoben. Nicht wenige ernsthaft praktizierende Buddhisten benutzen ihre Vorstellungen davon, wie Buddhismus auszulegen ist, um sich ihren Gefühlen nicht stellen zu müssen. Der Buddhismus würde damit zu einer perfekten Philosophie für Menschen, die Angst vor ihren eigenen Gefühlen haben. Daher kann gar nicht oft genug wiederholt werden: Wir befreien und nicht *von* unseren Gefühlen, sondern wir befreien uns *inmitten* all unserer Gefühle.

Die zweite Variante betrifft Menschen, die sich von diesen Appellen aufgrund ihrer Persönlichkeit angesprochen fühlen. Wenn wir große Probleme damit haben, uns zu behaupten oder für uns selbst einzutreten, dann könnte es sehr verführerisch wirken, wenn uns jemand sagen würde, dass wir immer in einer bestimmten Weise gelassen, gleichmütig und friedvoll sein sollen, indem wir uns ruhig, still und demütig zeigen. Dabei handelt es sich natürlich um sehr heilsame Qualitäten, doch eben nicht für jeden. Wenn wir Gelassenheit und Gleichmut anstreben, dann müssen wir auch deren Gegensätze in uns kennen und akzeptieren lernen. Einfache Abkürzungen gibt es eben nicht.

Mit Gleichmut ist vielmehr gemeint,
dass man sich allen Wesen gegenüber gleich verhält,
ohne die einen zu bevorzugen und die anderen abzulehnen.

– XIV. Dalai Lama –

Gelassenheit und Leichtigkeit

Wir alle tragen in uns Liebe und Hass, Weisheit und Dummheit, Gelassenheit und Aufregung, um nur einige wenige Gegensatzpaare zu nennen. Nur wenn wir uns selbst gegenüber ganz aufrichtig sein können, wird es uns auch möglich sein, in unserem Gegenüber alles wertschätzend zu akzeptieren. Ist das nicht möglich, sollten wir also zum Beispiel die aufgeregten Seiten in uns zurückweisen, werden wir diese Aspekte in unserem Gegenüber zutiefst ablehnen und herabwürdigen.

Unser Wunsch nach Gelassenheit führt uns auf einen außerordentlich spannenden Weg. Gelassenheit ist eine der herausragenden Qualitäten des leichten Weges, denn Gelassenheit und Leichtigkeit gehen gerne Hand in Hand. Da der leichte Weg kein äußerer, sondern ein innerer ist, so ist auch Leichtigkeit kein äußeres Merkmal des Weges, sondern eine in uns selbst zu kultivierende Eigenschaft. Wir können das schon bald selbst erfahren, wenn wir konkrete Empfindungen von psychischer, aber auch physischer Leichtigkeit erleben.

Parallel zur Leichtigkeit ist natürlich auch die Gelassenheit eine zu kultivierende Eigenschaft, die uns bei ausreichender Stärke auch dann zur Verfügung steht, wenn die äußeren Bedingungen Gelassenheit eigentlich nicht unbedingt nahelegen.

Mit Gelassenheit scheint uns der leichte Weg einen Aspekt von sich anzubieten, der auf den ersten Blick ansprechend und zugänglich zu sein scheint. Wenn wir aber die ersten Schritte getan haben, erahnen wir bereits, dass wir uns hier mit einem sehr mächtigen und großen Gegner eingelassen haben könnten. Diesen erkennen wir dann, wenn wir uns einmal das Gegenteil von Gelassenheit und Gleichmut anschauen: Anspannung, Festhalten und Beharren. Dabei handelt es sich um die Hauptdisziplinen unseres Ego-Verstandes. Tatsächlich outet sich unser Ego-Verstand in der Regel als unser größter Gegner auf dem Weg zur Gelassenheit und stellt solche Fragen wie:

- Wieso sollten wir gelassen bleiben, wenn wir provoziert werden?
- Wieso sollten wir gelassen bleiben, wenn wir verletzt werden?
- Wieso sollten wir gelassen bleiben, wenn wir Unrecht erleben?
- Wieso sollten wir gelassen bleiben, wenn wir uns anstrengen müssen?
- Wieso sollten wir überhaupt gelassen bleiben, wenn uns Ungutes widerfährt?

Hier übersehen wir nur zu gern, dass wir in der Regel überhaupt keine Wahl mehr haben. Unser Ego-Verstand hat das Kommando und gibt den Ton vor. Das erleben wir besonders in Krisen, wo unser Verstand fast in Grübelzwängen durchzudrehen scheint, aber auch im ganz normalen Alltag, wenn wir eigentlich etwas zur Ruhe kommen möchten, doch die Verstandesstimme uns zum Weitermachen antreibt.

Jeder von uns kennt zudem noch den eigenen Bewertungszwang. Versuchen Sie doch einmal, nur eine Stunde keine Bewertungen mehr durch Ihren Geist ziehen zu lassen. Nichts, was Sie sehen, hören, riechen, schmecken, fühlen oder denken, hat in dieser Stunde eine spezielle Bedeutung für Sie. Alles ist okay.

Starten Sie doch einmal, nachdem Sie den folgenden Ausspruch von Huineng gelesen haben, einen kleinen Selbstversuch: Unterbrechen Sie nach dem besinnlichen Zitat die Lektüre und versuchen Sie, keine Bewertungen Ihrer Eindrücke mehr abzugeben. Stoppen Sie alle Bewertungen. Versuchen Sie das so lange, bis Sie in sich die erste Bewertung registrieren.

Wenn der Geist nicht mehr „mag“ und „mag nicht“ denkt,
dann kann er sich entspannen,
als schliefen wir mit ausgestreckten Beinen.

– HUINENG –

Da sind Sie ja wieder … Wahrscheinlich hat es nicht gerade lange gedauert. Machen Sie sich nichts daraus. Es handelt sich hier um eine Volkskrankheit, unter der wir alle leiden. Wie angenehm wäre es doch für uns und alle anderen, wenn wir dieses ständige Bewerten, also auch das „mag“ und „mag nicht“, nicht mehr erleiden müssten.

Vergessen wir aber trotz allem nicht, dass es auch auf dem leichten Weg keine Abkürzungen gibt. Wenn es uns prinzipiell schwerfällt, Entscheidungen zu treffen, wenn wir uns kaum abgrenzen können und unser Selbstwertgefühl sehr labil ist, dann werden wir wohl oder übel zuerst dieses „mag“ und „mag nicht“ unterscheiden lernen müssen. Wenn wir uns selbst nicht gut genug kennen, um ein „mag“ und „mag nicht“ überhaupt formulieren zu können, dann muss das nachgeholt werden.

Huineng zeichnet uns hier ein recht bequemes Bild der Gelassenheit, wenn wir „mag“ und „mag nicht“ aufgeben konnten. Die ausgestreckten Beine sollten die zuhörenden Schüler vielleicht etwas anregen und motivieren. Die angestrebte Gelassenheit, die wir durch die Milderung unseres wertenden Verstandes erreichen, erzeugt einen sehr wachen und aufmerksamen Geist.

Gelassenheit weist auf mehrere innere Dimensionen hin. Wir finden unsere gelassene Ruhe, wir entspannen uns und lassen los. Gleichzeitig führt uns dieser gelassene Gleichmut in einen Geisteszustand äußerster Wachheit und Bewusstheit, in unsere Aufmerksamkeit, Konzentrationsfähigkeit und Achtsamkeit, die um ein Vielfaches anwachsen können. In der Meditationshaltung können wir selbst erfahren, dass wir durchaus in der Lage dazu sind, gleichzeitig angespannt zu sein.

Außer den Begriffen Gleichmut und Gelassenheit taucht in der Überschrift zu diesem Absatz auch noch *innerer Friede* auf. Dieser Begriff ist bewusst so gewählt, weil wir dieses Friedensabkommen als eine der ersten Voraussetzungen unbedingt benötigen.

Ein konfliktfreies Leben voller Heiterkeit
kann nur aus dem Frieden des Geistes entstehen.

– XIV. Dalai Lama –

Innerer Friede und Geistesruhe

Innerer Friede, wer will das nicht? Fragen sie doch einmal Ihren inneren Chor, Ihre unterschiedlichen Persönlichkeitsanteile, was sie von innerem Frieden halten. Was wird wohl Ihr innerer Kampfhund dazu sagen oder der innere Oberlehrer, der innere Rechthaber, der innere Soldat, das innere Opfer, der innere Schmoller, der innere Beleidigte? Die meisten dieser Ich-Anteile würden wohl lieber im Kampf untergehen als nachzugeben, denn sie können keinen Frieden finden, bis wir „es" geschafft haben.

Die Bereitschaft für inneren Frieden signalisieren wir meistens viel zu schnell. Das führt uns nur allzu oft in Situationen des Scheiterns hinein. Eigentlich wollten wir doch ab sofort nicht mehr hadern – und doch ist es wieder geschehen. Schon wieder haben wir unserem Verstand nachgegeben und ihm lange bei seinen unangenehmen Grübelzwängen zugehört. Der Geist kommt nur schwer zur Ruhe.

Nicht ohne Grund existiert im Buddhismus das Symbol des Rades für unser Leiden: Es dreht sich oder wir drehen uns in ihm. Wir scheitern, also noch eine Umdrehung, wieder verpasst, also noch eine Umdrehung. Andere sind immer daran schuld, also noch eine Umdrehung, wir werden wütend und empfinden Ungerechtigkeit, also noch eine Umdrehung. Wir streiken und wollen nicht mehr mitspielen, also noch eine Umdrehung. Das Rad wird niemals müde, es kann sich für die Dauer von Äonen drehen.

Tatsächlich müssen wir selbst so viel Stärke besitzen, dass wir uns einen ehrlichen Blick in den Spiegel zutrauen. So erkennen wir, dass es an uns liegt. Nicht die Welt, nicht die anderen müssen sich ändern, nein, wir selbst müssen das für uns erreichen.

Immer wieder zur Erinnerung: Stets beginnen wir bei der Stärkung unserer inneren Ressourcen. Stein für Stein schaffen wir unser Fundament. Das bedeutet auch, konsequent das Wühlen in Problemen zu vermeiden. Zuerst erfolgt die Stärkung unserer positiven Anlagen und erst danach wenden wir uns dann den kritischen Punkten zu.

Zu diesem Zweck haben wir uns in diesem Kapitel einigen fundamentalen, bereits in uns angelegten heilsamen Ressourcen gewidmet: unseren Fähigkeiten zur liebenden Güte, zum Mitgefühl, zur Freude und zur Gelassenheit.

Das ist natürlich nur eine kleine, aber feine Auswahl unserer heilsamen Ressourcen. Vielleicht können Sie für sich selbst weitere heilsame Eigenschaften und Persönlichkeitsanteile anvisieren. Wie schon beschrieben, verfügen wir ausnahmslos alle über unzählig viele heilsame Keime in uns, die als Veranlagungen nur darauf warten, von uns kultiviert zu werden. Allerdings warten die dunklen Keime ebenso wie die lichten. Deshalb ist jede Aufforderung dienlich, die dazu rät, sehr achtsam zu prüfen, welche Anteile von uns wir verstärken oder verstärken lassen.

KAPITEL 10

Die heilsamen Qualitäten der Behandler

Es wäre unsinnig zu glauben,
man könne andere Menschen verändern,
ohne zuerst an sich selbst zu arbeiten.

– XIV. Dalai Lama –

Dieses Zitat des Dalai Lama unterstreicht etwas, das wir natürlich alle wissen oder zumindest ahnen: Wenn wir anderen helfen möchten, dann müssen wir bei uns selbst anfangen. Auch wenn wir nicht zu den Angehörigen der helfenden Berufsgruppen zählen, so sind wir doch alle immer wieder in der Position, uns selbst und den mit uns verbundenen Menschen mit Rat und Tat zur Seite zu stehen. Dementsprechend sind auch die Ressourcen des inneren Behandlers mit ganz unterschiedlichen Facetten in uns angelegt. Deshalb benötigen wir alle die heilsamen Qualitäten der Behandler, wobei der Oberbegriff „Behandler" hier der Einfachheit halber für die verschiedenen helfenden und beratenden Berufsgruppen genutzt wird.

In diesem Kapitel werden wir einen Exkurs zu den heilsamen Ressourcen und damit auch zu den heilsamen Geisteszuständen von Menschen unternehmen, die anderen Menschen helfen wollen. Die Kultivierung von Qualitäten, die einen heilsamen Einfluss ausüben können, ist natürlich in den helfenden Berufsgruppen von besonderer Bedeutung. Die Behandler müssen jedoch auch sich selbst gegenüber diese heilsamen Qualitäten einsetzen.

Darüber hinaus können wir mit diesem Thema auch dann arbeiten, wenn wir selbst keine Behandler sind. Wir alle verfügen in Form von inneren Anlagen über eine Helfertruppe mit einem inneren Heiler, einem inneren Arzt, einem inneren Krankenpfleger oder Sanitäter, einem inneren Ratgeber und Psychologen, um nur einige zu nennen. Sie alle versuchen in Krisensituationen zu retten, was noch zu retten ist. Auf dieser Ebene können wir alle von diesen Anregungen profitieren, denn oft müssen wir uns doch auch selbst heilen und Menschen in unserer Umgebung helfen, die ihr Vertrauen in den uns innewohnenden Psychologen setzen.

Die Einteilung in Behandler und Hilfesuchende

Natürlich können wir uns fragen, worin denn eigentlich der Unterschied zwischen einem Behandler und einem Hilfesuchenden besteht. Nach landläufiger Meinung ist der Behandler gesund und der Hilfesuchende krank. Der Behandler heilt, weil er selbst heil ist, und der Hilfesuchende ist hilflos. Behandler sind ausgebildet, zudem oft auch selbst durchtherapiert und deshalb frei von Konflikten, während die Klienten leiden und mit ihren Neurosen und anderen Problemen zu kämpfen haben. Wenn wir diese – zugegeben überspitzten – Beschreibungen lesen, bemerken wir natürlich sofort den Unsinn, gehen in der konkreten Situation jedoch nur allzu oft genau davon aus.

Nicht wenige Behandler differenzieren immer noch sehr klar zwischen den kranken Patienten und den gesunden Behandlern. Das wird zum Beispiel in Situationen deutlich, wenn ein Konflikt in der Behandlung auftritt. Wenn ein Patient mit seinem Behandler unzufrieden ist, dann reflektieren die Behandler weniger ihre eigenen Schwächen als vielmehr die Probleme des Patienten. Denn nur ein Patient überträgt konflikthaft seine Probleme und erzeugt dadurch zumeist unbewusst Störungen.

Die Behandler übertragen – zumindest theoretisch – keine eigenen unbewussten Konflikte, sondern entwickeln höchstens eine ungute Gegenübertragung, die jedoch als Reaktion auf die problematischen Übertragungen des Patienten angesehen wird. Hier besteht immer noch viel Dünkel des „Gesunden“ und ein Selbstbild, das meist nicht der Realität entspricht.

Die Behandler sind selbst oft im Leiden

Wenn Menschen leiden, verengt sich ihr Blickwinkel. Wir alle leiden immer wieder und daher leiden auch Behandler immer wieder. Wenn wir uns Studien über sogenannte Risikoberufe anschauen, dann sind die helfenden Berufsgruppen ganz weit oben in der Liste anzutreffen. Nachweislich leiden Behandler also deutlich und ausgeprägt mehr als sehr viele andere Menschen. Die Scheidungsrate ist in den helfenden Berufsgruppen ebenso erhöht wie auch die Suchtquote und die Suizidrate.

Trotzdem halten Behandler hartnäckig daran fest, stets gesünder als ihre Patienten zu sein. Womöglich handelt es sich dabei um eine Form des Selbstschutzes. Wenn sich Behandler untereinander in einem persönlichen Kontext darüber verständigen, dann sehen sie natürlich selbst diese Schieflage, doch wenn sie mit ihren Klienten arbeiten, scheinen andere Empfindungen darüber zu dominieren.

Ein weiterer Aspekt ist sicher unsere Neigung, möglichst schnell Kategorien zu bilden – je einfacher, desto besser. Behandler gehören in die gesunde Schublade und Patienten natürlich in die kranke Schublade.

In der Buddhistischen Psychotherapie BPT gehen wir bei dieser Thematik von der buddhistischen Grundlage der Ersten Edlen Wahrheit aus. Diese besagt, dass wir *alle* betroffen sind, dass Leiden also einen universellen Charakter besitzt. Wir alle werden älter und gebrechlicher, erleiden Krankheiten und sterben. Dazu gibt es fast unendlich viele weitere alltägliche Leidensmomente, größere und kleinere. Die meisten davon sind unumgänglich. Wir alle sind ständig gefordert, mit leidhaften Erfahrungen umzugehen.

Aufgrund dieses universellen Charakters von Leiden sind kein Mensch und keine Berufsgruppe davon ausgenommen. Das trifft natürlich insbesondere auf die Heilberufe zu, die bekanntlich zu den Risikoberufsgruppen zählen.

Wenn wir uns in diesem Buch die konkreten Bedingungen anschauen, wie wir durch die Förderung unserer Stärken und Ressourcen auf dem leichten Weg wachsen können, dann betrifft das die Behandler genauso wie die Hilfesuchenden. Mal sind wir Hilfesuchende, mal Behandler, zumindest für uns selbst und oft auch für uns nahestehende Menschen. Dementsprechend besteht kein fundamentaler Unterschied zwischen der Entwicklung heilsamer Qualitäten bei den Helfern und bei den Hilfesuchenden.

Der kleine Unterschied

Allerdings müssen wir einschränkend sagen, dass Leiden immer zu einem Tunnelblick und damit zu einem deutlich eingeengten Zugang zu den in uns vorhandenen Ressourcen führt; in manchen Fällen macht es sogar regelrecht blind. In der Regel sind Hilfesuchende akut mehr im Leiden und damit in einer unheilsameren Geistesverfassung. Diese Dynamik führt dazu, dass Hilfesuchende, solange sie akut leiden, über einen deutlich eingeschränkteren Fokus verfügen.

Natürlich trifft genau der gleiche Prozess immer wieder auch auf die Behandler zu. Wenn Behandler leiden, verlieren auch sie oft den Überblick. Es könnte sogar immer wieder einmal vorkommen, dass ein Behandler mehr leidet als der Hilfesuchende, der sich an ihn wendet. Der kleine Unterscheid könnte aber darin bestehen, dass die Behandler über mehr Wissen verfügen, um ihre Probleme lösen zu können. Die wohlbekannte Kluft zwischen Theorie und Praxis ist allerdings bei Behandlern ebenso fatal vorhanden wie bei vielen anderen – manchmal vielleicht sogar noch etwas eklatanter, da sie als „Experten" glauben, es schließlich am besten zu wissen. Diese bekannte Tatsache erschwert vielen Behandlern auch den Zugang, selbst Hilfe zu suchen und annehmen zu können.

Ein Behandler wäre demnach mit einem Handwerker zu vergleichen, der über eine gut sortierte Werkzeugkiste verfügt. Ob er diese auch in einer eigenen leidhaften Situation wirklich für sich nutzen kann, ist wieder ein anderes, sehr spannendes Thema. Ein Hilfesuchender wäre ein angehender Handwerker, ein Lehrling, dessen Werkzeugkiste entweder versteckt oder noch nicht so gut gefüllt ist. Er besitzt sie zwar schon, hat jedoch noch keinen guten Kontakt dazu. Wir alle verfügen aufgrund unserer reichhaltigen Veranlagungen über alle nur denkbaren Handwerkszeuge, haben jedoch viele davon verrosten lassen.

Nur wer sich selbst helfen kann,
ist in der Lage,
auch anderen zu helfen.

– XIV. Dalai Lama –

Die nötige Selbstanalyse der Therapeuten

Eine fundierte psychotherapeutische Ausbildung beinhaltet neben der Theorie immer auch einen soliden Anteil an Selbsterfahrung. Angehende Psychotherapeuten müssen sich also im Einzelgespräch mit ihren Ausbildern und auch in der Ausbildungsgruppe intensiv mit sich selbst auseinandersetzen.

Die Qualität des Zugangs zu sich selbst, den ein Therapeut besitzt, steht wahrscheinlich in einem sehr engen Verhältnis zu seinen Fähigkeiten, anderen Menschen helfen zu können.

Wenn wir dem Rat des Dalai Lama folgen, erst einmal bei uns selbst zu beginnen, können wir uns mit dem leichten Weg in die Befreiung an eine sehr clevere und bewährte Methode halten. Wenn wir zudem auch noch anderen Menschen auf ihrem Weg Unterstützung zukommen lassen möchten, dann sollten wir unbedingt diese überaus hilfreichen Quellen für uns nutzbar machen.

In einem ersten Schritt müssen wir dafür *das Wesen des Leidens einschätzen* lernen. Unser Leiden und das Leiden der anderen fühlenden Wesen ist keine Kleinigkeit. Wir dürfen da nicht unbedarft hineingeraten und weiterstolpern, sondern benötigen dafür eine geschickte Strategie.

Dafür liefern uns die Vier Edlen Wahrheiten alle nötigen Grundvoraussetzungen. Wir erfahren, wie wir das Leid und unser Leiden einzuschätzen haben, welche Ursachen dafür wir bedenken müssen und vor allem, dass ein Ende des Leidens möglich ist und es dafür tatsächlich auch Wege gibt.

Als Behandler werden wir die große Relevanz von Risikofaktoren kennen oder in der Praxis kennenlernen. Die Risikofaktoren werden wissenschaftlich erforscht und erhalten im Hinblick auf die verschiedenen Krankheitsbilder immer eine feste Rangfolge. So gibt es beispielsweise für Herz-Kreislauf-Erkrankungen den Risikofaktor Nr. 1, den Risikofaktor Nr. 2, Nr. 3 und so weiter.

Buddha hat als Hauptursache für unsere Probleme, also als Risikofaktor Nr. 1, unsere Unwissenheit und Verblendung erkannt. Auch die Praxis als Behandler lässt uns immer wieder diese Erfahrung machen. Sicher ist Nikotinkonsum für Herz-Kreislauf-Erkrankungen ein Hauptrisikofaktor, aber wieso rauchen wir dann weiter, wenn wir um dieses Risiko wissen? Es ist die Verblendung, die uns tötet.

Um komplexe Sachverhalte differenzierter zu klären, hat Buddha neben der Verblendung noch Anhaftung und Widerstand als relevante

Risikofaktoren identifiziert. So sind auch bei der Nikotinsucht Verblendungen im Spiel, die von Anhaftungen, also festen Gewohnheitsmustern, unheilvoll untermauert werden. Zudem entstehen sofort intensive Widerstände gegen Abstinenzappelle von außen. Von diesen Faktoren sind alle unsere Erkrankungen betroffen, entweder ursächlich oder zumindest in ihrem Verlauf.

Die Vier Edlen Wahrheiten bedeuten für uns – und insbesondere für uns als Behandler – eine sehr große Erleichterung für das Verständnis des menschlichen Funktionierens und natürlich auch ein äußerst hilfreiches Konzept für therapeutische Strategien zur Befreiung vom Leiden.

Die Rolle von Achtsamkeit in der Behandlungspraxis

Wahrscheinlich wird sich jeder Hilfesuchende einen achtsamen Behandler wünschen und sicherlich möchte im Gegenzug auch jeder Behandler gern möglichst achtsam sein.

Der Begriff Achtsamkeit wird seit geraumer Zeit fast schon inflationär benutzt. Wir sollten achtsam essen, achtsam gehen, achtsam putzen, achtsam reden, insgesamt also achtsam leben. Auch Behandler erhalten von ihren Ausbildern immer wieder die Anregung, „einfach" in eine achtsame therapeutische Haltung zu gehen und diese dann aufrechtzuerhalten. Schon Freud sprach davon, dass Psychoanalytiker in einer wertfreien, frei schwingenden Haltung der Aufmerksamkeit bleiben sollten.

Die gute Nachricht lautet, dass Achtsamkeit kein Mysterium ist. Im Gegenteil, Achtsamkeit gehört zu unseren Veranlagungen. Es ist eine Qualität, die bereits in uns liegt, wie wir in Kapitel 8 erfahren haben. Wir haben gehört, dass Achtsamkeit gleichzeitig eine Lehre, eine konkrete Übung und das Ergebnis unserer heilsamen Aktivitäten ist. Achtsamkeit ist also Theorie, Übungsweg und Frucht.

Der leichte Weg ist zwar gewissermaßen durch erfahrene Vorgänger gut beschildert, doch er ist keine Autobahn, die wir automatisiert entlangrasen können. Es ist ein Weg, der unserer Aufmerksamkeit und auch Achtsamkeit bedarf, denn es gibt darauf so viele Abzweigungen, die unklare Zielpunkte haben. Wenn wir Krisen erleben oder in einem Arbeitsgebiet tätig sind, in dem Krisen dazugehören, sind die Chancen für ein Abweichen vom leichten Weg fast schon naheliegend.

Da Achtsamkeit die verschiedenen Ebenen in uns zu klären vermag, ist sie bestens als Haltesystem geeignet, um unseren Weg zu sichern. Leider scheint die Achtsamkeit bei den meisten von uns Behandlern etwas eingetrübt und noch unausgebildet zu sein. Ebenso wie über die Veranlagung zum Sprechen verfügen wir jedoch alle ausnahmslos auch über die Veranlagung zur Achtsamkeit. Es geht also darum, wie wir unser Potential als Helfer möglichst achtsam verwirklichen.

Achtsamkeit erscheint wie ein Mikrokosmos, der sich umso mehr ausdifferenziert, je tiefer wir in ihn hineinblicken.

Natürlich lassen sich achtsame Verhaltensübungen von einer achtsamen therapeutischen Haltung und auch von einer generell achtsamen Grundhaltung unterscheiden. Daher könnte auch ein prinzipiell ungeschulter, also unachtsamer Mensch als Behandler durchaus ein achtsames Verhalten zeigen.

In dem vierstufigen buddhistischen Achtsamkeitsmodell sollten aber ein achtsames *Verhalten* und eine achtsame *Haltung* auf jeder der vier Stufen erkennbar sein. Wir werden uns dieses Phänomen daher etwas genauer und praxisbezogen anschauen.

Die körperliche Achtsamkeit des Behandlers

Auf der ersten Stufe der Achtsamkeit benötigen wir eine achtsame Selbstwahrnehmung unserer Körperempfindungen.

Als Behandler werden wir hier mit verschiedenen Ebenen konfrontiert. Oft sind die beratenden Tätigkeiten eben sitzende Tätigkeiten. Diese Haltung kann zu chronischen Haltungsschäden und damit über die Psychosomatik zu Schäden in der Geisteshaltung und in der Lebenshaltung führen. Ein eingesackter Körper führt zu ebensolchen Geisteszuständen. Da wir diese gerade als Behandler natürlich nicht kultivieren möchten, benötigen wir permanente Aufmerksamkeit, um dem entgegenzuwirken.

Des Weiteren hilft unser Körper uns bei der Kommunikation. Dies betrifft auch uns selbst, da unser Körper über Symptome mit uns in Kontakt tritt. Gibt es jetzt gerade irgendwo körperliche Ungleichgewichte bei Ihnen? Diese zeigen sich oft in Form von Spannungsschmerzen, Magen- und Verdauungsproblemen oder anderen psychosomatischen Symptomen. Körperliche Probleme können unsere Achtsamkeit vollständig zum Erliegen bringen. Die Sprache unseres Körpers sollte also keine Fremdsprache für uns sein.

Dafür benötigen wir unter anderem auch eine recht gut ausgebildete Fähigkeit zur Introspektion und natürlich auch zur Motivation. Wie hoch auf der Skala zwischen 0% und 100% ist jetzt in diesem Augenblick Ihr inneres Spannungslevel? Wir haben uns dieser Frage schon früher zugewandt, doch prüfen Sie das möglichst regelmäßig immer wieder. Wie exakt können Sie es benennen? Liegt es ungefähr bei 50% oder eher bei 38,5%?

Das sind keine pedantischen Kleinigkeiten, sondern ein Ausdruck der Qualität unseres Zugangs zu uns selbst. Selbst wenn wir diese Fähigkeit in differenzierter Weise besitzen oder sie uns aneignen, benötigen wir zusätzlich stets die rechte Motivation, um diese Fähigkeit auch zu nutzen. Das klingt zwar sofort plausibel, doch häufig übergehen wir unsere körperlichen Signale. Wir sind als Behandler mit unserer Aufmerksamkeit oft zu sehr beim Gegenüber. Wir versuchen, achtsam für den Menschen zu sein, der Hilfe benötigt, und vergessen uns selbst dabei. Dabei übersehen oder überhören wir leicht, was unser Körper uns zu sagen hat. Damit erhöht sich dann auch das Ausmaß der Verblendung in einer Weise, dass wir auch die Körpersprache nicht mehr berücksichtigen, mit der unser Körper mit dem des Gegenübers Kontakt aufnimmt.

Auch unsere Emotionen manifestieren sich auf der körperlichen Ebene. Wenn unsere Emotionen leidvoll spürbar sind und unsere Achtsamkeit sich dadurch eintrübt, verlieren wir den guten Kontakt zu unserem Körper. Dieser signalisiert uns zwar, dass die Emotionen schmerzen, doch wir achten dann leider nur noch wenig auf unsere körperlichen Belange und suchen nach Lösungen in unseren Gedanken, weil sich unsere Emotionen natürlich auch dort manifestieren.

Gedanken werden von unserem Verstand erzeugt und sind in der Regel wesentlich unnachgiebiger und eingetrübter als unsere körperlichen Signale. Oftmals übergehen wir jedoch die besser zugängliche Weisheit unseres Körpers und folgen blind einer unserer Verstandesstimmen, wie zum Beispiel dem inneren Antreiber, dem inneren Pflichtmenschen oder dem inneren Oberlehrer. Hier finden Therapeuten natürlich viele rationale Ressourcen, die sie recht gut von sich selbst abzulenken vermögen. Ihre zahlreichen Erkenntnisse und ihr Wissen finden auf unbewusstem Weg dann ihr Ziel bei den unbewussten psychischen Abwehrfunktionen. Vielleicht wird hier bereits deutlich, warum gerade für Helfer der leichte Weg so dringend wichtig ist.

Körpersignale achtsam wahrnehmen lernen

Wenn wir unseren Körper über längere Zeit missachten und auch den Kontakt zu ihm vernachlässigen, dann wird er immer deutlichere Symptome entwickeln. Die vorhandenen Körpersignale können sich bei dauerhafter Missachtung entweder verstärken oder scheinen an Deutlichkeit abzunehmen, weil wir den Kontakt zu ihnen verloren haben. Doch wie kann es sein, dass wir nicht mehr wahrnehmen, wenn unser Körper sich meldet?

Einerseits könnte es sich hier um ein einfaches Ablenkungsmanöver handeln, andererseits aber werden bei Dauerstress Hirnareale geschädigt, die für die Selbstwahrnehmung zuständig sind. Wenn sich Behandler in ihrem Tun immer hilfloser fühlen, dann ist ihre Körperlichkeit oft einer der Orte, wo sie Kontrolle ausüben können. Das muss allerdings wiederum mit großer Achtsamkeit geschehen, damit nicht unheilsame Gedanken an die Stelle einer gesunden Körperkontrolle treten.

Die Wahrnehmung unserer Körpersignale ist von einigen Faktoren abhängig. Wenn wir zum Beispiel unseren Körper nur noch auf Sparflamme ernähren, dann werden die Hungerempfindungen schwächer. Wenn wir ihn dagegen mästen, können wir die Sättigungsempfindungen kaum noch spüren.

Allerdings lässt sich die Körperweisheit trotzdem nicht völlig austricksen. Selbst wenn wir ein Signal manipulieren, greift unser Körper auf ein anderes zurück, denn dafür steht ihm ein großes Reservoir an Möglichkeiten zur Verfügung. Es entstehen äußere Signale, wie zum Beispiel Hautveränderungen oder Veränderungen in unserer Körperform. Hinzu kommen zahlreiche innere Signale wie Schmerzen oder Kreislauf- und Verdauungsstörungen. Bei der unleugbaren Vehemenz dieser Körpersignale ist schon eine ganze Menge Energie nötig, um sie zu ignorieren, doch wir schaffen selbst das.

Die besondere Relevanz unserer Körperlichkeit kann gar nicht genug unterstrichen werden. Auch für viele Behandler scheint es nicht gerade ein leichtes Unterfangen zu sein, ihren Körper auf eine adäquate Weise zu bewohnen. Ihn weder ignorieren noch zu sehr anhaften, ihn weder idealisieren noch abwerten, das erfordert den Mittleren Weg.

Wenn es uns möglich wird, auf unseren Körper heilsam einzuwirken, haben wir schon fast alles gewonnen. Gelingt es uns, ihn zu besänftigen, gut zu pflegen und ihm Achtsamkeit entgegenzubringen, dann werden es uns auch unsere anderen Instanzen danken: die Emotionen und die Gedanken.

Im Zen-Buddhismus wird auf die Körperhaltung ganz besonderer Wert gelegt. Taisen Deshimaru Roshi betont, dass im Zen nicht zwischen der erleuchteten Körperhaltung und der Erleuchtung unterschieden wird. Mit dieser Körperhaltung ist das *zazen* gemeint; *za* bedeutet das aufrechte sichere Sitzen in der Meditation, also im Zen. Das heißt, mit der vollen Achtsamkeit auf unseren Körper kann die Transformation erreicht werden.

Als Behandler und auch für die Selbstbehandlung sollten wir uns also immer wieder auf den Körper besinnen und regelmäßig im Laufe des Tages versuchen, auf unsere Körpersprache zu achten. Das betrifft nicht nur die subtileren Botschaften, die uns die Körpersignale senden, sondern auch die Sprache der Körperhaltung. Deshalb motivieren wir Hilfesuchende ebenso wie uns selbst dazu, immer wieder zu prüfen, ob die Schulterposition wirklich stimmt, ob die Gesichtsmuskeln adäquat locker sind, ob auch der Rücken immer wieder aufgerichtet wird und ob der Bauch die Atmung entspannt begleiten kann.

Die Behandler sollten sich auch vorbildhaft zeigen in puncto Ernährung, Körperpflege und körperliche Fitness. Sie zeigen sich im wahrsten Sinne des Wortes aufrecht. Sie stehen, gehen und sitzen aufrecht. Sie sind sich ihrer Körpersignale und ihrer Körpersprache wirklich bewusst.

Die wichtigste Haltung
ist ein aufrechter Sitz.

– Sri Dharma Mittra –

Den persönlichen körperlichen Kanal nutzen

Viele von uns besitzen eine Symptomatik, die wir selbst als physische Schwachstelle empfinden mögen. In Stressphasen reagieren einige von uns vielleicht mit Magenproblemen, andere mit Herzrasen oder Nackenschmerzen. Auch Kopfschmerzen oder die verschiedensten körperlichen Missempfindungen wie Kribbeln, Jucken, Schwitzen und Ohrgeräusche sind ebenso denkbar wie Hautrötungen, Haarausfall oder Steifigkeit.

All diese und andere Körpersignale können wir entweder in die Schublade unerwünschter Störungen packen, oder wir erkennen in ihnen den ganz persönlichen Kommunikationskanal, über den unser Körper mit uns spricht. Es ist wie ein innerer Drehzahlmesser. Solange wir noch keine ausreichend achtsame Motivation und Fähigkeit zur Introspektion entwickeln konnten, müssen wir eben auf die harte Tour in Kenntnis gesetzt werden.

Wenn uns das missfällt, sollten wir daran denken, dass es da immer noch eine Steigerung gibt. Schließlich steht unserem Körper noch der Schlaganfall oder der Herzinfarkt zur Verfügung. Sehen wir darin keine Sabotage, sondern die große Not unseres Körpers, auf den wir vorher einfach nicht hören konnten oder wollten, weil andere Prioritäten wichtiger schienen.

Der Körper als Standard-Fokus

Dieser körperliche Aspekt ist so wichtig wie einfach. Egal welche Probleme wir wahrnehmen, ob wir Angst erleben, Trauer oder Anspannungen, Schmerzen, Süchte, Grübelneigungen, Zwänge, Partnerprobleme oder Stress beim Job, immer ist unser erster Fokus bei der *körperlichen* Ebene. Ohne diese werden wir auch niemals die emotionale und die gedankliche Ebene bewältigen können. Das wird unser Standard-Fokus: *Immer zuerst der Körper.*

Das ist die Quintessenz der Achtsamkeit: Beginne mit deinem Körper. Dieser Aspekt ist ebenso einfach wie effektiv und eine der Hauptstrategien des leichten Weges:

Richte dich auf. Atme bewusst. Lockere deine zu hohen Anspannungen. Sorge für frische Luft, bewege dich etwas. Ernähre dich gesund, unterlasse besonders in Krisen die verschiedenen Selbstvergiftungen durch Genussgifte.

Nur wenn wir unseren Körper achtsam beruhigen und klären können, haben unsere Emotionen ebenfalls eine Chance, sich zu beruhigen und zu klären; und nur, wenn wir in der Lage sind, unseren Körper und unsere Emotionen auf diese Weise zu lenken, finden wir konstruktivere Gedanken. Sind Körper und Emotionen dagegen in Aufruhr, werden wir uns gedanklich nur verstricken und in die Irre gehen. Wir bleiben in unserem Leidensrad gefangen.

Da wir in Krisen in der Regel aber nur ein diffuses inneres Gemisch, eine dunkle Wolke spüren, müssen wir als Behandler neben der Körperlichkeit die beiden anderen Stufen ebenfalls anschauen und auch die Wechselspiele unserer Emotionen und Gedanken kritisch wahrnehmen.

Die weiteren Aspekte der Achtsamkeit des Behandlers

Emotionen als zweite Stufe der Achtsamkeit sind zumeist recht gut spürbar für uns, denn ihre Entstehung lässt sich kaum unterdrücken, wohl aber ihre weitere Entwicklung. Die Emotionen des Behandlers werden gern als Signale herangezogen, um eine therapeutische Situation einzuschätzen. Wenn der Behandler Angst in sich aufsteigen spürt, aber der festen Überzeugung ist, selbst keine eigenen Ängste zu haben, dann wird diese aufsteigende Angst als ein Übertragungsphänomen angesehen. Der Hilfesuchende selbst spürt in der konkreten Situation dann keinerlei Angst, er berichtet weitgehend emotionslos über einen Sachverhalt. Die adäquaten Ängste wurden verdrängt und – interessanterweise durch einen immer noch nicht vollkommen geklärten Prozess – auf das Gegenüber, den Behandler, übertragen. In der gemeinsamen Bearbeitung können verdrängte Emotionen dann wieder bewusst gemacht werden.

Allerdings setzt dieser Prozess voraus, dass ein Behandler gewissermaßen wie ein geeichtes sauberes Instrument funktioniert. Natürlich finden wir hier jedoch menschliche Nachlässigkeiten, die den reinen Prozess verdunkeln können. Damit trotzdem möglichst gute Chancen dafür bestehen bleiben, müssen wir uns als Behandler immer wieder reinigen. Das bezieht sich sowohl auf die Reinhaltung der Grundlagen, unsere körperliche Ebene, als auch auf die achtsamen Intervalle der Introspektion.

Der Umgang mit den Emotionen sollte auf dem leichten Weg zuerst immer prüfend beobachtet werden. Die Kultivierung des inneren Beobachters richtet sich also keineswegs nur auf äußere Vorgänge, sondern insbesondere auf unsere inneren Prozesse. Die Position, innerhalb unserer Emotionen zu verweilen, können wir dadurch etwas abmildern, dass wir durch die Bewusstwerdung wieder auf die grundsätzliche Strategie aufmerksam werden: Lockere deinen Körper. Daher beobachten wir alle Emotionen und atmen dabei bewusst. Wenn wir mit unseren Übungen selbst gute Erfahrungen machen, können wir diese effektive Strategie dann auch glaubwürdig an Hilfesuchende weitergeben.

In einer Krisensituation wird in der Regel immer zuerst auf der Verstandes- und Gedankenebene nach Lösungen gesucht. Wenn wir jedoch auf diese Weise etwas zu lösen versuchen, erleben wir innerlich ein unklares Gemisch aus Körperreaktionen, Emotionen und sich widersprechenden Gedanken. Auf dieser unklaren Basis versuchen wir dann, die vierte Stufe der Achtsamkeit zu erklimmen, auf der wir Wahrheiten zu ergründen meinen und nach Erkenntnissen streben.

Bei unseren Verstandesreaktionen hätten wir oft mehr Freiheiten als bei unseren emotionalen oder gar unseren körperlichen Reaktionen. Mit einem sensibilisierten Verstand können wir auf emotionale und körperliche Reaktionen einwirken. Es dient auch der Analyse und Relativierung, wenn wir diese Reaktionen aufschreiben.

Die vier Stufen der Problemlösung

Mit der nachfolgenden Abbildung können wir selbst arbeiten, sie aber auch den Hilfesuchenden anbieten. Sie dient der Verdeutlichung von zugrunde liegenden Prozessen der Achtsamkeit. Gezeigt werden vier Aspekte von Problemen, wobei die Fragezeichen die jeweilige Problemebene symbolisieren:

Abb. 12

Diese Abbildung differenziert zwischen dem unklaren Gemisch aus Körperreaktionen, Emotionen und Verstandestätigkeit und illustriert auch die vier Stufen der Achtsamkeit:

Das Fragezeichen im Kopf fragt nach den Gedanken.

Das Fragezeichen im Herzen fragt nach den Emotionen.

Das Fragezeichen im Rumpf fragt nach körperlichen Empfindungen.

Das Fragezeichen außerhalb des Körpers fragt nach den Wahrheiten, die wir suchen.

Was diese Abbildung verdeutlichen möchte, soll dazu einladen, alle auftretenden Probleme auf diese Weise zu differenzieren, jedes auftretende Problem also immer durch diese Instanzen zu schicken. Damit entstehen natürlich auch Fragen danach, ob beispielsweise Gedanken nur im Kopf und Emotionen nur im Herzen existieren. Wenn wir uns dafür öffnen, können wir erfahren, wie intensiv unsere Gedanken unseren Körper und auch unsere Emotionen manipulieren und dass sich die Emotionen immer auch im Körper manifestieren.

Achtsames Verhalten und achtsame Haltung

Als Behandler sollten wir uns sehr selbstkritisch fragen, wie umfassend wir das Achtsamkeitsprinzip verwirklichen wollen und können. Nutzen wir es nur beruflich wie ein Handwerkszeug? Oder aktivieren wir es immer nur in den notwendigen Situationen? Nutzen wir es nur für andere, wie das in den helfenden Berufen nicht gerade selten zu beobachten ist?

Vielleicht bemühen wir uns ja um eine möglichst umfassende Achtsamkeit, doch am Feierabend konsumieren wir dann nach einem anstrengenden Tag nur allzu gern gewisse Mengen an Süßigkeiten, vielleicht Nikotin, zum Essen etwas Bier oder Wein und später beim Actionfilm dann weitere Mengen an Alkohol usw. Gelegentlich gibt es heftige Streitereien mit dem Partner, das schlägt uns auf den Magen und wir spüren vielleicht keinen Appetit mehr. All das und mehr passiert natürlich immer wieder und am nächsten Tag gehen wir dann als Behandler in den Job und versuchen, uns dabei ganz achtsam zu verhalten.

Tatsächlich ist das sogar möglich. Zwar ist noch keine grundsätzlich achtsame *Haltung* erreicht, doch wir bemühen uns wenigstens um ein entsprechendes *Verhalten.* Mit zunehmender Achtsamkeit spüren wir allerdings die damit verbundenen spannungsreichen Diskrepanzen. Erfahrungsgemäß entsteht ab einem bestimmten Zeitpunkt das Bedürfnis nach Vervollkommnung in uns. Der Kreis soll sich schließen. Einerseits kommt uns hier eine Eigendynamik zu Hilfe, die sich konkret zeigen wird. Diese Dynamik stellt uns vor eine Wahl:

Möchtest du die Achtsamkeit immer wieder an- und ausknipsen? Mit Achtsamkeit fühlt es sich doch wesentlich besser an, trotzdem lässt du sie immer wieder gehen. Entscheide dich.

Andererseits geschehen die weiteren Schritte dann aber nicht automatisch von selbst. Wenn wir wirklich den Weg weitergehen möchten, dann sind konkrete Veränderungen in unserem Leben unumgänglich. Für diesen entscheidenden Schritt müssen wir jedoch das Rad nicht neu erfinden und rätseln, wie wir das wohl am besten anstellen sollen. Dafür existieren Erfahrungsschätze, die zu einer Art einfachem Regelwerk geworden sind.

Wenn wir also dauerhaft und nachhaltig heilsame Veränderungen in unserem Leben verankern, wenn wir Achtsamkeit kultivieren und erhalten möchten, dann sollten wir an dem vorhandenen Erfahrungsschatz anknüpfen und daraus lernen. Auf diese Weise können wir tatsächlich ein paar leidvolle Wiederholungen beenden.

Wenn wir uns in Disziplin üben,
heißt das nicht, dass wir bestimmte Handlungen unterlassen,
weil sie verboten sind.
Es geht vielmehr darum, dass wir über die Folgen nachdenken,
die unser Denken und Tun auf kurze, mittlere und lange Sicht haben.

– XIV. Dalai Lama –

Die Fünf Lebensregeln

Diese einfachen Lebensregeln sind ursprünglich gar keine Regeln gewesen. Unzählige Menschen, die einem spirituellen Weg gefolgt sind, berichten einstimmig davon, wie sich ihre Bedürfnisse auf ihrem Weg verändert hätten. Schließlich ist der spirituelle Weg, wie der Weg im Leben schlechthin, ein Weg der Veränderung. Genau das verstehen Buddhisten unter der Weisheit der Diskontinuität: der stetige Wandel als Wesensmerkmal aller Dinge. Auch wir streben den Wandel an, sowohl als Behandler für uns selbst als auch für unsere Patienten.

Wollen wir uns innerlich wahrhaft verändern,
müssen wir uns für die Einhaltung ethischer Disziplin entscheiden.

– XIV. Dalai Lama –

Aus einer Unzahl von Erfahrungen hat sich ein klassisches kleines Regelwerk mit fünf Bereichen herausdestilliert, das seit vielen Jahrhunderten erfolgreich umgesetzt wird.

1. Kein Lebewesen töten oder bewusst verletzen

In demokratischen Ländern
werden zwar gewöhnlich die Menschenrechte geachtet,
die Rechte der Tiere jedoch
nur in den seltensten Fällen respektiert.

– XIV. Dalai Lama –

Betrachten Sie diese Anregungen als ein Experiment. Was passiert mit mir und meinen Geist, wenn ich das eine Weile ausprobiere?

Dem liegen tiefenwirksame ethische Prozesse zugrunde, deren subtile Auswirkungen wir in der Regel kaum direkt und spontan wahrzunehmen imstande sind. Die bewussten, aber auch die unbewussten Auswirkungen unserer „richtigen" Taten sind kaum absehbar.

Die Aufrechterhaltung so mancher alten Gewohnheit führt auch zur Stabilisierung vieler anderer Gewohnheitsmuster. Auf diese Weise bleiben wir haften. Die Bereitschaft, einmal an den alten Mustern zu rütteln, kann sich auf unser gesamtes festgewachsenes System auswirken. Es rüttelt an den Gitterstäben unserer Gewohnheitszellen.

2. Nicht stehlen und nichts nehmen, was einem nicht gegeben wurde

Auch hierbei steht im Mittelpunkt, dass wir es mit einer Art Medizin zu tun haben, die sich beruhigend auf unseren Geist auswirken soll.

3. Keine groben Worte, achtsame Kommunikation

Wenn wir die Mängel der anderen bemerken,
sind unsere Tadel schon Ausdruck unserer Fehler.

– Huineng –

Als Behandler sind wir bestens darin geschult, die Mängel der anderen zu erkennen. Es gibt ganze Bibliotheken, die angefüllt sind mit Kriterien für die zutreffende Klassifikation und Diagnosestellung. Schon eine Diagnose kann natürlich als ein Mangel aufgefasst werden.

Bei diesen scheinbaren Widersprüchen oder zumindest Unklarheiten müssen wir uns jedoch auf einige Grundsätze besinnen. Die Bewertung einer Handlung basiert auf unserer Motivation. Das Zitat von Huineng wendet sich natürlich insbesondere an unseren ewig bewertenden Verstand. Es möchte unsere Geisteshaltung klären, stabilisieren und sensibilisieren. Wenn wir vorrangig überall nur die Mängel erkennen, müssen wir das dringend aufgeben.

Die nachdrückliche Ausdrucksweise dieses Zitats wird sich in uns einbrennen, so dass wir uns leichter daran erinnern. Im Behandlungskontext könnte dies für mehr Respekt sorgen. Wir schauen auf andere wie auf uns selbst. Wenn Probleme auftreten, handelt es sich um den ganz normalen Wahnsinn unseres Menschseins. Also verfallen wir nicht mehr so sehr in eine hochtrabende Behandlerrolle – weder uns selbst noch Hilfesuchenden gegenüber.

4. Achtsamer Umgang mit Beziehungen und Sexualität

Gerade als Behandler erfahren wir immer wieder die riesige Kluft zwischen Theorie und Praxis. Wir wissen heute so viel über die Voraussetzungen, die notwendig sind, damit wir als Liebende zusammen sein können; trotzdem scheinen wir das immer wieder zu sabotieren oder zumindest zu erschweren. An dieser Stelle wird einmal mehr unsere menschliche Veranlagung zum Multipel-Sein deutlich. Persönlichkeitsanteile in uns möchten Achtsamkeit realisieren, anderen ist das eher egal.

Ein anderer Aspekt ist hier die Würdigung der Liebe. In Krisen dürfen wir nicht so sehr in Problemen wühlen. Wir erinnern uns: Wer im Loch sitzt, sollte aufhören zu graben.

Ein weiterer Aspekt möchte dazu einladen, spontan auftretenden Gefühlen von Verliebtheit lediglich unsere beobachtende Achtsamkeit zukommen zu lassen. Das bedeutet, *nicht* in die Handlung und Aktion zu gehen. Bewahren wir unsere Beziehung zum Partner und prüfen, wie unsere Empfindungen zu anderen Menschen schnell entstehen und ebenso auch wieder vergehen können, *wenn* wir in dieser Situation nicht noch selbst Öl ins Feuer gießen.

5. Kein Konsum von Substanzen oder anderen Dingen, die unseren Geist eintrüben

Das Suchtpotential ist in den helfenden Berufsgruppen besonders hoch. Allein der bundesdurchschnittliche Alkoholkonsum ist erschreckend, nämlich etwa zehn Liter reiner Alkohol pro Kopf der Bevölkerung, was heißt: Pro Nase wird jeden Monat fast ein Liter reiner Alkohol getrunken.

Der leichte Zugang zu Medikamenten führt außerdem zu einem schnellen und lange unauffälligen Konsum. Behandler haben erhöhte Suchtquoten und holen sich wesentlich später als andere Hilfe.

Hier sind Mut und Entschlossenheit gefragt. Realisieren wir das faszinierende Spiel der Milliarden Nervenzellen und seien wir ehrfürchtig vor dem Wunder unseres Bewusstseins und auch unserer Existenz.

Gehen Sie den Selbstversuch ein und stoppen Sie die Selbstvergiftungen!

Zusätzliche Hilfen

Zusätzlich haben sich folgende Prinzipien als ausgesprochen hilfreich bewährt:

Legen Sie regelmäßig *Mikropausen* ein. Unterbrechen Sie mehrmals täglich alle aktuellen Aktivitäten kurz, vielleicht nur für ein bis drei Atemzüge. In dieser Zeit besinnen Sie sich kurz auf sich selbst. Führen Sie eine Kurzbilanz durch: Wie hoch ist der innere Pegel? Lockern Sie Ihre Muskeln, insbesondere die Rücken- und Nackenmuskulatur. Die Gesichtsmuskulatur lockern Sie mit einem Lächeln. Während dieser kurzen Maßnahmen atmen Sie bewusst in den Bauch.

Eine weitere sehr hilfreiche Maßnahme besteht in der Durchführung eines Übungstages, den Sie etwa ein- bis zweimal im Monat umsetzen. Das ist ein Tag, der ganz unter dem Motto Ihrer Praxisübungen steht.

Es sei immer wieder daran erinnert, dass alle Regeln keinen Selbstzweck verfolgen. Worin könnte also der Sinn dahinter bestehen? Wenn irgendwelche Fragen auftauchen, weil wir einen bestimmten Aspekt vielleicht noch nicht verstanden haben oder die Sachverhalte etwas kompliziert wirken, müssen wir uns immer nur eine Frage stellen: Was ist das Ziel? Wohin soll die Reise gehen? Die Antwort darauf ist sofort zur Stelle.

Das Ziel der buddhistischen Lehre, das Ziel der Übungen und aller damit verbundenen Maßnahmen ist immer dasselbe: Die Essenz des Buddhismus ist die *Befreiung.*

Es ist nicht das Ziel,
ein Buddhist zu werden,
sondern ein Buddha.

– Jack Kornfield –

Um als Therapeuten diesen Weg gehen zu können, benötigen wir eine achtsame Haltung *und* ein achtsames Verhalten. Während einer langen

Etappe des Weges werden wir uns noch mit unserem achtsamen Verhalten begnügen müssen, denn dieses lässt sich immer wieder relativ schnell erzeugen. Die Haltung muss sich durch viele Wiederholungen langsam festigen. Entsprechend dieser Logik werden achtsame Verhaltensweisen nach einiger Zeit zu einer achtsamen Haltung.

Wie Achtsamkeit umgesetzt werden kann

Wodurch zeichnet sich Achtsamkeit aus? Der englische Begriff *Mindfulness* könnte darauf hinweisen, dass wir uns im Zustand der Achtsamkeit unseren *Mind,* also unsere geistige Qualität, vollkommen vergegenwärtigen. Das ist durchaus wortwörtlich gemeint: Vergegenwärtigung bedeutet hier sowohl die Bewusstheit als auch die Gegenwärtigkeit, also das Bewusstsein für das Hier und Jetzt. Zur Verdeutlichung sei nochmals daran erinnert, dass wir klar unterscheiden zwischen unserer Verstandestätigkeit und unserer geistigen Qualität, die jenseits unseres Verstandes in uns wirkt. Was genau ist diese geistige Qualität eigentlich?

Wenn wir zum Beispiel durch die Meditation das Strömen unserer *Gedanken* an uns vorbeiziehen lassen, unsere *Emotionen* ebenfalls nur betrachtend wahrnehmen und auch unseren *Körper* beruhigen können, dann finden wir nach und nach einen Zugang zu unserer geistigen Qualität. Die Beruhigung unseres Körpers und unserer Emotionen beruhigt unseren Verstand, er produziert weniger Gedanken. Erst dann, wenn der Verstand etwas abgemildert werden konnte, erhalten wir einen Zugang zur geistigen Qualität.

Wir können also Ruhe und Klarheit in unseren Gedanken erleben, und die nachfolgenden Zugangsmöglichkeiten sind dann auch deshalb gegeben, weil Ruhe und Klarheit ebenfalls den Charakter der geistigen Qualität auszeichnen.

Mithilfe solcher Erklärungen erhalten wir sicherlich nur einen sehr oberflächlichen Eindruck. Diese sind in einem ersten Schritt dennoch unumgänglich, damit wir uns auf das richtige Ziel einstimmen können. Danach ist der zweite Schritt unumgänglich, der uns dann in die Selbsterfahrung führt. Erst wenn wir selbst am eigenen Leibe gespürt haben, wie sich dieser Zustand anfühlt, und wenn wir dabei erkennen konnten, wie sehr sich das Wesen dieser geistigen Klarheit von unseren verstandesmäßigen Gedanken unterscheidet, können wir unser Verständnis wirklich vertiefen und den Zugang zur geistigen Qualität in Zukunft deutlich leichter wiederherstellen.

Nun stellt sich natürlich die Frage, wie Achtsamkeit denn aufrechterhalten werden kann. Zuerst werden wir Achtsamkeit in der Meditation kennenlernen und, darauf aufbauend, die Übungen zur Achtsamkeit in unseren Alltag einbauen. Es wird also den Bereich der Übungen und den sehr großen Bereich unseres Alltagslebens geben. Dann erfolgt in der nächsten Phase eine stärkere Integration und vielleicht sogar Verschmelzung beider Bereiche, indem wir versuchen, Achtsamkeit in möglichst viele Bereiche unseres Lebens hineinzutragen. Tatsächlich können sehr viele Wiederholungen dazu beitragen, dass sich eine recht stabile achtsame Grundhaltung bildet.

Doch sowohl die Erfahrung des gesunden Menschenverstandes als auch die buddhistische Lehre vom stetigen Wandel deuten schon darauf hin, dass es keine absolute Stabilität geben kann. Treffen wir heilsame Entscheidungen, dann haben wir eine gute Chance zur Achtsamkeit. Treffen wir unheilsame Entscheidungen, landen wir sofort wieder im Leiden und damit in der Unachtsamkeit.

Es ist also unbedingt notwendig, aktiv an unseren heilsamen Ressourcen zu arbeiten. Die Stärkung unserer Fähigkeiten, im Hier und Jetzt zu verweilen, ist gleichzeitig auch unser Zugang zur Achtsamkeit.

Eine neue Achtsamkeit bei der Behandlung

Wenn wir als Behandler achtsam sind, dann spüren wir bei all unseren Aktivitäten eine gewisse Distanz. Wir nutzen einen gelernten Automatismus, um einer Tätigkeit leichter nachgehen zu können. Beispielsweise erlernen wir für die Begrüßung eines neuen Klienten und die Kommunikation mit ihm vorher bestimmte Automatismen. Nun aber überlassen wir diesen Automatismen nicht mehr völlig das Feld. Eine neue wohlwollende innere Instanz wird jetzt alle Vorgänge begleiten. Damit wird den Automatismen etwas Energie entzogen. Sie entschleunigen sich und eröffnen nun Möglichkeiten zur Intervention. Auf diese Weise spüren die Behandler eine gewisse heilsame Distanz, einen neuen Handlungsspielraum, eine Zunahme des Grades an Freiheit. Diese Distanz wird allerdings durch das Training unseres Mitgefühls wieder etwas relativiert.

Verstandesmusik und wie Achtsamkeit uns stimmt

Wir kennen wohl alle Momente oder Phasen, in denen unsere geistige Verfassung entweder erschlafft oder auch überspannt zu sein scheint. Zur Anschauung können wir recht gut den Vergleich mit einem Saiteninstrument heranziehen, wie ihn schon Buddha verwendet hat: Ist die Saite zu schlaff, dann gibt es keine Musik; ist die Saite überspannt, dann reißt sie.

Wir alle nehmen unsere geistige Verfassung zu undifferenziert wahr. Ist der Grad Ihrer geistigen Verfassung jetzt bei 25,3 % oder eher bei 38,5 % anzusiedeln? Sie wissen es nicht? Prüfen Sie Ihre Introspektion regelmäßiger und trainieren Sie es.

Wovon ist Ihre geistige Spannkraft denn abhängig? Wahrscheinlich von äußeren Begebenheiten? Wir alle haben wohl vergessen, dass wir für unsere innere Musik und natürlich auch für uns selbst als Instrument die Verantwortung haben. Bevor wir also auf unserem geistigen Instrument spielen möchten, müssen wir es vorher unbedingt stimmen. Das könnte zum Beispiel bedeuteten, dass wir öfter einmal unsere Mikropausen praktizieren, dabei eine Kurzbilanz über unseren psychosomatischen Status quo ziehen und dann entweder durch Bauchatmung die inneren Saiten lockern oder durch eine dynamischere Atmung in den oberen Brustbereich hinein für eine Zunahme des inneren Gespanntseins sorgen.

So einfach das vielleicht klingen mag, kaum jemand scheint es zu praktizieren. Wir fügen uns in unsere jeweilige geistige Verfassung und bleiben passiv. Das wird einer der Hauptgründe dafür sein, warum wir überall – sowohl im zwischenmenschlichen Bereich als auch im Umgang mit uns selbst – so viele Missklänge hören.

Ist unser Instrument nicht bewusst gestimmt, erleben wir einen inneren Missklang. Zwei nicht gestimmte Instrumente ergeben einen Missklang in der Kommunikation.

Achtsamkeit bedeutet hier, dass wir auf der ersten Stufe der Achtsamkeit auf unseren Körper achten und hier das Spannungslevel feststellen. Ebenso gehen wir auf der emotionalen und dann auf der gedanklichen Stufe vor. So führt unsere Achtsamkeit zu einer differenzierten Wahrnehmung unserer inneren Anspannungen und bietet die Möglichkeit, darauf Einfluss zu nehmen.

Der innere Dimmer

Wir können unsere geistige Verfassung auch mit einem inneren Licht vergleichen, das wir unbedingt eigenständig hinauf- oder herabdimmen lernen müssen. Hier ist unsere Einsicht sehr wichtig, dass wir tatsächlich Einfluss darauf ausüben können. Üben bedeutet hier natürlich, dass diese Form der Selbststeuerung erst von uns erlernt werden möchte. Wir können uns selbst wirklich lenken lernen! Dafür müssen wir aber aus der bequem faulen Komfortzone heraus und für uns selbst aktiv werden.

Für unseren inneren Zustand lassen sich viele Vergleiche finden. Von zentraler Bedeutung ist dabei unser geduldiges Einüben von Selbstwahrnehmung und Selbststeuerung. Dafür müssen wir damit aufhören, für unser Befinden immer nur die äußeren Umstände verantwortlich machen zu wollen. Ein erster Schritt in eine andere Richtung wäre vielleicht, wenn wir mit allen äußeren Bedingungen, die wir als Sinneseindrücke wahrnehmen, unseren Frieden schließen. Auch wenn wir vielleicht nicht immer auf Kriegsfuß mit den Bedingungen stehen, so praktizieren wir in der Regel doch meist einen Bewertungskampf. Alles, was wir wahrnehmen, wird von unserem inneren Zensor bewertet, das könnte man schon fast zwanghaft nennen.

Mithilfe von Achtsamkeit kann dieser Zwang möglicherweise transformiert werden. Schließlich möchten wir auf einem leichten Weg doch etwas Ballast loswerden. Das meint natürlich immer auch Gedankenballast.

Eine Okay-Haltung einnehmen

Wenn die achtsame Grundhaltung noch etwas unklar erscheinen mag, ist vielleicht die sogenannte Okay-Haltung etwas verständlicher. Oft erleben wir etwas oder machen Erfahrungen, die zwar nicht gut sind, aber eigentlich okay sein könnten:

- Vielleicht wissen wir als Behandler manchmal keine Lösung, das ist okay.
- Vielleicht sind wir als Behandler manchmal etwas müde, das ist okay.
- Vielleicht sind wir als Behandler manchmal selbst gestresst, das ist okay.
- Wir sind als Behandler nicht perfekt, das ist okay,
- Was auch immer wir wahrnehmen, es ist in einer ersten Phase erst einmal okay.

Diese Okay-Haltung sollte jedoch nicht falsch verstanden werden. Es gibt zum Beispiel die bereits kurz erwähnten Studien, die den Zusammenhang zwischen Mimik und psychischer Verfassung untersucht haben. Dabei kam heraus, dass Menschen mit weniger psychischen Problemen eine lebhaftere Mimik aufweisen als Menschen mit großen und lange anhaltenden psychischen Problemen. Das mag ja vielleicht noch nachvollziehbar sein, doch es gab noch ein Ergebnis: Eine weitere Gruppe zeigte noch weniger Mimik als Menschen mit großen und lange anhaltenden psychischen Problemen, und das war die Gruppe der Behandler.

In dem Wunsch und Versuch, möglichst neutral zu wirken, bemühen sich viele Behandler darum, möglichst wenige Emotionen zu zeigen. Sie wollen ihre Patienten vielleicht nicht verschrecken, indem sie spontan reagieren. Behandler nehmen eine Menge schrecklicher Geschichten zur Kenntnis und sind offenbar der Meinung, darauf möglichst wenig reagieren zu dürfen. Das wäre allerdings eine falsche Okay-Haltung.

Natürlich kann auch hier wieder die Weisheit des Mittleren Weges einen Anhaltspunkt bieten: Wir müssen als Behandler lebendig, emotional, spontan und kreativ bleiben, sollten aber trotzdem versuchen, in unseren Reaktionen das Problem, das viele Bewertungen zulässt, bewusst zu handhaben.

Als Behandler achten wir also darauf, immer ein gewisses Stückchen Abstand zu wahren. In diesem kleinen Bereich entfalten sich dann hilfreiche Ressourcen. Wir können diesen Vorgang intensivieren, indem wir einige Grundprinzipien beachten:

Eine sehr gut nachvollziehbare Strategie besteht darin, Berufsleben und Privatleben strikt voneinander zu trennen. Wenn wir auch zu Hause in der Rolle des Behandlers bleiben, sind Konflikte vorprogrammiert. Das klingt erst einmal logisch.

Eine Alternative könnte so aussehen, dass wir zwischen unserer Grundhaltung und unserem Verhalten wieder differenzieren lernen. Im Hinblick auf unsere Haltung sollte es eigentlich aber keine essentielle Trennung zwischen Berufsleben und Privatleben geben. Beide Bereiche sind tatsächlich nur willkürlich getrennt, denn es handelt sich schließlich in beiden Fällen stets um unser Leben, unsere Lebenszeit, unser Denken, Fühlen und Handeln.

Wir versuchen in allen Lebensbereichen Achtsamkeit zu kultivieren. Im Laufe des Tages achten wir sehr häufig auf unsere Körperhaltung. Daran angeschlossen achten wir natürlich auch auf unsere gedanklichen Prozesse und hier insbesondere auf unsere überaus starken Neigungen zu Bewertungen. Wenn wir dann neben der Körperwahrnehmung und der achtsamen Gedankenlenkung auch noch unsere Emotionen lenken lernen, werden wir die Ebene der Achtsamkeit immer häufiger erreichen und einnehmen und auch schnell wiederfinden können, wenn wir sie einmal verlassen haben.

Eine achtsame Haltung ist in allen Lebensbereichen eine große Quelle der Freude, im Beruf ebenso wie im Privatleben. Natürlich werden wir auf der Verhaltensebene andere Rollenmuster respektieren und daher natürlich auch, je nach Kontext, andere Ausdrucksformen finden.

Vom Kritiker-Ego zum Buddhistischen Psychotherapeuten

Die folgende Abbildung zeigt zwei Varianten der Identifikation und damit des Denkens, Empfindens und Handelns. Natürlich können diese beiden Verbindungen nicht gleichzeitig aktiviert sein, sondern sind nur in dieser Abbildung zusammengefügt worden.

In der ersten Variante ist unser Kritiker-Ego (KE) aktiviert; dabei entstehen zahlreiche Impulse, die sich auf „mag ich – mag ich nicht" beziehen. Dieses Kritiker-Ego ist intensiv verbunden mit dem „Stresszentrum", dem Sympathikus (S) im vegetativen Nervensystem, so dass wir unter dem Einfluss von diesem Kritiker-Ego entweder vollkommen aufgeregt oder ganz erschöpft und müde sind.

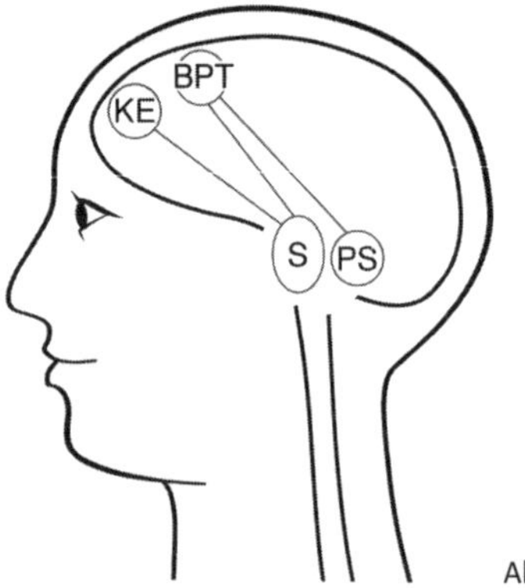

Abb. 13

In der zweiten Variante ist unsere Identifikation mit dem Buddhistischen Psychotherapeuten (BPT) angeregt. Sie verfügt über eine sanfte und stabile Verbindung sowohl mit unserem inneren Ruhepol (Parasympathikus PS) als auch mit unserem Aktivierungszentrum (Sympathikus S). Auf diese Weise können wir unser Aktivitäts- und Aufmerksamkeitsniveau differenziert ansteuern.

Für eine Ausbildung als BPT-Behandler ist es also nicht nur erforderlich, neue Techniken oder Lehrinhalte kennenzulernen, sondern es muss auch ein stabiler Persönlichkeitsanteil kultiviert werden, der in ruhiger Gelassenheit zu verweilen vermag.

Woran sich die Achtsamkeit von Behandlern erkennen lässt

Wenn wir selbst als Hilfesuchende einen achtsamen Behandler vor uns haben, dann merken wir sofort, wie präsent er oder sie ist. Solche Behandler wirken in ihrer Körperhaltung aufrecht und offen. Sie blicken uns direkt an. Sie wirken sowohl entspannt als auch konzentriert und aufmerksam. Sie lassen sich nicht so schnell aus der Ruhe bringen und zeigen eine große Neigung zu Humor und Kreativität. Wahrscheinlich werden sie uns auffallend oft auf den Augenblick verweisen: das Hier und Jetzt. Vermutlich werden sie sehr häufig nach dem fragen, womit wir uns in Kapitel 6, „Gelassenheit im Hier und Jetzt", bereits beschäftigt haben:

- Was sehen Sie jetzt?
- Was hören Sie jetzt?
- Was fühlen Sie jetzt?
- Was denken Sie jetzt?

und vielleicht sogar:

- Was schmecken Sie jetzt?
- Was riechen Sie jetzt?

Zudem werden sie auch unsere Körperhaltung einbeziehen und uns Anregungen dafür vermitteln.

Auch achtsame Behandler sind manchmal vielleicht müde, missverstehen womöglich einen Zusammenhang und machen sicherlich auch Fehler. Achtsamkeit ist nicht gleichbedeutend mit Perfektion!

Aus den bisherigen Ausführungen können wir den Schluss ziehen, dass Therapeuten hauptsächlich über die Fähigkeiten, also gewissermaßen das Handwerkszeug zur Achtsamkeit verfügen. Ob sie sich aber nur achtsam verhalten oder eine grundsätzlich achtsame Haltung besitzen, ist damit noch nicht gesagt.

Neben der Achtsamkeit gibt es für Behandler – und natürlich auch für uns alle – noch mindestens zwei weitere bedeutsame Grundqualitäten:

Die Rolle von Mitgefühl und Weisheit in der Behandlungspraxis

Das Wirken des Verstandes
muss durch ein gutes Herz
ausgeglichen werden.
– XIV. Dalai Lama –

Mitgefühl und Weisheit werden auch als die beiden Erleuchtungsqualitäten bezeichnet. Wenn wir beide Bereiche erkannt, verinnerlicht und verwirklicht haben, sind wir erleuchtet und haben die Befreiung verwirklicht. Wenn wir nicht ausreichend Mitgefühl entwickeln und wenn wir keine Weisheit erlangen, dann finden wir keine Befreiung. Das könnte sich vermutlich etwas demotivierend anhören.

Wenn wir über Mitgefühl, Weisheit und Erleuchtung sprechen, haben wir es in der Regel also mit gleich drei verschiedenen Elementen zu tun, die in enger Verbindung zueinander stehen.

Zum Thema der Erleuchtung oder Befreiung finden wir in diesem Buch genauere Beschreibungen, die uns den leichten Weg dahin weisen. Konzentrieren wir uns hier einmal auf die beiden Punkte Mitgefühl und Weisheit. Wenn wir uns diesen beiden Themen annähern wollen, dann kann dies nur auf Augenhöhe geschehen. Solange wir diese Aspekte idealisieren und dadurch auf einen Sockel heben, kommen wir keinen Schritt weiter.

Es ist von entscheidender Bedeutung, dass wir Mitgefühl und Weisheit als allgemein menschliche Eigenschaften und auch als unsere eigenen Veranlagungen erkennen. Wir alle tragen ausnahmslos die Keime dazu bereits in uns. Sie müssen nur noch entsprechend kultiviert werden.

Das Mitgefühl der Behandler

Im Mitgefühl ist die Weisheit zum Teil bereits enthalten, denn wir müssen unser Mitleid durch Wissen und Schulung zum Mitgefühl transformieren. Unsere Emotionen können unsere Achtsamkeit als Behandler vollständig eintrüben, wodurch beispielsweise Mitgefühl unmerklich ins Mitleid hineingleiten kann. Wenn wir aber mit-leiden, werden wir selbst ins Leiden hineingezogen und können daher meistens keine adäquate Hilfe mehr leisten.

Da Mitgefühl weit über eine bloße Emotion hinausgeht, werden wir noch weitere Parallelen zwischen Weisheit und Mitgefühl finden. Mitgefühl ist zum Beispiel auch Ausdruck unserer untrennbaren Verbundenheit und damit einer entsprechend vernetzten Weltsicht; basierend auf den zugrunde liegenden Wechselwirkungen, die überall wahrzunehmen und sogar zu messen sind, würden Westler es systemisch nennen.

Mitgefühl bedeutet,
dass man anderen gegenüber
ein Gefühl der Nähe, der Achtung
und Zuneigung empfindet.

– XIV. Dalai Lama –

Buddhisten und westliche Wissenschaftler stimmen darin überein, dass alle von uns wahrgenommenen Objekte unserer Umwelt nicht aus sich selbst heraus entstehen und weiterexistieren können. Nur durch komplexe Wechselwirkungen und vielfältige Vorbedingungen entsteht und erhält sich alles einige Zeit lang in unserer Umwelt. Das schließt auch unsere Existenz ein.

Wer von uns kann wirklich berechnen, wie viele Vorbedingungen zusammengekommen sein müssen, damit wir jetzt in diesem Augenblick diese Zeilen lesen können? Wenn wir mit dieser Suchstrategie beginnen, merken wir wohl schnell, dass wir damit in einen fast uferlosen Kosmos eintauchen. Die Geschichte unserer Kleidung, unsere Bildung, unsere Ernährung, unsere Herkunft und unsere Erfahrungen sind Universen der Vielschichtigkeit. Fast jeder dieser Stränge lässt sich unendlich weit zurückverfolgen bis zur Natur und damit bis zur Entstehung alles Natürlichen und noch darüber hinaus.

Die Verbindung von Mitgefühl und Leerheit

Interessanterweise müssen wir feststellen, dass sich selbst die unterschiedlichsten Aspekte, die wir auf diese Weise analysieren, auf irgendeiner Ebene berühren und miteinander verschmelzen. Dieses Phänomen wird im Buddhismus „Leerheit“ genannt: Wir selbst und alles um uns herum ist vollkommen geprägt von gegenseitiger Abhängigkeit und Wechselwirkung, dabei jedoch vollkommen „leer" von einer unabhängigen Existenz.

Leerheit verweist zudem auf die Diskontinuität, also die stetige Veränderung. Es gibt keinen festen Kern, alles ist zusammengesetzt, daher instabil und dem Wandel unterworfen. Diese Weisheit verweist wiederum auf unsere Illusion, in der wir an ein festes Ego glauben. Auch diese letzte Bastion in uns selbst, an der wir uns im stetigen Fluss des Wandels festzuhalten suchen, ist von ihrem Wesen her nicht fest. Unser Selbst ist wie alles andere auch zusammengesetzt aus vielen Bestandteilen, die wir lediglich als eine vermeintliche Einheit interpretieren. Bei genauerer Betrachtung können wir feststellen, dass unser Selbst aus verschiedenen Persönlichkeitsanteilen besteht, die sehr heterogen sind und deren Gesamtheit wir als Ich oder Selbst bezeichnen.

Wie erklärt sich nun die Verbindung zwischen Leerheit und Mitgefühl? Wenn wir Mitgefühl entwickeln, realisieren wir diese Zusammenhänge, die uns ebenso fantastisch wie beängstigend anmuten. Wir erkennen dies in uns und in unserem Gegenüber. Unser Mitgefühl stabilisiert sich durch das tiefe Erkennen der Leerheit. Außerdem funktioniert Mitgefühl natürlich auch intuitiv, allerdings ist diese eher emotionale Ebene zu dicht am Mitleid angesiedelt. Daher benötigen wir unbedingt ein tieferes Verständnis von Mitgefühl, zum Beispiel durch die Vertiefung der buddhistischen Weisheiten der Leerheit, der Ich-Illusion, der Diskontinuität und auch unserer untrennbaren Verbundenheit.

Der erste Schritt dafür basiert meistens auf einem rationalen Zugang durch *Erkennen.* Darauf bauen die beiden nachfolgenden Schritte auf: die Verinnerlichung und dann die Verwirklichung. Die *Verinnerlichung* kann nur über kontinuierliche Wiederholungen erfolgen, wobei die Lehre durch Selbsterfahrung vor allem in der meditativen Übung zu untermauern ist. Die *Verwirklichung* bedeutet dann, diese Erfahrungen in unseren Alltag hineinzutragen.

Diese drei Schritte kommen auch beim Mitgefühl zur Anwendung. Die Überlegungen dazu führen uns über verschiedene Wege in die Tiefe unseres Menschseins zurück. Es eröffnet uns große Zusammenhänge und zeigt uns tiefe Weisheiten über unser eigenes Wesen und natürlich auch über das Wesen der uns umgebenden Natur. Mitgefühl ist ein Schlüssel zu universellen Prozessen, die weit über unser Gefühl des Mitfühlens hinausgehen.

Mitgefühl kann ein Spiegel sein

Natürlich ist unser Mitgefühl durchaus auch auf einer ganz persönlichen und sehr individuellen Ebene spürbar. Wir treten damit in Kontakt zu anderen und sind aufgrund unseres Mitgefühls in der Lage, den Kontakt zu halten, zu spüren und auch zu nutzen. Im Mitgefühl wird der andere verstehbar für uns.

Wir alle verfügen – in unterschiedlicher Ausprägung – über spezifische Nervenzellen, welche die emotionale Verfassung unseres Gegenübers zu spiegeln vermögen. Diese als *Spiegelneurone* bezeichneten Nervenzellen in unserem Kopf helfen uns dabei, die Emotionen unseres Gegenübers spiegelnd wahrzunehmen, nachzuempfinden und zu verstehen. Damit verfügen wir über Nervenzellen, die dafür angelegt sind, die emotionale Verfassung unserer Mitmenschen lesen zu können.

Allerdings sind diese Nervenzellen oberhalb unseres Gefühlszentrums angesiedelt. Das bedeutet unter anderem, dass wir darauf – wie auf alle höheren Funktionen – einen größeren Einfluss haben. Die tiefer in uns angelegten Emotionen sind vergleichsweise schwerer in heilsamer Weise zu beeinflussen. Die Spiegelneurone bieten uns also die Chance, uns bewusster damit zu befassen und sie aktiver und gezielter zu nutzen.

Dieses innere Erbe sollten wir unbedingt sehr achtsam kennen und vor allem lenken lernen. Wir können diese in uns angelegte Veranlagung entweder stärken oder schwächen. Für Behandler, die tagtäglich mit sehr intensiven Emotionen konfrontiert werden, bedeutet dies, dass diese Instanzen bei ihnen sehr oft angesprochen und damit trainiert werden. Wenn dieser Vorgang nicht achtsam gelenkt wird, kann es zu einer destruktiven Hybris kommen, die zu einer bedrohlichen Dünnhäutigkeit führen kann. Auf diese Weise wird dann aus Mitgefühl recht bald Mitleid. Daher sollte auch schon aus Gründen des Selbstschutzes der therapeutische Fokus immer im konstruktiven, kreativen und heilsamen Bereich liegen. Selbst wenn wir uns den Abgründen nähern, dann tun wir das nur gut abgesichert im Hinblick auf die vorhandenen Ressourcen, Stärken und Kompetenzen zur Problembewältigung.

Es sei immer wieder daran erinnert, dass wir nach diesen Stärken und Ressourcen nicht im außen suchen müssen. Wir tragen sie bereits in uns. Selbst wenn wir sie noch nicht erkannt oder aber den Kontakt zu ihnen wieder verloren haben, sie sind da.

Unsere Veranlagung zur Tugend des Mitgefühls

Die eben erwähnten Ressourcen und Stärken entsprechen den bereits in uns angelegten Veranlagungen und Keimen. Wir alle verfügen zum Beispiel über die Veranlagung zu Mitgefühl. Wir können also einiges dafür tun, damit sich diese innere Qualität in uns verstärkt. Ohne klare und bewusste Zielsetzung agieren wir oft jedoch auf eine Art und Weise, die dieses innere Potential schwächt und vernebelt.

Neben den vielen schon genannten Aspekten existiert noch eine weitere, sehr wichtige Dimension des Mitgefühls.

Denn Mitgefühl für andere Wesen
ist die höchste aller menschlichen Tugenden.

– XIV. Dalai Lama –

In diesem Zitat verknüpft der Dalai Lama Mitgefühl mit dem buddhistischen Verständnis von Tugend. Sicherlich ist auch der buddhistische Tugendbegriff als Sammelbegriff für sehr unterschiedliche heilsame Geisteshaltungen und Verhaltensweisen zu sehen. Bei genauerer Betrachtung eröffnen sich hier allerdings einige Besonderheiten von Tugend.

1. Am Anfang steht wieder einmal das Erkennen, denn tugendhaftes Verhalten resultiert nicht allein aus einem intuitiven Vorgehen. So müssen wir zum Beispiel die konkreten Unterschiede zwischen kurzfristig guten und längerfristig heilsamen Konsequenzen unterscheiden. Bereits durch diesen Anspruch wird das Niveau für tugendhaftes Verhalten deutlich. Durch ein kontinuierliches Training müssen wir die notwendigen Maßnahmen sehr geduldig und oft wiederholen. Das heißt, dass tugendhaftes Verhalten sehr stark verinnerlicht werden muss.

2. Der nächste Schritt bedeutet die Verwirklichung. Im Unterschied zu manchen anderen Kulturen bezieht sich der buddhistische Tugendbegriff nicht nur auf die Vermeidung unheilsamer Aktionen, sondern auch auf die aktive Umsetzung heilsamer Maßnahmen. Es reicht also nicht aus, nur die verschiedenen Problembereiche zu meiden. Wir müssen uns tagtäglich aktiv für uns selbst und für alle anderen fühlenden Wesen einsetzen.

3. Natürlich ergibt sich daraus auch die Vermeidung von unheilsamen Verhaltensweisen.

Nicht jede gute Verhaltensweise oder Haltung ist eine Tugend. Nur wenn wir unser scheinbar positives Verhalten in dieser Weise selbstkritisch analysieren, können wir gute Ansätze, die sich langfristig jedoch als problematisch erweisen könnten, aufgeben und so unsere Energien auf Bereiche bündeln, die nachhaltig heilsame Konsequenzen nach sich ziehen. Es bedeutet auch, dass wir dem buddhistischen Appell Rechnung tragen, alle erreichten Erfolge und Fortschritte nicht für uns allein zu nutzen, sondern sie für alle fühlenden Wesen einzusetzen.

Wie könnten wir praktisch dabei vorgehen?

1. Es ist zunächst einmal sehr hilfreich, die verschiedenen Dimensionen des Mitgefühls kennenzulernen. Ohne diese Auseinandersetzung werden wir immer wieder vom Mittleren Weg abweichen.

2. Es reicht nicht aus, ein mitfühlendes Verhalten zu entwickeln. Wir müssen unser Mitgefühl kultivieren und in heilsamer Weise verwirklichen.

3. Wenn wir uns tatsächlich dazu entschließen, unser Mitgefühl zu kultivieren und zu verwirklichen, dann müssen wir alle entgegengesetzten Verhaltensweisen und Haltungen aufgeben. An dieser Stelle sei auch nochmals auf die heilsamen Fünf Lebensregeln für Laien verwiesen.

Echte Praxis zeigt sich nicht im Tempel oder Schrein,
sondern draußen im Alltag,
dort, wo wir auf das wahre Leben stoßen,
auf Menschen, die in uns Hass, Liebe, Mitgefühl, Verlangen wecken können.

– XIV. Dalai Lama –

Die buddhistischen Lehren betonen eine Vorgehensweise, die insbesondere durch Erkennen, Verstehen, Verinnerlichen und Annehmen geprägt ist. Das sind alles Aspekte, die uns erst einmal in unserem Aktionismus einbremsen. Allerdings gehen Buddhisten auch davon aus, dass in dieser Vorgehensweise eine große Transformationskraft liegt. Hier wird eine Art von Schubkraft entwickelt, die dann einen ebenso großen Nachdruck auf die Verwirklichung legt. Unser Handeln wird dann unumgänglich.

Diese Vorgehensweise bedeutet, dass wir zuerst innerliche Hürden zu bewältigen haben. Allerdings treten dann schon bald auch die äußeren Hürden in Erscheinung. Die Selbstbespiegelung dient also keinem Selbstzweck. Zudem suchen wir auch nicht die Befreiung für uns im Alleingang. Oftmals ist es sehr ungewiss, ob es mehr Mut braucht, sich den inneren Abgründen zu nähern, oder in den Kontakt mit unseren Mitmenschen zu treten und ihnen Hilfe anzubieten.

Wahres Mitgefühl
ist von der Entschlossenheit
zu helfen geprägt.

– XIV. Dalai Lama –

Diese Fähigkeit zum Mitschwingen und damit zum Mitgefühl setzt voraus, dass wir uns auch auf die Ebene des Gegenübers einlassen wollen. Unsere Physis und unsere Psyche bieten uns lediglich die dazu passenden und hilfreichen Veranlagungen, doch wir selbst können uns darauf einlassen oder wir können es vermeiden.

Sich unserem Mitgefühl zuzuwenden und es im Kontakt zu anderen zuzulassen setzt auch bei uns Behandlern Mut und Selbstvertrauen voraus.

Der Mut zu Mitgefühl

Wir sprechen von Behandlungs*kunst* und wenn etwas schiefgeht von *Kunst*fehlern. Daraus den Schluss zu ziehen, dass Behandler auch immer Künstler seien, dürfte wohl zu weit hergeholt sein. Dennoch sollte dieser künstlerische und vor allem kreative Aspekt immer bewusst gefördert werden.

Die Konfrontation mit dem Leiden der Hilfesuchenden kann schnell zu Hemmungen, überhöhtem Mitleid und dann zu Blockaden und Hilflosigkeit führen. Hier kann uns das Spiel mit den Gegensätzen bei der Selbsthilfe und der Behandlung von Hilfesuchenden sehr viel Kraft geben. Kreativität und Hilflosigkeit, Aktivität und Blockaden – das sind Aspekte, zwischen denen wir unseren leichten Weg zu finden haben. Oft ist es auch hilfreich, wenn wir erkennen können, dass überall Paradoxe möglich sind, wie zum Beispiel: Humor im Konflikt oder im schmerzlichen Affekt, Entspannung in einer angespannten Lage, Leichtigkeit in der Schwere, Öffnung in der Enge, um nur einige Möglichkeiten zu nennen. Dafür müssen die Behandler die Signale setzen und auch zu konkreten Selbsterfahrungen anleiten.

Wenn wir mit Widersprüchen konfrontiert werden, besteht eine hilfreiche Herangehensweise beispielsweise darin, zu einer klassischen Meditationshaltung anzuleiten und dann die Aufmerksamkeit bewusst auf den harmonisch *angespannten* Nacken- und Rückenbereich und den gleichzeitig harmonisch *entspannten* Brust- und Bauchbereich zu lenken. Unser Körper ist also gleichzeitig entspannt und angespannt.

Diese Möglichkeit schafft uns sehr hilfreiche Freiräume, insbesondere wenn wir in einem ernsten Umfeld arbeiten und gleichzeitig kreativ und entspannt bleiben wollen. Viele von uns leben mit dem Anspruch, bei einer so ernsten Sache wie der Behandlung von leidenden Menschen keine Fehler machen zu dürfen, immer ernst zu sein, immer cool zu bleiben. Ein solches selbstschützendes Verhalten mag in einigen Situationen wichtig sein, doch es sollte nicht zur festen Haltung werden. Als Behandler unterliegen wir – wie alle anderen Menschen auch – dem universellen Leid. Daraus resultiert, dass wir ohne Geistestraining immer wieder leiden. Wir bleiben Menschen und begehen auch Fehler.

Sich im Rahmen der Therapie auf den menschlichen Kontakt einzulassen ist eine Gratwanderung, die unbedingt locker gehandhabt werden sollte. Die analytische Abstinenzregel rät uns, nicht die eigenen Belange in die Therapie einzubringen, was allerdings dazu beigetragen hat, dass sich ganze Generationen von Analytikern sehr stark aus dem Kontakt herausgehalten haben. Das ist eigentlich ein Ding der Unmöglichkeit.

Die Buddhistische Psychotherapie BPT versteht Behandler und Hilfesuchende als gleichwertiges Team. Einerseits erfordert das von den Behandlern die Selbstsicherheit, sich nicht über das Gegenüber zu stellen, sondern die Gleichwertigkeit und die untrennbare Verbundenheit zu erkennen. Zudem eröffnet es einen kreativen Spielraum. Die Behandler dürfen den Mut zeigen, sich mehr einzubringen, das eigene Ringen durchaus auch transparent zu machen. Dazu gehört natürlich auch, sich selbst als Vorbild zu verstehen, das nicht auf einem Sockel steht, sondern eher zur Nachahmung einlädt. Eigene erfolgreiche Erfahrungen lassen sich bekanntlich viel besser vermitteln als angelesenes Fachwissen, doch dafür müssen Behandler wieder den Kontakt zu den Hilfesuchenden aufbauen.

Dafür gibt es im Behandlungssetting viele Gelegenheiten. Der erklärende Anteil ist in der Buddhistischen Psychotherapie BPT besonders hoch. Da bietet es sich an, die Vermittlung der Lehre auch mit eigenen Erfahrungen zu konkretisieren, dadurch anschaulicher vorgehen zu können und letztlich auch selbst glaubwürdiger zu werden.

Wir sind als Behandler kein unabhängiges Neutrum im weißen Kitteln, wir sind Menschen, die um unser Glück ebenso ringen wie alle anderen auch – vielleicht mit dem kleinen Unterschied, dass wir wie Staffelläufer einige Wege im Dickicht unseres Menschseins bereits durch andere Vorläufer kennengelernt haben und nun anderen den Staffelstab weitergeben können.

Wenn es Ihnen schwierig erscheint, anderen zu helfen,
versuchen Sie doch, sich als intelligenter Egoist zu verhalten.
Anderen Gutes zu tun
schafft schließlich positive Beziehungen
und günstige Umstände,
die Ihnen am Ende selbst zugute kommen werden.

– XIV. Dalai Lama –

Die schon erwähnten Studien über den Zusammenhang zwischen der Mimik und dem psychischem Befinden hatten ergeben, dass Behandler in der Regel noch weniger Mimik zeigen als psychisch auffällige Menschen. Solche Ergebnisse könnten die Vermutung nahelegen, dass viele Behandler anscheinend gelernt haben, sich sehr stark zurückzunehmen. Die Angst vieler Behandler, sich zu zeigen, wirkt sich mit Sicherheit auf verschiedenen Ebenen hochgradig destruktiv aus.

Natürlich gibt es auch die gegenteilige Problematik: Es soll nicht verschwiegen werden, dass immer wieder Behandler direkten oder indirekten körperlichen, sexuellen und psychischen Missbrauch begehen. Für Behandler ist die Gratwanderung aus Nähe und Distanz also ein bedeutsames Thema. Der Mut der Behandler zu Mitgefühl ist daher auf ein gutes inneres Navigationsgerät angewiesen, das möglichst zielsicher immer wieder auf den Mittleren Weg verweist.

Anteilnahme, Mitgefühl und eigenes Engagement müssen kultiviert werden. Dieser Begriff ist hier sehr bewusst gewählt: Wenn wir eine Pflanze kultivieren, dann werden wir einerseits für ihr Wachstum sorgen, andererseits aber auch eine Hybris, ein übermäßiges Auswuchern, unterbinden.

Mitgefühl erweitert unsere Sicht der Dinge.

– XIV. Dalai Lama –

Das scharfe Schwert des Mitgefühls

Wir haben bereits erfahren, dass Mitgefühl immer an Weisheit gekoppelt sein sollte. Eine ausschließlich mitfühlende Haltung könnte dazu führen, dass wir die Relationen aus den Augen verlieren. Wahrscheinlich wird es uns dann immer schwerer fallen, das individuelle Verhalten adäquat kritisch einzuschätzen. Jedes Empfinden und jedes Verhalten folgt zwar einer gewissen inneren Logik; wenn wir dieser Logik aber nur noch mitfühlend folgen, verlieren wir uns im Labyrinth der unendlichen menschlichen Möglichkeiten. Wenn wir unser Mitgefühl dagegen mit dem weisen Erkennen, unserem Wissen und unseren Erfahrungen selbstkritisch reflektieren, dann können wir zwar immer noch in einer mitfühlenden *Haltung* bleiben, das reine mitfühlende *Verhalten* jedoch nachjustieren.

Diese immer wiederkehrende Notwendigkeit zur Differenzierung zwischen Haltung und Verhalten scheint recht wichtig zu sein: Auf dieser Basis können wir bei einer durchgängig mitfühlenden Grundhaltung durchaus auch klar, deutlich und entschieden das ausschließlich mitfühlende Verhalten eingrenzen und beispielsweise auch einmal *Nein* sagen.

Oberflächlich betrachtet, entstehen manchmal Situationen, in denen wir uns scheinbar nicht-mitfühlend verhalten müssen, weil wir eine stabile mitfühlende Grundhaltung verwirklichen.

Das kann zu *kurzfristigen* Konflikten führen, die wir geduldig annehmen, damit *langfristig* heilsame Wirkungen eine Chance haben. Aufgrund unserer Verwirklichung von Mitgefühl formulieren wir beispielsweise ein klares *Nein* gegenüber Gewalt, Missbrauch und Unterdrückung. Damit leisten wir aktiv Widerstand.

Doch es kann auch vorkommen, dass im Einzelfall
ein größeres Übel durch ein kleineres vermieden werden kann.

– XIV. Dalai Lama –

Wenn ein solches Vorgehen auf einer oberflächlichen Ebene in einem scheinbaren Widerspruch zum Prinzip des Mitgefühls stehen kann, hat es sich schon oft als hilfreich erwiesen, wenn wir in solch einer kritischen Situation unbedingt zwischen kurzfristigen und langfristigen Effekten unterscheiden und uns diese sehr intensiv bewusst machen.

So können wir einen kurzfristigen Konflikt eingehen, damit sich langfristig heilsame Auswirkungen zeigen können.

Wir werden anderen gegenüber aufmerksamer,
weil wir Mitgefühl entwickelt haben.
Diese innere Haltung wirkt sich nun auf den Rest der Welt aus.

– XIV. Dalai Lama –

Eine sehr wichtige Hilfe besteht dabei in der selbstkritischen Auseinandersetzung mit uns selbst und auch den anderen. Das Achtsamkeitstraining zeigt uns den Weg, wie wir unser inneres Fundament so weit sichern, dass wir darauf aufbauend dann auch heilsamere Entscheidungen treffen können.

Der Sonnenschirm schützt uns vor den Strahlen der Sonne,
daher steht er für die Weisheit, die uns vor Leiden schirmt.

– XIV. Dalai Lama –

Die Weisheit der Behandler

Wenn *Mitgefühl* der eine Flügel ist, dann ist *Weisheit* der andere Flügel, den wir benötigen, um fliegen zu können. Mit nur einem Flügel geht es nicht.

Mitgefühl allein ist heilsam, reicht aber für die Befreiung nicht aus.

Weisheit allein ist heilsam, reicht aber für die Befreiung nicht aus.

Es müsste durch die bisherigen Erörterungen über Mitgefühl bereits deutlich geworden sein, wie eng diese Qualität mit einem vertieften Wissen und Verständnis und damit auch mit Weisheit verknüpft ist. Weisheit bedeutet natürlich nicht „viel Wissen", sondern bezeichnet einem ungetrübten wissenden Blick. Allerdings können zur Kultivierung unserer Weisheit auch die Vorerfahrungen anderer weiser Menschen beitragen. Hier lohnt sich etwas Wissensaneignung, beispielsweise mithilfe von spirituellen Lehrbüchern.

Unsere Veranlagung zur Weisheit

Können Sie sich vorstellen, bald Weisheit zu erlangen? Sie zweifeln? Erinnern Sie sich daran, dass wir bei den Verhaltensweisen, die wir zu erlernen und zu kultivieren haben, stets davon ausgehen können, dass im Hintergrund die Veranlagung zu einer beliebigen Eigenschaft nur darauf wartet, angesprochen zu werden. Wir müssen also nie bei Null anfangen. In diesem Punkt sind sich Buddhisten und Neurowissenschaftler einig, und weil das so ist, existiert in uns auch der Keim oder die Veranlagung zur Weisheit. Alles ist bereit, um diese Ressource in uns zu kultivieren. Wir müssen sie lediglich etwas pflegen und „bewässern" – und schon sprießt die Weisheit für uns.

Demnach gibt es nicht die weisen und die nicht-weisen Menschen. Alle Menschen sind eben mehr oder weniger weise, und das auch nur deshalb, weil bislang auf ihre Veranlagung unterschiedlich eingegangen wurde.

Zudem können natürlich bereits relativ weise Menschen durch relativ unkluge Entscheidungen schnell wieder den weisen Anteil in sich vermindern. Es sollte auch verstanden werden, dass es sich um einen Persönlichkeits-*Anteil* handelt. Die vielen unterschiedlichen Persönlichkeitsanteile verändern sich zwar durch die Entwicklung unseres inneren weisen Anteils, doch sie werden als Keime von unterschiedlicher Größe immer vorhanden bleiben.

Nicht selten finden wir neben einem weisen Anteil auch den naiven und den Narren-Anteil in uns. Der weise Narr stellt bekanntlich ein sehr bedeutsames menschliches Potential dar.

Unter unserem Ich-Gefühl, worüber wir uns identifizieren, sind sehr viele und ganz unterschiedliche Persönlichkeitsanteile zusammengefasst. In uns wohnen zum Beispiel schüchterne und ebenso dominante Persönlichkeitsanteile, ängstliche und ebenso tapfere Persönlichkeitsanteile, liebende und ebenso feindselige Persönlichkeitsanteile, traurige und ebenso freudige Persönlichkeitsanteile oder auch faule und ebenso fleißige Persönlichkeitsanteile.

Unser diesbezügliches Potential ist fast unerschöpflich. Alle möglichen Varianten sind in uns angelegt und warten nur darauf, Nahrung zu erhalten. In der Regel nehmen wir diese Vielfalt kaum wahr. Tatsächlich neigen wir zu extremen Vereinfachungen und bezeichnen unseren vielfältigen inneren Reichtum lediglich als *Ich.*

Damit diese unglaubliche Vereinfachung halbwegs aufrechtzuerhalten ist, müssen wir ständig eine große Anzahl bestehender Persönlichkeitsanteile verdrängen und verleugnen. Damit wir zum Beispiel behaupten können, liebevoll und nett zu sein, was wir natürlich auch sind, müssen wir ignorieren, dass wir durchaus auch abweisend und feindselig sein können.

Im buddhistischen Training analysieren wir diese Vielfalt in uns sehr achtsam, denn hier ist ein Ansatzpunkt, um Einfluss nehmen zu können. Die inneren Persönlichkeitsanteile verändern sich kontinuierlich, doch nur allzu oft tun sie dies unbeobachtet, als simple Reaktion auf äußere Umstände. Das führt zu inneren Strukturen, die meistens nur wenig effizient und heilsam sind. Das bemerken wir allerdings erst, wenn es bereits zu spät ist, nämlich in Krisenzeiten, wenn wir eigentlich gezielt darauf zurückgreifen müssten.

Deshalb benötigt die kultivierende „Gärtnerarbeit" im buddhistischen Geistestraining natürlich einige überschaubare Kenntnisse, damit wir mit unseren Bemühungen nicht in die Irre gehen. Die Grundlagen bestehen darin, dass wir uns den engen Zusammenhang zwischen Weisheit und Mitgefühl immer vergegenwärtigen und beide Aspekte benötigen, um unser Ziel zu erreichen. Dieses Ziel ist weder Mitgefühl noch Weisheit, es ist die Befreiung. Damit sind die Bemühungen um Mitgefühl und Weisheit natürlich auch kein Selbstzweck. Wir wollen nicht immer weiser werden, damit wir uns wohler fühlen, mehr Bewunderung und Anerkennung erhalten oder weil Weisheit generell einen hohen Stellenwert besitzt. Wir kultivieren Weisheit auch nicht, um damit Erfolge zu erreichen und noch effektiver wirtschaften zu können.

Von Buddha stammt die Allegorie, dass wir alles daran setzen sollten, um den Fluss zu überqueren und ans andere Ufer zu gelangen. Dafür nutzen wir zum Beispiel das Floß der Weisheit, doch wir müssen keine Fachleute für Floßbau sein und schmücken unser Floß auch nicht aufwendig aus. Aus unserer Perspektive müssen wir uns einfach geduldig bemühen, um den Fluss zu überqueren und das „andere Ufer", die Befreiung, zu erreichen. Aus der Perspektive der erfolgreichen Flussüberquerung ist dann jede Anstrengung überflüssig.

Beständig die Natur unserer Gedanken zu beobachten,
erzeugt einen Geist, der frei von dukkha ist,
und schafft die beste Grundlage für Weisheit, die es gibt.

– Buddhadāsa –

Buddhadāsa erklärt dazu, dass wir einen Menschen als spirituell sehr erfahren einschätzen können, der immer die Dinge beobachtet, die in seinem Geist geschehen. Außerdem ist auch die Natur der Dinge, die in unserem Geist auftauchen, zu ergründen. Aber wie können wir die Natur einer Sache ergründen?

Auch dafür erhalten wir Hilfe aus den buddhistischen Lehren: Ein wichtiger Aspekt der Natur aller Dinge ist zum Beispiel die *Leerheit,* ein weiterer die *Diskontinuität,* also die stetige Veränderung. Auch die *untrennbare Verbundenheit* ist als ein Aspekt der Natur aller Dinge, die in unserem Geist auftauchen, zu sehen.

Unsere innere Weisheit kultivieren

Natürlich ist auch die Frage nach den konkreten Schritten zur Weisheit durchaus naheliegend und sehr logisch. Eine Annäherung an das Thema Weisheit können wir vielleicht über die Begriffe von Enge und Weite finden.

Ein Mensch, der in seinem Denken und Handeln eine Enge zeigt, also eher eingeschränkte Sichtweisen vertritt, nur kurzfristige Konsequenzen überblickt und der vielleicht auch in seinen Herzensangelegenheiten eng und starr erscheint, wird wohl nicht so schnell in den Verdacht der Weisheit geraten. Ein Mensch, der in seinen Sichtweisen und Handlungsmöglichkeiten eine Weite erkennen lässt, der auch langfristige Konsequenzen zu überblicken vermag, der vielleicht in seinen Herzensangelegenheiten eine Weite entstehen lassen kann, könnte womöglich über Weisheit verfügen.

Damit wir also selbst die bereits in uns angelegte Weisheit kultivieren können, benötigen wir den Schlüssel, der uns die inneren Türen öffnet: Weite.

Dieser Öffnungsvorgang setzt allerdings zwei sehr wichtige Aspekte voraus: Wir benötigen dafür ein gewisses Maß an Wissen, und wir benötigen ebenso ein gewisses Maß an emotionaler Stabilität. Mithilfe des Wissens können wir besser entscheiden, wo Türen sich öffnen lassen. Die emotionale Stabilität dient das Regulativ: Je angeschlagener wir sind, desto mehr verspannen wir uns und engen uns selbst ein. Eine Lockerung und Öffnung setzt eine gewisse Souveränität und das Vertrauen voraus, dass wir getrost loslassen können.

Auf unserem leichten Weg, auf dem wir nicht erst dann weiterkommen, wenn wir schon gestärkt und stabil sind, ist das Mittel der Wahl wieder einmal die Meditation. Hier erreichen wir recht schnell ein gutes Maß an Selbstwirksamkeit, können ohne große Gefahren etwas mehr loslassen und die bisherigen Erfahrungen von Enge durch neue heilsame Gegenerfahrungen von Weite auflösen.

Die Einsichtsmeditation zur Förderung von Weisheit

Meditation ermöglicht generell einen Zugang zur Selbsterfahrung von allen relevanten buddhistischen Themen, Lehren und Weisheiten. Insbesondere die Einsichtsmeditation leistet uns bei unseren Bemühungen um Weisheit gute Dienste: Die Einsichts- oder auch analytische Meditation setzt zuerst eine andere Meditationsform voraus: die sogenannte Samadhi-Meditation, im buddhistischen Kontext auch als Shamatha bezeichnet, in der wir vollkommen zur Ruhe und Klarheit finden. Konkret werden wir in dieser Meditationsform unseren Körper, unsere Emotionen und unsere Gedanken beruhigen und klären. Dieses ruhige Verweilen ist ein Zustand des *No Mind,* der klaren Einsgerichtetheit. In diesem Zustand können wir zum Beispiel *mit* dem Mitgefühl meditieren, während wir bei der analytischen oder Einsichtsmeditation über Mitgefühl meditieren.

Der Samadhi-Zustand liefert uns gewissermaßen das Fundament, auf dem wir die Einsichtsmeditation praktizieren. Er ist allerdings in keiner Weise als Vorstufe für etwas anderes zu definieren, sondern eine vollkommen eigene tiefe Meditationsform.

Im Samadhi sitzen wir in völliger Ruhe und gewahren unsere Beobachterposition. Wir achten auf unsere Körperempfindungen und stabilisieren diese durch eine ruhige bewusste Atmung. Ebenso beobachten wir den Fluss unserer Emotionen, wie sie sich in unserem Körper manifestieren und wie sie sich verändern. Auf ganz ähnliche Weise beobachten wir auch unsere Gedankengänge und wie sie Einfluss zu nehmen versuchen auf unsere Körperempfindungen und emotionalen Abläufe. Dieser Betrachtungsvorgang benötigt einige Zeit, bis wir uns als Beobachter wohlfühlen und ein gutes Verhältnis von Nähe und Distanz zu den Abläufen in uns gefunden haben.

Wir wissen nun, dass diese Prozesse ihren Gang gehen und wir selbst nicht immer direkten Anteil nehmen müssen. So können wir uns davon etwas abwenden und uns noch mehr versenken. Das erleben wir meist als eine Zunahme von Ruhe und eine Abnahme unserer Atemfrequenz, die in dieser Phase auf zwei- bis sechsmal pro Minute reduziert ist.

Nun lassen wir ein vorher ausgewähltes Thema in uns aufsteigen, so dass unser Geist mit Ausnahme dieses einen Gegenstandes leer ist. Auf diese Weise ist es zum Beispiel möglich, mit diesem einsgerichteten Geist das Thema *Innerer Edler Kern* zu ergründen. Wir bleiben in dieser Geisteshaltung, halten das Thema *Innerer Edler Kern* in unserem Gewahrsein und beobachten, welche Bilder, Gedanken oder Empfindungen in uns aufsteigen. Auch jedes andere Thema kann auf ähnliche Weise ergründet werden. Wir fokussieren uns dann nur auf einen Begriff oder auch eine Frage, zum Beispiel, warum nichts von Dauer ist. Für diesen Zugang eignet sich jedes Thema. Wir bleiben rein beobachtend und schauen, welche Informationen in uns entstehen.

Diesen Vorgang können wir natürlich auch mit nicht direkt buddhistischen Themen durchführen, wie zum Beispiel das innere Fragen nach eigenen Regeln und Prioritäten oder die innere Suche nach heilsamen Begleitern. Solche und ähnliche Meditationsformen gehen nicht nur analytisch distanziert vor, sondern können sehr gezielt und praktisch von uns genutzt werden. Auch ganz alltägliche Themen, die mehr oder weniger wichtig sein können, lassen sich durch die Einsichtsmeditation ergründen. Stellen Sie Ihre Frage oder halten Sie Ihr Thema in einer möglichst einfachen, ganz kurzen Formulierung, die vielleicht nur aus ein bis fünf Wörtern besteht.

In unserer inneren Bibliothek können wir alle vergangenen und auch zukunftsrelevanten Informationen gewissermaßen meditativ „googeln". Gleichzeitig ist es bei diesem Vorgang wichtig, im Hier und Jetzt zu bleiben. Wir gewahren weiterhin unsere Atmung, nehmen alle Geräusche in unserer Umgebung wahr und haften an keiner der aufsteigenden Informationen. Das hilft uns dabei, nicht in schöne neue Welten abzudriften. Dieser Vorgang kann von Mal zu Mal vertieft werden, bis wir immer sicherer und schneller unsere innere Bibliothek betreten können.

Eine sehr wichtige Meditationsform ist schließlich die Fokussierung auf *uns selbst im befreiten Zustand.* Es wird hier mit Bedacht nicht zu einer Visualisierung angeregt, die Sie womöglich wie einen schönen Film von sich sehen, sondern gehen Sie vielmehr in sich selbst hinein:

- Wie fühlt sich der befreite Zustand auf der körperlichen Ebene an?
- Wie fühlt sich der befreite Zustand auf der emotionalen Ebene an?
- Wie fühlt sich der befreite Zustand auf der gedanklichen Ebene an?

Halten Sie diese Wahrnehmung in Ihrer Aufmerksamkeit und verankern Sie alle damit verbundenen Empfindungen. Jede von ihnen kann als zukünftiger Trigger und Schlüssel für den befreiten Zustand genutzt werden.

Liebe Freunde, inwiefern ähneln sich also
Meditation und Weisheit?
Sie ähneln der Lampe und dem Licht, das sie ausstrahlt.
Wenn eine Lampe da ist, gibt es Licht;
ist keine Lampe da, gibt es kein Licht.
Die Lampe ist die Grundlage des Lichts;
das Licht ist die Funktion der Lampe.
Obwohl sie also zwei unterschiedliche Namen haben,
sind sie der Substanz nach nicht zwei.
Mit der Meditation und der Weisheit verhält es sich genauso.

– Huineng –

Unser Licht der Weisheit kann mit unserem geduldigen Praktizieren der Meditation beständiger und sicherer strahlen. Es ist eine sehr heilsame Ressource in uns, die wir aber nicht übermäßig idealisieren müssen. Es handelt sich dabei um ein Licht aus unserem Meditationslämpchen, das so manch einen dunklen Winkel zu erhellen vermag. Dieses Weisheitslicht sollte jedoch nicht in eine Museumsvitrine verbannt und ehrfürchtig betrachtet werden.

Dieses Bild verdeutlicht auch eine gewisse Störanfälligkeit. Wir können viel dafür tun, damit unser Weisheitslicht nie wirklich zum Leuchten kommt, und wir können ebenfalls dazu beitragen, dass auf ein helles Aufflackern immer wieder lange Phasen der Dunkelheit folgen. Ist die Weisheit in uns jedoch durch viele geduldige Wiederholungen als Eigenschaft gesichert, dann können wir diese Tür immer schneller wiederfinden und öffnen.

Das gewisse Maß an Wissen

Natürlich gibt es Weisheit schon sehr viel länger als den Buchdruck oder gar die allgemeine Schulpflicht. Zwar existieren Universitäten in Europa schon seit vielen Jahrhunderten, doch wurde die Weisheit auch dort nicht erfunden. Zudem zeigen moderne wissenschaftliche Forschungen, dass Bildungsdefizite mit vielen äußerst negativen Begleiterscheinungen behaftet sind, die sich vereinfacht als Gegenteil von Weisheit zusammenfassen lassen.

Bildung muss also nicht zwangsläufig Weisheit schaffen, aber ohne sie hat Weisheit es schwer. Das legt die Vermutung nahe, dass wir für unsere Weisheit doch ein paar Dinge wissen sollten.

Wenn wir weise Empfindungen hegen, dann deshalb, weil das Nervenbündel in unserer linken Stirnhirnregion, das weise Ideen und Gedanken produzieren kann, vorher elektrochemisch stimuliert worden ist. Zur Erinnerung: Auch diese Nervenzellen sind wieder in uns allen angelegt. Bei einigen von uns sind sie stärker, bei anderen schwächer ausgebildet. Jede weitere Stimulation kultiviert jedoch diesen Bereich in uns. Dafür müssen wir verschiedene Sorten von „Dünger" benutzen.

Der Dünger für unsere Weisheit

Die erste Düngersorte für unsere Weisheit basiert auf dem Wissen über menschliche Abläufe. Wir müssen uns hier tatsächlich um Informationen bemühen:

- Was sind die grundlegenden psychosomatischen Zusammenhänge im Menschen?
- Wie interagieren die relevanten Hirnregionen mit unserem Körper?
- Was ist Neuroplastizität? Wie kann ich sie nutzen?

Je vertiefter unser Wissen ist, desto hilfreicher. Wir dürfen hier jedoch nicht in die mechanistische Falle der Medizin tappen: Die Abläufe in uns folgen meistens einer Logik und physikalischen Gesetzen. Dabei handelt es sich aber nicht immer um die Ursache, sondern auch nur um eine Wirkung anderer Ursachen.

Die zweite Düngersorte für unsere Weisheit basiert auf übergeordneten Informationen, wie sie uns von den alten und bewährten spirituellen Traditionen überliefert worden sind. Der Buddhismus ist hier nur eine von vielen möglichen Quellen. Da er aber nach wissenschaftlichen Standards und sehr erfahrungsbezogen funktioniert, scheint sich der Buddhismus als spirituelle Quelle in besonderem Maße zu eignen. Hier werden wir fündig bei der Suche nach Antworten auf weitere übergeordnete Fragen zu unserem menschlichen Funktionieren.

Die Vier Edlen Wahrheiten führen uns tief in unser Menschsein hinein und erhellen die Winkel und Abgründe in uns allen.

Zusätzlich zeigt uns der Buddhismus sehr grundlegende Wesensmerkmale von uns selbst wie auch der gesamten Natur: Bei diesen Aspekten handelt es sich um Leerheit, Vergänglichkeit, wechselseitige Abhängigkeit und die Ich-Illusion. Die modernen Wissenschaften, zum Beispiel die Neurowissenschaften und die Elementarphysik, bestätigen dieses alte Wissen.

Als Zusatzdünger für unsere Weisheit bilden wir selbst aus den beiden vorangegangenen Düngersorten unsere eigene spezielle Variante.

Vielleicht können wir durch die regelmäßige Beschäftigung mit diesen Themen die entscheidenden Informationen tief verinnerlichen. In jeder Minute, in der wir uns damit beschäftigen, wächst unser innerer weiser Persönlichkeitsanteil. So kann unser weises Wissen immer authentischer werden:

- Alle Dinge sind in einem ständigen Prozess der Wandlung.
- Bauen wir keine Blockaden auf, halten wir an nichts fest.
- Dennoch sind Probleme normal.
- Menschsein bedeutet zu hadern und immer wieder Probleme zu bekommen.
- Ein Grundprinzip lautet: Mache es nicht noch schlimmer, als es bereits ist.
- Wir können uns fundamental wandeln.
- Wir können uns auch in angespannten Situationen entspannen.
- Wir sind nicht das Opfer von Umständen, wir sind nicht abhängig.
- Es gibt viele Übungsmöglichkeiten, die Meditation ist einer der Königswege.
- Befreiung ist tatsächlich möglich.

Weisheit und Mitgefühl gehören zusammen

Die beiden Begriffe Weisheit und Mitgefühl werden auch als zwei Flügel bezeichnet, die wir beide benötigen. Jede Darstellung, die auf scheinbar klaren Kategorien beruht, kommt ins Wanken, sobald wir etwas tiefer hineinblicken. So ist in der Weisheit das Mitgefühl zum Teil bereits enthalten, denn Weisheit hat sehr viel mit Verständnis zu tun und Verständnis gründet sich auf Verstehen und Wissen, ebenso wie auf Wertschätzung, Akzeptanz und Mitgefühl.

Das Geistestraining führt dazu, dass sich verschiedene heilsame Persönlichkeitsanteile in uns stärken und festigen, wie zum Beispiel der innere Beobachter, der innere Weise, der innere Ratgeber, der innere Behandler, um nur einige zu nennen. So kann sich nach und nach eine Stimme in uns festigen, die uns immer häufiger sanft hinterfragt: „Ist das jetzt wirklich weise?“, oder: „Ist das jetzt wirklich ein Ausdruck von Mitgefühl?“

Dabei kann uns die Einsichtsmeditation unterstützend gute Dienste leisten. Doch allein schon die regelmäßigen Wiederholungen unserer inneren Ratgeber festigen eine Richtschnur in uns und damit kann aus einem Verhalten sukzessive eine Haltung werden.

Die buddhistischen Lehren sind Wissenschaften des Geistes, die uns überprüfbare Ansätze liefern, um uns selbst erkennen zu können. Unsere Bemühungen um ein klareres Verständnis unseres eigenen Funktionierens lässt in uns die Fähigkeit entstehen, besser einschätzen zu können, was wir tun und warum wir es tun. Dieses Wissen ist unumgänglich für den Prozess unserer Befreiung. Wissen und die sich daraus entwickelnde Weisheit lassen uns tief in uns hereinschauen. Dabei können wir zum Beispiel erkennen, dass viele unserer Probleme nicht nur individuell uns allein betreffen, sondern immer auch einen universellen Charakter aufweisen, den wir mit allen Wesen teilen. Keines unserer Probleme ist einzigartig, alles wurde schon vielfach erlebt und erlitten.

So können wir mithilfe des sich vertiefenden Wissens etwas nachsichtiger sein mit uns selbst, aber auch mit anderen. Wir verstehen, wie Menschen in etwa funktionieren. Auf diese Weise reduzieren sich auch unsere Enttäuschungen und gleichzeitig stärkt sich ein Mitgefühl für alle Wesen, auch für uns selbst. Unser Wissen und die Weisheit machen uns gewissermaßen zu Wissenschaftlern und unser Mitgefühl macht uns zu Wissenschaftlern mit Gewissen. Wir werden zu so etwas wie „Gewissenschaftlern", weil sich ein Gewissen in uns stärkt. Mit diesem Wissen sitzen wir nicht mehr passiv herum, denn dieses Wissen lässt uns in Bewegung kommen. Wir stehen auf und machen uns auf den Weg.

Weitere heilsame Qualitäten der Behandler

Schauen wir uns nach den so wesentlichen Qualitäten von Weisheit und Mitgefühl noch einige weitere Aspekte an, die wir als Behandler und auch zur Selbstbehandlung in uns kultivieren können. Wir sind ihnen schon in Kapitel 9 über „Heilsame Geisteszustände" begegnet, und auch das hier bereits ausführlich behandelte Mitgefühl zählt zu diesen Vier Grenzenlosen Tugenden oder Unermesslichen Qualitäten.

Die Freude der Behandler

Immer noch werden bislang in der Therapie leider nur Störungen behandelt. Ebenso könnten wir aber nach einer kritischen Bilanzierung unserer inneren Ressourcen auch die in uns vorhandenen heilsamen Veranlagungen behandeln und kultivieren. Das ist jedoch wohl nur für diejenigen Behandler möglich, die auch den leichten Weg für sich entdecken konnten beziehungsweise darauf aufmerksam gemacht wurden.

Viele Behandler, auch wenn sie als Selbstbehandler tätig werden müssen, fokussieren sich auf die schweren Seiten der Existenz. Dementsprechend werden Behandler auch oft gefragt, wie sie das eigentlich aushalten, sich den ganzen Tag über immer nur Probleme anhören zu müssen. Dieser Aspekt ist von großer Bedeutung und trägt unter anderem dazu bei, die helfenden Berufsgruppen zu Risikoberufen zu machen. Darüber hinaus empfinden viele Behandler aber auch, dass weniger die Schwere im Mittelpunkt ihres Berufes steht, sondern die menschlichen Kontakte. Gerade in schweren Stunden können wir die Empfindung wahrnehmen, dass wir nicht allein sind, dass wir als fühlende Wesen im Kontakt zu anderen heilende Wirkungen erfahren.

Dadurch kann bei den Behandlern ein ruhiges freudiges Empfinden geweckt und gestärkt werden. Darüber hinaus müssen wir uns immer daran erinnern, dass wir nicht nach glücklichen Momenten in unserem Behandler-Alltag suchen, sondern nach unseren Fähigkeiten, weitgehend unabhängig von äußeren Bedingungen Freude in uns entstehen zu lassen. Da wir aber noch lange nicht innerlich unabhängig sind, spielt es auch noch eine Rolle, ob wir als Modefotografen oder als Sterbebegleiter jeden Tag unser Geld verdienen. Tatsächlich zeigen uns auch tiefere Einblicke in Samsara, den immerwährenden Kreislauf des Seins und des Leidens, dass wir aus einer schwereren Position heraus wahrscheinlich einen stärkeren Willen zur Transformation entwickeln als aus einer vergnüglichen Situation.

Freude kann dann aufblühen, wenn wir das, was ist, vollkommen annehmen – allerdings nur, wenn eine solche Akzeptanz auf einem soliden Fundament geschieht. Es darf sich nicht um eine Resignation aus Verzweiflung handeln. Natürlich gibt es auch nachhaltige Transformationsprozesse aus solchen Krisen heraus, doch wir dürfen dabei nicht die vielen Menschen vergessen, die daran zerbrochen sind.

Freude kann in uns wachsen, wenn wir stets realisieren, dass wir ein kostbares Leben haben, eine gute Lebensführung praktizieren und spirituelle Bereiche integrieren, die uns zeigen, dass es mehr gibt als nur kleine zerstückelte Episoden von Einzelerfahrungen.

Freude ist kein Zufall. Freude ist das Produkt geduldiger Praxisübungen. Für Behandler ist dieser Aspekt tatsächlich im Wortsinn überlebensnotwendig.

Die Liebe oder liebende Güte der Behandler

Für die hier angesprochenen zentralen Aspekte gibt es natürlich kein allgemeingültiges Rezept, aber zumindest ein paar Anhaltspunkte.

Liebende Güte ist keine Technik oder Methode, sondern eine Kraft, die sich offenbart, wenn wir uns ihr zuwenden. Dafür müssen wir als Behandler sowie auch für die Selbstbehandlung wieder das Prinzip der Offenheit realisieren. Nur allzu oft entsteht durch die Konfrontation mit Leiden nämlich reflexhaft ein Mechanismus der Abschottung.

Auch für uns selbst benötigen wir liebende Güte. Das bedeutet, dass wir uns aller inneren Persönlichkeitsanteile bewusst werden – auch der peinlichen, schmerzhaften oder gefährlichen. Alle verdienen unsere Zuwendung, so als wären sie liebe, wenn auch gestrauchelte gute Freunde. Je besser wir erkennen können, wie viel mehr oder weniger geordnetes Chaos in uns selbst existiert, desto nachsichtiger können wir uns auch für das externe Chaos um uns herum zeigen. Auf diese Weise behandeln wir uns selbst und auch alle anderen wie liebe Freunde.

So manch einem Behandler könnte vielleicht jetzt etwas mulmig werden. Ein breiter Schreibtisch und ein weißer Kittel sind als Trennungslinie zwischen uns und „den anderen“ doch sehr beruhigend. Viele, die diesen Weg gegangen sind, bemerken jedoch die damit verbundene Einsamkeit und auch die große Wirkungslosigkeit solcher Strategien.

Wir müssen die Hilfesuchenden zwar nicht gleich lieben, doch liebende Güte hat jeder von uns verdient. Wir alle brauchen sie. Das macht uns den Weg leichter. Faszinierenderweise kann heute sogar nachgewiesen werden, dass in einem derartigen heilsamen Kontakt sogar eine größere Heilungskraft steckt als in einem Medikament.

Die Gelassenheit der Behandler

Hier treffen wir wieder auf unser altes Paradox: Wie ist Gelassenheit in Anbetracht von Leiden möglich?

Wenn wir die Vier Edlen Wahrheiten studieren und verinnerlichen, dann erfahren wir, dass Leiden etwas Natürliches und Unvermeidbares ist. Niemand hat einen Fehler gemacht. Wenn wir die Logik des Leidens erkennen, können wir uns darin entspannen. Zudem erinnern wir uns immer an die Meditationshaltung: Der Rücken ist angespannt und der Bauch ist gleichzeitig entspannt. Das bedeutet Gelassenheit bei gleichzeitiger Anspannung.

Zwei Menschen kosten von einem Essigfass. Der eine verzieht bitter das Gesicht, er wehrt sich gegen den Essig. Das Leben soll doch süß schmecken. Der andere lächelt. Er weiß ja, dass dieses Fass mit Essig gefüllt ist. Vielleicht denkt er beim Probieren ja auch an ein schmackhaftes Salatdressing.

Kriterien für die persönliche Eignung der Behandler

Einige von uns sind nicht schwindelfrei und möchten doch Bergführer werden. Der Beruf der Behandler scheint viele Menschen anzulocken, die eigentlich aufgrund schmerzlicher eigener Erfahrungen diesen Beruf eher nicht ausüben sollten.

Wir können nur spekulieren, ob

- ein Anästhesist selbst nichts hören mag
- ein Zahnarzt schlechte Zähne hat
- eine Pflegekraft dienen möchte
- ein Psychologe selbst einen Dachschaden hat.

Wieso nur haben wir uns diesen Job ausgesucht? Wahrscheinlich haben auch Sie sich diese Frage hin und wieder schon einmal gestellt. Vielleicht sind Sie auch stutzig geworden, als Sie gelesen haben, dass wir alle ohne Geistestraining eher einem Muster folgen als einer eigenen Wahl.

Solche Fragen nach Ursachen mögen interessant sein, anfangs sind sie jedoch sinnlos. Erinnern wir uns an eine der Grundaussagen dieses Buches: Zuerst wird nicht gegraben, sondern gesichert.

Wir sind Behandler und in jedem Falle Selbstbehandler. Wie können wir uns also dafür präparieren? Darauf gibt es viele Antworten. Die Kurzform lautet: Finden Sie für sich den leichten Weg. Es gibt ihn tatsächlich. Auch in schwierigen Kontexten ist der leichte Weg immer hier und jetzt da.

Diese Vision ist von elementarer Bedeutung. Wenn wir davon ausgehen, dass das Leben bitter und schwer ist, dann erzeugen wir damit selbsterfüllende Prophezeiungen. Die Vorstellung, als Behandler die

Eignung zu besitzen, für andere hilfreich zu sein, bedeutet also, mit einer heilsamen Vision zu starten. Was ist Ihr eigener Slogan, den Sie sich selbst und deshalb auch anderen vermitteln?

Unsere Bewusstheit im Hinblick auf Nähe und Distanz scheint ebenso wichtig zu sein wie die Fähigkeit, für sich sorgen zu können. Damit ist auch gemeint, dass wir als Behandler in der Lage sein sollten, uns auf einen Prozess einlassen zu können, bei dem wir uns aber auch selbst nicht aus den Augen verlieren.

Der Beruf des Behandlers kann eine Gnade sein, weil wir dafür bezahlt werden, dass wir uns tagtäglich auf heilerische Aspekte einlassen dürfen. Das lässt sich sogar noch steigern, wenn wir mit einem spirituellem Hintergrund und dessen Umsetzung im heilerischen Bereich uns selbst und anderen fühlenden Wesen helfen dürfen.

Helfen ist Kreativität

Der Aspekt der Behandlungs*kunst* ist hier schon erwähnt worden. Wir können diese Qualität als eine Art Richtschnur nutzen. Sobald wir unsere kreativen Impulse schwinden spüren, ist das meistens ein sicheres Zeichen dafür, das wir den leichten Weg verlassen haben und in Gefahr sind, denn auf dem spirituellen Pfad lauern durchaus viele Gefahren. Der spirituelle Rahmen schützt nur bei richtiger Anwendung. Auch hier müssen wir Grenzen, insbesondere Leistungsgrenzen und Impulse zur Abgrenzung, erkennen und umsetzen.

Auf die gängige Einteilung in Gesunde und Kranke wurde schon mehrmals hingewiesen. Bei der Ausbildung von Behandlern müssen Behandlungsmodelle kritisch gewürdigt werden, welche die Rollenbeschreibungen im Behandlungssetting festlegen. Je nach Selbstsicherheit und Selbstverständnis bestehen hier große Unterschiede im Bedürfnis der Behandler, sich schützen zu müssen. Je mehr aber ein Hilfesuchender spürt, dass sich der Behandler schützend in seinen weißen Kittel einhüllt, desto weniger sicher kann er sich selbst fühlen.

Die intensive Erfahrung mit der buddhistischen Übungspraxis kann uns als Behandler auf eine gute Art absichern. So lernen wir, gezielt diejenigen Anteile in uns zu stärken, die wir benötigen, um uns sicher zu fühlen. Auch hier empfiehlt sich als Strategie wieder der uns schon bekannte Weg: Erst ausreichend sichernd aufbauen, um dann wieder loszulassen. Den gleichen Weg hat auch ein Hilfesuchender zu bewältigen. Das zeigt uns, dass wir auf verschiedenen Ebenen alle Hilfe suchen. Die Behandlung sollte daher unbedingt auf Augenhöhe stattfinden.

Der Respekt der Behandler

Verstehen Sie diese Überschrift eher so, dass wir die Behandler respektieren oder dass die Behandler uns respektieren sollen? Tatsächlich ist natürlich beides gemeint.

Als Behandler sehen wir mit etwas mehr Abstand auf die geschilderten Probleme und erkennen daher manchmal besser als die Betroffenen die darin verborgene Verblendung. Immer wieder zu erleben, wie stark unsere menschlichen Neigungen sind, uns selbst und anderen das Leben sauer zu machen, nagt schon etwas am Respekt, den wir aufrechterhalten möchten.

Nicht wenige Behandler leben ihre eigenen neurotischen Ambitionen unreflektiert aus. Zudem werden sie in der Regel ohne entsprechende Geistesschulung auf Hilfe suchende Menschen losgelassen. Viele beherrschen zwar ein Fachgebiet, eine Technik oder Methodik, doch den Umgang mit leidenden Menschen erlernen sie nirgendwo. Das ist spürbar und dadurch vermindert sich auch der gegenseitige Respekt. Hier können sich die buddhistischen Lehren, zum Beispiel vom Inneren Edlen Kern oder auch von der Ersten Edlen Wahrheit über das Leiden, sehr heilsam auswirken.

Der buddhistische Super-Behandler

Wäre es nicht sehr verlockend, mithilfe der buddhistischen Lehren ein Super-Behandler oder sogar ein Super-Buddha zu werden?

Du könntest dann zum Beispiel hören, was andere denken. Kein Mensch könnte dich mehr belügen. Allerdings gäbe es dann auch keine besänftigenden und tröstenden Lügen mehr. Du würdest eine Menge Dinge erfahren, die du vielleicht gar nicht wissen willst.

Wir kennen uns selbst ein wenig und können wohl auch unsere Mitmenschen so weit einschätzen, um eine Ahnung davon zu bekommen, was uns in diesem Falle erwarten würde. Die inneren Selbstgespräche, das grüblerische Hadern und die Selbstanklagen, die Selbstvorwürfe, das ständige Schimpften und unser ausgeprägter Bewertungszwang, zudem die vielen, schier unerschöpflichen Begehrlichkeiten wären wohl nur die unerträgliche Spitze eines Eisberges, dem niemand wirklich zuhören möchte. Wenn wir solche Superkräfte hätten, wäre es wohl nur eine Frage der Zeit, bis wir vollkommen verzweifelt zusammenbrechen würden.

Der lautlose Wahnsinn existiert in jeder Minute um uns herum. Diese schwerwiegende Problematik gibt es schon sehr lange und wir ignorieren sie. Schauen Sie doch einmal beim nächsten Besuch einer

Einkaufsstraße in die Gesichter der Menschen und versuchen Sie, die jeweilige Geistesverfassung zu erahnen. Der Eindruck wird nicht angenehm sein, trotzdem bleibt dieser Zustand bestehen.

Wir müssen dieser unheilsamen Dynamik unbedingt etwas Heilsames entgegensetzen. Die Konzentration auf unsere heilsamen Veranlagungen, Fähigkeiten und Ressourcen kann durch ein geduldiges und regelmäßiges Training dazu beitragen, dass wir in den negativen Trend eine Art heilsames Samenkorn einpflanzen. Bis dahin können wir also nur froh sein, kein Super-Behandler oder Super-Lauscher sein zu müssen.

Die Befreiung des Behandlers

Von Nietzsche stammt die Äußerung, dass wir dem Freunde ein guter Befreier sein können, auch wenn wir unsere eigenen Fesseln nicht lösen können. Natürlich können wir, wie im platonischen Höhlengleichnis, weiter an der Höhlenwand angekettet bleiben und anderen in unserem angeketteten Zustand Anweisungen zurufen.

Vielleicht brauchen einige Menschen heute nur noch einen kleinen Schubs, um auf ihren leichten Weg zu finden. Womöglich benötigen wir bald keine Fachleute mehr, weil wir dann über Computer und Maschinen verfügen, die alle Informationen beschaffen, aus denen die notwendigen nächsten Schritte abzuleiten sind. Wir wissen nicht, was die Zukunft bringt, und es bleibt auch ungewiss, ob nur befreite Behandler andere in die Befreiung leiten können. Um jedoch als Behandler freudig existieren zu können, ist ein befreiter Zustand ein sehr hilfreiches Elixier.

Die Darstellungen in diesem Buch und die der Buddhistischen Psychotherapie BPT möchten dazu beitragen, unsere Vorstellungen von Befreiung zu ent-idealisieren. Ebenso wie die Weisheit ist auch das Potential zur Befreiung in uns allen bereits angelegt. Sicherlich können wir als Behandler engagiert auch Theorie vermitteln, doch mit größerer Glaubwürdigkeit können wir Sachverhalte näherbringen, die wir selbst erfahren durften.

Der Therapeut als Bodhisattva

Ein Wesen, das sich selbst um Befreiung bemüht, damit es anderen Menschen dabei helfen kann, in die Befreiung einzutreten, wird im Buddhismus *Bodhisattva* genannt.

Auch hier treffen wir wieder auf die Hürden von Verklärung und Idealisierung. Der Begriff Bodhisattva löst in vielen von uns blumige Assoziationen aus. Vielleicht denken auch Sie gerade an ein mystisches Wesen, das im Himalaya Wunder vollbringt. Was sollten wir selbst aber mit einem derartigen Fabelwesen gemein haben?

Wenn wir jedoch auch hier wieder die notwendigen Übertragungen der buddhistischen Lehren in unsere Kultur vornehmen, dann könnte aus dem Bodhisattva-Fabelwesen ein Mensch werden, der sich selbst um seine Befreiung bemüht und dabei – im Einklang mit den buddhistischen Anweisungen – nicht nur auf sich selbst besinnt, sondern auch für andere helfend zur Stelle ist. Solche Personen sind sicherlich in vielen Berufsfeldern zu finden, doch Menschen, die sich bewusst für eine Tätigkeit in den helfenden Berufen entscheiden, könnten eine Menge Bodhisattva-Energie mitbekommen haben.

Es gibt nicht wenige Menschen, die sich um liebende Güte, ein umfassendes Wissen, Mitgefühl und ein befreites Herz bemühen. Der befreite Helfer ist ein Bodhisattva, den wir überall antreffen können. Doch schauen wir einmal, wie im Buddhismus der Bodhisattva beschrieben und mit welchen Eigenschaften er in Verbindung gebracht wird.

Die Sechs Vollkommenheiten des Bodhisattva

Diese sechs Eigenschaften werden jeweils als Tugend dargestellt. Wie schon erwähnt, bedeutet der Tugendbegriff im Buddhismus, sowohl etwas Unheilsames zu unterlassen als auch etwas Heilsames aktiv anzugehen. Für die Tugend der Aufrichtigkeit würde es also nicht ausreichen, nur nicht zu lügen; wir müssten uns auch aktiv um eine wertschätzende, aufrichtige Kommunikation bemühen.

1. Die Tugend der Großzügigkeit und Freigebigkeit

Um uns dem Wesen des Bodhisattva anzunähern, werden wir unser Festhalten und Beharren auflockern und in uns für Offenheit und Freiheit von Herz und Geist sorgen.

Diese Tugend meint die Großherzigkeit des Gebens und Schenkens. Das betrifft sowohl die materiellen als auch die nicht-materiellen Aspekte unseres Lebens. Wir verschenken Zeit, Aufmerksamkeit, Liebe und Zuwendung, und ebenso schenken wir jedem etwas, der uns darum bittet. Auch hier müssen wir jedoch verstehen, dass nicht allein das Tun des Gebens im Mittelpunkt steht, sondern die *Haltung,* mit der wir ins Leben gehen. Diese Haltung wird uns in der Mitte des leichten Weges halten. Wir beschenken uns selbst ebenso, wie wir anderen geben.

2. Die Tugend der Ethik

Ethik klingt nach einer speziellen theoretischen Lehre innerhalb der Philosophie, doch die buddhistische Ethik meint damit eine gute Lebensführung. Diese besitzt keinen Selbstzweck, sondern hat ihren hohen Stellenwert dadurch erreicht, weil sehr viele Praktizierende gemerkt haben, wie sich ihr Geist beruhigen kann, wenn sie ethische Grundprinzipien in ihrem Leben einhalten.

Einige dieser Prinzipien betreffen unsere Moral, Disziplin, Integrität und Friedfertigkeit. Konkret umsetzen lässt sich dieser Aspekt der Ethik mit den Fünf Lebensregeln für Laien, die zu Anfang dieses Kapitels bereits beschrieben wurden.

3. Die Tugend der Geduld

Wenn Geduld eine Tugend ist, dann müssen wir Ungeduld aktiv meiden und ebenfalls aktiv etwas für unsere Gelassenheit tun. Geduld ist nichts, das zufällig entsteht oder auf das wir warten müssen, bis sich die äußere Situation so ändert, dass Geduld möglich wird.

Buddha bezeichnet Geduld als höchste Form der Askese. Damit zeigt er uns, dass wir asketisch, also vermeidend auf viele unserer ungeduldigen Impulse reagieren sollten. Dafür benötigen wir die Stärkung von Persönlichkeitsanteilen, die uns innere Ruhe, Gelassenheit und Toleranz für das, was ist, vermitteln. Schritt für Schritt vermindern wir unsere Ungeduld. Ein gutes Beispiel dafür wurde schon erwähnt: Wir streichen in unserem Vokabular den Begriff *Warten.* Wir warten nicht mehr, sondern genießen den freien Moment. Damit entfällt das geduldige Warten und wir kultivieren unsere Geduld.

4. Die Tugend der freudigen Anstrengung

Von Chowong stammt ein uralter Text, bei dem jeder Absatz mit einer Art von Refrain endet: *Erstehe von Neuem in der Weite der Freude der Gleichheit.* Pyar Troll hat diesen Satz einmal genutzt, um auf seine einzelnen Bestandteile hinzuweisen:

Erstehe von Neuem in der Weite der Freude der Gleichheit.

Erstehe meint also nicht liegend, sitzend, gehend, laufend, sondern auch immer wieder aufstehen. Gerade und aufrecht sein.

Erstehe *von Neuem* in der Weite der Freude der Gleichheit.

Von Neuem meint, dass es nicht mit einem Versuch getan sein wird. Immer wieder aufs Neue müssen wir es wagen und wiederholen.

Erstehe von Neuem *in der Weite* der Freude der Gleichheit.

In der Weite meint, dass wir es nicht eng machen sollen, dass wir durchatmen können und es loslassen, sich ausdehnen und weiten lassen.

Erstehe von Neuem in der Weite *der Freude* der Gleichheit.

Freude meint, dass wir nicht biestig, verbissen, verkrampft usw. vorgehen sollen. Das Leben ist kurz und soll uns Freude schenken.

Erstehe von Neuem in der Weite der Freude *der Gleichheit.*

Gleichheit meint, dass wir mit unseren Übungen nicht von einem selbstgebauten Podest zum nächsten springen sollten. Bleiben wir in Verbindung miteinander, auf Augenhöhe, und realisieren unsere untrennbare Verbundenheit und gegenseitige Abhängigkeit. Wir sind zwar Individuen, doch auf fundamentale Weise sehr gleich im Funktionieren und Nicht-Funktionieren.

Wenn wir diesem alten Text folgen, dann können wir erkennen, dass wir mit unserem leichten Weg recht gut liegen. Mit Freude beginnen wir immer wieder von Neuem, uns zu öffnen.

5. Die Tugend der Konzentration und Meditation

Über Meditation wurde in diesem Buch schon viel gesagt und auch in Kapitel 13 werden wir noch ein paar hilfreiche Anregungen finden.

An dieser Stelle reicht es aus zu realisieren, dass wir Meditation immer als Geistestraining verstehen und nicht als Entspannungsmethode. Damit ist Meditation kein Selbstzweck, sondern dient uns als konkrete Praxismethode, um unsere geistigen Unklarheiten zu vermindern und dann auch zu transformieren.

6. Die Tugend der Weisheit

In diesem Kapitel wurde schon viel über Weisheit gesagt. Ein befreiter Helfer ist bemüht, Weisheit und Mitgefühl in sich zu kultivieren und zu stabilisieren. Weisheit wird insbesondere immer ein inneres kleines Glöckchen zum Klingen bringen, wenn das verstandesbetonte Denken wieder an Konzeptionen und dualistischen Vorstellungen anhaftet.

Das Bodhisattva-Gelübde kann uns als tägliche Richtschnur dienen. Für das Verständnis hilft uns der Gedanke an unsere untrennbare Verbundenheit und der Wunsch, uns vollkommen um Befreiung zu bemühen.

Das Bodhisattva-Gelübde

Die leidenden Wesen sind ohne Zahl.
Ich gelobe, sie alle zur Befreiung zu bringen.

Die Anhaftung ist grenzenlos.
Ich gelobe, mich vollkommen davon abzuwenden.

Die Tore zur Wahrheit sind ohne Zahl.
Ich gelobe, sie alle zu durchschreiten.

Die Wege zum Erwachen sind erhaben.
Ich gelobe, sie alle zu verwirklichen.

KAPITEL 11

Die Wege in die Befreiung

Der leichte Weg
führt uns
durch die Mitte.
– BPT –

Die Überschrift dieses Kapitels verrät schon, dass es nicht nur einen einzigen Weg in die Befreiung gibt, es gibt sogar viele. Doch welcher der Wege ist der sicherste, schnellste, schönste, nachhaltigste, welcher ist der leichte Weg? Welche Eigenschaften wünschen wir uns für unseren Weg? Wie soll unser Weg beschaffen und strukturiert sein? Damit ist natürlich auch gemeint, welche Aspekte des leichten Weges hier von Bedeutung sind und welche Regeln wir für uns selbst festlegen möchten.

Die Motivation geht allem voraus

Die Qualität einer jeden Handlung wird durch die ihr zugrunde liegende Motivation des Handelnden bestimmt. Nehmen Sie sich ein wenig Zeit für die folgenden Fragen:

- Warum lesen Sie dieses Buch eigentlich?
- Woher rührt Ihr Interesse an einem leichten Weg?
- Wollen Sie einen solchen Weg gehen?
- Haben Sie bereits eine Idee, wie Ihr persönlicher leichter Weg aussehen kann?
- Was möchten Sie erreichen?
- Glauben Sie wirklich, dass Sie es schaffen können?

Das alles sind sehr bedeutsame Fragen. Ergründen Sie, was diese in Ihnen auslösen. Meistens treten ganz unterschiedliche Empfindungen auf. Auch wenn noch Zweifel und Unsicherheit, Skepsis oder Widerstände spürbar sind, ist das vollkommen in Ordnung. Lassen Sie solche Empfindungen einfach da sein, behalten sie diese aber aufmerksam in Ihrem Blickfeld. Vielleicht braucht es noch ein paar weitere Anregungen, damit sich der Blick noch mehr klären kann. Für ein wirklich nachhaltiges heilsames Voranschreiten müssen diese Fragen jedoch irgendwann einmal geklärt werden.

Viele Wege und der leichte Weg

Es gibt also viele Wege in die Befreiung. Der leichte Weg ist eine sprachliche Verkürzung und meint eigentlich den *persönlichen* leichten Weg, den Sie aus einer Vielzahl von Möglichkeiten auswählen können. Natürlich ist jeder Weg individuell, wenn auch nicht beliebig! Und nicht jeder Weg ist richtig für uns: Tatsächlich kann es auch falsche Wege geben beziehungsweise „richtige" Wege, die uns aber entweder in eine falsche Richtung, in die Nähe von Abgründen oder in ewige Kreisläufe führen. Wir müssen uns auch unsere Motivation, unsere Motive genau anschauen, denn auch sie können uns ablenken und eine unheilsame Wahl treffen lassen.

Die Individualität unseres Weges ist eingebettet in eine Universalität spiritueller Wege, die vor uns schon viele Generationen von Suchenden gegangen sind.

In den folgenden Abschnitten betrachten wir unseren Weg einmal aus verschiedenen Perspektiven, um dadurch vielleicht einen besseren Eindruck gewinnen zu können. Es wurde schon häufig erwähnt, dass Leiden zu einer Art Tunnelblick führt. Damit engen wir selbst unseren Aktionsradius drastisch ein. Wenn wir hungrig sind, nehmen wir nur noch Eindrücke wahr, die mit Essen in Zusammenhang stehen. Wenn wir unter Zahnschmerzen leiden, dann sind uns viele andere schöne Details vollkommen gleichgültig. Wenn wir wütend sind, dann rennen wir wie ein Stier auf jedes sich bietende „rote Tuch" los.

Eine Öffnung und Weitung der Perspektive ist daher immer hilfreich. Wenn wir in einer Problemsituation erkennen können, dass es immer mehr als nur eine Möglichkeit gibt, wie wir reagieren können, dann haben wir schon viel gewonnen. Sicherlich sehen wir unsere Handlungsmöglichkeiten nicht immer in ihrer ganzen Bandbreite.

Schauen Sie sich doch einmal die folgenden Möglichkeiten an, wie Sie den Weg gehen können.

Unser Ego als Wegbegleiter

Ein zentraler Aspekt des leichten Weges betrifft den Umgang mit unserem Ego. Der befreite Zustand als unser Ziel benötigt ein vorausgehendes Erkennen und Verstehen unseres Ego, da dieses uns meistens mit seinen vielen Wünschen, Bedürfnissen und Meinungen im Wege steht.

Als kleine Hilfe zur Verdeutlichung können wir die nachfolgenden Abbildungen 14 bis 17 nutzen: Zu Beginn unserer Lebenszeit (A) ist unser Ego noch gar nicht erwacht. Auch in der Folgezeit bleibt es über Jahre recht schwach ausgebildet. Jede Erfahrung, in der wir unsere Selbstwirksamkeit zu spüren bekommen, macht unser Ego jedoch stärker (B). Natürlich fühlen wir uns mit einem heranreifenden Ego sicherer und gehen diesen Weg deshalb weiter. Eine gesunde und glückliche Entwicklung erhöht unsere Chancen auf ein stabiles Ego (C). Vielleicht werden wir im Laufe unseres Lebens erkennen, dass die spirituellen Aspekte eine ganz besondere Qualität besitzen. Damit sind Erfahrungen angesprochen, die über die Ego-Begrenzungen hinausgehen. Wenn wir in diesem Prozess zunehmend mehr Selbstaufmerksamkeit entwickeln, dann können wir auch immer besser verstehen lernen, welche Probleme mit unserem Ego einhergehen.

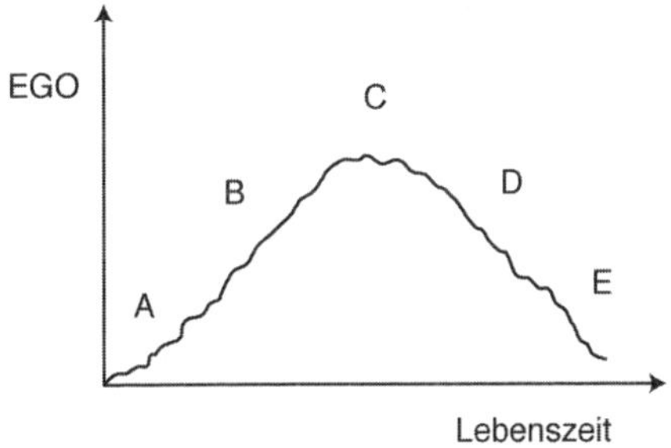

Abb. 14

Die Vertiefung dieser Thematik kann uns motivieren, Übungen zu praktizieren, die unser Ego vermindern und eingrenzen (D). Damit erhalten wir sukzessive die Vision von einem Leben, in dem unser Ego nicht mehr die dominante Rolle spielt (E).

Die obige Abbildung könnte uns dabei helfen, die offenbar widersprüchlichen Herangehensweisen zu verstehen, die einerseits zwischen den buddhistischen Lehren und Praxisübungen, die unser Ego auflösen möchten, und andererseits den psychotherapeutischen Behandlungen, die unser Ego stärken möchten, zu bestehen scheinen.

Die Psychotherapie wäre demnach hilfreich für die Phasen A und B bis C, aber nicht weiter. Die buddhistischen Lehren und Praxisübungen könnten uns für die Entwicklung von C und D nach E unterstützen. Die Buddhistische Psychotherapie BPT ist eine Hilfe für das gesamte Spektrum.

Zusätzlich können wir die Abbildung 14 für eine selbstkritische Ist-Analyse nutzen: Wo stehen Sie momentan in Ihrer Ego-Entwicklung? Noch bei A oder B oder mit einem gefestigten Ego bei C? Womöglich konnten Sie Ihr Ego schon etwas lockern und befinden sich bei D oder E. Wie sicher fühlen Sie sich mit Ihrem Ego?

Bei dieser Abbildung gibt es allerdings auch irreführende Aspekte: Der Zielpunkt E ist in der Linie so platziert, als wäre er nur am Ende der Lebenszeit erreichbar. Der Pfeil ganz rechts unten verweist aber auf die Fortführung der Lebenszeit.

Der hier dargestellte Verlauf ist natürlich ein idealisierter. Die folgende Abbildung 15 lässt uns erahnen, wie viele weitere Varianten möglich sind. Sie zeigt uns das Ego-Niveau bei verschiedenen Menschen. Die Ego-Entwicklung kann zu jedem Zeitpunkt unterbrochen werden, dann knickt der ansteigende Entwicklungsverlauf plötzlich waagerecht ab. Gründe dafür sind zum Beispiel schwerwiegende äußere oder auch innere psychosomatische Probleme. Dann können wir über viele Jahre hinweg mit einem stagnierenden Ego-Zustand leben.

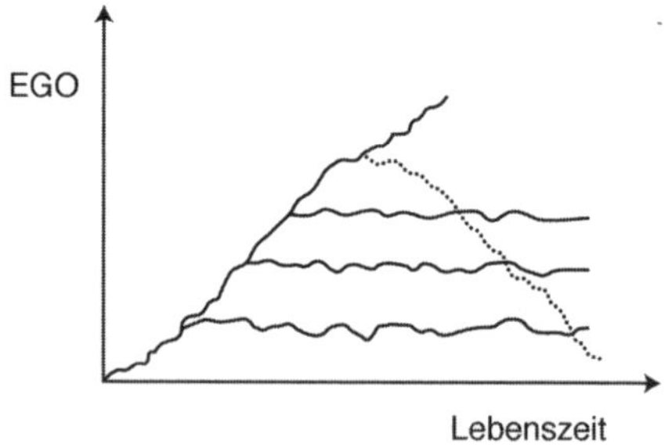

Abb. 15

Wir spüren das meistens in Form von Selbstwertproblemen, Selbstunsicherheiten, Selbststeuerungsdefiziten und anderen unheilsamen Empfindungen. Die Ebene und das Niveau des weiteren Ego-Verlaufs sind abhängig vom Zeitpunkt der negativen Einwirkung. Die Weiterführung der Ego-Entwicklung über den Zenit hinaus symbolisiert ein aufgeblähtes Ego, das sich aufgrund von Negativerfahrungen nicht mehr selbst eingrenzen kann.

Aus diesen geschwächten Positionen heraus ist ein weiterer Abbau, also die Verminderung des Ego, nicht möglich und auch gar nicht sinnvoll. Eine innere Lockerung unseres Ego ist aus einem stabilen und gesicherten Zustand heraus wesentlich wahrscheinlicher als aus einem Zustand der Schwäche und Unsicherheit.

Dieser bedeutsame Aspekt wird in vielen spirituellen Schulen übersehen. Zu häufig sitzen Menschen mit großen Selbstunsicherheiten im Publikum spiritueller Lehrer und hören dort, dass wir unser Ego abbauen sollten. Womöglich fühlen sich die Betroffenen sogar von dieser Philosophie angesprochen. Sich selbst nicht so wichtig zu nehmen, das haben sie immer wieder auf die bittere Art lernen und auch erfahren müssen. Nun wird es sogar von einem Lehrer oder Meister als besonders wertvolle Lehre dargestellt. Mit dem leichten Weg hat das allerdings überhaupt nichts zu tun.

Die kleinen und großen Tücken auf dem spirituellen Weg müssen genau identifiziert werden. Nur allzu gern folgen wir inneren Einflüsterungen und versuchen überall Abkürzungen und Vereinfachungen zu finden.

Eine solche Falle stellt die folgende Variante dar, die in der Abbildung 16 dargestellt ist. Die eben erwähnten betroffenen Menschen, die ein geschwächtes Ego haben, lernen zum Beispiel die buddhistischen Lehren kennen und fühlen sich besonders von der Weisheit der Ego-Illusion angesprochen.

Ihr eigener Ego-Prozess ist womöglich in der Entwicklung stehen geblieben (A bis B). Wie schon erwähnt, kann eine solche Unterbrechung zu jedem Zeitpunkt geschehen, so dass wir dann über viele Jahre hinweg in einem stagnierenden Ego-Zustand leben.

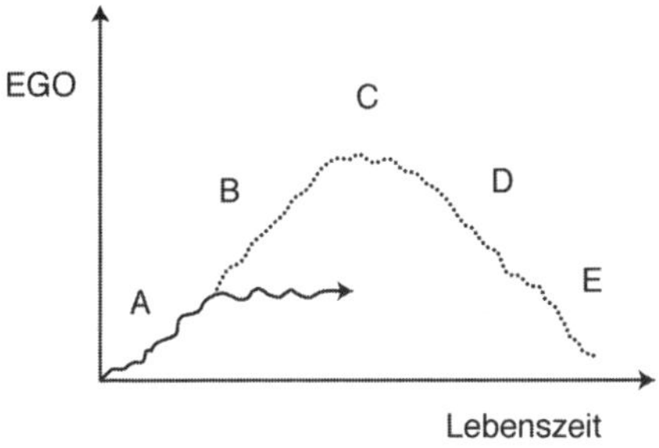

Abb. 16

Nun entsteht eventuell die Idee, dass es hier doch eine Abkürzung geben könnte. Unterhalb eines stabilen Ego (C) versuchen wir nun, direkt zum Zustand des Ego-Abbaus D oder womöglich sogar E zu gelangen. Auf diese Weise versuchen wir, C zu umgehen. Der Versuch, Schwierigkeiten umgehen zu wollen, ist natürlich ein sehr menschlicher Zug. Wir möchten es uns leicht machen. Diese Neigung dürfen wir jedoch auf keinen Fall mit dem leichten Weg verwechseln, denn dieser hat nichts mit irgendwelchen schnellen Abkürzungen zu tun.

Erinnern wir uns hier nochmals an die Analogie mit dem Bergsteigen: Zuerst benötigen wir genug Sicherheit und Stärke. Wir müssen uns absichern lernen, erst dann können wir davon etwas Abstand nehmen und uns den Abgründen nähern. Wie ein richtiger Bergsteiger oder Bergwanderer sollten wir zuerst einmal selbst erfahren, wie es sich anfühlt, das Gipfelkreuz zu erreichen, denn nur von ganz oben werden wir den Ausblick vollständig genießen können.

Auch den Abstieg sollten wir sicher bewältigen. Es ist gefährlich, den Berg herunterzurennen; tatsächlich geschehen sehr viele Unfälle gerade beim Abstieg. Auch hier ist eine für uns passende Geschwindigkeit unumgänglich. Auf diesem Weg, der uns die Verminderung unseres Ego erfahren lässt, können wir bei guter Achtsamkeit erkennen, dass dies nichts mit Selbstaufgabe, Lebensverneinung, Nachgiebigkeit oder dem Verlust eigener Wahrnehmungen zu tun hat.

Die nachfolgende Abbildung offenbart uns einen wichtigen Erfahrungswert.

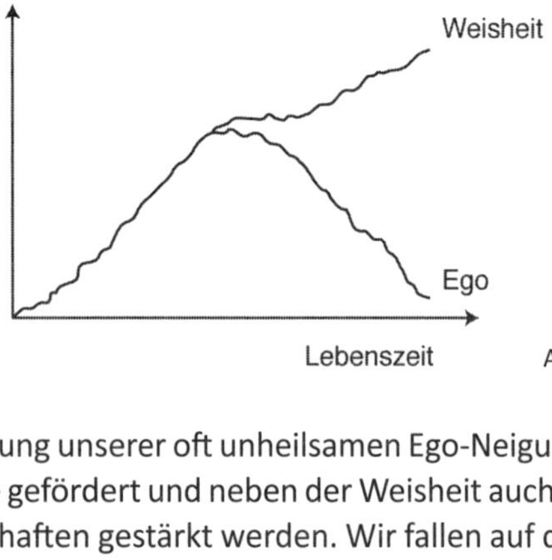

Abb. 17

Mit der Verringerung unserer oft unheilsamen Ego-Neigungen können heilsame Impulse gefördert und neben der Weisheit auch viele andere heilsame Eigenschaften gestärkt werden. Wir fallen auf dem Weg des Ego-Abbaus also nicht auf eine Stufe unterhalb unserer Möglichkeiten zurück, sondern gehen in vielen Punkten darüber hinaus. Es ist ein wenig so, als würden wir den übermächtigen und unkontrolliert gewucherten Busch unseres Ego zurechtschneiden und dadurch auch anderen inneren Gewächsen mehr Licht und Nahrung zuführen.

Sicherlich gibt es viele Diskussionen darüber, ob das Ego denn keine Illusion sei, die wir nicht vermindern müssten, sondern deren illusorischen Charakter wir nur erkennen sollten. Hier müssen wir uns daran erinnern, dass wir unser Ego sehr wohl spüren können: Es ist *keine* Illusion. Wenn wir hier aber zu weit gehen und fälschlicherweise den Schluss daraus ziehen, dass unser Ego eine feste, stabile und überdauernde Einheit in uns ist, dann werden wir einer Illusion erliegen und Probleme bekommen.

Zu erkennen und zu erfahren, dass unser Ego lediglich ein dynamisches Gefüge ist, das sich stetig wandeln kann, erzeugt oft eine gewisse Erleichterung. Wenn wir den Einflüsterungen unseres Ego nicht mehr unkritisch folgen, sondern verstehen lernen, dass wir hier eine unerschöpfliche Quelle ständiger Bedürfnisse, Meinungen und Appelle in uns tragen, dann spüren wir immer stärker den unerzogenen Wildwuchs unserer verschiedenen Ego-Anteile.

In den buddhistischen Lehren wird unser Ego oft auch mit einem kleinen wilden Äffchen verglichen, immer unruhig, immer bedürftig, immer kreischend. Die Verminderung des Ego könnte also in etwa mit der sanften Zähmung eines wilden Tieres verglichen werden.

Mit Geduld zähmt man sogar wilde Tiere.
Weshalb sollten wir also unseren Verstand nicht zähmen können?

– XIV. Dalai Lama –

Ähnlich wie bei einer erfolgreichen Tierzähmung gehen wir dabei sanft, verständnisvoll und schonend vor. Hier ist Vorsicht geboten, denn nur allzu gern sucht unser Verstand sich als strenger Lehrmeister aufzuspielen. Gewalt, die in diesem Falle Gewalt gegen uns selbst bedeuten würde, werden wir unterbinden.

Im ungeschulten Geisteszustand ist unser Verstand sehr stark mit unseren Ego-Anteilen verwoben. Nur wenn wir unser Ego-Gebilde zurückbauen können, wird unser Verstand freier und kann in unseren Veranlagungen Ego-Anteile aktivieren, die sich heilsamer für uns auswirken können. Der innere Weise oder der innere Helfer sind solche Ego-Anteile, die trotz der Natur des Ego heilsam für uns sein können, *wenn* wir sie bewusst und achtsam regulieren. Zur Erinnerung: Wir selbst sollten entscheiden, welche inneren Anteile wir fördern, kultivieren und dadurch stärken möchten.

Wegbeschreibungen

Es folgen nun ein paar Wegbeschreibungen. Die dargestellten Wege unterscheiden sich zwar in ihrer Struktur und Komplexität, nicht aber in der Zielsetzung. Die Reichhaltigkeit der hier skizzierten Wege erhöht die Chance, dass möglichst viele Menschen den ihnen persönlich entsprechenden leichten Weg entdecken können.

Buddhas Weg

Wie so viele vor ihm und nach ihm, so verließ auch der noch nicht befreite junge Siddhartha Gautama, ehe er zum Buddha wurde, seinen gewohnten Lebenskontext und suchte nach eigenen Antworten.

Solche Antworten scheinen wir nicht immer in unserem gewohnten Umfeld finden zu können. Das lässt sich wortwörtlich verstehen und heißt, dass wir uns dafür manchmal auch äußerlich verändern müssen. Dann beenden wir eine uns blockierende Beziehung oder einen unheilsamen Kontakt, wechseln vielleicht den Job oder unseren Wohnort. Diesen Weg hat auch der junge Prinz Siddhartha gewählt, bevor er zum Buddha wurde. Der Wandel vom Prinzen zum Bettler ist wohl elementar und geht mit einem sehr drastischen und meist auch schweren Weg einher.

Wir können den Vorgang des Weggehens auch als symbolische Veränderung sehen, in der wir uns von inneren Gewohnheitsmustern lösen. Vielleicht ist es manchmal sogar noch schwerer, in den bestehenden Verhältnissen zu bleiben. Hier kann es natürlich keine universelle Wahrheit geben, deshalb ist unser Weg immer ein individueller und ganz persönlicher.

Siddhartha soll viele Jahre auf der Suche gewesen sein. Er verließ sich dabei zuerst auf die in seiner Kultur vorhandenen spirituellen Angebote. Nach einem drastischen Wandel der äußeren Lebensbedingungen begab er sich nun auf eine innere Reise. Anfangs bedeutete das allerdings auch, den Kontakt zur Außenwelt zu reduzieren oder ganz zu vermeiden. Er folgte damit den Prinzipien der Askese: Die soziale

Askese trieb ihn in die Einsamkeit und die Nahrungsaskese ließ ihn bis an den Rand des Todes abhungern. Von dem Extrem des Reichtums und der Genüsse wechselte er in das andere Extrem der Armut, des Hungers und des Rückzugs.

Diese Neigung, von einem Extrem in das andere zu fallen, mag zwar sehr menschlich sein. Sie rührt her von einem großen Unbehagen mit dem, was ist, und dem Wunsch nach radikaler Veränderung. Buddha erkannte jedoch, dass ein derart extremer Wechsel uns nicht zum Ziel führen kann. Aus dieser tiefen Einsicht heraus ist das allumfassende Prinzip des Mittleren Weges im Buddhismus hervorgegangen.

Der Mittlere Weg führt zur Befreiung

Diese Abwendung von den harten, schweren und auch lebensgefährlichen Existenzbedingungen bei der Askese kann als eine Hinwendung zum leichten Weg verstanden werden. Buddha betont damit auch die Kostbarkeit unserer Existenz, die wir nur erhalten und würdigen können, wenn wir uns nicht selbst boykottieren, indem wir uns das Leben unnötig schwer machen. Er vermittelt uns, dass wir es leicht nehmen sollten, nicht anhaften und krampfhaft festhalten und auch keinen unnötigen Widerstand leisten.

Folge also dem leichten Weg, der dich durch die Mitte führen wird.

Die gesamte buddhistische Lehre wird oft als eine *Lehre von der Mitte* beschrieben: „Übertreibe nichts, bleibe ausgewogen, nicht zu angespannt, nicht zu schlaff." Das könnte Buddha tatsächlich seinen Schülern und Anhängern genauso geraten haben.

Hier ist das Leben in Lüsten, der Lust und dem Genuss gegeben:
das ist niedrig, gemein, ungeistlich, unedel, nicht zum Ziele führend.
Dort Übung der Selbstquälerei:
die ist leidensreich, unedel, nicht zum Ziele führend.
Von diesen beiden Enden, ihr Mönche, sich fernhaltend,
hat der Vollendete den Weg, der in der Mitte liegt, entdeckt,
der Blick schafft und der Erkenntnis schafft,
der zum Frieden, zum Erkennen, zu Erleuchtung, zu Nirvana führt.

– Buddha –

Buddhas Vision

Buddha hat uns ein sehr eindrückliches und sehr überschaubares Bild des spirituellen Weges hinterlassen:

Um uns herum und auch in uns existiert das Leiden.

Er hat uns vermittelt, dass der Leidenskreislauf sich dort dreht, wo wir jetzt noch stehen. Er ist hier und wir stecken mittendrin.

Die Befreiung ist möglich! Sie liegt auf der anderen Seite.

Wir müssen uns bewegen, um aus dem Leidensbereich herauszukommen.

Es gibt einen Fluss.

Natürlich gibt es auf unserem Weg auch Herausforderungen, mit denen wir uns auseinandersetzen müssen. So manche Strömung kann uns mitreißen und wir kommen weit von unserem leichten Weg ab.

Es gibt ein Floß.

Verlasse dich auf die Lehre, sie liefert dir alle Informationen, um die Transformation einzuleiten und umzusetzen. Hilfreiche Menschen sind ebenso wichtig. Das Wesentliche ist aber deine eigene Erfahrung mit den Lehren und den Übungen. Dann erst kommt die Lehre selbst und erst danach sind hilfreiche Menschen von Bedeutung.

Es gibt den Bereich auf der anderen Seite des Leidens, die Befreiung.

Buddhas frohe Botschaft sagt uns, dass die Geduld und die Mühen sich lohnen werden. Es ist realistisch, die Befreiung zu erreichen.

Buddhas Schwerpunkt auf dem Weg

Der eigene leidvolle und ausgesprochen schwere Weg durch die Askese veranlasste Buddha wahrscheinlich zu dem Hinweis, dass wir für die Befreiung ein vertieftes Wissen über den Weg benötigen. Er nannte das Weisheit. Ohne dieses Wissen bleiben wir im Kreislauf des Leidens. Wir bemühen uns vielleicht redlich, doch ohne Weisheit fehlt uns der innere Kompass. Selbst wenn wir hartnäckig acht Stunden pro Tag meditieren, nur noch beten, flüstern, nur noch Brot und Wasser zu uns nehmen und darüber hinaus versuchen, noch viele andere, vielleicht durchaus wichtige Aspekte zu berücksichtigen, kann uns all das noch tiefer in den Leidenskreislauf hineinführen.

Die Ergründung der Lehre in Kombination mit den Praxisübungen kann uns tiefe Einblicke in unser Menschsein ermöglichen. Mit diesem Erkennen werden wir einerseits sicherer und andererseits wohl auch demütiger und nachsichtiger uns selbst und allen anderen Wesen gegenüber. Genau dieser Aspekt war für Buddha besonders wichtig. Deshalb definierte er nicht nur die *Weisheit* als eine Qualität, die wir für die Befreiung benötigen, sondern auch das *Mitgefühl* als zweite der beiden gleichwertigen *Erleuchtungsqualitäten.*

Wir sind fühlende Wesen und dieses Potential müssen wir für unseren Weg nutzbar machen. Unsere Emotionen schaffen es, uns weit von einem leichten Weg wegzutragen, doch sie ermöglichen es ebenfalls, uns mithilfe des Geistestrainings tiefer auf den Weg einzustimmen.

Spätestens an dieser Stelle entstehen dann die ersten Fragen nach den praktischen Möglichkeiten der Umsetzung. Wie und wo genau sollen wir denn nun Veränderungen vornehmen?

Wir brauchen eine Art Generalstrategie für unsere Vorgehensweise, die eine unserer Kernfragen beantwortet: wie wir nämlich von der Theorie in die Praxis kommen und über welche Prinzipien sich auch tatsächlich grundlegend etwas in uns ändern könnte.

Der Dreistufige Weg

Eine erste grobe Verständnishilfe liefert uns das Konzept des *Dreistufigen Weges.* Von diesen drei Schritten haben wir bereits an mehreren Stellen dieses Buches gehört. Dieser Weg rät uns dazu, die Umsetzung, sie wird als *Verwirklichung* bezeichnet, über zwei Vorstufen anzugehen. In der Regel neigen wir zu Ungeduld und Aktionismus, beides wird dadurch etwas eingebremst.

Wir beginnen mit der ersten Stufe, dem *Erkennen.* Wir müssen ein Ziel anvisieren lernen, sonst finden wir keinen für uns stimmigen Weg. Wenn uns ausreichende Informationen eine innere Sicherheit geben konnten, folgt auf der zweiten Stufe das *Verinnerlichen.* Dafür müssen wir unsere Übungen geduldig und regelmäßig, am besten mehrmals täglich wiederholen, nur so werden wir sie verinnerlichen können. Auf dieser Basis kann nun das *Verwirklichen,* also die Umsetzung erfolgen. Sowohl unsere Erkenntnisse als auch unsere Praxisübungen haben nur diesen Zweck. Diese drei Stufen werden allmählich zu einer heilsamen Einheit verschmelzen und dann wird es für uns keinen Unterschied mehr geben zwischen Übung und Alltag.

1. Erkennen

Am Anfang steht die Notwendigkeit, dass wir *erkennen* können, dass es überhaupt einen Handlungsbedarf gibt. Das mag trivial klingen, ist es aber nicht. Wir alle sind in unseren festen Gewohnheitsmustern so eingewoben und leiden und jammern zwar gern, kommen jedoch nur selten auf die Idee, dass wir etwas Grundlegendes ändern könnten. Wir nehmen unseren Charakter, unsere Eigenarten und Marotten, selbst unsere Probleme ebenso als gegeben hin, wie wir unseren Herzschlag, die Verdauung und andere Abläufe in uns als autonom erleben.

Auch wenn wir klare Informationen über konkrete Möglichkeiten bekommen, wie wir selbst Einfluss nehmen können, brauchen wir in der Regel noch viele weitere Umdrehungen in unserem Gewohnheits- und zumeist auch Leidenskarussell. Vielen von uns fällt es nämlich sehr schwer, an dieser elementar wichtigen Stelle des Erkennens anzusetzen. Das würde schließlich verlangen, dass wir sehr selbstkritisch Verantwortung für uns übernehmen und nicht mehr die Schuld für irgendetwas im außen suchen.

Das Erkennen lässt sich mit einer Geburt vergleichen, die wir feiern könnten. Viele Menschen leben ihr Leben, ohne jemals in den Genuss dieser Erfahrung zu kommen, doch oft würdigen wir dieses einschneidende Ereignis nicht genügend. Wenn uns das selbst aber möglich ist, dann sollten wir das auch gebührend würdigen und im klaren Bewusstsein dieses Erkennens verweilen.

Unser Hochgefühl könnte allerdings wieder etwas gedämpft werden durch das, *was* wir erkennen. Wir erkennen vielleicht Dinge, vor denen wir lange die Augen verschießen wollten, Abgründe tun sich auf und es können Probleme entstehen. An dieser Stelle kann der leichte Weg uns gut abholen, weil er uns zu motivieren versteht, ohne gleich zu hohe Hürden aufzubauen. Eine große Hilfe dabei ist oft auch das Erkennen unserer Gemeinsamkeiten mit anderen. Unsere Probleme sind keinesfalls einzigartig, sondern gehören in der Regel zum Menschsein dazu.

Die Fragen danach, was auf welche Weise zu tun ist, bleiben weiter erhalten. In der zweiten Phase des Erkennens lernen wir, Anteil nehmen zu können an den heilsamen Erfahrungen von Menschen, die diesen Weg schon vor uns gegangen sind. Hier können wir durch die buddhistische Literatur auf ein großes Reservoir an überprüften Erfahrungen zurückgreifen. Zusätzlich liefert uns der Buddhismus auch noch ebenso konkrete Praxisanleitungen.

Ein kleiner Seitenblick auf die westlichen Wissenschaften signalisiert uns ebenfalls grünes Licht, denn auch hier finden wir die buddhistischen Lehren beispielsweise durch moderne neurowissenschaftliche Studien bestätigt: Wir können uns durch geduldiges, regelmäßiges Üben tatsächlich fundamental ändern.

Die echte Chance auf eine solche Veränderung untermauert auch die Sinnhaftigkeit einer Therapie, die diese Grundsätze beherzigt. Nicht selten hat sich die Frage gestellt, was denn das Reden über Probleme überhaupt verändern könne. Heute wissen wir, welche Wirkprinzipien eingehalten werden müssen, um selbst einen fundamentalen und nachhaltigen Veränderungsprozess initiieren zu können. Dieses Erkennen kann wie ein Zündstoff in uns wirken. Es berechtigt zu Freude und Optimismus.

2. Verinnerlichen

Der zweite Schritt auf dem Dreistufigen Weg verdeutlicht uns, wie wir von der Theorie in die Praxis gelangen können. Das ist wohl eines der interessantesten Themen überhaupt, es verbindet die Theorie des Erkennens auf der ersten Stufe und die Praxis der Verwirklichung auf der dritten Stufe. Wir stellen uns hier die Frage, wie wir es schaffen können, unser Wissen im Alltagsleben umzusetzen.

Wahrscheinlich werden wir hier immer wieder aufs Neue unsere Verunsicherungen, unsere Selbstzweifel und unsere Skepsis wahrnehmen. Wir suchen lange nach geeigneten Büchern, die uns Antworten geben können, besuchen Seminare und kontaktieren spirituelle Lehrer und Meditationsmeister. Im Grunde verfahren wir nach einem angelernten Muster und suchen – ähnlich wie bei einer Autoreparatur oder beim Zahnarzt – auch hier wieder nach einer „Experten-Lösung".

Bei der Lektüre dürfte schnell klar werden, was hier schiefgehen muss, doch in unseren Alltagsabläufen folgen wir oft automatisch solchen Mustern, möchten eine klare Ansage und möglichst konkrete Anweisungen bekommen. Wie wir schon wissen, gibt es hier jedoch keine Abkürzungen. Wenn wir aber nicht *selbst* unseren persönlichen leichten Weg beschreiten, bleiben alle Erfahrungen ohne Substanz und Nachhaltigkeit.

Verinnerlichung bedeutet für buddhistische Praktizierende also das eigenständige, geduldige und regelmäßige Einüben von heilsamen Praxismethoden. Dasselbe verstehen Psychologen unter Lerneffekten und meinen Neurowissenschaftler mit dem Ausbilden von entsprechenden Hirnstrukturen. Wenn wir etwas verinnerlichen, also wirklich lernen konnten, dann basiert das auch auf einer neurologischen Basis. Dabei kommt es immer auch zu einer physischen Verinnerlichung, denn durch unser Üben verändert sich auch unsere physische Hirnstruktur schon vom ersten Tag an und es bilden sich neue Verbindungen in unserem Gehirn. Da die Nervenzellen aber so klein sind, benötigen sie nur etwa zwei bis vier Wochen, bis sich so viele neue Verbindungen geknüpft haben, dass wir es selbst merken können. Das ist möglich aufgrund der neuroplastischen Fähigkeiten unserer Nervenzellen. Die Verinnerlichung führt also zu psychischen und physischen Veränderungen.

Das Prinzip, das hier zur Geltung kommt, funktioniert im Grunde sehr einfach: Wiederhole das Heilsame und unterlasse das Unheilsame. Das ist schon fast alles. Der leichte Weg ist eben leicht, doch ganz so easy ist es auch wieder nicht, denn das Verinnerlichen durch regelmäßiges geduldiges Einüben erfordert eine gewisse Disziplin und Beharrlichkeit.

Das ist seit Generationen bekannt, und deshalb kommt im Buddhismus auch der Gemeinschaft eine so große Bedeutung zu. Allein auf uns selbst gestellt sind wir häufig unseren hartnäckigen Gewohnheitsmustern unterworfen. Gemeinsam entsteht oft eine stärkere Energie, die wir als Schubkraft für unsere Praxisübungen nutzen können. Die Teilnahme an einer entsprechenden Gruppe wirkt sich erfahrungsgemäß vor allem in der Anfangszeit als wichtige Motivationshilfe aus.

3. Verwirklichen

Das Verwirklichen könnte als „krönender Abschluss" des Weges gedeutet werden, doch damit würden wir die beiden Stufen, die dem vorausgehen, möglicherweise falsch einschätzen und herabwürdigen. Jede der drei Stufen hat ihren ganz eigenen Wert, ist unverzichtbar und bietet eine für uns äußerst heilsame Qualität. Die beiden ersten Schritte sind nicht nur als Vorstufen anzusehen. Wenn wir beispielsweise auf der zweiten Stufe üben, dann üben wir vollkommen. Wenn wir nur üben, weil wir damit etwas anderes erreichen möchten, dann sind wir nur halb beim Üben und schielen halb nach den Früchten, die womöglich auf uns warten könnten. Eine nicht ganz leichte Gratwanderung, denn schließlich möchten wir ja doch auch etwas erreichen.

Hier müssen wir verstehen, dass das Ziel der Befreiung nicht erst am Ende unserer Bemühungen oder gar am Ende unseres Lebens liegt, sondern inmitten unserer Bemühungen und inmitten unseres Lebens. Es ist also schon immer da, immer bei uns und in uns.

Die Fünf Pfade der Erleuchtung

Vorbemerkung: Nachdem wir diese sehr übersichtliche Strategie des Dreistufigen Weges kennengelernt haben, beginnen wir damit, uns etwas differenzierte Wegbeschreibungen zu betrachten. Dafür ausgewählt wurden die Fünf Pfade der Erleuchtung nach Sangharakshita und der Edle Achtfache Weg, der in der Vierten Edlen Wahrheit beschrieben wird. Beide Wege weisen Gemeinsamkeiten, aber auch Unterschiede auf. Zudem können wir beide mithilfe des eben beschriebenen Dreistufigen Weges leichter umsetzen, denn jeder einzelne Schritt schließt immer die dreistufige Vorgehensweise von Erkennen, Verinnerlichen und Verwirklichen ein.

Mit den Fünf Pfaden der Erleuchtung stellt uns Sangharakshita, gebürtiger Brite und Begründer der „Freunde des Westlichen Buddhistischen Ordens", fünf Stationen des leichten Weges zur Befreiung vor. Er knüpft damit in leicht modifizierter Form an die traditionell überlieferten Fünf Pfade des Bodhisattva-Weges mit den folgenden Stufen an: der Weg des Ansammelns, der Weg des Vereinigens, der Weg des Sehens, der Weg der Meditation und der Weg jenseits des Lernens.

1. Stufe: Ansammlung

Diesen ersten Schritt haben wir wohl alle schon im Leben kennengelernt. Wir möchten etwas erreichen und suchen nach hilfreichen Optionen. Das lässt sich damit vergleichen, als wollten wir unser Gepäck für eine Reise packen, und nun treffen wir dafür die erste grobe Auswahl.

Sangharakshita nennt das etwas differenzierter die vier Bemühungen. Damit meint er, dass wir

a. schädliche Geistesverfassungen beseitigen
b. neue schädliche Geistesverfassungen vermeiden
c. förderliche Geistesverfassungen erhalten und
d. neue förderliche Geistesverfassungen hervorbringen.

Diese Vorgehensweise hört sich ebenso einfach an, wie sie bei der Auswahl und in der Umsetzung schwierig sein wird. Bei unseren Überlegungen, was in unserem Leben als schädlich zu beseitigen wäre, fallen uns sicherlich ein paar Dinge ein, die wir tatsächlich aufgeben sollten, doch wahrscheinlich treten bereits bei der Auswahl Unsicherheiten auf. Vielleicht fühlen wir uns wohler, wenn wir am Morgen so lange wie möglich schlafen können. Ist das denn nicht gut? Oder wir meinen, dass es förderlich wäre, anstelle der regelmäßigen Wohnungsreinigung lieber regelmäßig zu meditieren.

Vermutlich sieht weibliches Reisegepäck anders aus als männliches. Benötigen Frauen andere Utensilien auf dem leichten Weg in die Befreiung als Männer? Damit ist die Frage nach unserer Auswahl angesprochen. Unsere Möglichkeiten der Wahl sind relativ groß und ebenso viele Möglichkeiten existieren auch, um in die Irre zu gehen. Das könnte einer der Gründe dafür sein, warum Sangharakshita bereits auf der ersten Stufe der Ansammlung die Bedeutung der Achtsamkeit einbringt.

Wie ein achtsamer Baumeister sortieren wir die für den Bau unseres Hauses nötigen Gerätschaften und Materialien. Was Achtsamkeit bedeutet und wie wir dieses konkrete Vorgehen für ganz lebenspraktische Entscheidungen nutzen können, haben wir bereits in Kapitel 8 und auch im vorigen Kapitel erfahren.

Nachdem wir auf der Stufe der Ansammlung gewissermaßen eine To-do-Liste erstellt haben, nun über ein Reservoir an hilfreichen Ressourcen verfügen und auch ein recht klares Bewusstsein darüber entwickeln konnten, welche Aspekte unseres Lebens unheilsam sind und daher zu reduzieren wären, treten wir in die zweite Stufe des fünfstufigen Weges ein.

2. Stufe: Übung

Der Prozess des Ansammelns soll nicht immer weiter fortgesetzt werden, sondern mündet gewissermaßen darin, dass wir beginnen, die für uns heilsamen Lehren umzusetzen. Allerdings sprechen wir hier noch nicht von Verwirklichen, sondern es geht um Üben.

Das hört sich zwar logisch an, doch wenn wir in der Phase des Ansammelns viele Erfahrungen von Lehrern gelesen oder gehört haben und zudem mit bestimmten Erwartungen unseren leichten Weg beschreiten, verfallen wir gewohnheitsmäßig in vergleichende Bewertungen. Wir mögen eine ungefähre Idee davon haben, was Meditation bedeuten könnte, und vergleichen dieses Wissen nun mit unserem eigenen Tun. Dabei treten anfangs zwangsläufig Enttäuschungen auf. Anstatt in der Meditation die erhoffte freudige Ruhe zu erfahren, erleben wir meistens einen nicht abreißenden Strom von Gedanken, die unterschiedlichsten emotionalen Reaktionen und vielfältige körperliche Störsignale.

Die zweite Stufe verlangt also zu Recht das Üben. Das benötigt noch ein wenig Vertrauen in die Lehre und die Lehrer, weil wir auf dieser Stufe zwar schon einiges an Wissen, aber noch keine tiefen eigenen und vor allem auch nachhaltigen Erfahrungen machen konnten.

Daher üben wir uns regelmäßig und geduldig in heilsamen Methoden, wie zum Beispiel bestimmte Atemübungen zur Steigerung unserer Fähigkeiten zur Selbstregulation oder Methoden zur Gedankenlenkung, um uns mit unserer geistigen Qualität vertraut zu machen. Dafür stehen viele Anwendungsmöglichkeiten aus den buddhistischen Schulen zur Verfügung und in der Buddhistischen Psychotherapie BPT noch zusätzlich Methoden aus dem psychotherapeutischen Kontext.

Unser geduldiges Üben wird erfahrungsgemäß bereits nach nur wenigen Wochen belohnt. Was dann geschieht, nennt Sangharakshita das *Eintreten in den Strom.* In einen modernen Kontext übersetzt bedeutet das, dass sich durch unsere regelmäßigen Übungen hilfreiche innere Strukturen auch auf neurologischer Basis in uns verstärken konnten. Wir selbst spüren das in Form einer sehr angenehmen heilsamen Eigendynamik. Wir regen uns nicht mehr so wie üblich auf, es ist leicht und wird immer leichter, ruhig und klar zu bleiben. Es fällt uns auch leichter, die Übungen regelmäßig durchzuführen, weil es nun zu einem inneren Bedürfnis geworden ist. Wenn wir einmal nicht zum Üben kommen, spüren wir, dass etwas fehlt.

Das ist der Moment, in dem sich Leichtigkeit und Tiefe in uns verbinden können. Der Zugang wird leichter für uns, weil wir zunehmend vertiefte Erfahrungen machen. Sangharakshita spricht hier von einer *meditativen Hitze,* die zu einer inneren *Schmelzwirkung* führen soll. Dabei werden unsere Geistesstrukturen weicher und formbarer, was sich an fundamentalen neurologischen und daher auch psychologischen Umstrukturierungen ablesen lässt. Alte Gewohnheitsmuster werden schwächer, weil wir gezielter entschleunigen lernen. So ist es uns schon bald möglich, bestimmte Persönlichkeitsanteile in uns nach Wunsch zu aktivieren oder auch zu deaktivieren.

Auf dieser zweiten Stufe der Übungen kommt es dann nach Sangharakshita zu fünf spirituellen Fähigkeiten:

- *Vertrauen* entsteht immer ganz besonders durch eigene Erfahrungen.
- *Energie* bündelt sich. Verschiedene Ambitionen in uns, die wir als Impulse oder auch als Energie wahrnehmen, lassen sich nun synchronisieren, weil sie zielgerichteter und gesteuerter gelenkt werden können.
- *Achtsamkeit* ist die Lehre, die Übung und die Frucht.

- *Meditative Versenkung* wird durch Übung immer schneller zugänglich.
- *Weisheit* entsteht ganz natürlich durch unsere geduldige Beschäftigung mit den Lehren und unseren Praxisübungen.

3. Stufe: Einsicht

Der Buddhismus ist auch eine Wissenschaft des Geistes. Deshalb sind die kognitiven Auseinandersetzungen, die Analysen und Reflexionen von ganz besonderer Bedeutung, wie wir im Lehrer/Schüler-Gespräch, im Literaturstudium und in den eigenen sowie den geleiteten Selbsterfahrungen erfahren können.

Es ist sehr schön und beruhigend zu sehen, dass wir als Menschen tatsächlich fähig zur Einsicht sind. Wenn wir etwas verstanden haben, wenn es Klick gemacht hat oder ein Aha-Erlebnis entstehen konnte, dann können wir damit sehr starke Kräfte in uns mobilisieren. Hier ist der *Pfad des* Sehens erreicht: Die Schleier lüften sich, die Vernebelungen verziehen sich und wir können nun endlich etwas tiefer und weiter blicken.

Diese Stufe der Einsicht verweist jedoch auch noch auf einige ganz konkrete Inhalte, beispielsweise sollten wir uns sehr intensiv mit den Vier Edlen Wahrheiten auseinandersetzen. Sie sind sozusagen das Urgestein der buddhistischen Lehre und liefern uns nicht nur tiefe Einblicke in unser Menschsein, sondern geben uns auch einen Übungsweg vor.

4. Stufe: Umwandlung

Diese Stufe ist durch nachhaltige und zum Teil auch tiefgehende Transformationen gekennzeichnet.

Wenn ein Kleinkind laufen lernen will und sich kontinuierlich darin übt, wird es gewiss auch laufen lernen.

Wenn ein Kind ernsthaft lesen und schreiben lernt, werden diese Fähigkeiten gewiss auch zunehmen.

Wenn ein Bodybuilder täglich intensiv trainiert, sind die Effekte sichtbar.

Handeln führt unweigerlich zu Effekten.

Gezieltes Handeln führt unweigerlich zu den gewünschten Effekten.

Viele von uns wundern sich bisweilen immer noch darüber, was Menschen mit geduldigem Üben alles erreichen können. Dieser Aspekt ist von ganz besonderer Bedeutung, denn hier finden wir unsere

Vision. Wenn wir uns selbst oder dem Weg nicht vertrauen, wenn wir zweifeln, dann werden wir einen anderen Weg gehen und eine andere Transformation erleben, als es mit tiefem Vertrauen möglich wäre.

Eine nachhaltige tiefe Transformation, die uns in die Befreiung führt, ist tatsächlich möglich! Sollten Sie mit dieser Vision Probleme haben, dann diskutieren Sie das unbedingt mit Ihrem Lehrer oder anderen kundigen Menschen.

Sangharakshita erwähnt noch, dass diese Stufe der Umwandlung in der Regel nicht schlagartig geschieht, sondern lange dauern kann. Erfahrungsgemäß baut sich der Prozess der Befreiung langsam auf. Eine Befreiung, die aus einer einzelnen Grenzerfahrung hervorgegangen ist, kann in der Regel nicht von Dauer sein.

5. Stufe: Erfüllung

Wir sind hier auf der Stufe der Vollendung angekommen. Von einigen Lehrern wird sie als vollkommen und daher unumkehrbar angesehen. Laut den Lehren der Diskontinuität und der Leerheit gibt es jedoch nichts, das aus sich selbst heraus überdauern könnte. Alles benötigt Bedingungen. Daher müssen wir auch unsere Befreiung weiterhin kultivieren, um sie am Leben zu erhalten. Doch selbst wenn wir in Zukunft wieder einmal vom leichten Weg abdriften, werden wir aufgrund unserer eigenen Erfahrung von Befreiung immer wieder schnell dahin zurückfinden.

Die Fünf Pfade als hilfreiche Wegbeschilderung

Diese hier beschriebenen fünf Stufen sind wohl recht gut nachvollziehbar. Sie möchten uns dazu einladen, selbst eigene Erfahrungen damit zu machen. Vielleicht könnten sie auch dazu beitragen, dass wir dort eine Struktur entdecken, wo wir vorher nur einzelne Bausteine sehen konnten. Zudem sollten wir realisieren, dass solche Wegbeschreibungen nicht im Reich der Science-Fiction angesiedelt sind, sondern tatsächlich schlichte Erfahrungsberichte darstellen, die durch eine weise Vertiefung in eine derart komprimierte Form gegossen werden konnten.

Solche Schilderungen können uns nach Art einer Beschilderung auf unserem leichten Weg als Unterstützung dienen. Wir gehen unseren eigenen Weg, er ist frei, doch von Zeit zu Zeit sehen wir am Wegesrand ein paar Beschilderungen, die uns auf etwas hinweisen möchten. Die Entscheidung für den nächsten Schritt liegt jedoch immer bei uns selbst.

Der Achtfache Pfad der Vierten Edlen Wahrheit

Blicken wir nun auf den „altehrwürdigen" Edlen Achtfachen Pfad, dessen einzelne Stufen in Kontext der Vierten Edlen Wahrheit dargelegt werden. Nachdem die Erste Wahrheit vom Leiden, die Zweite von den Ursachen des Leidens und die Dritte über die Beendigung des Leidens spricht, handelt die Vierte Wahrheit nun von den Wegen, die zur Befreiung führen.

Vielleicht finden wir hier ein paar weitere Beschilderungen und Navigationshilfen für unseren Weg.

Wir erhalten hier Anweisungen, die uns entweder zu einer vollkommenen oder zu einer rechten Eigenschaft oder Handlungsweise anregen möchten. Im Pali-Text wird den acht Bereichen des Pfades jeweils das Adjektiv *samma* vorangestellt, was bedeutet, dass wir etwas zur Gänze, vollkommen oder eben in der rechten Weise anstreben sollten. Der Begriff *samma satipatthana* lässt sich demnach als „rechte Achtsamkeit" übersetzen.

Dass wir ein Ziel *vollkommen* oder *recht* anstreben und umsetzen sollen, darf nicht als erzwungene Perfektion verstanden werden. Es geht nicht darum, in einem perfektionistischen Sinne etwas besonders „richtig" zu machen, sondern das, was wir anstreben, mit jeder Faser zu wollen. Wir bemühen uns also nicht um vollkommene Achtsamkeit, sondern wir bemühen uns vollkommen um Achtsamkeit. Ebenso können wir formulieren, dass wir für unser Bemühen das rechte Maß finden. Wir werden uns also nicht zu sehr überdehnen und wir werden uns auch nicht zu sehr entspannen, um das Ziel zu erreichen. Dieses rechte Maß verweist wieder auf den Mittleren Weg und damit auch auf den leichten Weg.

Die Einteilung der acht Bereiche in drei Gruppen

Der Edle Achtfache Weg

Die Weisheits-Gruppe

1 Sicht/Erkenntnis

2 Denken

Die Ethik-Gruppe

3 Reden

4 Handeln

5 Lebensunterhalt

Die Vertiefungs-Gruppe
6 Bemühen
7 Achtsamkeit
8 Konzentration/Sammlung

Sicherlich lassen sich diese acht Bereiche nicht so ohne Weiteres abspeichern und rasch wieder abrufen. Klappen Sie nach diesem Satz das Buch einmal kurz zu und fragen Sie sich dann, welche acht Bereiche hier gemeint sind.

Wir sind es nicht mehr gewöhnt, Texte mit solchen Aufzählungen auswendig zu lernen. Dafür ist die Datenmenge an verfügbarem Wissen einfach zu groß geworden. Schauen wir uns aber zur Vereinfachung einmal die drei Kategorien in der Übersichtstabelle oben an, in welche die acht Bereiche des Edlen Pfades aufgeteilt sind:

Weisheit meint die Konzentration auf unsere Geisteszustände
Ethik meint unser Handeln
Vertiefung meint unsere Übung.

Wir sollten uns also um unsere *geistigen Prozesse* bemühen, aber nicht nur denken und fühlen, sondern auch praktisch *handeln,* und diese Vorgänge müssen wir natürlich geduldig immer wieder üben.

Diese drei Aspekte sind eigentlich sowohl gut überschaubar als auch logisch. Unsere geistigen Prozesse sind wichtig. Hier sind insbesondere zwei Bereiche von Bedeutung: Erkenntnis und Denken. Wir müssen auch handeln und in die Aktivität kommen: Reden, Handeln und Broterwerb sind dabei besonders wichtig. Schließlich ist auch das Üben unerlässlich, hierfür benötigen wir: Bemühen/Motivation, Konzentration und Achtsamkeit.

Somit besteht der Edle Achtfache Pfad aus Bereichen, die unser Bewusstsein, unser Handeln und unser Üben betreffen. Wenn wir tief in die acht Wege eintauchen, erkennen wir, dass in jedem einzelnen von ihnen die anderen sieben Wege enthalten sind. So ist zum Beispiel das Denken die Grundlage für unsere Anschauungen, unser Reden und Handeln.

Im Hinblick auf das Denken finden wir hier einen sehr spannenden inneren Kosmos vor. Bücher, auch das vorliegende, werden unseren Verstand füttern, denn sie liefern viele Informationen, auf denen der Verstand herumkauen kann. Gleichzeitig aber müssen wir zur Kenntnis nehmen, dass unser Verstand, wie ausgebildet auch immer er sein mag, für uns niemals der Wanderführer sein wird, der uns in die Befreiung führt. Selbst wenn wir wie durch Zauberhand jetzt in diesem Augenblick die Befreiung erreichen, wird sich unser Verstand sehr bald melden und sich nach dem nächsten Projekt oder Ziel erkundigen.

Rechtes Denken oder gar nicht denken?

Es gibt ein recht vielsagendes Zitat, es lautet: „Philosophie ist, wenn Descartes sagt: Ich denke, also bin ich. Buddhismus ist, wenn wir uns fragen, wer wir sind oder sein könnten, wenn wir nicht mehr denken müssen."

Die Betonung liegt hier auch auf dem Wörtchen *müssen*. Wir können unseren Verstand nutzen, doch wir müssen es nicht beziehungsweise können wir durch unser Geistestraining auf unseren Verstand zurückgreifen, wenn wir ihn benötigen, und ebenso sind wir in der Lage dazu, unseren Verstand pausieren zu lassen, wenn wir ihn nicht benötigen. No Mind. Es geht also wieder um die Ausgewogenheit, zu der wir finden müssen.

In der Vierten Edlen Wahrheit wird der Mittlere Weg von Buddha differenziert dargestellt. Daraus ergibt sich der Edle Achtfache Pfad.

Und was, ihr Mönche, ist dieser vom Vollendeten entdeckte Weg,
der in der Mitte liegt,
der Blick schafft und Erkenntnis schafft,
der zum Frieden, zum Erkennen, zur Erleuchtung, zum Nirvana führt?
Es ist dieser edle achtteilige Pfad, der da heißt:
Rechtes Glauben, Rechtes Entschließen, Rechtes Wort, rechte Tat, Rechtes Leben, Rechtes Streben, Rechtes Gedenken, Rechtes Sichversenken.

– Buddha –

Der Achtfache Pfad als leichter Weg

Schauen wir uns den Edlen Achtfachen Pfad einmal etwas genauer unter dem Gesichtspunkt an, inwieweit er zur Leichtigkeit für uns und unseren Weg beitragen kann. Dafür müssen wir überprüfen, inwieweit die acht Bereiche jeweils in der Lage sind, Leichtigkeit in sich zu erzeugen, und inwieweit wir diese acht Bereiche auf eine leichte Weise umsetzen und in unser Leben integrieren können.

1. **Die leichte Sicht oder Anschauung**

Wir müssen unser Leben nicht sofort völlig umkrempeln und brauchen uns auch nicht von bestimmten Dingen oder Menschen zu trennen, sondern dieser erste Aspekt betont, dass die Art und Weise, wie wir uns selbst und die Welt betrachten, von entscheidender Bedeutung ist. Das heißt, Buddhisten verfallen keineswegs in einen spontanen Aktionismus, sondern gehen eher noch einen Schritt zurück, damit die Perspektive größer wird und unser Blick sich weiten und klären kann.

Dieser Aspekt soll sich leicht anfühlen und uns beruhigen. Bleibe auf dem leichten Weg. Stoppe deine Anstrengungen. Atme durch und lass uns erst einmal nur betrachten, was vor sich geht.

Natürlich geht auch unser Blick oft in die Irre. Nur allzu oft haben Probleme eine hohe Gravitationskraft und können unsere Aufmerksamkeit geradezu magisch anziehen. Also benötigen wir eine Hilfe, vielleicht in Form eines Leitfadens. An dieser Stelle werden von den Praktizierenden immer wieder die Vier Edlen Wahrheiten als große Hilfe genannt. Sie helfen uns dabei zu erkennen, wie wir unser Leiden einordnen können, und sie rufen eine außerordentlich hilfreiche heilsame Dynamik hervor. Die vertiefte Auseinandersetzung mit den Vier Edlen Wahrheiten erzeugt neue hilfreiche Visionen in uns und eine Vitalität, durch die sich ein freudiger Optimismus stärken kann.

In dem Buch *Buddhistische Psychotherapie* werden die Vier Edlen Wahrheiten ausführlich beschrieben und insbesondere durch Beispiele aus unserem westlichen Kulturkreis verdeutlicht.

2. **Das leichte Denken**

Wir sind in der Regel mit unserem Denken vollkommen identifiziert. Da bleiben viele von uns bei Descartes stehen und sind, weil sie denken, und wohl auch, was sie denken. Das eigene Denken ist mit uns so verbunden wie der eigene Bauch. Das meinen wir jedenfalls.

Wenn wir aber immer tiefer verstehen lernen, wie sehr unser Denken mit unseren Gewohnheitsmustern zu tun hat, ja sogar untrennbarer Bestandteil von diesen ist, dann beginnen wir zu ahnen, dass wir sowohl unsere Denkmuster kritisch hinterfragen als insbesondere auch die Vorbedingungen für unser Denken analysieren und dann transformieren müssen.

Deshalb stehen natürlich die ersten beiden Stufen des leichten Achtfachen Weges, die *Sicht* und das *Denken,* in sehr enger Verbindung miteinander. Unsere Sichtweisen bilden für unser Denken einen wichtigen Bezugspunkt.

Wenn unser Denken schwer wird, dann erleben wir das auf allen Ebenen, also auch auf der körperlichen und der emotionalen Ebene. Zwar beginnt die Achtsamkeit immer auf der körperlichen Ebene, trotzdem müssen wir stets hinterfragen, wie groß und mächtig unsere Gewohnheitsmuster auf allen Ebenen geworden sind.

Diese Strukturen sind in einer Weise mit uns verbunden, dass wir eine ausreichende Selbstsicherheit benötigen, um hier entsprechend selbstkritisch vorzugehen. Doch auch in einer geschwächten Situation könnte es erleichternd sein zu erkennen, dass es einen Unterschied gibt zwischen uns und dem, der denkt.

Die Beschreibung der inneren Persönlichkeitsanteile und deren Anordnung und Ausprägung führt uns zu einem sehr hilfreichen Verständnis dessen, was Denken eigentlich ist. Zudem verdeutlicht es uns, dass *wir* aus vielen kleineren Ego-Einheiten bestehen. Eine von vielen Konsequenzen daraus bedeutet, dass wir, wenn wir völlig desolate Denkmuster in uns erkennen, sogleich erfahren können, dass zum einen jeder Mensch so einen Irren-Anteil in sich trägt und dass zum anderen glücklicherweise auch noch weisere Anteile in uns existieren.

Das *schwere Denken* kennen wir wohl alle. Wir zergrübeln unsere Lebensenergie. Das *Schwere denken* kann von uns vielleicht so bedacht werden, dass wir die Schwere dort lassen, wo sie ist, und sie nicht in uns aufnehmen. Wir betrachten den Elefanten, umkreisen ihn, berühren ihn unter Umständen sogar, doch wir werden ihn nicht auf unsere Schultern nehmen. Eine solche Vorgehensweise ist nur möglich, wenn wir immer etwas Abstand bewahren und uns nicht mit dem identifizieren, was wir bedenken.

Dafür können wir unsere Atmung nutzen, die uns immer wieder mit uns selbst zu verbinden vermag, so dass wir nicht nur in dem kleinen, maximal 1,5 Liter umfassenden Gehirn existieren, sondern stets den eigenen Körper-, Boden- und Weltkontakt behalten.

3. **Das leichte Reden**

Leichte Reden klingen zwar nach unbedachtem Geschwafel, doch die hier gemeinte Art soll heilsam leicht und gut für uns sein. Es soll weder uns noch anderen dabei schwer werden. Sobald wir dieses Prinzip vernachlässigen und schwere Reden führen, werden wir spüren, wie sich die Energie in uns und um uns herum verändert. Da wir in unserer

Kultur nicht mehr straffrei physische Gewalt ausüben dürfen, bietet sich für viele in der Kommunikation eine Art Ventil, das ihre Umwelt zu spüren bekommt.

Bemühen wir uns doch, etwas mehr darauf zu achten, was und wie wir etwas kommunizieren. Wenn wir uns vorstellen, dass bei all unseren Reden unser heiliges Inneres zuhört, kann vielleicht ein wenig zusätzliche Achtsamkeit zum einen oder anderen sprichwörtlichen Biss auf die Zunge beitragen. Es muss nicht immer alles ausgesprochen werden.

Auch wenn wir den Anspruch hegen, immer ehrlich zu sein, so müssen wir uns doch auch fragen, wem damit geholfen ist. Möchten wir ehrlich sein, damit wir uns selbst besser fühlen, dadurch aber andere Menschen verletzen? Wenn nur wir selbst uns danach besser fühlen, war es wohl nicht der richtige Weg.

Der leichte Weg der Kommunikation könnte also auch bedeuten, hin und wieder zu schweigen.

Damit sind allerdings wieder nicht die ohnehin schon schweigsamen und vermeidenden Menschen angesprochen. Die Anregungen an dieser Stelle dürfen auf keinen Fall als ein Appell zum Herunterschlucken missverstanden werden. Wir alle benötigen unbedingt freie Ausdrucksmöglichkeiten, damit wir spontan, authentisch, kreativ und integer bleiben können.

Also weder schlucken noch spucken lautet die Devise!

4. **Das leichte Handeln**

Manchmal können uns hilfreiche Weisheiten beim Handeln helfen. Wenn im Taoismus vom Gleichgewicht aller Dinge und vom harmonischen Fluss gesprochen wird, dann sind damit verschiedene Ebenen gemeint; grundsätzlich kann es für uns aber bedeuten, dass wir nicht mehr versuchen, Blockaden aufzubauen. Harmonie entsteht dann, wenn wir den Fluss der Dinge erkennen und ihn nicht stören.

Unser leichtes Handeln wird uns weitere Möglichkeiten eröffnen, dabei aber keine Türen schließen. Handle so, dass immer Optionen bleiben. Wenn unser Handeln schwer zu werden droht, dann sind wir dabei, den leichten Weg zu verlassen.

Erinnern wir uns an den weisen Spruch: Wenn du es eilig hast, dann geh langsam. Diese Handlungsstrategie kann und muss durch unseren Körper getragen werden. Nur wenn wir unseren Körper immer wieder im Bewusstsein halten, ihn lockern und seine Spannung bewusst genießen, werden wir im Handeln leicht bleiben können.

Sicherlich sind auch Fragen nach konkreten Themen naheliegend:

- Sollten wir immer friedlich handeln?
- Wie handeln wir in unserer Beziehung und in der Sexualität?
- Wie handeln wir im Hinblick auf unsere Ernährung?
- Wie handeln wir politisch korrekt?
- Wie sollen wir im Job handeln, damit wir nicht untergehen?

Unzählige Fragen beziehen sich auf ein vermeintlich richtiges oder falsches Handeln. Allerdings geben uns die buddhistischen Lehren keine Gebote vor mit dem Tenor „Du sollst nicht ..." Wenn Sie Ihr Handeln verträglicher machen möchten, dann fragen Sie anfangs besser nicht nach „richtig" oder „falsch", denn eine genaue Zuordnung lässt sich oft schwer feststellen. Fragen Sie sich vielmehr, was eine bestimmte Handlung mit Ihrem Geist anstellt. Beruhigt und klärt es ihn oder regt es ihn auf?

Wenn Sie jetzt über einige Handlungsmuster nachdenken, sind Sie auf dem besten Weg, feste unreflektierte Gewohnheitsmuster zu hinterfragen. Seien Sie mutig und nehmen Sie sich dafür ein bisschen Zeit. Vielleicht führt das nach und nach dazu, dass Sie mehr nach eigenen Regeln handeln möchten und nicht mehr so sehr nach den Regeln, die Sie unbewusst übernommen haben und immer wieder abspulen.

5. **Der leichte Lebensunterhalt**

Der Job und das Geldverdienen, die Sicherung unseres Lebensunterhaltes werden – oberflächlich betrachtet – möglicherweise als notwendiges Übel angesehen, das wir möglichst schnell und reibungslos erledigen sollten, damit wir uns dann den eigentlich wichtigen Themen des Lebens zuwenden können. Hier finden wir ein gutes Stück deutsche Lebensphilosophie: Erst die Arbeit, dann das Vergnügen. Wer so denkt, verschwendet ungefähr ein Drittel seines Lebens.

Tatsächlich ist unser Job Teil unseres Handelns in der Welt und damit ein elementarer Aspekt unserer Verwirklichung, denn diese findet definitiv nicht auf dem Meditationskissen statt. Die Kunst, mit der wir uns hier befassen, bedeutet, das Richtige zu tun und das auch noch auf die richtige Weise.

Allein die Berufswahl ist von sehr großer Bedeutung. Für viele von uns ist der Job, den wir ausüben, oder die Position, in der wir uns befinden, aber erst einmal vorgegeben. Daher liegt unser Augenmerk weniger bei der Jobsuche als bei der Frage, wie wir das, was wir tun möchten und auch tun müssen, auf eine leichte Art tun können.

Natürlich könnten wir hier sofort wieder an die Weisheit von den zwei Pfeilen, die Erste Edle Wahrheit oder das erste therapeutische Prinzip denken: Mache es nicht noch schlimmer, als es bereits ist. Wenn wir diesen Rat auf unsere berufliche Tätigkeit anwenden, könnte das Folgendes bedeuten: Es gibt keinen idealen Job, der immer gut ist. Alles verändert sich, auch der Job und unsere Einstellung dazu. Wenn es Probleme gibt, mache es nicht schlimmer durch Anklagen und Selbstanklagen. Beruhige dich auch inmitten der Turbulenz.

Fast jeder Job bietet uns die Möglichkeit, unser spirituelles Wissen in die Praxis umzusetzen. Suchen wir aktiv nach solchen Möglichkeiten, dann erleben wir den Frieden mit dem, was jetzt ist. Der allgemeine Trend arbeitet jedoch dagegen: Man muss immer mehr erreichen, immer weiterkommen, wer rastet, der rostet usw.

In der Ersten Edlen Wahrheit erfahren wir, dass es immer mindestens zwei Probleme gibt: der problematische Fakt und das, was wir selbst daraus machen. So lernen wir, das ganze Paket in inneren und äußeren Stress oder in fremden und selbstgemachten Stress zu differenzieren. Wenn wir damit beginnen, den selbstgemachten Stress einzugrenzen und sukzessive loszulassen, entsteht ein Gefühl von Leichtigkeit, das sich in uns und um uns herum ausbreiten kann. Die Ersparnis von Energie können wir dann gut dafür nutzen, um die tatsächlichen Probleme anzugehen.

Unser Berufsleben ist also ein Bereich spannender Herausforderungen, der uns einzuladen versucht und den wir nicht abwerten sollten. Zudem können wir auch hier unsere starken Impulse zum dualistischen Denken bearbeiten: guter Job – schlechter Job; diese Tätigkeit mag ich – jene Tätigkeit mag ich nicht; der Kollege ist nett – der Kollege ist nicht nett. Und nicht zuletzt: Job ist profan – spirituelle Übung ist gut.

Versuchen Sie es auch hier wieder mit dem „Okay-Mantra“: Alles, was Sie demnächst im Job erleben, ist weder gut noch schlecht, sondern erst einmal einfach okay. Es ist der perfekte Ort, um zu lernen, wie wir entspannt in der Anspannung bleiben können. Auch ein Bereich wie das Bestreiten unseres Lebensunterhaltes hat es in sich.

6. **Das leichte Bemühen**
Vielen von uns mag diese Kombination als Widerspruch erscheinen. Sind Mühe und Bemühen nicht meistens mit dem Empfinden von Last und Belastung verbunden?

Dass wir mit einer grundsätzlich gelasseneren *Haltung* durchaus auch einmal ein angespannteres *Verhalten* zeigen können, wurde bereits erklärt. Beim Thema „Bemühen" soll dieser Aspekt nun auch nicht zu leicht gemacht werden. Es darf nämlich nicht der Eindruck entstehen, als würde alles von allein angeflogen kommen. Alle ernst zu nehmenden spirituellen Lehrer vermitteln unisono, dass es tatsächlich auch auf unser Engagement, auf unsere Geduld, ja sogar auf unsere Disziplin ankommt. Schließlich ist es ein Geistes*training* und keine reine Geistesentspannung.

Für kaum einen anderen Punkt passt die Erfahrung besser, die Buddha machte, als er einem Musiker zuhörte, um den hier angesprochenen leichten Weg zu verdeutlichen: Spannst du die Saite zu stark, so wird sie reißen. Ist die Saite zu schwach gespannt, entsteht keine Musik.

Der leichte Weg als Mittlerer Weg

Ein zu starkes Bemühen wird sich unweigerlich bemerkbar machen. Das geschieht meist in unserem Umfeld und generell immer in unserem Körper. Wenn wir unsere inneren Saiten zu sehr anspannen und unser Bemühen übertreiben, dann spannen sich vor allem die Rücken-, Schulter- und Nackenmuskeln stark an und verspannen sich, wie es die Abbildung 18 illustriert.

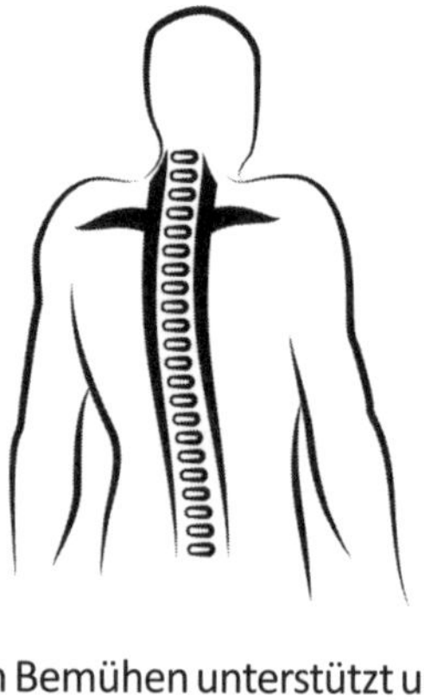

Abb. 18

Bei unserem leichten Bemühen unterstützt unser Körper uns mit entsprechenden Rückmeldungen. Wir müssen nur hinhorchen. Wenn sich in unserem Leben aber der Stress, also das Über-Bemühen, bereits festgesetzt hat, dann findet dieser Prozess nicht nur Ausdruck in unserem Körper.

Basierend auf Wilhelm Reich, sprechen Bioenergetiker dann davon, dass unser Muskelpanzer zum Charakterpanzer geworden ist: Ebenso wie die Muskeln sich verhärten, verhärtet sich auch unsere psychische Verfassung. Ähnlich wie wir durch Muskelanspannungen Angst oder Wut ausdrücken können, so scheinen wir solche starken Emotionen auch mittels der Muskelanspannungen binden, unterdrücken, zurückhalten und sogar vom Bewusstsein fernhalten zu können. Auf dieser Basis ist verständlich, warum so viele Menschen unter schmerzhaften Verspannungen leiden und warum eine Massage nicht unbedingt immer entspannend verläuft.

Zudem verdeutlicht uns die allgegenwärtige Psychosomatik, dass ein achtsames Körpertraining gleichzeitig auch immer ein Geistestraining ist.

Das leichte Bemühen in unserem Körper

Da Achtsamkeit immer auf der körperlichen Ebene beginnt, sollten wir unser Bemühen auch stets mit unserem Körper verbinden. Eine ebenso simple wie effektive Methode, um etwas sehr Heilsames für unsere Psyche und gleichzeitig für unseren Körper zu tun, besteht im Haltungstraining.

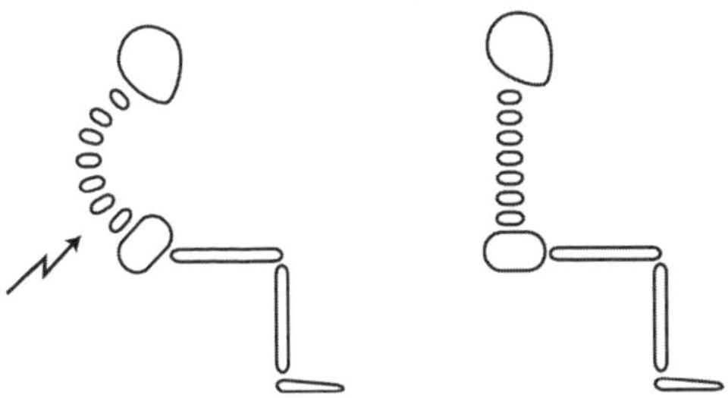

Abb. 19

Die Figur links in der Abbildung 19 lässt sich hängen. Zwar könnten wir auch meinen, dass sie sich vielleicht gerade entspannt, etwas chillt und cool abhängt, doch unser eher einfach funktionierendes inneres Ortungssystem registriert die Schlaffheit und baut dazu eine passende schlaffe Geisteshaltung auf. Wenn wir das gelegentlich zum Relaxen nutzen, ist das sicherlich akzeptabel, doch wenn es sich stetig wiederholt, wird es sich auf vielen verschiedenen Ebenen festigen.

Jede medikamentöse oder psychotherapeutische Hilfe wird durch eine solche Haltung untergraben. Dass es damit auch vermehrt zu Rückenproblemen im Lendenwirbelbereich kommt, ist nur eine weitere negative Konsequenz.

Wagen Sie ein kleines Experiment und richten Sie sich einmal einen Moment lang gerade auf. Die Wirbel in Ihrem Rücken sollten, wie bei der rechten Figur dargestellt, wie senkrecht aufgestapelt sein. Natürlich hat jede Wirbelsäule eine natürliche geschwungene Form, die bei einigen von uns stärker oder schwächer ausgeprägt ist. Die Figur rechts in der Abbildung 19 will jedoch verdeutlichen, dass wir uns aufrichten sollen, so gut es eben geht. Das unterstützen wir, indem wir die Schultermuskeln etwas lockern und entspannt atmen. Seien Sie sich Ihrer „Aufrichtigkeit" voll bewusst.

Nun prüfen Sie doch einmal, was diese Haltung mit Ihrem Geist anstellt. Was tut sich dabei im Kopf? Verändern sich Ihre Gedanken? Verändern sich Ihre Emotionen bereits?

Wenn wir über unser Bemühen nachdenken, dann sind einige Hilfen vorhanden, die wir uns zunutze machen können. Dazu gehören auch kritische Rückmeldungen: Erleben Sie in sich oder in Ihrem Umfeld durch Ihr – wenn auch gut gemeintes – Bemühen unheilsame Empfindungen, dann ist Ihr Bemühen durch Verblendungen fehlgeschlagen. Entstehen dagegen Freude und Leichtigkeit, dann könnten Sie mit Ihrem Bemühen auf dem richtigen, dem leichten Weg sein.

7. **Die leichte Achtsamkeit**

Das Adjektiv „leicht" macht sich besonders gut vor einer so hochhängenden „Messlatte", wie es die Achtsamkeit mittlerweile geworden ist. Der Anspruch an die Achtsamkeit wird als derart umfassend angesehen, dass er für viele von uns fast einem Zwang, einer Obsession gleichkommt. Zu den vielen „Du musst ..." kommt nun auch noch „Du musst achtsam sein" hinzu.

Natürlich ist Achtsamkeit einer der zentralen Aspekte, um die wir uns bemühen sollten – aber eben mit einem leichten Bemühen. Wir dürfen hier nicht mit „deutscher Gründlichkeit" vorgehen. Die verkrampfte Anstrengung hat uns in so manche Misere hineingebracht, aus der sie uns wohl kaum wieder herausholen wird. Dafür benötigen wir eher die berühmte buddhistische Gelassenheit, um die wir uns auf eine leichte Weise bemühen werden.

Achten wir auch bei der Achtsamkeit also auf – Achtsamkeit. Das mag zwar absurd klingen, doch alles ist in uns ja bereits schon vorhanden. Durch unser Üben ist alles da, was geübt werden soll, weil es noch nicht da ist. Zudem ist Achtsamkeit, auf vielen Ebenen anzutreffen: als Übung, als Verhalten, als Haltung, als Ergebnis, als Struktur, als Ego-Anteil und als vieles mehr. Überall, wohin wir achtsam schauen, können wir das entdecken.

Für weitere Details schauen Sie doch bitte in das Kapitel 8, das speziell der Achtsamkeit gewidmet ist.

8. **Die leichte mentale Sammlung**

Wenn wir eine gute innere Sammlung erfahren, dann erleben wir unsere kognitiven Fähigkeiten deutlich klarer und für uns besser verfügbar.

Wir unterscheiden zwei Arten von Sammlung:

Die *aktive Sammlung* meint eine Achtsamkeit, die weit gefächert ist. Mit dieser Sammlung können wir die Haltung entwickeln und festigen: Alles, was kommt, das kommt. Was geht, das geht.

Die zweite Variante ist die *selektive Sammlung.* Hier bauen wir eine gezielte Konzentration auf, die sich wie ein Laser auf einem Objekt bündeln kann.

Auch hier wieder richten wir unser inneres Austarieren auf die Leichtigkeit. Unsere Sammlung darf unsere geistigen Ressourcen nicht überbeanspruchen. Wir werden lernen, das gezielte Atemtraining, mit dem wir unser vegetatives Nervensystem ansprechen, zunehmend differenzierter einzusetzen, um unseren inneren Antrieb zu regulieren. In ganz ähnlicher Weise gehen wir auch vor, um unsere innere Sammlung zu steuern. Ist die Sammlung zu schwach, stimulieren wir die anspannenden Steuerungseinheiten in uns; ist die Sammlung zu überspannt, stimulieren wir die entspannenden Steuerungseinheiten in uns.

Von grundlegender Bedeutung für uns ist das Empfinden unserer Selbstwirksamkeit. Wir bleiben nicht mehr nur passiv Erduldende, sondern übernehmen das Kommando über viele wichtige Abläufe in uns. Wir tragen Sorge für die Ausgewogenheit unserer Impulse und Belange, außen wie innen.

Der Mittlere Weg ist mit dem Achtfachen Pfad verknüpft.

– Buddha –

Viele Erörterungen zur Leichtigkeit verweisen uns gleichzeitig auch auf die Weisheit des Mittleren Weges. Das verdeutlicht einmal mehr, dass wir Leichtigkeit nicht mit Beliebigkeit, Entspanntheit oder Unbedachtheit verwechseln dürfen.

Damit der Wunsch, den Pfad der regelmäßigen Schritte zu gehen,
in uns lebendig bleibt,
müssen wir uns ständig daran erinnern,
warum wir das tun
und wer wir werden können,
wenn wir auf diese Weise an unserem Geist arbeiten.

– Sangharakshita –

Auf dem Weg sein

Genauso wenig, wie wir unsere Haare wachsen sehen, nehmen wir auch unser spirituelles Wachsen wahr. Für solche Einschätzungen benötigen wir einen Bezugspunkt. Spätestens hier aber schleichen sich die ersten Fehler ein. Zu oft orientieren wir uns an unseren höchsten und immer noch nicht erreichten Zielen. Das Gipfelkreuz ist immer noch in weiter Ferne und demnach haben wir auch noch nichts erreicht. So hat es jedenfalls den Anschein für uns.

Bei genauerer Betrachtung erkennen wir unseren Ausgangspunkt allerdings weit hinter uns. In der Regel ist diese klare Standortbestimmung jedoch nicht ganz leicht. Dafür gibt es kein GPS.

Diese Erfahrung machen wir meistens sehr eindrücklich, wenn wir unsere geistigen Aktivitäten bewusster und damit häufiger reflektieren. Eigentlich sollten das Geistestraining, die Atemübungen und Meditationen unseren ungeschulten und nervösen Geist doch etwas beruhigen, aber immer noch erleben wir, dass ruhelose und äußerst vielfältige Gedanken unseren Geist durchziehen. Ohne Zweifel wirkt das etwas demotivierend und löst auch eine gewisse Frustration bei uns aus. Unser Geistestraining scheint also kaum etwas oder gar nichts gebracht zu haben. Immer noch denken wir zu viel und zu ungesteuert, wie wir täglich viele Male feststellen können.

Beispielsweise sind wir im Auto unterwegs – ein Ort, an dem wir wunderbar unseren Gedanken nachhängen können. Eine Weile nehmen wir den nicht abreißenden Strom der Eindrücke in uns auf. Dann aber werden wir aufmerksam: Was geht jetzt eigentlich wieder in meinem Geist vor sich? Dann werden wir Zeuge unseres Gedankenstroms: „Die Ampel wird rot. Da wartet ein korpulenter Mann. Muss ich heute noch etwas einkaufen? Dort ist ein Supermarkt. Es wird wohl bald regnen. Die Wolke ist fast schwarz. Neulich habe ich mir doch eine neue Regenjacke gekauft. Der Verkäufer hatte einen dichten Vollbart. Viele Männer tragen heute wieder Vollbart. Ich muss bald wieder mal zum Friseur ..."

Außer für den Verkehrsfunk brauchen wir überhaupt kein Autoradio, unser nervöser Verstand berieselt uns unaufhörlich mit unzähligen Assoziationen und Details. Es ist ein Lifestream, ohne Anfang, ohne Ende. Das ist eigentlich ziemlich beängstigend. Manchmal denken wir, dass wir diesen Wahnsinn gern stoppen oder zumindest eindämmen möchten, zweifeln jedoch daran, dass uns das jemals gelingen könnte. Bei vielen von uns melden sich dann sogar unheilsame Empfindungen, die uns leicht von unserem Weg abbringen können.

An dieser Stelle lohnt sich ein achtsames Innehalten und Erkennen der tatsächlichen inneren Abläufe. Falls der Gedankenfluss wirklich so aussieht wie bei der beschriebenen Autofahrt, dann hat sich bereits etwas Grundlegendes geändert. Wie bereits angedeutet, nehmen wir jedoch nicht jede Veränderung zur Kenntnis. Leichter wird das Erkennen, wenn wir den aktuellen Gedankenfluss mit einem ähnlichen aus früherer Zeit vergleichen. Hätten wir noch vor einigen Monaten genauso einen Gedankenstrom erlebt?

Die Antwort lautet wahrscheinlich „Nein", weil wir solche Erlebnisse früher anders verarbeitet haben, beispielsweise so: „Die Ampel wird rot, das nervt. Da wartet ein korpulenter Mann, ist der aber hässlich. Muss ich heute noch etwas einkaufen? Dazu habe ich gar keine Lust. Dort ist ein Supermarkt, soll ich oder nicht? Es wird wohl bald regnen, ich hasse das, hoffentlich kommt bald ein richtig langer Sommer mit viel Sonne. Die Wolke ist fast schwarz, das sieht irgendwie beeindruckend aus. Neulich habe ich mir doch eine neue Regenjacke gekauft, das hat Spaß gemacht, war aber unverschämt teuer. Der Verkäufer hatte einen dichten Vollbart, das sah sympathisch aus. Viele Männer tragen heute wieder Vollbart, das finde ich albern. Ich muss bald mal wieder zum Friseur, obwohl ich lieber wie früher ganz lange Haare hätte. Aber dazu bin ich leider zu alt ..."

Wenn wir unseren Gedankenstrom so wahrnehmen, wie er sich im ersten Beispiel anhört, dann hätten wir tatsächlich schon ein schönes Etappenziel erreicht, denn die wirklich lästigen Bewertungen zu unseren Gedanken haben sich bereits aufgelöst. Das geschieht auf unserem leichten Weg oft eher schleichend, langsam und sukzessive.

Betrachten wir daher so oft wie möglich unsere fließenden Gedanken. Haben sich die Bewertungszwänge bereits etwas gelockert? Haben sie sich womöglich schon fast ganz verabschiedet? Unsere Ego-Impulse werden uns noch lange unterhalten und noch viele Kommentare liefern. Es ist wie ein Begleittext zu unseren Wahrnehmungen, der meistens zusätzlich mit Bewertungen verknüpft ist. Wenn unser Geistestraining feste Wurzeln in uns schlägt, dann verabschieden sich zuerst nach und nach die Bewertungen.

Falls es bei Ihnen noch nicht so weit sein sollte, dann praktizieren Sie ihre Übungen unbeirrt weiter. Sie werden diese Etappen ebenso erreichen wie bereits unzählige Praktizierende vor Ihnen. Es existiert tatsächlich eine heilsame Eigendynamik, die einsetzt, sobald wir uns selbst genügend Schwung gegeben haben. Darauf können wir vertrauen, weil unzählige Erfahrungsberichte darüber existieren.

Es gibt also nachweislich diese schleichenden Veränderungen, die wir ohne bewusste Hinwendung gar nicht wahrnehmen. Zudem werden bald auch Situationen hinzukommen, wo wir früher ganz anders reagiert hätten und uns nun vielleicht wundern, wie ruhig wir bleiben.

Für die erste Etappe auf unserem leichten Weg benötigen wir etwas Vertrauen, entweder zu einem Menschen oder eben in die Logik der Lehre, mit der wir vertraut werden. Das ist nötig, damit wir die Übungszeit durchhalten, bis wir die ersten Veränderungen an uns selbst wahrnehmen können. Vielleicht erhalten wir auch eine Rückmeldung von jemandem, den wir eine Zeit lang nicht gesehen haben. Menschen, die uns täglich erleben, bemerken oft die kleinen Veränderungsschritte selbst dann nicht, wenn sich nach einiger Zeit daraus bereits ein ordentlicher Veränderungsschub ergeben hat.

Wir selbst müssen unsere eigenen Veränderungen verarbeiten und unser Umfeld muss ebenfalls reagieren. Allerdings kollidieren dann meistens alte Bilder von einer Person mit den vielleicht noch unsicheren neuen Bildern. Das geschieht nicht selten auf Kosten der neuen Erfahrungen, die dann gern leicht verwundert abgetan werden. Nicht nur die Macht der eigenen, sondern auch der Gewohnheitsmuster bei anderen ist nicht zu unterschätzen. Es handelt sich dabei nicht um ein persönliches Defizit der Menschen in Ihrem Umfeld, sondern um ein universelles Phänomen. Wenn wir uns ein Bild gemacht haben von einer Person oder auch nur von einem Sachverhalt, dann scheinen wir zumindest unbewusst daran festzukleben.

Zeigen wir also etwas Geduld für uns und alle anderen. Anstatt unseren vielfältigen Wünschen, richtig gesehen zu werden, unseren Enttäuschungen und anderen energieraubenden Impulsen nachzugeben, konzentrieren wir uns einfach auf die Fortsetzung unseres leichten Weges.

Wie bereits erwähnt, existieren unzählige Optionen von Wegen im außen und natürlich auch in unserem Inneren. Dessen ungeachtet lassen sich jedoch erfahrungsbasiert auch immer wieder auftauchende Regelmäßigkeiten erkennen.

Ein auf Erfahrungen basierender Ablauf des leichten Weges innerhalb einer BPT in zehn Stufen

1. Ist-Analyse

Aus ganz unterschiedlichen Gründen können wir zu einem Aha-Erlebnis kommen. Dieses vermag uns zu vermitteln, dass wir nicht mehr darauf warten dürfen, dass andere oder anderes sich ändern, sondern dass wir uns selbst ändern sollten – und zwar dringend!

2. Konsolidierung

Anstatt sogleich in die Probleme einzutauchen und darin herumzuwühlen, lernen wir in einer ersten Phase die Selbstkonsolidierung. Damit ist die Fähigkeit gemeint, sich selbst besser zu stabilisieren und vor allem zu steuern. Erst wenn wir sicher sind, dass wir uns in so gut wie jeder Situation eigenständig aktivieren oder beruhigen können, sind wir bereit für den nächsten Schritt.

3. Vertiefter analytischer Blick

Erst hier im dritten Schritt betrachten wir die Vielfalt unserer Möglichkeiten. Der Blick verweilt mit ruhiger Gelassenheit sowohl bei den scheinbaren Problemen als auch bei den in uns vorhandenen Ressourcen.

4. Aufdeckung von Ressourcen

Auch hier wieder beginnen wir mit den inneren Stärken. Wie ein Buchhalter bilanzieren wir die verfügbaren, also bereits aufgeblühten Ressourcen mit denjenigen, die sich noch im Knospenzustand befinden. Zudem ergründen wir mithilfe von Anregungen vertrauter und kompetenter Menschen die zusätzlich noch wünschenswerten Ressourcen, für die jeder Mensch die Veranlagungen in sich trägt.

5 (a). Stärkung der Ressourcen

Logischerweise erfolgt nun die gezielte Kultivierung der wünschenswerten Ressourcen. Diese geschieht zum Beispiel durch das geduldige Wiederholen von Übungen, die diese Anteile in uns zu aktivieren vermögen.

5 (b). Vermeidung unheilsamer Aktionen

Der fünfte Punkt ist ein Parallelschritt, der beinhaltet, dass wir gleichzeitig auf die Fortsetzung der Stimulierung unheilsamer Aktionen und Aspekte verzichten.

6. Spirituelle Praxis

Die einzelnen Übungen dürfen nicht als isolierte einzelne Ereignisse in einem alten Gewohnheitsbrei schwimmen. Wir benötigen auch einen heilsamen größeren Rahmen, in den wir unseren leichten Weg einbetten können. Das kann, je nach spiritueller oder religiöser Tradition, sehr unterschiedlich aussehen. Wichtig dabei ist, dass wir unsere Übungen mit unserem Leben verbinden lernen. – Diese Phase kann sehr lange andauern.

7. Lockerung gestärkter Ressourcen

Wenn wir uns sicher geworden sind mit unserem heilsamen Tun, dann wird es langsam wichtig, die Hilfs-Identifikationen, die sich mit diesen Aktivitäten aufgebaut haben, wieder einzudämmen.

Wie Jack Kornfield einmal gesagt hat: „Es geht nicht darum Buddhist zu werden, sondern Buddha." Auch Buddha vermittelt uns: Die Lehre ist nur das Floß, das dir helfen soll, den Fluss zum anderen Ufer, zur Befreiung hin zu überqueren. Wie wichtig ist das Floß, nachdem wir den Fluss überquert haben? Sollen wir es weiter mit uns schleppen?

Wir dürfen hier allerdings nicht von einem Extrem in das andere fallen. Unsere heilsamen Übungen begleiten uns auch weiterhin und geben uns Sicherheit, doch sie erhalten mit der Zeit einen anderen Stellenwert in unserem Leben.

8. Lockerung unheilsamer Aspekte
Selbst auf dieser achten Stufe begegnen uns immer noch unheilsame Lebensaspekte. Sie gehören einfach dazu, sind sozusagen Familie, die kann man sich bekanntlich auch nicht aussuchen. Doch auch diese Aspekte finden eine Transformation, zumindest meinen wir das. Sie scheinen sich zu wandeln, tatsächlich wandelt sich jedoch nur unser Bewusstsein, was dazu führt, dass sich unsere Welt wandelt.

9. Ego-Befreiung
Die Befreiung bedeutet immer auch Ego-Befreiung. Es wird zwar anfangs auch Erfahrungen von Befreiung *mit* unserem Ego geben, doch bei fortschreitender Übungspraxis transformiert sich unser Bezug zu unserem Ego. An solchen Stellen geschehen dann bedeutsame Veränderungen.

10. No Mind
Der Begriff *Mind* ist hier als „Verstand" und nicht als „Geist" zu übersetzen. *No Mind* impliziert nicht den Verzicht auf etwas, sondern eine Ressource. Das bedeutet, dass wir unseren Verstand wie einen hilfreichen Anteil von uns erzogen haben. Manchmal benötigen wir ihn noch und er hilft uns. Danach aber kann er sich wieder verabschieden und wir aktivieren andere innere Anteile, bei deren Aktivierung und Kultivierung unser Verstand uns nur hinderlich wäre.

Grundsätzlich verfügen wir auf der zehnten Stufe unseres Weges jedoch über die Fähigkeit, im Zustand des No Mind verweilen zu können. Das bedeutet dann auch, dass sich kein anderer Persönlichkeitsanteil uneingeladen in unser Bewusstsein drängen kann.

Ein typischer leichter Weg

Es kommt immer wieder zu einem Wechsel zwischen Hoch- und Tiefphasen. Das lässt sich in Form einer Wellenlinie darstellen. Wie die folgende Abbildung zeigt, verlaufen dabei anfangs die äußeren Umstände und unser Empfinden nahezu parallel. Manchmal verbessern sich die äußeren Umstände auch bereits, während wir innerlich noch nachhängen. Das zeigt das Wellental nach dem ersten Berg.

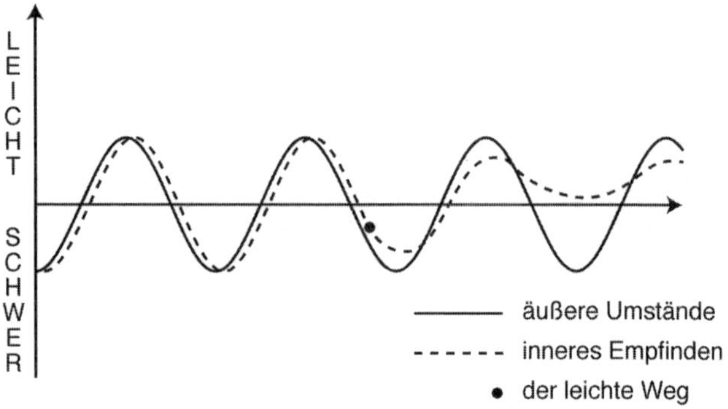

Abb. 20

Wenn unser leichter Weg beginnt, was der schwarze Punkt in der Mitte der Abbildung anzeigt, dann beginnen sich die äußeren und die inneren Abläufe auf eine heilsame Art allmählich zu entkoppeln. Der Punkt ist nicht der leichte Weg, sondern der Punkt ist der Startpunkt für den leichten Weg, der dem inneren Empfinden folgt.

Dann müssen wir vielleicht nicht mehr jede Party mitfeiern, doch wir werden auch nicht mehr jedes Tal durchwandern müssen. Unsere Stimmungsschwankungen stabilisieren sich, wir werden unabhängiger und ermöglichen es der Freude, sich bei uns heimisch zu fühlen. Allerdings wird es auch in Zukunft Täler geben, wie uns die Erste Edle Wahrheit erklärt. Es gehört einfach zum Leben dazu, aber wir fügen dem unvermeidlichen Leid kein eigenes Leiden daran mehr hinzu.

Welchen Weg wir auch wählen und welchen spirituellen Schwerpunkt wir für uns als den passenden wahrnehmen, von grundlegender Bedeutung für alle Aspekte ist die Gewahrwerdung unserer eigenen Verantwortung für uns selbst und für andere fühlende Wesen. Damit ist unter anderem gemeint, dass wir uns keinem System blind anvertrauen, sondern stets bewusst nach dem suchen, was wir selbst für unseren leichten Weg umsetzen können. Den richtigen Schwung dafür, mit dem wir uns leicht tragen lassen, werden wir schon erfahren. Die Erfahrung, uns tragen zu lassen, ist ein Phänomen, das wir uns durch unser geduldiges Tun erarbeiten können.

Niemand wird uns tragen,
Weil niemand uns tragen muss.
Schließlich haben wir unseren leichten Weg erkannt.

KAPITEL 12

Der Aufbau heilsamer innerer Strukturen

Der Bauer leitet Wasser auf sein Feld,
der Pfeilemacher schnitzt seine Pfeile,
der Zimmermann bearbeitet sein Holz
und der Weise bezähmt seinen Geist.

– Dhammapada –

Mit den inneren Strukturen ist unser gesamtes inneres Gerüst gemeint, also alle unsere Ressourcen, Eigenschaften, Fähigkeiten und Kompetenzen, die wir uns im Laufe unseres Erwachsenwerdens aneignen konnten. Natürlich existieren auch noch tiefere Strukturen in uns, wie der Innere Edle Kern, die Buddhanatur oder die geistigen Qualitäten, die uns Halt geben. Sie sind als Veranlagungen bereits in uns vorhanden und immer schon da gewesen. Um diese Veranlagungen in uns aber wahrnehmen zu können, benötigen wir eine gezielte Geistesschulung.

Die Halt gebenden inneren Strukturen, die wir uns aneignen, funktionieren sehr ambivalent: Einerseits können sie eine extreme Härte und Beständigkeit annehmen, andererseits sind sie jedoch ziemlich störanfällig. Der Ort, an dem wir nach diesen inneren Strukturen suchen, ist unser Kopf oder genauer: unser Gehirn und dort im Besonderen die Bereiche hinter unserer Stirn. Dort befinden sich die Ich-Funktionen, also unsere erwachsenen Fähigkeiten, die hier mit innerer Struktur gemeint sind.

Was auch immer wir erreichen möchten, diese Ich-Funktionen dienen uns als Handwerkszeug, um unsere Pläne umzusetzen. Aus genau diesem Grund werden wir uns dieses innere Handwerkszeug einmal etwas näher betrachten, denn wie jeder Handwerker weiß, arbeitet es sich mit gutem Handwerkszeug wesentlich leichter und auch effektiver.

Diese Aspekte sind auch deshalb von besonderer Bedeutung, weil sie in vielen buddhistischen Unterweisungen als „Ego“ zusammengefasst und sehr kritisch gesehen werden. Schließlich ist unser Ego an vielen, wenn nicht sogar an allen unserer Probleme beteiligt. Sollen wir nun unser Ego wirklich abbauen, sogar vollkommen abbauen, oder benötigen wir nicht doch ein gesundes Maß an Selbstwert und Ego für unseren Weg?

Unsere innere Struktur mit unseren Ich-Funktionen

Wenn wir als Neugeborene diese Welt betreten, dann geschieht das zwar in einem äußerst hilfsbedürftigen Zustand, doch wir kommen nicht „leer“ auf die Welt, sondern bringen zahlreiche Veranlagungen mit. Einige von diesen sind als spirituelle Quellen in uns vorhanden und verändern sich nicht, doch wir können den Zugang zu ihnen schnell verlieren. Andere Veranlagungen sind uns nur als Keim mitgegeben und wir müssen sie kultivieren, damit wir darüber verfügen können. Grundlegend sollten wir aber verstehen, dass erst diese trainierbaren Veranlagungen unserem Üben einen Sinn geben. Ohne sie bliebe jedes Üben vollkommen wirkungslos.

So tragen wir unsere innere Struktur bereits als Anlage in uns.

Die ersten Erfahrungen unserer Kindheitsjahre entscheiden dann, welche Strukturen sich wie ausbilden, und das Ergebnis entscheidet sehr deutlich mit darüber, wie leicht oder schwer unser weiterer Weg werden wird.

Wenn die auszubildenden Veranlagungen aufgrund vieler Verletzungen nicht zum Zuge kommen, dann werden sich auch unsere spirituellen Anlagen gewissermaßen zum Schutz umhüllen und wir verlieren den Kontakt zu ihnen. Wenn sich aufgrund günstiger Bedingungen viele unserer Veranlagungen entfalten können, werden sich auch tiefer liegende Anlagen leichter kultivieren lassen.

Dafür gibt es aber viele Wege. So ist es auch möglich, dass durch ein krisenhaftes Wegfallen von heilsamen Ressourcen, die immer auf Veranlagungen basieren, ein Weg zu unseren tieferen spirituellen Quellen gebahnt wird. Diese sind nämlich die letzte Bastion in uns, die wir immer behalten werden, egal was auch passiert. Viele von uns ahnen zwar deren Präsenz, doch wenn wir keine Idee darüber vermittelt bekommen, beschreiten wir einen meist unheilsamen Weg, der auf der Versuch-und-Irrtum-Methode beruht.

Unsere Ich-Funktionen oder Ich-Strukturen, die wir bis zum Erwachsenwerden erst noch in uns kultivieren müssen, lassen sich in verschiedene Bereiche einteilen. Diese betreffen die Selbst- und Objektwahrnehmung, die Beziehungsfähigkeit, die Steuerung, die Kommunikation und die innere und äußere Bindung. Prüfen Sie bei den folgenden Punkten einmal, wie gut sich die jeweilige Ich-Struktur bei Ihnen entwickeln konnte.

Selbst- und Objektwahrnehmung

- *Selbstreflexion und Introspektion:* die Fähigkeit, in sich hineinhorchen und sich selbstkritisch bespiegeln zu können
- *Identitätsbewusstsein und Identitätssicherheit:* die Fähigkeit, ein sicheres Bild von sich selbst aufrechtzuerhalten
- *Selbst-Objekt-Differenzierung:* die Fähigkeit, sich adäquat und konfliktfrei abgrenzen zu können
- *Integrierte Objektwahrnehmung:* die Fähigkeit, in anderen die kritischen und die positiven Seiten als Einheit sehen zu können

Beziehungsfähigkeit

- *Realitätsprüfung und Relativierungsvermögen:* die Fähigkeit, einen weitgehend objektiven Standpunkt einnehmen und Abwägungen vornehmen zu können
- *Ort-Zeit-Orientierung:* die Fähigkeit zu wissen, wo und wann man sich befindet
- *Empathie:* die Fähigkeit, sich in andere hineindenken und einfühlen zu können

Steuerung

- *Impulssteuerung und Handlungsaufschub:* die Fähigkeit, sich selbst einbremsen und beherrschen zu können
- *Affektkontrolle und Affektkonstanz:* die Fähigkeit, auftretende Emotionen weitgehend lenken zu können und nicht unter starken Emotionsschwankungen zu leiden
- *Selbstwertregulierung:* die Fähigkeit, den eigenen Selbstwert nicht zu sehr von äußeren Faktoren abhängig zu machen

- *Bedürfnisaufschub:* die Fähigkeit, eigene Wünsche verschieben zu können
- *Frustrationstoleranz:* die Fähigkeit, mit Enttäuschungen umgehen zu können
- *Qualität der Abwehrmechanismen:* sanftere Abwehrfähigkeiten, wie sich ablenken zu können; Sublimierung oder leichte Verdrängung sprechen für mehr Gesundheit als zum Beispiel Abwehrmechanismen der starken Verdrängung, der Abspaltung, der Projektion usw.
- *Selbstentlastungsressourcen:* die Fähigkeit, den inneren Druck auch wieder adäquat zu kompensieren und abzuführen
- *Antizipationsfähigkeit:* die Fähigkeit des planerischen Vorausschauens

Kommunikation

- *Affektausdruck:* die Fähigkeit, für die eigenen Affekte adäquate Ausdrucksformen zu finden
- *Flexibilität:* die Fähigkeit, mehrere Alternativen zu sehen und in verschiedenen Weisen vorgehen zu können
- *Intelligenz:* die Fähigkeit, sich clever zu verhalten; das betrifft nicht nur das rein kognitive Wissen
- *Sozialverhalten:* die Fähigkeit, sich adäquat anpassen und Nähe und Distanz gut regulieren zu können

Innere und äußere Bindung

- *Art der Introjekte:* die Qualität der verinnerlichten Objekte, wie zum Beispiel die Erinnerungen an die Mutter oder den Vater
- *Bindungsfähigkeit:* die Fähigkeit, verbindliche Beziehungen eingehen zu können
- *Bindungsmodelle:* Erinnerungen an familiäre Beziehungen, wie zum Beispiel die Ehe der Eltern
- *Soziale Integration:* betrifft die berufliche und soziale Verbundenheit und Vernetzung

Hat bei einem oder mehreren Punkten Ihre selbstkritische Warnlampe aufgeleuchtet? Beispielsweise mussten Sie sich vielleicht eingestehen, dass Ihre Frustrationstoleranz, also die Fähigkeit, mit Enttäuschungen umgehen zu können, eher bescheiden ist oder geworden ist. Es macht einen Unterschied, ob diese Fähigkeit nie richtig ausgebildet war oder ob Sie früher schon einmal darüber verfügen konnten und lediglich in der letzten Zeit der Zugang dazu gelitten hat.

Die einzelnen Schritte zum Aufbau heilsamer innerer Strukturen

Damit haben Sie fast schon den ersten Schritt getan, um zu *erkennen, was ist.* Sie müssen eine Ich-Analyse durchführen, um sich darüber bewusst zu werden, was ist, und eine eigene Bilanz aufstellen. Auf dieser Basis können Sie dann weiter aufbauen.

Vorsorgen für das, was kommt

In einem nächsten Schritt werden Sie Techniken zur Selbstregulation kennenlernen, wie zum Beispiel eine Entspannungsatmung, die sowohl die körperlichen als auch die psychischen Anspannungen zu lindern vermag, und ebenso auch die Aktivierungsatmung, die Ihnen in trägen Phasen Schwung geben kann. Auf diese Weise sorgen Sie vor.

Eine Variante besteht darin, dass Sie für Ihre unheilsamen Empfindungen, wie zum Beispiel Frustration, die entsprechend entgegengesetzten Empfindungen eigenständig mobilisieren lernen. Dafür müssen Sie herausfinden, worin Ihr persönliches Gegenstück zum Frustriertsein besteht. Ist es vielleicht Gelassenheit? Oder eher Freude? Prüfen Sie das und beginnen Sie dann, diese Empfindungen in sich wachzurufen. Erinnern Sie sich dafür an eine zurückliegende Situation, in der Sie diese heilsame Empfindung schon gespürt haben. Intensivieren Sie diese Empfindung, konzentrieren Sie sich darauf und halten sie aufrecht. Spüren Sie, wie sich das im *Körper* anfühlt. Dann prüfen Sie, wie es sich auf ihre *Emotionen* auswirkt, und auf der dritten Stufe nehmen Sie zur Kenntnis, wie Ihre *Gedanken* dadurch beeinflusst werden.

Wiederholen Sie diesen Vorgang möglichst oft, dann werden Sie diese gewünschte heilsame Empfindung in Zukunft jederzeit abrufen können.

Das sind nur einige Beispiele für mögliche erste Schritte. Diese Vorgehensweise hat zwei Ebenen: Einerseits soll ein heilsamer Zustand erreicht und gefestigt werden, und andererseits soll übergeordnet die eigene Selbstwirksamkeit vermittelt und spürbar gemacht werden.

Unseren Werkzeugkasten präparieren

Wir sollten uns darum bemühen, möglichst viele Fähigkeiten, Ressourcen und Optionen in uns zu kultivieren. Wenn es tatsächlich möglich sein sollte, jeweils eine gesunde Portion davon zu sichern, werden wir uns auch in Krisen darauf verlassen können, dann allerdings nicht mehr in der vollen Dosis. In Krisen neigen wir nämlich leicht zur Regression: Wir fallen zurück und haben nicht mehr den vollen Zugang zu all unseren Ressourcen. Wir werden in unserer Sicht durch einen Tunnelblick eingeengt.

Wenn wir unsere Ressourcen in ihrer Entwicklung nicht ausreichend gut stärken konnten, so dass sie auch in eher ruhigen Lebensphasen nur eingeschränkt funktionieren, dann werden wir in Krisen noch ernsthaftere Probleme bekommen.

Wünschen wir uns in Zukunft also ein leichteres Leben und möchten wir insbesondere in den immer wieder auftretenden Problemsituationen einen besseren Überblick behalten, dann müssen wir einen kritischen Blick in unseren Werkzeugkasten werfen. Dabei sollten wir klar bilanzieren, welche Werkzeuge unserer Ich-Struktur vielleicht beschädigt sind, welche zu klein geraten sind und welche womöglich völlig fehlen. Der nachfolgende Schritt beinhaltet dann ein geduldiges Training. Wir müssen etwas Entwicklungshilfe leisten, so dass diese Strukturen in uns als heilsame Ressourcen zu unserer Verfügung stehen.

Meditation und Übungen zur Achtsamkeit führen nachweislich zu zahlreichen messbaren, spürbaren und sichtbaren inneren Veränderungen. Neurowissenschaftler forschen seit Jahren über die Zusammenhänge zwischen einem auf Meditation basierenden Geistestraining, den sich daraus ergebenden Veränderungen im Gehirn und den daraus resultierenden Veränderungen im Empfinden und Verhalten der Versuchspersonen. Dazu gehören Meditationsanfänger ebenso wie Meditationsmeister.

Nach wie vor sind wir immer noch verwundert, wenn wir bemerken, was ein gezieltes Training alles bewirken kann. Wir bestaunen Erinnerungskünstler ebenso wie Menschen, die ihre Gelassenheit vertiefen konnten. Wir staunen über die Auswirkungen von regelmäßigen Kraftübungen oder über die Darstellungen von Geschicklichkeit. Dazu gehört auch ein wenig Talent, doch vor allem beruhen diese Ergebnisse auf regelmäßigem geduldigem Üben.

Aus Software wird Hardware!

Unser Gehirn besitzt die faszinierende Eigenschaft, dass es permanent dazu bereit ist, sich selbst umzubauen. Jede neue Tätigkeit wird sofort als Anregung verstanden. Die beteiligten Nervenzellen scheinen es zu lieben, dass sie sich dabei miteinander verbinden dürfen. Das heißt, wenn wir gezielt unsere heilsamen Übungen durchführen, werden parallel dazu die entsprechenden heilsamen Hirnareale aktiviert. Die Folge davon ist die Stärkung und Ausdifferenzierung unserer neuronalen Hirnstruktur. Durch unser Tun (Software) bilden sich also tatsächlich neue Nervenverbindungen (Hardware).

Erstaunlicherweise entsteht dieser Vorgang der Neuroplastizität sogar auf der gedanklichen Ebene. Auch unser Denken basiert ja auf den neuronalen Aktivitäten. Die Wiederholung immer gleicher Gedanken stimuliert eben immer wieder einen bestimmten Hirnbereich, so dass sich dieser festigt und ausdifferenziert. Beispielsweise entwickelt sich aus immer wieder auftretenden sorgenvollen Gedanken eine sorgenvolle Hardware in uns. Eine wenn auch unspezifische spontane Reizung führt dann automatisch nur noch zu Besorgnis. Der Spielraum unseres Handelns und auch unseres Empfindens engt sich immer mehr ein.

Regelmäßiges Wiederholen kann sich nicht nur heilsam auswirken

Beim gezielten Geistestraining werden sowohl heilsame Persönlichkeitsanteile gestärkt als auch Hirnareale, die für den Zugang zu unseren Emotionen und für unsere Fähigkeit zur Introspektion zuständig sind: die Insula und der ACC. Auch sie bilden sich entweder dynamisch aus oder sie bilden sich zurück. Durch Meditation werden sie gestärkt, bei stresshafter Überforderung können sie in ihren Funktionen leiden und sich zurückbilden. Dann wird es den Betroffenen sehr schwerfallen, sich selbst feinfühlig wahrzunehmen. Innere Signale werden überhört und auch die Wahrnehmung der eigenen Leistungsgrenzen ist gestört.

Wenn der Stress früh, massiv und dauerhaft eingesetzt hat, kann es auch zu erheblichen Einschränkungen bei der Ausbildung verschiedener Hirnareale kommen. Heute gilt es als gesichert, dass überfordernder Stress zu neuronalen Schädigungen führen kann. Davon sind natürlich kleine Kinder stärker betroffen als Erwachsene, denn das kindliche Nervensystem ist besonders sensibel und empfänglich.

Es ist gut nachvollziehbar, dass wir im Stress vollkommen von uns selbst abgelenkt sind und uns nur noch nach äußeren Notwendigkeiten richten. Dadurch stellen Hirnbereiche nach und nach ihre Tätigkeiten ein, die für genau diese Innenschau zuständig wären. Nicht wenige von uns haben oft den Eindruck, nur noch zu funktionieren. Das Gespür für die eigenen Grenzen wird immer schwerer wahrnehmbar. Meistens kann unser Körper dann nur noch über die Symptombildung mit uns kommunizieren, und selbst das versuchen wir noch zu ignorieren, zum Beispiel mit medikamentöser Dämpfung oder dem Konsum von zahllosen anderen Substanzen und Genussmitteln, die durch ihre Fehldosierung oder ihren falschen Gebrach zu Giften werden. Gemeint sind hier Alkohol, Nikotin, Drogen, Fernsehen, Essen, Sex, Shopping, um nur einige Möglichkeiten zu nennen.

Diese unheilsamen Versuche zu einer Lösung oder zumindest einer Linderung verstärken Neigungen in uns, die sich bei jeder Wiederholung weiter festigen können. So entstehen über die Wiederholungen langsam unsere Gewohnheitsmuster. Diese bilden das Fundament für unsere Charakterstruktur. Nochmals zur Erinnerung: Das, was wir fördern und wiederholen, wird sich festigen.

Auf diese Weise entwickeln wir Muster in uns, die sich unmerklich ausbreiten und uns langsam verändern. Schließlich merken wir dann, in welch einem starken Ausmaß wir eine unheilsame Neigung in uns tragen, die wir so schnell nicht wieder loswerden. Dann werden wir unsere Wahlfreiheit noch mehr eingeschränkt sehen.

Haben wir bislang vor allem die Raubtiere gefüttert?

Welche Anteile in uns haben wir selbst genährt, welche wurden von anderen gefüttert? Welche inneren Strukturen sind bei uns gefördert worden?

Weil viele von uns mehr Stress als Ruhe, mehr Sorgen als Sicherheit und mehr Anspannung als Entspannung erleben, haben sich einige Schieflagen entwickeln können. Die Wahrscheinlichkeit, dass wir mehr unheilsame als heilsame Anteile in uns gefüttert haben, ist naheliegend und ziemlich groß. Diese unheilsamen Persönlichkeitsanteile geben uns Gedanken ein, die wir in Form von wütenden, traurigen oder ängstlichen Stimmen in uns hören. Es gibt auch noch zahlreiche Varianten, die wir als Grübelzwänge oder Suchtimpulse erleiden.

Wir haben einen reichlich dissonanten Chor von Stimmen in uns herangezüchtet, der es gewohnt ist, ein Eigenleben zu führen, und den wir durch unseren Aktionismus und selbsterzeugten Lärm zu übertönen versuchen. Nur wenn wir zur Ruhe kommen wollen oder wenn wir einmal den Blick nach innen richten, dann tun sich nicht selten Abgründe auf, die uns schaudern lassen. Wir stecken in dem Dilemma, dass wir diese Probleme in uns eigentlich lieber nicht spüren wollen, doch gleichzeitig möchten wir auch einen besseren Zugang zu uns bekommen und wieder mehr Ruhe und Gelassenheit finden.

Viele von uns scheuen die therapeutische Bearbeitung, weil sie vielleicht sogar zu Recht vermuten, dann mit diesem inneren Chaos konfrontiert zu werden. Leider fokussieren sich auch viele Therapeuten heute immer noch zuerst auf Probleme und Schwierigkeiten.

Auf dem leichten Weg sein

Der leichte Weg gibt uns hier – sogar auf dem Stand der aktuellen Wissenschaft – eine Richtung vor, die zwar auch zur Milderung oder Auflösung von Problemen führt, aber eben auf einem Weg, der uns nicht zuerst in die Misere hineinführt. Doch natürlich können wir die innere Misere auch nicht völlig ignorieren. Demnach ist wieder eine Gratwanderung zu erwarten.

Ein unumgänglicher Schritt auf unserem heilsamen Wachstumsweg ist die Kultivierung des sicheren Zugangs zu uns selbst. Wegen der eben geschilderten Problematik benötigen wir dafür einige Anleitungen. Einerseits müssen wir uns darauf vorbereiten, denn der Blick in uns hinein ist nicht immer nur lustig. Darüber hinaus müssen wir uns Techniken aneignen, die den Aufbauprozess von hilfreichen Hirnstrukturen und den Abbauprozess von unheilsamen inneren Strukturen ermöglichen.

Das leichte Gärtnern

Das ist nicht so kompliziert, wie es vielleicht klingen mag, denn im Grunde funktioniert es wie beim Betreuen von Pflanzen: Wenn wir im Garten eine Pflanze in besonderem Maße zum Wachsen animieren möchten, dann müssen wir sie nur gut wässern und etwas düngen. Sicherlich werden wir diese Zuwendung nicht solchen Pflanzen zukommen lassen, die ohnehin bereits viel zu groß geworden sind oder die durch ihre Eigenschaften störend wirken. Letztere werden durch den Mangel an unserer Zuwendung ihre Hybris und das wilde Wachstum wieder einstellen und sich wie gewünscht reduzieren.

Da es aber immer wieder einmal regnet oder die Sonne scheint, werden auch diese Unkräuter nicht vergehen; wir müssen zusätzlich aber nicht noch auf die dumme Idee kommen, die unerwünschten

Pflanzen in unserem Garten zu düngen. Es ist schon sehr erstaunlich, dass wir gerade diese irrsinnige Vorgehensweise bei unserem inneren Garten befolgen. Dabei müssen wir nicht einmal Gift versprühen oder tiefe Ausgrabungen vornehmen. Es würde vollkommen ausreichen, wenn wir demnächst die heilsamen Anteile bewässern und die unheilsamen nicht mehr düngen würden.

Aktives Üben mit bildlicher Vorstellungskraft verbinden

Für eine zielgerichtete und vor allem effektive Kultivierung von heilsamen Anteilen in uns bedarf es einer speziellen Kombinationstechnik.

Sicherlich werden bereits durch unsere heilsamen Praxisübungen, wie zum Beispiel die Meditation oder die Atem- und Haltungsübungen, sehr heilsame Areale in unserem Gehirn stimuliert. Wir können diesen Prozess jedoch noch deutlich steigern und lenken, indem wir während unserer Übungen zusätzlich konzentriert daran denken, dass nun im Gehirn sowohl dem Ruhepol als auch einem heilsamen Ich-Anteil Energie zugeführt wird. So können wir uns vorstellen, dass im Ruhebereich des vegetativen Nervensystems (Parasympathikus) ebenso elektrische Impulse entstehen wie in einem kleinen Areal in einer Hirnregion, die etwa einen Zentimeter hinter unserer linken Augenbraue angesiedelt ist. Heilsame Persönlichkeitsanteile sind tatsächlich eher in der linken Hemisphäre lokalisiert. Wenn Menschen dort einen Schlaganfall erleiden, entwickeln sie sich in kürzester Zeit zu sehr unangenehmen Zeitgenossen.

Es ist eine faszinierende Tatsache, dass wir durch unsere Konzentration, zum Beispiel mithilfe unserer bildlichen Vorstellungskraft, bestimmte Hirnregionen ansprechen können. Das ist natürlich kein Mysterium. Wenn Sie an eine wirklich saftige rote Tomate denken, dann entstehen unwillkürlich dort in Ihrem Hinterkopf, wo unsere Bilder verschaltet werden, elektrische Spannungen. Trotzdem wundern sich immer noch viele darüber, dass wir tatsächlich auf solche inneren Abläufe in uns Einfluss nehmen können.

Unsere Ich-Struktur ist wie ein Lieferwagen

Das bislang in diesem Kapitel Beschriebene sollte vielleicht so verstanden werden wie die innere Struktur eines großen Fahrzeugs für die Paketzustellung. Würden alle Pakete hinten im Stauraum ungesichert gestapelt sein, dann würden sie spätestens in der ersten Kurve durcheinandergewirbelt und eine Vollbremsung würde uns die Pakete um die Ohren fliegen lassen. Besteht aber, wie in solchen Fahrzeugen üblich, eine innere Struktur in Form von Paketfächern, Gurten und Haltesystemen, dann lassen sich die Pakete nicht nur sicherer transportieren, sondern es können auch mehr Pakete verstaut werden.

Sicherlich haben diese inneren Haltesysteme auch ein Eigengewicht, welches das Fahrzeug zusätzlich bewältigen muss, doch ohne diese Struktur wäre das Fahrzeug kaum belastbar und effektiv einsetzbar.

Diese Haltesysteme sind ungefähr vergleichbar mit unseren Ich-Strukturen, die uns dabei helfen sollen, mit unseren Lasten den Lebensweg zu beschreiten. Auch wir müssen für unsere innere Ego-Struktur einen gewissen Energieaufwand betreiben.

Stellen Sie sich doch einmal ein solches Fahrzeug vor, das seine Kommandos von den Sicherheitsgurten im Laderaum bekommt. Viele Menschen, die diese Ego-Problematik kennen und in buddhistischen Schriften die These *„no ego – no problem"* lesen, zweifeln womöglich generell am Wert ihres Ego. Sie möchten es, wie auch so viele buddhistische Meister vorschlagen, auflösen oder seine illusorische Qualität erkennen.

Das Beispiel mit dem Lieferwagen verdeutlicht jedoch ganz gut, was eigentlich gemeint ist. Bei der Auflösung unserer Ego-Illusionen erkennen wir, dass unser Ego aus vielen verschiedenen Ego-Anteilen besteht und dass es wie ein Sicherungs- und Hilfesystem angelegt sein kann, das uns zur Verfügung steht. Wir sind jedoch viel mehr als nur unser Ego.

Die Ego-Haltesysteme sind ein Teil von uns, aber auch das gesamte Fahrzeug mit Motor, samt Fahrer und dessen Gedanken, all das sind wir. Viele meinen sogar, dass wir auch noch die Straße sind, die Gegend und auch alles andere – bis hin zum Stahlwerk, der Fahrzeugfabrik und der uralten organischen Überreste, die zu Erdöl wurden.

Unsere Nerven halten uns aus

Das nützliche Haltesystem symbolisiert also unsere Ich-Strukturen und ist damit gleichzeitig auch ein Symbol für das, was in unserem Kopf geschieht. Mit der inneren Struktur ist natürlich auch unser Nervensystem gemeint.

Erleben wir viel Dauerstress, dann können sich die Verbindungen zwischen den Nervenzellen lösen. Das ist damit vergleichbar, als würden sich die Haltesysteme in dem Lieferwagen aufzulösen beginnen, sobald der Wagen unaufhörlich im roten Drehzahlbereich dahinrast. Der Fahrer merkt, dass die Pakete herumfliegen, und wir selbst merken die Auflösung unserer Ich-Haltesysteme dadurch, dass unsere Probleme uns zu viel werden. Wir fühlen uns dann dünnhäutiger, können uns schwerer beherrschen, spüren stärkere Stimmungsschwankungen, erleben mehr Konflikte mit anderen und meinen sogar, dass Freunde scheinbar zu Feinden werden.

Diese Dynamik erleben besonders diejenigen von uns, die schon in jungen Jahren viel Dauerstress ausgesetzt waren. Kaum war das Fahrzeug vom Band, schon wurde es malträtiert. In jüngeren Jahren ist unser Nervensystem besonders formbar. Wir betreten diese Welt mit wesentlich mehr Nervenzellen in unserem Gehirn, als wir heute besitzen. Das Gehirn bei unserer Geburt ist zwar um ein Vielfaches kleiner als im ausgewachsenen Zustand, doch die Dichte der Nervenzellen ist deutlich höher.

Schon im Mutterleib lernen wir unseren Körper kennen und unser Gehirn entwickelt die dazu genau passenden Hirnstrukturen. Kleinkinder saugen die ersten Erfahrungen buchstäblich in sich auf; auf diese Weise erfolgt ein ziemlich wirkungsvoller Prägungsvorgang. Das bedeutet, dass sich bestimmte Muster schon früh eingraben, während andere, nicht angesprochene Nervenareale sich zurückbilden.

Besonders in den ersten Lebensjahren ist unser Gehirn voll von Potentialen und Möglichkeiten. Sämtliche unserer Veranlagungen sind ansprechbar und haben wartend die Tür aufgesperrt. Diese Bereitschaft bleibt zwar unser ganzes Leben lang bestehen, doch in unseren Kindertagen gibt es besonders sensible Zeitfenster. Wenn unsere Familie aber immer nur ein paar Türen nutzt, dann schließen sich bald die anderen. Damit entstehen die ersten Gewohnheitsmuster.

Sicherlich können wir uns auch noch in späteren Jahren Gewohnheiten abtrainieren und neue oder genauer: alte, bisher nicht genutzte Potentiale reaktivieren, doch das wird uns um einiges schwerer fallen. Entwicklungspsychologen sprechen hier von Lern-Zeitfenstern, die zwischen dem vierten und neunten Lebensjahr besonders weit offen stehen.

Allerdings wird dieses Phänomen zum Leidwesen vieler Kinder aus einer anderen Perspektive heraus völlig missverstanden. Nicht wenige Eltern überreizen und überfordern ihre Kinder in dieser Zeit nämlich mit einem Überangebot an Anregungen. Auch hier kann wieder die buddhistische Weisheit vom Mittleren Weg zur Anwendung kommen. Kinder möchten und sollten adäquat gefördert, aber nicht überfordert werden.

Unsere Nervenzellen verhalten sich ganz menschlich

Die Neuroplastizität, der innere Prozess, der Veränderungen und Lernen ermöglicht, meint die Fähigkeit unseres Nervensystems und insbesondere die Fähigkeit jeder einzelnen Zelle, sich permanent auf das einstellen zu können, womit sie konfrontiert wird. Wenn Funkstille im Gehirn herrscht, weil sein Besitzer sich für nichts mehr interessiert, schaltet nach und nach eine Vielzahl von Nervenzellen ab. Das mutet fast wie eine Trotzreaktion an: „Keiner will mit mir spielen, also will ich jetzt auch nicht mehr, sondern verkrieche mich." Es wird dunkel im Gehirn. Auch äußerlich können wir dann bemerken, dass der betreffende Mensch langsamer, unkonzentrierter, einsilbiger, interessenloser und langweiliger wird.

Andererseits verfügen unsere Nervenzellen über einen Party-Charakter und eine ausgeprägte Neugier: Sobald in der Nachbarschaft etwas los ist, alles hell erleuchtet und aktiv ist, werden die umliegenden Nachbarn neugierig. Was ist denn da los? Sie strecken ihre Fühler in diese Richtung aus. Wenn nun nebenan nicht nur einfach geschäftiges Treiben herrscht, sondern auch gute Partystimmung, dann möchten alle dabei mitmachen.

Das bedeutet, dass wir zum Lernen auch Motivation, Freude und Interesse benötigen, also eine gewisse Begeisterung. Eine simple Stimulation, zum Beispiel in Form einer monotonen Wiederholung, reicht demnach nicht aus. Wir profitieren zwar auch davon, ohne dass es jedoch zu einer dauerhaften Verbindung kommt. Das entspricht eher dem Lernen für die Schule, bei dem wir uns fremdmotiviert einen Stoff einpauken, ihn kurzfristig abrufen und dann wieder vergessen.

Es gibt aber auch ein anderes Lernen. Herrscht bei den benachbarten Nervenzellen eine gute Stimmung, werden andere Nachbarn neidisch und möchten auch daran beteiligt sein. Da sie sich aber nicht bewegen können, weil sie gut eingebettet in dem Halt gebendem Nervengewebe der Gliazellen sind, lassen sie eben einfach auf die Schnelle ihre Fühler nach außen wachsen. Das geschieht in wenigen Tagen. Wenn der Kontakt dann hergestellt werden konnte, steht die Verbindung und die Nachbarn können mitfeiern. Der Besitzer des Gehirns ist nun noch aktiver und interessierter; seine Handlungen fallen ihm umso leichter, je mehr Nervennachbarn sich zusammengeschlossen haben. Auf diese Weise funktioniert Lernen.

Zudem besteht eine gute Nachbarschaft. Wenn einer von ihnen ausfällt, dann versuchen die anderen Nachbarn, seinen Job zu übernehmen. Eine wirkliche Solidargemeinschaft, wo keiner zuerst an sich selbst denkt, sondern an die Aufgabe, die zu erledigen ist: die Aufgabe, dem Menschen zu helfen.

Wunder sollten wir nicht zerstören

Unsere Nervenzellen sind kleine Wunder und ihr Zusammenwirken ist ein großes Wunder. Das trifft vor allem im Hinblick auf das zu, was dadurch entsteht: nämlich das Rätsel des Bewusstseins. Die Video-Aufnahmen eines funktionierenden Gehirns, die uns die Computertomografie liefert, offenbaren uns dieses filigrane Meisterwerk der Natur, das wir nutzen dürfen. Wir sehen darin funkelnde elektrische Impulse, kleine leuchtende Lichtblitze, mit denen unsere Nervenzellen zu spielen scheinen. Sie bewegen sich hin und her und erzeugen Wahrnehmung und Bewusstsein; dabei entstehen Liebe und Schmerz, Fantasie und Wut, Leidenschaft und Erleuchtung.

Mit unserem Gehirn verfügen wir über ein Hochleistungsorgan, das an Ästhetik kaum zu überbieten ist. Trotz seiner außerordentlichen Leistungsfähigkeit und Flexibilität ist es aber auch sehr empfindsam und störanfällig. Wenn eine Nervenzelle so groß wäre wie ein Mensch, dann wären ihre Fühler, mit denen sie Kontakt zu ihren Nachbarn hält, immer noch so fein wie ein Menschenhaar. Die Struktur ist also sehr zart. Zudem werden unsere Nervenzellen mit (fast) allem konfrontiert, was sich in unserem Blut befindet, denn daraus zieht das Gehirn seine Nahrung. Nicht alles überschreitet zwar die Blut-Hirn-Schranke, aber die meisten Genussgifte haben damit kein Problem.

Eigentlich besteht die Nahrung unseres Gehirns aus Zucker, Fett und Sauerstoff, doch unsere Gewohnheitsmuster fügen noch etliches an Konsumgiften hinzu. Die im wahrsten Sinne des Wortes wunderbaren Bilder unseres leuchtenden Gehirns, die wir überall finden können, beispielsweise beim Googeln im Internet, sollten uns dazu motivieren, uns und unsere Nervenzellen nicht zu vergiften.

Wenn die Nervenzellen gut funktionieren, dann bilden sie unter anderem auch das Haltesystem, das wir mit dem Bild des Lieferwagens verglichen haben. Die Nervenzellen erzeugen zwar noch viel mehr als nur dieses Haltesystem, doch die Ich-Funktionen sind wirklich eine phänomenale Leistung, die wir mithilfe unseres Gehirns vollbringen.

Unser Gehirn ist ausgesprochen sozial

Das Gehirn kann als ein durch und durch soziales Organ verstanden werden. Neben vielen universellen Hirnvorgängen entwickelt sich die Struktur immer individuell aus. Im Gehirn spiegelt sich unser eigenes soziales Leben vollständig wieder. Jeder Mensch hat ein passendes Gehirn für das spezielle Sozialsystem, in dem er lebt. So gesehen gibt es tatsächlich „typisch" deutsche Gehirne wie zum Beispiel auch „typisch" spanische Gehirne.

Das ist sehr gut so angelegt, doch wenn wir unserem Sozialorgan nur noch Gefängniskost anbieten, weil wir selbst wie in einem Gefängnis nur noch Routinen abspulen, dann entstehen wahre Pseudodemenzen.

Dieser Appell zu einer besseren Versorgung betrifft natürlich den gesamten Lieferwagen. Auch er bedarf ein wenig der Pflege und Zuwendung. Manchmal verlangt ein verbeulter und geschundener Wagen eine Inspektion; dann könnte der Fachmann feststellen, dass es mit einem einfachen Ölwechsel dieses Mal nicht getan ist. Er schaut uns vielleicht eindringlich mahnend an und meint dann: „Das Haltesystem muss dringend verstärkt werden." Da stehen wir dann als Fahrer und schauen den Monteur ratlos an. Was ist denn das Haltesystem überhaupt?

Leichtigkeit durch inneren Halt gewinnen

Diese Überschrift wird jetzt vielleicht noch verständlicher. Es ist vollkommen einleuchtend, dass ein Fahrzeug mit Haltesystem für Pakete wesentlich leichter zu fahren ist als eines ohne solche Sicherungen.

Deshalb können wir es als sinnvolle Investition ansehen, die sich auszahlen wird, wenn wir zu Beginn unseres leichten Weges erst einmal die Sicherungssysteme unseres Ego checken und diese bei Bedarf reparieren lassen, auch wenn das etwas Zeit in Anspruch nehmen wird. Wir stellen unseren Wunsch zurück, mit unserem Fahrzeug gleich abzuheben, sondern bleiben erst einmal noch eine Weile auf dem Teppich.

Wenn wir diese Geduld jedoch aufbringen, werden wir unseren zukünftigen Weg als einen leichten Weg erleben können, während viele unserer Wegbegleiter denselben Weg als schwer empfinden mögen. Uns wird dann in unserem Wagen nicht ständig irgendetwas um die Ohren fliegen: Wir bleiben sicher oder zumindest ausreichend sicher. Der

Weg wird schon noch genügend Abenteuer für uns bereithalten, das müssen wir nicht noch durch eine desolate innere Struktur verschärfen.

Das hilfreiche Bild des Lieferwagens verdeutlicht auch, warum ein guter Lehrer einen Blick in den Stauraum seines Schülers werfen sollte. Nicht jedes Fahrzeug sollte von einem blinden TÜV-Prüfer einfach nur durchgewunken werden. Grundsätzlich müssen wir die Verantwortung jedoch bei uns selbst suchen. Eigentlich sollte ja niemand das Fahrzeug besser kennen als der Fahrer selbst.

Auch mit unseren zwanghaften Seiten arbeiten

Zu Anfang dieses Kapitels wurde bereits beschrieben, aus welchen Elementen unsere innere Struktur bestehen kann. Die Ich-Funktionen sind von der Ich-Psychologie gut dargestellt worden. Der Psychoanalytiker Heinz Hartmann, der Begründer der Ich-Psychologie, hat diese in seinem Buch *Ich-Psychologie und Anpassungsproblem* differenziert beschrieben.

Sicherlich hat dieses Thema immer auch etwas mit einer gewissen zwanghaften Seite in uns zu tun. Wenn Strukturen zu eng werden, spüren wir diesen Zwang deutlicher. Viele von uns sind davon jedoch wenig angetan, weil jede Form von Einengung fast als Bedrohung oder zumindest als sehr unangenehm erlebt wird. Gerade der leichte Weg als spiritueller Pfad sollte Einengungen doch unbedingt von uns fernhalten. Wir können uns aber immer erst dann von etwas entfernen, wenn es erledigt ist. Etwas abzutrennen, auszuscheiden und loszulassen kann oder sollte also nie vor der Verdauung stattfinden.

Wir wenden uns daher bewusst unseren zwanghaften Seiten zu und schauen, wie wir auch diese für unseren leichten Weg nutzbar machen können. Wenn wir merken, dass unsere innere Struktur oft nicht ausreichend stabil ist, dann hilft unsere innere Buchhalterin uns, indem sie das ganz sachlich auflistet und am besten sogar im wahrsten Sinne des Wortes als To-do-Liste ausdruckt.

Wenn die innere Struktur noch etwas nachlässig ist, muss für eine Übergangszeit eine äußere Strukturhilfe nutzbar gemacht werden. Viele Menschen lösen dieses Problem allerdings auf eine eher schwere Art: nämlich entweder gar nicht, so dass die Versäumnisse sich immer wieder zu großen Nachteilen auswachsen, oder sie suchen sich einen Partner, an den sie die eigenen Defizite in puncto innerer Struktur gewissermaßen delegieren können. Er wird damit zu einer Art Sekretär, der dann ständig an die Dinge erinnert, die noch zu erledigen sind. Die sich daraus ergebenden Konflikte sind nahezu vorprogrammiert. Nicht ohne Grund verweist uns die buddhistische Lehre immer wieder auf unsere Selbstverantwortlichkeit.

Wenn Sie sich mit dieser äußerst wichtigen Thematik überfordert fühlen, dann planen Sie dafür doch bitte drei bis fünf Probegespräche bei einem Tiefenpsychologen ein. Mit seiner Hilfe fertigen Sie in kurzer Zeit ein fundiertes eigenes Profil Ihrer inneren Struktur an. Bedeutet das zu viel Aufwand? Es sind nur drei bis fünf Stunden. Wie wichtig ist Ihnen Ihr eigenes Leben?

Die Grundlage, auf der unsere innere Struktur ruht

Wir haben nun einiges über die Bedeutung unserer inneren Ego-Struktur reflektiert. Das Beispiel mit dem Lieferwagen ist dabei sehr hilfreich für uns, um die verschiedenen Aspekte symbolisch verständlicher zu machen.

Noch ein sehr wesentlicher Aspekt darf hier nicht unerwähnt bleiben. Solche symbolischen Bilder können auch immer das dahinterliegende Menschenbild transportieren. Natürlich ist damit aber nicht gemeint, dass wir wie Autos sind. Vielmehr soll darauf hingewiesen werden, dass unsere innere Struktur, auch wenn sie noch so hilfreich für uns ist, nicht mit unserer Wesensnatur verwechselt werden darf. Wir blicken in uns hinein und erkennen zuerst immer die eher oberflächlichen Strukturen, also unsere Ich-Einheiten. Damit können wir uns lange aufhalten. Auch viele Behandler sehen nichts anderes als das.

Erinnern wir uns jedoch an die vielen Hinweise, die wir in diesem Buch schon über unseren Inneren Edlen Kern nachlesen konnten. Er ist das mächtige Symbol für die Transzendenz in uns, also denjenigen Bereich, der weit über uns selbst hinausgeht. Auf ihm gründet unser Innerstes. Auch dann, wenn wir wunderbare Erfahrungen mit unseren ausgewogenen Ich-Fähigkeiten machen, bleiben sie doch immer Ausdruck unserer Begrenztheit. Dass wir diese transzendieren, also ausweiten und darüber hinausgehen können, zeigt uns unsere wahre Natur, die wir mit dem Zugang zu unserem Inneren Edlen Kern erfahren können.

Sich eingrenzen lernen und auf das Wesentliche besinnen

Damit wir den leichten Weg gut kennenlernen können, müssen wir uns selbst gut kennenlernen. Zudem benötigen wir eine klare Vision von unserem Weg. Die Betonung liegt diesmal auf dem Wörtchen *klar.*

Wohl alle Menschen dürften sich einen leichten Weg für ihr Leben wünschen. Wir meinen jedoch, dass dieser Weg erst hart erarbeitet werden müsse. So schuften viele für eine vermeintlich bessere Zukunft. Der Dalai Lama beschreibt jedoch recht kenntnisreich unsere menschliche Natur, wenn er sagt, dass ein Mensch, der die ganze Welt besäße, wahrscheinlich sehr hart darum kämpfen wird, möglichst bald ein Hotel auf dem Mond zu besitzen.

Es ist so schwer für uns, den leichten Weg nicht ständig zu verfehlen. Von den scheinbar schönen Dingen bekommen wir nie genug, obwohl der Genuss meistens nur von kurzer Dauer ist. Zudem neigen wir dazu, viel in Kauf zu nehmen, um dann in Zukunft den erhofften Profit einstreichen zu können.

Nicht gleich relaxen – erst arbeiten und dann relaxen

Heinrich Böll erzählt eine Geschichte zur Senkung der Arbeitsmoral. Ein Tourist fragt einen dösenden Fischer, der genüsslich in der Sonne liegt, warum er denn schlafe und nicht zum Fischen aufs Meer hinausfahre. Der Fischer versteht den Touristen zuerst gar nicht und erzählt ihm dann, er sei schon fischen gewesen und habe auch etwas gefangen, nun sei es für heute gut. Der Tourist versucht nun, dem Fischer klarzumachen, dass er öfter aufs Meer hinausfahren solle, um mehr Fische zu fangen. So könne er sich sicher bald ein größeres Schiff kaufen und dann auch Angestellte einstellen. Würde das klappen, dann könne er selbst schon bald öfter einmal ausspannen und hier in der Sonne liegen. Der Fischer schaut den Touristen lächelnd an und macht ihn auf das Offensichtliche aufmerksam: Er genieße bereits die Sonne und seine Freizeit.

Unsere inneren Strukturen bilden die äußere Welt und wurden auch selbst von der Welt gebildet. Wir gehen mit diesem Sensorium auf die Welt zu und versuchen, sie unserem inneren Muster anzupassen. Damit begeben wir uns in die Mühlen der gegenseitigen Anpassung und folgen den dadurch entstehenden Mustern mehr oder weniger blind.

Die inneren Strukturen sollten von uns erkannt werden. Sie dürfen nicht länger ein Schattendasein fristen, indem sie unerkannt bei uns am Werke sind und auf diese Weise unseren Weg bestimmen. Es ist an der Zeit, dass wir das Licht im eigenen Haus einschalten, anstatt ständig nur nach draußen in die Welt zu starren. Unser Bewusstsein kann dieses Licht sein, das dazu in der Lage ist, die bislang unbewussten Muster zu transformieren. Das wird dann dazu beitragen, dass wir nicht mehr nur einem festgelegten Muster folgen müssen, denn dann haben wir eine Wahl.

Nachdem wir uns nun mit unseren inneren Strukturen beschäftigt haben, werden wir uns einmal die äußeren Möglichkeiten anschauen. Worauf müssen wir achten? Was ist zu tun? Müssen wir wirklich für den leichten Weg mit den buddhistischen Praxisübungen alle lieben Gewohnheiten über Bord werfen?

KAPITEL 13

Für heilsame äußere Bedingungen sorgen: Buddhistische Sozialtherapie (BST)

An der Art und Weise,
wie die Leute im Vorraum des Dojo ihre Schuhe aufstellen,
erkenne ich den Zustand ihres Bewusstseins.

– Taisen Deshimaru Roshi –

Wir haben in diesem Buch schon sehr viel darüber gehört, dass ein leichter Weg immer zuerst ein innerer Weg ist und dass eine spirituelle Entwicklung immer zuerst eine innere Entwicklung ist. Zudem wurde im vorigen Kapitel 12 verdeutlicht, wie wichtig die Kultivierung unserer inneren Ressourcen ist. Auch das Kapitel 3 zum Thema „Unabhängigkeit von äußeren Riten" unterstreicht diesen Appell.

Diese geballte Ladung an inneren Werten soll aber nicht über die Relevanz von äußeren Bedingungen hinwegtäuschen. Auch von buddhistischen Lehren wird die Bedeutung von äußeren Umständen keinesfalls geschmälert oder gar geleugnet. Schon Buddha appellierte daran, den Menschen genug Korn für ihre eigene Aussaat zu geben, weil die Sicherung von materiellen Lebensgrundlagen die Würde des Menschen bewahren helfe.

Zudem benötigen wir die materielle Absicherung auch deshalb, um spirituelle Bereiche etwas leichter in unser Leben integrieren zu können. Wenn wir selbst und unsere Familie hungern, dann ist der Broterwerb erst einmal wichtiger als zum Beispiel die Meditation. Dass wir uns einem Thema wie dem leichten Weg widmen dürfen, ist auch Ausdruck unseres materiellen Wohlstandes. Vielleicht würdigen wir das nicht immer genug oder nehmen es einfach als selbstverständlich hin. Doch auch materieller Überfluss kann für unseren spirituellen Weg ebenso hinderlich sein wie eine materielle Unterversorgung. Wir erleben das sehr deutlich in unseren überentwickelten Kulturen.

Die äußeren Umstände spielen eine bedeutsame Rolle für unser Wohlbefinden und auch für die Chancen, auf unserem Weg voranzukommen. Es ist keine alles entscheidende, aber durchaus eine bedeutsame Rolle. Sie ist deshalb nicht alles entscheidend, weil wir auch mit den unterschiedlichsten Rahmenbedingungen etwas Heilsames erreichen können. Gar nicht so selten wird gerade unter den schwierigsten äußeren Umständen etwas Wunderbares erreicht, während viele von uns im Überfluss leben und trotzdem einen destruktiven Weg gehen.

Wir alle wünschen uns, wenn wir die Wahl hätten, wohl eher himmlische äußere Umstände als höllische. Die buddhistische Lehre kann uns verdeutlichen, dass wir in der Lage sind, uns aus allen Lebensbereichen heraus zu befreien. Wahrscheinlich ist unsere Motivation zur Befreiung dann jedoch stärker, wenn wir uns in der Hölle glauben. Das Gefühl, im Himmel zu sein oder zumindest in einer Phase himmlischer Empfindungen, könnte Befreiungsimpulse dagegen eher leiser werden oder verstummen lassen.

Wenn wir selbst also die Wahl hätten zwischen Himmel und Hölle, würden wohl nur die wenigsten – auch die wenigsten Buddhisten – gleichgültig mit den Schultern zucken. Die Symbolik von Himmel und Hölle zeigt uns den größtmöglichen äußeren Unterschied. Zwar tragen wir Himmel und Hölle immer auch in uns, doch als fühlende Wesen sind wir bestens dazu in der Lage, uns und allen anderen das Leben im außen genauso zum Himmel wie zur Hölle zu machen.

Die Legende von Himmel und Hölle

In der Hölle sitzen die Menschen an ihren Stuhl gefesselt. Nur der rechte Arm ist relativ frei. Dort ist ein zwei Meter langer Löffel festgebunden. Vor ihnen stehen reich gedeckte Tische mit den herrlichsten Speisen. Die Menschen können die Speisen jedoch nur mit dem viel zu langen Löffel erreichen. Überall um die Tische herum liegen verdorbene Essensreste, denn die Leidenden können den Löffel nicht zu ihrem Mund führen. Alles fällt vorher zu Boden. Dort sitzen sie also, vollkommen ausgehungert vor übervollen Tischen mit duftenden Speisen.

Im Himmel herrschen erstaunlicherweise die identischen Spielregeln. Auch dort sind die Menschen auf die gleiche Weise gefesselt, auch sie haben diesen zu langen Löffel und auch sie können sich damit nicht selbst füttern. Im Himmel haben die Menschen jedoch gelernt, sich gegenseitig zu füttern. Die äußeren Umstände, also auch die jeweiligen Bedingungen und Spielregeln, sind nicht das alles entscheidende Kriterium. Es ist auch unser eigenes Zutun, das darüber mitentscheidet, wie wir leben.

Entweder können wir es uns selbst schwer machen, indem wir nur uns selbst sehen. Das könnte sich auch dadurch ausdrücken, dass wir keine Hilfe annehmen mögen und jedes hilfreiche neue Rad erst selbst erfinden müssen. Bildlich gesehen, könnten wir auf diese Weise vor reich gedeckten Tischen verhungern.

Oder wir finden inmitten unserer äußeren Bedingungen einen leichten Weg, indem wir auch unsere Mitmenschen einbeziehen. Die Gemeinschaft annehmen bedeutet, nicht nur selbst Hilfe anzunehmen, sondern auch anderen Hilfestellungen zu geben.

Gibt es überhaupt eine klare Trennung zwischen innen und außen?

Unser Verstand läuft meistens im Modus des dualistischen Denkens. Auf dieser Ebene ist ein Sachverhalt entweder gut oder schlecht, nie aber beides. Wenn wir diesen Modus ändern, dann lösen sich auch die klaren Trennlinien auf und wir erkennen, dass unsere dualistischen Sichtweisen mehr über uns selbst als über den Sachverhalt an sich aussagen.

Für viele Aspekte unseres leichten Weges müssen wir die dualistischen Sichtweisen noch für uns nutzen. Manches ist zumindest anfangs hilfreich, manches ist vollkommen destruktiv. Es wäre weise, das erkennen und auf diese Weise die dualistische Einschätzung nutzen zu können. Im weiteren Verlauf kann sich dieser Vorgang jedoch verändern. Dann werden wir die klaren Unterscheidungen nach und nach auflösen und (fast) alles als hilfreich für uns erleben.

Auf der Ebene unserer Alltagserfahrungen gibt es also durchaus fundamentale und bedeutsame Unterschiede zwischen innen und außen. Bleiben wir einmal einen Moment lang bei diesen Alltagserfahrungen. Hier scheint es recht interessant zu sein, sich zu fragen, wo das Innen aufhört und das Außen beginnt. Bietet sich da vielleicht unsere Haut als Trennlinie an? Doch gleich die nächste Frage lautet: Können wir eine solche klare Trennungslinie wirklich ziehen?

Betrachten wir das einmal etwas genauer. Vielleicht erleben Sie Ihre Vorstellungen von sich selbst, zum Beispiel in Relation zu Ihrem Beruf, als etwas Inneres, doch das funktioniert nur so lange, wie das Außen dazu passt. Wenn Sie an sich und Ihren Job denken und gedanklich an Ihrem Arbeitsplatz sind, dann projizieren Sie sich nach außen und sind damit mit einem Stück Außenwelt verwoben. Das Gleiche passiert auch mit allen anderen Aspekten, mit denen Sie sich identifizieren.

Unsere Emotionen und die Außenwelt sind ebenfalls deutlich miteinander verquickt. Tatsächlich sind auch die körperlichen Grenzen nicht wirklich fix. Unser Körperschema, also unsere innere Vorstellung von unserem Körper und zum Beispiel dessen Position im Raum, muss ständig durch die Stimulierung bestimmter Hirnregionen aktiviert werden. Kommen diese Areale zur Ruhe, so wie das in der Meditation geschieht, beginnt sich das Körperschema aufzulösen und wir wissen dann vielleicht nicht mehr, wo sich unsere Extremitäten befinden.

Auch die buddhistischen Lehren über die Leerheit aller Dinge, die gegenseitige Abhängigkeit und unsere untrennbare Verbundenheit verdeutlichen, dass wir keine klare Trennungslinie zwischen innen und außen ziehen können, denn alles besteht aus interagierenden Bausteinen.

Wenn wir in der Meditation tief zu unserem Inneren Edlen Kern vorstoßen und der Kontakt zu unserer geistigen Qualität hergestellt wird, dann erleben wir wieder andere Empfindungen von außen und innen. Was wir dann als uns selbst erfahren, scheint das Innerste zu sein, während der Körper jetzt bereits als zum Außen gehörig empfunden wird. Wenn wir uns im meditativen Zustand den weiteren äußeren Schichten zuwenden, zum Beispiel dem Raum, in dem wir sitzen, dem Haus, in dem sich der Raum befindet, dem Ort, wo das Haus steht, dem Land, wo sich der Ort befindet usw., dann entdecken und erfahren wir darin immer uns selbst und spüren auch die Verbindung.

Bereits der Gedanke der untrennbaren Verbundenheit verweist auf die äußerst vielfältigen Möglichkeiten gegenseitiger Beeinflussung dieser beiden Aspekte derselben Einheit. Die Trennung ist also nur als eine Art Verständnishilfe anzusehen, die uns darin unterstützen wird, analytischer vorzugehen und einige Aspekte klarer herauszustellen und auch praktisch nutzen zu können. Mit diesem Bewusstsein wenden wir uns nun diesem Kapitel über die Bedingungen der Außenwelt zu, indem wir Anregungen darüber reflektieren, welchen Einfluss unser Außen auf unser Innen haben kann und wie wir das für unseren leichten Weg nutzbar machen können.

Von der Ordnung und Unordnung im außen

Wir werden in diesem Kapitel einige Appelle finden, die uns zum Ordnunghalten anregen möchten.

Spricht dieses Thema Sie an? Halten Sie Ordnung vielleicht gern? Oder sind Sie eher ein Mensch mit flexibler Organisation? Ist Ihre Wohnung immer sauber und aufgeräumt, oder leiden Sie an einem „Junggesellen-Syndrom"?

Was hätte Deshimaru Roshi wohl über Ihr Bewusstsein herausgefunden, wenn er Ihre Wohnung betreten hätte? Vielleicht haben wir alle ja diese Deshimaru-Fähigkeiten. Wir räumen doch fast alle unsere Wohnung etwas auf, wenn wir Gäste erwarten. Wahrscheinlich geschieht das auch deshalb, weil wir ahnen, dass jeder Gast über den Zusammenhang zwischen dem äußeren und dem inneren Zustand spekulieren könnte.

Welche Ideen haben wir aber von einem Menschen, dessen Wohnung museumsreif sauber gehalten wird? Von in Plastikfolie eingeschweißten Sofas bis zu den penibel gebügelten Tischdecken und dem Tischstaubsauger in ständiger Griffnähe? Was würde Deshimaru Roshi wohl dazu sagen?

Liegt die Matte nicht gerade,
setzt sich der Meister nicht.

– Konfuzius –

Für viele spirituelle Meister ist das Ordnunghalten ein wesentlicher Bestandteil der spirituellen Ausbildung. Wieso aber ist das eigentlich so? Das Ziel ist doch nicht die Ordnung, sondern die Befreiung. Wie sollen wir uns denn in einem Regelwerk der Ordnung befreien? Als Verständnishilfe können wir uns wieder einmal daran erinnern, dass wir uns nicht *von* unserer Ordnung, sondern *inmitten* unserer Ordnung befreien.

Wir haben im vorigen Kapitel einiges über die innere Ordnung gehört. Hier konnten wir erfahren, dass wir zuerst ein gutes inneres Haltesystem benötigen, bevor wir unsere Befreiung vervollkommnen. Diese innere Struktur kann die Basis für eine ordnende äußere Struktur bilden. Doch auch der umgekehrte Weg ist denkbar: Wir schaffen außen eine Ordnung, die sich mit den stetigen Wiederholungen nach und nach internalisiert. Unser Gehirn bildet als soziales Organ immer eine innere Struktur, die zur äußeren Struktur passt. Das ist einer der Hauptgründe für eine Buddhistische Sozialtherapie BST: Äußere Ordnung schafft innere Ordnung.

Die Kultivierung von äußerer Ordnung fällt vielen schwer, ganz besonders den Teenagern. Einer der Gründe dafür ist darin zu finden, dass sie in diesem Entwicklungsalter damit beschäftigt sind, innere Strukturen umzubauen und etwas Eigenes schaffen zu wollen, um sich damit in gesunder Weise von der Familie abgrenzen zu können. Für die Schaffung unseres eigenen Selbst ist das wesentlich. Eine aufgezwungene äußere Ordnung nimmt Einfluss auf die innere Ordnung und das möchten Teenager doch lieber selbst übernehmen.

Natürlich sträuben sich aber nicht nur Teenager gegen Ordnung. Auch in uns Erwachsenen regen sich oft Widerstände gegen äußere Ordnungsappelle. Daher ist eine Reflexion über die inneren Ordnungsprinzipien durchaus interessant.

Ordnung oder Chaos?

Ist die innere Struktur nicht stabil genug, zeigt sich das meistens auch in einem äußeren Mangel an Struktur und Ordnung. Die Anregung, sich gleichermaßen um äußere Ordnung zu bemühen, basiert auf dem Gedanken der wechselseitigen Abhängigkeit. Die Kultivierung von äußerer Ordnung begünstigt demnach die Entwicklung der inneren Ordnung. Sie ist zwar nicht unbedingt ein Garant dafür, doch ein durchaus begünstigender Faktor.

So gesehen ist die Einhaltung von Ordnung womöglich in einer bestimmten Phase wichtiger als in einer anderen. Zudem ist sie auch nicht für jeden gleich. Wichtig ist sie stets, doch aus verschiedenen Perspektiven. Einigen Menschen muss sogar zu etwas weniger Ordnung geraten werden, vielen anderen aber zu etwas mehr. Menschen, die eigentlich etwas mehr an Ordnung benötigen würden, finden diesen Punkt in der Regel gar nicht so interessant. Sie sprechen dann gern vom kreativen Chaos oder der Ordnung der Spießer und Zwanghaften.

Nicht ohne Grund existiert in allen Klöstern dieser Welt eine deutlich spürbare Ordnung. Nur wenige Klöster sind überladen mit materiellem Schnickschnack. Die Klöster aller Religionen beeindrucken uns doch eher mit einer ganz klaren, weil reduzierten Linie. Es entspricht einfach einer universellen Erfahrung, dass Unordnung und Überfluss unseren Geist beunruhigen.

In einer Krise erhalten wir nicht selten den Rat oder hören von unserem inneren Ratgeber, dass wir dringend für Ordnung sorgen sollten. Viele beginnen dann erst einmal damit, ihre Wohnung aufzuräumen oder zu putzen. Es kann sogar beobachtet werden, dass einige Menschen dann am liebsten auch zum Friseur gehen. Eine äußere Veränderung soll ordnenden Einfluss auf unser Inneres ausüben.

Wir müssen verstehen, dass wir für unseren leichten Weg, auch wenn er leicht sein soll, trotzdem aus unserer Komfortzone herauskommen sollten. Wir müssen eine Vielzahl unserer lieb gewordenen Angewohnheiten kritisch reflektieren und lockern, vielleicht sogar ganz auflösen. Das muss gar nicht damit zusammenhängen, dass es sich um unheilsame Angewohnheiten handelt. Allein schon die übergroße Anzahl an Gewohnheitsmustern sollte vermindert werden.

Kreatives Chaos

Auf diesem Weg kann sogar etwas Chaos hilfreich sein. Hier ist aber vor allem die nur scheinbar chaotische Intervention des Lehrers gemeint, die den Schüler aus seinen alten Mustern herausholen möchte. Im Zen gibt es viele paradoxe und zum Teil auch bizarr wirkende Methoden, um die Schüler aufzurütteln. Das Spektrum kann hier von Stockschlägen bis hin zum Essen von Erbrochenem reichen, um Menschen aus ihrem alten Trott zu stoßen und sie mit ihren Denkmustern und dem gewohnten Zwang zur Bewertung zu konfrontieren.

Es ist dabei jedoch sehr wesentlich, wenn wir erkennen, dass das Chaos kein Selbstzweck ist, sondern dass nach solchen Erschütterungen viel Achtsamkeit notwendig ist, damit die nun aufgeweichte Struktur nicht gleich wieder in das alte Muster zurückfallen kann. Die durch gezieltes Chaos aufgeweichte Struktur ist nun sensibel für eine Neuorientierung geworden. Ohne gezieltes Geistestraining erfahren wir diesen Schub leider allerdings nur in der Tragödie und im Drama unseres Leidens. Dass darin ein kreatives Potential steckt, erkennen wir nicht. Im Gegenteil, im Drama sehnen wir uns nur noch nach der Ruhe von altgewohnten Bedingungen und vergeben damit unzählige Chancen auf Transformation.

Dieses Phänomen lässt sich allerdings auch aus der anderen Perspektive der Ordnung heraus verstehen.

Regeln sollen erleichternd wirken

In einem Kloster existieren sehr viele, wirklich sehr viele Regeln. Es gibt keinen Lebensbereich, der nicht von Regeln geprägt wäre. Viele von uns mögen das bedenklich finden. Genau das ist aber unser Problem: Wir finden es *bedenklich,* es ist also zu bedenken, doch gerade das viele Denken soll ja durch ein Regelwerk eingedämmt werden. Wenn es für bestimmte Dinge Regeln gibt, brauchen wir nicht selbst darüber nachzudenken und eigene Regeln aufzustellen. Wir haben uns darauf geeinigt: Eine rote Ampel bedeutet „Stop", darüber müssen wir nicht mehr nachdenken.

Wenn hier zur Beachtung von Regeln angeregt wird, dann sollten sie in dieser Weise eingeordnet werden. Ein Regelwerk bedeutet: Alles ist geregelt. Alles ist klar. So können die Ich-Anteile in uns, die normalerweise für Planung, Bewertung und Entscheidung zuständig sind, eingedämmt werden. Diese sehr wichtigen Ich-Anteile gehören zur inneren Struktur unseres Ego. Übertragen heißt das, dass wir mit einem Regelwerk unser Ego eindämmen können.

„Ja, aber..." dürfte sich jetzt wahrscheinlich Ihr Ego zu Wort melden. Natürlich gibt es ein Aber, trotzdem bestehen solche Strukturen seit langer Zeit. Mit ein wenig Vertrauen sollten wir dem zumindest eine kleine Chance geben.

Dieser Problematik ist übrigens auch in den buddhistischen Lehren Rechnung getragen worden.

Regeln sind kein Selbstzweck

Bitte realisieren Sie beim Einhalten von vorgeschlagenen und sogar von selbst auferlegten Regeln immer, dass Regeln keinem Selbstzweck dienen. Es muss Ihnen klar sein, warum Sie Ihre Regeln einhalten. Regeln sollen uns unterstützen, aber nicht fesseln. Sie sind ein Ausdruck von Vorerfahrungen anderer Menschen, die den Weg bereits vor uns gegangen sind.

Die buddhistischen Lehren zeigen uns heilsame Übungswege, doch sie warnen auch vor Hindernissen. Eine kleine Sammlung von bekannten Hindernissen ist das *Samyojana,* das zehn Fesseln, also Hindernisse nennt. Diese werden nochmals unterteilt in fünf niedere und fünf höhere Fesseln. Eine der niederen Formen, das *Anhaften an Regeln und Ritualen,* gilt als ein großes Hindernis.

Hier sehen wir wieder, dass in den buddhistischen Lehren keinesfalls ein blindes Befolgen von Regeln vermittelt wird. Im Gegenteil:

Wir werden stets dazu eingeladen, alles selbst zu prüfen und eigene Erfahrungen zu machen.

Welche Regeln befolgen Sie?

Vermutlich befolgen viele von uns vor allem das elfte Gebot: Du sollst dich nicht erwischen lassen. Ansonsten lavieren wir uns irgendwie durch. Wenn wir nach Regeln gefragt werden, an die wir uns halten, dann fallen vielen möglicherweise nur die Verkehrsregeln ein. Vielleicht kennen einige noch ein paar ethische Grundsätze, doch da beginnt schon das abstrakte Land mit sehr vielen Sumpfgebieten, wo wir schnell den Boden unter den Füßen verlieren und alles im Nebel zu liegen scheint.

Nehmen Sie sich doch einmal ein bisschen Zeit, greifen Sie zu Bleistift und Papier und schreiben Sie auf, an welche ganz persönlichen Regeln Sie sich selbst halten möchten. Damit sind nicht die Regeln gemeint, die andere Ihnen aufdrücken oder von denen Sie meinen, dass andere deren Einhaltung von Ihnen erwarten könnten.

Sie können mit dem beginnen, was Sie auf gar keinen Fall tun würden. Lassen Sie sich Zeit. Sie sollten aber auch etwas Positives notieren und zwar, welche Regel Sie aktiv umsetzen möchten.

Die eigenen Regeln zu kennen bedeutet, den eigenen Weg zu kennen. Deshalb ist es auch kein Widerspruch, wenn wir auf unserem leichten Weg eigene Regeln aufstellen und befolgen. Die Buddhistische Sozialtherapie BST legt hier einen großen Schwerpunkt auf die Exploration von eigenen Regeln und daher den Fokus auch auf die eigene Strukturbildung. Sie fokussiert die Schnittmenge zwischen innen uns außen – den Bereich, wo wir Einfluss auf beides nehmen können.

Die Welt der Automatismen und der Autos

Wenn wir uns wenig Gedanken über uns selbst machen und lediglich auf der Basis von Automatismen funktionieren, dann entstehen immer wieder unangenehme Situationen, weil wir natürlich in einem permanenten Austausch mit unserer Umwelt stehen, auf die wir aber nur unbewusst, weil automatisch reagieren. So kann beispielsweise unsere Körpersprache uns öfter etwas anderes mitteilen als das, was wir selbst eigentlich vermitteln möchten. Ohne Achtsamkeit folgt unser Körper ganz anderen Impulsen als unser denkendes Ego.

Wie wir in die Außenwelt treten und was das über uns aussagt, kann sehr unterschiedlich sein. Das Thema „Auto“ verfolgt uns auch hier wieder, weil es sehr viel über uns auszusagen vermag: wie wir uns an Regeln halten, welche Form der Selbstdarstellung für uns wichtig ist, wie rücksichtsvoll oder rücksichtslos wir durchstarten möchten. Die vermuteten Zusammenhänge zwischen PS und Potenz oder zwischen der Wagengröße und dem Wunsch nach Selbstdarstellung sind oft genug belächelt worden. Je aufgeblähter unser Ego ist, desto stärker fordern wir auch den äußeren Raum dafür ein.

Wenn wir Männer nach ihrem neuen Auto fragen, dann lautet das Antwortklischee, es habe 135 PS.

Wenn wir Frauen nach ihrem neuen Auto fragen, dann lautet deren Antwortklischee, es sei rot.

Das hier nach außen kommunizierte Selbstbild sagt wohl etwas über uns aus, aber möchten wir diesem Klischee eigentlich folgen? Es scheint ratsam zu sein, wenn wir uns erst einmal darüber bewusst werden, was genau wir da kommunizieren. Werden Sie sich doch jetzt einmal bewusst, wie Sie sitzen, liegen oder stehen und was ein Beobachter daraus schließen könnte. Sicherlich haben Sie Ihre aktuelle Position nicht vorhergeplant. Ihr Körper macht das von allein und ganz autonom. Er tritt mit Ihnen in die Welt und beginnt sogleich, mit seiner Umwelt zu kommunizieren, während Sie selbst womöglich noch etwas verträumt ganz anderen Gedanken nachhängen.

Wenn wir morgens das Haus verlassen, dann sind bis dahin bereits sehr viele Automatismen von uns abgespult worden: vom Aufwach-Automatismus zum Aufsteh-Automatismus zum Geh-Automatismus zum Hygiene-Automatismus zum Anzieh-Automatismus zum Frühstücks-Automatismus usw. Dann stehen wir plötzlich vor der Wohnung und suchen nach dem nächsten Automatismus, der uns weiterbefördern soll. So gesehen können wir dann von den Indoor- zu den Outdoor-Automatismen schalten. Das macht es möglich, dass wir auch so komplexe Vorgänge, wie zum Beispiel Autofahren in der Stadt, vollkommen unbewusst, also automatisch abspulen.

Schauen Sie sich einmal um oder schauen Sie aus dem Fenster. Sehen Sie andere Menschen? Sie können sich sicher sein, dass jeder soeben in irgendeinem Autopilot-Programm steckt. Wenn wir jemanden treffen, dann wird dieser Mensch gleich in seinen Begrüßungs-Automatismus schalten, seinen Kommunikations-Automatismus nutzen und sein Begleittext dazu wird hörbar. Oder planen Sie etwa immer genau, was Sie dann sagen? Im Grunde genommen könnten Sie sich doch darüber wundern, wer da eigentlich agiert. Vor allem sollten Sie sich aber sehr darüber wundern, wer es denn nun wirklich ist, der eigentlich Ihr Leben lebt!

Während dieses bedenkliche Phänomen der Automatismen auf der Ebene unser Alltäglichkeiten schon ziemlich befremdlich wirkt, dürfen wir, wenn wir an Situationen denken, wo wichtige Entscheidungen getroffen werden, sehr große Sorge zeigen. Unsere Politiker interessieren sich wohl in den seltensten Fällen für das Geistestraining, so dass sie bestenfalls vollkommen unbedarft ihre Automatismen abspulen, während sie über unsere Zukunft und die unserer Kinder und Kindeskinder entscheiden.

Das unbewusste innere Muster wird von uns gewissermaßen nach außen gestülpt. Auf diese Weise sehen wir dann ein Umfeld, in dem jeder sich unbewusst selbst darstellt. Sehr viele Menschen versuchen, eine gute Figur zu machen und eine perfekte Fassade oder Oberfläche zu präsentieren, damit andere daraus Schlüsse auf ein möglichst attraktives Inneres ziehen können. Wenn wir doch nur so viel Mühe auf unsere innere geistige Verfassung aufwenden würden, wie wir es für unsere äußerliche Erscheinung tun, würden sich etliche Abläufe zum Besseren wenden.

Wir parken, wie wir sind

Die vielfältigen Zusammenhänge zwischen inneren und äußeren Zuständen und Vorgängen dürften hinreichend bekannt sein, zumindest erahnen wir deren Komplexität. Bevor wir uns weiter den eigenen Möglichkeiten zuwenden, wie wir durch äußere Veränderungen dem leichten Weg effektiver folgen können, betrachten wir nun nochmals ein Auto-Beispiel.

Wenn wir mit dem Auto unterwegs sind, dann erleben wir nicht gerade selten schwierige Situationen, die uns die Eigenarten anderer Autofahrer sehr eindrücklich vor Augen führen. Nicht wenige von uns haben auch ihre eigenen Hypothesen über die mentale Beschaffenheit von Fahrern bestimmter Automarken.

Von Dr. L. J. Schofield jr. stammt eine humorige Überlegung mit Tiefgang, die sich allerdings auf das Parken bezieht. Er nennt es: Parken nach Diagnose.

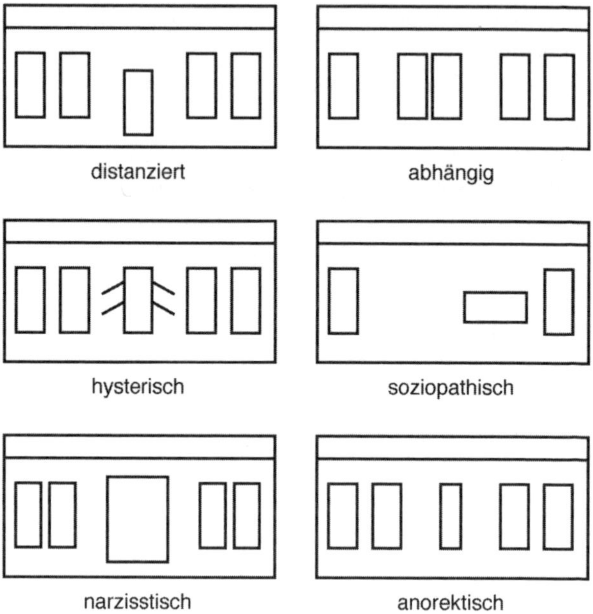

Abb. 21

Wir finden hier also ein weiteres Beispiel dafür, wie sehr wir uns unbewusst, doch entsprechend unserer inneren Abläufe in unserem Außenfeld verhalten. Vielleicht schauen Sie auf die Beispiele und erkennen darin Ihr eigenes Tun. Oder Sie sehen darin Ihren Nachbarn, über den Sie sich schon oft wundern mussten und nun vielleicht erkennen, dass er nicht reich und protzig, sondern einfach nur narzisstisch ist.

Diese Beispiele sind amüsant und lassen uns die komplizierte Welt etwas klarer erscheinen, als sie eigentlich ist. Wir lieben derartige Kategorisierungen. Es sollte jedoch deutlich werden, dass wir mit diesem Schubladendenken nicht die Wahrheit abbilden, sondern nur unseren Plan von der Wahrheit.

Wir beginnen bei uns selbst

Es gibt sehr viele Facetten unserer Umwelt, auf die wir eingehen können. Dieses Kapitel möchte Anregungen dafür geben, auf welche Aspekte der Außenwelt unsere Achtsamkeit sich richten sollte. Die Antwort lautet: auf alle.

Um diese Aussage besser einordnen zu können, sollten wir unsere Vision wieder etwas klarer herausstellen. Das Ziel ist nicht eine selbstbezogene Verbesserung des eigenen Gemütszustandes und es liegt auch nicht in der perfekten und regelmäßigen Ausführung unserer Praxisübungen. Es macht wenig Sinn, die äußerlichen Bedingungen zu negieren oder abzuwerten. Die spirituellen Übungen nehmen keinen Sonderstatus über den anderen Aspekten des Lebens ein. Wer seine Übungen praktiziert und auf dem Meditationskissen Fortschritte bemerkt, diese aber nicht in sein Leben integrieren kann, betreibt nur ein nettes Hobby.

Die grundsätzliche dreistufige Strategie, auf die schon mehrmals hingewiesen wurde, lautet auch hier:

Erkenne dich selbst und die notwendigen Lehren und Übungen, die dir helfen.

Verinnerliche die notwendigen Lehren und Übungen, die dich transformieren können, durch regelmäßiges Üben.

Verwirkliche deinen Weg durch die Umsetzung dessen, was du lernst.

Die Umsetzung des Gelernten steht hier nicht ohne Grund an dritter Stelle. Wir brauchen unser Leben also nicht sofort auf den Kopf stellen. Zu Anfang sollten ohnehin keine rigorosen Entscheidungen gefällt oder umgesetzt werden. Dafür benötigen wir ein solides Fundament der Achtsamkeit, auf das wir noch einige Zeit lang unsere Bemühungen richten. Zwar können wir jederzeit Aspekte unseres Lebens verändern, doch die Anfangszeit unserer Übungen sollte nicht durch den Fokus auf Äußeres geprägt sein. Wenn wir uns auf unserem leichten Weg sicher und wohl fühlen, wenn wir uns selbst gut steuern, wenn wir uns je nach Bedarf aktivieren oder beruhigen und so unseren Geist klären können, erst dann werden wir dazu übergehen, auf unser Umfeld bewusst heilsam einzuwirken.

Die Verwirklichung findet tatsächlich und hauptsächlich in unserem Leben, in all seinen Aspekten und Nischen statt. Sie soll alle Bereiche unseres Lebens durchdringen. Deshalb wird es immer wieder Phasen geben, in denen wir uns intensiv um unsere äußeren Lebensbelange zu kümmern haben.

Leben wie im Kloster

Das Kloster ist für viele Menschen nicht nur ein Symbol, sondern ein ganz konkreter Ort der Einkehr: ein Platz in der äußeren Welt, der uns den Zugang zur inneren Welt auf eine besondere Weise erschließt. Die Entscheidung für ein dauerhaftes Leben im Kloster ist nur wenigen gegeben. Tatsächlich ist jedoch auch in unserem Alltagsleben eine Verwirklichung möglich, die uns die ganze Tiefe des spirituellen Weges erfahren lässt. Trotzdem kann es eine sehr heilsame Erfahrung sein, zumindest für eine begrenzte Zeit die klösterliche Einkehr zu erleben.

Diese klösterliche Einkehr ist natürlich in einem Kloster selbst und in der Gemeinschaft mit anderen Menschen etwas ganz Besonderes. Es ist aber durchaus möglich, dass wir die klösterliche Praxis zumindest für einige Zeit auch bei uns zu Hause realisieren.

Das Kloster zu Hause

Ein Haustier wie ein Hamster kennt nur seinen Käfig. Er läuft im Rad und das ist wohl notgedrungen seine Welt. Solange wir unser Leben in einer Weise aufrechterhalten, indem wir lediglich unseren Gewohnheitsmustern folgen, sind wir mit diesem Hamster durchaus eng verwandt. Solche Beispiele sollen die eigenen Reaktionen etwas abmildern, die oft entstehen, wenn uns beispielsweise vorgeschlagen wird, das eigene Zuhause für eine vorher festgelegte Zeit als ein Kloster zu verstehen. Seien Sie kein Hamster, verlassen Sie doch einmal das Laufrad Ihrer Gewohnheiten und probieren Sie etwas Neues.

Es empfiehlt sich, für klösterliche Übungen mit einem Wochenende zu beginnen und, wenn Ihnen das zusagt, im nächsten Schritt ein verlängertes Wochenende und dann vielleicht in Ihrem Urlaub einen zehntägigen oder zweiwöchentlichen Zeitraum einzuplanen. Die Planung ist dabei ziemlich wichtig. Seitdem es Klöster gibt, gibt es auch Klosterregeln, die vor allem der Ruhe dienen. Wir müssen dann nicht mehr nachdenken, sondern folgen den Regeln.

Nehmen Sie sich etwas Zeit und schreiben Sie sich eine kleine Liste Ihrer eigenen häuslichen Klosterregeln auf:

- Auf was sollte und möchte ich in diesem Zeitraum verzichten?
- Welche Abläufe und Regelungen sind mir in dieser Zeit sehr wichtig?

Für diese Regelungen halten Sie sich bitte an ein paar Grundsätze:

- Vermeiden Sie die Weiterführung der sonst üblichen Überreizung durch übliche Konsumgewohnheiten. Prüfen Sie, was Ihren Geist beruhigt und was ihn aufregt.
- Trainieren Sie sich in heilsamen Praxisübungen, wie zum Beispiel Sitz- und Gehmeditation, und in der Lektüre buddhistischer Texte.

- Suchen Sie sich noch ein paar eigene Regeln, die Ihnen Ihrer Meinung nach helfen.
- Dadurch lockern Sie festgefahrene Gewohnheitsmuster und beschreiten neue leichte Wege.
- Sie geben sich selbst eine Chance, praktizieren Vorsorge und warten nicht mehr passiv auf die nächste Krise.

Sicherlich haben Veränderungen an sich keinen bestimmten Wert, außer dass sie der Natur aller Dinge entsprechen. Wir selbst müssen nicht künstlich einen stetigen Wechsel erzeugen, doch wir sollten uns auch den natürlichen Veränderungen nicht mit einer prinzipiell konservativen Grundhaltung entgegenstellen. Es geht also nicht darum, sich stetig zu wandeln, sondern dem überall ablaufenden Wandel eine Chance zu geben. Das bedeutet, dass wir uns wandeln, um aus festen Gewohnheitsmustern herauszufinden. Die klösterliche Einkehr zu Hause ist einer von vielen Wegen, um Gewohnheiten zu transformieren.

Die äußere Veränderung von Gewohnheiten

Werden Sie sich etwas bewusster darüber, in wie viele Gewohnheitsmuster Sie verstrickt sind oder ob in Ihrem Leben überhaupt noch etwas anderes außerhalb der Gewohnheiten einen Platz hat. Gibt es noch unbekannte Bereiche, die Sie entdecken können? Gibt es noch Neuland für Sie? Dringen Sie in Bereiche vor, in denen noch nie zuvor ein Mensch gewesen ist? Zugegeben, das ist jetzt das andere Extrem, doch die Frage, an welchen Stellen Sie zulassen können, wieder Schüler zu sein, ist durchaus ernst gemeint. Reflektieren Sie mit dieser neugierigen Haltung doch einmal Ihre Tagesabläufe. Auch wenn nicht der Wechsel an sich das Ziel ist, so kann doch in der Anfangszeit unseres Geistestrainings die Bewusstwerdung mit der Transformation gepaart sein.

Und das könnten wir ändern:

- Beziehungsgewohnheiten
- Arbeitsgewohnheiten
- Freizeitgewohnheiten
- Putzgewohnheiten
- Schlafgewohnheiten
- Essgewohnheiten
- Kommunikationsgewohnheiten

- Konsumgewohnheiten
- Drogengewohnheiten
- Sexgewohnheiten
- Musikgewohnheiten
- Lesegewohnheiten
- Mediengewohnheiten
- Fernsehgewohnheiten
- Bewegungsgewohnheiten
- Meditationsgewohnheiten
- Sozialgewohnheiten
- Hilfsbereitschaftsgewohnheiten
- ...

Fällt Ihnen noch etwas ein?

Die ersten Schritte weg vom Gewohnten sind immer mit etwas Unsicherheit und sogar mit einem Gefühl von Unwohlsein verbunden. Das gehört dazu. Schließlich müssen wir von unseren Gewohnheits-Autobahnen abbiegen und uns nun durch unwegsames Gelände einen eigenen Weg bahnen, wo es bisher noch keinen gab. Es braucht einige Wiederholungen, bis langsam ein Trampelpfad, ein Feldweg, eine kleine Straße und schließlich ein schöner und praktikabler Verbindungsweg daraus entstehen kann.

Das Kloster als Symbol für innere Einkehr und Ordnung

Die klare klösterliche Besinnung, die Möglichkeit der Einkehr, die Abkehr von Selbstvergiftungen, der sichere Ort, die spirituelle Heimat und die förderliche Gemeinschaft, das alles sind außerordentlich heilsame Kraftquellen, nach denen wir gar nicht lange suchen müssen. Um eine solche Erfahrung zu machen, können wir natürlich im Internet nach einem entsprechenden Ort Ausschau halten, doch wir alle tragen ein solches Kloster mit den eben genannten Qualitäten auch schon in uns. Diese heilsamen Ressourcen sind nämlich als Veranlagungen bereits seit unserer Geburt in uns. Wenn wir sie kultivieren, dann können wir auch in unserem Inneren darüber verfügen.

Wahrscheinlich sind Klöster eine äußere Realisierung von inneren Prozessen. Diese können wir erfahren, wenn wir uns entweder in die entsprechenden äußeren Strukturen eines Klosters begeben oder indem wir uns in die innere Einkehr begeben, wo auch immer wir uns befinden mögen.

Der leichte Weg in die Befreiung ist natürlich eher mit der Aktivierung von inneren Ressourcen verknüpft als mit der äußeren Suche nach günstigen Umständen, wie wir sie in einer klösterlichen Gemeinschaft vorfinden. Lassen Sie sich aber nicht vom äußeren Anschein täuschen. Die Außenwelt können wir uns wesentlich schneller so hinbiegen, wie wir es möchten, als dies mit unserem Innenleben möglich wäre.

Wenn wir uns auf einen äußeren spirituellen Weg begeben möchten, finden wir inzwischen einen ganzen Industriezweig vor. Wir informieren uns darüber, was hilfreich sein könnte, und haben die Auswahl unter Meditationskissen, Meditationshosen und dazu passenden Shirts, Meditationsschals, Meditationsuhren, Meditationsmusik, Räucherstäbchen, Zimbeln, Gongs, Buddha-Statuen, Postern und noch vielem mehr. Wenn wir nach Yoga fragen, eröffnet sich uns ein weiterer Kosmos an modisch-spirituellen Accessoires.

Mit diesem reichhaltigen Angebot können wir dann einen Teil eines Raumes, den ganzen Raum, die ganze Wohnung oder das ganze Haus umdekorieren. Der krönende Abschluss wäre dann nur noch ein neues Etikett für uns. Ein spiritueller Name ist schnell gefunden. Ebenso schnell und gern bildet unser Verstand eine neue Ego-Identität, mit der wir uns nun identifizieren können: „Ich *bin* jetzt Buddhist, ich *muss* viel meditieren."

Diese Form von äußerer Veränderung kann wohldosiert durchaus eine hilfreiche Medizin sein. Ist sie jedoch überdosiert, kann sie uns ebenso vergiften wie jeder andere Konsum auch.

Vermutlich kennen wir ja selbst ein paar Menschen, die auf diese Weise äußerlich bestens ausgerüstet sind und vielleicht sogar etwas in uns anstoßen können. Wäre das auch ein Weg für uns?

Die Buddhistische Sozialtherapie BST geht hier sehr kritisch prüfend vor. Sie reflektiert die Qualität solcher Übergangsobjekte, also die Nutzung von Hilfen und Hilfsmittelchen. Wenn wir damit bewusst umgehen, können wir durchaus auch Nutzen daraus ziehen, selbst wenn wir anfangs nur eine unheilsame gegen eine heilsame Identifikation eintauschen. So gesehen sind nicht alle Identifikationen gleichwertig oder gleich schlecht. Sie können uns ein Stück des leichten Weges begleiten, dann aber wird es Zeit, auch sie wieder loszulassen.

Der Zen-Garten als Symbol für Ordnung und Klarheit

Wahrscheinlich besticht ein Zen-Garten am auffälligsten durch seine klaren Strukturen. Er ist ein Sinnbild für Ordnung und Klarheit. Es dominieren zwar keine rechten Winkel und es gibt unterschiedlich geformte Steine und Gewächse darin, dennoch scheint nichts dem Zufall überlassen zu sein. Diese Ordnung braucht viel und regelmäßige Pflege. Damit ist sie ein äußeres Sinnbild und ein sichtbares Symbol unserer inneren geistigen Verfassung, die ebenfalls einer intensiven und regelmäßigen Pflege bedarf. Die äußere Anlage eines Zen-Gartens löst gewissermaßen in der inneren Anlage des Betrachters besondere Geisteszustände aus.

Ein solcher Garten weist aber noch eine andere Qualität auf. In der Regel sind diese Gärten so angelegt, dass wir von einem festen Standpunkt aus nie alles in seiner Gesamtheit überblicken können. Um einen guten Überblick zu gewinnen, müssen wir daher die Position und damit die Perspektive wechseln. Von jeder Perspektive aus zeigt der Zen-Garten uns ein anderes Gesicht. Auf diese Weise finden die Klarheit der Struktur und die durch den Perspektivenwechsel veränderte Sicht eine heilsame innere Resonanz.

Der Zen-Garten in unserem Geist

Ohne kultivierende Pflege und eine fundierte Pflegekultur werden in unserem inneren und äußeren Garten alle Pflanzen durcheinanderwachsen. Die heilsamen Pflanzen werden womöglich von unheilsamen Gewächsen überschattet. In einem derartigen Garten wird es irgendwann keinen Platz mehr für uns geben. Ohne die entsprechende Zuwendung wird aus Kultur dann schon bald Natur: eine Natur, die schön sein kann, aber dumpf und unbewusst. Deshalb benötigen wir sowohl für unsere inneren als auch für unsere äußeren Belange eine achtsame Sorgfalt.

Der Zen-Garten in unserer Wohnung

Wahrscheinlich müssen wir auch in so manchen Wohnungen den Standpunkt wechseln, damit wir alles überblicken können. Das wäre dann aber die einzige Gemeinsamkeit mit einem Zen-Garten. Natürlich geht es hier nicht um Steine und Pflanzen, sondern um Klarheit und Struktur. Nur allzu oft dekorieren wir unsere Wohnung mit Gegenständen, mit denen wir uns identifizieren, weil wir sie schön finden. Diese Form der Selbstergänzung kann so lange sinnvoll sein, bis wir unser Selbst ausreichend stärken konnten.

Wenn Sie sich genügend selbstsicher fühlen, dann starten Sie doch einmal ein Experiment und verräumen die diversen Sammelobjekte, die zu Ihrer Identifikation dienen. Klären Sie Ihre Wohnung.

Nicht gerade wenige von uns gehen in Krisen einem unbewussten Impuls nach und beginnen ihre Wohnung zu putzen. Diese eigentlich symbolische Reinigungshandlung muss allerdings bewusst durchdrungen werden, damit sie wirkliche und auch nachhaltige Effekte zu liefern vermag. Ganz ähnlich wie bei diesem Vorgang können wir diese Effekte noch verstärken, indem wir unseren gesamten Lebensraum klären und neu strukturieren. Wer weiß, was oder wer bei diesem Ordnungsvorgang noch als störender Faktor für Unordnung identifiziert werden kann.

Wie innen so außen?

Auch wenn wir jemanden sitzen sehen, der völlig ruhig wirkt und dessen Umgebung ebenfalls geordnet und klar, so wissen wir doch nichts über sein Inneres.

In Anlehnung an Steve Hagen, der eine ähnliche Zeichnung für dieses Thema benutzt, sehen wir nachfolgend eine Abbildung, die uns zwei Menschen zeigt.

Abb. 22

Die beiden Menschen, die wir hier sehen, sind:

- vollkommen verschiedene Menschen
- mit vollkommen verschiedenen Geisteszuständen
- mit vollkommen verschiedenen Ambitionen
- und mit vollkommen verschiedenen inneren Abläufen.

Welcher der beiden wird wohl von der Meditation profitieren?

Wir wissen es nicht. Manchmal verrät uns die äußere Form eben auch nicht alles über das Innenleben. Auf dieser Ebene sollten wir also nicht zu sehr auf äußere Aspekte vertrauen.

Äußere Haltungen und Gesten und innere Bewusstseinsformen

Jeder körperliche Aspekt wird von unserem Bewusstsein wahrgenommen. Allerdings erhalten wir selbst davon nicht immer eine direkte Rückmeldung, sondern vor allem dann, wenn ein Reiz einen Schwellenwert übersteigt und uns dann zum Beispiel als Schmerzreiz bewusst wird. Viele andere Abläufe dringen zwar in unser Bewusstsein, werden jedoch nicht bewusst von uns realisiert. Hier laufen dann eher unbewusste Abläufe ab. Die etwas zu schlaffe Muskelspannung wird vom Bewusstsein zwar wahrgenommen, aber nicht als wichtige Information an unser Wachbewusstsein weitergeleitet. Trotzdem stellt sich unser Verstand darauf ein und aktiviert einen lethargischen und möglicherweise traurigen Persönlichkeitsanteil, der dann passende Gedanken zu diesem Körpergefühl liefert.

Jede Haltung, jede Mimik und Gestik wird von unserem Verstand wahrgenommen und mithilfe unbewusster Vorgänge in uns verarbeitet. Auf diese Weise finden unbewusste Bewusstseinseintrübungen statt, die leider unterhalb unserer Wahrnehmungsschwelle ablaufen. Das muss aber nicht zwangsläufig so sein. Ein gezieltes Training zur Übung der Selbstwahrnehmung kann die inneren Abläufe erhellen, so dass sie uns dann bewusster sein können.

Diese Prozesse laufen natürlich in verschiedenen Richtungen ab: Ein getrübtes Bewusstsein kann zu weiteren Eintrübungen führen, indem zum Beispiel körperliche Abläufe in diese Richtung gelenkt werden. Ebenso können natürlich auch körperliche Abläufe unseren Verstand lenken und manipulieren. So kann unsere Körperhaltung einen bestimmten Geisteszustand hervorrufen. Eigentlich ist das gut nachvollziehbar. Legen Sie sich einmal stark gekrümmt und zusammengekauert auf den Boden, dann wird Ihr Bewusstsein einen entsprechenden Geisteszustand erzeugen. Richten Sie sich auf, straffen Sie Ihre Schultern und bleiben Sie aufrecht, dann findet in Ihrem Kopf etwas vollkommen anderes statt.

Aus diesem Grund hat zum Beispiel auch die Meditation eine äußerliche Komponente. Es gibt zwar heute sogar auch Putz-, Koch-, Tanz- und Kampfmeditation, doch wir sollten uns darüber im Klaren sein, dass jede dieser Haltungen einen anderen Bewusstseinszustand anregen wird.

Die klassische stille Sitzmeditation hat eine äußere Form, die eine ganz besonders klärende Wirkung auf unsere geistigen Prozesse auszuüben vermag. Bereits kleine äußere Haltungsänderungen in der Meditation können unser Bewusstsein in eine andere Qualität hinüberführen. Das ist auch der Grund, warum erfahrene Meditierende mit unterschiedlichen Körperhaltungen und auch mit unterschiedlichen Handhaltungen *(Mudras)* meditieren.

Diese Form der Gestaltung bezieht sich auf das Geistestraining. Wir lernen unseren Geist lenken und können dadurch gezielt verschiedene heilsame Geisteszustände herbeiführen. Damit gestalten wir unsere geistigen Abläufe selbstbestimmt. Wir können jedoch auch die äußeren Abläufe lenken lernen. Das geschieht aber nie mit einer Holzhammermethode, sondern durch ein sanftes geistiges Bemühen um Achtsamkeit. Wir achten zum Beispiel darauf, wie wir unsere Umwelt bewerten und welchen Rahmen wir dafür wählen.

Reframing

Mit Reframing ist eine Änderung unseres Bezugsrahmens und ein dadurch möglich gewordener Perspektivenwechsel gemeint, wie das folgende kleine Beispiel illustriert:

„Die Ampel ist rot" – das können die meisten erkennen und sich danach richten.

„Deshalb muss ich warten" – stimmt das wirklich? Es wäre korrekter zu sagen: *„Deshalb kann ich nicht weiterfahren."*

Das *Warten* ist eine persönliche Bewertung, die sich sehr schnell aufzudrängen versucht, sobald wir keine konkrete Aufgabe zu erledigen haben. Wenn unser Leben hauptsächlich aus Arbeiten besteht, dann könnte uns die nicht-produktive Zeit als reine Wartezeit erscheinen, bis wir wieder produktiv sein dürfen. In diesem Modus suchen wir uns oft auch Freizeitaktivitäten, die wir als produktiv empfinden. Entweder wir sind produktiv oder wir warten eben darauf, es wieder zu sein.

Ein sehr bedeutsamer Wechsel des geistigen Bezugsrahmens könnte so aussehen, dass wir den Begriff „Warten" vollkommen aus unserem Wortschatz streichen. Wir leben. Manchmal tun wir das eben vor einer roten Ampel. Es gibt keine Wartezeit mehr. Alles ist unsere Lebenszeit, in der wir uns wohlfühlen können.

Vielleicht sagen Sie nun: Gerade weil es Lebenszeit ist, ist jeder Augenblick kostbar, und deshalb ist es so schade um diese Zeit, die wir vor einer roten Ampel warten müssen. Hier unterliegen Sie einem naiven Idealismus, der Ihnen eingibt, wie ideal alle Abläufe zu funktionieren hätten. Doch auch rote Ampeln gehören nun einmal zum Leben dazu und deshalb findet auch dort ein Teil unseres Lebens statt.

Die Akzeptanz von äußeren Gegebenheiten ist eine sehr gute spirituelle Übung. Sie ist in ihrer Einfachheit schon fast genial.

Es kann daher nicht oft genug wiederholt werden: Warten existiert nicht. Stattdessen erhalten Sie zusätzlich Gelegenheit zum Praktizieren. Viele behaupten, sie hätten für Übungen zu wenig Zeit, doch genau solche Situationen lassen sie ungenutzt verstreichen. Es geht dabei nicht um einen Effektivitätswahn, sondern um Bewusstheit.

Daher wäre es hilfreich, wenn wir für einige unserer Probleme einen anderen Rahmen *(frame)* finden könnten. Auf unser Beispiel mit der roten Ampel angewendet, könnte das bedeuten, dass wir in einem nächsten Schritt die Situation vor der roten Ampel als kostenfreie Übungsmöglichkeit betrachten. Wir sitzen im Trockenen, lächeln etwas, entspannen uns und atmen bewusst.

Da viele von uns eine Menge Zeit im Auto verbringen müssen, wäre auch die selbstbestimmte Wahl des Inputs wichtig. Entweder Sie entscheiden sich dafür, dass das Autoradio ausgeschaltet bleibt, und sind ohne irgendeine Ablenkung ganz beim Fahren oder auch Stehen. Sie konzentrieren sich auf Ihre Sinne und bleiben einfach achtsam. Oder Sie wählen eine Hörbuch- oder Musik-CD, von der Sie wirklich profitieren. Wir sollten unseren Handlungsspielraum nutzen.

Mit solchen Schritten verändert sich nach und nach die Wahrnehmung unserer äußeren Realität. Die Buddhistische Sozialtherapie BST sucht nach solchen Spielräumen, die im Laufe des Tages immer wieder auftreten, oft aber von uns ignoriert werden.

Den leichten Weg auch im außen finden

In den buddhistischen Lehren wird zu Recht davor gewarnt, dass uns die drei Gifte der *Anhaftung,* des *Widerstandes* und der *Verblendung* überall auflauern.

Das zeigt sich auch an den Tausenden von Reizen der Außenwelt, die uns mit ihren lockenden Angeboten zu verführen suchen. Wir möchten nur allzu gern daran *anhaften* und reagieren darauf natürlich auch *verblendet.* Unser Leben ist doch ohnehin schon hart genug, wieso sollten wir uns da nicht einmal etwas gönnen dürfen oder ein wenig über die Stränge schlagen?

Buddhisten sehen hier die fließenden Übergänge zwischen Bedürfnis und Begierde, Habenwollen und Habenmüssen, Begierde und Gier. Das Wesen der vermeintlich so schönen Dinge in unserem Leben ist nicht wirklich schön, sonst würde uns deren zunehmender Konsum immer wohler tun, was jedoch nicht der Fall ist. Wir sind dieser Erfahrung bereits im Rahmen der „Mehr-und-Mehr-Prüfung“ begegnet.

Zu den bedeutsamen äußeren Faktoren gehören natürlich auch unsere Beziehungen. Der Faktor der Anhaftung ist hierbei besonders groß. Viele von uns halten an Beziehungen fest, ob es sich nun um Liebesbeziehungen, Freundschaften oder Bekanntschaften handelt, die sich unheilsam auswirken.

Freunde loslassen können

Wenn wir einen neuen Weg beschreiten, dann ist das so ähnlich, als würde eine Figur in einem Mobile ihren Platz und ihre Position verändern. Die Folge davon wäre erst einmal eine Schieflage des ganzen Systems, was nur dadurch ausgeglichen werden kann, dass auch alle anderen Figuren ihre Positionen verändern. Aber das macht niemand gern, denn der feste Platz hat etwas Beruhigendes.

Wenn Sie nun neue Ideen und Impulse in alte Beziehungen hineinbringen, dann müssten sich demnach alle etwas bewegen. Womöglich gibt es Beziehungssysteme, die das gern aufgreifen, doch wir dürfen nicht erwarten, dass dies die Regel ist. Wir sollten auch keinesfalls irgendeinen missionarischen Eifer entwickeln.

Die Tatsche, dass wir selbst von den Praxisübungen und den Lehren profitieren, führt nicht automatisch dazu, dass sich auch andere dafür öffnen mögen. Hier wäre eine zu schnelle Öffnung gegenüber der Außenwelt eher gut zu bedenken. Konzentrieren Sie sich lieber auf Ihren eigenen leichten Weg. Womöglich werden die Menschen in Ihrer Umgebung von selbst neugierig und fragen sich, wie Sie das neuerdings schaffen, so freundlich und gelassen zu bleiben.

Zudem werden Sie selbst merken, dass Sie mehr Nähe zu Menschen erleben, die vorher so nicht da war, und gegenüber bestimmten unheilsamen alter Gewohnheiten werden Sie mehr Abneigung hegen. Das werden auch die Menschen spüren, die Teil dieser alten Gewohnheiten sind. Hier wird es unweigerlich zu Veränderungen kommen.

Fokussieren Sie sich selbst mehr, als dass Sie auf die Veränderungen schauen. Die neuen heilsamen Impulse haben bei allen Suchenden immer zu solchen Veränderungen geführt. Es ist ein natürlicher Vorgang, den Sie Vielleicht als einen wertfreien Wachstumsprozess ansehen können. Oft meinen wir, dass wir aus etwas herauswachsen und andere damit hinter oder womöglich sogar unter uns zurücklassen. Jeder Mensch geht seinen Weg. Wir suchen den leichten Weg, aber ein spiritueller Weg macht niemandem zu einem besseren Menschen, weil jeder Mensch den Inneren Edlen Kern in sich trägt und gut ist. Einige mögen zwar noch etwas verblendeter sein als andere, doch das sind nur Nebelschleier, die sich jederzeit lichten können.

Trotz Problemen in Harmonie sein

Auf der anderen Seite wehren und *widerstehen* wir oft sehr hartnäckig gegen Sachverhalte, die nun einmal als Fakten existieren. Es gibt so viele Missstände, gegen die wir uns wehren oder glauben, uns dagegen wehren zu müssen. Viele wichtige Dinge unseres Zusammenlebens drohen zu entgleisen, so dass wir wachsam und eigentlich auch wehrhaft bleiben müssen.

Gleichzeitig rät uns die buddhistische Lehre, keine Widerstände aufzubauen. Diese Haltung gipfelt in der Aussage: *Es ist nicht die Umwelt, die dich stört. Du störst die Umwelt.*

Eine ziemlich starke Aussage! Wir sollen die Umwelt stören?

Einen Zugang dazu finden wir dann, wenn wir das Leben als etwas betrachten können, das von Natur aus weder gut noch schlecht ist, das sich aber für uns und unsere persönliche Sichtweise manchmal als gut und dann wieder als schlecht zeigt. Diese Abläufe bestehen seit ewigen Zeiten, sie wechseln stetig und bleiben nie konstant. Hier können wir uns querstellen, indem wir uns dieser Dynamik widersetzen und Blockaden aufbauen, was wir nur allzu oft auch tun. Durch Blockaden werden die Dinge selten besser, im Gegenteil, meistens entstehen daraus sogar noch größere Probleme.

Oft ist es dann sehr hilfreich, sich wie ein asiatischer Kämpfer zu verhalten. Wir vermeiden also nach Möglichkeit die direkte Konfrontation und nutzen stattdessen die vorhandenen Energien, um an unser Ziel zu kommen. Wir positionieren uns gewissermaßen nicht mehr direkt gegenüber, sondern seitlich. Wenn ein Problem auftaucht oder wenn uns ein Mensch konfrontieren möchte, dann drehen wir uns sanft etwas zur Seite. Auf diese Weise können wir entscheiden, ob wir die

Energien einfach an uns vorbeiziehen lassen oder ob wir sie aufnehmen und damit umgehen wollen. Wir bilden also keine Blockade, sondern nutzen die Störungsenergie, um sie entweder gegen die Störung zu wenden oder einfach wegfließen zu lassen.

So können wir mit einer widerstandslosen *Haltung* durchaus ein widerständiges *Verhalten* zeigen. Keinen Widerstand gegen schwierige äußere Bedingungen zu zeigen bedeutet also nicht, dass wir uns alles gefallen lassen, sondern dass wir vielmehr darauf achten, uns nicht durch regelmäßigen Widerstand eine feste innere widerständige Grundhaltung anzugewöhnen und damit zu einem widerständigen Charakter zu werden. Mit einem widerständigen Charakter oder derartigen Charakterzügen würden wir mit Sicherheit den Fluss der Dinge stören.

Stattdessen wenden wir eine universell heilsame Grundsatzstrategie an: Wir wechseln die Position und dadurch die Perspektive!

Buddhistische Sozialtherapie BST: Äußere Bedingungen tatsächlich verändern

Wir sind in diesem Kapitel immer wieder auf die Einheit zwischen innen und außen gestoßen. Trotzdem sollte auch deutlich geworden sein, welche tatsächliche Brisanz und Relevanz unser Außenfeld besitzt. Die BST ist Ausdruck der großen Bedeutung von äußeren Bedingungen.

Um hier wirklich sinnvolle und nachhaltig gute Veränderungen vornehmen zu können, müssen wir jedoch ein paar grundsätzliche Prinzipien verstehen. So können äußere Veränderungen von uns nur dann aktiv angegangen werden, wenn wir zuvor unsere innere Verfassung klären konnten. Das wurde im vorigen Kapitel 12 transparent gemacht. Nur auf dieser Basis erfolgen dann auch Umstrukturierungen im Außenfeld unseres Lebensraumes, der Arbeit, der Beziehungen, der Freundschaften, der Wohnung und allen anderen äußeren Bedingungen.

Wir schaffen klare und ruhige Strukturen, um den Geist zu beruhigen und zu klären. Damit lockern wir äußere Gewohnheitsmuster auf, um auch festgefahrene innere Muster transformieren zu können.

KAPITEL 14

Vorgehensweisen und Maßnahmen

Paradoxerweise sind Inspiration und Spontaneität das Ergebnis von Disziplin und regelmäßiger Übung.

– Sangharakshita –

Wenn wir uns einen leichteren Weg bahnen möchten, dann benötigen wir dafür eine gewisse Strategie. Diese schließt eine Handvoll hilfreicher und heilsamer Übungen ein, mit deren Hilfe wir immer wieder schnell zurück in unser Gleichgewicht kommen.

Die konkreten Übungen sind ein Ausdruck der zugrunde liegenden positiv-konstruktiven Vision. Wir ergründen nicht uferlos unsere speziellen Defizite, zurückliegende persönliche Tragödien und auch nicht unsere universellen menschlichen Schwächen, sondern lernen einen achtsamen Umgang mit dem, was wir vorfinden. Wir erschweren oder dramatisieren es ebenso wenig, wie wir versuchen, es schnell aus der Welt zu schaffen.

Dabei erinnern wir uns immer an das vorrangige therapeutisch-ärztliche Grundprinzip: *Mache es nicht schlimmer, als es bereits ist.* Das entspricht ziemlich exakt der Ersten Edlen Wahrheit aus den buddhistischen Lehren: Es gibt Leid, doch versuche, das zusätzliche, selbst erzeugte Leiden zu vermeiden.

Da es nicht ausreicht, nur etwas zu unterlassen, benötigen wir ein paar Anregungen für konstruktive Hilfestellungen. Trotz der großen Bedeutung des heilsamen aktiven Tuns müssen wir den ersten Schritt des *Erkennens* sehr umfassend würdigen und vertiefen. Wir alle neigen eher schnell zum Aktionismus, etwa nach dem Motto: Problem erkennen, Problem beseitigen. Versuchen wir uns aber daran zu erinnern, dass unser unbedachtes Vorgehen uns schon oft Probleme eingebracht hat. Auch mit weiteren unbedachten Handlungen werden wir höchstwahrscheinlich unsere Probleme nicht mildern.

Das führt uns zu einer scheinbar unsinnigen ersten Strategie. In diesem Kapitel, in dem es um konkrete Maßnahmen geht, finden wir als ersten Impuls die Aufforderung: *Tu erst einmal gar nichts!* Diese Strategie verhindert zumindest, dass wir – wie so oft – viel zu schnell reagieren. Entweder entstehen dadurch Nachteile für uns, weil wir glaubten, zu schnell zu etwas Ja sagen zu müssen, oder wir haben durch unbedachte Worte oder Handlungen die Situation noch verschlimmert.

In unserer Neigung, gern auch noch Öl ins Feuer gießen zu wollen, scheint sich eine sehr merkwürdige menschliche Facette zu offenbaren. Wenn Probleme zu Krisen geworden sind, dann wird durch unser leidvolles Hinzutun aus dem ursprünglichen Leid sehr schnell größeres Leiden. Unser Blick verengt sich zu einem Tunnelblick und der innere Pyromane zückt schon einmal das Ölkännchen. In seinen Pupillen sehen wir das Flackern des Problem-Feuers. Wir müssen diesen äußerst destruktiven Anteil in uns unbedingt mildern und erst einmal nichts tun. Solange wir auf körperlicher und emotionaler Ebene aufgewühlt sind, werden wir auf der Verstandesebene zu keinen klaren und nachhaltig heilsamen Entscheidungen kommen.

Wenn wir also überlegen möchten, welche konkreten Maßnahmen uns jetzt weiterhelfen könnten, dann müssen wir zuerst das innere Achtsamkeitsprogramm durchlaufen und nacheinander Körper, Emotionen und Gedanken beruhigen.

Vorsorge treffen für den leichten Weg

Nachdem wir uns durch Achtsamkeit beruhigen konnten, sollten wir auf ein bereits vorhandenes, gut verinnerlichtes Sortiment an Maßnahmen zurückgreifen können. Dafür ist eine weitere Grundsatzstrategie unumgänglich, die ein ganz leichtes und einfaches Rezept anbietet: vorsorgen lernen.

Mithilfe einer geeigneten Vorsorge können wir uns alle noch vorhandenen oder auftretenden Probleme erleichtern. Unser leichter Weg ist ohne vorbereitende Maßnahmen im Sinne einer Vorsorge gar nicht denkbar. Damit wird auch betont, dass ein leichter Weg nichts mit Naivität zu tun hat. „Leicht“ bedeutet nicht, dass wir vollkommen sorglos und abgehoben dahinschweben, sondern alle relevanten Aspekte durchaus realisieren – wenn auch auf eine leichte Weise. Diese Erleichterung fällt aber nicht nach Art eines Gottesgeschenks einfach vom Himmel. Wir benötigen dafür eine geduldige und regelmäßige Übungspraxis. Auf diese Weise können wir in Zukunft auch schwerere Situationen durchaus als leicht empfinden.

Es gibt Leid, aber wir wollen unser Leiden ändern

Eine schwierige Situation kann als Teil des leichten Weges von uns erfahren werden. Viele von uns sind davon jedoch noch weit entfernt. Zumeist versuchen wir doch, jede neue Krise zu vermeiden, und sind sehr froh, wenn wir sie überstanden haben. An die noch kommenden Probleme mögen wir lieber nicht denken oder daran erinnert werden. Deshalb verarbeiten wir Krisen nicht, wir überstehen sie nur. Das ist auch sehr menschlich.

Aufgrund dieser Dynamik können wir eigentlich schnell die logische Schlussfolgerung daraus ziehen. Es werden noch viele Probleme in unser Leben treten, das ist für alle Menschen einfach unvermeidbar. Deshalb wäre es clever, wenn wir uns darauf vorbereiten. Beispielsweise wird auch ein gut ausgebildeter Sanitäter einen Unfall anders erleben als ein vollkommen ahnungsloser und unvorbereiteter Mensch. Wir müssen also unseren „inneren Sanitäter" etwas schulen.

Alle hier folgenden Übungen und Maßnahmen können wir zwei Kategorien zuordnen:

1. die Regelübungen
2. die Akutübungen

Die Regelübungen sind unabhängig vom aktuellen Geschehen und bezeichnen unsere regelmäßigen täglichen Praxisübungen.

Die Akutübungen können mit Notfallübungen oder mit Interventionen verglichen werden, wie wir sie im therapeutischen Kontext finden.

Die Regelübungen bilden ein unumgängliches Fundament, sie sind im wahrsten Sinne des Wortes überlebensnotwendig. Auch die Akutübungen stellen keinen überflüssigen Luxus dar. Erinnern wir uns an die Erste Edle Wahrheit: Leid ist universell. Es geschieht immer wieder und wir können es nicht vermeiden. Deshalb müssen wir unseren naiven Idealismus reflektieren und einsehen, dass schon an der nächsten Ecke neue Probleme warten können. Es wäre reichlich naiv, sich nicht darauf vorzubereiten. Leid ist zwar unumgänglich, doch die Dritte und die Vierte Edle Wahrheit sagen uns, dass wir das eigene Leiden daran tatsächlich vermeiden können.

Konkrete Schritte auf dem leichten Weg

Bei jeder Übung, die Sie hier kennenlernen werden, fragen Sie sich bitte, ob die jeweilige Übung für Sie gut als Regelübung oder eher als Akutübung geeignet ist. Natürlich ist es ebenso logisch wie sinnvoll, dass wir uns Regelübungen aneignen, die wir dann in einer akuten Situation abrufen können.

In diesem Kapitel werden wir einige konkrete Maßnahmen zur Förderung, Kultivierung und Stabilisierung unserer heilsamen Ressourcen betrachten. Weil Leichtigkeit ein Kriterium unseres Weges ist, sollten diese Übungen Ihnen auch möglichst leichtfallen. Erscheint Ihnen trotzdem etwas als schwer, dann können Sie etwas Großes und Schweres in viele kleine und leichte Bausteine umwandeln. Auf diese Weise müssen Sie nicht mit gewagten und anstrengenden Riesenschritten voraneilen, sondern finden eine für Sie passende und bequeme Geschwindigkeit, eben Schritt für Schritt.

Allmählich aber gewinnt man an Erfahrung,
und Schritt für Schritt
nehmen unser Wunsch nach spiritueller Entwicklung und
unsere Entschlossenheit zu.

– XIV. Dalai Lama –

Manche könnten bei den konkreten Maßnahmen vielleicht nach *der* einen kleinen leichten buddhistischen Wunderstrategie Ausschau halten, denn immer noch assoziieren wir mit den buddhistischen Lehren gern Menschen, die einfach fröhlich und gelassen auf ihrem Meditationskissen hocken und lächeln. Doch auch wenn der Ansatz des leichten Weges uns von schweren Irrwegen fernleiten möchte, so müssen wir uns doch immer wieder vergegenwärtigen, dass wir keine schnellen buddhistischen Wunder zu erwarten haben, sondern dass auch ein leichter Weg sich nur dann realisieren lässt, wenn wir selbst geduldig dazu beitragen. Wir bilden in uns nur dann heilsame Strukturen aus, wenn wir selbst tagtäglich und regelmäßig Heilsames wiederholen.

Die Step-by-Step-Philosophie

Die hier beschriebene Vorgehensweise gehört natürlich auch zu den Grundlagen der Buddhistische Psychotherapie BPT. Sie unterliegt einer klaren Philosophie und in dieser spiegelt sich das Menschenbild der BPT ebenso wie das dahinterstehende Behandlungskonzept wider. Beide bilden also eine funktionale Einheit, die für jeden in der Behandlung spürbar ist. Wesentliche Aspekte dieses Menschenbildes basieren zum Beispiel auf den Einsichten über den Inneren Edlen Kern.

Wir fokussieren uns nun auf den konkreten Bereich der Behandlung. Da eine Behandlung im Rahmen der BPT immer Hilfe zur Selbsthilfe ist, müssen wir nicht rigoros zwischen Behandlung und Selbstbehandlung unterscheiden.

Alle Behandlungen beginnen stets mit einer Analyse der Ist-Situation. Dafür wird im professionellen Kontext eine fundierte Anamnese genutzt, also eine möglichst umfassende Aufnahme aller persönlichen Details der Hilfesuchenden. Bei einer Selbstbehandlung versuchen wir ebenfalls, im ersten Schritt eine möglichst wertfreie Bestandsaufnahme zu machen. Diese ersten Schritte sind sehr wichtig; deshalb könnte es von Nutzen sein, zumindest für diese Anfangsphase Unterstützung in Anspruch zu nehmen.

Wenn wir bislang noch nicht sehr viele Wiederholungen im Leidenskreislauf erlebt haben, neigen wir gern dazu, unsere Probleme zu externalisieren: Schuld sind dann immer die anderen. Wenn sich eine bestimmte Problematik jedoch oft genug wiederholt hat, tauchen womöglich die ersten Zweifel an unserer Hypothese auf. Die Fähigkeit, sich selbst in Frage stellen zu können, ist von ganz besonderer Bedeutung. Bei der buddhistischen Vorgehensweise ist sie sogar unumgänglich. Sie benötigt jedoch einige Voraussetzungen, vor allem ein Mindestmaß an innerem Halt. Wenn wir uns zu unsicher fühlen, ist bereits der erste Schritt gefährdet.

Der schrittweise Tanz auf dem leichten Weg

Der erste Tanzschritt bei der Arbeit an Problemen ist naheliegend. Hier halten sich viele Behandlungen lange auf, einige kommen gar nicht über diesen ersten Schritt hinaus.

Der zweite Tanzschritt meint den Fokus auf unsere Ressourcen. Der erste Schritt wird im Rahmen der BPT möglichst kurz gehalten, um mehr Raum für diesen zweiten Schritt zu lassen.

Der dritte Tanzschritt bezieht sich auf das Kennenlernen der relevanten buddhistischen Lehren, Weisheiten und Praxisübungen.

Der vierte Tanzschritt wäre dann bereits der Tanz selbst, in dem sich die Schritte harmonisch ergänzen.

Natürlich können wir diesen Weg nicht auf vier kleine Schritte reduzieren. Vielmehr besteht der ganze Tanz aus vier Schritten: Er beginnt mit einem kleinen ersten Schritt in die richtige Richtung, dann folgt eine harmonische Abkehr im Rhythmus und die Hinwendung zu einer leichten Melodie. Wir tanzen mit unseren Ressourcen und genießen unseren Schwung. Eine weitere Drehung und wir blicken tief in die Lehren hinein. Und wieder machen wir einen Schritt und erblicken erneut die Probleme des ersten Schrittes. Die Musik und unsere Bewegungen setzen sich jedoch fort. Sie führen uns immer mehr in unsere Fähigkeiten hinein. Mit jeder Tanzstunde fühlen wir uns leichter. Das Tanzen macht immer mehr Freude. Es ist eine uralte Melodie, die uns dazu einladen möchte. Es ist eine sanfte Musik, die den menschlichen Rhythmus einbezieht und uns sehr gut zu kennen scheint. Die buddhistische Tanzmusik bezieht unser menschliches Stolpern mit ein, unsere musikalische Unbeholfenheit, und daraus ergibt sich dann unser Musik- und Tanzunterricht. Wir werden zu nichts gezwungen, es ist eine leise Musik, die wir auch schnell überhören könnten. Der Kontakt zum Sound, der uns helfen möchte, wieder unseren Rhythmus zu finden und den Tanz unseres Lebens in leichter Weise zu vollenden, kann durch unseren Lärm schnell übertönt werden.

Wenn wir auf diese Weise die Schritte eins bis vier befolgen, dann erkennen wir uns und den vor uns liegenden Weg.

Der erste Schritt: das Erkennen

Der erste Schritt des *Erkennens* meint also nicht nur das Erkennen der eigenen Probleme, sondern zweitens auch das Erkennen der eigenen Stärken und drittens das Erkennen des leichten Weges.

Der zweite Schritt: das Akzeptieren

Als nächster Aspekt folgt noch nicht die Umsetzung, sondern erst einmal die *Akzeptanz.* Das bedeutet nicht, dass wir das, was ist, gutheißen, sondern eine Verminderung unserer blinden Gegenwehr, bei der wir viel Energie verschwenden. Wir mildern unsere Angespanntheit, indem wir akzeptieren, was jetzt da ist. Wir erlauben uns selbst, da zu sein, wo wir sind.

Der dritte Schritt: das Erforschen

Das ermöglicht eine innere Beruhigung und Klärung, was wiederum die Grundvoraussetzung für eine effektive *Erforschung* der inneren und äußeren Situation ist. Dieses Erforschen darf keine parteiliche Angelegenheit werden. Es ist wichtig, hier die Beobachterrolle beizubehalten. Wir betrachten wie ein Museumsbesucher unsere inneren Bilder, die mit der jeweiligen Situation korrespondieren. Sicherlich ist das oft eine Herausforderung, schließlich sind wir nicht nur Beobachter, sondern auch selbst beteiligt. Für diesen wichtigen Vorgang lernen wir das Achtsamkeitstraining.

Der vierte Schritt: das Nicht-Identifizieren

Dieser Aspekt des *Nicht-Identifizierens* meint, dass wir zwischen uns selbst und den inneren und äußeren Geschehnissen immer ein wenig Abstand halten sollten.

Bei dieser Herangehensweise werden einige Grundsätze deutlich:

- Wir benötigen erst ein wenig Stärke, um uns selbstkritisch zu hinterfragen.
- Wir umreißen die Problemzonen anfangs nur kurz.
- Wir realisieren die einzelnen Schritte: Erkennen, Akzeptieren, Erforschen, Nicht-Identifizieren.
- In der Anfangsphase liegt der Schwerpunkt bei der stillen Betrachtung.
- Wir vermeiden weiterhin das Kreisen um Defizite und beginnen mit der Stärkung unserer Ressourcen.

Diese Anleitungen sind weitgehend auf die Förderung heilsamer Aspekte in uns gerichtet. Es sei nochmals wiederholt: Wir werden den leichten Weg nur dann realisieren und in die Befreiung treten, indem wir heilsame Strukturen stärken und nicht, indem wir Probleme wälzen.

Zwei Arten von Strategien gegen Probleme

Natürlich benötigen wir auch Strategien, wie wir mit den vorhandenen Problemen umgehen können. Es gibt außerordentlich viele Strategien zur Problemlösung. Um hier aber einen ungefähren Überblick zu behalten, können wir ein einfaches System beherzigen, das aus nur zwei Ansatzpunkten besteht: den Universal- und den Spezialstrategien.

Die Universalstrategie

Eine Universalstrategie ist eine Art Meta-Plan oder noch einfacher ein Konzept, in das wir die Spezialstrategien einordnen können. Ohne einen solchen Universalschlüssel würden die speziellen Strategien in zerstreute Einzelbausteine zerbröseln. Das gedankliche Bindemittel der Universalstrategie hilft uns dabei, unseren Kurs nicht aus den Augen zu verlieren. Grundsätzlich zeigt uns die Universalstrategie, dass wir auf unserem leichten Weg weder kämpfen noch flüchten und uns auch nicht tot stellen müssen. Wir finden hier Gemeinsamkeiten mit allen anderen Menschen vor, denn die Universalstrategie bestätigt uns, dass wir uns menschlich verhalten und dass menschliches Verhalten nach bestimmten Prinzipien funktioniert.

Die universelle Vorgehensweise sieht so aus, dass wir sowohl unsere unheilsamen Anteile als insbesondere auch unsere heilsamen Ressourcen sehr genau kennenlernen. Es ist wie bei einer klaren Geschäftsbilanz: Hier ist unsere Plus-, dort unsere Minus-Seite. Hier finden wir unsere Ressourcen, dort existieren unsere Probleme.

Wir lernen, damit auf eine besondere Weise umzugehen, und vor allem lernen wir, heilsamen Einfluss zu nehmen und diesen richtig zu lenken. Beide Bereiche müssen für uns gut lenkbar werden, keine Seite darf sich ungefragt und dauerhaft in den Vordergrund drängen. Das betrifft natürlich den Umgang mit unseren Problemen, tatsächlich aber auch unsere Ressourcen. Auch diese sollen nicht uns, sondern wir sollen sie leiten.

Wenn uns das gelingt, werden wir die heilsamen und die unheilsamen Bausteine so zusammenbringen, dass sich das Heilsame günstig auf das Unheilsame auswirken und dieses transformieren kann. Ein Ausgleich zwischen Plus und Minus führt zum inneren Frieden.

Natürlich braucht ein solcher Vorgang seine Zeit. Die Geschwindigkeit dabei muss so gewählt sein, dass jeder weitere Schritt sicher bleibt.

Bei der Universalstrategie fokussieren wir uns zuerst unbedingt auf unsere Ressourcen. Damit sind beispielsweise unsere Fähigkeiten zur Selbststeuerung gemeint, mit denen wir uns, unabhängig von den äußeren Umständen, sowohl beruhigen als auch aktivieren können. Diese Fähigkeiten sind bereits in uns angelegt, doch wir müssen sie zuerst ausreichend stärken. Dann werden wir dieses Plus für die Heilung unseres Minus nutzen, indem wir beides miteinander verbinden.

Die Spezialstrategien

Die folgenden Spezialstrategien stellen nur eine Auswahl an Möglichkeiten dar. Eine umfangreiche Darstellung der konkreten Übungen ist im *Praxisbuch Buddhistische Psychotherapie* nach Problemlage geordnet zu finden. In der *Einführung in die Buddhistische Psychotherapie* werden zehn grundlegende Übungen vorgestellt und zudem auf der beiliegenden CD angeleitet.

Jede dieser Übungen wird uns sicherlich weiterhelfen können, trotzdem stehen wir in unserem Alltag immer wieder von Neuem vor der Frage: „Was kann ich tun?" oder

„Welche Strategie wende ich jetzt am besten an?"

Vier strategische Varianten für unseren leichten Weg

1. Manchmal ist es am besten, für Abstand zu sorgen. Für diesen Fall wären dann Übungen sinnvoll, die uns darin unterstützen, Abstand zu halten. Dabei handelt es sich um Abgrenzungstechniken, die uns zum Beispiel dabei helfen sollen, *Nein* zu sagen.

Manchmal benötigen wir auch mehr Disziplin und innere Stärke, um uns zurückzuziehen oder die Auseinandersetzung zu vermeiden. Die Strategie des Vermeidens ist nicht unbedingt ein Ausdruck von Schwäche – im Gegenteil.

2. Allerdings gibt es ebenso Zeiten, in denen wir die Strategie des Vermeidens nicht mehr anwenden sollten. Dann müssen wir die Ärmel hochkrempeln und aktiv werden. Dieser Aspekt sollte zuerst jedoch nur für uns selbst gelten, also der Zuwendung für uns selbst. Der Versuch, auf unsere Umwelt einzuwirken, darf nicht zu früh erfolgen.

3. Wenn es möglich wird, die in dem Geschehen enthaltene Lehre zu entdecken, dann sind wir bereits in der Lage dazu, auf heilsame Weise kreativ mit den Gegebenheiten umzugehen. In Konflikten und Hindernissen eine Lehre für uns zu entdecken darf aber nie die einzige Variante bleiben, sonst gehen wir zu schnell auf eine Meta-Ebene.

4. Wenn wir uns in die buddhistischen Lehren vertiefen konnten und zum Beispiel die Weisheiten der Diskontinuität oder der Leerheit verstehen, dann können wir aktuelle Situationen mit ganz anderen Augen sehen. So erkennen wir schneller den verborgenen Charakter einer Situation.

War unser Lebensweg bislang ein leichter Weg?

Wenn wir zurückblicken, dann werden wir sicherlich eher episodischen und fragmentarischen Erinnerungen nachgehen. In der Regel denken wir dann an bestimmte Ereignisse, die durch ihre Intensität besonders hervortreten.

Bekanntlich ist unsere Erinnerung immer ein kreativer Prozess. Es gibt kein objektives Archiv der Vergangenheit in uns. Daher werden alle Erinnerungsbilder in uns jedes Mal neu zusammengebaut. Es gibt Nervenzellen, die für Formen, andere, die für Farben, für Gesichter, für Vorder- und Hintergrund zuständig sind. Innerhalb dieser Strukturen gibt es wiederum Untereinheiten. Deshalb können unsere Erinnerungen nie exakt sein. Wenn zehn Menschen Zeugen eines Ereignisses werden, dann sind sie sich zwar ungefähr über die groben Abläufe einig, doch die Details zersplittern sich in den individuellen Meinungen über das Geschehene. Alle Studien über die Qualität von Zeugenaussagen bestätigen dies.

Wenn wir nun in unsere eigene Vergangenheit blicken, um unseren bisherigen Weg einzuschätzen, dann ist unsere Ausgangsposition, von der aus wir suchen und uns erinnern, von entscheidender Bedeutung. Wenn unsere aktuelle Grundstimmung melancholisch ist, dann wird die Rekonstruktion unserer Vergangenheit anders ausfallen als bei einer ausgeglichenen oder freudigen Verfassung.

Es gibt allerdings keine neutrale Stimmung, jede Stimmungslage ist eben eine von vielen und jede färbt die Vergangenheit. Lediglich die Aspekte der Vergangenheit, die wir oft wiederholt haben, erscheinen uns einigermaßen klar. Damit entscheidet eigentlich nur das Ausmaß der Wiederholungen über unser Gefühl, uns korrekt zu erinnern.

An dieser Dynamik wird auch die nun folgende Übung nichts grundlegend verändern können; trotzdem zeigen die Erfahrungen, dass es hier immer wieder zu Überraschungen kommen kann.

Unsere Lebenslinie

In der folgenden Abbildung sehen Sie einen oberen hellen und einen unteren dunklen Bereich. Der obere helle Bereich der Lebenslinie ist der Plus-Bereich, hier befinden sich unsere schönen Erinnerungen. Folgerichtig tragen Sie Ihre Negativerfahrungen in den unteren dunklen Minus-Bereich ein.

Es ist möglich, rechts in der Gegenwart zu beginnen (in der obersten Zeile ist das Lebensalter eingetragen) und sich dann immer weiter zurückzuerinnern. Falls Sie älter als 70 Jahre sind, fügen Sie einfach rechts noch weitere Spalten an.

Ein alternativer Start sieht so aus, dass Sie links, bei Ihren ersten Erinnerungen beginnen. Je positiver die jeweilige Erinnerung ist, desto höher wird sie in der Vertikalen eingetragen.

Nehmen Sie sich ein wenig Zeit dafür und zeichnen Sie Ihren Lebensweg. Vielleicht benutzen Sie einen Bleistift dafür, dann können Sie leichter Korrekturen vornehmen.

+6	5	10	15	20	25	30	35	40	45	50	55	60	65	70
+5														
+4														
+3														
+2														
+1														
-1														
-2														
-3														
-4														
-5														
-6														

Abb. 22 **Die Lebenslinie**

Haben Sie alle relevanten Lebensereignisse eingetragen? Dann verbinden Sie jetzt die einzelnen Punkte mit einer durchgehenden Linie.

Wie sieht nun Ihre persönliche Lebenslinie aus? Liegen mehr Punkte im Negativbereich? Sie können auch die Fläche schraffieren und prüfen, wie viel Lebensfläche im Plus und wie viel im Minus angesiedelt ist. Sind ein paar Überraschungen aufgetreten? Hätten Sie es sich vorher anders vorgestellt?

Eine weitere interessante Frage ist die, ob diese Linie, wenn Sie sie in einem Monat noch einmal zeichnen, womöglich anders ausfallen könnte.

Schauen Sie aber nochmals auf Ihre aktuelle Linie. Sie entspricht dem heutigen Blick auf Ihr Leben und Ihren bisherigen Weg. War der Weg ein leichter Weg? Möchten Sie einige Tiefpunkte lieber ausradieren? Oder haben Sie aus diesen Erfahrungen etwas Wichtiges lernen können? Wenn Sie darauf achten, was nach den Tiefpunkten kam, können Sie dann erkennen, was hilfreich war? Was hat Sie von den Tiefpunkten weggeführt?

Die Entwicklung der Lebenslinie auf dem leichten Weg

Natürlich entspricht eine solche Linie einer starken Verdichtung. Sie könnten auch noch weitere Linien einzeichnen: eine Linie für Ihren beruflichen Werdegang, eine für Ihr Liebesleben, eine Finanzlinie, eine Gesundheitslinie. Vielleicht fallen Ihnen noch weitere Aspekte ein, die zur Lebenslinie dazugehören könnten.

Und noch eine Anmerkung: Lebenslinien, die wirklich ernsthaft und ehrlich ausgefüllt wurden, ähneln alle einer Art „Herzkurve", also einer Berg- und-Tal-Fahrt. Kein Leben verläuft geradlinig, zumindest dann nicht, wenn wir es differenzierter betrachten und verschiedene Lebensaspekte durch verschiedene Linien darstellen.

Das buddhistische Geistestraining führt nicht dazu, dass sich die Linien in Zukunft nur noch im oberen Plus-Bereich befinden. Die Lebenslinie wird allerdings auch nicht einfach nur abgeflacht im seichten Mittelfeld weiterlaufen. Alle Lebensaspekte, symbolisiert durch die Gesundheitslinie, die Beziehungslinie, die Berufslinie oder andere Lebensbereiche, werden auch weiterhin den natürlichen Wandel anzeigen.

Allerdings wird sich die Grundlinie deutlich stabilisieren. Hier wird es zu einem Abschied vom Drama der Achterbahnfahrten kommen. Die Grundlinie ist eine Art Resonanzlinie auf alle anderen Lebensbereiche. Sie reagiert auf Ereignisse, aber gleichzeitig initiiert und beeinflusst sie auch alle anderen Bereiche. Der gesamte weitere Weg mit allen Lebensaspekten wird der Diskontinuität, dem stetigen Wandel unterliegen; das ist ein Wesensmerkmal aller Dinge, doch wir werden dafür einen leichten Weg finden.

Die Beschäftigung mit unserer bisherigen und zukünftigen Lebenslinie konnte wieder einmal zeigen, dass der leichte Weg nicht abgehoben sein kann. Dieser Weg wird auch weiterhin mitten durch unser Leben und Empfinden führen.

Grundlegende Maßnahme

Das bisher Vermittelte kann zu einer weisen und wissenden Grundhaltung beitragen. Ohne eine solche können wir weder für uns selbst noch für andere eine sichere Hilfe bieten. Irgendwann wird dann aber der Punkt kommen, an dem wir noch konkreter werden müssen. Buddhistische Texte und auch Bücher über buddhistische Psychologie bieten uns zwar viele Anregungen und zeigen uns Möglichkeiten auf, doch irgendwann klappen wir alle Bücher zu und sind wieder auf uns selbst zurückgeworfen. Dann fragen wir uns vielleicht, wie denn der erste konkrete Schritt eigentlich aussehen soll, denn die anstehenden Themen und Problemstellungen sind schließlich äußerst vielfältig.

Die erste Maßnahme ist allgemeingültig

Erstaunlicherweise gibt es eine ganz einfache und allgemeingültige Instruktion, die sich komplett auf alle noch folgenden Situationen anwenden lässt. Dabei ist es egal, ob es darum geht, wie wir psychische Störungen mildern, Süchte loslassen oder Beziehungsstreitigkeiten aufgeben. Alle möglichen Schwierigkeiten, eine Entscheidung zu treffen, ob wir uns besser von unserem Partner trennen sollen oder nicht, wo wir den nächsten Urlaub verbringen oder was wir heute Abend essen möchten, jede Fragestellung kann durch eine einzige Grundsatzstrategie aufgelockert oder gelöst werden.

Wenn wir auch alles vergessen, was wir bisher gelesen haben, es gibt eine einzige Sache, die so einfach und schlüssig ist, dass wir sie gut in Erinnerung behalten und sogar in Krisen abrufen können: Dieses Allheilmittel ist – unser Körper. Gewissermaßen beginnt und endet hier alles.

In der Regel sind wir zu schnell und zu fanatisch mit den Dingen in unserem Kopf beschäftigt. Wir grübeln und kommen zu keiner klaren Entscheidung. Als allerersten Schritt sollten wir uns jedoch immer erst unserem Körper zuwenden und darauf achten, was er gerade benötigen könnte, um zu etwas mehr Ruhe und Klarheit zu kommen. Generell hilft unserem Körper eine ruhige und bewusste Atmung. Sie mildert viele Beschwerden und erzeugt im vegetativen Nervensystem eine spürbare und messbare Beruhigung. Welche Probleme auch auftauchen mögen, atme bewusst und lockere dadurch deine Anspannungen.

Das ist unser Fundament. Damit beginnt alles. Mit einem nervösen und angespannten Körper finden wir keine nachhaltig guten Lösungen, und mit der körperlichen Unruhe finden auch unsere Emotionen und Gedanken keine Ruhe. Wir erkennen in diesem Vorgehen natürlich auch die Anweisung Buddhas wieder, der uns genau diesen leichten Weg in seinen Anleitungen zur Achtsamkeit aufzeigt.

Um diesen Prozess zu stabilisieren, ist es sehr hilfreich, auf eine gute Körperhaltung zu achten. Körperhaltung und Geisteshaltung stehen in einer unmittelbaren Wechselwirkung. Bis jetzt ist das ein ganz simples Training: bewusst atmen und sich aufrecht halten.

Die weiteren konkreten Vorgehensweisen

Als Nächstes achten wir immer wieder auf eine weitere einfache Grundsatzstrategie:

→ Stopp, mache es nicht noch schlimmer.

→ Stoppe jede Form der Selbstvergiftung durch unheilsamen Konsum.

→ Stoppe jede Form der Energieverschwendung, zum Beispiel durch Hadern und Grübeln. Wenn sich diese Angewohnheit schon sehr gefestigt hat, dann lege feste Grübelzeiten fest, zum Beispiel jeden Tag um 12.00 Uhr fünf Minuten lang. Auch jede andere Zeit ist okay, doch auf keinen Fall sollten wir sie in die letzten Stunden vor dem Schlafengehen verlegen. Während dieser Zeit notieren wir unsere Gedanken. Danach klappen wir das Grübelheft zu und legen es in eine Schublade zurück.

→ Konzentriere und fokussiere dich darauf, was du erreichen möchtest. Lege Etappenziele fest. Auch hierfür helfen uns kurze schriftliche Notizen.

→ Von zentraler Bedeutung ist die Zurückgewinnung deiner Selbstwirksamkeit. Du benötigst dafür ein Training, das deine Fähigkeiten zur Selbstkontrolle steigert. Hier ist besonders das Atemtraining gemeint, mit dem du dein vegetatives Nervensystem bei Energielosigkeit zu aktivieren und bei Unruhe und im Leiden zu beruhigen lernst.

→ Übe dich im Heiligen Innehalten und führe täglich viele Mikropausen durch, in denen du bewusst atmest und dich fokussierst.

Das Heilige Innehalten

Das Heilige Innehalten ist ein sehr hilfreicher kleiner Baustein für unseren leichten Weg. Dabei stoppen oder verzögern wir anfangs jeden aufkommenden Impuls für die Dauer von ein bis zwei Atemzügen. Wir werden etwas gefragt und warten einen Atemzug lang mit der Antwort. Wir möchten vielleicht sofort etwas erledigen und aufstehen, doch wir warten einen Atemzug lang. Das Telefon klingelt und wir warten einen Atemzug lang, ehe wir das Gespräch entgegennehmen.

Die Mikropausen

Auch Mikropausen in regelmäßigen Abständen während des Tages führen zu einer kurzen Entschleunigung und dadurch zu einer Ansammlung von Ruhemomenten. Für die Dauer von ein oder zwei Atemzügen verweilen wir und prüfen unsere innere Bilanz oder unseren inneren Pegelstand.

Der Mikro-Check

Eine Variante davon ist der sogenannte Mikro-Check: Hier entwickeln wir nicht so sehr den Pausencharakter, der uns eventuell in einigen Aktivitäten einbremsen könnte, sondern führen alles weiter, was wir in diesem Augenblick tun möchten. Der Mikro-Check lässt uns dabei eine Art Zusatz-Bewusstsein für uns selbst anknipsen. So können wir mit allen Aktivitäten fortfahren, atmen in dieser Zeit jedoch entspannter und lösen unsere unnötigen Anspannungen beispielsweise im Gesicht und im Nacken.

Diese drei Übungsaspekte des leichten Weges – das Heilige Innehalten, die Mikropausen und der Mikro-Check – können wunderbar mit dem Bewusstsein für unseren Inneren Edlen Kern verknüpft werden. Auf diese Weise etablieren wir die geistige Qualität unserer Buddhanatur in unserem Alltag. Wenn wir das immer mehr festigen können, stabilisiert sich diese heilsame Geisteshaltung und wir bekommen allmählich eine Ahnung davon, was es heißt, befreit zu sein.

→ Übe mindestens einmal täglich mehr als fünf Minuten lang deine Trainingseinheiten.

→ Hol dir Unterstützung und lass jede Hilfe zu, die dir angeboten wird.

→ Verlängere nach und nach deine Übungsphasen.

→ Verstehe, dass Übungen und Alltag irgendwann einmal zusammenfließen wollen.

Diese zentralen Übungsaspekte sollten im weiteren Verlauf nicht losgelöst von unseren sonstigen Lebensbereichen berücksichtigt werden. Es darf hier mittelfristig kein Parallel-Leben geben, welches so aussieht, dass wir zu bestimmten Zeiten unsere heilsamen Übungen durchführen und danach die restlichen Dinge unseres Lebens angehen. Alle spirituellen Übungen werden nur dann nachhaltigen Erfolg zeigen, wenn wir sie in unser Leben integrieren können. Deshalb hat es sich als ratsam erwiesen, dass wir noch ein paar weitere Aspekte berücksichtigen.

Wir müssen unsere Achtsamkeit auch darauf lenken,

- wie und was wir konsumieren
- wie und worüber wir reden
- wie und womit wir unsere Zeit verbringen
- mit welchen Menschen wir uns umgeben
- wie wir uns im Beruf verhalten.

Achtsamkeit ist kein meditativer Zustand, der nur auf dem Meditationskissen entwickelt wird. Achtsamkeit sollte unser gesamtes Leben durchdringen.

Bausteine der Meditation

Meditation und Kontemplation helfen uns,
die Gegenwart besser zu begreifen.

– XIV. Dalai Lama –

Die Meditation ist einer der Königswege der buddhistischen Praxis und ein Weg zur Befreiung. Neben dem Ergründen der Lehre und der Verwirklichung im Alltag ist sie eine unumgängliche und täglich zu nutzende Übung. Der Versuch zu einer auch nur annähernd erschöpfenden Beschreibung von Meditation soll in den folgenden Betrachtungen gar nicht erst unternommen werden. Die Beschreibungen des leichten Weges möchten aber auch nicht ganz auf einige Anregungen zur Meditation verzichten.

Eine kurze Anleitung zur Meditation

Setzen Sie sich möglichst gerade auf ein Meditationskissen. Die Beine sind verschränkt; besonders günstig ist dafür der volle Lotossitz, aber auch der halbe Lotossitz ist hilfreich. Achten Sie vor allem darauf, dass beide Knie auf dem Boden ruhen. Die Hüften sollten höher als die Knie sein. Das Wichtigste ist eine stabile Sitzposition.

Wenn Ihnen diese Position nicht möglich ist, dann setzen Sie sich auf einen Stuhl ohne Armlehnen, und zwar vorn auf die Stuhlkante. Halten Sie den Rücken möglichst gerade. Anfangs werden nach kurzer Zeit im Lendenwirbelbereich Spannungen auftreten. Lockern Sie diese und gehen Sie dann wieder in die aufrechte Position.

Entspannen Sie Ihre Schultern, lassen Sie sie etwas fallen und bringen sie in eine gute Position. Achten Sie darauf, dass Ihr Kopf gut ausgerichtet ist und nicht zu weit nach vorn oder nach hinten positioniert ist. Legen Sie Ihre Unterarme auf Ihre Oberschenkel und legen Sie eine Hand in die andere. Dabei berühren sich die Daumenspitzen und bilden ein Dreieck.

Beginnen Sie nun Ihre Meditation damit, dass Sie sich auf Ihre Atmung konzentrieren.

Einige Meditationsformen

Natürlich gibt es ebenso viele Varianten der Meditation, wie es auch Meinungen und Vorstellungen darüber gibt. Zwei verschiedene Haltungen und Herangehensweisen zur Meditation dürften aber grundlegend zu unterscheiden sein.

Die erste Variante zeichnet sich durch eine Vorstellung über Meditation aus, bei der wir beispielsweise erwarten, dass wir uns in der Meditation frei fühlen, dass jede weitere Meditation uns ein wenig mehr in die Befreiung führt. Nach diesem Verständnis sollte eine Meditation erholsam, tiefgehend, inspirierend, visionär, spirituell, ergreifend, licht oder ähnlich fantastisch sein. Jede Ablenkung, jede Anspannung, jedes Problem in der Meditation wird als Fehler, Schwäche oder Rückschritt identifiziert. Dabei wird klar zwischen guter und schlechter Meditation differenziert.

Die zweite Variante versteht Meditation als einen Vorgang, bei dem wir nach und nach die drei Instanzen Körper, Emotionen und Gedanken kennen und differenzieren lernen. Einige Meditationen bereiten uns eher körperliche Probleme, während wir in anderen Situationen mehr mit unseren emotionalen und gedanklichen Problemen konfrontiert werden. Mit zunehmender Praxis werden wir diese drei Bereiche immer besser kennenlernen und freunden uns damit an.

Auf dieser Basis nehmen unsere Einflussmöglichkeiten dann immer weiter zu. Schon bald können wir feststellen, dass es zwischen den drei Bereichen immer wieder kurze Unterbrechungen, gewissermaßen kleine Lücken gibt. Diese Lücken zwischen den drei Bereichen und auch die auf diese drei Bereiche gerichtete Achtsamkeit können wir in uns kultivieren. Dann können wir den Fokus bald auf diese drei Bereiche oder auch auf den vierten Bereich, diese „Lücke", richten. In dieser Lücke spüren wir keine körperlichen Empfindungen, keine emotionalen Reaktionen und keine Gedanken.

In diesem Zustand nehmen wir Kontakt auf zu einer in uns allen wirkenden Qualität, die wir zum Beispiel unseren Geist, unsere geistige Qualität, unsere Buddhanatur oder noch anders nennen könnten. Der Name ist weniger wichtig, trotzdem sollten wir damit vorsichtig sein, da wir mit dem Namen immer auch einer festen Vorstellung Raum geben.

Welche Meditationsvariante spricht Sie mehr an? Wenn Sie jetzt darüber nachdenken, dann betreten Sie den Bereich Ihrer Erwartungen – und diese sind ein sehr mächtiger Schlüssel für ein wahres Eldorado unserer Probleme.

Meditation ist wie eine Inspektion

Bei allem, was wir beginnen, müssen wir zuerst stets unsere Absichten klären. Auch unsere Erwartungen und die von uns angestrebten Ziele sind ein Teil davon. Ohne eine klare Kursbestimmung werden wir nie das von uns angestrebte Ziel erreichen. Wenn wir die Meditation praktizieren wollen, dann müssen wir uns also in einem ersten Schritt über unsere Absichten und Einstellungen klar werden.

Das Ziel bestimmt natürlich auch die Methoden: Wenn wir abschalten und entspannen möchten und als Methode dafür die Meditation wählen, dann entsteht daraus ein sehr spezieller Weg. Gehen wir fälschlicherweise davon aus, dass Meditation eine Entspannungsübung sei, werden wir bestimmt schon bald auf größere Probleme in der Meditation stoßen.

Dagegen ist es hilfreicher, Meditation als eine Art von Inspektion anzusehen. Wir meditieren mit der inneren Fragestellung: Also, was ist hier los? Wie bei der Inspektion eines Autos benötigen wir auch in der Meditation mehr als nur eine oberflächliche Schönrederei. Was würden wir wohl davon halten, wenn der Monteur nur das Auto waschen lässt und hinterher meint: „Jaja, passt schon, alles okay." Nein, wir wollen doch, dass er wirklich hinschaut und uns auch auf Mängel hinweist, die eventuell die Fahrsicherheit beeinträchtigen könnten.

Auf eine ebensolche Weise praktizieren wir die Meditation. Wie bei einer Inspektion schauen wir ganz genau hin, bleiben in der kritischen Beobachterrolle und registrieren alles, was sich zeigen mag.

Wenn sich nichts zeigt, ist auch das okay.

Womöglich spüren wir oft jedoch Unruhe und ein wirres Gedankenrasen, auch das ist okay.

Es gibt keine guten oder schlechten Inspektionen, sondern nur genaue und ungenaue.

Schließlich ist es keine gute Inspektion, nur weil nichts gefunden wurde. Wenn es nur gut war, weil es ungenau durchgeführt wurde, wird es dadurch nicht gut.

Eine Meditation ist also nie gut oder schlecht.

Trachtet nicht zu verhindern,
dass Gedanken aufsteigen,
und klammert Euch nicht an Gedanken,
die aufgestiegen sind.
Lasst die Gedanken kommen und gehen,
wie sie wollen;
ringt nicht mit ihnen.
Ihr müsst einzig und allein von ganzem Herzen forschen:
„Was ist mein eigener Geist?"
Ich dringe immer wieder darauf,
weil ich Euch zur Selbst-Wesensschau bringen möchte.

– Zen-Meister Bassui Tokusho (14. Jh.) –

Meditation braucht keine Etiketten

Wir alle erleben und erfahren unsere Meditationssitzungen sicherlich ganz unterschiedlich. Wahrscheinlich nehmen wir immer wieder zur Kenntnis, dass es anfänglich schnelle Fortschritte gibt, aber auch immer wieder Stagnationen. Hier ist auch die Tagesform von Bedeutung. Manchmal ist unser Kopf vielleicht ganz voll und wir finden kaum innere Klarheit, während andere Sitzungen von tiefer innerer Ruhe gekennzeichnet sind.

Tatsächlich können wir während der Meditation die unterschiedlichsten Erfahrungen erleben. Dem Gesetz von Ursache und Wirkung folgend, müssen wir erkennen, dass dafür eine ganze Reihe verschiedener Vorbedingungen verantwortlich sind. Wenn wir unseren Geist beispielsweise mit unheilsamen Erfahrungen füttern, werden wir das unweigerlich während unserer Meditationssitzungen zu spüren bekommen.

An dieser Stelle soll der Fokus einmal nicht auf die günstigen oder ungünstigen Bedingungen für die Meditation gelenkt werden. Wir können zwar einiges selbst dafür tun, damit wir unter günstigeren Bedingungen üben können, doch selbst mit noch so achtsamer Vorsorge werden uns immer wieder Ereignisse des Alltags herausfordern.

Die Erste Edle Wahrheit beschreibt sehr eindrücklich, dass immer wieder Probleme auftauchen werden. In kaum einer anderen Situation werden wir diese so ungefiltert zu spüren bekommen wie bei unserer Meditation. Hier entfallen alle Ablenkungsstrategien und wir sind unmittelbar mit uns selbst konfrontiert.

Eine der vielen hilfreichen Auslegungen der Ersten Edlen Wahrheit appelliert daran, dass wir unheilsame Ereignisse nicht noch durch unser eigenes unbedachtes Agieren verschlimmern.

Diese Herangehensweise sollten wir uns auch für unsere Meditationspraxis angewöhnen.

Sicherlich reflektieren wir selbst immer wieder, was uns beschäftigt. So entstehen nach einer Meditation zum Beispiel entweder Gedanken dazu in uns oder wir tauschen uns darüber aus: „Heute hatte ich eine gute Meditation", oder: „Heute war die Meditation nicht so gut, ich war so nervös und bin gar nicht zur Ruhe gekommen."

Wie bei allen anderen Erfahrungen auch, so gibt unser Verstand sehr gern seine Kommentare dazu ab. Somit erhalten wir immer gleich die Quittung: „Die Meditation war ... tief ... nervig ... bewegend ... abgefahren ... toll ... schön ... still ... interessant ... inspirierend ..."

Natürlich gehen wir gern noch weiter in der Analyse und lassen unseren Verstand nach möglichen Ursachen dafür suchen: „Ich hatte solche Probleme mit meinen Beinen." – „Der Rücken hat plötzlich so wehgetan." – „Ich habe letzte Nacht so schlecht geschlafen". – „Ich habe zurzeit eine schwierige Phase."

Der leichte Weg möchte hier eine Anregung vermitteln:

Lösen wir uns von jedem beschreibenden Etikett, das unser Verstand uns zu unserer Meditation liefern möchte. Es scheint sehr wichtig zu sein, dass wir uns einbremsen lernen, wenn solche Etiketten der Meditation in uns entstehen. Lassen wir sie los und erkennen, dass es immer nur *Meditation* ist. Es gibt weder eine gute noch eine schlechte Meditation. Es ist einfach immer nur Meditation.

Jede Meditation zeigt uns, wo wir gerade stehen, wie wir zurzeit wirklich sind und was in unserem Leben von Bedeutung ist oder zumindest, was uns beschäftigt und umtreibt. Das ist okay so.

Über diesen Weg der Milderung und des Loslassens können wir uns besser auf unsere Erfahrungen konzentrieren. Diese sind tatsächlich nicht von der Meditation abhängig, sondern von uns selbst. Es ist auch nicht der blöde Hammer, der uns trifft, sondern unsere eigene Unachtsamkeit.

Dieser Vorgang der Eingrenzung kann dann nach und nach auf immer weitere Lebensbereiche ausgedehnt werden. Wir reduzieren die vielen Bewertungen in unserem Leben. Es simples Beispiel dafür ist natürlich das Wetter. Es ist weder gut noch schlecht, es *ist* eben. Auf welche Bereiche können wir diese Strategie noch übertragen? Auf den Partner, den Job, das Essen, den Sex, den Straßenverkehr, unsere eigenen Leistungen? Ein erster Schritt könnte darin bestehen, die Dinge erst einmal zu akzeptieren. Es ist vielleicht manchmal nicht schön, aber es ist *okay.* Durch abwertende Kritik wird unser Geisteszustand nicht gerade besser.

Es gibt also keine schlechte Meditation, doch vor allem ist es auch wichtig, keine *gute* Meditation anzustreben: „Ich will jetzt eine gute, ruhige Meditation. Dafür versuche ich alle Störgeräusche auszuschalten. Von draußen sollte kein Geräusch zu mir dringen, selbst wenn ich die Meditationsmusik dafür recht laut aufdrehen muss." Die Absicht, die oft hinter solchen Bemühungen steht, führt uns eher zu einer Besänftigung, in die Entspannung und in den Schlaf.

Häufig versuchen wir mit dieser Dynamik auch gezielt, ganz besondere Bewusstseinszustände zu erlangen. Vielleicht meinen wir, dass wir in einer guten Meditation ganz besondere Visionen haben sollten. Wir müssen unbedingt erreichen, dass wir uns in der Meditation mit dem Kosmos verbinden und eins werden mit allen fühlenden Wesen. Natürlich können solche Zustände auch tatsächlich erfahren werden, doch wenn wir uns *deshalb* auf das Meditationskissen setzen, haben wir ein Problem. Es wäre eine recht unterhaltsame Form der Selbstsabotage, diesen Weg mit viel Engagement weiter fortzusetzen.

Wahrnehmen statt bewerten

Sicherlich meditieren viele von uns mit einer gewissen Erwartungshaltung und natürlich werden sich unsere Erwartungen auch an die damit einhergehenden Erfahrungen anpassen. Nur allzu oft haften wir jedoch sehr stark an unseren Erwartungen an. Vor allem, wenn wir schon eine ganze Weile meditieren, entstehen früher oder später garantiert Erwartungen an eine Vertiefung der Meditation. Das ist eine recht heikle Phase, weil der damit verbundene Druck oft zu einer weniger günstigen Veränderung unserer Meditationspraxis führen kann.

Aufmerksame Leser werden schon gemerkt haben, wie schwierig hier die Wahl der Attribute ist, die der Meditation zugeordnet werden. Immer wieder schleichen sich da Begriffe ein, die unser dualistisches Denken mit seinen typischen Bewertungen offenbaren: tief – flach, günstig – ungünstig usw. Es ist so schwer, unsere vielen Bewertungen aus unseren Gedanken herauszulassen. Dabei versuchen wir ja gerade in der Meditation, den bewertenden Verstand und die daraus hervorgehenden wertenden Gedanken zu mildern.

Die Bewusstseinskräfte,
die alles in gut und schlecht einteilen,
kommen in der Meditation zur Ruhe.

– XIV. Dalai Lama –

Wenn wir versuchen, in die Meditation hineinzukommen, nehmen wir eine Vielzahl von scheinbaren Störfaktoren wahr. Wir hören von draußen vielleicht Hundegebell, spielende Kinder, Verkehrslärm, selbst eine leise tickende Uhr kann uns stören. Die Körperempfindungen, die wir nun in uns spüren, die unterschiedlichen Emotionen, die zahlreichen Gedanken und alle weiteren Wahrnehmungen sollten wir möglichst wertfrei zur Kenntnis nehmen, doch unser Verstand gibt dazu unweigerlich ständig seine Kommentare ab.

Das gleiche Phänomen des Bewertens kommt natürlich auch bei der Meditation selbst zur Anwendung:

Wir sitzen in der Meditation und spüren zum Beispiel eine innere Unruhe; ein vielfältiger Strom von Gedanken durchzieht unser Bewusstsein. Immer wieder versuchen wir, uns davon zu lösen, doch heute ist die Meditation wirklich nicht tief und sie ist auch nicht gut. Wir spüren das ganz deutlich, erinnern uns gleichzeitig aber daran, dass wir unsere intensive Neigung zu Bewertungen eingrenzen sollten. Wir spüren also etwas, das wir nicht spüren sollten.

Wie können wir dieses Rätsel lösen?

Zwischen Eigenschaften und unseren Bewertungen unterscheiden lernen

Tatsächlich können wir die *Eigenschaften* der von uns wahrgenommenen Dinge *betrachten* und *benennen.* Allerdings sollten wir versuchen, diese Eigenschaften nicht zu *bewerten.* Schauen wir uns die von uns wahrgenommenen Eigenschaften einer Meditation einmal an:

Die Meditation war heute tief.

Oder: Die Meditation war heute unruhig.

Nur das und nicht mehr.

Wir lassen nichts weg, aber wir fügen auch nichts hinzu.

Oftmals fügen wir nach der reinen Wahrnehmung noch eine Bewertung hinzu:

Die Meditation war heute tief, und das ist gut.

Die Meditation war heute unruhig, und das ist nicht gut.

Unser innerer Zwang, alles bewerten zu müssen, kann eingegrenzt werden, wenn wir uns mehr auf die konkreten Wahrnehmungen konzentrieren. Dafür könnte es eine große Hilfe sein, wenn wir gezielt und bewusst die jeweiligen Eigenschaften der von uns wahrgenommenen Objekte von unseren Bewertungen abtrennen. Oft wirken die Eigenschaften selbst schon wie Bewertungen, scheinen sich aber trotzdem davon zu unterscheiden.

Wenn wir bei warmem Wetter auf einer Parkbank sitzen, könnten wir wahrnehmen, dass neben uns die Mülltonne stinkt.

Wir könnten den Gedanken an „Gestank" nun als eine Bewertung ansehen. Den Gestank wertfrei wahrzunehmen, also gewissermaßen als neutralen Geruch, den wir nicht bewerten sollten, scheint nicht gerade einfach zu sein.

Hier könnte es eine Hilfe für uns sein, wenn wir die Eigenschaft einer Mülltonne wahrnehmen. Viele Mülltonnen haben die Eigenschaft zu stinken. Allerdings versuchen wir dann, diese Eigenschaft nicht weiter zu bewerten. Der Müll stinkt eben. Das können wir einfach zur Kenntnis nehmen.

Unsere Umwelt bietet uns fast unbegrenzte Möglichkeiten dazu, fortwährend zu üben:

Manche Menschen besitzen schwierige Eigenschaften. Das nehmen wir bewusst wahr.

Manche Tätigkeiten sind wirklich unangenehm. Das nehmen wir bewusst wahr.

Manchmal wird uns vielleicht ein nur wenig schmackhaftes Essen vorgesetzt. Das nehmen wir bewusst wahr.

Das Wetter ist oft wechselhaft und launisch. Das nehmen wir bewusst wahr.

Wir sind offen für alle Eigenschaften, die wir wahrnehmen können, doch wir versuchen, nach der Wahrnehmung einen Punkt zu setzen.

Wir machen jetzt die Wahrnehmung. Punkt.

Wir betrachten das Wahrgenommene, doch unser Verstand wird sich nicht mehr darauf stürzen.

Natürlich gehorcht unser Verstand uns anfangs noch nicht unbedingt.

Und natürlich liefert er fleißig Bewertungen.

Auch diese Problematik lösen wir wieder mit der gleichen Strategie: Wir bleiben in der Beobachterrolle und betrachten unseren Verstand und die daraus folgenden Gedanken. Diese Beobachterrolle führt zu einer oft hilfreichen Distanzierung. Auf diese Weise können wir einerseits die unterschiedlichsten Dinge wahrnehmen und andererseits, gewissermaßen parallel dazu, auch unsere Gedankenproduktion wahrnehmen.

Wir sitzen immer noch auf der Parkbank und die Mülltonne stinkt. Das können wir leicht wahrnehmen. Gleichzeitig spüren wir unsere inneren Stimmen, die sich über den Gestank aufregen. Eine Weile sitzen wir so auf der Parkbank und erleben gleichzeitig den äußeren Gestank und unser inneres Geschimpfe. Da ist also Gestank und da sind nervige Gedanken. Okay, das ist jetzt momentan so. Mal sehen, was als Nächstes kommt.

Meistens achten wir gar nicht sonderlich auf unsere Wahrnehmung von der Welt, sondern nur auf unsere Gedanken. Wie finden wir einen Weg aus diesem geistigen Korsett heraus? Etwa indem wir erkennen, dass das dualistische Denken schlecht ist? Schon wieder in die Falle gegangen!

Eine Kerze scheint in der Dunkelheit hell. Helles Licht könnte eine Eigenschaft sein, obwohl es auch wieder Teil der Dualität von Hell-

Dunkel ist. Wenn es nah ist, dann ist Licht meistens hell. Oft ist es sogar blendend, grell oder angenehm warm. Das wären dann aber schon wieder unsere Bewertungen.

Mit diesem Übungsprinzip können wir einmal in die Welt hinausgehen und die Eigenschaften der Objekte betrachten, die wir wahrnehmen. Gleichzeitig machen wir uns die Bewertungen bewusst, die dabei in uns entstehen. Mit einem geduldigen Training lernen wir mit der Zeit, zwischen unseren Wahrnehmungen und unseren Bewertungen zu unterscheiden. Dabei ist besonders zu beachten, dass wir unsere Bewertungen nicht verdrängen, sondern sie einfach als das erkennen, was sie sind.

Letztlich besteht das Ziel natürlich darin, unsere Bewertungen loszuwerden. Das wird aber nicht schlagartig und schon gar nicht von allein passieren. Wir müssen dabei nach der folgenden Strategie vorgehen: zuerst den Wahrnehmungsprozess schärfen, dann immer stärker die Beobachterrolle kultivieren, dann die Eigenschaften von den Bewertungen trennen und zuletzt die Objekte von den Eigenschaften befreien. Was bleibt, ist die reine Beobachtung.

Die Steigerung unserer Fähigkeit zur Introspektion

Gehen wir noch einmal zurück zur Meditation als Inspektion und betrachten hier den recht ähnlich klingenden und auch verwandten Vorgang der Introspektion. Damit wird die Fähigkeit bezeichnet, in sich selbst hineinschauen und hineinfühlen zu können. Die Steigerung unserer Fähigkeit zur Introspektion ist ein durchaus erwünschter Nebeneffekt der regelmäßigen Meditation.

Die verschiedenen Formen von Stress führen dazu, dass unheilsame Nervenverbindungen sich festigen und gleichzeitig Nervenareale in unserem Gehirn abbauen, die uns die Introspektion ermöglichen. Ständiger uns überfordernder Stress resultiert darin, dass unsere Aufmerksamkeit auf diese zumeist äußeren Stressthemen fokussiert bleibt. In Stressphasen scheinen wir uns selbst oft zu vergessen. Wir verlieren das Gefühl für uns selbst, wodurch viele der Selbstregulation dienende Systeme entgleisen. Daher haben wir zum Beispiel entweder überhaupt keinen Hunger mehr oder wir erleben kein Sättigungsempfinden mehr und stattdessen nur noch Heißhunger. Auch unsere Leistungsgrenzen verschwimmen. All das und mehr wird begleitet vom Zerfall innerer neuronaler Strukturen, die für unsere Fähigkeiten zur Introspektion und Impulssteuerung zuständig sind.

Es konnte nachgewiesen werden, dass eine regelmäßige Meditation diese Hirnareale anregt und zum Wachsen bringt. Meditation steigert also unsere Fähigkeit zur Introspektion. Für diejenigen, die den Meditationsprozess kennen, ist das keine Überraschung, denn schließlich ist Meditation auch Innenschau und Selbstwahrnehmung. Es erscheint logisch, dass das, was wir regelmäßig tun, auch zu einer Festigung in unserem Nervensystem führt.

Das hat wiederum immens heilsame Auswirkungen auf unsere Möglichkeiten, uns selbst besser einzuschätzen und, darauf aufbauend, uns besser schützen zu können. Wenn wir diese Bereiche in uns stabilisieren und ihre Effektivität steigern können, dann nehmen wir zum Beispiel den Anstieg der inneren Anspannungen schon früher wahr. In diesem frühen Stadium stehen uns dann wesentlich leichtere Möglichkeiten für eine Problemlösung zur Verfügung, als wenn wir es erst später oder zu spät merken und der innere Pegel vielleicht schon wieder die Höchstmarke überschritten hat.

Selbst wenn wir dauerhaft in einer schwierigen Situation stecken, in der wir – oberflächlich betrachtet – womöglich lieber weniger als mehr spüren möchten, sollten wir erkennen, dass auch hier die Introspektion zu hilfreichen Schutzmaßnahmen beitragen kann. Die Probleme nicht zu spüren bedeutet nicht, dass sie keine Konsequenzen produzieren. Mit einer differenzierten Inspektion können wir eine deutlich realistischere Bilanz erstellen und damit dann effektiver und erfolgreicher haushalten.

Das erreichen wir in der Meditation allerdings nur dann, wenn wir die Haltung der Inspektion beibehalten und nicht dadurch, dass wir versuchen, uns Harmonie, Ruhe oder Gelassenheit anzutrainieren. Die Inspektion führt also zur Introspektion und die Introspektion führt zu einer besseren Selbststeuerung. Diese ist die Voraussetzung dafür, dass wir uns befreien.

Durch eine gute Fähigkeit zur Introspektion finden wir auch sicher auf den leichten Weg. Dieser ist zwar durchaus markiert, aber er besitzt keine Leitplanken. Unsere Unachtsamkeit kann jederzeit dazu führen, uns den leichten Weg verlieren zu lassen.

Die feste Meditationszeit

Ein weiterer, sehr wichtiger Aspekt besteht darin, nicht dann zu meditieren, wenn uns gerade danach ist, sondern uns dafür an feste Zeiten zu halten. Dann tun wir es einfach. Wir brauchen diese Regelmäßigkeit, damit wir unsere Meditation einüben und vertiefen können. Hätten wir früher in unserer Schulzeit pro Woche nur einmal 30 Sekunden lang lesen und schreiben geübt, dann hätten wir es wohl nie richtig gelernt. Nur das geduldige und regelmäßige tägliche Training bringt uns näher zum Ziel.

Auch wenn wir uns einmal nicht so wohlfühlen, meditieren wir, wenn es Zeit dafür ist. Dieses Vorgehen erleichtert uns anschließend auch, die Meditation in Alltagssituationen hineinzutragen.

In der Anfangsphase sollten wir täglich mindestens 5 Minuten und maximal 15 Minuten meditieren. Im weiteren Verlauf sollten wir täglich mindestens 15 Minuten und maximal 30 Minuten meditieren. Wenn wir eine gemeinsame Meditationspraxis mit anderen Menschen geteilt haben und über den Austausch die eigene Übung prüfen konnten, sollten wir täglich mindestens 20 Minuten und maximal 60 Minuten meditieren. Natürlich sind auch längere Meditationen möglich, sie sollten jedoch nicht den Regelfall darstellen.

Als übergeordnetes Ziel sei immer wieder daran erinnert, dass jede Übung zur Verwirklichung gebracht werden sollte. Das bedeutet, dass alles, was wir erreichen, in unseren Alltag einfließen muss, bis unsere Übungspraxis bald schon untrennbar mit unserem Alltagsleben verbunden sein wird. Äußerlich wird sich dadurch wahrscheinlich nicht sehr viel ändern.

- Wenn wir trinken, dann trinken wir, aber bewusst.
- Wenn wir essen, dann essen wir, aber bewusst.
- Wenn wir gehen, dann gehen wir, aber bewusst.
- Wenn wir reden, dann reden wir, aber bewusst.
- Wenn wir arbeiten, dann arbeiten wir, aber bewusst.
- Wenn wir lieben, dann lieben wir, aber bewusst.

Und hier noch ein Hinweis: Natürlich bieten sich Meditationszeiten an, die nicht unbedingt von Krisen geprägt sind. Falls wir mit dem Meditationstraining erst in einer Krise beginnen und dabei allein auf uns selbst gestellt sind, werden wir mit der Meditation wahrscheinlich eine heftige Enttäuschung erleben. In Krisen benötigen wir sachkundige Anleitungen, um von der Meditation profitieren zu können. Das heißt, wir holen uns in der Krise Unterstützung und Hilfe. Wenn wir uns stabilisieren, beginnen wir sogleich konsequent mit dem Training, da die nächste Krise nur eine Frage der Zeit ist.

Die Besonderheiten der Gehmeditation

Die Gehmeditation wird von vielen Meditierenden, die nur die stille Sitzmeditation praktizieren, eher unterschätzt. Tatsächlich rufen beide Meditationsformen sehr unterschiedliche Bewusstseinszustände hervor.

Die Gehmeditation zeigt viele Gesichter und bietet vielfältige Zugangsformen. Wir können die Gehmeditation sowohl als Einstiegshilfe als auch in Momenten sehr großer innerer Unruhe nutzen, denn viele von uns können in solchen Momenten eher etwas Bewegung als Stillsitzen vertragen. Das trifft besonders auf die Anfangsphase des Erlernens und Einübens von Meditation zu.

Allerdings soll jede Meditationsübung in ihrem eigenen Wert verwirklicht werden. Die Gehmeditation kann von uns gut dafür genutzt werden, um unsere Übungspraxis noch mehr in unseren Alltag zu tragen. Damit ist sie alles andere als eine Anfängerübung oder nur als Vorbereitung auf die stille Sitzmeditation zu sehen.

Die Umsetzung der Gehmeditation zeigt verschiedene Varianten. Wir halten die Arme entweder sanft am Körper, so dass sie nicht schwingen, oder wir beugen die Arme, so dass beide Hände vor der Brust oder vor dem Bauch zusammengeführt werden. Die Handflächen werden dabei wie bei einem asiatischen Gruß zusammengelegt oder eine Hand umschließt die andere als Faust.

Dann synchronisieren wir unsere Atmung mit unseren Schritten. Das kann so aussehen, dass wir beim Einatmen den Fuß anheben und nach vorn setzen und beim Ausatmen den Fuß absetzen und abrollen. Vor allem zu Anfang empfiehlt sich diese langsamere Variante. Bei einer schnelleren Variante werden wir innerhalb von drei Schritten einatmen und dann innerhalb der nächsten fünf bis sieben Schritte ausatmen.

Wenn Sie eine für Sie geeignete Form gefunden haben, werden Sie merken, dass sich Ihre Schritte und natürlich auch Ihre Atmung verlangsamen, weil Sie mehr zur Ruhe und Klarheit finden. Ruhe und Klarheit verweisen auf unsere Geisteszustände. Auf diese Weise spüren wir deutlich den Zusammenhang zwischen Geisteszuständen, Atmung und Bewegung.

Die Schwerpunkte für die Anfangsstufe der Meditation

Die *Haltung* und die Atmung sind die wesentlichen Übungsaspekte für Anfänger in der Meditation. Hinzu kommt der Fokus auf eine durchgängige Aufmerksamkeit.

Die Haltung

Es wurde schon mehrmals darauf hingewiesen, wie untrennbar unsere Körperhaltung mit unserer Geisteshaltung verknüpft ist. Eine schlaffe Körperhaltung führt immer zu einer schlaffen Geisteshaltung. Schmerzen führen immer zu schmerzhaften Gedanken. Hunger führt immer zu hungrigen Gedanken. Alle Körpersensationen spiegeln sich im Geist wider und das gilt auch umgekehrt. Deshalb wird im buddhistischen Geistestraining auch sehr auf die Körperhaltung geachtet.

Achten Sie selbst doch bitte in der nächsten Zeit immer öfter auf Ihre Körperhaltung. Das aufrechte Sitzen, Stehen und Gehen wird anfangs noch etwas ungewohnt sein und auch Spannungsempfindungen in Ihnen erzeugen. Gehen Sie nie über Ihre Schmerzgrenze hinaus. Wenn es spannt, dann lockern Sie Ihre Haltung, um dann bald wieder in die aufrechte Position zurückzukommen.

Wir gehen aufrecht auf dem leichten Weg, und der wird kein Schleichweg sein.

Entspannung in der Anspannung

Es gibt in der Meditation noch einen anderen interessanten Aspekt: Wenn wir in aufrechter Haltung die Bauchatmung praktizieren, dann spüren wir unmittelbar die Stabilität und Festigkeit in unserem Rücken bei gleichzeitiger Entspannung im Bauchbereich. Trotz der entspannten Grundhaltung ist *gleichzeitig* auch Anspannung vorhanden. Zusätzlich zur Anspannung hinten im Rücken spüren wir die Entspannung vorn im Bauch. Der Rücken ist angenehm fest und locker angespannt, der Bauch ist entspannt.

Diese Erfahrung des Spiels aus Anspannung und paralleler Entspannung sollte sehr deutlich wahrgenommen werden. In der Meditation können wir erkennen, dass dieses scheinbare Gegensatzpaar durchaus zeitgleich erfahrbar ist. Dieses außerordentlich wichtige Prinzip sollte unbedingt so übertragen und verwirklicht werden, dass wir auch inmitten unseres Alltags versuchen, in angespannten Situationen entspannt zu bleiben oder mit einer adäquat entspannten Haltung ein dynamisches und angespanntes Verhalten zu zeigen.

Eine Hilfe dabei kann das Verständnis sein, dass wir es hier mit einer entspannten *Haltung* und einem manchmal angespannten *Verhalten* zu tun haben können. Unser Verhalten kann und wird variieren, es kann durchaus auch einmal angespannt und emotional sein; gleichzeitig aber wird unsere Haltung durch unser regelmäßiges Geistestraining gelassen und entspannt bleiben.

Meditative Arbeitsteilung

Die meditativen Übungen bieten ein ausgesprochen großes Spektrum für die unterschiedlichsten Erfahrungen. Ein sehr spannender Aspekt ist die Gewahrwerdung unserer Panzerechsen-Natur. Diese kann uns als ein sehr wirkungsvolles Symbol zur Auflösung verschiedener Widersprüche dienen, hier vor allem bei dem Aspekt der Entspannung in der Anspannung, den wir auch in der Meditation selbst erfahren können.

- *Angenehme Anspannung:* Hinterkopf, Hals, Nacken, Schultern, Brust- und Lendenwirbelsäulenbereich, Steiß
- *Angenehme Entspannung:* Gesicht, Hals, Brust, Bauch, Arme, Hände, Beine, Füße

Wenn wir in einer klassischen Meditationshaltung verweilen, dann können wir im Nacken, in den Schultern und dem gesamten Rücken eine angenehme *Anspannung* erfahren. Gleichzeitig können wir im Gesicht, im Brust- und Bauchbereich, und mit ein bisschen Übung auch in den Beinen, eine angenehme *Entspannung* spüren.

Unsere Rückseite ist also angespannt, während unsere Vorderseite gleichzeitig entspannt ist. Wie eine Panzerechse verfügen wir über eine Art Rückenpanzer, während unsere Vorderseite an vielen Stellen weicher ist. Unser Rücken spannt sich besonders bei Stress an; diese Spannung kann sich entweder über den Nacken, den Hinterkopf und den Schädel ausbreiten oder über den unteren Rücken, das Gesäß und die Beine. Findet dieser Prozess keine Entspannung oder wiederholt er sich zu oft, dann breitet sich die Anspannung auch auf der Vorderseite unseres Körpers aus.

Eine sehr hilfreiche Übung besteht darin, den Rücken in eine angenehme Spannung und unsere Vorderseite in eine angenehme Entspannung zu bringen. Wir können den Kontakt zwischen beiden herstellen, indem wir eine Hand hinten auf unseren unteren Rücken legen und die andere Hand auf unseren Bauch. An beiden Stellen ist die Wärme der Hand sofort spürbar. Wir empfinden deutlich die angenehme Anspannung und Festigkeit in dieser Rückenregion, die uns aufrecht sitzen und gehen lässt, und ebenso empfinden wir die langsam zunehmende angenehme Weichheit unseres Bauches, der sich durch die Bauchatmung immer mehr entspannen kann.

Darüber hinaus können wir diese Übung noch etwas mehr differenzieren. Konkret könnte das bedeuten, dass wir uns jetzt auf drei Bereiche unseres Körpers konzentrieren: Bauch, Schultern und Gesicht. Auch unsere Vorgehensweise dabei ist dreifach: atmen, lockern und lächeln.

- *Unser Bauch:* Durch Atmen kann er sich immer mehr entspannen.
- *Unsere Schultern:* Durch lockernde achtsame Bewegungen können sie sich entspannen.
- *Unser Gesicht:* Durch Lächeln können sich die oft angespannten Gesichtsmuskeln entspannen.

Die Atmung

Wir atmen, solange wir leben, und solange wir atmen, leben wir. Atmen erscheint uns daher selbstverständlich, und ebenso selbstverständlich erscheint uns die Aussage, dass Atmung extrem wichtig, weil lebenserhaltend ist.

Ein paar Details zur Atmung

Wenn wir atmen, wird der eingeatmete Sauerstoff in unserem Organismus zu Kohlendioxyd verstoffwechselt. Das bedeutet, dass wir den eingeatmeten Sauerstoff (O_2) verbrauchen; ihm wird dann Kohlenstoff angehängt, der in dieser Form als Kohlendioxyd (CO_2) abtransportiert wird. In sprudelnden Getränken kommt CO_2 als Kohlensäure vor. Ein hoher CO_2-Spiegel in unserem Organismus führt dazu, dass der pH-Wert gesenkt wird. Ein geringer pH-Wert bedeutet, dass sich der Säurespiegel steigert. Mehr CO_2 in uns führt also zu einer Übersäuerung oder *Azidose.*

Unsere Atmung ist in der Regel relativ flach, so dass der Austausch von Sauerstoff und Kohlendioxyd meistens nicht optimal abläuft. Wenn wir zusätzlich gestresst sind, wird die Atmung noch angespannter. Auf diese Weise verbleibt zu viel CO_2 in unserem Organismus. Die Übersäuerung durch eine flache Atmung führt zu zahlreichen

Gesundheitsrisiken; insbesondere wird dadurch unser Immunsystem geschwächt und wir werden anfälliger für Krankheiten. Stress macht also sauer und sauer macht nicht immer lustig, sondern auch krank.

Hinzu kommt noch, dass auch viele unserer Ernährungsgewohnheiten ausgesprochen säurelastig sind. Wir selbst merken das meistens nicht, da diese Nährstoffe nicht immer sauer schmecken, eher im Gegenteil: Tierische Eiweiße, Alkohol, Nikotin und sogar Süßigkeiten übersäuern uns.

Die Atmung stellt, neben unserer Ausscheidung (durch Schweiß, Urin und Kot), eine unserer Möglichkeiten dar, um den inneren Säurespiegel zu steuern. Sie ist damit ein Vorgang mit vielen wichtigen Auswirkungen nicht nur auf der Körperebene. Deshalb legen viele spirituelle Traditionen so großen Wert auf eine bewusste Atmung.

Das Einatmen sollte nicht in einer Weise übertrieben werden, dass Sie sich gebläht fühlen, und das Ausatmen sollte nicht gepresst werden. Versuchen Sie, einen bewussten, harmonischen und auch tiefen Atemfluss zu erreichen. Einen besonderen Stellenwert nimmt dabei die Konzentration auf den Moment der Stille zwischen dem Ein- und dem Ausatmen ein, wobei aber nicht die Luft angehalten werden darf. Diese Variante wird später in dem Abschnitt „Die Stille nach dem Ausatmen" noch genauer beschrieben.

Die Brust- und die Bauchatmung

Wir atmen also, um zu leben. In der Regel läuft dieser Vorgang jedoch unbewusst ab. Wir atmen so, wie unser Körper es zu verlangen scheint. Während und nach einer Anstrengung atmen wir stärker und schneller; wenn wir zur Ruhe kommen, dann kommt auch unsere Atmung zur Ruhe.

Atmen Sie manchmal auch in einer bestimmten Weise, damit Sie einen bestimmten Zustand in sich ansteuern können? In der Regel haben wir die Atmung aber noch nicht in ausreichendem Maße als ein effektives und leicht einsetzbares Mittel zur Selbststeuerung erkannt.

Auf dem leichten Weg zählt die bewusste Atmung zu den grundlegenden Techniken. Wir benötigen dafür keine Hilfsmittel, keine besonderen Rückzugszeiten, sondern lediglich ein gutes Timing, das uns einerseits immer wieder daran erinnert, bewusst zu atmen, und das uns andererseits während des Übens einen guten Rhythmus finden lässt.

Ein bewusst eingesetztes und effektives Atmen funktioniert recht einfach und kann zwei unterschiedliche Formen annehmen:

- Wenn wir müde werden und keine Pause machen können, dann praktizieren wir die *Brustatmung* zur Aktivierung. Wenn wir aus der Brust- eine Stress- oder Schreckatmung machen, können wir die Wirkung noch steigern. Diese Form der Atmung kann uns durch einen aktivierenden Einfluss auf das vegetative Nervensystem über den Sympathikus intensiv stimulieren.
- Wenn wir aber zu nervös und ruhelos sind, dann praktizieren wir die *Bauchatmung* zur Beruhigung. Beim Einatmen wölbt sich der Bauch nach außen, der obere Brustbereich bleibt vollkommen ruhig. Diese Form der Atmung wirkt sich über den Parasympathikus auch beruhigend auf unser vegetatives Nervensystem aus. Nähere Details dazu finden Sie im *Praxisbuch Buddhistische Psychotherapie.*

In beiden Fällen kommt es in unserem Organismus zu messbaren Veränderungen, die wir jederzeit eigenständig initiieren können. Diese ausgesprochen simple Methode der Selbstkontrolle ist von uns vollkommen vernachlässigt worden und sollte unbedingt wieder zurückerobert werden. Ohne eine solche Selbstwirksamkeit werden wir unseren Weg nie selbstbestimmt weitergehen können.

Diese Vorgänge sind im Prinzip und auch in der Durchführung ziemlich einfach; es benötigt aber trotzdem etwas Geduld und ein regelmäßiges Einüben, damit sich diese Steuerungsprozesse in uns stabilisieren können. Unser Körper spielt hierbei schneller mit als unser Kopf. Während einer längeren Zeit werden nämlich noch Zweifel darüber auftauchen, wie gut wir uns eigentlich selbst steuern können. Obwohl unser Körper gern sofort einlenkt und sich führen lässt, zweifelt unser Verstand lieber daran. Zudem kann er ja auch auf Erinnerungen an Erfahrungen zurückgreifen, bei denen wir keinen Einfluss auf wichtige Abläufe hatten. Das Problem der erlernten Hilflosigkeit muss durch neue Erfahrungen unserer Selbstwirksamkeit sukzessive von uns abgetragen werden.

Aufrecht atmen

Eine bewusste Atmung geht immer mit einer bewussten Haltung einher. In einer gekrümmten Körperposition können wir kaum eine gute Atmung praktizieren. Eine Krümmungsatmung wird eben immer nur Krümmungszustände und deshalb auch Krümmungsgedanken in uns stärken.

Der leichte Weg möchte aufrecht von uns gegangen werden: als aufrechte Menschen mit aufrechter Körperhaltung und einer ebenso aufrechten Geisteshaltung. Die Umsetzung ist allerdings schwieriger, als sich das jetzt anhören mag. In der aufrechten Position werden wir zum Beispiel mehr Gegenwind erleben als in einer Deckungsposition. Die aufrechte Haltung bedeutet zwar eine aufrechte, aber keine starre Körperhaltung.

Probieren Sie in der nächsten Zeit doch bitte einmal das folgende Experiment aus: Werden Sie sich stündlich Ihrer Körperposition bewusst. Nehmen Sie wahr, wie Sie sich in Ihrem Körper fühlen, und richten Sie sich immer wieder aufs Neue auf. Prüfen Sie dabei, welchen Unterschied Sie bei unterschiedlichen Körperhaltungen spüren können. Ein Aspekt davon wird bestimmt in den Spannungsempfindungen in Ihrer Muskulatur deutlich werden. Anfangs ist das nicht leicht. Übertreiben Sie es nicht. Schon bald werden Sie sich stärker fühlen, weil sich Ihre Haltungsmuskulatur stärkt. Prüfen Sie dann, welche Veränderungen Sie in Ihrem Kopf wahrnehmen können.

Die Stille nach dem Ausatmen

Das Thema Atmung ist stets präsent, wenn wir vom Geistestraining hören. Unser Lebenshauch zeigt, dass wir leben, und eine tiefe Atmung zeigt in der Meditation an, wie tief wir zur Ruhe gekommen sind. Geübte Meditierende atmen pro Minute etwa zwei- bis sechsmal. Bitte verstehen Sie das aber nicht als Ansporn, dieser Rhythmus wird sich in Ihrer Meditation ganz von selbst als Reaktion einstellen. Halten Sie auf keinen Fall den Atem an. Die Formulierung in der Überschrift, „Die Stille nach dem Ausatmen", suggeriert einen Sachverhalt, der sich nicht auf die Bedeutung von Ein- oder Ausatmung bezieht, sondern auf die Zeit dazwischen.

Um diese Erfahrung machen zu können, müssen wir die Atmung stärker in unser Bewusstsein holen. Das geschieht dadurch, dass wir in der Meditation beim Atmen die Schlundmuskulatur etwas anspannen und dadurch gewissermaßen den Hals innen etwas zusammenziehen. Dadurch entsteht beim Ein- und Ausatmen ein leises „reibendes" Geräusch. Beim Einatmen achten Sie auf dieses Geräusch und atmen langsam durch die Nase ein, wobei sich der Bauch nach außen wölbt. Wenn Sie vollständig eingeatmet haben, dann halten Sie den Atem eine kurze Zeit an und genießen die Ruhe. Dann atmen Sie langsam wieder durch die Nase aus. Die Enge im Hals führt dazu, dass Sie langsamer atmen. Wenn Ihr Bauch wieder einigermaßen abgeflacht geworden ist und Sie normalerweise das Ausatmen beenden würden, setzen Sie dieses nun fort, so dass Ihr Bauch sich nach innen zieht. Wenn Sie auf diese Weise ausgeatmet haben, halten Sie wieder Ihren Atem eine kleine Weile und genießen die Ruhe. Das sollte nicht mit Anstrengung verbunden sein.

Bei einer Variante dieser Atemtechnik setzen Sie sich in die Meditationshaltung und schauen auf eine Uhr mit Sekundenzeiger. Nehmen Sie sich ein wenig Zeit, um sich in eine ruhige meditative Verfassung zu versetzen. Dann beginnen Sie Ihre Atemzüge eine Minute lang zu zählen. Wie oft atmen Sie pro Minute in der Meditationshaltung?

Im zweiten Durchgang verengen Sie beim Atmen Ihre Schlundmuskulatur und erzeugen das oben beschriebene Geräusch in Ihrer Kehle. Nun zählen Sie wieder eine Minute lang, wie viele Atemzüge Sie machen. Sie werden sich wundern!

Ob Sie nun die Sitz- oder auch die Gehmeditation praktizieren, achten Sie immer auf diesen ganz besonderen Moment nach dem Ausatmen, wenn Sie losgelassen haben, aber noch nicht das Verlangen spüren, schon wieder einatmen zu wollen. Dieser Moment ist ein ganz besonderes Tor für den Zustand des No Mind. Ein Moment der Ruhe.

Diese Atemtechnik ist im Yoga gut bekannt; es handelt sich dabei um eine Technik, die viele Wirkungen in uns auslösen wird. Wenn Sie mit dieser Atemtechnik beginnen, dann sollten Sie sie jedoch nicht länger als eine Minute praktizieren. Ohne Anleitung und bei unsachgemäßer Ausübung kann es bei längeren Versuchen nämlich zu unangenehmen Nebenwirkungen kommen.

Die Atmung für das Geistestraining nutzen

Wenn Sie geübter in der Meditation sind, werden Sie den Zusammenhang zwischen der Intensität des Atmens und der Gedankenproduktion erkennen können. Führen Sie doch einmal ein Experiment durch und beantworten Sie die folgenden Fragen:

- *Wie fühlen Sie sich beim Einatmen?*
  Was passiert dabei in Ihrem Körper?
  Was passiert dabei mit Ihren Emotionen?
  Was passiert dabei mit Ihren Gedanken?

- *Wie fühlen Sie sich beim Ausatmen?*
  Was passiert dabei in Ihrem Körper?

Was passiert dabei mit Ihren Emotionen?
Was passiert dabei mit Ihren Gedanken?

- *Wie fühlen Sie sich nach dem Ausatmen und noch vor dem Einatmen?*
Was passiert dabei in Ihrem Körper?
Was passiert dabei mit Ihren Emotionen?
Was passiert dabei mit Ihren Gedanken?

Die Kunst und Übung des Loslassens

Wenn wir uns Wege anschauen, die leichter werden sollen und verschiedene Übungen dafür betrachten, kommen wir sicher nicht um das Thema „Loslassen" herum. Wer es leichter haben möchte, sollte nicht mit zu viel Gepäck unterwegs sein.

Für viele bedeutet eine solche Erleichterung auch, zu ihrer Entlastung einige Dinge aus ihrem schweren Rucksack herauszunehmen. Wir alle haben im Leben schon viel schlucken müssen und manches davon ist wohl ziemlich unverdaulich gewesen. Selbst dann, wenn wir nicht ständig daran denken, ist es trotzdem da. Was viele von uns nicht bedenken ist die sehr problematische Tatsache, dass die innere Einlagerung von schwer verdaulichen Brocken uns tatsächlich in jeder Minute Energie kostet. Unsere Mechanismen der Verdrängung und Abwehr ziehen eine ganze Menge Strom ab. Wenn es dafür einen Stromzähler gäbe, wären wir sehr überrascht, wie schnell dieser dahinrast, selbst wenn wir im Liegestuhl liegen.

Es ist daher naheliegend, Ballast abzuwerfen und loszulassen. Dieser Vorgang ist auf dem leichten Weg mit sehr viel Vorsicht anzugehen. Das haben mittlerweile auch die Psychotherapeuten erkannt, die nun nicht mehr wie früher dazu motiviertem, „alles rauszulassen". Auch hier gilt: Was wir wiederholen, das wird sich festigen. Daher müssen wir den Vorgang des Rauslassens und damit den Komplex der Problembereiche unbedingt steuern und lenken lernen. Schließlich soll der Rucksack tatsächlich leichter werden und nicht nur fester und komprimierter.

Loslassen ist nicht für jeden geeignet

Das Thema des Loslassens ist ebenso wichtig und spannend, wie es auch missverständlich ist. Für viele von uns mag diese Idee sich sehr interessant anhören. Aber was kommt dann? Da könnten doch Gefahren lauern. Wir haben doch schließlich unsere Verpflichtungen. Wohin könnte uns blindes Vertrauen wohl führen? Erfahrungsgemäß fühlen sich oft gerade Menschen davon angesprochen, denen es generell schwerfällt, verbindlich zu sein und Verantwortung zu übernehmen.

Die buddhistische Philosophie und Praxis des Loslassens muss daher selbstkritisch geprüft werden. Ist bei Ihnen die Tendenz vorhanden, schnell loszulassen? Dann könnten weniger Loslass-Übungen angebracht sein als vielmehr Übungen, Ja zu sagen.

Oder ist bei Ihnen die Tendenz vorhanden, nur schwer loslassen zu können? Dann könnten für Sie Loslass-Übungen tatsächlich hilfreich sein.

Das richtige Loslassen kann auf dem leichten Weg eine große Erleichterung für uns sein. Je weniger Gepäck wir mit uns herumschleppen, desto leichter ist der Weg. Aber was bedeutet das richtige Loslassen? Gibt es auch ein falsches Loslassen?

Übung: Differenziertes Loslassen

Bitte legen Sie sich Papier und Stift bereit und setzen Sie sich entspannt auf einen bequemen Platz. Sie können die Schultern fallen lassen, die Augen schließen und sich einen Moment lang auf Ihre Atmung konzentrieren. Vielleicht spüren Sie, wie sich Ihre Atmung langsam entspannt.

Nun fokussieren Sie sich auf die Sache, die Sie gern loslassen möchten, oder von der Sie wissen, dass Sie sie eigentlich loslassen sollten.

Lehnen Sie sich innerlich zurück und lassen Sie alles Weitere in sich entwickeln. Betrachten Sie lediglich, was bei dieser Fragestellung des Loslassens in Ihnen auftaucht.

Wenn es sich gezeigt hat, öffnen Sie die Augen und schreiben die Sache, die Sie loslassen möchten oder müssten, sofort auf den bereitliegenden Zettel. Dabei sollte es sich nur um *einen* Gedanken handeln, nicht um eine ganze Liste.

Im nächsten Schritt schließen Sie wieder die Augen, der Zettel befindet sich jetzt in Ihrer Faust. Die Konzentration ist ganz auf die Sache ausgerichtet, die Sie auf den Zettel geschrieben haben. Spüren Sie in sich hinein, wie sich das jetzt anfühlt.

Wenn Sie bereit dazu sind, dann strecken Sie bitte Ihren Arm nach vorn, in dem Bewusstsein, gleich das loszulassen, was Sie aufgeschrieben haben.

Jedes aufsteigende Gefühl sollte achtsam wahrgenommen und registriert werden. Kein Gefühl ist unberechtigt oder falsch, alles wird ohne Bewertung wahrgenommen.

Wenn Sie bereit dazu sind, dann öffnen Sie nun Ihre Faust und lassen los.

Jetzt spüren Sie am eigenen Leib, was es bedeutet, loszulassen.

Einige werfen den Zettel vielleicht weit von sich, manche lassen ihn einfach zu Boden fallen. Andere warten sehr lange, bis Ihnen der Arm wehtut, weil es ihnen so schwerfällt, wirklich loslassen zu können. Wieder andere werden vielleicht traurig oder ärgerlich, weil sie den Zettel (und das, was auf dem Zettel steht) nicht loslassen können oder weil sie loslassen müssen.

Wir werden jedoch feststellen, dass fast alle Menschen früher oder später ihren Zettel zu Boden fallen lassen. Das geschieht mit den unterschiedlichsten Emotionen.

Wir verweilen einen Augenblick und nehmen alle inneren Vorgänge zur Kenntnis.

Diese Art des Loslassens ist tatsächlich die am häufigsten vorkommende. Das, was wir loslassen, fällt von uns ab und wir verlieren damit etwas endgültig. Loslassen bedeutet für die meisten Menschen Verlust, Kontrollverlust. Wir können hier eine sehr bedeutsame mentale Verknüpfung zwischen Loslassen und Kontrollverlust erkennen. Es scheint daher sehr lohnenswert zu sein, wenn wir unsere Vorstellungen und Erwartungen, die an den Vorgang des Loslassens gebunden sind, selbstkritisch hinterfragen.

Wenden wir uns nochmals der oben beschriebenen Loslass-Übung zu. Diese ist nämlich noch nicht beendet, denn nun folgt ein problematischer Schritt, den wir aus Erfahrung gut kennen: Das, was wir eben losgelassen haben, kommt uns schon wieder entgegen. Wir haben uns zwar bemüht, doch schon ist es wieder da.

Diesen betrüblichen Vorgang greifen wir auf, indem wir selbst den heruntergefallenen Zettel wieder aufheben. Jetzt werden wir einmal eine andere Möglichkeit des Loslassens ausprobieren.

Nehmen Sie den Zettel nochmals in Ihre Faust, konzentrieren Sie sich auf das, was Sie loslassen möchten oder sollten. Nun aber stützen Sie Ihren Ellenbogen entweder auf einer Stuhllehne oder mithilfe Ihres anderen Armes ab. In dieser Haltung können Sie bequem einen Augenblick verweilen.

Konzentrieren Sie sich weiter auf das, was Sie loslassen möchten oder sollten.

Als Nächstes drehen Sie Ihre Faust mit der offenen Handfläche *nach oben* ... und öffnen erst dann Ihre Faust. So lassen Sie dann los.

Der Zettel mit seiner Bedeutung liegt nun in Ihrer geöffneten Hand, er fällt nicht einfach zu Boden.

Durch diese relativ einfache Übung des differenzierten Loslassens können wir unterschiedliche Aspekte verdeutlichen:

- Wir spüren sehr intensiv, was wir mit dem Loslassen verbinden. Durch das Öffnen der Faust zum Boden hin zeigen in der Regel fast alle Menschen ihre innere Überzeugung, dass sie Loslassen mit Verlust und Kontrollverlust gleichsetzen. Aus diesem nicht immer ganz korrekten Verständnis heraus ist es manchmal vielleicht auch vernünftig oder zumindest nachvollziehbar, *nicht* loszulassen.

- Wir philosophieren nicht nur über die Aspekte des Loslassens, sondern *spüren* selbst sehr intensiv, welche Emotionen wir wirklich mit dem Loslassen verbinden.

- Wir spüren sehr intensiv, ob wir wirklich loslassen können oder wollen.

- Durch das Drehen der Faust nach oben hin und weg vom Boden erkennen wir sehr eindrücklich, dass durch eine einfache *innere* Wandlung – hier äußerlich durch das Drehen der Faust symbolisch dargestellt – ein völlig anderes Verständnis entstehen kann. Wir können nun viel entspannter loslassen, ohne Angst haben zu müssen, etwas endgültig zu verlieren oder nicht mehr kontrollieren zu können.

- Durch das Drehen der Handfläche nach oben und vielleicht erst später zum Boden hin können wir selbst den passenden Zeitpunkt des *loslassenden Weggebens* bestimmen.

Der Wunsch nach Befreiung

Es ist wahrscheinlich ratsam, die inneren Verknüpfungen zwischen Loslassen und Verlust noch etwas differenzierter zu bearbeiten. Auch hier wird wieder der Unterschied zwischen *Haltung* und *Verhalten* deutlich: Mit einer gelösten *Grundhaltung,* symbolisiert durch die nach oben geöffnete Hand, können wir uns je nach Bedarf manchmal festhaltend und kontrollierend und manchmal loslassend und weggebend, delegierend oder abwehrend *verhalten.* Diese Differenzierungen existieren natürlich nicht nur auf der gedanklichen Ebene, sie wirken in unserem gesamten psychophysischen Organismus.

Mit diesem Bewusstseinswandel hin zur gelösten Grundhaltung, symbolisiert durch die veränderte Haltung von Faust und Hand, beschreiten wir weiter unseren leichten Weg mit einer gelösten Haltung und je nach Notwendigkeit mit einem mehr oder weniger gelöstem Verhalten.

Unser Wunsch nach einer Befreiung *von* vermeintlichem Ballast sollte sehr genau geprüft und seine Umsetzung sehr vorsichtig angegangen werden. Viele schwierige Dinge werden uns auch auf dem leichten Weg weiter begleiten. Der Wunsch, sich davon befreien zu wollen, ist zwar sehr naheliegend, doch nur allzu oft sind die Probleme auf einer bestimmten Ebene unseres Seins schon fest mit uns verwachsen. Selbst wenn sie nicht die tiefsten Schichten zu berühren vermögen, sind sie dennoch ausreichend hartnäckig an unserer Seite.

Wir müssen immer wieder unseren Weg unterbrechen, um eine Zwischenbilanz zu ziehen, und uns wirklich immer wieder von Neuem darüber klar werden, was wir anzusteuern versuchen. Diese Thematik ist ebenso unumgänglich wie auch gefährlich, weil sich bei der ersten Anregung schon unsere verschiedenen Ego-Anteile zu Wort melden. Schließlich geht es um uns selbst, unser Sein und dessen Veränderung.

Befreiung ist kein bloßer Austausch

Viele unserer Befreiungsversuche sind eigentlich nur Austauschversuche. Insgeheim möchten wir unliebsame Aspekte unseres Selbst gegen schönere Anteile austauschen. Das merken wir zum Beispiel daran, wie wir uns die Befreiung vorstellen. Wir sehen uns selbst vor unserem geistigen Auge und visualisieren uns als besonders friedvoll, gelassen, freudig, eben befreit *von* allen Beschwernissen.

Diese Illusion ist so falsch, wie sie natürlich auch menschlich ist. Auf unserem leichten Weg müssen wir bekanntlich verschiedene Etappen bewältigen, bis wir dann in Geisteszustände gelangen werden, die sich *inmitten* all unserer Lebensaspekte stabilisieren.

Um unsere Ego-Anteile transformieren zu können, ist es notwendig, dies aus einer Position der Stärke und Sicherheit heraus anzugehen. Wir müssen unsere Ego-Strukturen kennen und stabilisieren, denn nur so werden wir uns davon in einem folgenden Schritt lösen können. Wir finden diesen Zugang zum Ego recht gut über dessen Sprache. Beispielsweise spricht unser Ego recht oft mit uns über seine zahlreichen Bedürfnisse.

Unsere Bedürfnissen und unsere Bedürftigkeit

Tatsächlich müssen wir unsere eigenen Bedürfnisse erst gut kennen und spüren lernen, bevor wir eine heilsame Distanzierung zu ihnen entwickeln können. Schließlich können wir unsere Ego-Energien in Form unserer vielen Bedürfnisse nur nach und nach loslassen, wenn wir sie vorher auch kennen und wenn wir sie nicht aus einem Gefühl des Defizits heraus loslassen.

Wie sollen wir beispielsweise unsere Wut loslassen, wenn uns nie erlaubt wurde und wir es uns dann später auch selbst nie erlaubt haben, richtig wütend zu werden? Ebenso können wir auch viele andere Emotionen nicht loslassen, wenn wir sie nie richtig erleben konnten. Menschen, die zum Beispiel von ihren Eltern oder einem Liebespartner nie wirklich geliebt wurden, berichten oft davon, wie unendlich schwer es für sie sei, diese Erfahrung loszulassen.

Das bedeutet natürlich nicht, dass wir erst süchtig werden sollen, damit wir unsere süchtigen Neigungen loslassen können. Es bedeutet vielmehr, dass wir uns nicht zu schnell davon abwenden dürfen, nur weil unsere Bedürftigkeit viel mit unserer menschlichen Neigung zur Anhaftung und zum Festhalten zu tun hat.

Daher fokussieren wir unser Bewusstsein in einem wichtigen ersten Schritt auf unsere Bedürfnisse.

Das Stadt-Land-Fluss-Prinzip der Selbstfindung

Wie gut kennen Sie eigentlich Ihre Bedürfnisse? Und wie gut können Sie diese adäquat, also auf einem Mittleren Weg, umsetzen?

Die folgende Übung möchte Sie dabei unterstützen, einen differenzierteren Zugang zu Ihren Bedürfnissen herzustellen. Nachfolgend finden Sie eine Matrix mit leeren Feldern. Die Übung besteht nun darin, die leeren Kästchen zu füllen. In der linken Spalte befinden sich verschiedene wichtige Lebensbereiche. Rechts davon sollen die dazugehörigen *eigenen* Wünsche, Bedürfnisse, Vorlieben, Geschmäcker, Ziele usw. eingetragen werden.

Diese Liste wirkt zwar ziemlich umfangreich, doch sie stellt nur eine Auswahl dar, die Sie selbst gern noch weiter ergänzen können. Versuchen Sie nun, zu jedem der verschiedenen Bereiche in der linken Spalte Ihre eigenen Wünsche und Bedürfnisse in die leeren Felder einzutragen. Daraus kann durchaus ein Projekt werden, das sich über mehrere Wochen erstreckt.

Die entstehende Matrix ist dann Ihr ganz eigenes individuelles Bedürfnisprofil und damit ein guter Spiegel für Ihr gesundes Ego: die Matrix Ihrer Persönlichkeit. Diese wird Ihr Leben widerspiegeln und kann auch den Lebensstil widerspiegeln.

Die Matrix im außen und im innen

Diese Matrix ist auch ein Spiegelbild Ihrer *inneren* Landkarte. Die von Ihnen ausgefüllten Felder der Matrix zeigen Anteile von Ihnen, die auch innerlich vorhanden sind.

Die weißen Felder in der Matrix entsprechen den blanken Stellen in Ihrem Kopf und in Ihrem Herzen. Sie sind die weißen Flecken auf Ihrer inneren Landkarte, die es für Sie noch zu entdecken gilt. Mit einer fast leeren Matrix werden Sie sich nicht befreien können, da Sie vieles noch gar nicht selbst kennengelernt und erfahren haben. Nur mit einer gut ausdifferenzierten inneren Landkarte, also einer guten inneren Struktur, besitzen wir die notwendigen Ressourcen, die wir für den nicht ganz leichten Weg zur Loslösung von unseren Bedürftigkeiten benötigen. Diese Struktur ist das Fundament unseres Ego und gleichzeitig die Basis zu seiner Milderung und dann zur Befreiung.

Schauen wir uns die Aufgabe noch einmal etwas genauer an: Wir werden hier nach Bedürfnissen, Wünschen, Vorlieben und Zielen gefragt. Bedürfnisse sind universell und tiefgreifend, wie dies in unseren Grundbedürfnissen nach Schutz, Nahrung und Fortpflanzung zum Ausdruck kommt. Aus diesen Bedürfnissen, die wir alle teilen, entstehen jedoch vollkommen individuelle Wünsche, Vorlieben und Ziele. Das Bedürfnis nach Sexualität drückt sich ebenso unterschiedlich aus wie die Bedürfnisse nach Nahrung und Schutz.

Viele von uns sind wahrscheinlich derart in ihre tatsächlichen und vermeintlichen Verpflichtungen eingebunden, dass sich das eigene Funktionieren in den Lebensmittelpunkt drängen konnte und damit der Zugang zu den eigenen Bedürfnissen zwangsläufig verschüttet wurde. Nicht wenige von uns werden also vor den leeren weißen Feldern sitzen und sich verzweifelt fragen, wie diese Kästchen denn nun zu füllen seien.

Erfahrungsgemäß benötigen wir dafür etwas Zeit und Muße, gepaart mit einer Portion Entdeckergeist und Experimentierfreude. Als kleine Anregungen für die verschiedenen Lebensbereiche werden im Folgenden einige erste Anhaltspunkte angeboten:

Unsere eigenen Bedürfnisse

Lebensbereiche	***Eigene* Bedürfnisse, Wünsche, Vorlieben, Ziele**				
Beruf					
Partnerschaft					
Familie					
Emotionen					
Sexualität					
Kinder					
Gesundheit					
Freunde					
Interessen					
Ernährung					
Genuss					
Was ich immer schon einmal machen wollte					

BPT®

• *Beruf:* Wie ist die Bilanz? Halten sich Pro und Contra die Waage? Was lässt sich möglicherweise verändern? Gibt es den Wunsch nach einer Teilzeitarbeit? Welche Verschönerungen am Arbeitsplatz könnten Sie umsetzen? Wie wäre es mit einem Coaching? Sollte der Kontakt zu Kollegen verändert werden? Welche Aussprachen werden gewünscht? Was wünschen *Sie* sich?

• *Partnerschaft:* Gibt es unausgesprochene Dinge in Ihrer Beziehung? Ist sie Ihnen zu nah oder zu distanziert? Sind die Rollenverteilungen okay? Ist die Kommunikation okay? Welche Wünsche haben Sie an den Partner? Was wünschen *Sie* sich?

• *Familie:* Gibt es genügend Gemeinsames? Sind Familienkonferenzen hilfreich? Sind die Aufgabenverteilungen okay? Was fehlt? Was ist gut? Was wünschen *Sie* sich?

• *Emotionen:* Von welchen Emotionen werden Sie zurzeit besonders bedrängt? Welche Emotionen vermeiden Sie? Welche Emotionen würden Sie gern erleben? Was wünschen *Sie* sich?

• *Sexualität:* Ist der sexuelle Kontakt zu oft oder zu selten? Ist er genüsslich? Was fehlt? Was ist gut? Was könnte es an gutem Neuem geben? Was an Altem ist gut? Was wünschen *Sie* sich?

• *Kinder:* Wollen Sie Kinder haben oder nicht haben? Gemeinsame Aktivitäten? Was möchten Sie vorleben? Was sollen Kinder von uns lernen? Was wünschen *Sie* sich?

• *Gesundheit:* Reichen Ihnen die Informationen darüber aus? Reicht Ihnen Symptomfreiheit aus? Was können Sie aktiv *selbst* tun? Welche heilsamen Übungen kennen Sie? Wann wollen Sie diese in Ihrem Leben fest verankern? Was wünschen *Sie* sich?

• *Freunde:* Schlucken Sie viel oder reden Sie auch mit Freunden über sich? Welche Freunde sind eigentlich keine Freunde und welche Freundschaften gilt es zu pflegen? Was wünschen *Sie* sich?

• *Interessen:* Welche Themen interessieren Sie? Welchen Hobbies gehen Sie regelmäßig nach? Wie wichtig sind Ihnen eigene Interessen und die Zeit, die dafür nötig ist? Welche Reisen wollten Sie schon immer einmal machen? Was wünschen *Sie* sich?

• *Ernährung:* Essen Sie immer nur Altbekanntes? Probieren Sie auch einmal Neues? Gehen Sie selbst auf dem Markt und kaufen

Neues ein? Möchten Sie für die Dauer einer von Ihnen festgesetzten Frist einmal die vegetarische Lebensweise ausprobieren? Trinken Sie täglich genug? Nähren Sie Ihren Körper ausreichend? Was wünschen *Sie* sich?

- *Genuss:* Was würden Sie gern einmal genießen? Worin besteht Ihr alltäglicher Genuss? Welchen Genuss können Sie sich jederzeit verschaffen? Welcher bisherige Genuss ist eigentlich gar kein Genuss? Was wäre ein verbotener, aber verführerischer Genuss für Sie? Was wünschen *Sie* sich?

- *Sonstiges:* Gibt es einen weiteren Lebens- oder Interessensbereich für Sie, der noch fehlt? Den gibt es immer, was ist Ihrer? Wie sehen darin Ihre *eigenen* Wünsche, Bedürfnisse, Vorlieben, Geschmäcker, Ziele usw. aus?

Lassen Sie sich ruhig etwas Zeit mit Ihrer eigenen Ego-Matrix. Wenn es viele weiße Felder gibt, dann haben Sie in der nächsten Zeit einiges zu tun. Wenn Ihre Ego-Matrix jedoch überquillt, könnte das ein Indiz dafür sein, dass Ihr Ego entweder zu aufgebläht ist oder schon dazu bereit sein könnte, sich mehr loszulösen.

Dann können wir den leichten Weg weitergehen, mit dem Geistestraining beginnen und nach und nach Ego-Anteile loslassen. Wir lassen *inmitten* der jeweiligen Lebensbereiche los.

Für die weiteren Etappen gibt es große und kleine Weggefährten, kleine und große Hilfen. Von ganz besonderer Bedeutung ist jedoch immer unser Bewusstsein, mit dem wir die Übungen durchführen. Es ließe sich fast schon behaupten, dass es wichtiger ist, *wie* wir etwas tun, als *was* wir tun. Jede heilsame Übung und Handlung wird erst durch unsere Einstimmung auf dieses Tun zu dem, was sie ist. Jede vermeintlich heilsame Handlung verfärbt sich dunkel durch eine unheilsame Geistesverfassung. Wenn wir voller Hochmut Hilfe leisten, wenn wir nur aus Kalkulation Gutes tun, dann tragen diese Handlungen keine positiven Früchte.

Allerdings gibt es Rituale mit einer gewissen Tiefenwirkung, die ihre Kräfte auch dann in uns entfalten, wenn wir das gar nicht bewusst wollen.

Heilsame Rituale

David McRaney beschreibt ein Experiment zweier Wissenschaftler, das in der Zeitschrift *Science* abgedruckt wurde: Versuchspersonen sollten eigene unrühmliche Erfahrungen schildern. Danach wurde der Hälfte von ihnen unauffällig die Chance angeboten, sich die Hände zu wachen. Dann wurden alle gefragt, also auch diejenigen, die sich nicht die Hände waschen durften, ob sie einem anderen Wissenschaftler behilflich sein könnten. In der Gruppe derjenigen, die sich nicht die Hände waschen konnten, waren 74 % zu dieser Hilfestellung bereit. In der Gruppe derjenigen, die sich die Hände waschen konnten, also die „Sauberen", waren nur 41 % dazu bereit.

Überlegen Sie jetzt vielleicht, wo der nächste Wasserhahn ist?

Ja, nicht umsonst gibt es in allen spirituellen Traditionen mehr oder weniger klare Anweisungen für rituelle Waschungen. Wir werden hier einmal mehr auf die untrennbare Verknüpfung zwischen Körper und Geist hingewiesen.

Halten Sie nicht nur Ihren Geist sauber, achten Sie nicht nur auf die vielen Geistesgifte, die uns belauern. Achten Sie ebenso auf die anderen Konsumgifte, die Ihrem Körper Ungutes wollen. Im Buddhismus geht es zwar um ein *Geistes*training, trotzdem wird die außerordentlich große Bedeutung des *Körpers* immer wieder hervorgehoben. Wir können den leichten Weg gehen, indem wir unsere volle Achtsamkeit auf den Körper lenken. Wir müssen nicht nur den ganzen Fokus auf die geistigen Abläufe fixieren.

Proviant für den leichten Weg

Die achtsame Pflege des Körpers kann viele Facetten zeigen. So erkennen wir, dass unsere Nahrung immer den Körper, aber ebenso auch unseren Geist ernährt. Wir essen meistens nicht so bewusst, wie wir unser Auto betanken. Unsere Nahrung wird nicht einfach nur im Magen verbrannt, um uns Energie zu liefern, so dass nur noch Abgase übrig bleiben. Unsere Nahrung dringt in jede Zelle ein und wird dort eingebaut. In unserem Körperhaus werden in jeder Minute ältere Bausteine aus den Zellwänden herausgenommen und gegen die neuen Bausteine ausgewechselt, die wir über die Nahrung zu uns nehmen.

Damit werden wir gewissermaßen zu dem, was wir essen! Innerhalb weniger Jahre sind sämtliche Atome unseres Körpers ausgetauscht. Dann ist das, was wir selbst waren, dort draußen, und das, was dort draußen war, das sind jetzt wir. Die Atome unseres Körpers bilden dann die Bausteine für andere Dinge. Darin zeigt sich die Interdependenz, unsere untrennbare Verbundenheit.

Sollten wir denn das, was von außen in uns eindringt und gewissermaßen zu uns wird, nicht ein wenig mehr steuern? Vielleicht macht es einen Unterschied, wo die Moleküle sich vorher befunden haben und welchen Einwirkungen sie ausgesetzt wurden.

Erinnerungshilfen

Suchen Sie sich ein Symbol für Ihren leichten Weg. Das kann ein Foto oder Bild sein, eine kleine Statue, eine Figur; es kann auch ein Stein, ein Schmuckstück oder jedes andere Objekt sein. Platzieren Sie das Symbol für Ihren leichten Weg gut sichtbar in Ihrem Umfeld.

Wenn Sie Essen zubereiten und sich dann die Zeit für Ihr Essen nehmen und einen guten Rahmen dafür wählen, dann achten Sie immer auf den sinnlichen Augenblick des Genusses. Achten Sie aber auch immer ein wenig darauf, bei Ihrem Essen auf dem leichten Weg zu bleiben. Wenn Sie die Symbolik des leichten Weges immer mehr verinnerlichen, wird sich das auch heilsam auf Ihr Essverhalten auswirken. Nach und nach spüren Sie die Bedürfnisse Ihres Körpers besser und können ihm so genau das Maß an Nahrung zukommen lassen, was er wirklich benötigt – nicht mehr, aber auch nicht weniger.

Mit einer verbesserten Fähigkeit zur Introspektion spüren wir, dass unsere Nahrung uns zwar Energie zuführt, die Verdauung aber auch Energie kostet. Dem leichten Weg zu folgen bedeutet auch, sich leicht zu fühlen. Dafür müssen wir mit unserer Ernährung etwas Achtsamkeit entwickeln.

Sich leicht zu ernähren darf aber nicht als Appell für die Askese missverstanden werden. Buddha hat selbst diese Erfahrung gemacht und sie ausdrücklich als möglichen Weg für unsere Befreiung verworfen. Stattdessen verweist er uns auf den Mittleren Weg.

Viele von uns machen sich kaum einmal die Mühe, über die Konsequenzen ihres Tuns nachzudenken. Lösen Sie sich von Ihrer Haltung des „Ach, ist doch egal“ und übernehmen Sie mehr Verantwortung für die oft auch unübersehbaren Konsequenzen Ihres Konsumverhaltens.

Der leichte Weg bietet zahllose Übungsmöglichkeiten. Suchen Sie sich besser nicht zehn, sondern nur einige wenige Aspekte aus und vertiefen Sie diese für sich.

KAPITEL 15

Zur Wirksamkeit des leichten Weges der BPT

Eine wissenschaftliche Studie

Dr. Kirsten Endrikat und Dr. Matthias Ennenbach

Die grundsätzliche Haltung,
die von Buddhismus und Wissenschaft geteilt wird,
ist also das Engagement für die Wahrheitssuche
auf empirischer Grundlage.

– XIV. Dalai Lama –

Die Buddhistische Psychotherapie BPT ist als Hilfe zur Selbsthilfe eine wichtige Unterstützung auf dem leichten Weg. Die zugrunde liegende Philosophie des leichten Weges stammt direkt aus der BPT.

Die BPT ist eine neue integrative therapeutische Lehr- und Praxismethode, die Elemente aus den angewandten Neurowissenschaften und den westlichen Psychotherapiemethoden umfasst. Die nicht-religiösen buddhistischen Inhalte bilden den konzeptionellen Rahmen, die Leitlinien und Leitbilder. Zudem werden konkrete buddhistische Übungen integriert. Die östlichen und westlichen Einflüsse verschmelzen in der BPT also zu einem Integrationsprojekt.

Für jede neue Heilmethode ist eine Evaluation, eine wissenschaftliche Überprüfung und Einschätzung, unerlässlich. Geprüft werden muss, ob diese Methode tatsächlich positive messbare Effekte erbringt.

Darüber hinaus kann in dieser Studie auch untersucht werden, wie die Ergebnisse der BPT in Relation zu den Ergebnissen anderer Verfahren einzuordnen sind, ob sie zum Beispiel noch besser wirkt als etablierte Verfahren.

Daher haben wir eine erste wissenschaftliche Untersuchung angelegt, an der 190 Personen an einer Vorher/Nachher-Befragung teilgenommen haben. Diese empirische Studie soll nun mit ihren Ergebnissen vorgestellt und erläutert werden.

Die Rahmenbedingungen der Studie

Die Daten für diese Studie lieferte eine psychosomatische Rehaklinik. Aus Datenschutzgründen wird die Klinik jedoch nicht näher benannt. In dieser Einrichtung werden Patientinnen und Patienten sechs Wochen lang gegen ihre psychosomatischen Beschwerden behandelt.

In dieser Klinik wird mit dem Konzept einer Gruppenbehandlung gearbeitet. Daher reisen immer jeweils 13 Patientinnen und Patienten gemeinsam zu einem Termin an. Diese Patientengruppe bleibt während der sechswöchigen Behandlungszeit konstant; bis auf einige Einzelanwendungen werden alle Teilnehmer zusammen behandelt und reisen zum selben Zeitpunkt auch wieder ab.

Die Behandlerteams setzen sich aus Psychotherapeuten, Ärzten, Pflegekräften, Bewegungstherapeuten und Kunsttherapeuten zusammen. Die Pflegekräfte sind neben den pflegerischen Tätigkeiten zusätzlich ausgebildet, um eigenständig zweimal pro Woche die Entspannungsverfahren (PME) für etwa 30 Minuten und jeden Morgen verschiedene Meditationsformen für etwa 20 Minuten durchzuführen.

Die Einzeltherapien finden in der Regel einmal pro Woche für 50 Minuten statt. Die Gruppentherapien werden dreimal pro Woche für 70 Minuten durchgeführt, die Leitung wird von den Psychotherapeuten übernommen.

Die Ärzte führen einmal pro Woche eine Visite durch und sind für die medizinischen Fragen und Anliegen zuständig. Die Bewegungstherapeuten bieten täglich mehrere Gruppen- und Einzelangebote an. Die Kunsttherapeuten bieten pro Woche zweimal Kunsttherapie in der Gruppe jeweils für 90 Minuten an.

Die Methoden der Studie

Die Interventionsgruppe wurde vom Behandlerteam mit den BPT-Methoden, die Vergleichsgruppe mit klassischer Verhaltenstherapie behandelt. Die Zuweisung zu den jeweiligen Gruppen erfolgte nach dem Zufallsprinzip.

Die durchgeführten BPT-Behandlungen erfolgten durch das Behandlerteam, das sich im Hinblick auf die BPT-Methoden regelmäßig coachen ließ. Die BPT-Behandlungen basierten konkret auf folgenden Bausteinen:

- regelmäßig von den Pflegekräften angeleitete achtsamkeitsbasierte Morgenmeditationen mit Haltungs- und Atemtraining zu Beginn und dann darauf aufbauend verschiedene Techniken der Gedankenlenkung
- spezielle Entspannungsmethoden (PME – Progressive Muskelentspannung), ebenfalls mit achtsamkeitsbasiertem Haltungs- und Atemtraining zu Beginn
- Gruppenunterweisungen in die nicht-religiösen Aspekte der buddhistischen Lehre, insbesondere die Vier Edlen Wahrheiten
- angeleitete Kurzmeditationen vor jedem der drei Gruppengespräche pro Woche
- psychoedukative Gruppenanwendungen zum Kennenlernen der BPT-Methoden
- Gruppenübungen und Praxismethoden als gezieltes Training zur Stärkung eigener Ressourcen und darauf aufbauend zur Bewältigung von leidhaften Erfahrungen, wie zum Beispiel Loslass-Übungen, Visualisierungen des Inneren Edlen Kerns oder Übungen zur untrennbaren Verbundenheit
- BPT-Einzelsitzungen zur Vertiefung und Individualisierung der angesagten Themen
- Entwicklung von persönlichen BPT-Übungsprogrammen, abgestimmt auf die jeweilige Symptomatik, zum Beispiel BPT-Übungen zur Selbststeuerung gegen Angstempfindungen
- achtsamkeitsbasierte kunsttherapeutische Gruppen- und Einzelanwendungen
- achtsamkeitsbasierte Körpertherapien und Bewegungsanleitungen.

Die Vergleichsgruppe erhielt dasselbe Rahmenprogramm, also ebenfalls Morgenmeditationen in Form von Traumreisen, Entspannungsverfahren, psychotherapeutische Gruppen- und Einzelsitzungen,

Kunsttherapie und Bewegungstherapie, dies alles ohne irgendwelche Bausteine aus der BPT. Der Schwerpunkt bei der Behandlung lag hier auf klassischen verhaltenstherapeutischen Maßnahmen.

Der Fragebogen der Studie

Alle Patienten wurden mit einem standardisierten Fragebogen am Computer zu Beginn und am Ende der sechswöchigen Behandlung zu ihren Beschwerden befragt.

Der SCL-90R-Test ist eine Checkliste von Symptomen bei psychischen Störungen. Sie quantifiziert die aktuelle, subjektiv empfundene Beeinträchtigung durch körperliche und psychische Symptome. Das Verfahren soll den unmittelbaren Zustand von Symptomen ermitteln. Die 90 Fragen des Tests werden neun Themenbereichen zugeordnet: Somatisierungen (körperliche Symptome); Zwanghaftigkeit; Unsicherheit im Sozialkontakt; Depressivität; Ängstlichkeit; Aggressivität; phobische Angst; paranoides Denken (Misstrauen) und Psychotizismus (Rückzugsneigungen). Der Gesamtindex (GSI) gilt als aussagekräftiger Indikator, der die grundsätzliche psychische Belastung anzeigt, er stellt also einen Mittelwert dar.

Die Durchführung der Studie

In einem Prä/Post-Design, also einer Vorher/Nachher-Testung, wurde die Wirksamkeit der BPT untersucht. Der gesamte Messzeitraum begann im September 2010 und endete im Februar 2013, also nach zweieinhalb Jahren. Aus unterschiedlichen Gruppen, die mit der BPT behandelt wurden, sind zufällig Personen ausgewählt worden, um Testeffekte, wie beispielsweise Gruppeneffekte, zu reduzieren.

Insgesamt wurden 190 Personen im Alter von 23 bis 64 Jahren untersucht, die jeweils der Interventions- oder der Vergleichsgruppe nach dem Zufallsprinzip zugeordnet wurden; davon gehörte jeweils die Hälfte der Interventionsgruppe und die andere Hälfte der Vergleichsgruppe an. Es wurden also 95 Personen nach dem BPT-Konzept behandelt und 95 Personen nach dem klassisch-kognitiven Konzept der Verhaltenstherapie.

In der Gesamtstichprobe waren 50 % Frauen (n=95) und 50 % Männer (n=95).

In der Interventionsgruppe erhielten die Patienten buddhistisch-psychotherapeutische Behandlungen, in der Vergleichsgruppe erhielten die Patienten kognitiv-verhaltenstherapeutische Behandlungen. Jeder Patient wurde von gleichermaßen gut qualifiziert ausgebildeten Therapeutengruppen behandelt.

Die Berechnungen der Studie

Die statistischen Auswertungen geschahen nach wissenschaftlichen Maßstäben mit dem statistischen Auswertungsprogramm SPSS 20. Die diesbezüglichen Details werden als wissenschaftlicher Artikel von Endrikat & Ennenbach veröffentlicht.

Die Ergebnisse der Studie

Die Ergebnisse belegen für die Personen, die mit der BPT behandelt wurden, in allen neun Symptombereichen des Fragebogens signifikante positive Effekte. Diese Werte sind in Relation zur Vergleichsgruppe, die mit kognitiver Verhaltenstherapie behandelt wurde, deutlich besser. Es zeigten sich demnach positive Behandlungsergebnisse bei Somatisierungen, Zwanghaftigkeit, Unsicherheit im Sozialkontakt, Depressivität, Ängstlichkeit, Aggressivität, phobischer Angst, paranoidem Denken und Psychotizismus.

Darüber hinaus hat sich in der BPT-Interventionsgruppe auch der Gesamtindex GSI als eine Art Mittelwert der Symptombelastung deutlich stärker verbessert als in der Vergleichsgruppe. Hier bestätigte sich die Hypothese der positiven Wirkungsweise der BPT noch über die erwartete Richtung hinaus.

Kritische Würdigung der Studie

Die BPT-Behandlungen wurden immer von einem BPT-Therapeuten mit demselben Behandlerteam durchgeführt, so dass einige Störeinflüsse entstanden sein können. Der Störeinfluss des einzelnen Psychotherapeuten wird jedoch durch die Teambetreuung der Gruppen ausgeglichen.

Als übliche wissenschaftliche Vorgehensweise muss zudem noch neben dem hier durchgeführten Vergleich zwischen der BPT und der Verhaltenstherapie die Berechnung mit einer unbehandelten Kontrollgruppe durchgeführt werden.

Fazit der Studie

Diese Studie ist eine der wenigen, die auf der Basis von wissenschaftlichen Methoden spirituelle Behandlungsmethoden erforscht. Es konnte wissenschaftlich nachgewiesen werden, dass die BPT-Behandlungen über mögliche Erwartungen hinaus sehr erfolgreich und effektiv funktionieren. Ob sie aber auch nachhaltig wirken, muss noch in einer Längsschnittstudie geprüft werden.

Die BPT ist demnach in der Lage, neben anderen relevanten Störungen Ängste, Depressionen und Somatisierungen erfolgreich zu behandeln. Sie zeigte in allen Testbereichen bessere Ergebnisse als die kognitive Verhaltenstherapie, eines der führenden Therapieverfahren in Deutschland.

Diese Ergebnisse bestätigen auch die Erfahrungswerte des Behandlerteams, das mit Einführung des BPT-Konzeptes eine spürbare Erleichterung seines Arbeitsaufwandes erfuhr und durchgängig sehr positive Rückmeldungen von Patienten erhielt. Zudem reduzierte sich nach Einschätzung des Behandlerteams im BPT-Setting auch deutlich die Abbruchquote bei der Therapie.

Ein ganzheitliches Behandlungskonzept wie das der BPT, das sowohl wissenschaftliche als auch spirituelle Aspekte zu integrieren vermag, das Menschen auf Augenhöhe anspricht und ihnen heilsame und sehr konkrete Informationen und Übungen anbieten kann, ist damit auch wissenschaftlich bestätigt.

Als ganzheitliche Behandlungsmodelle sind psychosomatische Reha-Verfahren gegenüber vielen spezialisieren Reha-Maßnahmen im Vorteil, zum Beispiel im Hinblick auf die Nachhaltigkeit der Erfolge. In einer ähnlichen Weise ist nun ein ganzheitliches psychotherapeutisches Verfahren wie das der BPT ebenfalls im Vorteil gegenüber anderen Therapieverfahren.

Der leichte Weg mithilfe der BPT kann als ein funktionierender Weg bezeichnet werden.

KAPITEL 16

Auf den Punkt gebracht: Die Methode der BPT für den leichten Weg

Eine gute Theorie ist immer einfach.

– Albert Einstein –

In den vorangegangenen Kapiteln wurden viele Anregungen gegeben, wie wir den leichten Weg beschreiten können und was wir dabei für uns selbst, aber auch anderen Menschen gegenüber beachten können.

Die Buddhistische Psychotherapie BPT ist eine sehr konkrete Methode des leichten Weges, dessen gesamte Philosophie darin repräsentiert wird. Das vorliegende Kapitel ist als ein Destillat zu verstehen, eine Zusammenfassung und gleichzeitig auch eine starke Reduzierung dieser Therapie und deren Bedeutung für den leichten Weg. Sicherlich wird es für jeden der folgenden Schritte auch kleinere Alternativen geben, doch der Grundkurs sollte hier nochmals deutlich werden.

Der typische Ablauf einer BPT-Behandlung, einer BPT-Beratung oder einer BPT-Selbsthilfe

Die Vorgehensweise verläuft in nur wenigen Schritten:

In einem ersten Schritt erfolgt die sichernde Kontaktaufnahme. Dazu benötigen wir einen fundierten Überblick über den Status quo. Wir nehmen mit dem Menschen und dem Thema Kontakt auf. Es ist ein freundlicher Blick in das, was jetzt da ist. Dabei werden wir die Problemdarstellung auf ein Minimum begrenzen. Wir benötigen nur

Schilderungen, die für ein die Situation überblickendes Verständnis wirklich dringend notwendig sind. Darüber hinaus grenzen wir jedes leidhafte Sichdrehen um Probleme und Sichwälzen darin ein.

Auf dieser Ebene respektieren und betrachten wir das *individuelle* Leiden. Zudem nehmen wir uns etwas Zeit und ergründen, welche konkreten Ziele erreicht werden möchten. Dieser Aspekt ist sehr wichtig, denn ohne die Idee eines Zieles kann es auch keinen Weg geben.

In einem nächsten Schritt wenden wir uns den *universellen* Aspekten des Leidens zu. Hier nutzen wir unser Wissen über psychosomatische Zusammenhänge und unser buddhistisches Wissen über menschliche und spirituelle Prinzipien und Erkenntnisse aus der Wissenschaft des Geistes, um die aktuelle Problematik einordnen zu können. Im *Praxisbuch der Buddhistischen Psychotherapie* finden wir dazu reichhaltige Beispiele.

An dieser Stelle können unsere anfänglichen Ziele ein Update erfahren. Vielleicht erkennen viele erst hier, was möglich ist. Vielleicht ist es uns anfangs mehr um eine Milderung oder Auflösung von Symptomen gegangen. Nun aber wird deutlich, dass wir uns tatsächlich auch fundamental befreien und transformieren können.

Aus dieser Stufe heraus ergeben sich bereits die ersten konkreten Übungsanleitungen. Diese sind:

- die Haltungsübungen als Körper- und als Geistestraining
- die Atemübungen zur Selbststeuerung, je nach Bedarf in Richtung einer Aktivierung oder Beruhigung
- die ersten Meditationsübungen als Geistestraining zur Steuerung der nicht abreißenden Gedanken und Grübelzwänge.

Diese Bausteine sollen täglich mehrfach eingeübt und insbesondere auch dann eingesetzt werden, wenn sich wieder gewohnheitsmäßige Impulse melden, die uns zu unheilsamen Neigungen animieren möchten. Wir üben also das Heilsame und unterlassen immer mehr die unheilsamen Gewohnheitsmuster.

Diese Übungen auf der Grundstufe werden einige Zeit lang im Mittelpunkt unserer Praxis stehen. Keine anderen Übungen sind wichtiger. Wir benötigen nicht 20 interessante Übungen, sondern nur eine Handvoll effektiver Maßnahmen, auf die wir uns konzentrieren.

Natürlich werden alle anderen auftretenden Impulse gewürdigt und respektiert, gleichzeitig aber auch achtsam eingegrenzt. Wir gehen erst einen Schritt weiter, wenn wir uns selbst ausreichend aktivieren und beruhigen können.

Durch dieses Training zur Selbststeuerung erfahren wir unsere *Selbstwirksamkeit,* so dass wir dadurch ebenfalls ein stabileres Selbstwertgefühl sichern können. Wir gehen wie bei der Bergwanderer-Strategie vor: *erst sichern, dann gehen.* Nur abgesichert werden wir dann, wenn nötig, in den einen oder anderen Abgrund blicken können.

Wenn wir dieses Fundament durch regelmäßige geduldige Übungen für uns stabilisieren konnten, dann sind wir nun in einer sichereren Position. Äußerlich hat sich wahrscheinlich noch kaum etwas verändert, doch mittlerweile verfügen wir über Fähigkeiten, die es uns ermöglichen, uns selbst zu aktivieren, wenn es notwendig zu sein scheint, und die uns beruhigen können, wenn wir es benötigen.

Wir werden sichere Geistes-Segler: Wir üben nicht erst im Sturm, sondern bei schönem klarem Wetter. Auf diese Weise festigen sich unsere heilsamen Fertigkeiten. Dann wird uns auch der nächste Sturm nicht erschrecken. Stürme werden wohl auch in Zukunft kein Vergnügen sein, doch sie werden uns auch nicht mehr unvorbereitet und hilflos oder erschrocken antreffen.

Aus dieser Position heraus blicken wir weiter in die Zukunft und verfolgen unsere eigenen Ziele auf unserem leichten Weg. Wir werden zunehmend besser darin, unsere körperlichen Symptome und unsere Emotionen und Gedanken differenziert wahrnehmen zu können. Wir lernen immer mehr, uns nicht mit solchen Empfindungen zu identifizieren. Der gewonnene Abstand erzeugt eine erste kleine Lücke, durch die wir einen Blick werfen auf die dahinterliegende und für uns bald erreichbare Befreiung.

Sollte uns auf dem weiteren Weg noch etwas festhalten, das wir aus der Vergangenheit kennen, dann ist es uns nun möglich, aus einer Position der Sicherheit heraus diesen Aspekt mit Achtsamkeit zu durchdringen und ihn mithilfe unseres Geistestrainings zu transformieren.

Allein schon die selbstsichere Bewusstwerdung verändert alle Zusammenhänge. Unsere Probleme sind dann am bedrohlichsten, solange wir kein Licht darauf werfen möchten. Sind sie erst einmal ins Rampenlicht gerückt, dann werden unsere Probleme zumeist etwas kleinlauter. Sie vergehen zwar nicht einfach, doch sie müssen sich nun genauer betrachten lassen.

Allerdings führen wir dann keinen Krieg gegen unsere inneren unliebsamen Neigungen, sondern hegen sie mit elterlicher Zuwendung.

Dafür stehen uns wiederum viele weitere Übungen zur Verfügung. In dem Buch *Einführung in die Buddhistische Psychotherapie* finden wir konkrete Maßnahmen. Die effektiven Methoden sind praxistauglich, realistisch und gut umsetzbar. Nun müssen Sie sich nur noch selbst die Erlaubnis für diesen leichten Weg geben.

Geduld ist der wesentliche Proviant auf dem leichten Weg

Ergründen Sie möglichst oft und kritisch, vielleicht mit etwas Selbstironie, Ihre vielen Erwartungen. Hohe Erwartungen in Verbindung mit geringer Geduld sind ein sehr menschliches Phänomen. Kennen Sie das?

Als Geleit für den leichten Weg packen Sie bitte etwas Geduld mit in Ihr Gepäck. Wir finden hier einen Weg vor, der sich mit vielen kleinen Schritten zu dem entwickeln möchte, was als innere Veranlagung in Ihnen bereits da ist. Es handelt sich nicht um einen Weg der langen schnellen Schritte, es ist weder ein Hundertmeterlauf noch ein kräfteraubender Marathon.

Versuchen Sie zu realisieren, dass Sie auf diesem wunderbaren Weg nicht voranhetzen müssen. Niemand treibt Sie an – ausgenommen Sie selbst. Natürlich ist es eine sehr verlockende Vorstellung, bald das Leiden zu mildern und dann ganz transformieren zu können, doch wir dürfen uns dabei nicht selbst im Wege stehen. Leider existiert genau dieses Phänomen. Wenn Sie Ihre unterschiedlichen Persönlichkeitsanteile visualisieren, dann werden einige davon am Wegesrand des leichten Weges stehen und Ihnen motivierend und hilfreich zuwinken, während andere Ihnen wahrscheinlich direkt im Wege stehen, sich sperren, sich quer über den Weg legen oder sogar kleine Fallgruben in den leichten Weg zu schaufeln versuchen. Das ist alles vollkommen normal verrückt für uns Menschen. Es reicht, wenn wir dem bunten Treiben zuschauen und es bewusst zur Kenntnis nehmen.

Seien Sie geduldig mit sich selbst. Strengen Sie sich nicht allzu sehr an. Treffen Sie heute eine gute Entscheidung und beginnen Sie zu praktizieren – und Schwupp, schon stehen Sie bereits mitten auf dem leichten Weg.

KAPITEL 17

Nachgedanken & Ausblick

Die höchste Form der Askese ist die Geduld.

– Buddha–

Der Leitgedanke dieses Buches könnte lauten: *Wir wollen nicht immer wieder leiden, wir wollen uns auf einem leichten Weg befreien.*

Dieser Gedanke ist schon oft formuliert worden, er klingt sehr logisch und lässt sich auch gut nachvollziehen. Hier wird ein sehr wichtiges Ziel thematisiert, das anzustreben sich lohnt. Das Eingangszitat dieses Kapitels nimmt das abschließende Statement des letzten Kapitels nochmals auf und möchte zudem ausdrücken, dass es keine Wunder und keine magischen buddhistischen Abkürzungen geben wird. Auch die alten und gut erprobten Methoden müssen von uns selbst geduldig immer wieder eingeübt werden.

Kein Lehrer, Meister oder Behandler kann uns auf unserem leichten Weg vorantragen und uns die Befreiung schenken. Der leichte Weg ist von uns persönlich zu beschreiten. Schritt für Schritt. Und das ist auch gut so, denn schließlich ist es unsere Lebenszeit, die wir mit jedem Schritt verwirklichen.

Es scheint aber auch auf diesem Weg immer wieder Tücken zu geben. Falsche Wege und richtige, gute Entscheidungen und weniger gute. Wir möchten uns vom Leiden befreien und einen guten Weg dafür finden.

Um Erleuchtung zu erlangen, ist eine korrekte Sicht der Wirklichkeit vonnöten.
Im Buddhismus haben wir zwei Begriffsebenen entwickelt,
um diese Wirklichkeit besser zu verstehen.
Man spricht von den zwei Wahrheiten,
der relativen und der absoluten Wahrheit.

– XIV. Dalai Lama –

Die relative und die absolute Ebene

Diese Differenzierung zwischen relativer und absoluter Wahrheit kann oft hilfreich für uns sein, wenn wir uns mit der Interpretation mancher Aussagen schwertun. So sollen wir unsere Bewertungszwänge und das damit verbundene dualistische Denken eingrenzen, weil es oft unheilsam ist – und damit das Gegenteil von heilsam. Dann befinden wir uns aber wieder im dualistischen Denken. Es ist oft schwer, sich nicht verwirren zu lassen.

So können wir nun verstehen, dass auf einer relativen Ebene die Fähigkeit zur Unterscheidung, die mit dem dualistischen Denken einhergeht, von uns nutzbar gemacht werden kann, um unheilsame von heilsamen Aktivitäten zu unterscheiden und dann unsere vielen Gewohnheitsmuster aufzulösen.

Auf einer absoluten Ebene lösen sich solche Widersprüche jedoch auf und verlieren ihre Bedeutung. Die absolute Ebene erreichen wir durch die spirituelle Praxis. Spiritualität meint die Transzendenz des Persönlichen, also die Erfahrung, dass es möglich ist, die eigenen Begrenzungen aufzulösen. Wir können über uns selbst hinausgehen und Erfahrungen zulassen, die uns mit allen uns umgebenden Dingen verbinden.

Beide Aspekte, das Relative und das Absolute, sind von sehr großer Bedeutung. Für ein gelungenes Leben müssen wir beide Bereiche respektieren und verwirklichen. Die reine Fixierung auf nur einen Bereich – welcher auch immer das sein mag – führt uns in einen Mangelzustand.

Das Gespür dafür ist oft schneller vorhanden, wenn auf der relativen Ebene Defizite entstehen. Wir bekommen dann leicht Schwierigkeiten bei unserer Lebensführung und mit unserer Gesundheit. Auch ein Defizit im absoluten, also spirituellen Bereich, zeigt erhebliche negative Auswirkungen; allerdings sind diese oftmals für die Verantwortlichen oder Betroffenen nicht sofort spürbar. Viele Missstände existieren, weil die Betroffenen keinen Zugang mehr zu ihrer Spiritualität besitzen.

Ganze Gesellschaften können an einem spirituellen Mangel leiden. Oft kommt es dann zu zahlreichen hilflosen Kompensationsversuchen, denn das Gefühl von einem Mangel ist zwar spürbar, aber leider nicht die Fähigkeit zu einer klaren Zuordnung.

Viele von uns entwickeln die verschiedensten Süchte, weil sie den Mangel spüren. Trotz seiner Unstillbarkeit wird aufgrund der Gewohnheit oder sogar Sucht das unheilsame Verhalten dann jedoch fortgesetzt. Die Unstillbarkeit hat aber mit dem falschen Kanal zu tun: Nur wenn der spirituelle Mangel nicht als solcher erkannt wird und die Lösung auf einem anderen Kanal, das ist meistens der Konsum, gesucht werden soll, bleibt seine Unstillbarkeit bestehen. Wenn aber eine richtige Zuordnung erfolgt und wir auf dem leichten Weg zu unseren spirituellen Bedürfnissen zurückfinden können, dann wird dieser Durst gestillt.

Die spirituellen Bereiche in uns finden meistens durch solche Zugangsweisen Nahrung, mit denen wir unser Ego mildern können. Unser Ego-Verstand ist mit Eingrenzung und Selbstverteidigung verbunden. Unsere spirituelle Seite ist dagegen verbunden mit einem Sichöffnen, einem Anteilnehmen und dem Erkennen, dass es größere Dinge gibt als unser begrenztes Sein.

Gehen wir aber nochmals einen Schritt zurück und blicken auf die ebenso wichtige relative Wahrheit.

Weder das eine noch das andere

Wahrscheinlich lesen Sie solche Bücher wie dieses nicht aus Langeweile oder zum bloßen Zeitvertreib. Viele von uns haben den Eindruck, auf einem Weg, auf dem Weg zu sein. Wir möchten etwas erreichen und vielleicht irgendwo ankommen.

Die buddhistische Lehre liefert uns sehr viele analytische Einblicke in heilsame und unheilsame menschliche Aspekte. Damit lernen wir sehr wichtige Möglichkeiten kennen, Dinge einschätzen zu können. Auf dieser Ebene wird unser dualistisches Denken zunächst einmal gefördert: Dieses hier ist ratsam, wiederhole es. Jenes dort ist unheilsam, unterlasse es.

Ich nämlich lehre die Nichtausübung
eines bösen Wandels in Werken, Worten und Gedanken,
die Nichtausübung der mannigfachen, schuldvollen Dinge:
in dieser Hinsicht kann man von mir mit Recht behaupten,
dass ich die Untätigkeit lehre,
dass ich zum Zwecke der Untätigkeit das Gesetz verkünde.

Ich lehre die Ausübung des guten Wandels
in Werken, Worten und Gedanken,
die Ausübung der mannigfachen verdienstvollen Dinge:
in dieser Hinsicht kann man von mir mit Recht behaupten,
dass ich die Tätigkeit lehre,
dass ich zum Zwecke der Tätigkeit das Gesetz verkünde.

– Buddha –

In den buddhistischen Schriften finden wir immer beides: die dringenden Appelle nach Aktivität und ebenso die Anregungen, nur zu betrachten und achtsam wahrzunehmen. Es ist sehr wichtig, die eigene Natur mit ihren unterschiedlichen Seiten genau kennenzulernen, damit wir zum Beispiel nicht nur Teilaspekte herausgreifen, die wir mögen und die scheinbar zu uns passen.

Wie haben Sie bis jetzt die Anregungen zum leichten Weg verstanden? Haben Sie herausgehört, alles leichtnehmen zu müssen? Haben Sie herausgehört, dass Sie sich nicht mehr mit Schwierigkeiten belasten sollen? Oder haben Sie verstanden, dass wir erst alle Probleme lösen müssen, damit wir den leichten Weg gehen können? Ist der leichte Weg nur etwas für Befreite? Bedeutet der leichte Weg für Sie, dass Sie bereits befreit sind?

Wir müssen uns selbst oft fragen, ob wir die Dinge so verstanden haben, weil wir es eben wirklich erkennen konnten, oder ob wir die Dinge wieder nur so verstanden haben, wie wir es gern verstehen möchten.

Wenn Sie die Einschätzung haben, dass es vielleicht für andere den leichten Weg geben kann, aber nicht für Sie, dann wird das mehr mit Ihnen als mit dem Weg zu tun haben. Prüfen Sie das, ergründen Sie das und gehen Sie der Sache nach, bis Sie erkennen können, dass der Grund, aus dem diese Gedanken aufsteigen, die Verblendung ist oder dass diese innere Stimme von einem unheilsamen eigenen Persönlichkeitsanteil stammt, dessen Einfluss dringend eingegrenzt werden müsste.

Lauschen Sie lieber öfter einmal Ihrer inneren weisen Stimme. Diese Selbstanalyse ist unumgänglich, weil es im Buddhismus keine klaren und eindeutigen Dogmen gibt, die wir einfach nur übernehmen und glauben sollen. Wir werden vielmehr dazu eingeladen, die Lehren für uns selbst zu prüfen. Dabei dürfen, ja müssen wir sogar kritisch bleiben.

Der Dharma als Korsett

Wenn Hilfe suchende Menschen in eine buddhistische Psychotherapie kommen, dann bringen sie ihren Ballast an Leiden mit. Das ist allen auch vollkommen bewusst. Jeder bringt zusätzlich aber auch noch seinen Ballast an Wissen, an Meinungen, Ansichten, Einstellungen, Erwartungen, Ideen und Wünschen mit. Dieser zweite Aspekt lässt sich mit einem Korsett vergleichen und manchmal sogar mit einer Fesselung in Ketten.

Die buddhistische Lehre gibt ihren Schülern eine ganze Reihe an weiteren Verhaltensregeln, Ideen, Anregungen und Wissen. Womöglich wird damit das innere Korsett sogar noch enger geschnürt und der angekettete Mensch erhält noch weitere Fesseln.

Nichts ist fest, alles ist dynamisch und leer.
Erkennen wir im Sein das andere Muster, sind wir frei.

– BPT –

Vertrauen Sie nicht nur auf die Worte dieses Buches oder anderer Bücher. Formulieren Sie in Ruhe und Klarheit für sich einige wenige oder vielleicht sogar nur ein einziges Ziel. Suchen Sie sich konkrete Etappenziele auf dem Weg zum Ziel. Suchen Sie konkrete Übungen, um von Ihrer heutigen Position aus zum ersten Etappenziel zu gelangen. Der Weg wird holprig und er wird auch Schleifen haben. Geben Sie nicht auf. Praktizieren Sie Ihre Übungen und wiederholen Sie diese immer wieder, auch ohne weiter darüber nachzudenken.

Tiefes Leiden kann zur Befreiung genutzt werden

Unser tiefes Leiden kann uns fast bis zum Eingang der Hölle führen. Das kann jeder bestätigen, der gerade Höllenqualen durchlebt oder bereits durchlebt hat. Allerdings kann unser Leiden uns auch fast bis zum Eingang der Befreiung führen, was allerdings etwas schwieriger zu erkennen ist. Im Leiden scheinen wir von der Befreiung besonders weit entfernt zu sein, und gleichzeitig sind wir ihr besonders nah. Die Kunst besteht darin, das Schmerzliche für uns nutzbar zu machen. Das lässt sich erlernen, der Schmerz kann uns direkt in die Befreiung führen.

Dafür ist es wichtig, aus dem unvermeidbaren Leid kein Leiden zu machen. Wir nehmen unser Leid achtsam an und fügen kein zusätzliches Leiden hinzu, indem wir hadern, jammern, schimpfen oder grübeln. Wenn wir damit aufhören, halbieren wir gleich unsere Probleme. Die eingesparte Energie können wir dann für uns nutzen, um das bestehende Leid anzunehmen und es auf eine adäquate Art zu bewältigen. Die Kraft benötigen wir entweder dafür, um etwas zu ändern, oder wir benötigen sie, um das anzunehmen, was nicht zu ändern ist. Erkenne in deinem Schmerz immer deine Chance.

In satter Zufriedenheit entwickeln wir leider nur selten den tiefen Wunsch nach Befreiung. Das Leiden kann als innere Schubkraft nutzbar gemacht werden.

Das Geistestraining als Überlebensnotwendigkeit

Die hier beschriebenen Themen sind heute keine Luxusthemen mehr. Dagegen hat zu Buddhas Zeiten die Milderung und Auflösung von menschlichen Verblendungen für die damals existierende Kultur keine Überlebensnotwendigkeit besessen. Die Auswirkungen von Missständen waren damals nur in den jeweiligen Regionen spürbar. Mittlerweile ist die Würdigung und vor allem die praktische Umsetzung der Geistesschulung im wahrsten Sinne des Wortes zur Überlebensnotwendigkeit geworden. Das bezieht sich nicht mehr nur auf uns als Individuen, sondern auf uns als menschliche Spezies.

Nicht anders als zu Buddhas Zeiten ist die menschliche Verblendung heute ebenso wie damals vorhanden, daran hat sich bedauerlicherweise kaum etwas geändert. Die alten Schilderungen über Art und Auswirkung der menschlichen Verblendungen klingen für uns auch heute noch völlig vertraut.

Die Auswirkungen haben sich allerdings fundamental verändert. Während die menschliche Dummheit und Ignoranz damals Zerstörungen produzierte, die Tausenden bis Hunderttausenden von Menschen das Leben kosten konnten, haben wir uns heute als Resultat unserer hartnäckigen Verblendung eine Industrie geschaffen, die nicht nur Massenvernichtungswaffen produziert, sondern auch großflächig und global die Umwelt zerstört, zum Klimawandel beiträgt und Menschen zu Maschinen degradiert. Damit haben wir selbst ein uns krank machendes System geschaffen, das sowohl jeden Einzelnen schädigt als auch global zu Verwüstung und Zerstörung führt. Eine Schulung unseres Geistes unter Einbeziehung unserer spirituellen Bedürfnisse scheint damit überlebensnotwendig geworden zu sein.

Das Geistestraining als mögliches Schulfach

Die Schule des Lebens endet zwar nie, doch die allgemeine Schulpflicht endet sehr wohl. Die Schulsysteme an sich und das, was unsere Kinder dort beigebracht bekommen, stehen in regelmäßigen Abständen sehr kritisch zur Diskussion. Was heute in populärer Form propagiert wird, wurde bereits in den Siebzigerjahren des letzten Jahrhunderts gefordert.

An dieser Stelle soll bewusst darauf verzichtet werden, die Buddhistische Psychotherapie BPT als ein sinnvolles Schulprojekt darzustellen. Dabei wäre es ausgesprochen lohnenswert, mit so wichtigen Themen wie unserer Fähigkeit zur Selbststeuerung oder unserem Zugang zur Spiritualität schon in der Schule vertraut zu werden. Wir brauchen ein Schulfach, in dem Kinder lernen, was in ihrem Körper passiert, wenn sie sich aufregen, welche Zusammenhänge dabei wirksam sind und welche Gegenmaßnahmen sie als Ausgleich dafür umsetzen können. Dafür reichen weder reine biologische Unterrichtseinheiten noch reines Verhaltenstraining aus. Der effektivste Weg führt über ein integratives Lernen, bei dem Kindern und Jugendlichen sehr anschaulich das menschliche Funktionieren vermittelt und zu einem Verhaltens- und Geistestraining praktisch angeleitet wird.

Natürlich können wir in jedem Alter lernen, also auch noch nach der Schulzeit, doch zum einen fällt uns allen das Lernen in jungen Jahren leichter; zum anderen müssen wir die Dinge dann nicht auf die harte Tour lernen und womöglich erst Katastrophen überleben, um auf die ersten psychologischen Beratungseinheiten gestoßen zu werden. In jungen Jahren würden wir auch einen wesentlich besseren Einstieg in unserem leichten Weg finden können. Alte Strukturen zu lockern und neue aufzubauen benötigt naturgemäß ein wenig mehr Energie, als wenn wir gleich heilsame Strukturen kultivieren.

Manche Entwicklungen brauchen eben viel Zeit. Die äußeren Auswirkungen unserer Verblendungen können sich – wie sie es bereits tun – noch weiter zuspitzen, so dass entsprechende Konsequenzen erfolgen müssen. Bis es so weit sein wird, dass wir schon in der Schule ein Geistestraining erhalten, müssen wir uns wohl noch auf viele schmerzhafte Wiederholungen einstellen. Altbekannte, wenn auch schmerzliche Wiederholungen scheinen uns oft lieber zu sein, als das Wagnis des Neuen einzugehen.

Lernen bedeutet Veränderung

Was genau verändert sich durch Lernen? Wir lernen etwas Neues und damit kann sich vielleicht unsere Umwelt verändern. Zudem verändern wir uns durch Lernen selbst. Lernen meint das geduldige Einüben von neuen Elementen. Das führt unter anderem dazu, dass sich unsere Nervenzellen im Gehirn darauf einstellen, und das wiederum bedeutet, dass sie sich untereinander stärker vernetzen.

Wenn Sie diese Zeilen lesen, bilden Sie die Worte nach, so dass jetzt unter anderem Ihr Sprachzentrum aktiviert wird. Wenn Sie mit der linken Hand die Buchkante abtasten und das regelmäßig wiederholen, verändert sich eine Nervenansammlung in der rechten Hirnhälfte, welche die linke Hand steuert. Sie werden sich stärker vernetzen. Das passiert immer dann, sobald wir etwas Neues umsetzen. Wenn wir dagegen nur Routinen abspulen, dann bilden sich Verbindungen in unserem Kopf zurück.

Lernen stellt für viele Menschen ein Problem dar. Eigentlich ist damit aber nur der fehlende Spaß gemeint. Vor allen Handlungen steht immer die Motivation. Was uns interessiert, das möchten wir tun und umsetzen. Doch auch hier scheinen viele von uns ihre Interessen eingedämmt zu haben und nehmen sich damit selbst wichtige Impulse für ihr Gehirn. Wenn Menschen aufhören zu lernen, wenn sich also ihre Bereitschaft reduziert, sich mit neuen Dingen zu beschäftigen, wird dadurch ein unheilsamer Prozess in Gang gesetzt oder beschleunigt.

Wir müssen zutiefst verinnerlichen, dass das Lernen nie aufhören darf. Bei jungen Menschen ist es sehr offensichtlich, dass sie, wenn sie nicht lernen, schnell scheitern. Wenn unser kindlicher Wunsch nach Lernen früh eingedämmt wird, kommt es zu unübersehbaren destruktiven Vorgängen in uns. Zwar kann die Lernfähigkeit zu jeder Zeit durch gezieltes Training wieder gefördert werden, doch es wäre wesentlich leichter, wenn dies von Anfang an geschehen würde.

Auch wenn wir alt geworden sind, gehört das Lernen zu den wesentlichen Überlebensstrategien. Wenn wir im Alter nicht mehr lernen können oder wollen, was es auch im Alter noch zu lernen gibt, können wir sogar daran sterben. Wenn wir nicht verstehen, dass wir uns mehr auf die geistige und spirituelle Ebene einlassen sollten, werden wir den

Zerfall unseres Körpers betrauern. Das Heilmittel dafür betrifft unsere Fähigkeiten, andere Qualitäten wahrzunehmen, wie beispielsweise den Zugang zu Bereichen, die über unser begrenztes Sein hinausgehen. Die ängstliche Sperrung gegen Spiritualität und die fehlende Bereitschaft, auch im letzten Lebensabschnitt noch weiter lernen zu müssen, beschleunigt die Katastrophe.

Zudem müssen wir verstehen, dass wir unseren Körper anders und regelmäßiger bewegen müssen als in jungen Jahren. Jede Ruhephase führt zu starken Abbauprozessen auf geistiger und vor allem natürlich auf körperlicher Ebene. Dazu gehört auch, begreifen und akzeptieren zu müssen, dass wir bestimmte Tätigkeiten nicht mehr ausüben können. Dahinter steht natürlich die Akzeptanz dessen, was jetzt ist. Viele ältere Menschen mögen sich vielleicht jünger fühlen, als sie sind, doch ihr Körper ist es nicht.

Der größte Risikofaktor für unser Leben ist niemals Nikotinkonsum, Bewegungsmangel, falsche Ernährung, ungünstige Vererbung oder schlechte Blut- und Blutdruckwerte, sondern Verblendung. So hat es Buddha bereits vor 2500 Jahren in der Zweiten Edlen Wahrheit festgestellt. Verblendung kann sehr viele Gesichter haben. Ein ziemlich naives kindliches Gesicht der Verblendung ist unser Idealismus. Wir bemühen uns doch und üben uns in den alten spirituellen Praktiken – warum wird denn dann nicht alles ab sofort besser?

Leiden geschieht immer wieder

Trotz guter Vorsätze und auch mit geduldigem Training werden wir wohl alle auch in Zukunft immer wieder leiden. Das ist unumgänglich. Die grafische Darstellung eines Heilungsprozesses wird immer wellenförmig aussehen, bestenfalls vielleicht eine nach oben verlaufende Wellenkurve sein, aber nie eine gerade Linie.

Das wissen wir oder ahnen es zumindest, doch wir möchten es trotzdem nicht wahrhaben. Damit müssen wir uns konfrontieren, weil zukünftige Wellentiefs nicht als Rückfall in die Ausgangsposition missdeutet werden dürfen, sondern nur als das erkannt werden sollen, was sie wirklich sind: normale Schwankungstiefs, die manchmal kommen und dann wieder gehen. Indem wir sie nicht mehr dramatisieren, nehmen wir ihnen die Tiefe und Energie. Auf diese Weise werden die Wellen langsam weniger tief und zusätzlich lernen wir zu surfen, so dass sich eine neue Ebene bildet, die nicht mehr an die Schwankungen der Wellen gebunden ist.

Die buddhistische Lebenskunst vermittelt uns ein Leben *inmitten* aller Hochs und Tiefs. Wir dürfen diesen leichten Weg nicht missverstehen als einen Weg, der nur oben auf dem Wellenkamm verläuft.

Vielleicht können wir die oft schmerzliche Dynamik etwas mildern, wenn wir in den jeweiligen Geschehnissen den unpersönlichen Charakter suchen und finden. Alle persönlichen Erfahrungen sind zwar auch individuell, doch in keiner Weise einzigartig. Alles, was wir selbst bislang erlebt haben, ist bereits vielen Millionen Menschen vor uns geschehen. Das macht es zwar nicht unbedingt besser, aber es wird dadurch etwas weniger persönlich. Wir sind nicht als Individuen verletzt, sondern haben teil an einem Leben, in dem Verletzungen nun einmal geschehen.

In diesem wie auch in dem nachfolgenden Aspekt finden wir wieder die Thematik unseres Idealismus wieder.

Spirituelle Fallen

Im Zen-Buddhismus finden wir wichtige Ansätze, um unseren Weg auf eine heilsame und auch richtige Weise zu gehen. Viele Leitsätze des Zen beschreiben den weglosen Weg oder das mühelose Bemühen. Es ist sehr lohnenswert, unser Streben einmal unter diesen scheinbar paradoxen Voraussetzungen zu ergründen. Wir möchten etwas erreichen, doch das Streben danach ist einer der Gründe, warum wir es nicht erreichen.

Dieses Thema verweist auf viele interessante Punkte, von denen wir uns hier einmal einen recht bedeutsamen anschauen wollen:

Wenn wir unser Wunschziel gedanklich ausarbeiten, dann werden viele bei einer bestimmten Vision von sich selbst landen. Dieses Selbstbild entspricht einer vorgestellten Vollendung der eigenen Persönlichkeit, wie wir irgendwann einmal sein möchten. Viele von uns streben nach einer Art von Ideal-Ego oder Ideal-Selbst. Dabei ist unser Idealismus wie stets wieder ziemlich produktiv.

Das kann sogar geschehen, obwohl wir im buddhistischen Geistestraining durchaus lernen und erfahren, wie illusorisch und auf dynamische Weise instabil unser Selbst ist. Es scheint da eine gewisse Form der Taubheit in uns zu existieren, die wir auch Verblendung, Anhaftung und Widerstand nennen können.

Der Lehrer vermittelt uns: „Es gibt kein Ich, erkenne das, dann entsteht Frieden. No ego, no pain."

Und wir denken: „Oh ja, endlich Frieden, das ist gut. Das möchte ich auch für *mich*."

Folglich imaginieren wir uns unser Selbst als im Frieden weilend: *Ich* bin dann friedvoll. Zusätzlich zu diesem Irrtum meinen wir auch noch, dass wir mehr zu uns hinzufügen sollten, damit wir unser Ziel auch erreichen: vielleicht noch mehr Wissen, noch mehr Infos, noch mehr Anleitungen, noch mehr Übungen. Dabei sind wir doch schon so voll, was sollte da noch hinzukommen? Tatsächlich benötigen wir zwar genügend Anregungen sowie auch Wissen und Praxisanleitungen, doch trotzdem dient das alles nicht einem Mehr bei uns, sondern einem Weniger.

Abb. 23

Die Befreiung mit und ohne Ego

Eigentlich ist Erleuchtung oder Befreiung und Ego-Empfindung ein Widerspruch in sich, da unser Ego uns auf dem Weg zur Befreiung meistens rigoros im Wege steht. Es gibt zahlreiche Erfahrungsberichte, die uns von einer spontanen schlagartigen Erleuchtung erzählen. Wenn wir diese Berichte jedoch genauer erforschen, dann können wir fast immer erkennen, dass es nach und nach zu einer Art von Verdichtung kam, indem der nächste Schritt zur Befreiung gebahnt wurde.

Nichts geschieht ohne Vorbedingung. Deshalb können wir den Weg zur Erleuchtung nicht mit einem Lichtschalter vergleichen, der entweder auf an oder aus eingestellt ist.

Der Weg zur Erleuchtung kann ein leichter Weg sein, doch es ist ein Weg, den wir Schritt für Schritt gehen. Auf diesem Weg können wir verschiedene Formen der Transformation auf den unterschiedlichsten

Ebenen erfahren. Unser Ego wird beleuchtet, analysiert und transformiert. Wir finden auf diesem Weg auch Stärkungen für unser Ego, damit es ausreichend sicher ist, um sich dann selbst sukzessive oder auch in größeren Abstufungen loszulösen. Dabei können wir Veränderungen wahrnehmen, die sich weg von unheilsamen Ego-Zuständen und hin zu heilsamen Ego-Zuständen bewegen.

Auf diese Weise erfahren wir allmählich eine spürbare Zunahme an Freiheit, Gelassenheit, Freude, Mitgefühl, an liebender Güte und anderen sehr heilsamen Geisteszuständen. Das ist ein klarer Hinweis auf Befreiung, es liegt sozusagen etwas in der Luft und wir können die Befreiung schon schnuppern. Auch unser Ego ist noch deutlich spürbar, doch unheilsame Selbst-Anteile sind schon minimiert worden; damit kann eine neue Ego-Konstellation geschaffen werden, die aus vielen neuen heilsamen Eigenschaften besteht.

Diese neue Ego-Stimme vermittelt uns heilsame Ideen, hilft uns beim Umgang mit unheilsamen alten Mustern und lässt zu, dass wir immer häufiger zur Stille finden. Dieser neue Ego-Anteil ist selbstsicher, was uns zumindest eine zeitweise gegenseitige Beurlaubung ermöglicht, denn dieser Ego-Anteil muss nicht ständig alles kontrollieren und Ängste mobilisieren, wenn wir uns um eine Milderung von Ego-Zuständen bemühen.

Wir können meditative Erfahrungen machen, die jenseits des Ego liegen.

Damit wird dieses neue Ego dann zu einem hilfreichen Freund. Der alte Ego-Diktator ist transformiert worden und das Ego als Freund ist übrig geblieben. Dieser Freund kann uns segensreich zur Seite stehen und wird uns in Zukunft so gute Inspirationen liefern, dass wir fast meinen könnten, dieser innere Freund sei schon befreit und möchte uns nun dabei helfen, auch diesen Schritt tun zu können.

Für viele von uns mag es immer noch befremdlich klingen, wenn wir in der Innenschau kein klares Ego, sondern eher einen bunten Chor an Stimmen vorfinden. Wo ist der Dirigent? Welche Stimme ist die Leitstimme?

Die vielen Formen der Suche nach dem Selbst

Nicht wenige Menschen beschreiben ihre spirituelle Suche als eine Suche nach sich selbst und stellen sich die Frage: „Wer bin ich eigentlich?" Für die Beantwortung dieser Frage hat sich ein ganzer Markt eröffnet, Selbstfindungs-Trips lassen sich heute bereits im Reisebüro buchen.

Vor Jahrzehnten gab es einmal eine Fernsehsendung mit dem Titel: „Was bin ich?“ Dabei sollte der Beruf eines Menschen erraten werden. Diejenigen, die den Beruf erraten sollten, bekamen nur einen kleinen Hinweis in Form einer typischen Geste: Der Moderator bat denjenigen, dessen Beruf erraten werden sollte, eine für seine Tätigkeit kennzeichnende Handbewegung auszuführen.

Die Frage *Was bin ich?* konnte hier klar beantwortet werden. Der betreffende Mensch *war* sein Beruf: Ich *bin* Lehrer, ich *bin* Fliesenleger, ich *bin* ...

Heute erkennen viele Menschen den darin enthaltenden Unsinn. Wir können uns zwar über unseren Beruf identifizieren, aber viele möchten das gar nicht mehr. Teilweise ist das Ausdruck einer Entfremdung von dem, was wir tun, teilweise aber auch Ausdruck des natürlichen Empfindens der eigenen Vielfalt. Wir möchten uns nicht reduzieren lassen.

Was aber kann an dessen Stelle treten? Die Frage: *Was bin ich?* bleibt bis heute bestehen. Viele von uns machen sich auf die Suche und erleben nach vielen Bemühungen, dass wir uns selbst gar nicht richtig finden können – auch nicht in Indien, in Wochenendkursen, in Büchern, im Urlaub und leider auch nicht in den Shoppingcentern. Dort treffen wir auf viele andere Suchende. Wir sehen es in ihren Gesichtern: Sie suchen etwas Wichtiges, sie finden etwas, sind einen Moment lang glücklich, doch schon beim Verlassen des Geschäftes erlischt die Freude und das der Suche zugrunde liegende Gefühl ist immer noch unverändert da.

Nicht wenige Menschen erkennen immer deutlicher, dass der materielle Konsum nicht wirklich zielführend ist. Dann beginnt eine neue Suche. Der spirituelle Weg kann beginnen, doch nur allzu oft behalten wir unsere gewohnte Suchstrategie bei. Das bedeutet, dass aus unserem materiellen Konsum lediglich ein spiritueller Konsum geworden ist.

Wenn wir den materiellen Konsum stark reduzieren oder ganz aufgeben, dann können oft spürbare Spannungsempfindungen entstehen, die fast mit Entzugssymptomen vergleichbar sind. Nun kaufen wir Selbsthilfebücher, buddhistische Bücher, Buddha-Figuren, Meditationskissen und spezielle Meditationskleidung, Yogamatten und spezielle Yogakleidung, Räucherstäbchen und vieles mehr.

Wir nehmen diese vielfältigen Angebote der spirituellen Industrie dankbar an. Wir finden auch hier wieder eine fast unerschöpfliche Vielfalt an Konsummöglichkeiten vor. Wir benötigen ja auch so viel, wir stehen doch erst am Anfang und müssen noch so viel lernen, uns noch so viel aneignen. Unsere übergroße Neigung zum Aneignen muss sehr kritisch zur Kenntnis genommen werden. Wir möchten gern alles begreifen und meinen, dafür müssten wir alles be-greifen, also zupacken und nach Dingen greifen, in der stillen Hoffnung, dass mit dem Greifen auch das Begreifen kommt.

Diese Wege lassen uns an der Welt der Formen anhaften. Hier finden wir emotionale Formen, gedankliche Formen, physische Formen. Auch Worte sich Formen. Die buddhistischen Lehren vermitteln uns, dass alle Formen Leerheit sind. Sie haben keinen Bestand, sie haben keinen festen Kern. Verstehe das in der Tiefe – und du spürst die darin enthaltene Freiheit.

Leerheit bedeutet auch Freiheit

Auf unserem leichten Weg versuchen wir, uns so oft wie möglich an die Leerheit zu erinnern und uns damit auseinanderzusetzen. Es handelt sich dabei um eines der buddhistischen Kernstücke. Alles ist leer im Hinblick auf eine feste innere unabhängige Struktur. Jeder Eindruck, der uns binden möchte, sollte daraufhin prüfend angeschaut werden.

Vom den ersten Schritten an können wir diese Hilfe für uns nutzen: Wenn wir unheilsame Konsumgewohnheiten reduzieren und dann ganz unterlassen, entstehen Spannungen, die wir achtsam wahrnehmen sollten. Auch die daraus resultierenden Impulse werden zunächst nur wahrgenommen, ohne dass wir ihnen nachgeben.

Weil diese Empfindungen Formen sind, bestehen sie aus vielen feinen und flüchtigen Bausteinen, die in sich instabil sind. Keine Form besitzt irgendeine fundamentale Substanz. Jedes Problem besteht aus unseren Gedanken, unseren Gefühlen und unseren Körperempfindungen und auch diese sind leer. Diese Aspekte zu betrachten und weiter zu verfeinern ist der leichte Weg in die Leerheit, die uns befreit von der Last der Illusion eines festen schweren Problems.

Auf diese Weise können wir dessen Entstehen, dessen Wandel und dessen Vergehen geduldig beobachten lernen. Dabei haben sich Unsere Atemübungen als eine äußerst wirkungsvolle Hilfe erwiesen. Sie mildern sofort unsere Anspannungen und helfen uns dabei loszulassen, so dass wir uns der Befreiung, dem Nirvana, annähern und das Leidenskarussell, das Samsara, immer weiter hinter uns lassen können.

Samsara oder Nirvana?

Wenn wir die Wahl haben, ob wir im Samsara, dem Rad des Lebens und dem Leidenskreislauf, weiter gefangen bleiben oder ob wir uns um das Nirvana, unsere Befreiung, bemühen, dann scheint der leichte Weg doch klar vor uns zu liegen.

Womöglich macht uns diese Frage aber auch etwas stutzig: Warum denn das eine *oder* das andere? Hat sich da etwa wieder unser dualistisches Bedenken eingeschlichen? Bei genauerem Hinsehen erkennen wir jedoch, dass es in der Welt, in uns selbst und auch zwischen den beiden Bereichen den leichten Weg gibt. Auch da gibt es also immer wieder Abstufungen.

Es existieren verschiedene Formen und Stufen der Befreiung, wie es auch verschiedene Formen und Stufen des Leidens gibt. So können wir neben den spontan auftretenden, wenn auch nur kurz anhaltenden Erfahrungen einer Befreiung auch stabilere Formen und nachhaltigere Erfahrungen von Befreiung machen, die allerdings noch mit alten Strukturen in uns verbunden bleiben. Hier führt uns der leichte Weg gern weiter.

Wenn wir uns in der Anspannung, das heißt, in allen irgendwie schwierigen Situationen, weitgehend entspannen können, wenn wir keine Energie mehr mit unnötigem Hadern und Widerständen verschwenden, dann erreichen wir eine Form der Befreiung, in der sich Samsara und Nirvana vereinen und zu einer weiteren Form von Befreiung transformieren. Das ist ein wenig so wie bei der mittelalterlichen Alchemie: Wir müssen mit einigen Giften und unedlen Substanzen hantieren, sie mit der Flamme (der Bewusstheit) reinigen, um letztendlich daraus etwas Heilsames entstehen lassen zu können. Als Alchemisten müssen wir aber immer große Vorsicht walten lassen.

Vorsicht, Nebenwirkungen!

Viele Suchende nähren in besonderem Maße ihren Geist. Auf die oft missverstandene und unterschätzte Bedeutung unseres Körpers wurde in diesem Buch bereits hingewiesen. Doch auch dieses Buch hat viele Seiten, mit denen wir schon wieder unseren Verstand füttern konnten. Wir müssen hier sehr achtsam mit den unverdauten Inhalten und Ideen umgehen, denn sie sind tatsächlich in der Lage dazu, unsere Gesundheit zu gefährden.

Buddhistische Bücher können in uns auf verschiedenen Ebenen wirken und zu vielen heilsamen Impulsen führen, was zu einer ebensolchen Eigendynamik beitragen kann. Gleichzeitig können sie aber auch „Nebenwirkungen" haben: Unser Ego-Verstand springt auf die Angebote, auf die in Aussicht gestellte Befreiung an und setzt unseren Gesamtorganismus unter Druck. Dies kann sowohl die Form annehmen, eine innere Stimme sagen zu lassen, sich doch zusammenzureißen und mehr anzustrengen, um das zu schaffen, was doch auch schon andere geschafft haben; oder eine andere innere Stimme Bedenken und Zweifel anmelden zu lassen, ein solches Ziel selbst jemals erreichen zu können.

So oder ähnlich könnten sich unsere inneren Begleitstimmen anhören, die unser Verstand uns eingibt. Dadurch entsteht eine mehr oder weniger große oder kleine innere Erwartungshaltung, die uns bestens unter Druck zu setzen oder gar zu demotivieren versteht. Diesen unheilsamen Vorgang müssen wir unbedingt mit unserer Achtsamkeit durchdringen und den Kontakt zu diesen eigenen Anteilen nicht abreißen lassen. Unsere Bewusstheit nimmt uns selbst den Wind aus den Segeln. Nach und nach kann unser innerer Antreiber so zu unserem liebevollen Motivator werden.

Ende oder eher neuer Anfang?

Das alles hört sich so an, als führe der leichte Weg uns sanft direkt zur Befreiung, doch am Ende haben wir da noch ein kleines Problem. Auch wenn wir auf dem leichten Weg unseren Praxisübungen nachgehen und hier viel Gutes für uns und andere bewirken können, so wartet am Ende doch ein für uns alle unumgängliches und schwieriges Problem, das sich Tod nennt. Wozu also das Ganze? Wo ist der Sinn? Am Ende werden wir sterben müssen und alles verlieren.

Wer achtsam lebt,
der stirbt nicht mehr,
doch der Unachtsame ist schon tot.

– Buddha –

Wie können wir durch eine größere Achtsamkeit Freude und Glück in uns entwickeln, wenn durch diese gesteigerte Achtsamkeit und Bewusstheit gleichzeitig auch die Vergänglichkeit unseres Lebens und die unabänderliche Präsenz unseres Todes immer deutlicher werden?

Jack Kornfield schreibt, dass wir im Hier und Jetzt etwas Heilsames schaffen können, das sich dann segensreich auf unser nächstes Leben auswirken wird. Wenn wir aber nicht an ein nächstes Leben glauben, so werden wir im Hier und Jetzt ebenfalls Heilsames schaffen, damit wir in diesem Leben davon profitieren. Egal, ob Sie nun an Reinkarnation glauben oder nicht, was zählt, ist immer das Hier und Jetzt.

Das passende Stichwort ist eben gefallen: Es bedarf eines Glaubens an die Reinkarnation. Hier betreten wir die religiösen Bereiche des Buddhismus.

Die Wurzeln des Buddhismus sind eindeutig nicht-religiös. Viele buddhistische Autoren verweisen zu Recht darauf, dass die reine buddhistische Lehre davon spreche, jeder Moment vergehe und sofort werde ein neuer geboren. Auch dieser Satz endet, wie jeder andere Moment stirbt auch er gewissermaßen.

Die große Kunst des buddhistischen Geistestrainings besteht nun darin, diesen immerwährenden Sterbeprozess zu realisieren und loszulassen, damit wir den stetigen Vorgang der Erneuerung bewusst erleben können. Jeder Moment entsteht neu. Wenn wir dieses Bewusstsein des Wieder-Geborenwerdens in uns schulen, dann werden wir selbst darin immer wieder neu geboren, wir reinkarnieren uns jeden Moment neu. Das ist das eigentliche buddhistische Verständnis von Reinkarnation. Der Glaube an ein Ego, das stirbt, sich irgendwie weiter erhält und dann tatsächlich in einem neuen Körper wiedergeboren wird, gehört dagegen zur Religion und ist Ausdruck des Glaubens. Das steht im Widerspruch zur nicht-religiösen buddhistischen Lehre, denn danach gibt es kein Ego, das als eine Einheit existiert und fortbestehen könnte.

Der Glaube an Reinkarnation existiert jedoch in allen alten Kulturen. So scheint auch der Buddhismus den schon vorgefundenen Glauben in den verschiedenen Ländern, in denen er sich verbreitete, in sich aufgenommen zu haben.

Unsere Alltagserfahrung
gaukelt uns eine Wirklichkeit vor,
die es so nicht gibt.

– XIV. Dalai Lama –

Versuchen Sie am besten, dort keine Dogmen zu suchen, wo gar keine existieren. Finden Sie Ihren eigenen Zugang und beginnen Sie damit, Ihre eigenen Erfahrungen zu sammeln. Die Auseinandersetzung in der Gemeinschaft des Sangha oder mit einem Lehrer reduziert die vielen möglichen Missverständnisse, die besonders zu Anfang auftreten können.

Wenn Sie sich ausreichend sicher fühlen, und das ist immer die Voraussetzung, dann meditieren Sie regelmäßig auf die Vergänglichkeit und den Tod. Visualisieren Sie auch Ihren eigenen Zerfall. Besuchen Sie für eine Übungsphase zu diesem Thema einen Friedhof und meditieren Sie dort.

Ein paar hartnäckige Illusionen zum Kontemplieren

Dieses Buch trägt den Titel „Der leichte Weg". Aber vielleicht gibt es ja gar keinen leichten Weg! Allerdings gibt es auch keinen schweren Weg.

Es gibt kein gutes Wetter und es gibt kein schlechtes Wetter.

Es gibt keine gute und es gibt keine schlechte Meditation.

Es gibt kein Ego und es gibt keine Egolosigkeit.

Es gibt keine Kontinuität und es gibt keine Diskontinuität.

Wenn Sie nun zu dem Schluss kommen, dass wir uns alles nur konstruieren oder dass die Realität wie ein Traum sei, dann könnte uns ein Zen-Meister mit seinem Stock schlagen und uns fragen, ob das denn auch ein Traum gewesen sei.

Womöglich kommen wir auch zu dem Schluss oder Trugschluss, es gebe nur das Hier und Jetzt. Auch da werden wir wieder desillusioniert. Es gibt kein Jetzt, und es gibt schon gar kein Hier und Jetzt. Oberflächlich betrachtet, ist das Empfinden von einem Jetzt ein Festhalten oder der Versuch des Festhaltens an einem Augenblick, der schon vorüber ist.

Gedanken über uns und unseren Kosmos

Wenn wir scheinbar paradoxe Vorgänge tiefgehender und auch über verschiedene Maßstäbe hinweg analysieren, dann suchen wir uns immer Bezugsgrößen, mit denen wir ein Problem relativieren können. Das Ergründen solcher Bezugsrahmen führt uns in viele Bereiche:

Unsere eigene Galaxie, die Milchstraße, schießt mit Milliarden anderer Galaxien in großer Geschwindigkeit durch das Universum. Unsere Sonne, im Grunde ein gigantischer Atomreaktor, kreist als Sonnensystem mit ein paar Planeten in unserer Galaxie um dessen Mittelpunkt. Und wir leben auf einem dieser kleinen Planeten, auf dem Erdmantel über einem Eisenkern, mit dem wir um die Sonne kreisen und mit ihr um die Galaxie.

Das Grundcharakteristikum dieser Vorgänge scheint sehr viel mit Bewegung und Geschwindigkeit zu tun zu haben. Diese finden in einem für uns nicht vorstellbar großen Raum statt. Die Abstände zwischen kosmischen Objekten sind derart gigantisch, dass es uns schwerfällt zu glauben, sie könnten miteinander in Verbindung stehen. Jede Masse krümmt jedoch den Raum, so dass deren Bewegungen im Raum von diesen Krümmungen bestimmt werden.

Wenn wir auf die Mikroebene schauen, dann erkennen wir, dass die Atome, die unseren gesamten Organismus bilden, permanent damit beschäftigt sind, Elementarteilchen mit anderen Atomen auszutauschen. Für diesen Vorgang scheint es keine zeitlichen und räumlichen Begrenzungen zu geben. Offenbar kann das Elektron eines jeden Atoms in uns Elementarteilchen aussenden und eine Verbindung zu anderen Atomen herstellen, die sogar weit entfernt an einer anderen Stelle im Universum existieren. Das klingt wie Science-Fiction, ist aber der aktuelle Stand der Physik.

Dieser Transfer geschieht natürlich mit Lichtgeschwindigkeit. Aufgrund der Zeitdehnungsformel können wir nachvollziehen, dass bei Lichtgeschwindigkeit die Zeit so weit gedehnt wird, dass sie stehen bleibt. Einstein konnte uns zeigen, dass bewegte Uhren langsamer gehen als ruhende. Wenn diese Elementarteilchen sich mit Lichtgeschwindigkeit von uns wegbewegen, dann entstehen Zeitverschiebungen in die Vergangenheit; wenn sie sich uns in ihren Bewegungen annähern, dann entstehen Zeitverschiebungen in die Zukunft. Die Zeit hat anscheinend sehr viel mit Geschwindigkeit und relativer Bewegung zu tun.

Wenn wir in den Sternenhimmel schauen, dann sehen wir das Licht von Sternen, die wahrscheinlich schon längst verglüht sind. Wir blicken also in die Vergangenheit. Für das Licht dieser Sterne, das mit Lichtgeschwindigkeit zu uns kommt, ist allerdings keine Zeit vergangen. Vergangenheit, Gegenwart und Zukunft dienen nur als Hilfskategorien, um einen Vorgang zu beschreiben, den wir kaum wirklich begreifen können. Die Zeit und der Jetzt-Augenblick existieren nicht.

Hinter alldem scheint eine interessante Energie zu stecken. Wissenschaftler haben erst vor kurzem den Nachweis für ein Elementarteilchen, das sogenannte Higgs-Teilchen, erbringen können, das scheinbar in der Lage ist, aus Energie Materie herzustellen. Dass Energie und Materie äquivalent sind, konnte Einstein bereits 1905 nachweisen.

Materieansammlungen erzeugen Gravitation und diese scheint in der Lage zu sein, Raum und Zeit zu krümmen.

Energie und Materie erzeugen die Raum-Zeit. Bevor es Materie gab, hat es keinen Raum gegeben.

Der Raum ist abhängig von Energie und Materie. Beide Faktoren stellen verschiedene Seiten derselben Sache dar.

Energie ist hoch dynamisch und in einem ständigen Prozess aktiv. Sie erzeugt Materie und die Raum-Zeit, eine höchst relative dynamische Größe.

Es gibt keine feste Vergangenheit.
Es gibt keine feste Gegenwart.
Es gibt keine feste Zukunft.
Es gibt kein Jetzt.
Kein Hier und Jetzt.

Glauben Sie das? Die Beschäftigung damit lohnt sich. Wir erfahren viel über uns selbst und unsere Erkenntnisfähigkeit, bekommen aber auch eine grobe Ahnung davon, was noch möglich sein kann.

Diese Zusammenhänge sind gleichzeitig faszinierend und schwer mit unserem Alltagserleben zu verbinden. Deshalb werden sie gern dafür benutzt, um die unterschiedlichsten eigenartigen Ideen zu untermauern.

Die Wissenschaft der Atomphysik, die hier angesprochen ist, wird in den großen kosmischen Maßstäben als Astrophysik und in Mikrobereichen der Elementarteilchen als Quantenphysik oder als Theorie der Quantenmechanik bezeichnet. All diese Begriffe und vor allem die ihnen zugrunde liegenden Fakten erscheinen ebenso fantastisch wie schwer nachvollziehbar. Das liegt aber nicht an uns persönlich. Nils Bohr, einer der genialsten Physiker und Mitbegründer der Quantenphysik, sagte einmal, dass jeder, der behauptet, die Quantenmechanik verstanden zu haben, sie nicht verstanden hätte.

Wir finden zu diesen Bereichen einerseits einen oft nicht leichten Zugang, weil wir vorschnell meinen, dass Physik entweder langweilig oder zu kompliziert für uns sei. Andererseits werden speziell in der Astro- und Quantenphysik Aspekte behandelt, die wir mit unserem Alltagsbewusstsein nicht erfahren.

Wem die westliche Wissenschaft zu kopflastig erscheint, um diese äußerst spannenden Bereiche transparent zu machen, kann ebenso gut dafür auch die mehr auf die Erfahrung bezogenen Zugangsformen zum Beispiel der buddhistischen Lehre nutzen.

Die buddhistische Quantenmechanik

Die alten buddhistischen Texte, die schon vor Tausenden von Jahren verfasst wurden, klingen in unseren Ohren heute tatsächlich wie moderne physikalische Beschreibungen von Elementarteilchen. Wir lesen da zum Beispiel von der buddhistischen Leerheit, die keine festen Konstanten kennt und die alles als miteinander verbunden ansieht. Alles ist vernetzt und miteinander in Kontakt. Nichts hat einen festen Kern, alles setzt sich aus kleineren und immer kleineren Teilen oder Vorbedingungen zusammen.

Die buddhistische Diskontinuität beschreibt uns, dass alles im Fluss ist und es keinen Stillstand geben kann. Buddha sagt, dass Zeit eine Illusion sei und es keine Vergangenheit oder Zukunft gebe. Wir leben mit vielen Illusionen. Auch unser Körper oder jeder feste Körper ist eine Illusion.

Was im materiellen Bereich die Physik beschreibt, das schildert uns im spirituellen Bereich der Buddhismus. Die Parallelen sind wirklich beachtlich.

Hier im letzten Kapitel über den leichten Weg werden Fakten erwähnt, die uns vielleicht zwar bekannt sein mögen, die wir jedoch alle nur schwer nachvollziehen können. Wir alle leben in einer Welt, die wir kaum mehr verstehen. Täglich nutzen wir unzählige Geräte, deren Funktionsweise wir nicht kennen. Wenn ein kosmischer Zufall Sie plötzlich ins Mittelalter versetzen würde, welche modernen Errungenschaften könnten Sie dort selbst erschaffen? Können Sie einen Fernseher bauen, eine Kaffeemaschine? Wissen Sie eigentlich, wie ein Handy tatsächlich funktioniert?

Ebenso haben Sie zwar die weiter oben geschilderten physikalischen Beschreibungen gelesen und sich vielleicht darüber gewundert, doch trotzdem weitergelesen. Wir nehmen vieles einfach nur noch zur Kenntnis. Ist schon okay.

Die Frage, die hier aufgeworfen werden soll, fragt nach der Verlässlichkeit dessen, was wir lesen und erfahren. Können wir dem, was hier formuliert wurde, wirklich trauen?

Buddhas vier Schritte für Verlässlichkeit

1. Verlasse dich nicht auf die Person, sondern auf die Lehre.

2. Verlasse dich nicht nur auf die Worte der Lehre, sondern auf ihre Bedeutung.

3. Verlasse dich nicht auf Bedeutungen, die der Interpretation bedürfen, sondern auf die endgültigen Bedeutungen.

4. Verlasse dich nicht auf dualistische Aspekte, auch nicht bei den endgültigen Bedeutungen, sondern verlasse dich auf die direkte Wahrnehmung der Wahrheit.

Um es kurz zusammenzufassen: Buddha lädt uns immer und mit allem dazu ein, alles selbst zu prüfen.

Als sein Leben zu Ende ging, soll er fast schon bedrängt worden sein, einen Nachfolger zu bestimmen. Buddha blieb jedoch standhaft. Vielleicht wollte er diesen Weg einfach nicht.

Er vermittelte immer wieder: Die Lehre wurde geschaffen. Sie kann selbst als Lehrer dienen. Jeder Mensch kann einen direkten Kontakt dazu herstellen. Es werden dafür nicht unbedingt Zwischeninstanzen benötigt. Öffne dich den weisen Worten und beginne, *eigene* Erfahrungen damit zu sammeln.

Am wichtigsten ist es, einen gesunden Geist zu haben,
der in positiver Weise arbeitet, ein friedvolles Herz also.
Der Rest kommt dann von selbst.

– XIV. Dalai Lama –

Quo vadis Psychotherapie – Wohin gehst du?

Wie alles andere auch, so entwickelt sich die Psychotherapie stetig weiter. Während noch vor Jahren das psychoanalytische Modell und dann die psychodynamischen Theorien mit dem Fokus auf die Defizite die Behandlungskonzepte dominierten, nutzen heute immer mehr Behandler die ziel- und lösungsorientierten Ansätze der Verhaltenstherapie. Diese haben sich ebenfalls weiterentwickelt: vom behavioristischen, also einem verhaltensorientierten, zum kognitiven, also einem verstandesorientierten Ansatz. Nun befindet sich die Verhaltenstherapie in einer dritten Entwicklungswelle und verschreibt sich dem Achtsamkeitsprinzip.

In der westlichen Behandlungskunst sind schon immer buddhistische Einflüsse aufgetaucht, nur wurden sie bislang nie explizit so benannt. Konzepte wie das Unbewusste, die Traumarbeit, die Nutzung von Charaktertypologien und Trancephänomenen, der Fokus auf das Hier und Jetzt, der Lehrer/Schüler-Dialog und viele andere relevante Behandlungsaspekte wurden im Buddhismus bereits vor langer Zeit formuliert und praktiziert.

Einer der grundlegenden Wandlungsprozesse in der westlichen Behandlungskunst basiert gleichermaßen auf der Würdigung der buddhistischen wie auch der neurowissenschaftlichen Lehren, die beide besagen:

- dass wir alles in uns stärken, was wir wiederholen
- dass wir uns grundlegend verändern können, auch auf struktureller neurologischer Ebene
- dass wir alle heil sind, aber alle ohne Ausnahme an uns arbeiten müssen

- dass wir alle ohne Ausnahme unzählige Veranlagungen bereits mitbringen
- dass wir dementsprechend nichts vollkommen Neues lernen, sondern lediglich Vorhandenes in uns stärken und kultivieren müssen
- dass die reine Problembeseitigung nicht ausreicht, um ein gesundes Leben führen zu können
- dass Spiritualität und Wissenschaft keine Gegensätze sein müssen.

Sicherlich gibt es auch wichtige Ansätze im Westen, die den konstruktiven Charakter dieses neuen Weges aufgreifen, doch viele fokussieren sich dabei zu einseitig. Der Positiven Psychologie und der Salutogenese fehlen oft analytisch-kritische Würdigungen unserer dunklen Seiten, also den Veranlagungen zu unheilsamen Gedanken und Handlungen. Auch das Ausblenden unserer spirituellen Seite ist sehr bedauerlich. Durch die Trennung von Religion und Wissenschaft ist hier oft das Kind mit dem Bade ausgeschüttet worden.

Da wir heute die Gefahren einer von Ethik freien Wissenschaft sehen, melden sich immer mehr Stimmen, die darauf hinweisen, dass wir die reine materielle Lebensweise nicht weiter in Reinkultur verfolgen können. Wir Menschen benötigen gleichermaßen materielle und spirituelle Nahrung.

Der leichte Weg dokumentiert eine moderne Lebensführung, die sich auch in der Psychotherapie wiederfinden sollte. Daraus lassen sich einige klare Leitsätze ableiten:

Mehr Transparenz und Aufklärung in der Psychotherapie

Eine moderne Behandlung sollte nicht mehr mit ausführlichen oder gar ausufernden Problemschilderungen und immer wiederkehrenden Problembearbeitungen beginnen. Nach einer adäquaten Würdigung der aktuellen Verfassung des Hilfesuchenden sollte die Psychoedukation durchgeführt werden, bei der die relevanten Zusammenhänge und die daraus folgenden logischen Trainingsschritte deutlich werden.

Mehr Würdigung und Nutzung unser Veranlagungen in der Psychotherapie

Wir können uns selbst und auch andere beruhigen: Es muss nichts vollkommen Neues gelernt werden. Wir alle verfügen über jede nur denkbare Veranlagung für jede Disposition zu allen nur denkbaren Eigenschaften. Es ist bereits alles vorhanden. So können wir einen klaren Zielfokus erarbeiten und dann entsprechende Ressourcen kultivieren.

Mehr Psychosomatik in der Psychotherapie

Der Sinn einer ganzheitlichen Behandlung ist heute allen bewusst. Dazu gehört natürlich auch die Einbeziehung der Würdigung der körperlichen Verfassung und dementsprechend auch der körperlichen Symptome *(Soma)*. Hier müssen sich die nicht-medizinisch geschulten Behandler dringend fortbilden, damit sie die vorhandenen Beschwerden verstehen und richtig einschätzen können. Es ist nicht mehr zeitgemäß, dass diese äußerst wichtigen medizinischen Kenntnisse zum Beispiel im Psychologiestudium nicht zum Lehrplan gehören.

Mehr Spiritualität in der Psychotherapie

Zu der schon oft angesprochenen ganzheitlichen Behandlung gehört natürlich auch unumgänglich eine ganzheitliche Sichtweise auf den Menschen. Die Trennung von Staat und Kirche, von Wissenschaft und Religion hat dazu geführt, dass wir mit der Religion auch die Spiritualität ausgeklammert haben. Damit erfolgte eine unheilsame Abnabelung von einer elementaren menschlichen Kraftquelle. Eine entsprechende Rückbesinnung ist im Vormarsch. Therapieformen wie die Buddhistische Psychotherapie BPT dokumentieren das.

Mehr Ziele in der Psychotherapie

Immer noch befinden sich viele Menschen in ihren Behandlungen in einer Endlosschleife: Sie berichten immer wieder von alten und den vielen neuen Problemen. So kann Therapie zum Selbstzweck werden, der nur bereits Vorhandenes festigt.

Eine Art Globalisierung im Behandlungskonzept ist bereits im Gange und muss fortgesetzt werden: Tiefenpsychologen lernen von Verhaltenstherapeuten und umgekehrt, und diese lernen von Gestalttherapeuten, Bioenergetikern und so weiter. Alle Richtungen sollten heute jedoch klare Behandlungsziele formulieren. Das Fehlen eines solchen Behandlungszieles kommt einem Kunstfehler gleich.

Mehr Konkretes in der Psychotherapie

Wenn wir konkrete Ziele formulieren, benötigen wir auch konkrete Etappen, um uns diesem Ziel anzunähern. Die Zeiten der reinen Deutung sind vorbei, in denen der Therapeut nach einer Problemschilderung seinen schlauen Kommentar liefert, der dann zu Einsichten und Veränderungen beim Hilfesuchenden führen sollte.

Heute müssen Therapeuten ihren Klienten klare Anweisungen anbieten können, wie zum Beispiel: „Bitte trainieren Sie die folgende Übung in den nächsten vier Wochen regelmäßig morgens und abends. Danach berichten Sie, wie es wirkt."

Mehr Aktivität in der Psychotherapie

Die Aktivität bedeutet eine aktivere Position des Behandlers. Gut ausgebildete Behandler können und müssen konkrete Anregungen und zum Teil auch Anweisungen geben. Es muss nicht mehr alles immer wieder neu erarbeitet werden. Der Klient muss auch nicht alles selbst entdecken; er oder sie kann sehr wohl die konkreten Übungsanleitungen umsetzen und dann eigene Erfahrungen damit sammeln.

Außerdem kann die größere Aktivität auch zu dynamischeren und kreativeren Möglichkeiten in der Gestaltung führen: Wir müssen nicht 50 Minuten lang still sitzen. Wir können moderne Medien nutzen, andere Gestaltungs- und Kommunikationsformen, Übungen aus den Körpertherapien, Meditations- und Atemtraining und vieles mehr.

Wir wissen heute doch sehr gut, wie Lernen funktioniert: Wir benötigen gut präsentierte Informationen, die uns einladen und inspirieren, damit wir selbst mit ihnen freudvolle Erfahrungen sammeln können.

Mehr Respekt in der Psychotherapie

Die Zeiten der typischen Weißkittel-Hierarchie gehen dem Ende entgegen. In den Krankenhäusern sind weiße Kittel aus hygienischen Gründen sinnvoll, in vielen anderen Behandlungskontexten signalisieren sie lediglich die Angst des Behandlers, mit den Patienten und Hilfesuchenden verwechselt zu werden. In nicht wenigen psychosomatischen Kliniken tragen etliche Behandler noch heute eine Montur, als kämen sie direkt aus dem OP.

Auch wenn viele Behandler den Weißkittel inzwischen ausgezogen haben, so bleibt er innerlich noch lange angezogen. Das äußert sich beispielsweise in Überlegungen vom gesunden Behandler und kranken Hilfesuchenden, von uns und denen. Es äußert sich aber auch so, dass auftretende Konflikte stets als ein unbewusstes Agieren seitens des Hilfesuchenden angesehen werden. Nach dieser Vorstellung produziert allein der Hilfesuchende Übertragungen, also unbewusste Projektionen auf das Gegenüber; ein Behandler wird allenfalls eine Gegenübertragung entwickeln, also nur eine Reaktion auf eine Übertragung.

Die Erste Edle Wahrheit des Buddhismus vermittelt uns: Wir sind ausnahmslos alle vom Leiden betroffen.

Diese Leitgedanken dienen der Grundlage einer modernen Behandlungskunst und sind heute bereits zu realisieren. Daher sollte heute keine Psychotherapie mehr einen dieser Leitgedanken ignorieren.

Das Ende des leichten Weges

Im günstigen Fall ist der leichte Weg unser Leben, sonst ist der schwere Weg unser Leben. Natürlich endet unser Leben, und auch der Weg, den wir gehen, wird nur da sein, solange wir da sein werden. Fühlen wir uns schwer, ist es unser Weg. Fühlen wir uns leicht, ist es unser Weg. Festigen wir unser Ego, festigt sich unser Weg. Lösen wir unser Ego, so wird sich auch der Weg lösen.

Der leichte Weg ist keine zusätzliche Aufgabe, die wir erledigen können, um danach dann ein besseres Leben zu führen.

Gibt es einen Weg, der nie endet?

Alles, was Form ist, wird sich auflösen.

Alles, was unmanifestiert ist, bleibt, wie es immer war.

Die 4 Unermesslichen

Mögen alle Wesen glücklich sein
und die Ursachen von Glück besitzen.

Mögen alle Wesen frei sein von Leid
und der Ursache des Leids.

Mögen alle Wesen Freude
und die Ursache der Freude besitzen.

Mögen alle Wesen im Gleichmut verweilen,
frei von Anhaftung und Ablehnung.

Literaturempfehlungen zur buddhistischen Psychologie und Psychotherapie

Allione, Tsültrim: *Den Dämonen Nahrung geben. Buddhistische Technikern zur Konfliktlösung.* München: Goldmann, 4. Aufl. 2009.

Brahm, Ajahn: *Die Kuh, die weinte. Buddhistische Geschichten über den Weg zum Glück.* München: Lotos, 9. Aufl. 2006.

Brahm, Ajahn: *Nur dieser Moment. Anleitungen für die buddhistische Praxis.* München: Lotos, 2009.

Brück, Michael von: *Einführung in den Buddhismus.* Berlin: Verlag der Weltreligionen, 3. Aufl. 2011.

Chödrön, Pema: *Wenn alles zusammenbricht. Hilfestellung für schwierige Zeiten.* München: Goldmann, 2011.

Chodron, Thubten: *Es ist Dein Ärger. Methoden zum Umgang mit starken Gefühlen.* Bielefeld: Theseus, 2011.

Dalai Lama: *Das Buch der Freiheit. Die Autobiographie des Friedensnobelpreisträgers.* Köln: Lübbe, 17. Aufl. 2008.

Dalai Lama: *Das Buch der Menschlichkeit. Eine neue Ethik für unsere Zeit.* Köln: Lübbe, 10. Aufl. 2011.

Dalai Lama: *Der buddhistische Weg zum Glück. Das Herz-Sutra.* München: Droemer Knaur, 2010.

Dalai Lama: *Harmonischer Geist, vollkommenes Bewusstsein.* München: Lotos, 2007.

Dalai Lama: *Die Lehren des tibetischen Buddhismus.* München: Goldmann, 2000.

Dalai Lama: *Die Liebe – Quelle des Glücks.* Freiburg i.Br.: Herder, 2005.

Dalai Lama: *Der Mittlere Weg. Glaube und Vernunft in Harmonie.* München: Diederichs, 2010.

Dalai Lama: *Die vier edlen Wahrheiten. Die Grundlage buddhistischer Praxis.* Frankfurt a.M.: Fischer, 2011.

Dalai Lama mit Viktor Chan: *Die Weisheit des Verzeihens. Ein Wegweiser für unsere Zeit.* Köln: Lübbe, 2007.

Dalai Lama/Howard C. Cutler: *Die Regeln des Glücks. Das Handbuch zum Leben.* Freiburg i.Br.: Herder, 2012.

Dalai Lama/Laurens van den Muyzenberg: *Führen, Gestalten, Bewegen. Werte und Weisheit für eine globalisierte Welt.* München: Heyne, 2010.

Dzogchen Ponlop Rinpoche: *Rebell Buddha. Aufbruch in die Freiheit.* München: Droemer Knaur, 2011.

Ennenbach, Matthias: *Befreit-Verbunden. Der buddhistische Weg zu einer glücklichen Liebesbeziehung.* Oberstdorf: Windpferd, 2011.

Ennenbach, Matthias: *Buddhistische Lebenskunst. Mit dem B-Prinzip zu innerer Befreiung.* München: Lotos, 2013.

Ennenbach, Matthias: *Buddhistische Psychotherapie. Ein Leitfaden für heilsame Veränderungen:* Oberstdorf: Windpferd, 2010.

Ennenbach, Matthias: *Einführung in die Buddhistische Psychotherapie. Eine Integration buddhistischer und psychotherapeutischer Methoden.* Mit Übungs-CD. Oberstdorf: Windpferd, 2012.

Ennenbach, Matthias: *Praxisbuch Buddhistische Psychotherapie. Konkrete Behandlungsmethoden und Anleitung zur Selbsthilfe.* Oberstdorf: Windpferd 2012.

Ennenbach, Matthias: *Der Tod des Dalai Lama* (Roman). Bielefeld: tao.de, 2013.

Frasch, Albrecht: *Eine neue Dimension. Geist und Psyche – psychologisch und psychotherapeutisch relevante Aspekte des Tibetischen Buddhismus.* Horst: Tashi-Verlag für Buddhistische Literatur, 2. Aufl. 1999.

Goleman, Daniel: *Dialog mit dem Dalai Lama. Wie wir destruktive Emotionen überwinden können.* München: dtv, 2005.

Govinda, Lama Anagarika: *Die psychologische Haltung der frühbuddhistischen Philosophie und ihre systematische Darstellung nach der Tradition des Abhidharma.* Wien: Octopus, 1980.

Gunaratana, Mahathera Henepola:*Die Praxis der Achtsamkeit. Eine Einführung in die Vipassana-Meditation.* Heidelberg: Kristkeitz, 2000.

Jäger, Willigis/Kohtes, Paul J. (Hrsg): *zen@work – Manager und Meditation. Einzigartige Erfahrungen mit der Führungsetage.* Bielefeld: Kamphausen, 2009.

Jung, C. G.: *Zur Psychologie westlicher und östlicher Religion.* Gesammelte Werke, Bd. 11. Ostfildern: Patmos, 3. Aufl. 2011.

Kabat-Zinn, Jon: *Zur Besinnung kommen. Die Weisheit der Sinne und der Sinn der Achtsamkeit in einer aus den Fugen geratenen Welt.* Freiamt i. Schwarzwald: Arbor, 2008.

Kabat-Zinn, Jon: *Gesund durch Meditation. Das große Buch der Selbstheilung.* München: Droemer Knaur, 2011.

Kornfield, Jack: *Die Lehren Buddhas. Ein Brevier buddhistischer Weisheit.* München: Droemer Knaur. 2010.

Kornfield, Jack: *Das Tor des Erwachens. Wie Erleuchtung das tägliche Leben verändert.* Berlin: Ullstein, 2004.

Kornfield, Jack: *Das weise Herz. Die universellen Prinzipien buddhistischer Psychologie.* München: Goldmann, 2008.

Kuby, Clemens/Olvedi, Ulli: *Living Buddha. Die siebzehnte Wiedergeburt des Karmapa in Tibet.* München: Goldmann, 1994.

Küng, Hans: *Spurensuche. Die Weltreligionen auf dem Weg.* München: Piper, 2008.

Ladner, Lorne: *Die verlorene Kunst des Mitgefühls. Psychologie und Buddhismus im Dialog.* Kaltern: Diamant Verlag,2005.

Layard, Richard: *Die glückliche* Gesellschaft. *Was wir aus der Glücksforschung lernen können.* Frankfurt a.M.: Campus, 2. Aufl. 2009.

Mitchell, Robert Allen: *Buddha. Prinz, Asket und Erleuchteter.* München: Kösel, 1992.

Nagarjuna: *Die Lehre von der Mitte.* Übers. und mit einem Kommentar hrsg. von Lutz Geldsetzer. Hamburg: Meiner, 2010.

Neumannn, Karl Eugen (Übers.): *Die Reden des Buddha – Mittlere Sammlung.* Stammbach: Beyerlein-Steinschulte, 5. Aufl. 1995.

Nydahl, Ole: *Das große Siegel. Von der grenzenlosen Einsicht in die Natur des Geistes.* München: Droemer Knaur, 2006.

Ricard, Mathieu: *Weisheit. Die schönsten Texte tibetischer Meister.* München: Nymphenburger, 2011.

Shantideva: *Der Weg des Lebens zur Erleuchtung. Das Bodhicharyavatara.* München: Diederichs, 2005.

Sogyal Rinpoche: *Das tibetische Buch vom Leben und vom Sterben. Ein Schlüssel zum tieferen Verständnis von Leben und Tod.* Frankfurt a.M.: Scherz, 4. Aufl. 2006.

Thich Nhat Hanh: *Das Herz von Buddhas Lehre. Leiden verwandeln – die Praxis des glücklichen Lebens.* Freiburg i.Br.: Herder, 6. Aufl. 2011.

Thich Nhat Hanh: *Körper und Geist in Harmonie. Die Heilkraft buddhistischer Psychologie.* München: Kösel, 2. Aufl. 2009.

Thich Nhat Hanh: *Unsere Verabredung mit dem Leben. Über das Leben im Hier und Jetzt.* München: Droemer Knaur, 2010.

Thich Nhat Hanh: *Wie Siddhartha zum Buddha wurde. Eine Einführung in den Buddhismus.* Bielefeld: Theseus, 5. Aufl. 2010.

Tolle, Eckhart: *Jetzt! Die Kraft der Gegenwart.* Bielefeld: Kamphausen, 2012.

Trungpa, Chögyam: *Achtsamkeit, Meditation und Psychotherapie. Einführung in die buddhistische Psychologie.* Freiamt i. Schwarzwald: Arbor, 2006.

Wenke, Matthias: *Im Gehirn gibt es keine Gedanken. Kritik des Reduktionismus.* Würzburg: Königshausen und Neumann, 2. Aufl. 2011.

Wetering, Janwillem van de: *Ein Blick ins Nichts. Erfahrungen in einer amerikanischen Zen-Gemeinde.* Reinbek b. Hamburg: Rowohlt, Neuausg. 2001.

Wetering, Janwillem van de: *Das Koan und andere Zen-Geschichten.* Reinbek b. Hamburg: Rowohlt, 1996.

Wetering, Janwillem van de: *Der leere Spiegel. Erfahrungen in einem japanischen Zen-Kloster.* Reinbek b. Hamburg: Rowohlt, 28. Aufl. 1981.

Wetering, Janwillem van de: *Reine Leere. Erfahrungen eines respektlosen Zen-Schülers.* Reinbek b. Hamburg: Rowohlt, 6. Aufl. 2001.

Yongey Mingyur Rinpoche: *Buddha und die Wissenschaft vom Glück. Ein tibetischer Meister zeigt, wie Meditation den Körper und das Bewusstsein verändert.* München: Goldmann, 2007.

Yongey Mingyur Rinpoche: *Heitere Weisheit. Wandel annehmen und innere Freiheit finden.* München: Goldmann, 2. Aufl. 2009.

Zotz, Volker: *Mit Buddha das Leben meistern. Buddhismus für Praktiker.* Reinbek b. Hamburg: Rowohlt, 12. Aufl. 1999.

Zumwinkel, Kay (Übers): *Die Lehrreden des Buddha aus der Mittleren Sammlung.* Oy-Mittelberg: Jhana Verlag im Buddha-Haus, 2001.

Psychologie und Hirnforschung

Doidge, Norman: *Neustart in unserem Kopf.Wie sich unser Gehirn selbst repariert.* Frankfurt a.M.: Campus, 2008.

Geyer, Christian (Hrsg.): *Hirnforschung und Willensfreiheit. Zur Deutung der neuesten Experimente.* Frankfurt a.M.: Suhrkamp, 7. Aufl. 2009.

Grawe, Klaus: *Neuropsychotherapie.* Göttingen: Hogrefe, 2004.

Linden, David J.: *High – woher die guten Gefühle kommen.* München: Beck, 2012.

Lurija, Aleksandr R.: *Das Gehirn in Aktion, Einführung in die Neuropsychologie.* Reinbek b. Hamburg: Rowohlt, 1992.

Madeja, Michael: *Das kleine Buch vom Gehirn. Reiseführer in ein unbekanntes Land.* München: Beck, 3. Aufl. 2010.

Nörretranders, Tor: *Spüre die Welt. Die Wissenschaft des Bewußtseins.* Reinbek b. Hamburg: Rowohlt, 1997.

Pert, Candace B.: *Moleküle der Gefühle. Körper, Geist und Emotionen.* Reinbek b. Hamburg: Rowohlt, 4. Aufl. 2001.

Ratey, John J.: *Das menschliche Gehirn, Eine Gebrauchsanweisung.* München: Piper, 2003.

Rüegg, Johann Caspar: *Mind & Body. Wie unser Gehirn die Gesundheit beeinflusst.* Stuttgart: Schattauer, 2010.

Rüegg, Johann Caspar: *Psychosomatik, Psychotherapie und Gehirn.* Stuttgart: Schattauer, 2. Aufl. 2003.

Schiepek, Günter (Hrsg.): Neurobiologie der Psychotherapie. Stuttgart: Schattauer, 2. Aufl. 2011.

Singer, Wolf/Ricard, Matthieu: *Hirnforschung und Meditation. Ein Dialog.* Frankfurt a.M.: Suhrkamp, 6. Aufl. 2010.

Villoldo, Alberto/Perlmutter, David: *Das erleuchtete Gehirn. Mit Schamanismus und Neurowissenschaft das Geheimnis gesunder Zellen entdecken.* München: Goldmann, 2011.

Über den Autor

DR. MATTHIAS ENNENBACH arbeitet seit rund 20 Jahren in klinischen Kontexten, eigener Praxis, sowie als Seminarleiter und Ausbilder für Buddhistische Psychotherapie BPT®. Neben einem Abschluss als Diplom-Psychologe, psychotherapeutischen Fachausbildungen zum approbierten Psychologischen Psychotherapeuten und der Promotion an der medizinischen Fakultät der Universität München ist der Autor langjährig praktizierender Buddhist. Seine buddhistische Ausbildung basiert auf Seminaren, Unterweisungen, Konferenzen, Meditationsretreats, Lektüre, Tempelbesuchen und Teilnahme an buddhistischen Zeremonien in Asien und Deutschland. In seiner therapeutischen Arbeit in Kliniken, privaten Einrichtungen und eigener Praxis war es ihm möglich, die östlich-buddhistische und die westlich-psychotherapeutische Behandlungsform zu einer heilsamen und erfolgreichen Praxismethode zu integrieren.

Die Buddhistische Psychotherapie BPT® ist eine integrative, therapeutische Lehr- und Praxismethode, die Elemente aus den angewandten Neurowissenschaften und den westlichen Methoden der Psychotherapie umfasst. Die nicht-religiösen buddhistischen Inhalte bilden den konzeptionellen Rahmen, die Leitlinien und Leitbilder. Zudem werden konkrete buddhistische Übungen integriert.

Bisherige Veröffentlichungen des Autors:

Buddhistische Psychotherapie. Ein Leitfaden für heilsame Veränderungen. Windpferd Verlag 2010.

Befreit – Verbunden. Der buddhistische Weg zu einer glücklichen Liebesbeziehung. Windpferd Verlag 2011.

Praxisbuch Buddhistische Psychotherapie. Konkrete Behandlungsmethoden und Anleitungen zur Selbsthilfe. Windpferd Verlag 2012.

Einführung in die Buddhistische Psychotherapie. Windpferd Verlag 2012.

Der Tod des Dalai Lama (Roman). Kamphausen Verlag/tao.de 2013.

B*uddhistische Lebenskunst. Mit dem B-Prinzip zu innerer Befreiung.* Random House/Lotos Verlag 2013.

Weitere Informationen (Fortbildungstermine, Seminare, Vorträge, Literatur, Konzepte, Kontakte etc.) zur Buddhistischen Psychotherapie können abgerufen werden unter: *www.BuddhistischePsychotherapie.de*

Mehr von Matthias Ennenbach bei Windpferd

Befreit – Verbunden

Der buddhistische Weg zu einer glücklichen Liebesbeziehung

Das Streben nach Liebe und Geborgenheit ist eines der grundlegendsten menschlichen Bedürfnisse. Es ist verwandt mit unserem Sehnen nach Partnerschaft, in welcher Form auch immer wir sie uns vorstellen. Für viele Menschen sind die Liebe und das Leben in einer Beziehung eine Quelle des Glücks, aber häufig auch eine Ursache für wiederkehrende Leidenserfahrungen. Sicherlich suchen wir alle einen möglichst hilfreichen Weg gegen unsere Nöte und für unser Glück. Es ist sehr bemerkenswert, dass wir aus einer so alten Tradition wie der buddhistischen recht bedeutsame Antworten und Hilfen für ein Leben als Liebespaar erhalten können – und zwar konkrete Anleitungen zur Linderung und sogar zur Auflösung vieler unserer Beziehungsprobleme. Tatsächlich besteht die Möglichkeit, dass wir uns innerhalb unserer Beziehung von unheilsamen Konflikten und Emotionen vollkommen befreien können.

ISBN 978-3-89385-666-4 · Broschiert 244 Seiten

Buddhistische Psychotherapie

Ein Leitfaden für heilsame Veränderungen

Dieses Buch ist aus der Praxis heraus entstanden. Es beschreibt eine heilsame und mittlerweile gut erprobte Integration buddhistischer und psychotherapeutischer Behandlungsweisen. Hier werden sowohl Techniken aus den unterschiedlichen modernen Therapieformen als auch bekannte und darüber hinaus weitgehend unbekannte buddhistische Übungen vorgestellt. Dazu vermittelt es konkrete Erkenntnisse und Methoden zum Überwinden von vermeidbarem und zur schnelleren Bewältigung von unvermeidbarem Leiden. Dieses Buch ist sowohl für Menschen gedacht, die psychotherapeutisch oder beratend tätig sind, aber auch für alle anderen, die sich für Psychotherapie, Buddhismus oder ganz allgemein für das menschliche Funktionieren und Weiterentwickeln interessieren.

ISBN 978-3-89385-639-8 · Broschiert 472 Seiten

Einführung in die Buddhistische Psychotherapie

Eine Integration buddhistischer und psychotherapeutischer Methoden

Diese Einführung gibt einen Überblick über die allgemeinen Ziele und Vorgehensweisen der Behandlungsmethoden in der Buddhistischen Psychotherapie BPT. Sie beschreibt einige der aus den buddhistischen Lehren adaptierten Grundlagen und die damit korrespondierenden Erkenntnisse der Neurowissenschaften. Darüber hinaus werden praktische Hinweise und Übungsvorschläge für Therapeuten, Hilfesuchende und allgemein an der Thematik interessierte Leser vorgestellt. Dabei geht der Autor zwei grundlegenden Fragen nach: Wie funktionieren innere Blockaden und Probleme? Und wie lassen sich heilsame Gedanken und Vorhaben möglichst leicht und erfolgreich in die Tat umsetzen sowie noch nicht genutzte Ressourcen aktivieren? Die beiliegende CD enthält zehn grundlegende Übungen zur Selbsterfahrung.

ISBN 978-3-86410-021-5 · Gebundene Ausgabe
140 Seiten + Audio-CD 50 Minuten

Praxisbuch Buddhistische Psychotherapie

Konkrete Behandlungsmethoden und Anleitung zur Selbsthilfe

Dr. Matthias Ennenbach gibt vielfältige und sehr konkrete Erfahrungen wider, die er in langen Jahren der buddhistischen Psychotherapie-Praxis gesammelt hat. Anschaulich und gut nachvollziehbar wird aufgezeigt, wie Menschen ihre schmerzlichen Probleme mithilfe der Buddhistischen Psychotherapie überwinden konnten. Dazu gehören konkrete Behandlungsmethoden für Ängste, Reizbarkeit, Depressionen, Trauer, Burnout, Süchte, Schmerzen, Schlafstörungen, psychosomatische Beschwerden, Essstörungen, spirituelle Krisen, Persönlichkeitsstörungen, Partnerschaftsprobleme, Co-Abhängigkeiten, Mobbing, Traumatisierungen, Isolation, Arbeitslosigkeit, Verlust und Tod und vieles mehr. Dieses Buch bietet erstmals die Möglichkeit, den therapeutischen Prozess innerhalb der Buddhistischen Psychotherapie Schritt für Schritt nachzuvollziehen und als Anleitung zur Selbsthilfe und zur professionellen Begleitung und Behandlung Hilfesuchender einzusetzen.

ISBN 978-3-86410-020-8 · Gebundene Ausgabe 584 Seiten